Königin und Täubchen
The Queen and the Chick

Beiträge zur Kulturgeschichte der Musik
Herausgegeben von Rebecca Grotjahn
Band 9

# Königin und Täubchen

Die Briefe von Cosima Wagner
an Ellen Franz/Helene von Heldburg

# The Queen and the Chick

Cosima Wagner's correspondence
with Ellen Franz/Helene von Heldburg

Herausgegeben von/Edited by
Maren Goltz und Herta Müller

Mit Übersetzungen von/Translated by
Maria Heyne und Chris Abbey

**Allitera** Verlag

Weitere Informationen über den Verlag und sein Programm unter: www.allitera.de

März 2014 | Allitera Verlag
Ein Verlag der Buch&media GmbH, München
© 2014 Buch&media GmbH, München
Umschlaggestaltung/Cover: Kay Fretwurst, Freienbrink
(siehe Abbildungen/see List of Illustrations)
Satz/Art work: Ute Rosch
Herstellung: BoD – Books on Demand
Printed in Germany ISBN 978-3-86906-507-6

Ein Projekt der Meininger Museen
A project of the Meiningen Museums
Unterstützt vom Freistaat Thüringen
Ministerium für Bildung, Wissenschaft und Kultur
Kindly supported by Free State of Thuringia
Ministry of Education, Science and Culture

# Inhaltsverzeichnis/Contents

Vorwort .................................................................................................. 6
Preface ................................................................................................... 8

Einführung ............................................................................................ 10
Introduction .......................................................................................... 70
Anmerkungen (deutsch)/Notes (German) .......................................... 115

Die Edition der Briefe ........................................................................ 162
The edition of the letters .................................................................... 169

Die Briefe ............................................................................................ 176
Cosima von Bülow an Ellen Franz 1859–1862 ................................. 176
Cosima Wagner an Helene von Heldburg 1877–1912 ...................... 283
The letters ........................................................................................... 356
Cosima von Bülow to Ellen Franz, 1859–1862 ................................. 356
Cosima Wagner to Helene von Heldburg, 1877–1912 ..................... 405

Verzeichnis der Briefe/Table of letters ............................................... 442
Literatur/Bibliography ........................................................................ 445
Abbildungen ....................................................................................... 454
List of illustrations .............................................................................. 455
Konsultierte Archive und Bibliotheken/List of archives and libraries ...... 456
Personenregister/Index of names ....................................................... 457

# Vorwort

Der vorliegende Band enthält eine zweisprachige kommentierte Ausgabe der 77 Briefe, die Cosima von Bülow (seit 1870 verh. Wagner) an ihre Berliner Jugendfreundin Helene (Ellen) Franz schrieb. Handschriftlich und in englischer Sprache begonnen, wurde der Briefkontakt nach 15-jähriger Pause in deutscher und englischer Sprache wieder aufgegriffen und bis 1912 fortgeführt, immer öfter als Diktat. In der Zwischenzeit hatte die Schauspielerin Ellen Franz nach 13-jähriger Bühnenlaufbahn 1873 den Meininger »Theaterherzog« Georg II. (1826–1914) geheiratet und war zur Freifrau von Heldburg erhoben worden.

Mit der erstmaligen Herausgabe und Kommentierung der in Meiningen aufbewahrten Briefe wird ein bisher unbekannter, überaus aufschlussreicher Quellenbestand erschlossen, der völlig neue Einblicke in die Welt der beiden für die Kulturgeschichte so bedeutenden Frauen erlaubt. Obwohl nur ein Gegenbrief (in deutscher Sprache, 1912) überliefert ist, belegen Cosima von Bülows bzw. Wagners Briefe aus dem Zeitraum von 1859 bis 1912 eine der Forschung bisher verborgen gebliebene Lebensfreundschaft zwischen der »Königin« (Cosima von Bülow bzw. Wagner) und dem »Täubchen« (Ellen Franz).

So ermöglichen die Schreiben nicht nur einen differenzierteren Blick auf die ausgeprägte Theaterleidenschaft Cosima von Bülows, das Verhältnis zu ihrem Vater Franz Liszt, auf ihre Ehe mit Hans von Bülow, ihre frühen künstlerischen und intellektuellen Arbeiten, sondern etwa auch auf die prägenden Einflüsse des Meininger Hoftheaters auf die *Bayreuther Festspiele* vor und nach Richard Wagners Tod.

Da die Briefe insbesondere für die Lebensgeschichte Cosima von Bülows (bzw. Wagners) zahlreiche neue Erkenntnisse bieten und sie zweifellos die prominentere (und umstrittenere) der beiden Frauen ist, liegt der Fokus von Einführung und Kommentierung auf ihrer Person, auch wenn die gewonnenen Einsichten in die Biographie von Ellen Franz (bzw. Helene von Heldburg) nicht zu unterschätzen sind.

Am Beginn steht eine ausführliche Einleitung in Deutsch und Englisch (grauer Text), die das Potential und die Bandbreite des hier erschlossenen Quellenbestandes verdeutlichen. Da es sich beim Anmerkungsapparat vorrangig um allgemein verständliche Quellen- und Literaturnachweise handelt, wurde dieser nicht eigens ins Englische übersetzt. Im Anschluss finden sich Ausführungen zu den Editionsprinzipien einschließlich eines stilistischen Kommentars. Den deutschen Übersetzungen der Briefe bzw. den Transkripten der deutschen Schreiben folgen umfangreiche Kommentierungen. An die Transkripte der englischen Originale schließen sich die Übersetzungen der deutschen Briefe ins Englische an (grauer Text). Den Abschluss bilden die üblichen Anlagen.

Schließlich noch eine Bemerkung zur Verwendung der Namen: In dieser Briefausgabe stehen zwei Frauen im Vordergrund, die entsprechend den gesellschaftlichen

Konventionen ihrer Zeit durch Heirat ihre Namen aufgaben. Dass dies nicht nur aus einer modernen, für die soziale Konstruktion von Geschlechterrollen sensibilisierten Perspektive problematisch ist, belegt etwa der Umstand, dass Cosima Liszt sich noch drei Jahre nach ihrer Hochzeit mit Hans von Bülow »Liszt de Bulow« nannte (siehe 22. Brief). Dennoch haben wir uns aus pragmatischen Gründen gegen eine kombinierte Namensform (also Cosima Liszt-Bülow-Wagner oder Ellen Franz/Helene von Heldburg) und für die dem jeweiligen Lebensabschnitt entsprechende einfache Namensform (also entweder Cosima Liszt oder Cosima von Bülow etc.) entschieden, da dies zum einen eine leichtere chronologische Verortung erlaubt und zum anderen die Lesbarkeit des Textes erhöht.

Die Realisierung dieses Projektes wäre ohne die engagierte Mithilfe anderer nicht möglich gewesen. Wir danken allen, die uns ideell und tatkräftig unterstützt haben. Finanzielle Unterstützung gewährten der Freistaat Thüringen, Ministerium für Bildung, Wissenschaft und Kultur, die Meininger Museen, Christoph Jakobi (St. Ingbert) und Harald Uhlemann (Schmalkalden).

Allen voran ist der Übersetzerin der englischen Briefe, Maria Heyne (Leipzig), sowie dem Übersetzer der Einführung und der ursprünglich deutsch verfassten Briefe, Christopher Abbey (Leipzig), zu danken. Sigrid und Manfred Pfister (Dreißigacker) halfen bei der ersten Beurteilung der englischen Manuskripte.

Ferner danken wir Dr. Gudrun Föttinger (NA Bayreuth), Dr. Nikolaus Gatter (Vorsitzender der Varnhagen Gesellschaft e.V.), Prof. Dr. Claudia Jarzebowski (FU Berlin), Sven Felix Kellerhoff (Berlin), Dr. Fabian Kern (Fürth), Anne Koch (Hamburg), Dr. Johannes Mötsch (ThStA Meiningen), Prof. Dr. Petra Stuber (Hochschule für Musik und Theater Leipzig), Kristina Unger (NA Bayreuth), Egon Voss (Richard-Wagner-Gesamtausgabe, München), Viktoria Wasilewski (München) und Oberarchivrätin Katharina Witter (ThStA Meiningen).

Die Einführung lasen im Vorfeld Dr. Martin Dürrer (Richard-Wagner-Briefausgabe, Universität Würzburg), Dr. Andreas Goltz (JGU Mainz), Prof. Dr. Rebecca Grotjahn (Musikwissenschaftliches Seminar der Universität Paderborn und der Hochschule für Musik), Herta Müller (Walldorf) und Prof. Dr. Eva Rieger (Vaduz). Für die Aufnahme in die Reihe *Kulturgeschichte der Musik* danken wir Prof. Dr. Rebecca Grotjahn. Für ein rasches Erscheinen sorgten Alexander Strathern und seine Mitarbeiter vom *Allitera Verlag*, München.

Auch unsere Familien haben (wieder einmal) Einzigartiges geleistet: Maren Goltz dankt für Geduld und Unterstützung ihren Kindern Cornelius und Ann-Elisabeth, ihrem Mann, Dr. Andreas Goltz und ihrer Mutter, Dr. Liane Kühn; Herta Müller bedankt sich bei ihren Kinderfamilien und Enkeln für deren Verständnis und ideelle Unterstützung.

Maren Goltz und Herta Müller, im Februar 2014

# Preface

This book contains an annotated edition in German and English of the seventy-seven letters written by Cosima von Bülow (who changed her name to Cosima Wagner after marrying again in 1870) to her long-standing Berlin friend Helene (Ellen) Franz. Cosima originally wrote her letters herself in English. After a fifteen-year hiatus, their correspondence was continued in German and English until 1912, with Cosima increasingly dictating her letters. Meanwhile, after a stage career spanning thirteen years, actress Ellen Franz married theatre aficionado Duke Georg II of Saxe-Meiningen (1826–1914) in 1873 and was ennobled as Baroness von Heldburg.

This first-ever publication and annotation of the letters stored in Meiningen taps an extremely informative yet previously unknown source which enables fresh insights into the worlds of these two women so important in cultural history. Although only one reply (written in German in 1912) has survived, Cosima von Bülow's/Wagner's letters between 1859 and 1912 demonstrate the existence of a lifelong friendship between the 'Queen' (Cosima von Bülow/Wagner) and the 'Chick' (Ellen Franz) previously unknown to scholars.

The letters enable a more nuanced view of not just Cosima von Bülow's strong passion for the theatre, her relationship with her father Franz Liszt, her marriage to Hans von Bülow, and her early artistic and intellectual works, but also Meiningen Court Theatre's formative influences on the Bayreuth Festival before and after Richard Wagner's death.

Since the letters provide plenty of new findings regarding in particular the biography of Cosima von Bülow/Wagner – undoubtedly the more prominent (and controversial) of these two women – the lion's share of the introduction and annotations is devoted to her. Even so, the insights gained into the life of Ellen Franz (Helene von Heldburg) are not to be underestimated.

The detailed introduction in German and English (grey text) sets out the potential and the range of the source material presented here. As the annotations largely consist of easily understandable bibliographical and other references, they have not been translated into English. They are followed by an explanation of the editing principles used and a stylistic commentary. The German translations of the letters and the transcripts of the German letters are accompanied by extensive commentaries. The transcripts of the English originals are followed by translations of the German letters into English (again shown in grey). The book concludes with the usual appendices.

Before continuing, a remark regarding the use of names. This edition of letters concentrates on two women who, reflecting the social conventions of their day, gave up their maiden names when they got married. The fact that Cosima

Liszt still referred to herself as 'Liszt de Bulow' three years after her marriage to Hans von Bülow (see Letter 22) demonstrates that this may be an issue which is not confined to those nowadays aware of the social construction of gender roles. Nevertheless, for pragmatic reasons we have decided against using combined names (i.e. Cosima Liszt-Bülow-Wagner and Ellen Franz/Helene von Heldburg) and instead opted for the simple form appropriate to the phase of the woman concerned (e.g. just Cosima Liszt or Cosima von Bülow, etc.). This makes it easier to keep the respective era in mind and also makes the text less unwieldy.

This project could not have been realized without the dedicated help of others. We wish to express our sincerest thanks to all those who have actively assisted and supported us during various stages of the project. The publication received financial support from the Free State of Thuringia Ministry of Education, Science and Culture, the Meiningen Museums, Christoph Jakobi (St Ingbert) and Harald Uhlemann (Schmalkalden).

Thanks are due to Maria Heyne (Leipzig) for translating the English letters as well as to Chris Abbey (also Leipzig), who translated the introduction and the letters originally written in German. Sigrid and Manfred Pfister (Dreißigacker) aided in an initial assessment of the manuscripts.

Furthermore, we would like to thank Dr Gudrun Föttinger (NA Bayreuth), Dr Nikolaus Gatter (Chair of the Varnhagen Society, Inc.), Prof. Claudia Jarzebowski (FU Berlin), Sven Felix Kellerhoff (Berlin), Dr Fabian Kern (Fürth), Anne Koch (Hamburg), Dr Johannes Mötsch (ThStA Meiningen), Prof. Petra Stuber (Leipzig University of Music and Theatre), Kristina Unger (National Archives of the Richard Wagner Foundation Bayreuth), Egon Voss (Richard Wagner Complete Edition Munich) and Senior Archives Councillor Katharina Witter (ThStA Meiningen).

Prior to printing, the introduction was read by Dr Martin Dürrer (*Richard-Wagner-Briefausgabe*, University of Würzburg), Dr Andreas Goltz (JGU Mainz), Prof. Rebecca Grotjahn (Musikwissenschaftliches Seminar der Universität Paderborn und der Hochschule für Musik), Herta Müller (Walldorf) and Prof. Eva Rieger (Vaduz). We thank Prof. Rebecca Grotjahn for including our publication in the *Kulturgeschichte der Musik* series. Alexander Strathern and the publishing team at *Allitera Verlag,* Munich, ensured a speedy production.

Our families have (once again) contributed as well: Maren Goltz is grateful for the patience and support of her children Cornelius and Ann-Elisabeth, her husband Dr Andreas Goltz and her mother Dr Liane Kühn; Herta Müller would like to thank her children and their families as well as her grandchildren for their support and understanding.

Maren Goltz and Herta Müller, February 2014

*Maren Goltz*
# Einführung

## Cosima – eine Bestandsaufnahme

### Die unterschätzte Gattin

Die Biographie Cosima Wagners und die öffentliche Wahrnehmung der Geliebten, Ehefrau und Witwe Richard Wagners weisen einige bemerkenswerte Parallelen zu den Lebensläufen renommierter Unternehmer-Gattinnen des 20./21. Jahrhunderts auf.[1] Ob Friede Springer, Liz Mohn oder Ursula Piëch: Sie alle heirateten erfolgreiche, charismatische ältere Männer, die im Zentrum der Gesellschaft und des öffentlichen Interesses standen. Wie deren Ehemänner bemühte sich auch Wagner (»der Meister«), die junge Frau nach seinem Willen zu formen und sie als ideale Begleiterin seines Lebensweges auszubilden, bezog sie dabei aber zunehmend ein, gewährte Entfaltungsspielräume bzw. musste sie zulassen, so dass sie sich nicht nur im privaten, sondern auch im geschäftlichen und öffentlichen Bereich zu einer zentralen Vertrauten entwickelte.[2] Wie die erwähnten Unternehmer-Gattinnen avancierte auch Cosima nach dem Tod des Ehemannes von der Frau an seiner Seite zur Frau an seiner Stelle. Und wie jene wurde Cosima in dieser Rolle oftmals belächelt, verkannt, zur reinen Erfüllungsgehilfin des Vermächtnisses ihres Mannes degradiert. Während jedoch im Fall von Friede Springer, Liz Mohn oder Ursula Piëch inzwischen wohl niemand mehr der Fehleinschätzung unterliegt, Leistungsfähigkeit, Führungsstärke, Bedeutung und Einfluss dieser Frauen klein zu reden, fristet Cosima Wagner in dieser Hinsicht durchaus noch ein Schattendasein.

Nun lassen sich die biographischen und historischen Voraussetzungen für den Aufstieg der erwähnten Frauen schwerlich vergleichen. Einfacher waren die Bedingungen für Cosima Wagner aber keinesfalls. Denn neben den ohnehin restriktiveren Geschlechtermodellen des 19. Jahrhunderts sah sich Cosima mit dem Problem konfrontiert, dass sie zwar die Tantieme-trächtigen Werke ihres Mannes, aber auch dessen beträchtliche Schulden[3] und statt eines künstlerisch wie finanziell profitablen Imperiums eher eine Idee davon erbte. Und doch entwickelte sie nicht nur die *Bayreuther Festspiele* zu einer aus dem Kulturleben nicht mehr wegzudenkenden Institution,[4] das Opernhaus zu stilbildender Funktion,[5] sondern organisierte auch das Familienleben, samt der Ausbildung und Zukunftssicherung ihrer Kinder, und verhalf dem »Wagner-Clan« zu einer nachgerade pseudo-monarchischen Position,[6] von der noch heutige Nachkommen in staunenswerter Weise profitieren.

Sie verknüpfte *Festspiel-* und Familiengeschichte auf eine Art und Weise, die sowohl in Bezug auf den sozialen Status von Künstlern bzw. Künstlerfamilien als auch hinsichtlich eines Kunstfestes dieses Alters und dieser Größenordnung in der Kulturgeschichte ihresgleichen sucht. In zwanzig Jahren Tätigkeit an der Spitze der *Festspiele* (1886–1906) gelang ihr deren Institutionalisierung.

## »Priesterinnendienste« für Richard Wagner

Dass Cosima nach Wagners Tod in Witwentracht[7] auftrat, glich fraglos ebenso einer Maskierung wie ihre inszenierte Rolle als alles beherrschende Hohepriesterin der Wagner'schen Kunstreligion, die der »erhaben kalte Hauch eines Menschen« umwehte, »der reif geworden ist, nur noch ein überpersönliches Leben zu führen«.[8]

Betrachtet man jedoch ihr Wirken seit den 1860er Jahren eingehender, so wird deutlich, dass sie ihre Interessen und Bestrebungen klug hinter der kunstreligiösen Fassade der »Priesterinnendienste« an Richard Wagner[9] und seinem Werk[10] sowie nach der Heirat – letzterem scheinbar anverwandelt – in ihrer Gralshüter-Funktion für die Familie[11] zu verbergen und zu verwirklichen verstand. Auf diese Weise gelang es ihr nicht nur, eine für ihre Zeit in der Kunst- wie in der Unternehmerwelt ebenso ungewöhnliche wie erfolgreiche Rollenverteilung[12] an der Seite dieses nicht eben für seine Partnerschaftlichkeit gerühmten Ehemannes zu etablieren, sondern ihre zentrale Stellung über Wagners Tod hinaus zu erhalten und sogar auszubauen. 1910 wurde ihr für diese »Priesterinnendienste«, d. h. für ihre Verdienste um Wagners Lebenswerk, als einer der ersten Frauen in Deutschland die Ehrendoktorwürde verliehen.[13] Die Begründung verrät, weshalb die Kommission sie der Ehrenpromotion für würdig befand:

> »Matronae spectatissimae COSIMAE WAGNER Ricardi Wagner viri immortalis uxori De patria ac musis praeclare meritae cum post mariti obitum per plus quinque lustra memoriam artemque eius religiosissime colat ac defendat omniaque qualia ille sanxerat tam felici sustentet constantia ut ex toto terrarum orbe ad germanae musae sacra spectanda conveniatur.« bzw. in einer modernen Übersetzung:
> »Der hochangesehenen Frau Cosima Wagner, der Gattin des unsterblichen Herrn Richard Wagner, die sich um das Vaterland und die musischen Künste in hervorragender Weise verdient gemacht hat, da sie nach dem Tod ihres Mannes seit mehr als 25 Jahren seine Erinnerung sowie seine Kunst auf das gewissenhafteste pflegt und bewahrt und alles so, wie jener es festgelegt hatte, mit so glückreicher Beständigkeit erhält, dass man von überall aus der Welt zusammenkommt, um die Heiligtümer der deutschen Muse bewundernd zu betrachten.«[14]

In ihrem Dankesschreiben an die Fakultät entzog sie sich wiederum als Person, verwies sie doch darauf, dass die Ehrung nicht ihr persönlich gelte, sondern

»der geweihten Kunststätte [...], welcher ich angehöre«.[15] Offenbar ließen sich Cosimas Werdegang und vor allem ihre Rolle, welche die Zeitgenossen sowohl faszinierte als auch abschreckte, durchaus in zeitübliche intellektuelle Diskurse um 1900 einordnen.[16] Karl Holl nannte sie in seinem Nachruf in der *Frankfurter Zeitung* »die bedeutendste Frau des 19. Jahrhunderts im Sinne autonomer Lebensgestaltung und auf dem Gebiete künstlerisch-kulturellen Wirkens«.[17] Dieses Bild wurde von Cosimas frühen Biographen Carl Friedrich Glasenapp, Richard Du Moulin Eckart[18] und Max von Millenkovich (pseud. Max Morold)[19] vielfältig aufgegriffen und wiedergegeben.[20] Leider überdecken die unter dem (Ein-)Druck der Wagner'schen Familie entstandenen idealisierenden Perspektiven dieser Autoren, der auf Richard Wagner gerichtete Fokus[21] und der zunehmende Antisemitismus[22] dabei die stellenweise reizvolle Quellennähe[23] ihrer Werke und diskreditieren durchaus vorhandene zutreffende An- und Einsichten. Erstmals 1936 gab Georg Mollat den Band *Von Goethes Mutter zu Cosima Wagner* heraus und positionierte Letztere darin gewissermaßen als Höhepunkt einer Entwicklung von Frauen im Dienst großer Männer.[24]

Sichten auf Cosima

Sowohl der Gestus dieser Darstellungen als auch das darin vermittelte Frauenbild musste Biographen und Fachwissenschaftlern spätestens in der 2. Hälfte des 20. Jahrhunderts als überaus fragwürdig und reaktionär erscheinen. Doch schon zuvor war dann und wann an Cosimas Image ›gekratzt‹ worden. Lediglich familienintern blieb zunächst z. B. Hedwig Pringsheims ironische Verwendung der bei Wagnerianern beliebten Redewendung von der »hohen Frau«.[25] Ebenso wenig vernehmbar war anfangs die kritische Sicht von Franz Wilhelm Beidler, der, im Unterschied zu den Tausender-Auflagen der Biographien von Glasenapp, Du Moulin Eckart und Morold, entweder gar nicht oder allenfalls in Zeitungen publizierte.[26] Dem in die Bülow-Familie abgeschobenen Wagner-Enkel, der nach der Machtübernahme der Nationalsozialisten nach Zürich emigrierte,[27] blieb nur, sich der Großmutter aus der Ferne intellektuell zu nähern. Mit dem Bayreuth-kritischen Wagnerianer Thomas Mann tauschte er sich wiederholt über die Geschichte und Gegenwart der Wagner-Pilgerstätte aus.[28] Beidler befasste sich immer wieder mit Cosima (bzw. arbeitete sich an ihr ab), am umfangreichsten in seinem unvollendet gebliebenen Typoskript *Cosima Wagner-Liszt – Der Weg zum Wagner-Mythos* (1938–1951).[29] Der Autor, dem in seinem Schweizer Exil bereits in erstaunlichem Umfang gedruckte Quellen zum Thema vorlagen,[30] entlarvte die Cosima-getreuen Biographen genüsslich als Hofberichterstatter.[31] Seine Ausführungen schließen mit der Betrachtung der Münchner Zeit. Dass ihm zeitlebens der Einblick in ihre *Tagebücher* und andere Quellen verwehrt blieb,[32] dürfte ihn beträchtlich an der Auseinandersetzung mit den folgenden Jahren gehindert haben.

Im erwähnten Fragment Cosima Wagner-Liszt kehren stellenweise die Argumente seines Beitrages »Cosima Wagner – eine kulturkritische Studie« aus der Neuen Schweizer Rundschau von 1936[33] wieder, wobei in Borchmeyers 1997 erschienener Edition des – übrigens niemals zur Veröffentlichung frei gegebenen – Textes leider unklar bleibt, wo überall der Herausgeber in die Vorlage »geringfügig« eingriff.[34] Während der Autor 1936 beispielsweise klar die Tragweite des Biebrich-Aufenthaltes umrissen hatte,[35] verlor dieses Ereignis im späteren Fragment gravierend an Bedeutung.[36]

Generell erweist sich Beidler als ein aufmerksamer Beobachter mit psychologisierendem Ansatz, der in einem Maße wie vermutlich niemand vor ihm Quellenkritik walten ließ.[37] Das war in der Tat »bahnbrechend«.[38] Stephan Mösch nennt das Fragment sogar das bislang »einfühlsamste und gedankendichteste Porträt«.[39] Doch so richtig sein Gespür für die Bedeutung von Thomas von Kempens traditionsreichem Erbauungsbuch De imitatione Christi[40] als Grundlegung für ihr scheinbar »lebenslanges Dulden«, ihre Auffassung von der Ehe als Arbeitsgemeinschaft[41] oder die relativ sachliche Haltung bezüglich Giacomo Meyerbeers[42] auch ist, Beidlers biographisches Fragment offenbart auch Schwächen: erlag er doch mitunter allzu pauschalen Deutungsversuchen, etwa wenn es um Cosimas Sympathie für den Adel ging,[43] ihr Verhaftetsein im Geiste der Restauration,[44] ihren »Übergang in Regel und Norm«[45] oder um ihren Kontakt zur Mutter, der viel zu kurz gewesen sei, um die Tochter »nachhaltig zu beeinflussen«.[46] Bei Beidlers geistiger Nähe zu den Familien Pringsheim und Mann verwundert zudem der Vorwurf nicht, Cosima habe nicht offensiv genug für die Frauenbewegung eingestanden.[47] Einen geradezu banalen ›Erklärungs-Cocktail‹ bietet das dritte Kapitel unter der Überschrift »Harte Erziehung im Geist der Restauration«. Der Schilderung in schwärzesten Farben[48] folgt die unvermittelte Entschärfung, denn »selbstverständlich« dürfe man sich die Heranwachsende nicht in einer schwarz tapezierten Klosterzelle vorstellen, seien die Geschwister miteinander ja »sicher oft genug heiter, übermütig und ausgelassen gewesen«.[49] Damit sind jedoch die zuvor angeführten Deutungsversuche entweder hinfällig oder beliebig. Beidlers größtes Manko aber liegt (hier wie dort) freilich im Leugnen von Cosimas intellektuellen Fähigkeiten. In dieser Frage wird offenbar, dass er sich der historischen Person letztlich doch nicht unvoreingenommen nähern konnte. ›Ketzerisch‹ stellte er in den Raum, Cosima habe intellektuell den Wagner'schen »Sturmfluten von Ideen, Bildern, Emotionen, Träumen und Gedanken, die über sie hereinbrachen, geistigen Widerstand nicht entgegensetzen [können, d. Verf.], selbst wenn sie es gewollt hätte«.[50] Dies im nächsten Absatz zurücknehmend, hält er dennoch fest: »Sie ist, als sie zu Wagner kommt, in hohem Maße determiniert.

Nicht intellektuell, aber durch Maß und Richtung ihrer subjektiven Erlebnis- und Vorstellungs-*Möglichkeit*.«[51] In seinem Fragment beantwortete er später die selbst gestellte Frage, ob sie diesbezüglich weniger begabt gewesen sei als ihre Mutter, selbstgerecht: »Das ist nicht ausgemacht. Aber es fehlte die systematische Ausbildung der Urteilsfähigkeit.«[52]

Die intelligente, geistig und künstlerisch hochbegabte, beinahe absolutistische Herrscherin eines Kulturimperiums mit ›Mutterkreuz‹ und Unterwürfigkeitsgestus war und bleibt eine interpretatorische Herausforderung, wenn nicht gar eine Zumutung! Und deshalb fehlt es trotz Cosima Wagners unbestreitbarer Bedeutung im gegenwärtigen Diskurs an einer angemessenen Würdigung ihres Lebenswerkes. Vereinzelte Stimmen zollen ihr in der jüngeren Vergangenheit durchaus Anerkennung. Der langjährige *Festspiel*-Dramaturg Dietrich Mack etwa hebt im Vorwort zu seiner Briefausgabe *Cosima Wagner – Das zweite Leben* (1980) vorbehaltlos Cosimas Leistungen für den Festspielbetrieb hervor und spricht von »Weltoffenheit« und »kluger Dramaturgie«.[53] Der Dirigent Christian Thielemann und die Publizistin Christine Lemke-Matwey nennen sie in dem Band *Mein Leben mit Wagner* »weltgewandt, vielsprachig und hoch gebildet«.[54] Zu Recht halten ihr die Autoren übrigens *ex negativo* zu Gute, dass es den viel beschworenen »authentischen ›Bayreuther Stil‹« nie gegeben habe (»wann hätte Wagner ihn auch prägen sollen?«).[55] Der Journalist Matthias Nöther gesteht ihr immerhin ein »künstlerisches Vorleben« zu,[56] und das Autorenduo Sabine Kurth/Ingrid Rückert kommt zu dem Schluss, sie habe sich intensiv mit Wagner ausgetauscht und sei die »Sachwalterin und Organisatorin der Kunstprojekte« von Wagner und Bülow in München 1865 und 1866 gewesen, die auch die Idee der Kunstschule beim bayerischen König vertrat.[57] Der Bayreuther Dramaturg Piontek notiert, Cosima habe sich »gerade nicht als Gralshüterin von musealen Inszenierungen verstand[en]«.[58] Und die Journalistin Barbara Möller konstatiert, dass wohl keine andere Frau organisatorisch und künstlerisch Vergleichbares vollbracht und einen nur annähernd großen Einfluss ausgeübt hätte.[59] Während man angesichts dieser Einschätzungen zu dem Schluss gelangen könnte, dass sich Autoren gerade in jüngerer Zeit um eine differenzierte Sicht bemühen, ist einschränkend festzuhalten, dass diese nicht der Mehrheit der veröffentlichten Meinungen entsprechen (Udo Bermbach sprach in anderem Zusammenhang von »der Flut der jährlichen – und nicht selten überflüssigen – Wagner-Literatur«[60]). Vielmehr hat das Gegenteil Tradition. Wie so oft kommt auch in diesem Fall ein ›Reichweiten‹-Problem hinzu. Denn das gern zitierte ›breite Publikum‹ nimmt die in Sachbüchern, Fachportalen und Spezialzeitschriften publizierten Ansichten zweifellos eher weniger wahr.

Und selbst den schönsten Vorsätzen um Differenzierung seitens der Autoren und Herausgeber können, wenn das entsprechende Buch einmal gedruckt ist, immer noch die Rezensenten in Zeitschriften mit vergleichsweise breiter Leserschaft den Garaus machen. Hier zwei Beispiele: Bedenkt man, dass etwa Dietrich Mack mit seiner Brief-Edition und Manfred Eger mit den *Zeugnissen einer außergewöhnlichen Verbindung* Ausgaben vorlegten, deren Lektüre unter Aufwendung von etwas Mühe durchaus differenzierte Angebote zur Quelleninterpretation zulassen würde, drängt sich der Eindruck auf, dass einige Rezensenten und Fachautoren nur das lesen, was in ihr ›Weltbild‹ passt bzw. was sie lesen möchten. Mitunter kommen gar Zweifel an deren Leseverständnis auf. Bislang nahezu unerreicht auf der Jagd nach raschen Pointen steht Klaus Umbachs (weit verbreiteter) *Spiegel*-Beitrag aus dem Jahre 1980 da: eine Aneinanderreihung von Halbwahrheiten und unsachlichen Behauptungen bis hin zur Verleumdung.[61] Doch auch Dieter David Scholz kommt in seiner Rezension von Egers Ausgabe der *Zeugnisse einer außergewöhnlichen Verbindung* mitunter zu allzu geradlinigen Schlüssen, wenn er etwa schreibt, Cosima habe Wagner verführt und Bülows Leben zerstört oder Wagner habe sich nach und nach gewandelt »vom Verführten, Betroffenen, Beunruhigten zum – wie auch immer – Liebenden.«[62] Schon der sprichwörtliche ›gesunde Menschenverstand‹ lässt den Leser an einer solchen Stelle fragen: Moment, gehören da nicht immer (mindestens) zwei dazu?

Fragt man in Sachen Cosima Wagner nach dem Autor der letzten Jahre mit der größten ›Reichweite‹, und zwar nicht nur im deutschsprachigen Raum, so lautet die Antwort fraglos: Oliver Hilmes. Allein seine *Herrin des Hügels* wurde bislang ca. 80.000 Male verkauft.[63] Bedauerlicherweise stehen aber Hilmes' »erste wissenschaftlich fundierte Biographie«[64] über Cosima und seine Bücher über ihre Kinder[65] und ihren Vater[66] exemplarisch für die eindimensionale Wahrnehmung dieser Frau bis hin zur Pathologisierung und für vernichtende Fehlurteile, z. B. hinsichtlich ihrer angeblichen »künstlerischen ›Impotenz‹«.[67] Mit vergleichsweise großen Auflagenstärken sorgte Hilmes für ein nicht haltbares Negativ-Image (und dies fatalerweise auch bei einem weiblichen Publikum!). Zwar fügt Hilmes durchaus einige neue Aspekte und Sichtweisen hinzu (etwa Cosimas Erkrankung am Adams-Stokes-Syndrom[68] oder seine Erkenntnisse zum »Beidler-Prozess«[69]); insgesamt darf aber unterstellt werden, dass eine differenzierte Sicht eher nicht in seiner Absicht lag.[70] Immerhin stießen Hilmes' Publikationen nicht nur auf unkritische Übernahmen[71], sondern auch auf tiefgründige, Mängel und Fehlurteile offen legende Auseinandersetzungen[72] von einzelnen Wissenschaftlern. Doch greift hier wiederum das Problem mangelnder ›Reichweite‹ von Rezensionen in Spezialzeitschriften.

Schon die junge Cosima spaltete ihr Umfeld.[73] Sie selbst setzte sich mit ihrem negativen Image über Jahrzehnte auseinander. Bereits 1877 schrieb sie: »Weißt Du, [...] über mich kennt jeder eine Geschichte, eine Geschichte von Büchern, vom Schelten, von was auch immer!«[74] Fast möchte man meinen, dass von der heute seltsam anmutenden einstigen Ehrfurcht der ersten Biographen einer nachfolgenden Generation nur mehr die Furcht vor dieser starken Frau geblieben sei.

Dass beispielsweise die Wagner-Briefausgabe Cosimas Briefe stellenweise nur in wenigen Ausschnitten zitiert, ist zwar verständlich, wissenschaftlich gesehen aber nicht unproblematisch. Da ihre sich über fast zwei Jahrzehnte hinweg entwickelnde Zusammenarbeit zeitweise geradezu symbiotische Züge annahm, müsste dieser engen Verbindung zweifellos stärker Rechnung getragen werden. Wünschenswert wäre, dass neben der Gesamtausgabe von Werken und Briefen Wagners auch die Zeugnisse Cosimas[75] ediert werden, da ansonsten – wie bei anderen Künstlerpaaren (am nächsten liegen Franz Liszt und Marie d'Agoult)[76] – die Gefahr droht, dass aufschlussreiche Details verloren gehen[77] und höchst interessante Facetten von Wagners Lebens-, Arbeits- und Produktionsbedingungen ausgeblendet bleiben. Angesichts der insbesondere nach dem Zweiten Weltkrieg erfolgten publizistischen Wertungen zwischen Verachtung und Herabsetzung stellt die Ignoranz gegenüber Cosimas Bedeutung und Wirken allerdings noch das geringste Übel dar.[78] Allein schon die Versatzstücke ihres Lebens (Ehebruch, älterer kleiner Mann heiratet wesentlich größere und jüngere Frau) provozierten abfällige Urteile. Und dass sie sich später in einer Männerdomäne behauptete, machte sie ganz und gar verdächtig und zur Zielscheibe bisweilen atemberaubender Anschuldigungen.

Ein (prüfender, keineswegs erschöpfender) Blick in die einschlägige Literatur verdeutlicht, dass die kursierenden Vorwürfe gegen Cosimas Person sich gleichermaßen auf moralische, intellektuell-künstlerische wie auf weltanschauliche Bereiche erstrecken. Leider mangelt es den ›Anklägern‹ dabei häufig genug selbst an grundsätzlichen Tugenden wissenschaftlicher Arbeit, als da wären Differenzierung, Historisierung und Kontextualisierung. Einige Beispiele mögen genügen: Auf Beidlers Nivellierung von Cosimas intellektuellen Fähigkeiten wurde bereits verwiesen. Überdies beschreibt er den Kontakt zu ihrem Vater pauschal als »durchaus nicht intensiv, sondern distanziert, steif, ja überkonventionell«.[79] Manfred Eger wiederum weiß süffisant zu berichten, dass die Heirat mit Cosima 1857 ein »Freundesopfer« Hans von Bülows gegenüber dem verehrten Lehrer Liszt gewesen sei, wobei er unkommentiert ein Verdikt von Peter Cornelius übernimmt.[80] Dietrich Mack hielt die Trennung der beiden Eheleute für »vorgezeichnet«, hatte doch schon Cosimas Mutter ihren Mann verlassen.[81] Hans von Bülow indessen, so ist bei Serge Gut zu lesen, habe »den Verrat seiner Frau kaum verkraftet« und sei infolgedessen häufig erkrankt und von Depressionen heimgesucht worden.[82] Zwar wiederholt Gut nicht Klára Hamburgers Ausführungen bezüglich der Unwürdigkeit der Zustände um Liszts Tod;[83] doch Cosimas musikalische Ausgestaltung des Trauergottesdienstes für ihren Vater durch Bruckners Improvisation über das Glaubensmotiv aus dem *Parsifal* (»nicht eine einzige Note von Liszt erklingt!«),[84] ist Anklage genug.

Auf intellektuell-künstlerischer Ebene wird Cosima etwa vorgehalten, Hans von Bülows pianistische oder dirigentische Karriere habe ihrem Ehrgeiz nicht genügt.[85] Bei der Übernahme der *Bayreuther Festspiele* sei sie künstlerisch nicht profiliert genug gewesen.[86] Cosimas Musikalität wird ebenfalls extrem unterschiedlich bewertet.[87] Wie die eingangs erwähnten Frauen, so beschuldigt man auch Cosima, bloße »Willensvollstreckerin« ihres verstorbenen Gatten gewesen zu sein.[88] Ihre ästhetischen Vorstellungen hätten sich auf ein falsch verstandenes »Bewahren« konzentriert.[89] Sie habe zeitgenössische theaterästhetische Strömungen etwa von Adolphe Appia und Gordon Craig ignoriert[90] und einen »verkürzten« Begriff des musikalischen Dramas verfochten.[91] Matthias Nöther konstatiert Cosimas Textzentriertheit,[92] ihre Sprachfixiertheit[93] und die »Aufhebung der eindeutigen Kodierung des theatralen Parameters Sprache«.[94] Behände unterstellt er ihr, dies sei »unabsichtlich« geschehen,[95] mit anderen Worten: auf ganzer Linie substanz- und konzeptlos. Stephan Mösch gelangt zu der Einsicht, die neuartig radikale Stimmbehandlung habe am Ende ganz und gar von Wagners Intentionen weg geführt.[96] Während Mösch ihre Leitung der *Festspiele* unter dem Titel »Ära in Verruf«[97] fasste, überschrieb Bernd Buchner ihre Wirkungszeit in seiner *Geschichte der Bayreuther Festspiele zwischen Kunst und Politik* mit dem Titel »Die schwarze Witwe« (1883–1906).[98]

Überdeckt wird ihre Leistung schlussendlich von ihrer zweifellos hochproblematischen antisemitischen Haltung[99] und ihrer Nähe zum national gesinnten *Bayreuther Kreis*.[100] Ob Buchner allerdings mit seiner These Recht hat, die über 80jährige und nahezu erblindete Cosima habe die frühestens Anfang 1925 vorliegenden Druckfahnen von Hitlers *Mein Kampf* gegengelesen, darf aus mehreren Gründen bezweifelt werden.[101]

Es soll an dieser Stelle gar nicht gefragt werden, ob die Urteile über einen männlichen Erben und Nachlassverwalter ebenso haarsträubend ausgefallen wären. Aber dass sich die Forschung häufig nur in der gebetsmühlenartigen Wiederholung von Altbekanntem erschöpft, statt derartige Ansichten zumindest zu problematisieren und weiterführende Fragen zu stellen, ist bedenklich. Dabei liegen diese auf der Hand und die potentiellen Antworten darauf versprächen zahlreiche interessante Erkenntnisse über Cosima und ihr Umfeld: Wie gestaltete sich ihre Jugend in einem künstlerischen Umfeld und ihre Ehe mit dem sieben Jahre älteren Hans von Bülow – eine der »zentralen Interpretenfiguren des 19. Jahrhunderts«,[102] aber ebenso eine hochkomplexe Persönlichkeit? Welche Bedeutung hatten diese Ehejahre für ihre weitere Entwicklung? War Cosima an Hans' Seite künstlerisch und schriftstellerisch aktiver als bisher angenommen? Weshalb kam es zum Bruch zwischen ihnen? Wo liegt Cosimas Anteil an den Texten und Werken Richard Wagners wie auch an der Begründung der *Bayreuther Festspiele* nach 1862? Wie stand es in der zweiten Hälfte des 19.

Jahrhunderts um die Vereinbarkeit von Familie (fünf Kinder aus zwei Ehen) mit einer künstlerischen und intellektuellen Karriere?[103] Wo liegen die Ursachen für die Haltungen der reifen Cosima, für ihr ›Theaterleben‹ wie für ihr ›Lebenstheater‹[104]? Welche Auswirkung hatte beispielsweise der Verlust von Eigenständigkeit in Folge ihrer starken Sehschwäche, aufgrund derer sie mit knapp 40 Jahren zeitweise weder selbst lesen noch Briefe schreiben konnte.[105] Und so gilt noch immer, was Christine Lemke-Matwey 2005 konstatierte, dass nämlich Cosimas »Seele« bislang zu wenig interessiert habe.[106] Tatsächlich wäre es an der Zeit für eine gut recherchierte, vorurteilsfreie, sachlich fundierte und wissenschaftlich transparente Biographie.

## Cosimas Briefe an Ellen Franz/Helene von Heldburg

### Die Bewahrung der Briefe – ein Glücksfall

Der vorliegende Band kann eine derartige Biographie zwar nicht ersetzen, aber er versteht sich als ein zentraler Beitrag auf dem Weg zu einer solchen Lebensgeschichte Cosimas. Denn die hier erstmals publizierten,[107] datierten[108] und ausführlich kommentierten 77 Briefe zwischen Cosima und Ellen Franz, spätere Freifrau Helene von Heldburg,[109] stellen in mehrfacher Hinsicht äußerst wertvolle Quellen dar. Einerseits ermöglichen die Dokumente die Erschließung des weiblichen Alltags, des Selbstverständnisses bürgerlicher Frauen und ihrer Wissens-, Beziehungs- und Kommunikationskulturen im 19. Jahrhundert.[110] Andererseits berühren sie zahlreiche der oben erwähnten Aspekte und eröffnen damit einen tiefgehenden Blick in die gesamte Thematik. So beleuchten die Briefe nicht nur die allzu gern heraufbeschworene ältere »Herrin des Hügels«, sondern erhellen auch die oft vernachlässigten frühen Jahre der jungen Cosima. Dabei erschließt sich, was längst hätte klar sein müssen: Auch Cosimas Weg an die Seite Wagners und an die Spitze der *Bayreuther Festspiele* vollzog sich keineswegs voraussetzungslos.

Wie bedeutend die hier vorgelegten Briefe sind, verdeutlicht nicht zuletzt der Umstand, dass hier überhaupt einmal Briefe Cosimas aus der Zeit vor 1870 veröffentlicht werden können. Beleuchtet man die im Bayreuther Nationalarchiv erhaltene Korrespondenz Cosimas vor ihrer zweiten Heirat, so wird deutlich, dass neben zwölf Schriftstücken Wagners (1858–1868) lediglich ein einziger Brief von Adolf Stahr und Fanny Lewald von 1859 an sie erhalten ist.[111] Ob von den 31 undatierten Briefen von Marie von Buch (verh. Schleinitz bzw. Wolkenstein-Trostburg)[112] einige Schreiben in diese Zeit gehören, bleibt bislang offen. Schaut man sich die Gegenrichtung an, so sind zwar mehrere Briefe an Angehörige und Bekannte erhalten,[113] so die Briefe an ihren Vater Franz Liszt (1846–1855), die Schwester Blandine (1853f.), ihre Großmutter Anna Liszt (1848–1852), ihre Mutter Gräfin d'Agoult (1855–1873), an die Fürstin Carolyne Sayn-Wittgenstein (1854/55) sowie an ihre Tochter Daniela.[114] Dagegen fehlen frühere Briefdokumente an ihren ersten Ehemann Hans von Bülow (1869–1882).[115] Die drei Schreiben Cosimas an Bülows Schwester Isidora von Bojanowski aus dem Jahr 1864 wurden erst 2011 vom Bayreuther Nationalarchiv erworben.[116] Im Unterschied zu den eben erwähnten Familienbriefen stellen die beiden folgenden Teilbestände eine Ausnahme dar, und zwar nicht nur deshalb, weil es sich um Schreiben an befreundete Personen handelt: Die 108 Briefe Cosimas an Ernst Dohm aus dem Zeitraum 1857 bis 1872 stammen aus dem Besitz von Winifred Wagner und wurden erst 1978 an das Nationalarchiv übergeben.[117] Die 454 Briefe, 9 Postkarten und 7 Telegramme an Marie von Buch aus dem Zeitraum 1864 bis 1912 lagen über Jahrzehnte im Bayreuther Rathaus-Tresor und wurden erst im Juni 1988 inventarisiert.[118]

Es scheint, als wäre Cosimas Korrespondenz (samt den Schriften) aus der Zeit vor ihrer offiziellen ›Wagner-Ära‹ entfernt worden, ihre Existenz davor geradezu ausgelöscht. Diese Beobachtung wiederholt sich interessanterweise an den derzeit über das Nachlasserschließungssystem *Kalliope* recherchierbaren Briefen.[119] Schreiben, die Cosima vor 1864 an diverse Empfänger richtete, sind nur ganz vereinzelt erhalten.[120] Erst danach setzt ihre Korrespondenz mit den auch in Hinblick auf den Wagner-Kontext bedeutsamen Persönlichkeiten Bertha und Peter Cornelius, Malvina und Ludwig Schnorr von Carolsfeld, Johann von Lutz (1865), Benjamin Johnson Lang (1866), Julius Fröbel sowie Gottfried Semper (1867), Franziska und Alexander Ritter sowie Franz von Lenbach (1868) ein. Der Teilbestand in den Schränken III und IV im Bayreuther Nationalarchiv heißt denn auch treffend »Briefe und Telegramme an Richard Wagner und seine Familie«. Vor diesem Hintergrund verwundert es wenig, dass sich unter den an Cosima gerichteten Briefen in *Kalliope* keinerlei Originale vor 1870 nachweisen lassen.

Führt man sich jedoch vor Augen, welche außerordentliche Prominenz Cosima als Liszts Tochter und Bülows bzw. Wagners Ehefrau Mitte des Jahrhunderts erlangt hatte und was sie darüber hinaus für eine rege Briefschreiberin war, dann bleiben, abgesehen von den üblichen Verlusten an Quellenbeständen aus der behandelten Zeit, nur zwei Erklärungen. Entweder lagen Verabredungen mit den Briefempfängern vor oder, was wahrscheinlicher ist, Cosima forderte bereits zu Lebzeiten entsprechende Briefe zurück. Ob, wann und warum die Briefe durch Cosima selbst oder durch Dritte vernichtet wurden, bleibt letztlich jedoch ebenso offen wie die Frage nach dem tatsächlichen Umfang des von Eva Chamberlain 1909 durchgeführten »Autodafé alter Correspondenzen in Wahnfried«.[121]

Von Cosimas Korrespondenz mit Freunden und Bekannten vor 1870 haben sich – neben den Schreiben an Ernst Dohm bzw. an und von Marie von Buch (verh.

Schleinitz bzw. Wolkenstein-Trostburg) – mit den 23 Briefen an Ludmilla Assing (1857–1861)[122] sowie den 77 Briefen an Ellen Franz bzw. Helene von Heldburg (1856–1912) demnach nur solche Konvolute erhalten, die dem Zugriff der Bayreuther Familie Wagner entzogen waren. Erst vor dem Hintergrund dieser komplizierten Nachlass-Genese und vor allem der massiven Verluste lässt sich der enorme Wert der hier vorgelegten Dokumente ermessen, bilden diese doch eine ganz wesentliche Quelle für die Dokumentation von Cosimas Leben in der Berliner Zeit.

Von den Gegenbriefen Ellens bzw. Helenes ist zumindest ein einziges Schreiben vom 12. Mai 1912 überliefert,[123] wenn auch nur als Abschrift in dem 1926 von Else von Hase-Koehler herausgegebenen Band *Fünfzig Jahre Glück und Leid*. Hierbei bleibt offen, ob sich das Dokument damals im Original oder zumindest als Abschrift in Bayreuth befunden hat[124] oder der Autorin ein Entwurf-Schreiben im Nachlass der Freifrau von Heldburg vorlag.

Cosima war bezüglich ihres Briefwechsels von vornherein vorsichtig und bat Ellen Franz beispielsweise im Februar 1860 darum, dem Hausmädchen Käthchen auszurichten, diese möge alle ihre Briefe behalten, bis Cosima sie darum bitte.[125] Nachdem Ellens Mutter zu Cosimas Entsetzen einmal von ihr die Briefe ihrer Tochter zur Einsicht erbeten hatte, woraufhin diese aufgebracht entschied, Sarah Franz nur den ersten vorzulegen,[126] hielt sie Ellen im Frühjahr 1862 sogar zweimal dazu an, den erhaltenen Brief umgehend zu verbrennen.[127] Auch die mehrfache Aufforderung zur Geheimhaltung der Verbindung und zur ausschließlich direkten Kommunikation miteinander[128] ließe den Schluss zu, dass sie die von Ellen Franz bzw. Helene von Heldburg verfassten zahlenmäßig vermutlich nur unmaßgeblich geringeren Gegenbriefe[129] selbst vernichtete. Gab Cosima doch im Mai 1874 gegenüber Marie von Schleinitz bedauernd zu, aus »falscher Sorge« sämtliche Briefe Marie Kalergis-Mouchanows[130] vernichtet und damit jegliche Erinnerung an sie eingebüßt zu haben.[131] Handelte sie hinsichtlich Ellens bzw. Helenes Briefen in ähnlicher Weise? Verbargen sich hinter den von Daniela 1921 für ihre Mutter von Helene erbetenen »Andenken«[132] vielleicht sogar ihre eigenen Briefe an Ellen bzw. Helene?

Vor dem Hintergrund von Cosimas Informiertheit über die Urheberrechtslage im Umgang mit schriftlichen Korrespondenzen,[133] ihrer Auseinandersetzung mit Marie von Bülow über diese Fragen,[134] ihrer Kritik an der einseitigen Darstellung der Briefe Liszts gegenüber der Fürstin Carolyne von Sayn-Wittgenstein[135] und dem beinahe flächendeckenden Fehlen von Cosima-Briefen an verschiedenste Adressaten ist,[136] wie erwähnt, eine Rückforderung ihrer Briefschaften von einzelnen Personen in Cosimas Spätzeit, möglicherweise unter dem Einfluss der Töchter Eva und Daniela, nicht auszuschließen.[137] Sollte Danielas Bitte vom April 1921 ein Schachzug gewesen sein, um wieder in den Besitz ihrer Briefe an Helene zu gelangen (und auch diese zu vernichten), so hat er in diesem Falle nicht funktioniert.

Helenes Gründe für die Bewahrung des Löwenanteils (wenn nicht sogar der Gesamtheit)[138] der Briefe erscheinen nicht weniger vielschichtig. Insbesondere auch deshalb, weil ein großer Teil ihrer eigenen Briefe offenbar nicht überliefert ist.[139] Ihr Impuls, die Briefe zu erhalten, spiegelt auch ihre Persönlichkeit wider. Um die rezeptionsgeschichtlichen Aspekte der Bedeutung von Meininger Aufführungstraditionen für die *Bayreuther Festspiele* etwa in dem auf der Veste Heldburg geplanten Theatermuseum[140] zu verdeutlichen, wäre nur ein Bruchteil davon nötig gewesen. Dies taugt als Argument demnach nur bedingt. Vielmehr scheint Helene die Beziehung – die »Mädchenfreundschaft«[141] – ebenfalls bis zum Lebensende als hochgradig wichtig und die Briefe, ähnlich wie die Korrespondenzen mit Mutter, Vater, Bruder[142] und Ehemann,[143] als Erinnerungsstücke daran von Beginn an als erhaltenswert betrachtet zu haben, auch entgegen dem erwähnten Drängen der Freundin. Mit dem Selbstverständnis einer über Jahrzehnte in der Tradition des Historismus verwurzelten Persönlichkeit und untrennbar damit verbunden auch in einer Auffassung von Geschichte und deren Quellen, unterwanderte Helene mit dem Erhalt der Dokumente in subtiler Weise das eben nur pseudo-monarchische Geltungsbedürfnis der Familie Wagner sowie das daraus resultierende Manipulationsbedürfnis. Sie brach damit Cosimas ›Lebenstheater‹ ein stückweit auf und überließ den Umgang mit den Briefen künftigen staunenden Generationen.

Die überwiegend geradezu intimen, nicht für Dritte, geschweige denn für die Öffentlichkeit bestimmten Briefe Cosimas an Ellen[144] zeigen zumindest anfänglich eine bislang unbekannte Cosima, die sich offenbar rückhaltlos ihrer liebsten Freundin offenbarte und anvertraute. Sie begegnet dem Leser in der Fremdsprache Englisch geistreich, mit einem beeindruckenden Vokabular und prägnantem Ausdruck,[145] selten maskiert oder gekünstelt, sondern überwiegend spontan, stellenweise sogar betont umgangssprachlich. Der dennoch meist gehobene Stil, ihr Wortwitz und Humor sind Indizien für die gute Sprachbeherrschung. Die vielschichtigen Briefe bieten einen Schlüssel zu zahlreichen Aspekten ihrer Persönlichkeit, angefangen bei individuellen Befindlichkeiten über künstlerische Auffassungen bis hin zum beständigen Interesse für die Tagespolitik.[146] Nur wenige Male – etwa in Zusammenhang mit ihrer Abneigung gegen die preußische Politik[147] – fielen ihrerseits lakonische Bemerkungen darüber, dass der beschriebene Gegenstand kein Konversationsthema zwischen »Königin« und »Täubchen« sei.[148]

*Einführung*

## Cosimas Berliner Zeit

### Frühe traumatische Erfahrungen

Cosima und ihre beiden Geschwister, Blandine und Daniel, entstammten instabilen familiären Verhältnissen. Traumatisierend wirkten sich die Trennung der Eltern, das Verlassensein von beiden leiblichen Elternteilen und der mehrfache Wechsel der Erziehungsberechtigten aus. Nach der deutschsprachigen Großmutter Anna Liszt[149] waren französischsprachige Erzieherinnen für sie zuständig, später übte auch Fürstin Carolyne von Sayn-Wittgenstein Einfluss aus. Um 1855 entschied Franz Liszt mit dieser gemeinsam,[150] seine Töchter Cosima und Blandine, in Anbetracht des hohen Alters der Erzieherin Madame Patersi[151] und des zunehmenden Einflusses von Mutter und Großmutter auf die beiden Jugendlichen, nach Deutschland zu holen und beide in Berlin von Franziska von Bülow,[152] der Mutter seines Meisterschülers Hans von Bülow,[153] erziehen zu lassen. Liszt versprach sich von der aus Cosimas späterer Sicht gestrengen Franziska von Bülow[154] offenbar die Fortsetzung der standesgemäßen Erziehung, welcher sich die gerade eben bzw. nahezu volljährigen Töchter relativ rasch durch Heirat entzogen.[155] Auch wenn dieses ›Erziehungs-Modell‹ in adligen Kreisen vermutlich keineswegs eine Ausnahme darstellte, so hinterließ es bei Cosima doch traumatische Verletzungen, die sich auch in ihrer lebenslangen Suche nach persönlichen Haltepunkten äußerten und somit auch in den nun edierten Briefen eine zentrale Rolle spielen.

Anders als Ellens Mutter[156] sind die Frauen aus Cosimas Verwandtschaft in den Briefen nahezu nicht präsent.[157] Nah ging ihr zumindest, soweit ist nachvollziehbar, das Schicksal ihrer Großmutter Anna Liszt,[158] der sie im Februar 1861 ein Foto von sich und ihrer Tochter Daniela senden wollte, in der klaren Voraussicht, dass diese ihre Urenkelin wohl niemals persönlich kennenlernen würde.[159] Für ihre Mutter Marie d'Agoult[160] hatte die junge Cosima weniger Verständnis als ihre Schwester Blandine. Die erwachsene Tochter besaß nach eigenem Bekunden keine von d'Agoults Schriften.[161] Sie grenzte sich 1860 von ihr ab, und zwar ausdrücklich auch deshalb, weil diese nach dem Ende der mehrjährigen Beziehung mit Liszt den Roman *Nélida* (1846) zu einer schriftstellerischen Abrechnung genutzt hatte und darin von dem Künstler als Maler Guermann Regnier ein Portrait gezeichnet hatte, das von Anzüglichkeiten und künstlerischem Versagen geprägt ist: »[...] doch *Nelida* kann ich Dir nicht schicken, denn ich wünschte, sie hätte es nie geschrieben, und obwohl ich weiß, dass ich als Tochter nicht das Recht habe, über meine Mutter zu urteilen, kann ich nicht ohne Sorge und Wut daran denken«. Erst im Jahr nach Marie d'Agoults Tod (1876) bekannte Cosima, dass auch ihre Mutter in der Kindheit Wurzeln für ihre Begeisterung für die französische Literatur und das Theater gelegt hatte.[162]

Mehrfach klingt in den Briefen an, wie weit Cosima inzwischen emotional entfernt war von ihrer Schwester. Blandines Entscheidung vom Sommer 1856, bei der Großmutter in Paris zu bleiben und Cosima nach dem zweimonatigen Frankreich-Aufenthalt allein zurück nach Berlin reisen zu lassen,[163] hatte die einst verschworenen Geschwister[164] auseinander dividiert. Drei Jahre später informierte die tief verletzte Cosima die Schwester dann offenbar nicht über Daniels kritischen Gesundheitszustand. Schier aufgelöst über den aus ihrer Sicht überraschend eingetretenen Tod des Bruders schrieb Blandine danach anklagend, sie würde es »ewig bereuen«, sich nicht von ihm verabschiedet zu haben, und schloss den Brief mit der Beteuerung ihrer Liebe zu Cosima.[165] Zwar intensivierte sich der Kontakt 1860 wieder, was Cosima auch gesundheitlich gut tat.[166] Aber die Kluft zwischen ihnen blieb unüberbrückbar und die Vergangenheit wurde keineswegs »bereinigt«,[167] auch wenn Cosima ihre Schwester bat, die Patentante ihres ersten Kindes Daniela zu werden.[168] Auch Blandine benannte ihren im Sommer 1862 geborenen Sohn nach dem verstorbenen Bruder. Zeit zur Versöhnung blieb ihnen jedoch nicht; Blandine starb am 11. September 1862 an den Folgen einer Brustentzündung.[169] Cosima benannte ihre zweite Tochter nach ihr.

Vor allem ihre Ehe mit Hans von Bülow und der frühe Tod der Geschwister[170] brachten sie für eine gewisse Zeit Franz Liszt näher.[171] Cosima hatte sich ihrem Vater in Paris und in Berlin vorrangig mittels dritter Personen nähern und Zuneigung über die Erfüllung von Anforderungen erlangen können, bis hin zu einer ›imitatio Lisztis‹,[172] z.B. hinsichtlich ihrer religiösen Prägung,[173] ihrem literarischen Interesse, der Theaterbegeisterung oder ihrer bibliophilen Neigung.[174] Und ihr Klavierspiel erst![175] Die Ähnlichkeit zwischen Vater und Tochter war so verblüffend, dass Hans von Bülow für beide große Sympathie empfand und der Lieblingsschüler Liszts[176] die Tochter des hoch verehrten »Meisters« heiraten wollte.[177] Das verwundert bei näherer Betrachtung durchaus nicht.

Wie sehr sich Cosima in der Berliner Zeit zu dem lange entbehrten Vater hingezogen fühlte,[178] wird auch an den hier veröffentlichten Briefen deutlich. Zweifellos kommt dieser Verbindung während der frühen Erwachsenenjahre die prominenteste Bedeutung innerhalb ihrer Eltern-Kind-Beziehung zu. An der Seite des Vaters stieg die uneheliche Tochter gesellschaftlich auf; sie erfuhr sowohl die Verehrung ihrer Umwelt gegenüber Franz Liszt[179] als auch die Schattenseiten der Berühmtheit, die vom Geschwätz der (Zeitungs-)Leute[180] bis hin zur zeitweiligen Alkoholabhängigkeit des Vaters (Wein, Brandy) reichten.[181] Dass beide zeitweise auch diese Vorlieben teilten, hielt Richard Wagner für derartig besorgniserregend, dass er bei ihrem Zusammentreffen vor »Excesse[n]« warnte.[182] Liszt und seine Tochter besuchten Theatervorstellungen; Cosima begleitete den Vater zu Konzerten, fieberte bei Aufführungen seiner Werke wie dem *Prometheus* mit[183] oder stand ihrem Mann bei der Aufführung der *h-Moll-Sonate*[184] bei. Sie schwor auf den Rat des Vaters und seine Lebenserfahrung.[185] Und insbesondere an der Beschreibung von Bogumil Dawison[186] wird deutlich, in welchem Maße Liszts Affinität für den Schauspieler (»C'est un grand artiste et il y a de l'affinité entre sa virtuosité et la mienne«[187]) der von Cosima und Hans[188] entsprach. Wie sehr die Zuneigung in dieser Zeit auf Gegenseitigkeit beruhte, zeigt auch Liszts Interesse an Cosimas engster Freundin Ellen und deren Laufbahn. Bereits nach der ersten Begegnung im März 1859 schwärmte Liszt gegenüber der Fürstin von der »charmante Anglaise«.[189] Mehrfach lud er sie in der Folge zu Begegnungen und Theatervorstellungen ein;[190] es herrschte eine Herzlichkeit, die sich bis in die Meininger Zeit der Baronin von Heldburg erhielt.[191]

Wie wohl kaum jemand anders beklagte Cosima Liszts Auswanderung nach Rom im August 1861 und sein Verbleiben dort »in vollständiger Resignation«.[192] Just zu jener Zeit, als Cosima hart mit der Lebensrealität kollidierte, empfing ihr Vater 1865 die niederen Priesterweihen. Dass sich Cosima nach Jahren des Lavierens von ihrem Ehemann Hans trennen wollte, war für Liszt ein Schock. Zu einem tiefen Vertrauensbruch und zu nahezu »unüberwindlicher Passivität« seitens Cosima führte seine Position bezüglich der Ehescheidung.[193] Es folgte eine Zeit der Distanz, in der Cosima dem Vater schwere Vorwürfe machte und ihm auch den Tod Daniels anlastete.[194] 1872 versöhnten sich Vater und Tochter;[195] insbesondere die Briefe an Marie von Schleinitz berichten von dem wieder gewonnenen herzlichen Verhältnis zum Vater.[196] Unwiederbringlich verlor sich jedoch der von Liszt – wenigstens in seinen zahlreichen Briefen an die Fürstin Carolyne – zuvor für seine Tochter gern verwendete Kosename Cosette.

### Cosimas intellektuelle und künstlerische Lebenswelt

Die hier vorgelegten Briefe belegen Cosimas vielfältige Begabungen und ihre Theaterleidenschaft. Sie komponierte im Rahmen ihres Musiktheorie-Unterrichtes[197] nicht nur, sondern spielte offenbar hervorragend Klavier und Flöte.[198] Wenn Bülows euphorisches »ipsissimus Lisztum«[199] auch seiner damaligen Verliebtheit geschuldet sein mag,[200] spielte sie doch immerhin so gut Klavier, dass sie 1856 im Salon der Hedwig von Olfers einmal nach Hans von Bülow auftrat,[201] dass sie Ellen bei ihrem Melodramen-Vortrag während der Soirée in der Singakademie am 11. Dezember 1859 am liebsten selbst begleiten wollte[202] und dass sie im Sommer 1862 gemeinsam mit ihrem Mann und Anton Rubinstein musizierte.[203] Ludmilla Assing urteilte 1857 sogar ohne Umschweife, sie spiele »noch schöner als Herr von Bülow«.[204]

Ihre größte Leidenschaft galt seit ihrer Jugend dem Theater.[205] Frappierend ist vor allem ihre Fähigkeit zur Analyse und Beschreibung von Inszenierungen wie etwa der *Hamlet*-Darstellung Bogumil Dawisons,[206] eine detaillierte Schilderung seiner revolutionären Schauspielerleistung, wobei Cosima vor dem Hintergrund ihres Theaterverständnisses möglicherweise auch Bezüge zur Lebensrealität ihres Ehemannes Hans herstellte.[207] Nicht weniger eindrucksvoll sind ferner ihre dramaturgischen und inszenatorischen Kenntnisse und Überlegungen,[208] ihre Auffassungen bezüglich der Qualität von Komödien,[209] ihre Vorliebe für die Wiener Truppe im Sommer 1860[210] sowie ihre praktischen Ratschläge für Ellen bezüglich der Rollenauswahl,[211] der Rollenanlage[212] und der Motivation zur Arbeit[213] – getreu dem Motto: »Leb wohl meine Liebe und arbeite nun, es ist kein Vergnügen, zum Theater zu gehen.«[214] Außerdem gab Cosima Ellen Hinweise zur Pflege der Stimme,[215] der für einen Schauspieler unabdingbar notwendigen Fähigkeit zur Entrückung und Verzauberung[216] und der Lektüre von dramatischen, literarischen wie philosophischen Texten.[217] Als sie von Ellens Deklamation eines Fröbel-Textes erfuhr, reagierte sie als strenge Lehrerin, weil sie zuvor nicht um ihr Einverständnis gefragt worden war.[218] Als beide im Frühjahr 1860 die *Jane Eyre* deklamierten, gerieten sie sogar recht grundsätzlich aneinander.[219] Aus der Ferne erkundigte sie sich später, wie Ellen sich als *Minna* gefühlt habe.[220] Als sich deren Schauspielkarriere in Coburg und Gotha in eine Krise geriet, erwog sie einen »Rückzugsort«, riet ihr, unangemeldet bei ihrem Vater Franz Liszt um Rat zu fragen.[221] Im Monat darauf erkundigte sie sich, wohin Ellen gehen wolle und ob sie ein Engagement oder Gastrollen bevorzuge.[222] Die Übersicht über die deutsche und polnische Theaterszene sowie ihre eigene Vernetzung mit Schauspielerinnen und Schauspielern, Theaterdirektoren, Komponisten, Schriftstellerinnen und Schriftstellern sowie mit Dramatikern waren so ausgeprägt, dass Cosima sie sogar für Vermittlungsversuche für Ellen einsetzte. Mögen die Kontakte ihres Vaters[223] und ihres Mannes[224] dafür auch gelegentlich den Boden bereitet haben. Jedenfalls verkehrte Cosima zwischen 1856 und 1861 u. a. mit Ludmilla Assing,[225] Bogumil Dawison,[226] Hedwig und Ernst Dohm,[227] Eduard Fischel,[228] Friedrich Hebbel,[229] Friedrich von Flotow,[230] Emilie Genast,[231] Julius Leopold Klein,[232] Franz Kroll und seiner Frau,[233] Fanny Lewald,[234] Bertha von Marenholtz-Bülow,[235] Elisabeth Ney,[236] Richard Pohl,[237] Alfred Meißner,[238] Adolf Mützelburg,[239] Franz Wallner[240] und Carl Friedrich Weitzmann.[241] Die junge Frau verfügte über eine bemerkenswerte intellektuelle Eigenständigkeit, ein ausgeprägtes Urteilsvermögen[242] und kannte sich aus in den Musik- und Theaterverhältnissen von Berlin, Weimar, Schwerin, Posen, Wien und Prag.

Hinsichtlich ihrer hohen Bildung und ihres intellektuellen Niveaus ist Cosima Frauen wie Ludmilla Assing, Hedwig Dohm oder Fanny Lewald an die Seite zu stellen. Sie war geistig und künstlerisch ›zu Hause‹ in der Musik- und Theaterszene und deren Personalien,[243] kannte sich aus in den Schriften von französischen Politikern wie Joseph de Maître oder des zeitgenössischen Schriftstellers Edmond About[244], trug bei ihrem Aufenthalt in Tegernsee indische Sagen bei sich,[245] zitierte Shakespeare,[246] Goethe[247] sowie Dante[248] und schwärmte für Philosophen wie Voltaire,²⁴⁹ Kant,²⁵⁰ Fichte,²⁵¹ Schopenhauer,²⁵² Schleiermacher,²⁵³ hörte Vorlesungen des Mediziners Rudolf Virchow sowie anderer renommierter Wissenschaftler²⁵⁴ und suchte den Kontakt zu Menschen wie dem 1857 bis 1860 in Berlin studierenden Astronom Giovanni Schiaparelli.²⁵⁵ Ihre Bibliothek stand offenbar in so gutem Ruf, dass sich der Attaché des belgischen Königs oder Friedrich von Schack dort Bände ausliehen. Zum Glück versäumten die Benutzer offenbar die fristgerechte Abgabe, weshalb in Briefen überhaupt die Rede darauf kam.²⁵⁶ Cosima besuchte Museen, Ausstellungen und Galerien derart gern und häufig, dass ihr Mann sie 1860 eine »Museumskatze« nannte.²⁵⁷

Doch Cosima beließ es nicht bei deutschen und französischen Literaturstudien: Sie wurde selbst schriftstellerisch tätig für die *Revue germanique*,²⁵⁸ jener damals jungen Zeitschrift, die sich aus französischer Perspektive publizistisch mit Deutschland befasste.²⁵⁹ Wenn man sich anschaut, wie intensiv sie sich in der Zeit von 1858 bis 1862 allein für dieses Blatt betätigte, kann man mit Fug und Recht von einer besessenen Arbeiterin großen Formats sprechen.²⁶⁰ Nachdem 1858 ihre Übersetzung von Friedrich Hebbels *Maria Magdalena*²⁶¹ erschienen war, zeichnete sie verantwortlich für die Ausgaben »Courrier littéraire et scientifique« vom Dezember 1860 und vom Februar 1861 sowie vom Mai, Juni und Juli 1861,²⁶² für den »Courrier de Berlin« vom Februar 1862 und im April für den »Courrier d'Allemagne«.²⁶³ Mehrfach sandte sie unaufgefordert Übersetzungen an die Redaktion der *Revue germanique*; bekannt wurden davon bislang Gustav Freytags *Fabier*,²⁶⁴ ein Werk von Gustav Heinrich zu Putlitz,²⁶⁵ die Fichte-Fragmente²⁶⁶ und Alfred Meißners Erzählung *Zur Ehre Gottes*.²⁶⁷

Während nicht bekannt ist, wann Cosima ihr Klavierspiel oder den Musiktheorie-Unterricht aufgab und ob dies letztlich aus Konkurrenz-, Raum- oder Zeitgründen gegenüber ihrem Mann oder aus Rücksicht gegenüber ihrem Vater geschah, konnte und wollte sie von ihrer intensiven intellektuellen Betätigung als Schriftstellerin und Übersetzerin offenbar auch angesichts von Danielas Geburt (Oktober 1860) zunächst nicht lassen. Schon Ende Januar 1861 schrieb sie:

> »Deine Mutter wird Dir erzählt haben, dass ich sie getroffen habe, denk nur, ich war nicht in der Lage, ihren freundlichen Besuch zu erwidern, Du hast keine Vorstellung davon, wie viel ich zu lesen, zu schreiben und zu tun habe, wie die Bekanntschaften jeden Tag mehr werden, so dass es fast unmöglich ist, die Höflichkeit zu wahren; ich sehne mich nach etwas Erholung, denn (unter uns gesagt) ich fühle mich gar nicht wohl. Das Baby nimmt viel Zeit in Anspruch und versteht nicht, dass ich mich von Zeit zu Zeit auch anderen wichtigen Dingen zuwenden muss.«²⁶⁸

In Anbetracht der sich auftürmenden Berge von Arbeit, des resultierenden chronischen Zeitmangels sowie des wachsenden Produktionsdrucks²⁶⁹ litt die ohnehin melancholisch veranlagte Cosima²⁷⁰ bald darauf selbst unter schwerer Ermattung und Ausgebranntheit,[271] weshalb ihr besorgter Vater sie Ende Februar 1861 mit auf die Altenburg[272] nahm. Die Niedergeschlagenheit blieb.[273] Und deren Ursachen waren, wie sich noch zeigen wird, vermutlich deutlich komplexerer Natur.

Zu Beginn des Jahres 1861 sah sie das Manuskript von Hebbels *Nibelungen*[274] ein und befasste sich umfassend mit dem Nachlass Varnhagen von Enses. Mitte Mai 1861 publizierte sie die »Extraits des Mémoires du baron de Gentz tirés des papiers posthumes de Varnhagen d'Ense«[275] und im Januar, Februar und April 1862 erschien ihr großer Artikel »Le journal de Charles-Auguste Varnhagen d'Ense«.[276]

Cosimas Leidenschaft, Dynamik und Eigenwilligkeit faszinierten und befremdeten ihr Umfeld wohl zugleich.[277] Ein solches ›gemischtes Gefühl‹ benannte Richard Wagner unter dem Eindruck der Reichenhall-Begegnung im September 1861, als er die damals 24-Jährige als »wildes Kind« bezeichnete.[278] Cosima sprach selbst fast zur selben Zeit von ihrer »gemischte[n] Rolle«:

»Mein Mann und ich kommen zur Zeit gar nicht aus den Konzertsälen heraus, er als Wirkender, ich als amphibisches Wesen, halb Künstlerin, halb passiv, eine gemischte Rolle, zu der wir Frauen eben verdammt sind. Alles in allem gehen die Dinge nicht schlecht und wir sind schlagfertig genug, haben reichlich kampffreudige Stimmung und fühlen uns gesund genug um dem Winter mit ruhigem Blicke entgegenzusehen.«[279]

### Gesellschaftliche Präsenz

Cosima und Hans von Bülow verkehrten in den gebildeten und künstlerisch interessierten Zirkeln Berlins und besuchten verschiedene der für das 19. Jahrhundert typischen »Salons«. Auch wenn pauschale Einschätzungen über die Bedeutung dieser gesellschaftlichen Veranstaltungen für die beiden Eheleute schwierig sind, da die Salons hinsichtlich ihrer Organisatoren, Örtlichkeit, Form, Besetzung, Kontinuität, Themen und der Gleichberechtigung von Mann und Frau wohl tendenziell offene Strukturen[280] aufwiesen, so darf der intellektuelle, künstlerische und persönliche Einfluss nicht unterschätzt werden.

Auch wenn Hans schon zu Beginn des Jahres 1850 im Salon von Henriette Solmar zu Gast war,[281] ebenso wie bei Bettine von Arnim,[282] und er später gemeinsam mit Cosima im Salon der Hedwig von Olfers als Pianist auftrat,[283] spielte der liberal gesinnte Kreis um Karl August Varnhagen von Ense[284] und seine Nichte Ludmilla Assing eine ungleich größere Rolle. Schon kurze Zeit nach ihrer Ankunft in Berlin waren Cosima und Blandine dort eingeführt worden[285] bzw. wurden Varnhagen und Ludmilla zum Gegenbesuch zu Franziska von Bülow[286] und zu Hans und Cosima in die Anhaltstraße[287] eingeladen. Varnhagen wurde sogar Trauzeuge bei der Hochzeit der Bülows.[288] An den Kreis schloss sich wiederum ein ganzes Netzwerk von Bekannten und Freunden an, zu denen

*Einführung*

zeitweise Ferdinand Lassalle, das Ehepaar Emma und Georg Herwegh, Ernst und Hedwig Dohm sowie Fürst Hermann von Pückler-Muskau zählten.[289] Aus den Briefen Cosimas an Ludmilla Assing lässt sich u. a. ersehen, dass sich beide über die Dichter Alexander von Sternberg,[290] Alphonse de Lamartine,[291] Emil Kuh oder die Pianisten Pauline Viardot und Carl Tausig[292] verständigten und Cosima wegen der *Tannhäuser*-Vorstellung am 21. Mai 1858 eine Einladung zum Tee versäumte.[293] Einige Mühe musste sie aufwenden, um ein verliehenes Manuskript zu *Tristan und Isolde* wieder zurück zu erhalten.[294]

Seit der Hochzeit veranstalteten Cosima und Hans in ihrer Wohnung in der Anhaltstraße und später in der Schöneberger Straße eigene musikalische Soireen,[295] Lesungen und Salons.[296] Nachweisbar traf man sich auch bei den Krolls,[297] bei den Dohms[298] und anderswo.[299]

Dass auch dieser Kreis nicht frei von gelegentlichen Animositäten blieb, überliefert Hedwig Dohm im Sommer 1859.[300] Ebenso ließ Cosima im März des folgenden Jahres kaum ein ›gutes Haar‹ an Hedwig Dohm,[301] was sie aber nicht davon abhielt, über Jahre ein herzliches Verhältnis zu Ernst Dohm zu pflegen,[302] das sich in einer größeren Anzahl überlieferter Briefe niederschlug.[303] Cosima selbst wiederum beargwöhnte damals insbesondere die anfänglich ins Vertrauen gezogene Ludmilla Assing,[304] gegenüber der sie in ihren Briefen an Ellen Eifersüchteleien spiegelte.[305] Die knapp neun Jahre ältere hochintelligente Frau imponierte Hans von Bülow ungemein.[306] War sie doch seit Jahren journalistisch tätig und sorgte u. a. mit der Herausgabe der Briefe Alexander von Humboldts an Varnhagen für Aufsehen im politischen Berlin, was letztlich zur Verurteilung zu einer reichlich zweieinhalb-jährigen Haftstrafe führte.[307] Ihr Kontakt zu den Bülows brach im April bzw. Mai 1861 offenbar ab;[308] etwa ein Jahr später ließ sich Assing in Florenz nieder.[309]

Wie das Umfeld während dieser Zeit politisch ausgerichtet war, ist an Elisabeth von Krockows Gratulation zu Cosimas erster Schwangerschaft abzulesen, denn sie bemerkte zu Cosimas Vergnügen: »Du bist also wirklich dabei, einen neuen Kandidaten für das System zu präsentieren!«[310] Und Bertha Marenholtz-Bülow war »überzeugt davon, dass in der Politik alles auf den Kopf gestellt werden wird, dass die Metzger sich in Seide und Gold wiegen und die Könige im Dreck liegen werden, und das alles schon sehr bald«.[311]

Die Ehe mit Hans von Bülow

Auch die zwölf Jahre während Ehe mit dem Pianisten und Dirigenten Hans von Bülow erscheint durch die Briefe in einem differenzierteren Licht als bisher. Dass beide einander durch den von Liszt verordneten Aufschub[312] vor der Ehe besser kannten, als es für Ehepartner der damaligen Zeit üblich war,[313] erwies sich zunächst gewiss als Vorteil. Beide entdeckten ihre frappierende Ähnlichkeit, die zahlreichen Berührungspunkte: Sie waren in gewisser Hinsicht Liszts ›Geschöpfe‹, ihrem Idol ebenso nah wie fern. Und die Übereinstimmungen erschöpften sich keineswegs in dem künstlerischen Hintergrund und den Erfahrungen als Scheidungskinder mit französisch-deutscher Erziehung. Vielmehr bestätigen die Briefe die ähnlich gelagerten persönlichen Anlagen, die künstlerischen, intellektuellen und tages- bzw. europapolitischen Interessen,[314] die Theaterbegeisterung und das Interesse an zeitgenössischer Literatur und Musik. Und beider vielfältige Begabungen waren bei introvertierter,[315] melancholischer Disposition und mangelnder Selbstliebe gepaart mit der Überzeugung von der Kunst als Lebensideal, enormem Leistungswillen,[316] dem Hang zur Gesinnungsethik, Hingabe bis zur Selbstaufopferung, Leidensbereitschaft, rascher Auffassungsgabe, hochgradiger Sensibilität, Wortgewandtheit, geradezu manischer Detailversessenheit und ausgeprägter Urteilsfreudigkeit (auch gegen sich selbst). Kongruenzen in so hohem Maße sind nicht die schlechtesten Startbedingungen für eine Beziehung. Und das von Cosima inmitten der Scheidungsphase konstatierte »große Mißverständnis«[317] las sich zwölf Jahre später deutlich milder, als sie doch zugab, damals von Bülow »geliebt« worden zu sein.[318]

Die folgenden Ausführungen zeigen denn auch ein durchaus ›modernes‹ Szenario des Scheiterns, in welchem die hohen beruflichen Anforderungen mit der Tendenz zu permanenter Überforderung bei mangelhaft empfundenem Erfolg auf Seiten von Hans mit dem durch die Kinder provozierten re-tradionalisierten Rollengefüge und der Aufgabe der im weitesten Sinne beruflichen Tätigkeit durch Cosima kollidierten; zudem waren die Kräfte in dieser Verbindung zugegebenermaßen ungleich und auch unkonventionell verteilt.

### Ungleiche Kräfteverhältnisse

Auch wenn Macks Argumentation hinsichtlich der angeblich »vorgezeichnet[en]« und nur Cosima anzulastenden Trennung der beiden Eheleute[319] zu kurz greift, so bleibt doch festzuhalten, dass beide instabilen Eltern-Beziehungen entsprossen. Die Trennungen der elterlichen Partner (1843 bzw. 1849) waren für sie wie ihn einschneidende Erfahrungen gewesen. Für die Schwierigkeiten im Zusammenleben von Hans und Cosima und den nachfolgenden Bruch der Beziehung war sicherlich auch ihre grundsätzliche psychosoziale Disposition von zentraler Bedeutung.

Ebenfalls nicht zu unterschätzen ist die Rolle Franziska von Bülows, die – im Gegensatz zu Cosimas Mutter – sowohl in der Ehe als auch über die Scheidung hinaus präsent blieb[320] und zu der Hans von Bülow erst langsam Abstand gewann.[321] Vor dem Hintergrund der Lektüre seiner Briefe an Mutter und Schwester gelangt man zu dem Schluss, dass es ihm letztlich erst durch die Heirat mit der

Schauspielerin Marie Schanzer (1882)[322] gelang, sich von der Mutter zu lösen.[323] Zwar heiratete die bisweilen als ebenso gestreng wie anstrengend empfundene Schwiegermutter,[324] von Ellens Vater spöttisch »the ›poor‹ Bülow«[325] genannt, um die Jahreswende 1860/61 selbst noch einmal, nämlich den Publizisten Eduard Fischel.[326] Und es scheint, als habe sie Berlin Ende Oktober 1862 ursprünglich zunächst verlassen wollen.[327] Doch offenbar zerschlugen sich die Pläne, und nach der Hochzeit ihrer Tochter Isidora im Oktober 1862 zog sie überraschend zu Hans und Cosima in die Schöneberger Straße 10, was die beengte Wohnsituation weiter verschärfte, erst recht nach der Geburt der zweiten Tochter Blandine 1863.[328]

Hans' außerordentliche Leistungsbezogenheit[329] allein der Mutter anzulasten, wäre indessen fatal, erwuchs diese doch aus dem gesamten häuslichen Zusammenhang. Im Ergebnis waren jedoch für den Heranwachsenden Freizeit und Erholung nur dann zu erlangen, wenn er erkrankte,[330] was bei seiner gesundheitlichen Konstitution mit signifikanter Häufigkeit und Schwere[331] geschah. Charakteristisch wurde und blieb für ihn die permanente Diskrepanz zwischen hochgradiger Ambition, entgrenzter Arbeitsbereitschaft mit Spiralen der Überforderung bis hin zur völligen physischen und psychischen Erschöpfung (heute würde man von einem *Burnout-Syndrom* sprechen, das generell Rückfälle einschließt) und der Grunderfahrung körperlicher Unzulänglichkeit auf der einen Seite und dem elterlichen Misstrauen in sein Leistungsvermögen[332] bzw. der als mangelhaft empfundenen Würdigung durch die Außenwelt[333] auf der anderen Seite. Die soziale Abhängigkeit von Anerkennung steigerte den Druck zusehends und entwertete zugleich die durchaus vorhandenen Erfolge. So zeigen schon Franziskas Briefnotizen aus dem Frühjahr 1856[334] Hans bisweilen »ungeheuer beschäftigt«, »von der übelsten Laune« und »gegen alle Welt erbittert«. Ihren Niederschriften zufolge bildete er sich ein »[…], daß Alle seine Feinde sind, die Wagner nicht blind verehren«. Ende Mai 1856 sah sich die Mutter sogar genötigt, nachts die Ärzte zu rufen.[335]

Bereits Du Moulin Eckart legte plausibel dar, dass Cosimas Einfluss auf Hans zu Beginn »ein sichtlich guter, befreiender« gewesen sei.[336] Als Beispiele führt er den Ballbesuch vor ihrer Hochzeit[337] an und das Mitwirken in Mussets Komödie *Un caprice*.[338] Doch bereits im Sommer 1857 verknüpfte Bülow in bezeichnender Weise private mit beruflichen Angelegenheiten, indem er dem Direktor der Wiener Gesellschaft der Musikfreunde seine Hochzeit ankündigte und zugleich den Wunsch äußerte, als »fähiger Mitkämpfer für die gemeinsame Sache« gelten zu wollen.[339]

Cosima begleitete ihren Mann anfänglich auf den Reisen und stand ihm auf Augenhöhe zur Seite; Bülow empfand sie zu jener Zeit zu Recht als eine »vollkommene Freundin«.[340] Wie sehr sie ihrem Mann künstlerisch beistand, wird an dem *Merlin*-Opernprojekt deutlich.[341] Angesichts von Liszts Werken bzw. Wagners *Tannhäuser*, *Lohengrin* oder *Holländer* und explizit Berlioz' *Symphonie fantastique* sehnte sich auch Bülow nach einer »idée fixe«, in der er »mit ganzer Seele aufgehen« könne.[342] So setzte er alles auf eine Karte und machte »[s]ein Leben und [s]eine Gesundheit« vom Gelingen eines solchen Großprojektes abhängig. Als Cosima mitbekam, dass er selbst als Textdichter nicht zurechtkam und Alfred Meißner wie Richard Pohl ›kniffen‹, bat sie Ernst Dohm um die Ausarbeitung des Librettos. Doch so groß auch das Entzücken über das zu Weihnachten 1858 geschenkte Libretto war, Bülow geriet in keinen Schaffensrausch. Inwieweit die Oper überhaupt gedieh, ist ungewiss.[343] Es folgte die niederschmetternde Einsicht, nicht wie ersehnt als Komponist reüssieren zu können.

Den Briefen an Ellen ist zu entnehmen, wie Cosima mit Hans fühlte. Sie war sich darüber bewusst, dass »Dornen« »auf jedem Schritt den Weg des Talentes, des Genies und der Ehrlichkeit säumen«.[344] Aber ihr Stolz auf seine Fähigkeiten und darauf, dass ihr Mann etwa mit einer Koryphäe wie dem Geiger Josef Hellmesberger konzertierte,[345] »schöner« spielte als je zuvor[346] oder im Vergleich zu Anton Rubinsteins Spiel besser abschnitt,[347] vermochte die permanenten Schwierigkeiten auf die Dauer nicht aufzuwiegen. War es ihr doch unerklärlich, dass er »seine Erfüllung« nicht fand:[348] Wie viel ›spielerischer‹ verlief, trotz aller Widrigkeiten, das private wie öffentliche Leben ihres Vaters und das der Freunde. – Doch Bülow war eben weder Berlioz noch Liszt noch Wagner!

Die Kräfteverhältnisse in dieser Ehe stellten die traditionellen Rollen auf den Kopf. Bülow notierte an seine Schwester: »[...] meine Frau hat einen starken Geist und es bedarf leider so wenig meiner Beschützung, daß sie vielmehr mir dieselbe bietet«; sich selbst charakterisierte Bülow als »ins Weibliche hinüberstreifende Natur«.[349] Diese mentale Verfasstheit der Partner fiel mit der bereits angedeuteten produktiven, aber auch mit der finanziellen Situation in eins. Zweifellos bedeutete der Eintritt in Liszts Familie für Bülow einen gesellschaftlichen Aufstieg. Erschüttert wurden seine Bemühungen (und wohl auch seine Empfindungen) aber offenbar durch die wiederholte Verletzung seines Pflicht- und Ehrgefühls als Ernährer der Familie.[350] Dies begann bei dem von Cosima in die Ehe eingebrachten Vermögen,[351] dem er wenig entgegenhalten konnte, und setzte sich fort in der existentiellen Sorge, die Familie nicht standesgemäß unterhalten zu können.[352] So klar es für Cosima auch immer war, dass man von ihr als Frau die »Aufrechterhaltung der moralischen Ordnung erwartet[e]«;[353] auf Dauer vermochte sie nicht, die ihr zugedachten Pflichten zu erfüllen. Die Trennung zog sich über mehrere Jahre hin.

## Das Ende der Ehe

Die Verbindung von Cosima und Hans trug letztlich auch zu deutlich künstlerischen und musikpolitischen Aspekten Rechnung, zu stark war sie mit Arbeit konnotiert. Noch in seinem Trennungsbrief hielt er Cosima zugute, sein »einziger Halt im Leben« gewesen zu sein.[354] Dabei ist Bülows augenblickliche Präzisierung des Begriffes »Leben« auf »Lebenskampf« im selben Atemzug bezeichnend. Die zehn Jahre seines »krampfhaften Strebens in Berlin«[355], die aufreibende Unterrichtstätigkeit und das Gefühl mangelnder Anerkennung als Pianist, das Hadern mit Publikum und Presse[356] mündeten in eine permanente massive Überforderung,[357] zu schwankender gesundheitlicher Verfassung beziehungsweise grundlegender Erschöpfung.[358] Zu groß war Bülows Einsatz für Liszts *h-moll-Sonate*[359], *Die Ideale*[360] oder den *Prometheus*,[361] übergroß der Aufwand für Wagners *Tannhäuser*.[362] Doch damit nicht genug. Wagners Gegenwart stellte Bülows Existenz generell in Frage: künstlerisch, menschlich und privat. Bülows mehrmonatige Beschäftigung mit dem *Tristan*-Klavierauszug wurde musikalisch wie dramaturgisch zu einer schicksalhaften Tortur.[363] Von der Auflösung der Beziehung zu Cosima ganz zu schweigen.

Bülow war nicht länger in der Lage, buchstäblich den Kopf hinzuhalten für »die Sache« der Neudeutschen. Die Arbeit, die ihm sonst »Genugtuung« verschaffte, verzehrte ihn.[364] Die damals geäußerte »häufige Absicht, mir das Leben zu nehmen«[365], hatte sich bereits über Jahre manifestiert.[366] Eine ganze Reihe von Gründen stellte sich ein, welche die anfängliche gegenseitige Zuneigung der Partner vollends untergruben. Wiederholte Versuche, den aufreibenden Musikunterricht zu beenden und das verhasste Berlin zu verlassen, misslangen.[367] Hans reagierte – zumindest aus der Perspektive Cosimas – mit Unzugänglichkeit[368] und Zynismus.[369] Seine »körperliche und moralische Verstimmung«[370] steigerte sich im Mai 1869 bei zunehmender Arbeitsunfähigkeit zu einem »täglich so ins Unendliche wachsende[n] Lebensüberdruß«, dass er sich selbst vor einem »wirklichen Zusammenbruch« fürchtete.[371]

Spätestens seit 1866 lebte Cosima mit Wagner und den Kindern für längere Zeit abwechselnd in Luzern und (immer seltener) in München.[372] Dieses von Cosima anfangs angestrebte »Leben zu dritt«[373] erwies sich jedoch auf Dauer als nicht erträglich. Wie schon im Sommer 1866 geplant,[374] verließ der im Juni 1869 »aufs Äußerste erschöpfte«[375] Bülow Deutschland und isolierte sich – wieder aufatmend – für Monate in Florenz,[376] bis er sich durch verschiedenste extrem anstrengende Konzertverpflichtungen in neuerliche Spiralen der Überforderung begab.[377]

Erst nach seiner Scheidung[378] vermochte er mit Liszt und Wagner, sprich mit »Rom und demjenigen Theile von Luzern, der mich angeht, wieder in Verkehr zu treten«.[379] Der Verlassene fühlte sich »gleich einem schlechtadressierten Koffer in der Welt herum- und tüchtig von ihr durchgeschüttelt«,[380] später bezeichnete er sich als einen »Schiffbrüchigen«.[381] Nachricht von seinen Töchtern »Lulu u. Boni« erhielt er in der Folge zeitweilig auch über seine Schwester Isidora.[382] Der Makel, Bülow verlassen zu haben, begleitete Cosima bis an ihr Lebensende.[383] – Glaubt man einzelnen Autoren, hielt Bülows Bewunderung für Cosima auch nach der Scheidung an.[384]

## Cosima und Ellen – die frühe Phase der Freundschaft

Die Lebensfreundschaft zwischen Cosima Liszt (verh. Bülow bzw. Wagner) zu der anderthalb Jahre jüngeren Ellen Franz/Helene von Heldburg setzte um das Jahr 1855 ein.[385] Ellen[386] Franz war die Tochter von Dr. phil. Hermann Franz (1803–1870),[387] der nach seinem Doktorexamen als Erzieher der Söhne des Lord Livingstone nach England zog, wo er auch seine Frau Sarah kennen lernte. 1838 wurde er Oberlehrer an der Domschule in Naumburg, 1847 ging er als Mitbegründer und Direktor der Königlichen Handelsschule nach Berlin. Über die aus dem englischen Middlesex stammende Mutter Sarah Franz[388] ist lediglich bekannt, dass sie keineswegs nur Hausfrau und Mutter zweier Kinder[389] war. Vielmehr war sie literarisch interessiert[390] und darüber hinaus auf diesem Gebiet auch schöpferisch tätig.[391] Unterschiedlicher hätte der soziale und familiäre Hintergrund der beiden jungen Frauen kaum sein können, kam Ellen doch aus einem ›behüteten‹ Elternhaus. Ellens erhaltene Korrespondenz mit den Eltern belegt das lebenslang sehr herzliche Verhältnis zu ihnen.[392] Als Ellen im Sommer 1860 ihr erstes Engagement in Gotha/Coburg antrat, fiel ihr der Abschied aus dem elterlichen Haus deshalb umso schwerer, was sich u. a. an Schlaflosigkeit und diversen Krankheitssymptomen bemerkbar machte.[393]

Im Rahmen ihrer künstlerischen Ausbildung erhielt Ellen um 1855 auch Klavierunterricht bei Hans von Bülow. Die Begegnung in diesem Umfeld und die einsetzende Freundschaft erwiesen sich als prägendes Ereignis im Leben beider Frauen. Sie überdauerte sechs Jahrzehnte und barg Höhen wie Tiefen. Die im Thüringischen Staatsarchiv Meiningen bewahrten, hier erstmals edierten Briefe bieten nicht nur Alternativen zu den bislang stellenweise allzu pauschalen Deutungsversuchen der Biographen sowohl von Cosima[394] als auch von Ellen/Helene.[395] Bei näherer Betrachtung gehen die gewonnenen Erkenntnisse über bislang unbekannte biographische Details weit hinaus.

Die Freundschaft bot den beiden jungen, intellektuell wie künstlerisch begabten Frauen Raum zur Entfaltung, nicht zuletzt in emotionaler Hinsicht. Eine Erfahrung, die Cosima niemals wieder erlebt hat, wie sie 1896 nicht ohne Wehmut resümierte.[396] Cosima und Helene besuchten sich gegenseitig. Sie studierten gemeinsam Texte, gingen ins Theater oder in Matinéen des Berliner Opernchores,[397] hörten einmal eine

Vorlesung in der Singakademie[398] und machten lange Spaziergänge zum Tiergarten[399] etc. Später gestand Cosima, außer mit ihrer Familie »nie so viel gelacht [zu] habe[n] wie in unserer Berliner Zeit«.[400] Während Hans' und Cosimas Reise nach Wien und Prag Ende März 1860 hatte Ellen auch Zugang zur Bülow'schen Wohnung.

Auch sprachlich beschritten die Freundinnen neue Wege, denn beide wählten Englisch als ihren intimen Kommunikationsraum für die schriftliche Verständigung. Und vermutlich führten sie dies auch im persönlichen Umgang fort. Zumindest schreibt Cosima noch 1877: »Auch für mich ist es natürlicher, mit Dir englisch zu sprechen und zu schreiben, als irgendeine andere Sprache.«[401] Wie einige wenige englische Briefe an ihren Vater belegen,[402] erhielt die französisch und deutsch aufgewachsene Cosima[403] von Mai 1852 an möglicherweise über ein Jahr lang Englisch-Unterricht. Jetzt barg Ellens Muttersprache – Jahre vor Cosimas tief greifenden Bruch mit dem Französischen und der darauf folgenden Rückkehr in das Deutsch der geliebten Großmutter – nicht einfach nur neue Möglichkeiten der Vertiefung und des Trainings, sondern ist Ausdruck einer Identitätssuche. Schließlich verließ Cosima damit nicht nur das Französisch ihrer »Gouvernanten und Adoptiv-Mütter«,[404] sondern bediente sich einer Sprache, die bislang ungeahnte Entdeckungen ermöglichte bzw. Freiheiten zuließ, wie z.B. die Wahl des vertrauensvollen bzw. vertrauten »Du«[405] anstelle des gesellschaftlich vorgegebenen »Sie«. Schon vor ihrer Hochzeit grenzte sich Cosima mit dem Englischen demnach bewusst von ihrer früheren Erzieherin und späteren Schwiegermutter Franziska wie auch von ihrem späteren Ehemann ab. Denn Hans war zwar durchaus sprachgewandt, doch wie seine Mutter eher in den romanischen Sprachen zu Hause. Glaubt man Cosimas Schilderungen, so war Bülow in der englischen Sprache während des interessierenden Zeitraumes nicht ›sattelfest‹,[406] bis seine Frau ihn darin unterrichtete.[407] Das eben Geschilderte erfolgte Jahre vor Cosimas allseits bekanntem Sprachenwechsel, den sie 1871 wie folgt begründete:

»Die französische Sprache hat ganz aufgehört für mich die Sprache des Herzens zu sein; französisch klang alles was mich verwundet; deutsch was mich geheilt hat; deutsch sprach zu mir meine alte gute Grossmutter die meine Kindheit liebte, französisch dagegen die Gouvernanten und Adoptiv-Mütter die sich meiner annahmen, deutsch war die Zuflucht die meine Geschwister und ich vor dieser Pflege suchten; das Elend unserer Ehe bestreuten wir, Herr von Bülow und ich, mit dem Pfeffer des französischen Witzes. Mit dem ersten deutschen Brief den ich Wagner – und auch überhaupt – schrieb, hat der ewige Augenblick meiner Erlösung geschlagen, deutsch ist mein Glauben, meine Liebe, mein Hoffen, und nichts Herzliches fällt mir auf französisch ein [...]«.[408]

Die von beiden verwendeten Spitznamen deuten das Rollengefüge an, in dem sie agierten. Das von Sarah Franz bis in Ellens frühes Erwachsenenalter gebräuchliche »chick« (»Täubchen«) für ihre Tochter[409] ergänzte sich dabei mit dem vermutlich von Ellen stammenden Kosenamen »Queen« (»Königin«) für Cosima, denn die bereits um viele Erfahrungen reichere Cosima übernahm zweifellos die Führungsrolle gegenüber der nur 17 Monate jüngeren Ellen.

## Spielräume und Grenzen

Obwohl die retrospektive Betrachtung von personalen Beziehungen lediglich aufgrund schriftlicher Überlieferungen zahlreiche Schwierigkeiten birgt, zumal in dem vorliegenden Fall lediglich die Zeugnisse einer Seite überliefert sind, soll dennoch eine zusammenfassende Analyse versucht werden: Cosima begegnete mit Ellen einer jungen Frau, mit der sie, obwohl aus völlig anderem sozialen Hintergrund erwachsen, in der besonderen Situation der Berliner Zeit ein emotionales und geistiges Nahverhältnis aufbauen konnte, ja sogar eine gewisse ›Seelen‹-Verwandtschaft empfand. Mit dem Abstand von über 40 Jahren hielt Cosima fest:

> »Wir waren Beide fremd in der preussischen Hauptstadt, waren uns dessen nicht bewusst, aber wir zauberten uns durch unser gegenseitiges Mitfühlen eine Heimath für sich. Etwas ausserhalb des uns Umgebenden, Beruhenden. Das kann nie zerstört werden und es ist mir eine Genugthuung des Unvergänglichen immer bewusster zu werden und der Täuschung durch Zeit und Raum mich zu entwinden.«[410]

Nicht zuletzt das Kennenlernen relativ unverstellter Natürlichkeit reizte die offenbar zeitweise stärker durch Regularien und intellektuell-musikalische Herausforderungen als durch emotionale Zuwendung Aufgewachsene und Geförderte ungemein. Ähnlich wie Cosimas anfänglicher Einfluss auf Hans von Bülow lässt sich auch Ellens Einfluss auf Cosima anhand des Briefwechsels als »ein sichtlich guter, befreiender«[411] beschreiben. Ellen wiederum fand in Cosima eine ›ältere‹, um vieles erfahrenere Freundin mit ähnlichen Interessen und Neigungen, die zudem über hervorragende Verbindungen in die Gesellschaft und die Kulturszene verfügte.

Wie die Bezeichnungen »Königin« und »Täubchen« verraten, scheint auch diese Bindung Cosimas über weite Strecken nicht gleichberechtigt, sondern auf ein relativ klares Rollengefüge und Abhängigkeitsverhältnis festgelegt gewesen zu sein. Und noch etwas kam erschwerend hinzu: In sozialer Hinsicht hatte die Bindung nur ein begrenztes Entwicklungspotential. Denn Cosima lebte bald in einer – gesellschaftlich anerkannten – Ehe mit Hans von Bülow, zu der – aus Sicht der beiden Frauen und ihrer Umwelt – eine noch offenere, vertiefte Beziehung zu Ellen letztlich keine wirkliche Alternative darstellen konnte, wenn vielleicht auch der Gedanke an eine solche Bindung ansatzweise anklang. Stattdessen begnügte sich Cosima damit,

*Einführung*

über die Existenz eines »inneren und äußeren Lebens«[412] zu reflektieren und der Beziehung zur Freundin den Status einer »inneren Verbindung«[413] zuzuweisen.

Mit Ellen fand Cosima – nach dem Bruch mit der Schwester bzw. dem Tod des Bruders – endlich wieder eine innige Vertraute, mit der sie intimste Probleme besprechen und sich unmittelbar und ungezwungen austauschen konnte, die sie aber gerade aus diesem Grund auch nicht missen mochte und zu vereinnahmen suchte. Und auf eine derartige Entwicklung ihrer Beziehung konnte und wollte sich Ellen offenkundig auf Dauer nicht einlassen. Die Aufforderungen zu schreiben, die Hand in Hand gingen mit Beschwerden über Ellens Schreibfaulheit und Klagen über Informationsdefizite,[414] gehörten schon im Frühjahr 1860 zum Tenor von Cosimas Briefen. Und auf welche Weise sie Ellen von einem Besuch bei Hedwig Dohm abzuhalten versuchte.[415] Erst recht seit deren Engagement in Coburg und Gotha reglementierte Cosima ihre Freundin. Je mehr Cosima sie zu beeinflussen versuchte und sie z. B. ihr »Eigen«[416] nannte, desto mehr ging wohl der Zauber der Bindung und damit die Balance der Beziehung verloren. Nach dem Motto »*Ich bilde mir ein, mein liebes Kind, dass ich Dir zu Deinen Handlungen und Gefühlen ein paar Worte zu sagen habe* [...]«,[417] war Cosima in der Lage, ein geradezu professionell abgeklärtes Verhältnis zu Ellen zu entwickeln, über ihre Charakterentwicklung zu urteilen[418] und ihr zu raten, und sich auch unter widrigen Umständen höflich, kühl bzw. kontrolliert und beständig zu verhalten.[419] Ihre Ratschläge zielten darauf ab, Gerede zu ignorieren und stattdessen »politisch« (im Sinne von diplomatisch) zu agieren,[420] »nicht nach Gefühl oder Sympathie« zu urteilen[421] und perspektivisch potentiell hilfreiche Kontakte wie zu gut vernetzten Schauspielerinnen wie Minona Frieb-Blumauer[422] oder Intendanten wie Gustav Freiherr von Meyern-Hohenberg[423] zu erhalten. Ellen entzog sich dem Reglement, ließ Cosima zunehmend im Unklaren über sich und ihre Pläne. Sie emanzipierte sich gewissermaßen von der ›Gouvernanten-Freundin‹ und löste sich schließlich ganz. Drei Jahrzehnte sprach Cosima Wagner von ihren damaligen »Predigten«[424]; sie hatte inzwischen erkannt, dass ihre »Gouvernanten und Adoptiv-Mütter«[425] auch sie selbst ein stückweit zu einer solchen[426] erzogen hatten.

### Emotionalität und Leiblichkeit

Cosima war es in den Berliner Jahren gewohnt, Ellen ihr Herz auszuschütten und dadurch Erleichterung zu erfahren, mündlich ebenso wie schriftlich.[427] Schon im Verlaufe des Jahres 1860 war Hans' Befinden offenbar so labil gewesen, dass Cosima ihm zunächst nicht von ihrer Schwangerschaft zu erzählen wagte.[428] Im Sommer 1860 klagte sie über die Niedergeschlagenheit und die Lebensmüdigkeit ihres Ehemannes und stand dessen Suizidgefährdung hilflos gegenüber.[429] Cosima selbst war ermüdet von ihrem tristen Privatleben und verlor an Lebenskraft und -willen.⁴³⁰ Im übernächsten Brief deutete sie an, dass sie, wenn sie »zu Aufregung und übertriebener Sorge neig[te]«, »wohl schon nicht mehr leben« würde.⁴³¹ Noch mehr: Hochschwanger mit Daniela äußerte sie Ellen gegenüber den Wunsch, deren Mutter Sarah möge im Falle ihres Todes die Pflege ihres Kindes übernehmen.⁴³² Hermann Franz fand es denn auch bemerkenswert, dass Bülow kurz nach Danielas Geburt den »happy father« gab.⁴³³ – Nur ein einziges Mal schildert sie in all den Briefen unumwunden, es gehe ihr gesundheitlich »sehr gut«.⁴³⁴

An diesem Mitteilungsbedürfnis änderte zunächst auch Ellens Engagement in Coburg und Gotha nichts. Die »auf das Tiefste betrübt[e]« Cosima von Bülow schilderte unaussprechliche »Seelenschmerzen«,⁴³⁵ alltäglichen Kummer, ihr Unwohlsein mit ihrer Rolle als Ehegattin⁴³⁶ wie auch mit ihrer Schwangerschaft⁴³⁷ und thematisierte, wie sehr sie ihren beständig leidenden bzw. kranken Mann stabilisieren musste. Zwei Jahre später versicherte die 24-Jährige glaubhaft, ihr Leben hergeben zu wollen für den Erfolg ihres Mannes.⁴³⁸ Wie kräftezehrend ihr Leben war, wird an ihrem subjektiv empfundenen Voraltern deutlich,⁴³⁹ weit mehr als an dem damals einsetzenden und vermutlich erblich bedingten Ergrauen, das sie selbst jedoch mit ihren vielfältigen persönlichen Belastungen in Verbindung brachte. Daneben beschrieb sie auch ihre weibliche Lebenswelt und Fragen der Leiblichkeit.⁴⁴⁰ Noch immer teilte sie der Freundin ihr Leiden unter dem Menstruationszyklus⁴⁴¹ mit und das Empfinden, »dass man immer mehr zum Tier wird und alle seine Fähigkeiten verliert, und das auf Grund eines Körpers, in den ich lieber nie hineingeboren worden wäre«.⁴⁴²

Dass Cosima insbesondere während ihrer traumatischen Erfahrungen von Verlassenheit und Einsamkeit nach dem Verlust von Blandine, Daniels Tod, Liszts Weggang aus Weimar, Danielas Geburt und mitten in der sich über Jahre hinziehenden Loslösung von Hans gelegentlich die geltenden Regeln für eine ›salonfähige‹ Frauenfreundschaft⁴⁴³ überwand, wird an mehreren Passagen deutlich. Dabei sind es nicht allein die einander gesandten Rosen,⁴⁴⁴ die vielfach außerordentlich zärtlichen Küsse (ein- bis tausend millionenfach, auf Wangen und Augen), die zahlreich wiederholten Liebesschwüre,⁴⁴⁵ angebliche ›Unhöflichkeit‹⁴⁴⁶ oder die trotzigen Missverständnisse um ›tatsächliches‹ Geliebtwerden,⁴⁴⁷ die durchaus der Diktion der in adligen Kreisen zeitweise üblichen euphorischen Rede- und Schreibweise⁴⁴⁸ entsprachen. Auf die Etablierung einer für damalige Verhältnisse zu engen Beziehung zwischen zwei Frauen, welche die gesellschaftlichen Schranken der Kommunikation und des persönlichen Umgangs überdehnte, lassen mehrere Hinweise schließen. Eine noch weitergehendere Interpretation – etwa in Richtung einer gleichgeschlechtlichen Bindung⁴⁴⁹ – würde meiner Ansicht nach die Quellen jedoch überfordern und ihnen sogar zum Teil widersprechen.

Während Cosima ihrer Zuneigung zu der anfänglich noch minderjährigen Freundin stellenweise auch mütterliche Züge verlieh und sie in diversen verbalen

Liebkosungen als ihr »Kind«[450] bezeichnete, begann sie bereits den ersten überlieferten Brief mit der Formulierung: »Wir haben Pech, ganz so, als ob wir ein Liebespaar wären, meine Allerbeste, mein liebes Täubchen!«[451] Angesichts der Trauer über den Verlust ihres Bruders Daniel nannte sie Ellen im Brief vom Dezember 1859 »meine Allerliebste« und den einzigen Menschen, der sie in dieser Situation zu trösten in der Lage sei.[452]

Erstaunlicherweise gewann die Bindung an Ellen gerade parallel zu ihrer ersten Schwangerschaft enorm an Bedeutung; Cosima geriet in der Folge geradezu in Euphorie: Im März 1860 sprach sie erstmals den »Magnetismus«[453] an, den die Freundin auf sie ausübe und gestand im Sommer des Jahres, dass es sich doch um eine andere Art von Bindung handele als die einer Mutter oder einer guten Freundin.[454] Im August des Jahres beschrieb sie, dass sie sich freue, Menschen zu treffen, denen Ellen zuvor begegnet war und kommentiert dies mit den Worten: »[...] in diesen Fällen sieht man weniger die Person selbst und spürt stattdessen die Luft, die sie geatmet haben.«[455] Im September wurde sie noch konkreter:

> »Ich werde Dir nicht sagen, dass ich Dich bedaure, denn in gewisser Hinsicht ist mein ganzes Leben ein großes Bedauern und ich lege mich nicht auf einzelne Dinge fest, doch ich kann Dir versichern, mein Einziges, dass ich mehr als zehn Mal am Tag das Bedürfnis verspüre, mit Dir zu sprechen, Dich zu sehen, Dich zu umarmen! Ich bitte Gott, dass Dir es ebenso geht, und dass die lange und entscheidende räumliche Trennung, die zwischen uns gekommen ist, der inneren Verbindung, die uns vereinigt hat, nichts anhaben wird. Wenn ich mich müde und schwach fühle, und genug habe vom _Wachen und Träumen_, lasse ich meine Gedanken auf der Zeit ruhen, die wir zusammen gelebt haben, und ich glaube fest daran, dass Du mich immer genauso lieben wirst, obwohl ich selbst so anders bin, so dem Schweigen zugeneigt [...].«[456]

Noch bevor Bülow Anfang Februar 1861 zu einer dreiwöchigen Reise nach Zürich, Basel und Paris aufbrach, plante sie, Ellen in Gotha zu besuchen.[457] Problematisch erschien ihr nur der Gedanke, dass zu jener Zeit der Hof in Gotha residierte und sie bei einem achttägigen Besuch hätte präsentiert werden müssen. In der Woche darauf lud sie Ellen ein, bei ihrem bevorstehenden Berlin-Aufenthalt – wenn irgend möglich – bei ihr zu wohnen, da ihr Mann für vier Wochen verreist sei.[458] Wieder eine Woche später wünschte sie sich dringend, dass Ellen nach Berlin käme, um sie zu besuchen. Dieser Besuch dürfe aber, so betont sie mehrfach, keinesfalls während ihrer Abwesenheit um die Leipziger _Prometheus_-Aufführung am 19. März stattfinden, sondern erst danach, denn »[...] sonst wäre ich böse mit Dir, mit meinem Schicksal, mit mir selbst und mit allem und würde denken, dass etwas dagegen spricht, dass ich Dich sehen kann und Dich liebe«.[459] Dabei setzte sie Ellen mitunter auch gehörig unter Druck.[460]

Wegen ihrer anhaltenden Schwäche ließ Liszt sie nicht wieder nach Berlin zurückfahren, sondern nahm sie mit auf die Altenburg nach Weimar, wo man ihr nach den Erfahrungen mit Daniel offenbar zu einer Kur riet. Am 26. Februar 1861 lud Cosima ihre Freundin für den nächsten Tag oder einen anderen Termin nach Weimar ein.[461] Erst Anfang März 1861 besuchte Ellen Cosima in Weimar; diese war jedoch offenbar derart unpässlich bzw. unleidlich, dass sie sich kurz darauf für ihr Verhalten entschuldigte.[462] Offenbar konnte sie bei diesem Treffen nicht alles mitteilen, was sie auf dem Herzen hatte. Denn nur wenig später floh Cosima aus Weimar zu Ellen nach Gotha. Wieder zurück in Berlin, flehte sie Ellen nun um absolutes Stillschweigen an:

> »Ich schreibe Dir heute, um mein liebes kleines Täubchenkind darum zu bitten, zu niemandem ein Wort über das zu verlieren, was ich Dir bei unserem letzten Treffen anvertraut habe; erwähne weder, dass ich aus Weimar zu Dir geflüchtet bin, noch die kleinen Anekdoten, die ich Dir erzählt habe; denn ich habe mich dazu entschlossen, bezüglich alledem absolutes Schweigen zu wahren, ich habe solche Angst vor dem Klatsch, dass ich alles für mich behalte, Du bist die Einzige, für die das nicht gilt und jeder weiß, dass Du mich verhext hast. Ich habe über Dich zu niemandem ein Wort verloren außer zu meinem Vater und meinem Mann, die beide viele Fragen gestellt haben [...].«[463]

Worunter Cosima so sehr litt[464] bzw. was sich hinter diesen »kleinen Anekdoten«[465] verbarg, lässt sich nicht mit Sicherheit sagen. Immer wieder tröstete sie sich scheinbar selbst damit, dass das Leben ja weiter gehe.[466] Unmittelbar nach Bülows Rückkehr aus Paris musste sie sich jedenfalls bei einer Aussprache gegenüber Vater und Ehemann für den Gotha-Aufenthalt rechtfertigen, bei dem sie mit Ellen offenkundig höchst heikle und keinesfalls für ›familienfremde‹ Ohren bestimmte Angelegenheiten besprochen hatte, und in diesem Zusammenhang eine Reihe von Fragen beantworten.[467] Möglicherweise spielte Rosalie von Bojanowski, eine Art Anstandsdame für Ellen in Coburg, bei der Aufdeckung der Gotha-Reise eine entscheidende Rolle, weshalb Cosima Ellen zu absoluter Vorsicht anhielt und sich darüber wunderte, dass diese wieder mit nach Coburg reiste.[468]

Am naheliegendsten ist wohl, dass Cosima die persönliche Nähe der vertrauten Freundin suchte, um einerseits über ihre als unglücklich empfundene Situation als einsame, ambitionierte, überforderte junge Mutter zu reden und andererseits – und das war gesellschaftlich wesentlich brisanter – über ihre zunehmenden Eheprobleme zu berichten. In diesem Kontext verdient – neben den bereits angesprochenen Schwierigkeiten – Beachtung, dass sich in dieser Zeit der Kontakt zu Ludmilla Assing abkühlte und auch Hans von Bülow Ludmilla Assing offenbar aus dem Weg ging. Cosimas letzter datierter Brief an sie vom 15. April 1861 beinhaltet wenig Freundliches,[469] und auch die von Hans ausgeschlagene

Einladung am 5. Mai wirkt eher wie eine Ausrede.[470] Dies legt den Verdacht nahe, dass Cosimas zunehmende Eifersucht auf Ludmilla entweder nicht unbegründet war oder zumindest aus ihrer Perspektive neue Nahrung erhalten hatte und möglicherweise zu einer tieferen Krise bei den Bülows führte als bislang bekannt. Bemerkenswerterweise spricht Cosima Ende März auch nur davon, sie würde die neue Wohnung in der Schöneberger Straße beziehen – Hans wird mit keiner Silbe erwähnt –, und alles, worauf sie vertraut habe, habe sich als Täuschung erwiesen.[471] Sie gibt an, ein inneres und ein äußeres Leben zu führen, und betont, zu niemandem Vertrauen zu haben.[472]

In dieser existentiellen Situation konnte sie sich einzig Ellen anvertrauen, die über die Details informiert war, aber nochmals instruiert wurde, nichts zu verraten.[473] Angesichts der zahlreichen Probleme fühlte sich Cosima umso stärker zu Ellen hingezogen, was nicht nur in der Bemerkung zum Ausdruck kommt, dass »niemand die Zuneigung verstehen« könne, die sie für Ellen empfinde,[474] sondern auch in dem Umstand, dass ihre anfänglich unter dem Pseudonym C.[osima] F.[ranz] erschienenen »Courriers« in der *Revue germanique* zu Beginn des Jahres 1862 mit E.[llen] Franz unterzeichnet waren.

Eventuell sollte der Umzug in die Schöneberger Straße, mit dem auch Cosima eine »neue Periode« ihres Lebens verband, eine Art Neustart für die Beziehung zwischen ihr und Hans darstellen. Zumindest befanden sich beide im Juni zusammen mit Liszt auf einer Reise durch Süddeutschland. Letztlich änderte sich jedoch wenig an der Grundsituation und Cosimas Gemütszustand, und die beiden Eheleute entfremdeten sich immer mehr voneinander.

### Bedeutung der Freundschaft für Ellen: Freundin und Wegbegleiterin

Wie wichtig Cosima für Ellen bei ihrem Weggang aus Berlin war, belegt die Bitte an ihre Mutter, ihr neben ihrem Poesie-Album, der Ausgabe der *Fleurs animées* auch die Briefe der »Queen« zuzusenden.[475] Wie hin- und her gerissen sie zwischen ihrer Mutter und der Freundin war, zeigt ihr Bericht über Cosimas Flucht im Februar bzw. März 1861.[476] Mehrfach bat sie bei der Mutter um Verständnis für die unglückliche Freundin[477] und sandte ihr noch im Juni 1862 eine »Million Küsse«.[478]

Während Hermann Franz noch 1860 gelegentlich Briefe persönlich im Hause Bülow abgeliefert hatte,[479] ist zumindest aus einigen späteren Briefen der Freundinnen ablesbar, dass Sarah Franz Cosimas Einfluss auf ihre Tochter zu weit ging und sie an der Aufrichtigkeit von Cosimas Gefühlen zweifelte,[480] was auch zu offenen Misshelligkeiten führte.[481] Zum Beispiel wagte es Cosima im September 1860 nicht, von Sarah Franz ein Kopfportrait von dem ganzfigurigen Foto ihrer Tochter zu erbitten.[482] Den kleinen Ring, den ihr die Mutter zu Danielas Geburt schenkte, versprach sie ständig zu tragen, wenn ihr die Emblematik des mit dem

Ring verschenkten Gedichts wohl auch etwas zu weit ging.[483] Kaum gefallen haben dürfte Sarah der Rat Cosimas an Ellen, sich trotz des Fiaskos in Coburg und Gotha nicht am Berliner Schauspielhaus um ein Engagement zu bewerben, sprich sich in ihre Karriere einzumischen und sie von Berlin fernzuhalten.[484] Niedergeschlagen musste sie erleben, wie schlecht es ihrer Tochter nun erging.[485]

Sarah Franz schrieb sogar ein Gedicht auf Cosima, um ihre Tochter von der Zuneigung zu der Freundin abzubringen. Das Gedicht mit dem Titel *Die Widerlegung* vom 18. Dezember [1861] endete mit den mahnenden Worten: »Für Liebe ist sie blind.«[486] Dabei war Sarah Franz möglicherweise nicht nur besorgt und eifersüchtig auf die emotionale Bindung, sondern auch auf die Entfaltungsmöglichkeiten der beiden jungen Frauen. Die von ihr selbst anfänglich im Verborgenen[487] verfassten englischsprachigen Gedichte sorgten offenbar in dem Moment für Unmut zwischen Mutter und Tochter, als Letztere das elterliche Haus verließ, um ihren Talenten nachzugehen. Zu diesem Zeitpunkt äußerte Sarah Franz sich offenbar unzufrieden darüber, dass ihrer eigenen möglicherweise sogar größeren Begabung nicht in ähnlichem Maße Förderung zuteil geworden war.[488] Ellen hatte sie bereits im Dezember 1860 aufgefordert, einige ihrer Gedichte für den Druck vorzubereiten.[489] Und später schätzte der Meininger Intendant Franz von Bodenstedt einige ihrer Arbeiten begeistert als vom Range eines Lord Byron ein.[490] Doch ihre Arbeiten, u. a. über Ellen[491] und Cosima,[492] blieben unveröffentlicht.

Obgleich nur ein einziger Brief Ellens an Cosima überliefert ist, ist aus den Antwortbriefen zu schließen, dass sich die Briefe aus der Anfangszeit zum einen um das höchst wechselhafte Befinden Ellens drehten, was über allfällige Erkältungen[493] hinausreichte und mit Magenbeschwerden und Durchfall,[494] Migräne und Ohnmachtsanfällen[495] einherging. Darüber hinaus dürften die Freundschaft zu Cosima sowie die häuslichen Verhältnisse, aber auch die permanente Geldnot[496] eine Rolle gespielt haben. Zudem stand ihr Schauspielberuf im Vordergrund, mit allen Licht- und Schattenseiten. Dazu zählten u. a. ihre hohe Motivation[497] wie auch der Kontakt zu Auguste Schlönbach, ihrer Schauspiellehrerin, zu der sie auch privat guten Kontakt hatte und von der sie anfangs bei ihren Auftritten stets einen Talisman bei sich trug und die sie auch zu Weihnachten mit einem kleinen Geschenk bedachte.[498] Ellen erhielt fast täglich Unterricht von ihr.

Nach einem verhaltenen Beginn in Coburg als *Jane Eyre* in *Die Waise von Lowood* (10. September 1860)[499] erlebte Ellen Premieren mit furiosem Erfolg, so etwa für ihren Auftritt als *Marie* im *Feuer in der Mädchenschule* (6. November 1860)[500] und als *Clara Frangipani* in *Die Braut Conradin's* (14. Dezember 1860).[501] Kurz darauf wurde sie jedoch umbesetzt und sie verlor die ihr vertraglich zugesicherten Hauptrollen in Lessings *Minna von Barnhelm*, als *Hedwig von der Gilden* in Alberto Notas *Ball zu Ellerbrunn* und als *Gretchen* im *Faust* ab Januar 1861.[502] Hatte Ellen dies zunächst konsequenterweise dem Intendanten von Meyern angelastet, behielt Cosima recht mit ihrer schon im Januar geäußerten Vermutung, dass ein anderer Grund ausschlaggebend gewesen war.[503] Ernst II. von Sachsen-Coburg-Gotha, der bedeutende Förderer von Kunst und Kultur, eilte der Ruf eines ›Schürzenjägers‹[504] voraus. Was sich so salopp wie bieder anhört, wurde Ellen bei ihrem ersten Engagement zum Verhängnis. Nachdem sie entweder nicht dem Geschmack des Herzogs entsprach oder gar dessen Avancen abgelehnt hatte, stellte dieser schon wenige Tage nach ihrer Ankunft in Coburg fest, dass sie »überhaupt kein Talent«[505] habe. Der Intendant suchte offenbar die Auseinandersetzung mit seinem Dienstherrn und zog dessen Zorn auf sich.[506] Doch besetzen konnte er Ellen nicht mehr. Stattdessen wurden mit Johanna Grahl und Anna Versing-Hauptmann[507] mitten in der Spielzeit zwei Schauspielerinnen neu engagiert, die wenig später in Streit um die Gunst des Herzogs gerieten.[508] Fassungslos berichtete Ellen ihrer Mutter von dem Kummer,[509] bat sie nicht nur darum, rechtlichen Beistand einzuholen,[510] sondern auch einen Theateragenten[511] aufzusuchen. Cosima hatte – ob aus Vorsicht oder besserem Wissen – schon Ende August 1860 eine Frau ihres Vertrauens zu Ellens Schutz nach Coburg gesandt: die zukünftige Schwiegermutter ihrer Schwägerin Isidora, Rosalie von Bojanowski.[512] Sarah Franz war übrigens derart in Sorge um ihre Tochter, dass sie diese am liebsten zurück nach Berlin geholt hätte.[513] Die gebildete Frau Bojanowski war eine erfahrene Mutter von vier Kindern, wohnte in Ellens unmittelbarer Nähe,[514] verbrachte ihre Freizeit mit der jungen Schauspielerin, ging mit ihr spazieren und las Texte mit ihr. Cosima war auf diese Weise ein enger Kontakt zu Ellen möglich. Neuigkeiten erfuhr sie auch über Isidora. Und als ›Gegenleistung‹ ließen sowohl Hermann Franz als auch Cosima und Julius Leopold Klein ihre Kontakte zu Zeitschriften spielen, wenn es um die Veröffentlichung von Rosalie von Bojanowskis Texten über die Coburger Theaterszene ging. Cosima indessen bestärkte Ellen, ihren eigenen Weg zu gehen, würden sie die anfänglichen Schwierigkeiten doch nur umso stärker machen.[515]

## Cosimas Neuorientierung

### Der Einschnitt von 1861/1862

Wie bereits angedeutet, verschärften sich in den Jahren 1861/1862 die Konflikte und Probleme im Leben Cosimas.[516] Neben dem Tod des Bruders (Dezember 1859), Ellens Engagement in Coburg und dann Gotha (August 1860), den Anforderungen als junge Mutter (Geburt Danielas am 12. Oktober 1860) und dem Weggang des Vaters nach Rom (August 1861), ihren eigenen hohen künstlerischen, intellektuellen und gesellschaftlichen Ansprüchen, ihrer Unkonventionalität, der emotionalen Verunsicherung durch die Freundschaft mit Ellen trug insbesondere die zunehmende Entfremdung von ihrem Mann Hans, der selbst mit sich und dem Leben rang, zu der existentiellen Krise bei. Wenn der rückblickende Eintrag in Cosimas nicht unproblematischem Tagebuch vom Juli 1869[517] ernst zu nehmen ist, dann griff der gereizte und überforderte Ehegatte in dieser Zeit auch zu körperlicher Gewalt, die Cosima stoisch ertrug.

Appellierte Cosima im Januar 1861 noch an Ellens Frömmigkeit, beschrieb sie im gleichen Atemzug ihre eigene tief greifende Verunsicherung und ihre Suche nach einem sicheren Halte- und Orientierungspunkt im Leben folgendermaßen:

»Ich weiß aus Erfahrung, dass wir selbst mit gutem Gespür den falschen Weg einschlagen können, und nichts auf der Welt kann Dir so dabei helfen, Dir selbst treu zu bleiben und zu kämpfen, wie es der Gedanke an Gott kann. Ich selbst, mit meinem halb zerrütteten Glauben, meiner Neigung zur Unabhängigkeit und zur Kritik und mit meiner Abneigung gegen Regeln, ich bin davon überzeugt, dass ich mich der Autorität der Kirche nur hingebe, um meine Pflichten gänzlich erfüllen zu können, denn ich gebe zu, ich bin zu schwach, um dies alleine zu tun; es gibt im Leben zu viel Täuschung, zu viel Ungerechtigkeit und Unbeständigkeit, um das Leiden am Kreuz nicht zu verinnerlichen, wenn man stark sein und sich ein gutes Herz bewahren will.«[518]

Wenn Cosima ihren Umzug im April 1861 in die Schöneberger Straße[519] Ellen gegenüber als das »Ende ihrer Jugend« bezeichnete, so markiert auch dies einen wieder von Einsamkeit geprägten radikalen Einschnitt:

»Durch meinen Umzug erscheint es mir, als hätte eine neue Periode meines Lebens begonnen; mein armer Bruder ist nicht mehr da, mein Kind ist gekommen, Du bist für weiß Gott wie lange weg, viele Bindungen sind zerbrochen, alles, auf das ich vertraut habe, hat sich als Täuschung erwiesen, und nun fühle ich mich so allein und traurig, mein Geist ist fast krank vor Niedergeschlagenheit, und die Jugend haben wir in meiner alten Wohnung zurückgelassen, wo so viele Menschen und Gefühle zu Hause waren, die ich nie wiedersehen werde.«[520]

Ihr Vater stellte in diesem kritischen Moment keine Hilfe dar, da er zum einen weit entfernt in Rom weilte und zum anderen auf ihren später vorgetragenen Trennungswunsch mit Unverständnis reagierte, indem er nicht nur vor den Folgen einer Scheidung warnte, sondern sogar androhte, notfalls gewaltsam gegen eine Trennung von Hans einzuschreiten.[521] Dieser Vertrauensverlust dürfte wesentlich für Cosimas verhärtete Haltung gegenüber ihrem Vater in den Folgejahren verantwortlich sein. Auch eine Zuflucht zu Ellen war aufgrund der bestehenden räumlichen, gesellschaftlichen und persönlichen Grenzen letztlich nicht möglich.

Zudem überforderte sie die bisher mit großer Intensität betriebene publizistische Arbeit. Zumindest hörte ab Mai 1862 ihre bis dato rege Tätigkeit für die *Revue germanique* auf. Cosimas letzte autorisierte Folge der Übersetzung des Varnhagenschen *Tagebuches* endete unvermittelt mit dem 15. April 1862; die Fortsetzung stammte aus einer anderen Feder.[522] Vermutlich stand das Ende ihrer Mitwirkung in der *Revue* auch mit Varnhagens Nichte Ludmilla Assing in Zusammenhang, dem sich wandelnden persönlichen Verhältnis sowie deren Weggang aus Berlin,[523] mehr noch als mit Dollfus' »kühle(r) Haltung« gegenüber Richard Wagner.[524] Die bisherige Begründung für ihr künstlerisches und publizistisches Verstummen scheint jedenfalls nicht ausreichend.[525]

### ›Idée fixe‹ Richard Wagner

In dieser existentiellen Krise suchte Cosima nach einem neuen Halte- und Orientierungspunkt und fand ihn offenkundig in Richard Wagner. Schon vor ihrer Begegnung in Reichenhall im August 1861[526] standen Cosima und Wagner in unregelmäßigem Briefkontakt.[527] Von zentraler Bedeutung war für beide, wie schon Beidler festhielt,[528] das Jahr 1862.[529] Der in den wenigen überlieferten Briefen zwischen Januar und September 1862 ablesbare Übergang vom »Sie«[530] zum vertraulichen »Du«[531] markierte einen grundlegenden Ebenen-Wechsel. Manfred Egers Ansicht, die Beziehung sei in dieser Zeit noch »rein freundschaftlicher Natur« gewesen, mag, was Wagner betrifft, durchaus zutreffend sein.[532] War es doch vor allem Wagner, der zu Beginn auf Cosima besonders charismatisch wirkte und weniger umgekehrt. Vielleicht lag dies auch an seinem schier unerschöpflich wirkenden Enthusiasmus, ja, der bei ihrem Mann vermissten beruflichen »Erfüllung«.[533] Im Unterschied zu diesem war Wagner angetrieben von eigenen künstlerischen Ideen, besessen von einer ›idée fixe‹. Jedenfalls feierte Cosima ihn seit der Fertigstellung des *Tristan* auf Briefumschlägen bereits als »cèlèbre compositeur«,[534] zu einer Zeit, als Wagner wenige Monate zuvor aus politischen Gründen das damals unter österreichischer Verwaltung stehende Venedig hatte verlassen müssen und über Luzern in Paris angekommen war mit dem festen Vorsatz, die Hauptstadt Frankreichs zu erobern.

Vielleicht machte auch diese künstlerische Potenz den Komponisten für Cosima begehrenswert und ließ Wagner zur ihrer fixen Idee werden. Hatte sie im Winter 1861/1862 noch geradezu erschrocken abgelehnt, dass Wagner bei ihnen wohnen könne,[535] teilte Cosima Minna Wagner am 27. Mai 1862 unverstellt und scheinbar überglücklich den geplanten Biebrich-Aufenthalt mit, hervorhebend, gern schon vor Juli abreisen zu wollen, weil deren Ehemann dort doch »sehr einsam« sei.[536] Nun geschah jedoch etwas Unvorhergesehenes, denn Wagner besuchte die überraschte Cosima noch Ende Mai 1862 von Biebrich aus offenbar spontan in Berlin. Dabei lernte er nicht nur (endlich) deren Wohnung in der Schöneberger Straße kennen.⁵³⁷ Vielmehr sorgte sein unerwartetes Erscheinen für heftige emotionale Turbulenzen, denn Cosima gelang es scheinbar nicht, die Fassung zu wahren.⁵³⁸

Noch immer herrscht Unklarheit darüber, ob und in welchem Maße Wagner zu diesem Zeitpunkt ihre Gefühle erwiderte. Ein nachweisbares Bekenntnis seinerseits erfolgte jedenfalls nicht. Und gerade darin bestand Cosimas Problem. Auf ihre Euphorie folgte nämlich jähe Ernüchterung, ja geradezu bittere Enttäuschung. Denn zwar offenbarte sie *nolens volens* ihre Gefühle, die aber nicht im gewünschten Maß erwidert wurden. Auf einen kurz danach abgesandten Brief von Cosima antwortete Wagner entweder gar nicht oder nicht rasch genug.⁵³⁹ Angesichts des zumindest ideellen Ehebruchs, der abweisenden Haltung Wagners und in dem Wissen, dass sie keineswegs die einzige Verehrerin des umschwärmten Komponisten war,⁵⁴⁰ fühlte sie sich seitdem »gestempelt«. Die zentrale Passage in ihrem Brief an Ellen lautet:

> »Ich bin nun bei mir selbst angekommen, Du hast es erraten, meine Liebe; es war schrecklich und ist jetzt noch schrecklicher; die Sache, die in den Briefen [an]gespielt wurde, wurde im Sehen erneut [an]gespielt.
> Ich war überrascht, die Ankunft war sehr unerwartet und ich war nicht in der Lage, zu lügen, und währenddessen und danach habe ich das gespürt, was in den Briefen war, Gleichgültigkeit, Kälte, bis zu einem gewissen Grade Verachtung. Nach der Abreise habe ich geschrieben; der Brief wurde nicht beantwortet und ich weiß Dinge, die ich lieber nicht wissen würde. Leere, Trostlosigkeit _ _ .
> Ich denke nicht gern daran und möchte nicht darüber sprechen, ich fühle mich, als trüge ich einen schweren, leblosen Körper auf den Schultern, vor dessen Anblick es mir graut: Wenn ich falsch gehandelt habe, kann ich sagen, dass ich nicht einen Moment des Glücks und kaum einen Moment der Freude hatte, und jetzt fühle ich Bitterkeit, so unerträgliche Bitterkeit, dass ich manchmal denke, ich müsste wahnsinnig werden. Und wir müssen mit all dem in unserem Inneren leben, und essen, und lächeln, und sprechen und laufen. Wäre ich vorbereitet gewesen, so hätte ich mich beherrscht und das Leiden wäre anders und besser gewesen, reiner und höher. Es gibt auf dieser Welt kein Vergessen, deshalb bin ich *gestempelt*, möge der Himmel mir beistehen_ _.«⁵⁴¹

Im Hause der Bülows spitzte sich jedenfalls kurzfristig die Lage zu. Unter anderem der überlieferte Kommentar Bülows (»es ist Dein Los, missverstanden zu werden«)⁵⁴² lässt auf eine Auseinandersetzung des Ehepaares in der Folge der geschilderten Ereignisse schließen. Doch die Beiden besannen sich zunächst offenkundig und legten vorübergehend ihren Streit bei. Wie sich das Paar in Biebrich verhalten wollte, ließ man zunächst offen. Noch Ende Juni schrieb Cosima an Ellen, dass sie sich erst nach dem 5. Juli über eine Adresse sicher sein könne, sei doch sogar noch ungewiss, in welcher Stadt sie überhaupt wohnen würden. Sie schilderte, dass ein Gefühl sie in der Gewalt habe:

> »Du hast mir eine Frage gestellt, Herz meiner Seele, die ich mir selbst oft gestellt habe, ohne sie beantworten zu können; was ist es für ein Gefühl, das mich in seiner Gewalt hat, und wie wird es für mich ausgehen? Ich weiß es wirklich nicht und fühle mich nur traurig, traurig, traurig! Ich bekomme überhaupt keine Neuigkeiten und weiß gar nichts, und ich fühle mich geschwächt und beschämt darüber, immer wieder an dieselbe Sache zu denken, und alles Übrige wie einen hässlichen Traum zu betrachten. Man sagt, dass die Zeit viel vermag, doch ich denke, dass die Zeit nichts ungeschehen machen kann, und ich fühle, dass ich einen Schlag bekommen habe, der mir mein ganzes Leben lang zu schaffen machen wird! Doch genug von mir, es ist ein Kapitel, das ich sehr ungern aufschlage, die blutenden Herzen müssen still sein.«[543]

Zwar hatte Cosima auch das Bedürfnis, sich zu verkriechen und nur noch Mutter zu sein.[544] Doch statt von ihren Gefühlen für Wagner abzulassen, beharrte Cosima entgegen allen Hindernissen auf ihren Empfindungen bzw. ihrem Verhalten.
Und langfristig hatte sie damit Erfolg. Grundsätzlich war der reichlich 50-jährige Wagner ja durchaus auf der Suche nach einer Lebenspartnerin, besser gesagt nach einer Frau, die ihm das Haus führte, im weiteren Sinne.[545] Und Cosima entsprach seinen Vorstellungen.[546] Allenfalls nach dem Tod seiner Frau Minna[547] und ihrer Scheidung von Bülow war jedoch an eine erneute Heirat zu denken. Dass sich die Verhältnisse so rasch fügen würden, war Ende November 1863 nicht absehbar,[548] geschweige denn die Zeugung legitimer Nachkommen. Siegesgewiss und mit Gespür für Dramatik notierte Cosima für die Nachwelt denn auch erst sechs Jahre später in ihrem *Tagebuch* ein nahezu paralleles Geschehen zur Begegnung vom Mai des Vorjahres, nun jedoch mit *lieto fine*, d. h. mit glücklichem Ausgang:

> »Heute vor 6 Jahren kam R. durch Berlin, und da fand es sich, daß wir uns liebten; damals glaubte ich, ich würde ihn niemals mehr sehen, wir wollten gemeinsam sterben. – R. denkt daran und wir trinken auf diesen Tag [...]«.[549]

## Biebrich und die Folgen

In der Folge reiste Cosima nicht, wie ursprünglich geplant und von Wagner bereits Monate zuvor an mehrere Adressaten freudig verkündet,[550] Anfang Juli mit Bülow nach Biebrich, wie verschiedene Autoren unkritisch annehmen.[551] Stattdessen traf Bülow zunächst allein in Wiesbaden ein und zog erst Tage später nach Biebrich um.[552] Cosima wollte zwischenzeitlich sogar allein in Berlin bleiben und sich dort erholen.[553]

Das Ehepaar Bülow war anfänglich gesundheitlich angeschlagen, wenn auch nach eigener Aussage zwischenzeitlich heiter gestimmt.[554] Doch auch in Biebrich, zeitweise in Gesellschaft der Schauspielerin Friederike Meyer, von Ludwig und Malwida von Carolsfeld sowie von Minna, gerieten die Gemüter wieder in Aufruhr. Anlass boten neben Minnas Eifersuchtstiraden auch Cosimas Gefühle für Wagner, und Bülow wurde das Ziel »anspielungsreicher Scherze«.[555]

Zudem sah sich Bülow – bereits in Anspruch genommen durch die *Tristan*-Proben mit dem Ehepaar Schnorr, bei denen er beständig am Klavier gefordert war, und die Vorüberlegungen zum *Parsifal* – mit Wagners neuestem Werk, den *Meistersingern*, konfrontiert. Bülow fand keine Ruhe, sondern kopierte das Werk (145 Quartseiten) in fünf Tagen zu je acht Stunden.[556] Er steigerte sich in einer Weise in sein Unbehagen hinein, dass er gegenüber dem Freund Richard Pohl zum Schluss die völlige Entkräftung vermeldete und wiederum offene Selbstmordabsichten äußerte.[557] Als die Gruppe am 1. August 1862 zu einer Theatervorstellung nach Frankfurt reiste, leistete Wagner sich in einem Brief an Mathilde Meier ein Wortspiel mit dem Titel einer angeblich »Cosima zu Ehren« gegebenen Shakespeare-Aufführung im Frankfurter Stadttheater.[558] Dass es sich bei dabei ausgerechnet um die Cosima bestens bekannte[559] Komödie *Viel Lärm um Nichts* handelte, könnte durchaus als Anspielung auf die zurück liegenden Turbulenzen verstanden werden.

Im Mai 1862 hatte Wagner noch nicht wie von Cosima ersehnt reagiert. Zu belegen ist stattdessen, dass er nur wenig später die offenbar (ebenfalls) hellhörig gewordene Mathilde Maier beruhigte. Wagner schilderte dabei lediglich Bülows »innige Zuneigung« zu ihm, worauf Cosima eifersüchtig sei.[560] Konnte und/oder wollte er Cosimas Sympathie für ihn und die für alle Beteiligten hochbrisante Konstellation zunächst tatsächlich nicht wahrnehmen?

Für Bülow geriet der Aufenthalt in Biebrich privat wie beruflich zur Katastrophe. Die von Beidler überspitzt formulierte »paralysierende Wirkung des Genies auf die minder Produktiven«[561] erreichte hier ihren Höhepunkt. Wieder zurück in Berlin, ließ Bülow Wagner seine »Bitterkeit« deutlich spüren.[562] Dieser hingegen sprach in Anbetracht der Geschehnisse gegenüber Cosima wenige Wochen später von »unwürdige[n] Zeiten«, welche selbst die »zarteste und wärmste Freundschaft« erblassen lassen mussten.[563] Von Bülow auf den Kontakt zu seiner Frau angesprochen, rechtfertigte sich Wagner im Oktober 1862 damit, dass dieser von lediglich »harmlos[er]« Natur gewesen sei.[564]

Kurz vor dem Biebrich-Aufenthalt hatten Cosima und Hans ihre zweite Tochter Blandine gezeugt. Auffallend stolz und umfassend berichtete der ›frisch gebackene‹ Vater dem damals noch kinderlosen Wagner von der Geburt.[565]

*Einführung*

## Cosimas Freundschaft zu Marie von Schleinitz

Ernsthafte Konkurrenz um den Status der engsten Freundin erhält durch den hier vorgelegten Briefwechsel Marie von Schleinitz.[566] Oder besser formuliert: Marie erhält eine Vorgängerin. Denn vor dem Hintergrund der geschilderten massiven Einschnitte lösten sich die beiden Frauen voneinander. Für mehr als zehn Jahre brach sowohl der persönliche als auch der briefliche Kontakt zu Ellen ab. Währenddessen intensivierte sich das Verhältnis zu Marie von Schleinitz.[567] Die »geliebte Freundin«,[568] die sich u. a. erfolgreich für eine Vermittlung zwischen Franz Liszt und Cosima einsetzte,[569] wurde für Cosima zu einem der wichtigsten Kommunikationspartner überhaupt, mit der sie sich seit Ende 1880 duzte.[570] Indem Cosima Marie deutlicher in Beziehung zu ihrer verstorbenen Schwester Blandine setzte[571] und dadurch emotional klarer einordnete, vermied sie Irritationen.

Dass bei Cosimas Auswahl der Freundschaften auch manifeste existentielle Interessen eine Rolle spielten, steht außer Frage.[572] Denn die musikalisch begabte Marie[573] war bereits zu jener Zeit eine glühende Wagner-Verehrerin (was in dieser Bedingungslosigkeit auf Ellen/Helene wohl zu keinem Zeitpunkt zutraf). Wie Anna von Helmholtz bemerkte, erhielt Marie von Schleinitz »ihre ganze Eigentümlichkeit, die Vertiefung ihrer Natur durch Richard Wagner.«[574] Von Beginn an verband sich in dieser Freundschaft zwischen Cosima, Marie und Richard Privates mit Geschäftlichem. Nur folgerichtig erschien sie als »unsere und unserer Sache beste Freundin«.[575] Beispielhaft ist nicht nur ihr vielfach benanntes Wirken als Gönnerin, sondern vor allem der Versuch der Finanzierung des »Nationalunternehmens« mittels des Verkaufs von Patronatsscheinen.[576] Anna von Helmholtz äußerte beim Besuch der ersten *Bayreuther Festspiele* sogar das Gefühl, »in Berlin« zu sein. Dass sich dort »alle guten Bekannten« trafen (»kurz, alle netten Menschen Europas«[577]), war nicht zuletzt ein Verdienst des informellen Netzwerks von Marie von Schleinitz. Nach Wagners Tod schien für Anna von Helmholtz der Einfluss Cosimas erhalten zu bleiben,[578] während sich Maries Interessen offenbar doch merklich verschoben.[579] Für Cosima gewann die »unvergleichliche und innig geliebte Mimi«[580] noch einmal an Bedeutung als »einzige Mitträgerin unserer Sorgen – in der Welt draussen«.[581] Niemand anderes unterrichtete Cosima 1886 so vorbehaltlos über ihre Lage, auch die besten »Theilnehmer an unserer Sache nicht«.[582] Ihr schrieb sie vom Ärger um Blandines Rente von Großvater Franz[583] und ihre Entscheidung für den *Tannhäuser*.[584] Ihr teilte sie ihre Bangigkeit um den *Tannhäuser*[585] und ihre Schwermut während der *Meistersinger*-Proben mit.[586] Auch in protokollarischen Angelegenheiten konnte sie Marie um Rat fragen. Als sich 1888 die Großfürstin Vera von Württemberg zum Besuch ankündigte, fragte sie Marie, ob sie sich in diesem und ähnlichem Falle bei den Herrschaften vorab nochmals zu melden habe und, ob sie für den

Abend ihr »Schwarz«, d. h. ihre Witwenkleider, ablegen solle.[587] Dankbar war sie für Maries Schilderung des Petersburger *Ringes*[588] und dafür, in Zeiten der Einsamkeit[589] und der Niederlagen[590] eine Partnerin an ihrer Seite zu haben, als sie etwa »all die Zerrereien u. Erfahrungen in der Münchner Sache« auf sich lasten fühlte.[591] Auch an ihrem Leben zwischen »Bücher[n] und Spaziergänge[n]«,[592] am »Klosterleben«[593] bzw. dem zunehmenden Leben im Abseits[594] ließ sie die Freundin Anteil nehmen, ebenso wie an Begegnungen mit Ärzten.[595] Zu erfahren ist etwa, dass sich ihr Verhältnis zu Marie von Bülow nach dem ersten Missverständnis im Sommer 1898[596] und einer Begegnung zwei Jahre später entspannte,[597] ebenso, wie sehr sie Bach'sche Kantaten und Passionen schätzte.[598]

Im Herbst 1875 berichtete sie ihr in recht distanzierter Weise vom ersten Wiedersehen mit Ellen bzw. jetzt Helene von Heldburg[599] nach Jahren fehlenden Kontaktes in Wien:[600]

> »[...] dann besuchte mich nach 14 Jahren Ellen Heldburg. Sie wollte mich unverändert finden und schlug den alten Ton an; ich fand sie sicher geworden, suchte aber das Eigentümliche, was früher mich an sie gefesselt. Ich segne aber die Annäherung _ _ _ Sie wissen weshalb. Gestern wollte ich ihren Besuch erwidern, sie musste sich aber einer Operation unterziehen, und lag krank zu Bett. Ich wurde vom Herzog empfangen, welcher nicht sehr mit dem Erfolg seiner Truppe zufrieden schien.«[601]

Dass das Herzogspaar 1875 damals nicht nur nach Wien gereist war, um das Gastspiel zu erleben, sondern auch, weil die allgemein »sehr viel kränkelnd[e]« Helene[602] sich wohl einer Operation[603] unterziehen musste, war bislang nicht bekannt. Doch die in Cosimas Brief an Marie mitschwingende Reserviertheit gegenüber Helene erwies sich nicht als dauerhaft. Offenkundig mussten die beiden Frauen sich erst wieder annähern; insbesondere Cosima musste herausfinden, welchen Platz sie der einstigen Freundin angesichts ihres inzwischen etablierten Lebensentwurfes und nicht zuletzt ihrer gesellschaftlichen ›Rochade‹[604] einräumen wollte und konnte. Denn obgleich Marie von Schleinitz zu einer festen Größe in Cosimas Umfeld geworden war, erlangte das Verhältnis zu ihr doch niemals die jugendliche Unvermitteltheit, Herzlichkeit und Nähe wie zu Ellen.

## Cosima und Ellen – die späte Phase der Freundschaft

### Wandel der Freundschaft zu Helene – die Briefe nach 1875[605]

Es besteht kein Zweifel daran, dass sich die Beziehung zwischen Cosima und Helene im Laufe der Jahre grundlegend wandelte. Nach 1875 knüpften die beiden Frauen jedoch wieder, wenn auch unter anderen Bedingungen und in veränderter

Art und Weise, an die alten Bande an. In dem Bewusstsein, dass »das Vergangene nie wirklich vergeht«,[606] bekundete Helene in den Folgejahren immer wieder ihre Verbundenheit mit der Jugendfreundin.[607]

Ellen bzw. Helene mutet beinahe wie ein Synonym für die frühere Lebenswelt Cosimas mitsamt ihrer künstlerischen und intellektuellen Betätigung an. Es scheint sogar, als hätte auch ihre Wiederbegegnung erneut Saiten in Cosima zum Klingen gebracht und als habe sie nach den künstlerisch weniger produktiven Zeiten, als ihre Kinder und Wagners Haushalt ihre volle Aufmerksamkeit erforderten,[608] Anteil an der künstlerischen ›Wiedererweckung‹ Cosimas gehabt.[609] Über den Meiningen-Aufenthalt Anfang März 1877[610] schrieb Cosima jedenfalls:

> »Das Erlebnis, mit Ihnen wieder in die künstlerische Arbeit einzutauchen und die Kunst zu genießen, erinnerte mich an die Zeiten in Berlin [...] Während dieser drei Tage genossen wir den Zustand, der in der Vorstellung der Dichter so oft als die wirkliche Wahrheit erscheint, nach der es sich zu streben lohnt: das Leben in der Kunst und mit der Kunst unter der Obhut einer höheren Kraft, die Freiheit der Gedanken und Gefühle, die durch die Sanftheit eines noblen Daseins bestimmt wird wie die Melodie vom Rhythmus. Ich kann gar nicht beschreiben, wie glücklich wir uns fühlten, und wie dankbar wir Ihrer Hoheit und Ihnen dafür sind.«[611]

Ähnlich eindrucksvoll, wenn auch weitaus stärker aus der Zuschauer-Perspektive denn aus der Künstlerinnensicht geschrieben, liest sich übrigens der Bericht an Marie von Schleinitz.[612]

Um sich für eine aufwändige Theatervorstellung zu revanchieren, mit der ihn seine Frau zum 65. Geburtstag im Mai 1878 überrascht hatte,[613] entwickelte Richard Wagner für ein morgendliches Konzert[614] an Cosimas Ehrentag eine besondere Idee. Wohl wissend, wie viel seiner Frau an Meiningen lag, bat er Helene in Vorbereitung auf Cosimas Geburtstag am 25. Dezember 1878 darum, Georg II. möge ihm die Hofkapelle für ein Morgenkonzert für seine Frau zur Verfügung stellen.[615] Der Herzog gestattete, dass seine Musiker ihre Familien zu Weihnachten allein ließen, am 23. Dezember für drei Tage nach Bayreuth reisten und dort neben Beethoven, wohl als erste Musiker überhaupt, auch das *Parsifal*-Vorspiel probten.[616]

Die Briefe zwischen Cosima und Helene ab 1877 sind in gewisser Weise förmlicher, intellektueller als die früheren. Es fehlen nun, ähnlich wie bei der Korrespondenz mit Marie von Schleinitz,[617] expressive Unterstreichungen. In den deutsch geschriebenen Briefen wechselte Cosima zum »Sie«; die Anreden und Grußfloskeln wurden spürbar höflicher und formaler. Dies ist vermutlich auch dem Entstehungsprozess derselben geschuldet, das heißt dem Diktieren[618] (siehe den Abschnitt »Die Manuskripte«). Ebenso wurden die Begegnungen seltener.[619]

So trafen sich die Frauen am 2. November 1875 in Wien[620] und im August 1876 in Bayreuth.[621] Wichtig ist vor allem der Aufenthalt vom 9. bis 12. März 1877 in Meiningen.[622] Am 18. April 1880 trafen sich die beiden Ehepaare in Neapel (und zwei Tage später offenbar zufällig in Amalfi).[623] Am 3./4. März 1889 folgte ein Besuch Cosimas in der Werrastadt.[624] Im August 1889 begegneten sich die Frauen wohl in Bayreuth.[625] Nach einem Aufenthalt in Meiningen im Januar 1890[626] besuchte Helene Cosima im Februar 1890 im Hotel *Sächsischer Hof*.[627] Wahrscheinlich ist zudem ein erneutes Treffen im Juni 1890 bei der Abholung der historischen Kostümkunde-Bücher.[628] Nach Helenes Mitteilung, dass der Herzog krankheitsbedingt nicht mehr zu den *Festspielen* nach Bayreuth reisen könne,[629] traf man sich im September/Oktober 1904 in Riedberg bei Partenkirchen, als Gast von Hermann Levis Witwe, Mary Fiedler-Levi.[630] Die in den Briefen angedachten Besuche Cosimas auf Altenstein im Frühjahr 1906 oder im Herbst desselben Jahres in der Villa Carlotta[631] sind wenig wahrscheinlich.

Ohne Zweifel blieben gerade die beiden älteren Frauen in ihren Kunstanschauungen dem 19. Jahrhundert verhaftet. So vermochte Helene von Heldburg das Wirken der Hofkapellmeister und Komponisten Wilhelm Berger oder Max Reger kaum mehr nachzuvollziehen.[632] Über ihren gemeinsamen Erfahrungsschatz und ihren Geschmack hinaus traten dennoch verschiedene Schwerpunktsetzungen zutage. Künstlerisch war die herzogliche Familie neben dem Schauspiel vor allem dem Konzert verpflichtet. Seit 1881 sympathisierte man offen mit Johannes Brahms und dessen Musik, weshalb aus Meiningen nicht ohne Weiteres vorauseilender Gehorsam bzw. das von Cosima an so vielen Stellen eingeforderte Bekenntnis zu »ihrer Sache« zu erwarten war, woraus u. a. Prinzessin Marie Elisabeth von Sachsen-Meiningen keinen Hehl machte.[633]

Über die mehrfach wiederkehrende Versicherung der Bedeutung der Meiningen-Besuche und der Freude über die Aufmerksamkeit des Herzogs an »unserer Kunst«[634] hinaus werden emotionale Äußerungen der reifen Cosima seltener. Zumeist handelt es sich um allgemeines Zugetansein[635] oder unverfängliche Verweise auf Empfindungen und Ereignisse aus der Vergangenheit.[636] Umso wertvoller ist angesichts dessen ein Briefschluss von 1905, in dem es heißt, »dass unter allen Umständen und zu jeder Zeit meine Gedanken zärtlich bei Ihnen sind und ich für immer, teuerste Freundin, anhänglich die Ihre bin C. Wagner«.[637] Cosima erweist sich in diesen Briefen keineswegs als »die Herrin des Hügels«,[638] sondern als höchst sensible, kreative Frau. Das Bild fügt sich zusammen, wenn es um ihre offenbare Bescheidenheit in Sachen Beifallsbekundungen[639] durch Dritte geht oder um ihre Vorliebe für die Einsamkeit,[640] das Bemühen um Bewahrung von Haltung,[641] die nach außen getragene Bescheidenheit hinsichtlich des Wertes ihrer eigenen Arbeit[642] oder aber um ihre ausgesprochene Scheu vor einer Übernachtung im Meininger Schloss.[643] Dies fügt sich mit der 1886 gegenüber Marie von

Schleinitz geäußerten Abneigung vor jeglicher »Publizität«.[644] Die künstlerische Wertschätzung der Meininger Truppe[645] wirkte wie eine Brücke, die nach Wagners Tod wieder betreten wurde. Dann nämlich, als Cosima, mit der eigenen Theaterleitung konfrontiert, sich offenbar glücklich schätzen konnte, in ihrer Nähe die herausragenden Meininger Theaterschaffenden zu wissen. Freilich schrieb Cosima alle möglichen Leute mit der Bitte um Hilfe in inszenatorischen oder Ausstattungs-Angelegenheiten an. Die Meininger Theaterarbeit konnte ihr jedoch besonders erstrebenswert erscheinen, weil sich das dortige Schauspiel seit seinem sensationellen Berlin-Gastspiel 1874 als europäisches Spitzenensemble reformierter Schauspielkunst etabliert hatte – im Gegensatz zum teuren ›Fehlstart‹ von Bayreuth.

### Einflüsse der Meininger auf die Bayreuther Theaterarbeit

Die Freundschaft von Cosima und Ellen/Helene blieb bis zum Erscheinen dieser Briefe eine Verschlusssache, nur erinnert als von den beiden Beteiligten entschlüsselbares, nach außen hin aber abgeschottetes, nostalgisches Jugendbild.[646] Helene etwa prägte 1922 den Begriff der »Mädchenfreundschaft«.[647] Es ist aber wenig wahrscheinlich, dass hier der Grund zu suchen ist für die Ignoranz des bis dato von der Forschung[648] entwickelten Bayreuth-Bildes gegenüber den Einflüssen der vom Meininger Hofschauspiel praktizierten Inszenierungsprinzipien auf die Bayreuther Theaterarbeit. Erst Fabian Kerns 2010 erschienene Untersuchungen zur Coburger Theatermalerfamilie Brückner und ihrer Beziehung zu den *Bayreuther Festspielen* belegen eine langjährige fruchtbare Arbeitsbeziehung zwischen Bayreuth und dem Meininger Hof.[649] Er konstatiert als erster, »daß in der Wagnerforschung die Meininger Theaterreform und ihre eventuellen Auswirkungen auf die *Bayreuther Festspiele* nahezu keine Beachtung gefunden haben«.[650] Rezensenten wie Frank Piontek erkannten den hohen Wert dieser Forschungsarbeit über die substantielle Bedeutung der Coburger Theaterfamilie, jedoch auch die Abhängigkeit der Bayreuther »Musteraufführungen« von den Coburger Künstlern sowie die Tendenz der Bayreuther, die Ähnlichkeit der Bildästhetik mit der der Meininger zu verdecken[651] und »die von Lügen und Fälschungen durchzogene Selbstdeutungsgeschichte der *Bayreuther Festspiele* unter Siegfried Wagner« weiter zu schreiben.[652] Wann jedoch das Interesse der Wagner-Forschung einsetzt, sich die hier gewonnenen Kenntnisse zu eigen zu machen und daraus neue Fragestellungen wie der Frage nach den unterschiedlichen Auslegungen der Gesamtkunstwerk-Idee durch Herzog Georg II. und Richard Wagner abzuleiten,[653] darf gespannt erwartet werden. Arne Langers Beitrag zu den Gebrüdern Brückner im 2012 erschienenen *Wagner-Lexikon* schildert jedenfalls wiederum nur die zeitliche Parallelität beider Theaterproduktionen.[654] Für die in seinem Band *Weihe – Werkstatt – Wirklichkeit* geäußerte Behauptung, Cosima habe den Einfluss Meiningens auf Bayreuth geleugnet,[655] lieferte Stephan Mösch bislang keinen schlüssigen Beleg.

Wenn Dietrich Mack festhält, Cosimas Einlassen auf dramaturgische und inszenatorische Probleme, ihre Recherchen zur Stoffgeschichte und die damit zusammenhängenden Aufträge an Germanisten und Kunsthistoriker, ihre Sammlung aller erreichbaren Aussagen Wagners zur Realisierung seiner Werke, ihrem Anspruch auf Authentizität erinnerten ihn an die Arbeitsweise Walter Felsensteins,[656] dann verweist er – ohne dass ihm dies bewusst gewesen sein dürfte – im Kern auf die Arbeitsweise des über Jahre führenden Schauspielensembls in Meiningen. Von dort kannte Cosima nicht nur den historistischen Zugang zum Theater, die ausführlichen Quellenstudien im Austausch mit Wissenschaftlern sowie Studien in Literatur und Museen.[657] Die von Cosima Wagner im Vorfeld ihrer Berlin- und Meiningen-Besuche bewusst ausgewählten Inszenierungen des Herzogs (*Hermannsschlacht*, 1875,[658] *Esther* und *Julius Cäsar* in Verbindung mit dem *Eingebildeten Kranken*, 1877[659] sowie *Jungfrau von Orleans*, 1889) bezeichnete sie selbst als Schlüsselerlebnisse,[660] wobei sie den Anteil Helenes an den Leistungen der »Meininger« – anders als Publikum, Presse und Forschung, die gern den Mythos vom »Theaterherzog« Georg II. als Schöpfer und Lordsiegelbewahrer der Meininger Inszenierungs-Prinzipien[661] tradieren – 1896 wenigstens einmal brieflich würdigte.[662]

Hatte Cosima über Meiningen offenbar Henrik Ibsens Werke kennen gelernt, empfahl sie ihrerseits Heinrich von Steins Werke.[663] Bereits 1881 wünschte sich Cosima, die *Parsifal*-Kostüme würden vom Meininger Kostümier nach eigenen oder Meininger Figurinen hergestellt werden,[664] wurde damals jedoch noch an eine Frankfurter Firma verwiesen.[665] 1889 fragte sie wiederum an, ob der Schneider des Meininger Hoftheaters nicht Joseph Flüggens Kostümentwürfe für den *Tannhäuser* realisieren könnte.[666] Bezüglich der Ausstattung des Wagner'schen *Rienzi* und von Liszts *Heiliger Elisabeth* für ihre Inszenierungen am Hoftheater Karlsruhe erbat sie u. a. verschiedene kostümkundliche Werke aus der herzoglichen Privatbibliothek.[667] 1897 teilte Cosimas Tochter Daniela Thode dem Meininger Waffenschmied Johann Kallert ihre Änderungswünsche an den Helmen für Wotan und Waltraute sowie zu Gunthers Schwert mit.[668]

Zusammenfassend hielt Cosima das Meininger Hofschauspiel für einen »Primus«, der sich auch so einer »feinsinnigen und außergewöhnlichen Kunst« wie dem spanischen Theater widmen könnte, »um des Höheren Willen eine Abstraktion dessen zu schaffen, was der Allgemeinheit gefällt«.[669] Cosimas von Jugend an manifestierte Auffassung von der Kunst als Ort der »Zuflucht« sowie der »Erhebung und Kraft«[670] und vom Theater als Ort der Verkündigung »höherer Wahrheit«,[671] in dem im Glauben (!) an den Schauspieler als Interpreten mit großer Ernsthaftigkeit existentielle Fragen des Lebens verhandelt (und Antworten präsentiert) wurden, fand in der Meininger Schauspieltruppe ihre regelrechte Entsprechung. Sie bewunderte an der Anfang März 1889 erlebten Aufführung von Schillers *Jungfrau von Orleans* nicht nur den aufgewendeten »Eifer« und die »Sorgfalt« der Ausstattung wie der Inszenierung.[672] Angesichts des von ihr konstatierten Kunstverfalls bzw. der als »schmerzlich« empfundenen »Erschütterung der Idealität überhaupt« bzw. der »Verkennung oder Vernachlässigung des Erhabenen« fühlte sie sich von der Vorstellung »wohltätig, andächtig berührt« bzw. »erbaut« und verehrte die »Meininger« als »Meister dieser Kunst«, als »wahre Tröster und Helfer«[673] und ganz allgemein als eine »Oase in der jetzigen Kunstwüstenei«.[674] Ausdrücklich hinsichtlich der Ausstattung hielt sie Ende 1889 Meiningen für den Theaterort, »von wo [...] die stilvollsten Leistungen ausgehen.«[675]

Weitaus stärker als bisher angenommen, griff Cosima bei der Übernahme der *Festspiele* auf ihr bestehendes, über Jahrzehnte ausgebildetes Theaterverständnis, mithin ihre ureigene künstlerische Positionierung zurück. Eine Perspektive, aus der heraus sich auch die Abneigung gegen fundamentale Neuerungen erklärt. Zu ihren dramatischen Grunderfahrungen zählte u. a. die Arbeit an Lessings *Minna von Barnhelm*, die konsequenterweise in das Ausbildungsprogramm der Bayreuther *Stilbildungsschule* aufgenommen wurde. In der 1892 gemeinsam mit dem Chordirektor und Festspielorganisator Julius Kniese[676] ins Leben gerufenen Anstalt sollten Bayreuther Sänger u. a. mittels Rollenstudium von Schauspielen sowie Schauspielunterricht auf die besondere Stilistik und Darstellungsweise des Wagner'schen Musikdramas vorbereitet werden.[677] Das Arbeitsfeld beschränkte sich dabei keineswegs auf zeitgenössische Lustspiele und Einakter, sondern reichte bis hin zu klassischen Tragödien. Als sie mit ihren Schülern als eines der ersten Werke *Minna* einstudierte, lieh sie sich zu Beginn des Jahres 1893 dafür Meininger Kostüme mit der Begründung aus, dass diese »freilich den Hauptreiz u. das eigentlich künstlerisch-Vollendete des Abends bilden würden«.[678] Bei den Vorbereitungen des *Rienzi* wurde sie wenig später noch deutlicher und wünschte brieflich, es möge ihr »nur halbwegs Das [gelingen, d. V.], was von den Aufführungen des Meiningen'schen Theater's wir erfuhren u. lernten, zur Geltung zu bringen. Ja, ich beklage es, dass es mir nicht vergönnt sein kann, in Manchem bei dieser schwierigen Aufgabe um gnädigen Rath zu bitten.«[679] Ihr Interesse an der Meininger Schauspieltruppe,[680] am Aufblühen Meiningens als »Zentrum der Hochkultur«[681] und die Wehmut über den 1890 verkündeten Abschluss der Gastspielreisen[682] ist jenseits der Briefrhetorik durchaus ernst zu nehmen. Es wäre folglich auch die Frage zu stellen, wie sowohl die Meininger Schauspiel- als auch die *Bayreuther Festspiel*-Tradition von den »female networks«[683] profitiert haben.

Doch auch dieser Aspekt spielte und spielt in der gesteuerten Bayreuther Erinnerungskultur keine Rolle. Nach außen reagierte die Frau, der die existentielle gesellschaftliche Gefährdung durch Klatsch und Tratsch von Kindesbeinen an vertraut war,[684] mit der Abschirmung ihres privaten wie künstlerischen Lebens. Mit ihren *Tagebüchern*[685] schuf sie bekanntlich ein sonderbar hermetisches Kunstprodukt, in dem sich Ton und Mitteilungsbedürfnis geradezu »bescheiden« und »still« ausnehmen, gefangen im Themenkreis zwischen Wagner'schem Œuvre, Kindererziehung, »Judenfrage« und Tagespolitik.[686] In welchem Maße die *Tagebücher* von Beginn an als Mitteilungsorgan für die Mit- und Nachwelt konzipiert waren, dürfte wohl als erster Richard Du Moulin Eckart bemerkt haben, der sie in Vorbereitung für seine 1929/1931 erschienene Biographie uneingeschränkt und offenbar ungeschwärzt einsehen durfte.[687] Ob die nach ihrem Tod erfolgte jahrzehntelange Sperrung tatsächlich in ihrem Sinn war, bleibt fraglich. Am 1. Januar 1869 hatte sie mit ihren Aufzeichnungen begonnen, mit denen sie nicht nur ihr Leben an der Seite Richard Wagners bis zu dessen Tod am 13. Februar 1883 detailliert auf weit über 2.000 Seiten dokumentiert, sondern auch akribisch festschreibt, was sie bezüglich des Wagner-Kultes einerseits für unabdingbar und erinnernswert gehalten bzw. andererseits zu tilgen für nötig erachtet hatte. Wohl orientiert nicht zuletzt auch über die Urheberrechtslage in Sachen Briefveröffentlichungen, maskierte sich Cosima über Jahrzehnte nach allen Regeln der Kunst und manipulierte so auch das Bild der Wagner-Dynastie samt ihrer Werke beträchtlich.

Auch in familiärer und sozialer Hinsicht erfuhren Cosima Wagner und Hans von Bülow aus Meiningen Unterstützung. Hans von Bülow wurde vom Herzog und seiner Frau, die selbst genügend negative Erfahrung hatten mit öffentlicher und privater Demütigung seitens der Familie,[688] wie ein »verlorener Sohn« empfangen.[689] Bülows Berufung nach Meiningen ist auch als fürsorgende Geste Helenes zu interpretieren,[690] die einem ›Befreiungsschlag‹ gleichkam.[691] Und nicht zuletzt hatte die herzogliche Familie entscheidenden Anteil an der Wiederbegegnung des Dirigenten und Pianisten mit seinen beiden Kindern.

### »Herrinnen-Attitüde« statt »wildes Kind«

Schon Beidler benannte in seinen Schriften einige zentrale Gründe für Cosimas späteren »Ordnungs-Reflex«[692] und damit auch für ihre ›Herrinnen-Attitüde‹. Ihre Intoleranz, die letztlich bis zum Antisemitismus[693] reichte, resultiert, wie es scheint, aus ihrer Herkunft, dem jahrelangen intellektuellen und künstlerischen Aufbegehren an Bülows Seite, der ›Unordnung‹ in emotionalen Fragen und ihrem Selbstverständnis als Frau, dem Scheitern als Ehefrau[694] und des »Lebens zu dritt«.[695] Nicht nur die zeitweise Reduktion ihrer Beziehungen zur Außenwelt fällt ins Auge,[696] sondern auch die Einschränkung ihrer nach außen spürbaren künstlerischen und intellektuellen Aktivitäten sowie die vermutlich ebenso radikal postulierte wie gelebte »Ordnungsliebe« in allen Lebensfragen.

Wie eine Handlungsanweisung (in eigener Sache) liest sich in dieser Hinsicht Wagners einstmals freundschaftlich gemeinter Rat an Hans von Bülow zur ›Bezähmung‹ des »wilden Kindes« Cosima: »An diesen [ihren großen Adel, d. Verf.] mußt Du Dich halten, um sie zu jedem Opfer, auch dem kleiner schädlicher Angewohnheiten zu vermögen: sie muß aus Stolz gleichmüthig und ruhig werden.«[697] Wie sehr Wagner später seine Frau beeinflusste, lässt sich an Cosimas Erziehungsprinzipien für ihre eigenen Kinder beobachten, die in einem Brief an Marie von Schleinitz vom März 1881 anklingen: »Ich weiss es nicht ob es ein Mangel an Zärtlichkeit bei mir ist, aber in der That, hege ich betreffs meiner Kinder nur die eine Besorgniss, dass sie nicht stolz gelassen genug den Widrigkeiten des Lebens entgegenstreben.«[698] Ende des Monats schrieb sie an ihre Tochter:

> »Ein reines Herze und grosse Gedanken sollen wir von der Gottheit erflehen, von ganzem Herzen thu' ich diess für Dich, mein geliebtes Kind! O sei adlig! Verliere nie die edele freundliche Gelassenheit.«[699]

Ihre eigene an Selbstbestrafung und Askese gemahnende Entscheidung für deutlich weniger Freiraum an Wagners Seite und zugunsten eines ›normalen‹ Familienlebens und der Erziehung von fünf Kindern mündete für sie zwangläufig in den Verzicht auf eine als autonom verstandene und präsentierte berufliche Tätigkeit. So grandios ihre Lebensleistung mit der Institutionalisierung der *Bayreuther Festspiele*[700] und der Etablierung des Mythos vom Wagner-Clan auch war: Zu gestalten vermochte Cosima lediglich unter dem Schutz der Witwentracht, zugunsten des Kunstideals, das »Auslöschen des Ichs«[701] anstrebend und möglicherweise bis hin zur Vernichtung von Teilen ihrer Korrespondenz und ihren Schriften vor 1870 betreibend. Aber dieses weithin bekannte und vielfach kolportierte ›Lebenstheater‹ ist nicht ohne die angedeutete Vorgeschichte denkbar; vielmehr ist es als Reflex darauf besser verständlich. Cosima nahm sehr wohl den »Moderdunst von Ruhm und Vergangenheit« wahr, der Marie zu Hohenlohe-Schillingsfürst, die Tochter von Fürstin Carolyne von Sayn-Wittgenstein, mittlerweile umgab[702] und prognostizierte, »dass andere Begegnungen« Helene von Heldburg »zu einer ganz anderen Entfaltung geführt haben würden«.[703] Aber kaum jemand vermag wohl einzuschätzen, wozu sie selbst in der Lage gewesen wäre, wenn sie freier und kreativer hätte agieren können, ohne die Bürde, die »geweihte Kunststätte« für die »Heiligtümer der deutschen Muse«, die *Bayreuther Festspiele*,[704] zu etablieren.

My own Chick, as the enveloppe will tell you I am in Weimar and will stay there some few days more. Could you come to see me? Perhaps tomorrow Wednesday (Mittwoch, Mercredi) when the Bulyoski is going to play Juliet as last Gastrolle; she has had no success at all here but still it is interesting to see her, and she is beautiful indeed; then come at once, you would dine with us, and we would go to the theater together; if you cannot tomorrow there show another day within this day, and come. My father wishes very much to see you. And now good night dearest, I am very weak still, and they say I will be obliged to go far away. Be happy and happy dearest and think of me as of your old affectionate
Queen
Tuesday                                     P.S. Answer.

2. *Cosima von Bülow an Ellen Franz,* [26. Februar 1861] (27. Brief)

2. *Cosima von Bülow to Ellen Franz,* [February 26, 1861] (Letter 27)

To "Daniella", on having nursed her for
the first time.
—

Tiny beauty, Daniella,
Floweret lovely to behold,
Darling daisy, Daniella,
Just in beauty's list enrolled!

Little angel, Daniella,
Sister angels lent thy smile,
But that eyebrow, Daniella,
Love officious gave the while.

And those eyes of blue celestial,
Dreamy now and now so bright,
Fore foretell thee, Daniella,
~~These~~
Intellect's celestial light.

Bless thee, baby Daniella,
And thy guard may angels be,
Till again to heaven they take thee,
Whence thou cam'st I plainly see!
——

January, 1861.

3. Sarah Franz, To "Daniella", on having nursed her for the first time,
January [25], 1861 (see also page 234)

## FÜR »DANIELLA«, NACH DEM ERSTEN BEHÜTEN

Winzige Schönheit, Daniella,
Röslein, so lieblich anzusehen
Liebstes Gänseblümchen, Daniella,
In der Liste der Schönsten wirst du stehen!

Kleiner Engel, Daniella,
Ein Lächeln von himmlischen Schwestern gemacht,
Doch diese Augenbraue, Daniella,
Von inniger Liebe wurd' sie vollbracht.

Und diese Augen, ein himmlisches Blau,
sie träumen strahlend in deinem Gesicht,
Schon jetzt erzählen sie dir, Daniella,
von deines Geistes himmlischem Licht.

Wohl dir, Baby Daniella,
Mögen Engel in ihrem Schutz dich hegen,
Bis sie mit dir wieder gen Himmel schweben,
Ich weiß, von dort aus kamst du in das Leben!

Januar 1861

3. Sarah Franz, Für »Daniella«, nach dem ersten Behüten, [25.] Januar 1861
deutsche Übersetzung: Maria Heyne (siehe auch Seite 234)

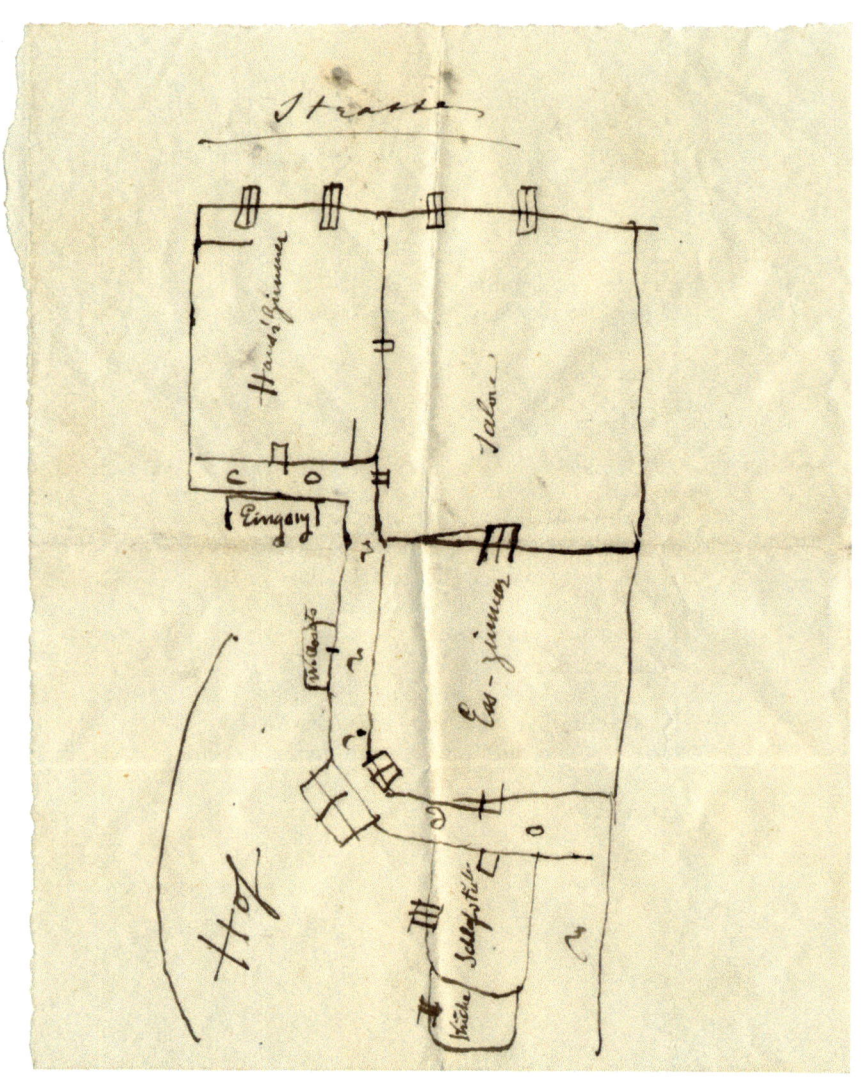

4. Cosima von Bülow, Skizze der Wohnung in der Schöneberger Straße 10, Berlin
Notizzettel zum Brief
[8. April 1861] (31. Brief)

4. Cosima von Bülow, sketch of the apartment at Schöneberger Strasse 10, Berlin
Piece of note paper accompanying the letter [April 8, 1861] (Letter 31)

My own dear Soul, I have not till now read the translation of Frau v. B.; for I had no time but I know the French article which is charming and I shall bring the manuscript tomorrow to you rather that it may come in any newspaper. The letter of M⁻ Jo....(?) I have not read either, Ida has not none given it to me, but don't mention the thing, I will ask for it; as she spoke of it I thought it was sent to her by M⁻ᵐᵉˢ B. and as I have adopted the rule never to read or to hear any-thing of you which came not directly from you I thanked for the communication, now I see it is otherwise I will look at it, but in general pray dear send me the things directly, no matter what they cost, I don't mind some few groschen, even if I am not rich. To monorrow there is a great lecture of a new

5. Hans von Bülow im ›Liszt-Look‹
Aquarell von Karl Wilhelm Streckfuß, 1856

5. Hans von Bülow in the 'Liszt look'
Watercolour by Karl Wilhelm Streckfuß, 1856

6. Hans von Bülow in der Berliner Zeit,
kämpferisch und strapaziert zugleich
Reproduktion einer Fotografie, um 1862

6. Hans von Bülow during his Berlin
time: strong-headed, yet also strained
Reproduction of a photograph, c.1862

## THE REFUTATION.

When Nature Cosima endowed
With all that's bright and fair,
The Sisters weird, in anger loud,
Thus shrieked at so much care:

As Goddess bright from out the womb
We thought not to behold,
For one who works but for the tomb,
Great Dame, thou'rt not too bold!

Take from the Nymph her noble mien,
Her stature of her grace,
Or let her soul not thus be seen
To shine upon her face.

Those silken socks of purest gold
Ar not for her, we ween,
Such splendor scarcely we behold
In heaven's majestic Queen!

Those hands are for an angel bright
To strike the golden lyre,
And mortals dream of, when the light
Of heaven their thoughts inspire

Dame Nature heard, but heard unmoved
Her darling thus decried;
Injustice in me when his proved,
She said, ye may deride!

The mortal ye so ruthless hate,
With pity ye would see,
If pity ever mov'd a Fate,
Or Love with hate could be:

This child of earth may ne'er blest
In all her pilgrimage
Her soul tho' bright, shall know no rest
Nor its great thirst assuage.

Her sweetest drop in mortals' cup
My darling ne'er will find,
Her grief in greatness swallow up-
For she to love is blind!

*7. Sarah Franz, "The Refutation", December 18, [1861], a poem about Cosima von Bülow*

## DIE WIDERLEGUNG.

So reich beschenkt ward Cosima
mit reinem Glanz und Schein,
dass ihre Schwestern sonderbar
vor Neid nur konnten schrein:

Als Göttin kam sie aus der Nacht,
wir glaubten es fast nicht,
ein Menschenkind so reich bedacht –
scheint's nicht verschwenderisch?

Nimm fort, Natur, den Nymphenschein,
des Lächelns holden Glanz,
bescheiden lass ihr Antlitz sein,
devot der Seele Tanz.

Die Seidensöckchen gülden zart
sind nicht für sie gedacht,
solch Herrlichkeit wir selten sahn
in reiner Himmelstracht.

Die Hände leuchten engelsgleich,
die Harfe zupfend fein,
für Sterbliche ist unerreicht
das Leuchten ihres Seins.

Mutter Natur gab sich bedeckt,
ihr Liebling so verschrien:
kein Unrecht, das ihr habt entdeckt,
darum sei mir verziehn.

Die Sterbliche, die ihr so hasst,
mit Mitleid würdest sehen,
wenn Mitleid könnt' vertreiben Hass,
ihr Los ihr könnt' verstehen.

Kein Segen findt dies Erdenkind
trotz aller Frömmigkeit,
ihr Seelendurst wird nie gestillt –
rastlose Ewigkeit.

Des Lebens süßester Kelch Wein
mein Liebling niemals findt,
denn Kummer wird ihr Liebster sein,
für Liebe ist sie blind.

7. Sarah Franz, »Die Widerlegung«, 18. Dezember [1861],
ein Gedicht über Cosima von Bülow, deutsche Übersetzung: Maria Heyne

8. *Cosima und Richard Wagner*
   Reproduktion einer Fotografie von Fritz
   Luckhardt, Wien, 9. Mai 1872

8. *Cosima and Richard Wagner*
   Reproduction of a photograph by Fritz
   Luckhardt, Vienna, May 9, 1872

9. Helene von Heldburg und Herzog Georg II. von Sachsen Meiningen
Doppelportrait von Eugenie Stötzer, Pastell/Pappe, *um Weihnachten 1914*

9. Helene von Heldburg and Georg II, Duke of Saxe-Meiningen
Double portrait by Eugenie Stötzer, pastel on cardboard, *c. Christmas 1914*

## Rezeption der Freundschaft

### Wenige Mitwisser – eine verblassende »Lebensfreundschaft«

Von der Bedeutung und zeitweiligen Intensität bzw. Intimität der Beziehung zu Ellen/Helene erfuhren außer den Beteiligten wahrscheinlich nur der Vater Liszt,[705] der Ehe- bzw. Exmann Bülow, Bülows Hausmädchen Käthchen[706] und Marie von Schleinitz.[707] Mitte März 1861 nahm Cosima zwar bekanntlich an, dass »jeder weiß, dass Du mich verzaubert hast«, aber das dürfte eher rhetorische Übertreibung gewesen sein und sich auf ihr unmittelbares Umfeld beziehen.[708] Dass Ellens/Helenes Eltern eingeweiht waren, liegt ebenfalls nahe.[709] Ob hingegen die späteren Ehemänner Wagner und Herzog Georg II. davon erfuhren, ist nicht bekannt. Noch weniger wahrscheinlich ist hingegen, dass Cosima ihre Kinder ins Vertrauen zog, auch nicht die Töchter Daniela und Eva. Somit ist davon auszugehen, dass spätestens nach dem Tod des Herzogs von Sachsen-Meiningen im Juni 1914 alle ›Mitwisser‹ verstorben waren.

Noch 1921 bemerkte Daniela gegenüber Helene von Heldburg, Cosima halte mit »ungebrochener Geisteskraft an diesen ihren alten Erinnerungen und im Besonderen auch an Ihrem Bild« fest.[710] In der knapp 70 Seiten umfassenden Cosima-Biographie von Richard Du Moulin Eckart aus dem Jahr 1918 wird diese Beziehung nicht erwähnt. Wenig später wollte Du Moulin Eckart in seiner Lebensbeschreibung Hans von Bülows (1921) bzw. in dem seit dieser Zeit in Planung befindlichen Band *Neue Briefe* zumindest auf die Verbindung Bülows nach Meiningen eingehen.[711] Doch wie Danielas Brief (Nr. 80 im Band) und Du Moulin Eckarts fragmentarischer Kenntnisstand zeigen, erhielt er trotz wiederholter Bitten[712] von Helene von Heldburg nicht einmal die Korrespondenz der herzoglichen Familie mit Hans von Bülow.[713] An die Briefe Cosimas war gar nicht zu denken. Jedenfalls flossen Reminiszenzen an die oder Beschreibungen der Lebensfreundschaft Cosima – Ellen/Helene nicht in Du Moulin Eckarts nachfolgende Werke *Neue Briefe* (1927) und die erweiterte Cosima-Biographie (1929/1931) ein.

Mit der Rezeption der Freundschaft zwischen den beiden Frauen verhält es sich möglicherweise ähnlich wie mit Cosimas Beziehung zu Ernst Dohm. Auch er spielte in Cosimas Berliner Zeit eine immense Rolle, zählte nach der Heirat mit Wagner, anders als Du Moulin Eckart behauptet, aber wohl weit weniger zum Kreis der »Gleichgesinnten«, als man dies in Bayreuth vielleicht wünschte.[714] Weil er sowohl in Cosimas *Tagebüchern* als auch in *Mein Leben* durch Abwesenheit glänzt, spielt auch er in der Geschichtsschreibung – abgesehen von der Bülow-Tradition, etwa den *Merlin*-Opernplänen – bislang keine angemessene Rolle.[715] Die Parallelen zur Rezeption der Verbindung von Cosima und Ellen/Helene liegen auf der Hand. Obwohl Du Moulin Eckart der Beziehung durchaus den Rang einer bis zum Tod reichenden »Lebensfreundschaft« zubilligte,[716] mangelte es ihm bei seinen Schilderungen an substantiellen Details. Die von Cosima hinterlassenen Beschreibungen streiften Meiningen höchstens, möglicherweise aus Furcht vor dem Bekanntwerden delikater Einzelheiten. Was Daniela zwischen den Zeilen oder in der persönlichen Begegnung überhaupt erfahren haben könnte, blieb bislang unbekannt. Die Gründe für die von Daniela in einem Brief an Helene von Heldburg beschworene »Diskretion«[717] können vielfältig sein. Zur Publikation taugte es offenbar nicht. Und so fallen diese substantiellen persönlichen Erfahrungen in der 2000-seitigen, in hoher Auflage gedruckten Biographie von 1929/31 graduell ab gegenüber anderen Ereignissen und verblassen zu Episoden in Wien und Meiningen,[718] von denen erstere sogar einer gewissen Herbheit nicht entbehrt.[719] Die von Du Moulin Eckart zitierte Anrede als »hohe Königin« verliert ohne die inhaltliche Einbettung ihren Gehalt und erhält eine geradezu sinnentstellende pathetische Tendenz.[720] Auch Millenkovich-Morold konnte offenbar nicht mit Belegen dafür aufwarten, warum und in welcher Weise Cosima und Helene einander »zeitlebens in Freundschaft verbunden« blieben.[721]

Die vorliegende Edition des Briefwechsels trägt hoffentlich dazu bei, dieses ebenso faszinierende wie aufschlussreiche Kapitel im Leben der beiden Frauen wieder ins Bewusstsein der Forschung und der Öffentlichkeit zu rücken und ein differenzierteres Bild von Cosima und ihrem Umfeld sowie von der Entstehungsgeschichte der *Bayreuther Festspiele* zu entwickeln.

*Maren Goltz*
# Introduction

## Cosima – an appraisal

### The underrated spouse

The biography of Cosima Wagner and the public perception of Richard Wagner's lover, wife and widow show some remarkable parallels with the lives of eminent wives of leading magnates in the twentieth and twenty-first centuries.[1] Be it Friede Springer, Liz Mohn or Ursula Piëch, they all married charismatic, successful older men who were at the centre of society and public interest. Like their husbands, Wagner ('the master') also sought to mould his young wife according to his will and to train her to become the ideal companion for his journey through life. However, he increasingly included her in his affairs and granted (or rather had to grant) her freedom to develop, such that as a result she became a key confidante to him – not just in his private life but also in business matters and the public sphere.[2] Like the aforementioned tycoons' wives, after the death of her husband, Cosima advanced from the woman at his side to the woman in his place. And like them, Cosima was often ridiculed and misunderstood in this role, and relegated to being a simple executor of her husband's legacy. However, whereas in the case of Friede Springer, Liz Mohn and Ursula Piëch, hardly anyone still makes the mistake playing down their power, leadership, importance and influence, Cosima Wagner continues to lead a thoroughly shadowy existence in this respect.

The biographical and historical background which enabled the rise of the magnates' wives can hardly be compared. Then again, things were by no means simpler for Cosima Wagner. After all, apart from the more restrictive gender models of the nineteenth century, one of the problems which Cosima faced was that, although she acquired the works of her husband and hence earned handsome royalties into the bargain, she also inherited his considerable debts,[3] along with not so much an artistically and financially profitable empire as merely a hint of one. And yet she not only turned the Bayreuth Festival into a national treasure in the arts[4] and the opera house into a trendsetting phenomenon;[5] she also organized family life, including the education of her children and providing for their future, and helped raise the 'Wagner clan' to a pseudo-monarchical position[6] from which the present-day descendants still benefit in astonishing ways. In short, she combined festival and family history in a manner which, regarding both the social status of artists and artists' families and the foundation of an arts festival of such longevity and magnitude, is unparalleled in cultural history. In the twenty years Cosima spent directing the Bayreuth Festival (1886–1906), she turned it into an institution.

## "Abbess duties" for Richard Wagner

Cosima's appearance in mourning garb[7] after Wagner's death unquestionably resembled a disguise for the role she assumed as the all-powerful abbess of the Wagnerian *Kunstreligion* (art-as-religion) surrounded by the "cold, lofty air of a person" who had got to the point of "conducting only a depersonalized life".[8]

However, on closer consideration of her activities from 1862 onwards, it becomes apparent that she knew how to cleverly conceal and achieve her own interests and aspirations behind the façade of her "abbess duties" to Richard Wagner[9] and his works[10] within this *Kunstreligion* as well as in her function as family guardian[11] after their marriage, all the while growing increasingly similar to him. This enabled her not only to share responsibilities in a way which was as unusual as it was successful[12] with a husband not exactly renowned for his partnership skills, but also to maintain and even enhance her central position after Wagner's death.

In 1910, Cosima became one of the first women in Germany to be awarded an honorary doctorate for her "abbess duties", i.e. her services to Wagner's oeuvre.[13] The committee explained why it thought Cosima deserved this honour as follows:

> Matronae spectatissimae COSIMAE WAGNER Ricardi Wagner viri immortalis uxori De patria ac musis praeclare meritae cum post mariti obitum per plus quinque lustra memoriam artemque eius religiosissime colat ac defendat omniaque qualia ille sanxerat tam felici sustentet constantia ut ex toto terrarum orbe ad germanae musae sacra spectanda conveniatur. To the highly respected Mrs Cosima Wagner, spouse of the immortal Mr Richard Wagner, who has rendered outstanding services to the fatherland and the arts, because for more than twenty-five years since the death of her husband she has conscientiously sustained and preserved his memory, maintaining everything in the manner he decreed with such auspicious steadfastness that people come together from all over the world to admire in wonder the shrines of the German muse.[14]

In her letter of thanks to the faculty, she deflected attention from her personal role and declared that the award was intended not for her personally but for "the sacred art institution … to which I belong."[15] Evidently, Cosima's career and above all her role, which both fascinated and repelled her contemporaries, dovetailed with intellectual debate of the period around 1900.[16] In her obituary in *Frankfurter Zeitung*, Karl Holl described her as "the most important woman of the nineteenth century regarding her autonomous lifestyle and in the field of artistic and cultural activity."[17] This image was frequently repeated by Cosima's early biographers Carl Friedrich Glasenapp, Richard Du Moulin Eckart[18] and Max von Millenkovich[19] (better known by his pseudonym Max Morold).[20] Unfortunately, the idealized views of these authors moulded under the impression (or even pressure) of the Wagner family, their focus on Richard Wagner[21] and their growing anti-Semitism[22] overshadow the sometimes fascinating inside knowledge revealed in their publications, discrediting the relevant views and insights which they nevertheless contain.[23] In 1936, Georg Mollat published his book *Von Goethes Mutter zu Cosima Wagner* ('From Goethe's Mother to Cosima Wagner') in which for the first time Cosima was presented as to some extent the zenith of the development of women in the service of great men.[24]

## Opinions of Cosima

Both the spirit of this portrayal and the image of women communicated in it must have appeared highly questionable and reactionary to biographers and academics by no later than the second half of the twentieth century. And even before that, Cosima's image had been dented on occasion. For example, the epithet "noble lady"[25] employed ironically by Hedwig Pringsheim and popular among Wagnerians was initially restricted to use within the family. Also, the critical views of Wilhelm Franz Beidler remained unnoticed at first, being published either not at all or at most in newspapers – in contrast to the biographies by Glasenapp, Du Moulin Eckart and Morold printed in their thousands.[26] It was left to Beidler (one of Wagner's grandsons), who had been shunted off to the Bülow family and emigrated to Zurich after the National Socialists had seized power,[27] to try to understand Cosima (his grandmother) from afar. He frequently exchanged views with Thomas Mann, a Wagnerian who was critical of Bayreuth, about the past and present of this shrine to Wagner.[28] Beidler repeatedly preoccupied himself with Cosima to the point of exhaustion, his most extensive work being his unfinished typescript *Cosima Wagner-Liszt – Der Weg zum Wagner-Mythos* ('Cosima Wagner-Liszt – The Road to the Wagner Myth'; 1938–1951).[29] The author, who despite being in Swiss exile had access to an astonishing amount of printed sources on Cosima,[30] relished in his exposure of the obsequiousness of Cosima's faithful biographers.[31] His account concludes with her Munich period. The fact that he was never allowed to read her diaries or certain other sources[32] is likely to have considerably hampered him in his work on the latter period of her life.

The above-mentioned fragment Cosima Wagner-Liszt – Der Weg zum Wagner-Mythos partly reflects the argument in Beidler's article *Cosima Wagner – eine kulturkritische Studie* ('Cosima Wagner – A Cultural-critical Study'), which was printed in *Neue Schweizer Rundschau* in 1936.[33] In Borchmeyer's 1997 edition of the text (which was never authorized for publication), however, the editor's "slight" alterations of the original are left unmarked.[34] Whereas for example in 1936 the author emphasized the significance of Cosima's stay in Biebrich,[35] this event lost much of its importance in the subsequent fragment.[36]

All in all, Beidler proves to be a keen observer with a psychologizing approach and an unprecedentedly critical examination of source material,[37] which was indeed "ground-breaking".[38] Stephan Mösch even describes the fragment as the "depiction which is the most empathic and contains the most ideas"[39] hitherto. But despite his correct sense of the importance of Thomas à Kempis's time-honoured devotional book *The Imitation of Christ*[40] as the foundation for Cosima's seemingly "lifelong suffering" and of her view of marriage as a working community,[41] not to mention his relatively objective stance regarding Giacomo Meyerbeer,[42] Beidler's biographical fragment also contains a number of weaknesses. He sometimes succumbs to sweeping interpretations, for example when discussing Cosima's liking for the nobility,[43] her fixation with the Restoration,[44] her "transition to rules and norms",[45] and her contact with her mother, which was much too short to have had "a lasting influence" on her daughter.[46] With Beidler sharing the views of women's rights by the families of Pringsheim and Mann, it is hardly surprising that he chides Cosima for not standing up more for the women's movement.[47] A downright banal 'explanation cocktail' is contained in the third chapter headed 'Harte Erziehung im Geist der Restauration' ('Strict Upbringing in the Spirit of the Restoration'). This description painted in the blackest colours[48] is suddenly neutralized when Beidler stresses that "naturally" we should not imagine the adolescent Cosima inside a monastery cell with black wallpaper, adding that the siblings were "undoubtedly frequently cheerful, high-spirited and boisterous".[49] However, this makes the previously mentioned attempts at interpretation either spurious or arbitrary. But Beidler's biggest shortcoming (in both works) is beyond question his denial of Cosima's intellect, revealing his ultimate inability to consider this historic person in an unbiased manner. 'Heretically' he suggested that Cosima was no match for Wagner's "torrents of ideas, images, emotions, dreams and thoughts surging over her".[50] But, retracting this view in the next paragraph, he declares: "When she came to Wagner, she was very determined – not intellectually, but through the degree and direction of her subjective *possibilities* of experience and imagination."[51] In his fragment, he later self-righteously answered his own question as to whether she was less talented than her mother: "This is uncertain. But she lacked the systematic training of judgment."[52]

The intelligent, mentally and artistically gifted, almost absolutist ruler of a cultural empire weighed down by a 'mother's burden' and an air of servility was and remains an interpretational challenge, if not an affront! And this is why, despite Cosima Wagner's undeniable importance in the current discourse, a fair appraisal of her life's work is still overdue. Even so, she has been hailed by isolated voices in recent decades. Dietrich Mack, a long-standing dramaturge at the Bayreuth Festival, for example, emphasized Cosima's achievements for the festival without reservation in the preface to his edition of letters *Cosima Wagner – Das zweite Leben* ('Cosima Wagner – The Second Life'; 1980) and spoke of her "cosmopolitanism" and "clever dramaturgy".[53] Conductor Christian Thielemann and journalist Christine Lemke-Matwey described her as "urbane, multilingual and highly educated" in their book *Mein Leben mit Wagner* ('My Life with Wagner').[54] By the way, the authors correctly state to her credit that the much-vaunted authentic 'Bayreuth style' never actually existed ("When is Wagner supposed to have coined it?").[55] The journalist Matthias Nöther concedes that she had an "artistic past"[56] while Sabine Kurth and Ingrid Rückert concluded that she was involved in an intensive exchange of views with Wagner, was the "director and organizer of artistic projects" by Wagner and Bülow in Munich in 1865 and 1866, and put forward the idea of an art school to King Ludwig II of Bavaria.[57] Dramatist and Wagner expert Frank Piontek noted that Cosima "certainly did not regard herself as a guardian of museum productions".[58] And journalist Barbara Möller stated that probably no other woman achieved anything comparable in organizational or artistic terms or exerted anything like the influence that Cosima had.[59] While these assessments might prompt the conclusion that authors, especially recently, have tried to forge a more balanced view, this is not true of the majority of published opinions (Udo Bermbach spoke in a different context of "the flood of annual – and often superfluous – Wagner literature"[60]). In fact, taking the opposite tack goes back a long way. As so often happens, there is also the problem of the size of readership – for the general public is less likely to notice the views published in nonfiction, expert forums and academic periodicals.

And even authors' and publishers' best intentions to ensure a balanced approach may be thwarted after publication by reviewers writing for newspapers and magazines with a relatively broad readership, as the following two examples show. Although for instance Dietrich Mack's edition of letters and Manfred Eger's *Zeugnisse einer außergewöhnlichen Verbindung* ('Testimony to an Extraordinary Connection') were publications which, with some effort on the reader's part, allowed an objective interpretation of source material, the impression still arises that some reviewers and scholars only read what they want to read, i.e. what suits their preconceived notions. Sometimes we even have to question whether they have actually comprehended what they have read. Klaus Umbach's (widespread) article which appeared in *Der Spiegel* in 1980, and which amounted to a series of half-truths and irrelevant assertions verging on libel, is probably unsurpassed in its search for quick-fire bullet points.[61] Yet even Dieter David Scholz's review of Eger's edition of *Zeugnisse einer außergewöhnlichen*

*Verbindung* is far too sweeping in its conclusions when it states that Cosima seduced Wagner and destroyed Bülow's life, and that Wagner gradually changed from a person who was "seduced, hurt and distressed into a lover, regardless of his nature."[62] Surely a dose of common sense is all it takes when reading passages like this to cry: "Hang on – surely it always takes (at least) two to tango?!"

The author of a book about Cosima Wagner with the biggest readership in recent years (not just in the German-speaking countries) is indisputably Oliver Hilmes. All in all, some 80,000 copies have been sold of his *Cosima Wagner: The Lady of Bayreuth*.[63] Unfortunately, however, Hilmes' "first academically researched biography"[64] about Cosima and his books about her children[65] and her father[66] typify the one-dimensional perception of this woman with their pathologizing approach and devastating misjudgements, for instance regarding her alleged "artistic 'impotence'".[67] Thanks to his high sales, Hilmes has created an untenable negative image (including regrettably among a female audience!). Although Hilmes adds some new aspects and perspectives, such as Cosima's suffering from Adams–Stokes syndrome[68] and his revelations about the 'Beidler court case',[69] overall it may be supposed that he never intended to provide a more impartial view.[70] And although Hilmes' publications were not accepted uncritically by everyone,[71] the reviews highlighting profound shortcomings and incorrect judgements[72] were confined to specialist journals and periodicals, and lacked a wide readership.

Even among those who knew the young Cosima, opinion about her was divided,[73] and she spent decades struggling with her negative image. Back in 1877 she wrote: "You know every body has a story from me, story of books, story of scolding, story of I dont know what!"[74] One might almost think that the now strange-seeming reverence in which Cosima was held by her first biographers was replaced among the next generation by fear of this powerful woman. For example, the fact that the edition of Wagner's letters only quotes a few excerpts from letters from Cosima may be explainable, yet in scholarly terms it is highly problematic. Since their collaboration evolving over almost two decades assumed nearly symbiotic traits at times, this close bond should certainly be examined more closely. Alongside the complete works and letters of Wagner, it would be nice if Cosima's writings[75] could be published since otherwise, just as with other artistic couples (Franz Liszt and Marie d'Agoult spring to mind),[76] insightful details might never come to light[77] and fascinating aspects about Wagner's life, work and production circumstances would remain hidden. Then again, given the assessments ranging between contempt and disparagement published in newspapers and magazines, especially after World War II, ignorance regarding Cosima's importance and influence is still the lesser evil.[78] The 'tabloid headlines' of her life alone (adultery, little older man marries much taller and younger woman) provoked derogatory opinions. And the fact that Cosima asserted herself in a man's world made her very suspicious and the target of sometimes breath-taking allegations.

A by no means exhaustive study of the relevant literature indicates that the allegations circulating against Cosima cover moral, intellectual, artistic and ideological aspects. Unfortunately, the 'accusers' themselves often lack essential scholarly skills, for otherwise they would display more objectivity, historicization and contextualization. A few examples will suffice. Mention has already been made of Beidler's denigration of Cosima's intellectual capacity. He also sweepingly describes contact with her father as "not by any means close, but distant, stiff, even excessively conventional".[79] For his part, Manfred Eger smugly reports that Hans von Bülow married Cosima in 1857 simply as a favour for his revered teacher Liszt, adopting without comment a conclusion drawn by Peter Cornelius.[80] Dietrich Mack believes the separation of the two spouses to have been "predestined", for Cosima's mother had left her own husband, too.[81] And Serge Gut claims that Hans von Bülow was often ill and plagued by depression because he "could barely handle the betrayal by his wife".[82] Although Gut does not repeat Klara Hamburger's account concerning the undignified circumstances surrounding Liszt's death,[83] Cosima's choice of music for the funeral service for her father using Bruckner's improvisation on the Motif of Faith from *Parsifal* ("not a single note by Liszt is to be heard!") is indictment enough.[84]

On an intellectual and artistic level, some writers hold against Cosima the claim that Hans von Bülow's career as pianist and conductor did not live up to her expectations.[85] She is also accused of not being artistic enough when she took charge of the Bayreuth Festival.[86] Cosima's musical skills are also rated extremely differently.[87] Like the tycoons' wives mentioned at the beginning, Cosima, too, is accused of being a mere "executor" of her late husband's will.[88] She is said to have concentrated her aesthetic ideas on a misconstrued concept of "preservation".[89] She is accused of ignoring contemporaneous theatrical trends developed by Adolphe Appia and Gordon Craig[90] and of championing an "abbreviated" concept of musical drama.[91] Matthias Nöther cites Cosima's fixation on the libretto[92] and language[93] and the "suspension of the unique coding of the theatrical parameter of language".[94] He deftly implies that this happened "accidentally",[95] i.e. due to a lack of substance and conceptual ideas across the board. Stephan Mösch arrives at the view that in the end, the radical new vocal treatment was a total departure from Wagner's intentions.[96] And whereas he summed up her direction of the festival as an "era in disrepute",[97] Bernd Buchner headed the chapter under her management in his *Geschichte der Bayreuther Festspiele zwischen Kunst und Politik* ('History of the Bayreuth Festival between Art and Politics') 'The Black Widow (1883–1906)'.[98] Cosima's achievements are ultimately overshadowed by her undoubtedly problematical anti-Semitism[99] and her closeness to the nationalist Bayreuth Circle.[100] However, Buchner's theory that when Cosima was over eighty years old and nearly blind, she checked the proofs of Hitler's *Mein Kampf* (which cannot have been ready before early 1925) must be doubted for several reasons.[101]

This is no place to wonder whether the appraisals of a male heir and executor would have been just as shocking. But it is disturbing that research frequently sticks to the mantra-like repetition of old chestnuts instead of attempting to at least analyse such views and ask further questions. Such questions are obvious and their answers hold out the promise of many interesting findings about Cosima and her sphere. For example: what was her youth like in an artistic environment – and what was it like being married to Hans von Bülow, seven years her senior and one of the "central performers of the nineteenth century",[102] yet also a man with a highly complex personality? How did these years of marriage affect her further development? When she was Hans's wife, was Cosima more active in the arts and literature than previously thought? What caused their break-up? What was Cosima's part in Richard Wagner's librettos and other works as well as in the establishment of the Bayreuth Festival after 1862? How did she as a female manage to balance an artistic and intellectual career in the second half of the nineteenth century with her role as a mother of five children from two marriages?[103] What are the reasons for Cosima's attitudes as she grew older, for her 'theatre life' and her 'life theatre'?[104] How was she affected by the loss of independence resulting from her strong visual impairment, which meant that by the age of forty she was at times unable to read or write letters by herself?[105] It is still the case, as Christine Lemke-Matwey argued in 2005, that too few people have been interested in Cosima's "soul".[106] It is in fact high time for a well-researched, unbiased, factually based and academically transparent biography.

## Cosima's letters to Ellen Franz/Helene von Heldburg

### The preservation of the letters – a stroke of luck

The present volume cannot replace a biography of this nature. Nonetheless, it is intended to provide an important contribution to an account of Cosima. The seventy-seven letters between Cosima and Ellen Franz, later Baroness Helene von Heldburg, which are published,[107] dated[108] and extensively annotated here for the first time, are extremely valuable sources in several respects.[109] For one thing, they tell us much about female everyday life in the nineteenth century, how middle-class women viewed themselves and their role in society, and their culture of knowledge, relationships and communication.[110] Moreover, they touch on many of the aspects mentioned above and hence provide far-reaching insights. For instance, the letters shed light not only on the all-too-frequently addressed 'Mistress of the Hill' but also the often-neglected early years of the young Cosima. And this reveals what should have been obvious all along: that Cosima Wagner's path to Wagner's side and directing the Bayreuth Festival wasn't a random occurrence.

The enormous significance of the letters contained here is underlined by the fact that not much of Cosima's correspondence from before 1870 has been published before. The correspondence from and to Cosima before her second marriage preserved in the Bayreuth National Archives contains besides twelve documents from Wagner 1858–1868) just one single letter to Cosima from Adolf Stahr and Fanny Lewald from 1859[111] and maybe some of the thirty-one undated letters from Marie von Buch (whose name changed after her marriages to von Schleinitz and later von Wolkenstein-Trostburg).[112] Regarding letters written by Cosima, there are several to relatives and friends[113], such as those to Franz Liszt (1846–1855), Anna Liszt (1848–1852), Countess d'Agoult (1855–1873), Blandine (1853/54), Princess Carolyne Sayn-Wittgenstein (1854/55), and Daniela.[114] By contrast, many earlier letters to her first husband, Hans von Bülow (1869–1882), are missing.[115] The three letters from Cosima to Bülow's sister Isidora Bojanowski from 1864 were only acquired by the National Archives in Bayreuth in 2011.[116] The following two collections differ from the family correspondence mentioned above, and not just because they comprise letters to friends. The 108 letters Cosima wrote to Ernst Dohm between 1857 and 1872 stem from Winifred Wagner's estate and were only acquired by the National Archives in 1978.[117] The 454 letters, 9 postcards and 7 telegrams to Marie von Buch from the period between 1864 and 1912 were kept in a safe in Bayreuth town hall for decades and only rediscovered in June 1988.[118]

It appears as though Cosima's correspondence and other writings from before her official 'Wagner era' was removed, her previous existence being virtually deleted. This observation is interestingly reinforced by her letters which can be examined using the Kalliope system (a central retrieval tool for personal papers and manuscripts in Germany),[119] for only very few letters sent by Cosima to various recipients before 1864 are contained.[120] It is only after this time that her correspondence begins with people relevant to Wagner such as Bertha and Peter Cornelius, Malvina and Ludwig Schnorr von Carolsfeld, Johann von Lutz (1865), Benjamin Johnson Lang (1866), Julius Fröbel, Gottfried Semper (1867), Franziska and Alexander Ritter and Franz von Lenbach (1868). The collection contained in Cabinets III and IV of the Bayreuth National Archives is aptly named 'Letters and telegrams to Richard Wagner and his family'. Given this, it is not surprising that no original letters from before 1870 addressed to Cosima are indexed in Kalliope. However, when we consider Cosima's extraordinary prominence as both Liszt's daughter and the wife of Bülow and Wagner by the mid-nineteenth century, not to mention what a busy letter-writer she was, aside from the usual loss of source materials from the era concerned, there remain but two explanations: either arrangements had been made with the recipients or, more likely, Cosima demanded her letters back while she was still alive. Whether, when and why the letters were destroyed by Cosima herself or others ultimately remains as unanswered as the question of the actual extent of the auto-da-fé of old correspondence in Wahnfried carried out by Eva Chamberlain in 1909.[121]

Of Cosima's correspondence with friends prior to 1870, apart from the above-mentioned collections of letters to Ernst Dohm and Marie von Buch, to our knowledge only collections have been preserved that were beyond the reach of the Wagner family in Bayreuth, namely twenty-three letters to Ludmilla Assing (1857–1861)[122] and seventy-seven letters to Ellen Franz/Helene von Heldburg (1856–1912). In order to appreciate the huge merit of the documents published here (including to document Cosima's life in Berlin), we have to bear in mind the complicated formation of this estate and above all the massive losses it suffered.

Of the replies sent by Ellen/Helene, one letter dated May 12, 1912 has at least survived,[123] albeit as a copy in the book *Fünfzig Jahre Glück und Leid* ('Fifty Years of Happiness and Suffering') edited by Else von Hase-Koehler. It remains uncertain whether the original document was at that time in Bayreuth (or at least a copy of it)[124] or whether Else von Hase-Koehler had come across a draft version in Baroness von Heldburg's estate.

Cosima was cautious about her correspondence from the outset. For example, in February 1860 she requested Ellen Franz to instruct her housemaid Katharina to look after all her letters until such time as she (Cosima) asked for them.[125] On one occasion, to Cosima's horror, Ellen's mother asked her to produce the letters she had received from Ellen, whereupon Cosima agreed in fury to show Sarah Franz just the first one.[126] Therefore, in spring 1862 Cosima twice asked Ellen to immediately burn the letters she received.[127] We can conclude from the multiple requests to keep their contact secret and to only communicate with each other directly[128] that Cosima destroyed the letters received from Ellen Franz/Helene von Heldburg, of which there were presumably almost as many.[129] After all, in May 1874 Cosima admitted regretfully to Marie von Schleinitz to have destroyed all the letters from Marie Kalergis-Mouchanow out of "false concern"[130] and hence to have lost all memory of them.[131] Did she treat Ellen's/Helene's letters in a similar way? Is it possible that the "keepsakes"[132] requested of Helene by Daniela for her mother meant Cosima's letters to Ellen/Helene?

*Introduction*

Given Cosima's knowledge of the copyright situation regarding written correspondence,¹³³ her dispute with Marie von Bülow about these issues,¹³⁴ her criticism of the one-sided presentation of Liszt's letters to Princess Carolyne von Sayn-Wittgenstein,¹³⁵ and the almost complete lack of Cosima's letters to various addressees,¹³⁶ it cannot be ruled out that she demanded the return of her correspondence from certain individuals in later life, possibly under the influence of her daughters Eva and Daniela.¹³⁷ If Daniela's request in April 1921 was a ploy to retain possession of Cosima's letters to Helene (and to destroy them), in this particular case it failed.

Helene's reasons for keeping most (if not all)¹³⁸ of the letters appear no less complex – especially because a large number of her own letters have evidently not been preserved.¹³⁹ Her impulse to keep the letters also reflects her personality. Only a fraction of them would have been necessary to illustrate aspects of the history of the reception of the significance of the Meiningen Tradition for the Bayreuth Festival at for example the planned theatre museum at Heldburg Fortress.¹⁴⁰ This reason does not really explain therefore why so many letters have survived. Instead, Helene appears to have regarded the relationship – the "friendship between girls"¹⁴¹ – as highly important for the rest of her life, meaning the letters were worth preserving as mementos (like her correspondence with her mother, father, brother¹⁴² and husband¹⁴³) from the start, despite Cosima's appeals. Regarding herself as someone who for decades had been rooted in the tradition of historicism and hence understood the inseparable link between history and its sources, by keeping the documents Helene subtly undermined the Wagner family's pseudo-monarchical desire for admiration and manipulation. She hence prised open Cosima's 'life theatre' a little and left the letters to future admiring generations.

The predominantly intimate letters not meant for anybody else's eyes and certainly not for public consumption¹⁴⁴ show, at least initially, a previously unknown Cosima, who apparently confided unreservedly in her dearest friend. Writing in English, she comes across to the reader in a witty manner, with an impressive vocabulary and a succinct turn of phrase.¹⁴⁵ Her tone is rarely veiled or contrived; instead, it is largely spontaneous and sometimes even markedly colloquial. The mostly elevated style along with her wit and humour are evidence of her good command of the language. The complex letters offer a key to many aspects of Cosima's personality, ranging from individual feelings about artistic ideas through to constant interest in the politics of the day.¹⁴⁶ Only on a few occasions – such as in connection with her aversion to Prussian politics¹⁴⁷ – does she allow laconic remarks to the effect that the matter described is not a subject which is fit for conversation between a "Queen" and a "Chick".¹⁴⁸

*Introduction*

## Cosima's Berlin period

### Early traumatic experiences

Cosima and her two siblings, Blandine and Daniel, came from an unstable family background. Traumatizing factors included the separation of their parents, being abandoned by both biological parents, and multiple change of guardians. After their German-speaking grandmother Anna Liszt,[149] they were looked after by French-speaking governesses, while later on Princess Carolyne von Sayn-Wittgenstein brought her influence to bear. In view of the advancing years of governess Madame Patersi and the increasing influence exerted by his two daughters' mother and grandmother, in around 1855 Franz Liszt and Princess Carolyne decided[150] to have the two youngsters brought back to Germany[151] and brought up in Berlin by Franziska von Bülow,[152] the mother of his protégé Hans von Bülow.[153] Liszt thought that Franziska (a strict woman in Cosima's later view)[154] would continue their proper upbringing, which the daughters (one of whom had already attained majority, the other about to do so) escaped relatively quickly through marriage.[155] Even if this 'model of upbringing' was by no means unusual in aristocratic circles, it had a traumatic impact on Cosima (as expressed in her lifelong pursuit of personal security) and plays an important role in the letters now published.

Unlike Ellen's mother,[156] Cosima's female relatives are not mentioned in her letters.[157] She was certainly dismayed by the fate of her grandmother, Anna Liszt,[158] to whom she wanted to send a photo of herself and her daughter Daniela in the clear expectation that Anna Liszt would probably never get to meet her great-granddaughter personally.[159] The young Cosima showed less understanding than her sister Blandine for their mother Marie d'Agoult.[160] Indeed, the adult daughter claimed to possess none of d'Agoult's writings.[161] She distanced herself from her mother in 1860, one express reason being because after the end of her relationship with Liszt lasting many years, she exacted literary revenge on him by writing a fictional account of their affair in her novel *Nélida* (1846) about a painter called Guermann Regnier dominated by lewdness and artistic failure: "but *Nelida* I wont be able to sent you, it is a thing a should wish her not to have written, and although I know perfectly well I have not as child the right of judging my mother, it is impossible to me to think of it without sorrow and anger." Only in the year after Marie d'Agoult's death (1876) did Cosima acknowledge that her mother had laid the foundations for her enthusiasm for French literature and the theatre in her childhood.[162]

There are several indications in the letters as to how far removed from her sister Cosima had become emotionally. Blandine's decision in summer 1856 to stay with her grandmother in Paris and allow Cosima to travel back to Berlin alone after her two-month sojourn in France[163] drove the once close-knit siblings[164] apart. Three years later, the deeply hurt Cosima evidently failed to notify her sister of Daniel's critical state of health. Beside herself with the news out of the blue that their brother had died, Blandine wrote accusingly that she would "eternally regret" not having been able to take her leave of him, but still concluded her letter by affirming her love for Cosima.[165] Although their contact intensified again in 1860, which was good for Cosima's health,[166] the rift between them remained unbridgeable and the past was not "cleared up",[167] even though Cosima asked her sister to be the godmother of her first child, Daniela.[168] Blandine also named her son born in summer 1862 after their deceased brother. But there was no time for reconciliation: Blandine died on September 11, 1862 from the repercussions of mastitis.[169] Cosima named her second daughter Blandine after her.

Above all her marriage to Hans von Bülow and the early death of her siblings[170] brought Cosima and Franz Liszt closer together for a while.[171] Cosima had become closer to her father in Paris and in Berlin primarily through third parties. She managed to gain his affection by fulfilling his demands and became an 'imitatio Lisztis',[172] e.g. regarding her religious outlook,[173] her interest in literature, her enthusiasm for the theatre and her love of books[174] – not to mention her piano-playing![175] The similarity between father and daughter was so striking that Hans von Bülow was fond of them both and Liszt's favourite pupil[176] wished to marry the daughter of his revered 'master'.[177] On closer inspection, this is not at all surprising.

Just how much Cosima felt drawn to her long-missed father in her Berlin period[178] becomes apparent in the letters published here. This contact during her early adulthood is undoubtedly extremely important within their parent–child relationship. The illegitimate Cosima's social standing rose at her father's side. She experienced both the reverential devotion of the people around her to Franz Liszt[179] as well as the dark side of fame ranging from the chatter of (newspaper) people[180] to her father's temporary reliance on wine and brandy.[181] The fact that they sometimes shared this predilection was so worrying to Richard Wagner that when they met he warned her to avoid "excesses".[182] Liszt and his daughter went to the theatre together, Cosima accompanied her father to concerts, shared his excitement during performances of his works such as *Prometheus*,[183] and stood next to her husband during the performance of Liszt's Sonata in B minor.[184] She swore by the advice of her father and his life experience.[185] And the degree to which Liszt's affinity for the actor Bogumil Dawison[186] matched that of Cosima and Hans is particularly clear from her description of him ("C'est un grand artiste et il y a de l'affinité entre sa virtuosité et la mienne."[187]).[188] The reciprocal nature of the affection at this time is also apparent from Liszt's interest in Cosima's closest friend Ellen and her career. Right after their first meeting in March 1859, Liszt enthused to the princess about the "charmante Anglaise".[189] He subsequently invited her several times to meetings and theatre performances,[190] and a warmth prevailed which continued until the Baroness von Heldburg's Meiningen period.[191]

Cosima complained more than anyone else about Liszt's emigration to Rome in August 1861 and his decision to remain there "in complete resignation".[192] Just at the time when Cosima collided hard with the reality of life, in 1865 her father received the lower ordinations. The fact that Cosima wanted to leave her husband Hans after years of manoeuvring came as a shock to Liszt. His position concerning the divorce led to a deep breach of trust and almost "insurmountable passivity" on Cosima's part.[193] There followed a period of reserve in which Cosima deeply reproached her father and even blamed him for Daniel's death.[194] In 1872, father and daughter were reconciled;[195] it is in particular the letters to Marie von Schleinitz which report on the mended relationship with Cosima's father.[196] However, Liszt would never again use the pet name Cosette with which he had previously referred to his daughter – at least in his numerous letters to Princess Carolyne.

### Cosima's intellectual and artistic circle

The letters published here reflect Cosima's diverse talents and her passion for the theatre. As well as composing for her classes in music theory,[197] she apparently played the piano and the flute excellently.[198] Even if Bülow's euphoric 'ipsissimus Lisztum'[199] was partly due to his infatuation,[200] she still played the piano so well that in 1856 she performed after Hans von Bülow at Hedwig von Olfers' salon,[201] wanted to accompany Helene's performance of melodrama during the soirée at Berlin Singakademie on December 11, 1859,[202] and in summer 1862 played together with her husband and Anton Rubinstein.[203] In 1857, Ludmilla Assing declared without mincing her words that Cosima played the piano "even more beautifully than Mr von Bülow".[204]

But her greatest passion ever since her youth was the theatre.[205] What is especially striking is her ability to analyse and describe productions such as the performance of *Hamlet* by Bogumil Dawison,[206] a detailed account of his revolutionary acting skills in which Cosima may have painted references to the situation of her husband Hans on the canvas of her understanding of the theatre.[207] No less impressive are her dramaturgical and directorial skills and ideas,[208] her views on the quality of comedies,[209] her liking for the company of actors known as Wiener Truppe in summer 1860,[210] and her practical advice for Ellen regarding casting,[211] the interpretation of roles,[212] and motivation to work[213] along the lines of: "Good bye and work my dear it is no fun to go to the theatre."[214] Cosima also gave Ellen tips on how to look after her voice,[215] the vital need for an actor to captivate and beguile his audience,[216] and the reading of dramatic, literary and philosophical texts.[217] When she learned of Ellen's declamation of a Fröbel text, she reacted like a strict teacher because she had not previously been asked for permission.[218] When they both declaimed *Jane Eyre* in spring 1860, they clashed on fundamental issues.[219] From a distance, she later asked how Ellen had felt as Minna.[220] When Ellen's acting career in Coburg and Gotha hit a crisis, Cosima suggested a "retreat" and recommended her to ask her father Franz Liszt for advice unannounced.[221] The following month, she asked where Ellen wanted to go and whether she preferred an engagement or guest parts.[222] Her overview of the German and Polish theatre scene as well as her networking with actresses and actors, theatre directors, composers, writers and dramatists were so pronounced that Cosima used them (and possibly also contacts of her father[223] and her husband[224]) on Ellen's behalf. At any rate, between 1856 and 1861 Cosima associated with the likes of Ludmilla Assing,[225] Bogumil Dawison,[226] Hedwig and Ernst Dohm,[227] Eduard Fischel,[228] Friedrich Hebbel,[229] Friedrich von Flotow,[230] Emilie Genast,[231] Julius Leopold Klein,[232] Franz Kroll and his wife,[233] Fanny Lewald,[234] Bertha von Marenholtz-Bülow,[235] Elisabeth Ney,[236] Richard Pohl,[237] Alfred Meissner,[238] Adolf Mützelburg,[239] Franz Wallner[240] and Carl Friedrich Weitzmann.[241] The young woman was possessed of remarkable intellectual independence and strong judgment,[242] and knew her way around the musical and theatrical scenes in Berlin, Weimar, Schwerin, Poznan, Vienna and Prague.

Regarding her high level of education and intellect, Cosima can be compared to women like Ludmilla Assing, Hedwig Dohm and Fanny Lewald. She was mentally and artistically 'at home' in the musical and theatrical worlds and those involved in them,[243] knowledgeable of the writings of French politicians such as Joseph de Maistre and contemporary writer Edmond About,[244] carried Indian legends around with her when she was staying on Tegernsee (a lake in the Bavarian Alps in southern Germany),[245] quoted Shakespeare,[246] Goethe[247] and Dante,[248] adored philosophers like Voltaire,[249] Kant,[250] Fichte,[251] Schopenhauer[252] and Schleiermacher,[253] attended lectures by physician Rudolf Virchow and other renowned scientists,[254] and sought contact with people such as the astronomer Giovanni Schiaparelli,[255] who studied in Berlin from 1857 until 1860. Her library apparently had such a good reputation that the attaché of the King of Belgium and Friedrich von Schack borrowed books from it. Fortunately for us, their books were overdue – which is why they came to be mentioned in letters.[256] Cosima so much enjoyed her frequent visits to museums, exhibitions and galleries that in 1860 her husband dubbed her a "museum cat".[257]

But Cosima did not stop at merely studying German and French literature: she herself wrote for *Revue germanique*,[258] at that time a young magazine which examined Germany from a French perspective.[259] Considering just how hard she worked for this journal alone between 1858 and 1862, she can justly be described as an obsessed worker.[260] After the publication of her translation of Friedrich Hebbel's *Marie-Madeleine* in 1858,[261] she was responsible for the issues 'Courrier littéraire et scientifique' (December 1860 and February, May, June and July 1861),[262] 'Courrier de Berlin' (February 1862) and 'Courrier d'Allemagne' (April 1862).[263] On several occasions she sent unsolicited translations to the editorial board of *Revue germanique*; the ones known to us are of Gustav Freytag's *Fabier*,[264] a piece by Gustav Heinrich zu Putlitz,[265] the Fichte fragments,[266] and Alfred Meissner's story 'Zur Ehre Gottes' ('To the Glory of God').[267]

While it is not known when Cosima gave up her piano and music theory lessons, and whether this was ultimately for reasons of space or time constraints, competition with her husband, or even out of consideration for her father, she could not and would not abandon any of her intense intellectual activity as a writer and translator despite the birth of her daughter Daniela in October 1860. As early as January 1861 she wrote:

> Your mother will have told you that I have seen her; think only I was not able to give her back her kind visit; you have no idea how much I have to read, write and do, how the aquaintances augment every day, so that it is to me almost impossible to be polite; I long after some repose, for (between us) I dont feel well at all. Baby takes much time, and does not understand that I have from time to time other very necessary things to do.[268]

In view of the mountains of work, the resulting chronic shortage of time and growing production pressure,[269] Cosima, already possessed of a melancholic disposition,[270] shortly afterwards suffered severe exhaustion and burnout,[271] which is why her worried father took her to the Altenburg in Weimar in late February 1861.[272] Her depression continued.[273] And its causes, as would later become apparent, were probably rather complex.

At the beginning of 1861 she saw the manuscript of Hebbel's *Nibelungen*[274] and pored over the unpublished works of Varnhagen von Ense. In mid-May 1861, she published *Extraits des Mémoires du baron de Gentz tirés des papiers posthumes de Varnhagen d'Ense*.[275] This was followed in January, February and April 1862 by the publication of her extensive piece entitled 'Le journal de Charles-Auguste Varnhagen d'Ense'.[276]

Cosima's passion, dynamism and unconventionality probably fascinated and alienated those around her at the same time.[277] These 'mixed feelings' were expressed by Richard Wagner under the impression of their meeting in Reichenhall in September 1861, when he described the then twenty-four-year-old as a "wild child".[278] Cosima spoke of her "mixed role" at almost the same time:

> At the moment my husband and I are hardly ever out of the concert-hall, he as an active principle, I as an amphibious creature, half artist, half passive, a mixed role, to which, however, we women are condemned. On the whole, things are not going badly, and we are well enough prepared for the fray, we have a rich supply of pugnacity and feel strong enough to look forward to the winter with a calm glance.[279]

**Presence in society**

Cosima and Hans von Bülow moved in the educated and artistically interested circles of Berlin and visited several of the 'salons' typical of the nineteenth century. Although assessing the importance of these social gatherings for the two spouses is difficult (the salons probably had fairly open structures in terms of their organizers, location, form, membership, continuity, subject matter, and the equal treatment of men and women),[280] the salons' intellectual, artistic and personal influence should not be underestimated.

Although at the beginning of 1850 Hans was a guest at the salons of both Henriette Solmar[281] and Bettine von Arnim,[282] and later performed as a pianist alongside Cosima in Hedwig von Olfers' salon,[283] their importance was eclipsed by the liberal circle around Karl August Varnhagen von Ense[284] and his niece Ludmilla Assing. Shortly after their arrival in Berlin, Cosima and Blandine were introduced there,[285] whereupon Varnhagen and Ludmilla were invited to Franziska von Bülow's as well[286] as to Hans and Cosima's home on Anhaltstrasse.[287] Varnhagen was even a witness at the Bülows' wedding.[288] His circle was attached to a whole network of friends and acquaintances who at times included Ferdinand Lassalle, Emma and George Herwegh, Ernst and Hedwig Dohm, and Prince Hermann von Pückler-Muskau.[289] From Cosima's letters to Ludmilla Assing, we learn for example that they communicated on the poets Alexander von Sternberg,[290] Alphonse de Lamartine[291] and Emil Kuh as well as the pianists Pauline Viardot and Carl Tausig,[292] and that Cosima missed an invitation to tea in order to attend a performance of *Tannhäuser* on May 21, 1858.[293] She had to go to some trouble in order to get back a manuscript on *Tristan und Isolde* she had lent out.[294] After their wedding, Cosima and Hans held their own musical soirées,[295] readings and salons in their home on Anhaltstrasse.[296] They are also known to have met up with friends at for instance the Krolls',[297] the Dohms'[298] and others.[299]

The fact that not even this circle was completely free of occasional animosity is known from a letter written by Hedwig Dohm in summer 1859.[300] In March the following year, Cosima pulled Hedwig Dohm to pieces,[301] although that was no impediment to a cordial relationship over the years with Ernst Dohm,[302] as reflected in a substantial number of letters which have survived.[303] She was suspicious of Ludmilla Assing in particular, despite having initially taken her into her confidence,[304] and described her jealousy of her in her letters to Ellen.[305] Ludmilla, a highly intelligent woman nearly nine years her senior, had impressed Hans von Bülow immensely.[306] She spent many years as a journalist and created a sensation in Berlin's political world by for example publishing Alexander von Humboldt's letters to Varnhagen, ultimately resulting in her conviction and being sentenced to over two and half years' imprisonment.[307] Ludmilla evidently broke off her contact with Hans von Bülow in April or May 1861;[308] shortly afterwards, she emigrated to Florence.[309]

The political leanings of Cosima's sphere at this time are apparent from Elisabeth von Krockow's letter of congratulation on Cosima's first pregnancy, for she noted to Cosima's pleasure: "So you are really about to present a new candidate for the system!"[310] And Bertha Marenholtz-Bülow was "persuaded that in the politic every thing will go up and down that the butchers will sleep in silk and gold, and the kings in dirt".[311]

## Marriage to Hans von Bülow

The twelve-year marriage to pianist and conductor Hans von Bülow appears from the letters to be more nuanced than was previously thought. The fact that they knew each other better than was usual for future spouses of the time (thanks to the postponement imposed by Liszt)[312] was certainly at first an advantage.[313] They discovered that they had much in common with each other: to a certain extent they were both creatures of Liszt, both just as close to their idol as they were removed from him. And their similarities were by no means limited to their artistic background and their experience as children of divorced parents and a Franco–German upbringing. In fact, the letters confirm their similar personal aptitudes, their artistic and intellectual interests, their interest in domestic and European politics,[314] their enthusiasm for the theatre, and their love of contemporary literature and music. The introverted,[315] melancholic disposition and lack of self-love in both these talented people were coupled with the conviction that art was an ideal of life, their motivation,[316] a tendency towards an ethical outlook, devotion to self-sacrifice, a willingness to suffer, sharp perceptiveness, a high degree of sensitivity, eloquence, almost manic attention to detail, and being quick to pass judgement (even on themselves). Such close similarities are by no means obstacles when starting a relationship. And twelve years later, the "big misunderstanding"[317] referred to by Cosima during the period of her divorce sounded significantly milder when she admitted that Bülow had "loved" her.[318]

In fact the following accounts also show a thoroughly 'modern' scenario of failure, in which the high professional demands suffered by Hans with his tendency to constantly overwork himself along with a lack of perceived success collided with the re-traditionalized role structure prompted by the children and Cosima's professional activity in the broadest sense. Furthermore, the forces in this relationship were unevenly and unconventionally distributed.

## An imbalance of power

Although Mack's argument that separation was allegedly "inevitable" and solely Cosima was to blame does not go far enough,[319] it has to be observed that both partners came from unstable parental backgrounds. Their parents' separation (in 1843 and 1849) were dramatic experiences for them both. Cosima's fundamental psychosocial disposition was doubtless also a key factor in the difficulties surrounding their marriage and its subsequent end.

In addition, the role of Franziska von Bülow should not be underestimated either. In contrast to Cosima's mother, she remained present both during the marriage and beyond the divorce,[320] and Hans von Bülow only distanced himself from her slowly.[321] We may conclude from his letters to his mother and sister that he ultimately only managed to free himself from his mother by marrying the actress Marie Schanzer[322] in 1882.[323] Although Cosima's mother-in-law, as stern as she was difficult[324] (she was mockingly known by Ellen's father as "the 'poor' Bülow"),[325] got married again in late 1860 or 1861 (to publicist Eduard Fischel),[326] and it seems as if she originally wanted to leave Berlin in late October 1862,[327] her plans were evidently dashed. Instead, after the marriage of her daughter Isidora in October 1862, she surprisingly moved into the home of Hans and Cosima at Schöneberger Strasse 10, exacerbating the cramped conditions, especially after the birth of Cosima's second daughter Blandine.[328]

Then again, solely blaming Hans's obsession with his work[329] on his mother would be wrong; it would be more accurate to attribute it to his entire domestic background. As a result, when he was an adolescent, he only had time to himself and was allowed to relax whenever he was ill[330] – which, due to the state of his constitution, happened with alarming frequency and severity.[331] He was characterized by a permanent discrepancy between a high degree of ambition, a boundless willingness to work to the point of complete physical and mental exhaustion (which today we would call 'burnout syndrome', a condition which is generally followed by a relapse) and the fundamental experience of physical inadequacy on the one hand and parental distrust in his abilities[332] as well as his perceived lack of appreciation by the outside world[333] on the other. The social dependence on admiration constantly increased the pressure on him and also devalued the successes he certainly had. Franziska's letter notes from spring 1856[334] show Hans at times to be "enormously busy", "in a terrible mood" and "bitter towards the whole world". According to her writings, he imagined "that everyone was his enemy who didn't blindly worship Wagner." One night at the end of May 1856, his mother even felt forced to call the doctors.[335]

Du Moulin Eckart has already plausibly suggested that at first, Cosima's influence on Hans was "visibly good [and] liberating".[336] The examples he cites are their visit to a ball before their wedding[337] and their involvement in Alfred de Musset's comedy *Un caprice*.[338] As early as summer 1857, Bülow typically combined private with professional matters by announcing to the director of the Vienna Friends of Music Society that he was getting married and expressed his wish to be regarded as a "capable campaigner for the common cause".[339]

Cosima initially accompanied her husband on his trips and stood by him as his equal; at that time Bülow rightly regarded her as a "perfect friend".[340] Just how much she stood by her husband artistically is clear from the opera project *Merlin*.[341] Following Liszt's works, Wagner's *Tannhäuser, Lohengrin* and *Flying Dutchman,* and explicitly Berlioz's *Sinfonie fantastique*, Bülow also yearned for an "idée fixe" in which he could immerse himself.[342] Placing all his eggs in one basket, he made "his life and his health" dependent on the success of such a major project. When Cosima realised that he was struggling as a lyricist and both Alfred Meissner and Richard Pohl had 'ducked out', she asked Ernst Dohm to write the libretto. Yet despite his delight over the libretto given to him for Christmas in 1858, Bülow failed to enter into a creative frenzy. Whether he made any headway at all on the opera is uncertain.[343] And there followed the shattering realization that he was unable to succeed as a composer after all.

It can be seen from the letters to Ellen how sorry Cosima felt for Hans, and that "every step, talent, genius, and honesty" was accompanied by "thorns".[344] But her pride in his abilities and that her husband performed with a luminary such as the violinist Josef Hellmesberger[345] "more beautifully than ever"[346] or played better than Anton Rubinstein[347] did not in the long run outweigh the permanent problems. Yet it was inexplicable to her that he did not "come to satisfaction".[348] After all, the private and public lives of her father and his friends were far more 'playful', despite all the odds. But then Bülow was neither Berlioz, Liszt nor Wagner!

The balance of power in this marriage turned the traditional roles upside down. Bülow wrote to his sister: "my wife has a strong character and has, alas, so little need of my protection that if anything she gives me hers." Bülow characterized himself as something with a "nature that verges on the feminine".[349] The partners' mental constitution coincided with the already indicated productive yet also financial situation. There is no doubt that joining Liszt's family meant social advancement for Bülow. However, his efforts (and probably also his feelings) were apparently shaken by the repeated violation of his sense of duty and honour as the family's breadwinner.[350] This began with the assets introduced by Cosima into the marriage which he could not by any means match,[351] and continued with the anxiety of not being able to maintain his family properly.[352] And as clear as it was to Cosima that she as a woman would be expected to "maintain moral order",[353] in the long run she was unable to carry out the duties intended for her. Yet the separation, despite its inevitability, dragged on for several years.

### The end of the marriage

Ultimately, relations between Cosima and Hans suffered under the weight of artistic, musical and political aspects, and were heavily affected by their work. In his letter declaring his decision to leave Cosima, he praised her for being his "only support in life".[354] The fact that Bülow immediately qualified the term 'life' to mean "fight for life" in the same breath is significant. The ten years of his "desperate striving in Berlin",[355] his gruelling teaching work, the feeling of a lack of recognition as a pianist, and his struggle with the audience and press[356] led to severe exhaustion,[357] fluctuating health and complete exhaustion.[358] Too great was Bülow's dedication to Liszt's Sonata in B minor,[359] *Die Ideale*[360] and *Prometheus*,[361] not to mention Wagner's *Tannhäuser*.[362] But there was more. Wagner's presence called Bülow's artistic, human and private existence into question. The several months that Bülow devoted to the *Tristan* piano arrangement proved both musically and dramaturgically to be a fateful ordeal.[363] And then there was his separation from Cosima.

Bülow was no longer able to campaign for "the cause" of the New German School. The work that had once given him "satisfaction" now consumed him.[364] The "frequent intention to take my own life"[365] expressed at that time had already manifested itself over a number of years.[366] A whole series of issues cropped up which completely undermined the partners' initial affection for each other. Repeated attempts to end the demanding music lessons and to leave hated Berlin were unsuccessful.[367] Hans responded – at least from Cosima's viewpoint – with inaccessibility[368] and cynicism.[369] As he became increasingly unable to work, his "physical and moral depression"[370] grew in May 1869 into an inability to cope with life, so much so that he felt that he faced "real collapse".[371]

By 1866, Cosima was spending more and more time with Wagner and the children in Lucerne and less time in Munich.[372] However, the "three-way relationship"[373] Cosima initially desired proved intolerable in the long term. As planned in summer 1866,[374] the "utterly exhausted"[375] Bülow left Germany and – now breathing more easily – shut himself away for months in Florence[376] before returning to new spirals of overwork by signing up to extremely strenuous concert engagements.[377]

Only after his divorce[378] was he able to "return to circulation" with Liszt and Wagner, i.e. with "Rome and that part of Lucerne, which concerns me".[379] He felt abandoned "like a badly addressed suitcase shaken around by the world";[380] later he described himself as a "castaway".[381] He subsequently received news of his daughters "Lulu and Boni" at times from his sister Isidora.[382] Cosima for her part could not shake off the stigma of having left Bülow until her dying day.[383] And according to some authors, Bülow's admiration for Cosima even continued after the divorce.[384]

## Cosima and Ellen – the early phase of their friendship

The lifelong friendship between Cosima Liszt (who changed her name to first Bülow and then Wagner after her marriages) and Ellen Franz/Helene von Heldburg, who was one and a half years younger, began in around 1855.[385] Ellen[386] Franz was the daughter of Dr phil. Hermann Franz (1803–1870),[387] who after his doctorate moved to England to tutor the sons of Lord Livingstone, which is where he met his wife, Sarah. In 1838 he was appointed a senior master at Naumburg Cathedral School, and in 1847 he was a co-founder and principal of the Royal School of Commerce in Berlin. All we know about Sarah Franz[388] is that she came from Middlesex and was far more than just a housewife and the mother of two children,[389] for she was interested in literature[390] and also wrote herself.[391] In terms of their social and family background, the two young women were like chalk and cheese, for Ellen grew up in a very sheltered background. Ellen's correspondence with her parents that has been preserved indicates that her relationship with them was always very cordial.[392] This made it all the more difficult for Ellen to leave home when she assumed her first engagement in Gotha and Coburg in summer 1860, and this manifested itself in for instance insomnia and various clinical symptoms.[393]

As part of her artistic education, in around 1855 Ellen also took piano lessons with Hans von Bülow. Meeting Cosima in this setting proved to be a defining moment in the lives of both women, the resulting friendship lasting six decades and containing both highs and lows. The letters written by Cosima to Ellen/Helene preserved at the Thuringian State Archives in Meiningen and published here provide for the first time alternative viewpoints regarding some of the previous sweeping interpretations of aspects of their biographies.[394] Indeed, in some respects the findings go far beyond mere, previously unknown biographical details.[395]

The friendship offered the two young, both intellectually and artistically gifted women scope for development, not least in emotional terms. It was an experience that was never to be repeated for Cosima, as she summed up not without melancholy in 1896.[396] Cosima and Helene visited each other. They studied texts together, went to the theatre and matinées by the Berlin Opera Chorus together,[397] on one occasion attended a lecture at Berlin Singakademie,[398] and went for long walks to destinations such as the zoo.[399] Later on, Cosima admitted that, apart from with her family, she had "never laughed so much as in our days of Berlin."[400] During the Bülows' trip to Vienna and Prague in late March 1860, Ellen also had access to their home.

Linguistically, too, the friends trod new ground by both choosing English for the intimate sphere of their written communication. And they probably did so whenever they spoke to each other, for Cosima wrote in 1877: "To me also it is more natural to speak and write english to you, than any other language ..."[401] As a handful of letters written in English to her father prove,[402] Cosima (who had been brought up in French and German)[403] may have received English lessons for over a year starting in May 1852. The use of Ellen's mother tongue – years before Cosima's far-reaching break with French and her return to the German of her beloved grandmother – harboured not just new ways of consolidation and training, but also expressed her search for identity. After all, Cosima was not just abandoning the French of her "governesses and adoptive mothers"[404] – she was now employing a language that enabled previously undreamt of discoveries and permitted new freedoms, such as the choice of the trusting and familiar 'you'[405] for the second-person singular instead of the aloof, socially prescribed 'vous'/'Sie'. Even before her wedding, Cosima used English to deliberately distance herself from her former governess and future mother-in-law Franziska as well as her future husband, for although Hans had a flair for languages, like his mother he was more at home in the Romance languages. If we are to believe Cosima's accounts, Bülow appears not to have had a firm grasp of the English language[406] until his wife taught him.[407] This all occurred years before Cosima's well-known language switch, which she explained in 1871 as follows:

> The French language has quite ceased for me to be the language of the heart; everything which wounded me sounded French; everything that healed me sounded German. German was spoken to me by my dear old grandmother, who loved my childhood; French, however, was spoken by the governesses and adoptive mothers who took it away. German was the refuge which my siblings and I sought from this foster care; Mr von Bülow and I sprinkled the misery of our marriage with French humour. The eternal moment of my salvation has struck with the first German letter I wrote to Wagner – indeed to anyone. German is my faith, my love, my hope, whereas nothing warm about French comes to mind ...[408]

The pet names used by Cosima and Ellen indicate the role structure in which they operated. The name 'Chick' used by Sarah Franz for her daughter until Ellen's early adulthood[409] augmented the pet name 'Queen' probably thought up by Ellen for Cosima, for the far more experienced Cosima doubtless assumed the lead role opposite Ellen, who was just seventeen months her junior.

## Scope and boundaries

Although the retrospective examination of personal relationships merely on the basis of written sources is beset by many complications, especially as in this case we only have the writings of one of the two correspondents, a summary analysis will nevertheless be attempted: Cosima met in Ellen a young woman with whom, despite coming from a completely different social background, she could build a close emotional and intellectual relationship in the particular circumstances of her time in Berlin, and whom she even regarded to some extent as a soulmate. More than forty years later, Cosima stated:

> We were both strangers in the Prussian capital, even though we weren't aware of this, but we conjured up a hometown for ourselves through our mutual compassion just beyond our surroundings, our environs. That can never be destroyed and I am pleased to become increasingly aware of something that has lasted and to free myself from deception through time and space.[410]

Last but not least, getting to know Ellen's relatively undisguised naturalness was enormously appealing to Cosima, who had obviously at times been brought up with more rules and intellectual and musical challenges than affection. Similar to Cosima's initial influence on Hans von Bülow, judging by the correspondence, Ellen's influence on Cosima can be described as "visibly good [and] liberating".[411] Ellen, for her part, found in Cosima an 'older', far more experienced friend with similar interests and inclinations, and who was also excellently networked in society and the cultural sphere.

As the pet names 'Queen' and 'Chick' reveal, the bond between Cosima and Ellen appears for much of the time to have been based on a clear role structure and a relationship of mutual dependency. One problem about their friendship was the fact that in social terms, it only had limited potential for development. For Cosima was soon to live in a socially recognized marriage with Hans von Bülow to which – in the view of the two women and those around them – a deeper, even more open relationship with Ellen could not pose a real alternative, even if the notion of such a liaison was to some extent in the air. Instead, Cosima contented herself with reflecting on the existence of an "interior and exterior life"[412] and categorized her friendship as an "internal bond".[413]

After the rift with her sister and her brother's death, in Ellen Cosima finally found a confidante with whom she could discuss intimate problems and talk to directly and informally. Loath to lose her for this reason, she therefore sought to monopolize her. However, Ellen did not want their relationship to develop in this direction in the long run. The urgent requests to write which went hand in hand with complaints about Ellen's laziness when it came to letter-writing and about the lack of information were part of the tenor of Cosima's letters as early as spring 1860,[414] not to mention the way in which she tried to prevent Ellen from visiting Hedwig Dohm.[415] In fact following her engagement in Coburg and Gotha, Cosima acquired a rather officious manner. The more Cosima tried to mould her and for instance called Ellen 'her own',[416] the more the magic of the friendship and the balance of the relationship probably evaporated. Operating along the lines of *"Ich bilde mir ein* [I imagine], my dearest child I have got a word to say in your actions and emotions,"[417] Cosima was able to develop a professionally arranged relationship with Ellen, judge the development of her character,[418] and to advise her to behave in a polite, cool, controlled or even steadfast manner, even under adverse circumstances.[419] Her advice was to ignore gossip and instead to act "politically" (or rather diplomatically),[420] "dont judge by instinct or sympathy,"[421] and to establish potentially useful contacts with well networked actresses such as Minona Frieb-Blumauer[422] and theatrical directors like Gustav Freiherr von Meyern-Hohenberg.[423] But Ellen ignored the rules which Cosima tried to impose and apparently increasingly left her in the dark about herself and her plans. In fact she emancipated herself to a certain extent from 'her governess friend' and in the end broke off all contact. Three decades later, Cosima recalled the "sermons"[424] she had given; by this time she had evidently grasped that her "governesses and adoptive mothers"[425] had brought her up to be something of a "governess", too.[426]

## Emotional and physical matters

During her time in Berlin, it was a great relief to Cosima to be able to pour her heart out to Ellen, both verbally and in writing.[427] During the course of 1860, Hans's state of health was apparently so delicate that Cosima did not dare tell him at first that she was expecting.[428] That summer, she complained about her husband's depression and weariness of life and was helpless in the face of his suicidal behaviour.[429] Cosima herself was tired of her dreary private life and had lost some of her vitality and will to live.[430] In her next letter but one, she hinted that if she had been inclined "to excitement or exaggerated anxieties" she "would not be living now."⁴³¹ Furthermore, in an advanced stage of pregnancy with Daniela, she asked Ellen that, in the event of her (Cosima's) death, she wanted Ellen's mother Sarah to foster her child.⁴³² Hermann Franz found it remarkable that Bülow acted the "happy father"⁴³³ shortly after Daniela's birth. By the way, only once did Cosima openly write in all her letters that as far as her health was concerned, "it is very good indeed".⁴³⁴

Cosima's need to communicate wasn't altered by Ellen's engagement in Coburg and Gotha. She described her unspeakable "pain" and her sadness "to the deepest of my soul",⁴³⁵ everyday problems, her discomfort with her role as spouse⁴³⁶ and her pregnancy,⁴³⁷ and how she had to soothe her constantly sick and suffering husband. Two years later, aged twenty-four, she, credibly declared that she wanted to sacrifice her life for her husband's success.⁴³⁸ The exhausting nature of her life is far more apparent from her subjectively perceived premature ageing⁴³⁹ than her greying, which was probably hereditary (although she attributed it to her various personal burdens). In addition, she described her female afflictions.⁴⁴⁰ She continued to tell her friend about her menstrual suffering⁴⁴¹ and her feeling of "getting always nearer to the animal, losing all one's faculties, on account of that body which I should prefer never to have come in."⁴⁴²

It is clear from a number of passages that Cosima occasionally overstepped the boundaries of a socially acceptable women's friendship,⁴⁴³ especially during traumatic experiences such as her sense of abandonment and loneliness after the loss of Blandine, Daniel's death, Liszt's departure from Weimar, Daniela's birth, and the separation from Hans over a period of years. Hints of this are not just confined to the roses they sent each other,⁴⁴⁴ the numerous extraordinarily tender kisses ("I kiss you again a thousand million of times"; "a thousand kisses upon your eyes and cheeks my darling"), the frequently repeated vows of love,⁴⁴⁵ apologies for claimed "rudeness"⁴⁴⁶ or the defiant misconceptions about genuinely being in love,⁴⁴⁷ which definitely matched the diction of the sometimes euphoric manner of speech and writing in aristocratic circles.⁴⁴⁸ In fact there are several indications of an excessively close relationship for the time between two women which strained the social boundaries of communication and personal interaction. An even more far-reaching interpretation – for example in the direction of a same-sex bond⁴⁴⁹ – would in my view overstrain and to some extent even contradict the sources.

While Cosima lent maternal traits to her affection for her friend (who at first was still a minor) and referred to her as her "child"⁴⁵⁰ in various diminutives, she began her first letter to have been preserved with the wording: "We have got ill luck, just as if we were lovers, my best my dear, my own Chick!"⁴⁵¹ Grief-stricken by the loss of her brother Daniel, in her letter written in December 1859 she called Ellen "dearest" and stated that she was the only one who could comfort her in this situation.⁴⁵²

Surprisingly, the importance of Cosima's friendship with Ellen increased enormously in parallel with her first pregnancy, and she became almost euphoric. In March 1860, she referred for the first time to the magnetism[453] which her friend exercised over her and admitted that summer that their relationship was more than that with a mother or a good friend.[454] In August that year, she described how she enjoyed meeting people who knew Ellen and commented on this with the words: "one does not look at the persons in such cases, but only to the air they have breathed."[455] In September she became even more concrete:

> I wont tell you I regret you, for my life being in someway only a great regret I never point on the particular ones, but I can tell you my only one, that more than ten times the day I feel the want to talk to you, to see you, to embrace you! Please God you feel the same, and that long and decisive external separation which has come between us, will not alter the internal bond which united us. When I feel fatigued and wearied, disgusted of <u>Wachen und Träumen</u>, I like to repose my thoughts upon the hours we have lived together, and believe you will love me always equally, although I am myself so unequal, so inclined to muteness ...[456]

Even before Bülow embarked on a three-week trip to Zurich, Basel and Paris in early February 1861, Cosima planned to visit Ellen in Gotha.[457] The only snag in her mind was that the royal court was currently residing in Gotha and that during her eight-day visit she would have to be presented there. The following week, she invited Ellen to stay with her if possible during her forthcoming trip to Berlin, since her husband was away for four weeks.[458] A week later, she desperately wished for Ellen to come to Berlin in order to visit her. However, she emphasized several times that this visit should not take place around March 19, 1861, when she would be in Leipzig for the performance of *Prometheus*, but only afterwards for "I would be angry with you, with my destiny, with myself and all and would think there is something against my seeing and loving you."[459] Cosima sometimes also exerted significant pressure on Ellen.[460] Because of her ongoing frailty, Liszt did not permit her to return to Berlin and instead took her to the Altenburg in Weimar, where she was apparently advised to go to a spa after the experience with Daniel. On February 26, 1861, Cosima invited her friend to Weimar, either the next day or on some other day.[461] In the end, it was not until the beginning of March 1861 that Ellen visited Cosima in Weimar; however, Cosima was apparently so indisposed or intolerable that shortly afterwards she apologized for her behaviour.[462] It seems that she was unable to share everything that was on her mind at this meeting, for shortly afterwards Cosima fled Weimar and visited Ellen in Gotha. Back in Berlin, she now begged Ellen to maintain absolute secrecy:

I write to you to day to beg of you my dearest little chicky child not to mention a word to any body of any thing I said you at our last meeting; dont speak of my running off from Weimar to you, nor of any of the little anecdotes I told you; for I have taken the habit of the absolutest silence towards all, I am so frightened by *Klatsch* that I keep everything for me, with you my dear single one I have no rule, and every body knows you have bewitched me. I have not said a word of you except to my father and my husband who both asked very much …463

Exactly what the cause of Cosima's suffering was464 or what was behind these "little anecdotes"465 cannot be said for sure. Again and again she seemingly consoled herself with the thought that life went on.466 However, immediately after Bülow's return from Paris, she quarrelled with her father and her husband and was interrogated about her stay in Gotha, during which she and Ellen had discussed certain matters which were evidently very delicate and not for 'non-family' ears.467 Maybe Mrs Bojanowski, a sort of chaperone for Ellen in Coburg, played a crucial role in exposing the trip to Gotha, which would explain why Cosima encouraged Ellen to exercise extreme caution and was surprised that she travelled to Coburg again.468

Cosima most likely sought the personal closeness of her confidante on the one hand to talk about her perceived unfortunate situation as a lonely, ambitious, overwhelmed young mother, and on the other hand – which was socially much more explosive – to report on her growing marital problems. Moreover, in addition to the difficulties already mentioned, it should be noted that Cosima's friendship with Ludmilla Assing was cooling off at this time, with even Hans von Bülow avoiding Ludmilla Assing. Cosima's last dated letter to Ludmilla (April 15, 1861) is not very friendly469 and even the invitation declined on May 5, 1861 looks more like an excuse.470 This fuels the suspicion that Cosima's increasing jealousy of Ludmilla was either not unfounded or at least to her mind received new fuel, and may have led to a deeper crisis between the Bülows than was previously thought. Remarkably, at the end of March, Cosima only said that she would be moving into the new apartment in Schöneberger Strasse – Hans is never mentioned – and that everything she had trusted "was rather proved deceitful".471 She added that she was leading an internal and an external life, and stressed that she trusted no one.472

In this desperate situation she could trust only Ellen, who was told about the ins and outs but again instructed to reveal nothing.473 In the face of her numerous problems, Cosima felt all the more attracted to Ellen, which is expressed not only in the remark that "nobody has understood the love" she had for Ellen474 but also in the fact that her 'Courriers' in *Revue germanique* initially published under the pseudonym 'C.[osima] F.[ranz]' were at the beginning of 1862 signed 'E.[llen] Franz'.

Perhaps the move to Schöneberg Strasse, which Cosima associated with a "new period" in her life, was seen as an opportunity to rekindle her relationship with Hans. And in June they both set off on a trip through southern Germany along with Liszt. Ultimately, however, both the underlying situation and Cosima's state of mind hardly changed, and Cosima and Hans grew increasingly alienated.

### The significance of the friendship for Ellen: friend and companion

How important Cosima was for Ellen upon her departure from Berlin is demonstrated by her request to her mother to send her not just her poetry album and the issue of *Fleurs animées* but also her letters from the 'Queen'.[475] How torn she was between her mother and her friend is shown by her report on Cosima's flight in February and March 1861.[476] Several times she begged her mother for sympathy for her unfortunate friend[477] and in June 1862 still sent her a "million kisses".[478]

While Hermann Franz occasionally delivered letters personally to the Bülows' house as late as 1860,[479] it can be seen from at least some of the friends' later letters that in Sarah Franz's view, Cosima's influence over her daughter went too far, and she doubted Cosima's sincerity,[480] leading to open disagreements.[481] For example, in September 1860 Cosima did not dare to ask Sarah Franz for a head portrait from the full-length photo of her daughter.[482] She promised to always wear the small ring that Sarah Franz had given her upon Daniela's birth, even though the symbolism of the poem accompanying it probably went too far for her.[483] Cosima's advice to Ellen not to apply for an engagement at Berlin Schauspielhaus despite the fiasco in Coburg and Gotha is unlikely to have gone down well with Sarah, who probably saw it as an attempt by Cosima to interfere in her career and keep her away from Berlin.[484] Depressed, she had to witness how dejected her daughter was as a result.[485]

Sarah even wrote a poem about Cosima in an attempt to persuade her daughter to reject Cosima's affections. Entitled 'The Refutation' and dated December 18, 1861, the poem ended with the exhortation: "For she to love is blind."[486] Sarah Franz may have worried and been jealous, not only emotionally, but also of the two young women's career opportunities. The poems she began writing secretly[487] in English evidently led to friction between mother and daughter when the latter left home in order to pursue her talents. At this time, Sarah Franz expressed her obvious dissatisfaction that her own, possibly even greater talent had not been supported to a similar degree.[488] Ellen had asked her in December 1860 to prepare some of her poems for printing.[489] And later on, Franz von Bodenstedt, the theatre director in Meiningen, praised some of her poems as if they were of the same high standard as Lord Byron's works.[490] However, her poems, including about Ellen[491] and Cosima,[492] remained unpublished.

Although only a single letter written by Ellen to Cosima has come down to us, we can assume from the replies that the first few letters revolved around Ellen's unsettled state of health, which apart from the usual colds[493] involved stomach upsets and diarrhoea[494] as well as migraine headaches and fainting spells.[495] Moreover, her friendship with Cosima and the latter's home life as well as her permanent shortage of money[496] are likely to have figured. In addition, her own acting career was a prominent theme with all its ups and downs, which included her high level of motivation[497] and her contact with Auguste Schlönbach (her drama teacher), whom she also knew well socially. In fact Ellen always wore a talisman during her performances which had been given to her by Auguste Schlönbach, and gave her a small gift every Christmas.[498] Ellen received lessons from her almost every day.

After a slow start in Coburg playing the lead role in *Jane Eyre: Or the Orphan of Lowood* (September 10, 1860),[499] Ellen experienced hugely successful first nights. She played Marie in *Feuer in der Mädchenschule* ('Fire at the Girls' School'; November 6, 1860)[500] and Clara Frangipani in *Die Braut Conradin's* ('Conradin's Bride'; December 14, 1860).[501] Shortly afterwards, however, she lost her contractually assured leading roles in Lessing's *Minna von Barnhelm or the Soldiers' Happiness,* as Hedwig von der Gilden in Alberto Nota's *Ball zu Ellerbrunn* ('Ball in Ellerbrunn') and Gretchen in Goethe's *Faust* from January 1861 when all three plays were recast.[502] Although Ellen initially blamed Meyern since he was the director, Cosima's suspicion expressed as early as January that there was probably another, more important reason proved correct.[503] Ernst II of Saxe-Coburg-Gotha, a major patron of the arts and culture, had a reputation as a a womanizer[504] – and as petty as it sounds, this became Ellen's undoing during her first engagement. Either she was not to the duke's taste or perhaps even rejected his advances, for a few days after her arrival in Coburg, he decided that she had "absolutely no talent".[505] Try as he might, the director merely earned his employer's wrath when he took the matter up with him.[506] The upshot was that he was unable to cast Ellen any more. Instead, two new actresses (Johanna Grahl and Anna Versing-Hauptmann)[507] were taken on mid-season, and later on squabbled over the duke's affections.[508] Stunned, Ellen told her mother about the her setbacks[509] and asked her to seek both legal advice[510] and a theatrical agent.[511] Back in August 1860, Cosima had (either as a cautionary move or because she knew what was going on) a lady of her choosing sent to Coburg by way of protection: Rosalie von Bojanowski,[512] the future mother-in-law of her sister-in-law Isidora. Sarah Franz, incidentally, was so worried about her daughter that she wanted to bring her back to Berlin.[513] Rosalie von Bojanowski, an educated woman, was an experienced mother of four children, lived near Ellen,[514] and spent her free time with the young actress, going for walks and reading texts out loud with her. This enabled Cosima to keep in close touch with Ellen. She also found out what was going on from Isidora. And in return, not only Hermann Franz but also Cosima and Julius Leopold Klein were able to exploit their publishing contacts when it came to having Rosalie Bojanowski's articles on theatre life in Coburg printed. Cosima in the meantime encouraged Ellen to go her own way, saying that the initial difficulties would only make her stronger.[515]

## Cosima's reorientation

### 1861/1862: watershed years

As already indicated, the conflicts and problems in Cosima's life came to a head in 1861/1862.[516] In addition to the death of her brother (December 1859), Ellen's engagements in Coburg and then Gotha (August 1860), the demands on a young mother (Daniela was born on October 12, 1860), her father's departure for Rome (August 1861), her own high artistic, intellectual and social ambitions, her unconventionality, and the emotional uncertainty caused by her friendship with Ellen, Cosima's severe crisis was in particular precipitated by her increasing estrangement from her husband, Hans, who was struggling with himself and life. If the retrospective entry in Cosima's (not always reliable) diary dated July 1869[517] is to be taken at face value, it was at this time that her tense, overworked husband resorted to physical violence, which Cosima endured stoically.

Whereas in January 1861, Cosima still appealed to Ellen's piety, in the same breath she described her own profound uncertainty and her search for security and orientation in life as follows:

> I know from experience that with pretty good instinct we can go the worse ways, and that nothing on earth can help you to stay and fight but the thought of God. Therefore with a half destroyed faith, with a great inclination to liberty and critic, with a hate of all that is rule I am determined to submit myself to the authority of church only in order to accomplish entirely my duties, for I am too weak I confess to do it alone; there is too much deception in life, too much injustice inconstancy on earth that we don't take the passion of the cross if we wish to remain strong that is to say good.[518]

When Cosima described to Ellen her move to Schöneberger Strasse[519] as the end of her youth, this also marks a radical turning-point dominated by loneliness:

> In changing my lodging it seemed to me as if I entered in a new period of life; my poor own dear brother is gone, my child is come, you are away for how long God knows, many affections are broken, all to which I trusted was rather proved

deceitful, and now I feel most alone and sad, the mind almost ill with downness, and the youth us left away in that old lodging of mine where so much of people and feelings have entered which I shall never see again."[520]

Her father provided no help at this critical time since he was far away in Rome. Furthermore, he did not understand why Cosima wished to separate from her husband, not just warning her of the consequences of divorce but even threatening if necessary to stop her leaving Hans by force.[521] This breach of trust is bound to have been largely responsible for Cosima's hardened attitude towards her father in the years to come. Seeking refuge with Ellen was also out of the question owing to the existing spatial, social and personal boundaries.

Moreover, she was engulfed by her demanding journalistic activities. At least her previously intensive work for *Revue germanique* ceased in May 1862: Cosima's last authorized instalment of the translation of Varnhagen von Ense's diaries ended abruptly on April 15, 1862, the next instalment being handled by another translator.[522] The end of her work for *Revue germanique* partly had more to do with Varnhagen's niece Ludmilla Assing, including their changing personal relationship and her departure from Berlin,[523] than with Dollfus's "cool attitude" to Richard Wagner.[524] Certainly, the previous explanation for her artistic and journalistic silence seems inadequate.[525]

### 'Idée fixe': Richard Wagner

In this severe personal crisis, Cosima was in search of security and orientation – and Richard Wagner was evidently the answer. Even before they met in Reichenhall in August 1861,[526] Cosima and Wagner were in correspondence with each other.[527] As Beidler noted,[528] the year 1862 was especially important for them both.[529] The change from 'Sie'[530] to the more familiar second person singular 'Du'[531] can be seen in the few surviving letters from the period January to September 1862 and marked a fundamental change of level. Manfred Eger's opinion that the relationship was still merely one of friendship at this time may well have been correct regarding Wagner.[532] After all, it was he who had made an especially charismatic impression on Cosima rather than vice versa. Perhaps this was also due to his inexhaustible enthusiasm, the professional "satisfaction" she did not see in her husband.[533] For unlike Hans, Wagner was driven by his own artistic ideas and obsessed by an 'idée fixe'. At any rate, following the completion of *Tristan*, Cosima described him on her envelopes as "cèlèbre compositeur"[534] at a time when only a few months beforehand, Wagner had been forced to leave Venice (at that time under Austrian administration) for political reasons and travel to Paris via Lucerne, determined to conquer the French capital.

Perhaps this artistic potency also made Wagner desirable to Cosima and she became obsessed with Wagner. Whereas in winter 1861/1862 she had in alarm rejected the notion of Wagner staying with them,[535] on May 27, 1862 Cosima jubilantly announced to Minna Wagner her planned stay in Biebrich, emphasizing that she wanted to leave before July because her husband was "very lonely" there.[536] Then, however, something unexpected happened, for Wagner travelled from Biebrich to Berlin to visit the astonished Cosima at the end of May 1862. As well as finally managing to see their apartment on Schöneberger Strasse,[537] his unexpected appearance caused severe emotional turmoil in Cosima, who was apparently unable to keep her composure.[538]

It is still not clear whether and to what extent her feelings were reciprocated by Wagner at this time. There is certainly no proof from him that he did so. And this was exactly Cosima's problem – for her euphoria was followed by sudden disillusionment, almost bitter disappointment. After all, although she revealed her feelings willy-nilly, they were not returned to the degree hoped for. When Cosima wrote to Wagner shortly afterwards, he did not reply, or at least not quickly enough.[539] Given her at least mental adultery and Wagner's cold attitude, and in the knowledge that she was not the only admirer of the idolized composer,[540] she suddenly felt "gestempelt" ('branded'). The central passage in her letter to Ellen is as follows:

> Well I am arrived now to myself, you have guessed my dear; it was horrid and is more horrid still; the thing which had played in the letters, has played again in the seing._ I have been surprised, the arrival was quite unexpected I have not been able to lie, and then and afterwards I have found what was in the letters indifference, coldness, till a certain point despise. After the departure I wrote; the letter has not been answered, and I know things I should prefer not to know. Emptiness, Desolation _ _ I dont like to think or speak of it, I go on as if I had upon my shoulders a heavy dead corpse which I should fear to look at: If I have done wrong I can say I have not had a moment of happiness scarcely a moment of joy, and the feeling now is bitter so bitter and insupportable that I believe sometimes I shall grow mad. And with all that within us we must live, and eat, and smile, and speak, and walk. Had I been prepared I would have mastered myself and then the suffering would have been different and better, pure and higher. There is no forgetting on this earth therefore I am *gestempelt* may the heavens assist me _ _.[541]

The situation at the Bülows' home quickly deteriorated. Bulow's comment which has come down to us ("it is your lot to be misunderstood")[542] suggests an argument between the couple prompted by the events described. But they obviously calmed down and put their differences to one side. How the couple intended to conduct themselves in Biebrich was at first uncertain. At the end of June, Cosima wrote to Ellen, saying that she would not know where they would be staying –

## Introduction

not even in which town – until after 5 July. She explained that she was overcome by a certain feeling:

> You ask a question, heart of my soul, which I have asked myself often, without being able of answering it; what is it for a feeling which has overpowered me, and how will it end for me? I have no idea and feel only sad, sad, sad! I have got no news whatever and dont know any thing, but am so weak and shameful to think constantly of the same thing, and to consider the rest as an ugly dream. Time makes much, they say, well I think time cannot undo anything, and I feel I have got a blow which I will resent my whole life! But enough of me, it is a chapter. I like very little to treat, the bleeding hearts have to be mute.[543]

Cosima had the desire to hide away and just be a mother.[544] Even so, rather than let go of her feelings for Wagner, Cosima responded to her emotional state and her behaviour and persevered against all the odds.

And eventually she succeeded. Wagner, by this time around fifty, was indeed on the lookout for a partner in a broad sense, i.e. at least a woman to run his household.[545] And Cosima fitted the bill.[546] Of course, marrying her was inconceivable until after the death of his wife, Minna,[547] and Cosima's divorce from Hans von Bülow. At the end of November 1863, the possibility of their circumstances changing so rapidly (not to mention the procreation of legitimate descendants) was unimaginable.[548] With an air of confidence and a sense of drama, Cosima noted in her diary for posterity just six years later a nearly parallel event to the meeting in May 1862, albeit this time with a happier outcome:

> Six years ago today R. came through Berlin, and then it happened that we fell in love; at that time I thought I should never see him again, we wanted to die together. – R. remembers it, and we drink to this day.[549]

### Biebrich and the repercussions

As a result, in early July Cosima did not travel with Bülow to Biebrich as originally planned (as already announced by Wagner to several people months earlier)[550] and as many authors have uncritically repeated.[551] Instead, Bülow initially arrived in Wiesbaden alone and only continued on to Biebrich a few days later.[552] In the meantime, Cosima wanted to stay in Berlin by herself and relax.[553]

Cosima and Hans were initially in poor health, even though they sometimes claimed to be in good spirits.[554] But in Biebrich, too, sometimes in the company of actress Friederike Meyer, Ludwig and Malwida von Carolsfeld, and Minna, they were thrown into turmoil again. Apart from Minna's jealous rants, the reason was Cosima's feelings for Wagner, and Bülow became the butt of "allusive jokes".[555]

In addition, Bülow – who was already under pressure from the *Tristan* rehearsals with Mr and Mrs Schnorr, who constantly required him on the piano, and the preliminary planning for *Parsifal* – was confronted with Wagner's latest work, *Die Meistersinger*. Bülow found no rest and instead copied out the opera (145 quarto pages) within five eight-hour days.[556] He worked himself up to such a state of nervous fatigue that he finally told his friend Richard Pohl that he was totally exhausted and again openly expressed his suicidal intentions.[557] When the group travelled to Frankfurt on August 1, 1862, Wagner subsequently wrote to Mathilde Meier mentioning that they had attended a highly apt Shakespeare play – *Much Ado About Nothing* – at Stadttheater allegedly "in honour of Cosima".[558] The fact that this was the comedy that she knew best[559] (not to mention its telling title) could well be interpreted as an allusion to the recent turbulence.

By May 1862, Wagner had still not yet responded as Cosima had hoped. Instead, we know that not long afterwards, he reassured Mathilde Maier, who evidently had sharp ears! Wagner merely described Bülow's "tender affection" for him, which apparently aroused Cosima's jealousy.[560] Could he and/or was he trying to initially play down Cosima's fondness for him and the highly volatile situation for all those involved?

For Bülow, the stay in Biebrich was a personal and professional disaster. The "paralyzing effect of the genius on those who were less productive"[561] (as Beidler exaggeratedly put it) reached its peak. Back in Berlin, Bülow let Wagner clearly sense his "bitterness".[562] In the light of these events, a few weeks later Wagner spoke to Cosima about the "undignified times" which must have made even the "tenderest and warmest friendship" pale.[563] Addressed by Bülow about his contact with his wife, in October 1862 Wagner justified himself by saying that it had been "harmless".[564]

Shortly before their stay in Biebrich, Cosima and Hans conceived their second daughter Blandine. Very proudly and in great detail, the newly-fledged father reported on the birth to the then childless Wagner.[565] But even the first name chosen was full of misgivings for Cosima. She named the child after her recently deceased sister Blandine, despite the fact that the relationship between the siblings had suffered for years after a massive breach of trust.

### Cosima's friendship with Marie von Schleinitz

The exchange of letters presented here gives Marie von Schleinitz a run for her money in the stakes for the closest friend.[566] Or to put it another way: Marie had a predecessor! For against the background of these significant changes in her life, Cosima and Ellen parted company and did not meet or write for more than ten years. Instead, Cosima renewed her relationship with Marie von Schleinitz.[567]

The "beloved friend",[568] who for example had brought Franz Liszt and Cosima back together after their estrangement,[569] became one of the most important communication partners in Cosima's life. The closeness of their relationship is signified by the fact that, as of the late 1880s, they addressed each other in German using the familiar second-person singular 'Du'.[570] Cosima managed to avoid misunderstandings by seeing Marie in relation to her deceased sister Blandine, and hence expressing her own emotions towards her more clearly.[571]

The fact that manifest personal interests also played a role in Cosima's choice of friendships is beyond question.[572] After all, the musically talented Marie[573] was already at that time an ardent admirer of Wagner – an ardency which probably never applied to Ellen/Helene. As Anna von Helmholtz noted, Marie von Schleinitz received "all her peculiarity and the consolidation of her nature from Richard Wagner."[574] From the outset, this friendship between Cosima, Marie and Richard fronted both private matters and business affairs. It was therefore only logical that Marie appeared to be "the best friend of ours and the cause".[575] She is characterized by far more than her frequently mentioned work as a patron, especially her endeavours to finance the 'national undertaking' through the sale of patronage certificates.[576] In fact, when Anna von Helmholtz attended the first Bayreuth Festival, she felt as though she were in Berlin; the fact that she met "all her good acquaintances there" ("in short, all the pleasant people of Europe")[577] was presumably down to Marie von Schleinitz's extensive informal network. After Wagner's death, it seemed to Anna von Helmholtz that whereas Cosima's influence had been retained,[578] Marie's interests had shifted markedly.[579] For Cosima, the "incomparable and dearly beloved Mimi"[580] became even more important as "the only person sharing our concerns in the outside world."[581] No one else explained to Cosima her situation as candidly in 1886, not even the best "participants in our cause".[582] She wrote to Marie von Schleinitz about the problems surrounding Blandine's pension from grandfather Franz[583] and her decision for *Tannhäuser*.[584] She shared her anxiety with her about *Tannhäuser*[585] and her melancholy during the rehearsals for *Die Meistersinger*.[586] Even in matters of protocol, she was able to ask Marie for advice. For example, when Grand Duchess Vera of Württemberg announced that she would be visiting in 1888, Cosima asked Marie whether she would be expected to get in touch with her ladyship beforehand and whether she should wear something other than her usual "black" (her widow's weeds) for the evening.[587] She was grateful for Marie's description of the *Ring* in St Petersburg[588] and at times of loneliness[589] and defeat[590] to have a partner by her side when "all the strains and experiences of the Munich affair" got her down.[591] She also kept her friend abreast of her life between "books and walks",[592] her "monastic existence"[593] and her increasing avoidance of the public eye,[594] even her meetings with doctors.[595] We also learn that after an initial misunderstanding in summer 1898[596] and a meeting two years later, her relationship with Marie von Bülow relaxed,[597] and how much she admired Bach's cantatas and passions.[598]

In autumn 1875, Cosima reported to Marie von Schleinitz quite distantly on her reunion with Ellen, or rather now Helene von Heldburg,[599] in Vienna after years without contact:[600]

> ... then Ellen Heldburg came to visit me after fourteen years. She wanted to find me unchanged and struck the old tone; I felt her to be more confident but tried to find that something special which had once captivated me. But I bless the fact that she contacted me _ _ _ you know why. Yesterday I wanted to return her visit, but she had to undergo an operation and was ill in bed. I was received by the duke, who did not seem very pleased about the success of his troops.[601]

The fact that in 1875 the duke and duchess travelled to Vienna not merely to see the guest performance but also because the generally "very ailing" Helene[602] had to undergo an operation[603] was not previously known. However, the reserved tone in which Cosima wrote about Helene in her letter to Marie did not last. Obviously, the two women had to get to know each other again; Cosima in particular had to find out how much space she wanted and was able to grant her erstwhile friend in view of her now established way of life and not least her altered social status.[604] For although Marie von Schleinitz had become a fixture in Cosima's environment, the relationship with her never acquired the youthful spontaneity, warmth or closeness of that with Ellen.

## Cosima and Ellen – the late phase of their friendship

### The friendship with Helene changes – the letters after 1875[605]

There can be no doubt that the relationship between Cosima and Helene changed fundamentally over the years. Even so, after 1875 the two women rekindled their friendship, albeit under different conditions and in a different manner. Aware that "the past never really goes away",[606] over the following years Ellen/Helene expressed her closeness with her friend from her younger days again and again.[607]

Helene almost seems like a synonym for Cosima's earlier life along with her artistic and intellectual activity. It even appears as if their reunion struck a responsive chord in Cosima, as if, following the times when Cosima's children and Wagner's household had required her full attention and she had had to curtail her artistic productivity,[608] she played a part in Cosima's artistic 'reawakening'.[609]

At any rate, after her stay in Meiningen in early March 1877,[610] Cosima wrote:

> To be, once again, with you in artistical work and enjoyment remembered me of the times in Berlin ... We enjoyed during these three days, that state which has so often appeared to the imagination of the poets as the one truth to be longed for: life in Art and with Art under the protection of a higher born, freedom of thoughts and feelings, ruled, like melody by rhythms, by gentleness of nobler form, and I would vainly try to describe you, how we felt happy, and how thankful we are to His Highness the Duke, and to yourself.[611]

Incidentally, equally impressive – although written not so much from the artist's point of view as from a spectator's perspective – is the report to Marie von Schleinitz.[612]

In order to say thank-you for an elaborate theatrical performance with which his wife had surprised him on his sixty-fifth birthday, in May 1878[613] Richard Wagner came up with a special idea for a morning recital on Cosima's own birthday.[614] Knowing how fond of Meiningen his wife was, in preparation for her birthday on December 25, 1878 he asked Helene whether Duke Georg II would allow him to use the court orchestra for a morning concert for his wife.[615] The duke gave permission for his musicians to leave their families alone at Christmas and on December 23, 1878 to travel to Bayreuth for three days where, apart from compositions by Beethoven, they also rehearsed the *Parsifal* prelude (probably being the first musicians to do so).[616]

The letters between Cosima and Helene from 1877 are somewhat formal and more intellectual than the earlier ones. Similar to the correspondence with Marie von Schleinitz,[617] gone is the expressive underlining used previously. Now writing in German, Cosima switched to the formal 'Sie', and her salutations and greeting phrases were noticeably stiffer and more polite. This is probably also due to the fact that this time the letters were dictated[618] (please see the section on the letter manuscripts). In addition, they met up less frequently.[619] They met on November 2, 1875 in Vienna[620] and in August 1876 in Bayreuth.[621] The stay in Meiningen from March 9 to 12, 1877 is especially important.[622] On April 18, 1880, the two couples met up in Naples (and bumped into each other by chance two days later in Amalfi).[623] On March 3/4, 1889, Cosima visited Meiningen.[624] In August 1889, the two ladies probably met in Bayreuth.[625] After staying in Meiningen in January 1890,[626] Helene visited Cosima in February 1890 at the hotel Sächsischer Hof.[627] Another meeting is thought to have taken place in June 1890 when the historical costume design books were collected.[628] After Helene's announcement that the duke was too ill to travel to the Bayreuth Festival,[629] they met again in September/October 1904 in Riedenberg near Partenkirchen as the guests of Mary

Fiedler Levi, Hermann Levi's widow.⁶³⁰ However, Cosima's planned visits to Altenstein in spring 1906 and Villa Carlotta the following autumn are unlikely to have taken place.⁶³¹

Regarding their views of art, the two older women undoubtedly remained entrenched in the nineteenth century. For example, Helene von Heldburg was barely able to understand the activities of the two kapellmeisters and composers Wilhelm Berger and Max Reger.⁶³² Even so, apart from their common experience and taste, different priorities emerged. Artistically speaking, the ducal family was, apart from the theatre, especially interested in concerts. Since 1881, they had publicly supported Johannes Brahms and his music, which is why the anticipatory obedience or commitment to "her cause" demanded by Cosima on so many occasions was not to be readily expected from Meiningen (something of which Princess Marie Elisabeth of Saxe-Meiningen made no secret).⁶³³

Apart from repeatedly confirming the importance of her visits to Meiningen and her joy at the duke's attention to "our art",⁶³⁴ emotional utterances from the older Cosima become few and far between. In most cases, they are confined to general expressions of enjoyment⁶³⁵ or innocuous references to feelings and events from the past.⁶³⁶ Accordingly, the close of a letter written in 1905 stating that "in all circumstances and at all times, my thoughts are with you tenderly, and I remain devotedly yours forever, dearest friend – C. Wagner" is especially important.⁶³⁷ In these letters, Cosima turns out by no means to be the 'Mistress of the Hill'⁶³⁸ but rather a highly sensitive, creative woman. The image of her is pieced together when she writes about her apparent modesty regarding praise from outsiders,⁶³⁹ her preference for solitude,⁶⁴⁰ her dedication to the maintenance of stance,⁶⁴¹ her externally communicated modesty about the value of her own work,⁶⁴² and her pronounced shyness about staying the night at Meiningen Palace.⁶⁴³ This corresponds to her aversion to any "publicity" expressed to Marie von Schleinitz in 1886.⁶⁴⁴ Her acknowledgement of the importance of the Meiningen Company⁶⁴⁵ functioned like a bridge reactivated after Wagner's death – at the point when Cosima, faced by her own directorial work, was apparently able to consider herself fortunate to have the outstanding troupe from Meiningen nearby. Cosima wrote to all sorts of people to request assistance for help in production and stage sets. The theatrical work in Meiningen must have appeared very desirable to her, for the company there had established itself as a leading European ensemble after its sensational appearance in Berlin in 1874 – in contrast to the expensive 'false start' in Bayreuth.

## Meiningen's influence on theatrical work in Bayreuth

Until the publication of these letters, the friendship between Cosima and Ellen/Helene remained off the record, only remembered as a nostalgic vision of youth which was decipherable by the two protagonists but sealed off to the outside world.[646] Helene, for example, coined the term "girls' friendship" in 1922.[647] Then again, this is unlikely to be the reason for the failure to acknowledge any influence by Meiningen Court Theatre and its methods on theatrical work in Bayreuth in the image of the Bayreuth Festival forged by scholars hitherto.[648] However, Fabian Kern's study (only published in 2010) of the Brückners, a family of theatre painters from Coburg, and their relationship with the Bayreuth Festival substantiate a long and fruitful working relationship between Bayreuth and the Meiningen court.[649] He was the first to put forward the theory "that in Wagner research, the Meiningen theatre reform and its potential impact on the Bayreuth Festival have been almost disregarded."[650] Reviewers like Frank Piontek recognized the high importance of this research into the material significance of the Brückners, yet also the dependence of Bayreuth's 'model performances' on the artists from Coburg as well as Bayreuth's tendency to conceal the similarities between its visual aesthetics and those of Meiningen[651] in order "to continue the Bayreuth Festival's internal historiography full of lies and falsifications under Siegfried Wagner".[652] It is anybody's guess when Wagner research will express an interest in adopting the findings gained here and conclude new questions worthy of study such as the difference in the interpretation of the idea of the *Gesamtkunstwerk* ('total work of art') by Duke Georg II and Richard Wagner.[653] Certainly, Arne Langer's article on the Brückner brothers in the *Wagner-Lexikon* published in 2012 merely describes the temporal parallelism of the two theatre productions.[654] And Stephan Mösch has not yet provided any conclusive evidence for his assertion that Cosima denied the influence of Meiningen on Bayreuth in his book *Weihe – Werkstatt – Wirklichkeit*.[655]

When Dietrich Mack stated that Cosima's involvement with dramaturgical and directorial problems, her research into literary material and the related assignments for scholars of German literature and art historians, her collation of all Wagner's available instructions concerning the production of his works, and her claim to authenticity reminded him of the way in which Walter Felsenstein worked,[656] he was referring – without being aware of it – to the work of the Meiningen Company spanning many years. Some of the things Cosima learned about in Meiningen were the historicist approach to theatre, detailed source studies in conjunction with scholars, and research in literature and museums.[657] She described the ducal productions she had carefully chosen before her visits to Berlin and Meiningen of *Hermannsschlacht* ('The Battle of the Teutoburg Forest'; 1875),[658] *Esther* and *Julius Caesar* in connection with *The Imaginary Invalid*

(1877)[659] and *Joan of Arc* (1889) as key experiences.[660] And in at least one letter written in 1896 she praised Helene's contribution to the accomplishments of the Meiningen Company – unlike the audience, press and researchers, who enjoyed propagating the myth of Georg II, the "theatrical duke",[661] as the creator and lord keeper of the great seal of the Meiningen method.[662]

Cosima had evidently first come across Henrik Ibsen's works through Meiningen, and she in turn recommended Heinrich von Stein's writings.[663] In 1881, Cosima expressed her wish for the costumes for *Parsifal* to be produced by the Meiningen costumier according to her own or Meiningen figurines,[664] but was referred to a company in Frankfurt instead.[665] In 1889, she asked again whether the costumier at Meiningen Court Theatre could produce Joseph Flüggen's costume designs for *Tannhäuser*.[666] Cosima also asked to borrow a number of costume books from the ducal library with a view to preparing the decor and costumes for the productions of Wagner's *Rienzi* and Liszt's *The Legend of Saint Elizabeth* at Karlsruhe Court Theatre.[667] In 1897 Cosima's daughter Daniela Thode notified Meiningen armourer Johann Kallert of her requests for changes to the helmets for Wotan and Waltraute as well as Gunther's sword.[668]

To sum up, Cosima regarded the Meiningen Company as a "primus" which was able to perform such a "subtle and unusual art" as Spanish theatre "in order to create an abstraction of the higher will of what the public likes".[669] The Meiningen troupe fully reflected Cosima's notion held since her youth of art as a place of "refuge" and "elevation and strength"[670] and of the theatre as a venue for the proclamation of "higher truth",[671] where vital questions of life were tackled (and answers presented) with great seriousness within the framework of belief (!) in the actor as an interpreter. In early March 1889, she admired a performance of Schiller's *Maid of Orleans* not only due to the "zeal and … care" taken with the costumes and decor but also the production.[672] Given what she saw as the decay of art, the "painfully felt shake-up of ideality as a whole" and the "disregard or neglect of the sublime", she found herself "benevolently, reverently touched" and "edified" by the performance, and held the Meiningen Court Theatre in high esteem as the "masters of this art", as "true comforters and helpers",[673] and all in all as an "oasis in the present desert that is art".[674] And as far as the costumes and decor were concerned, in late 1889 she declared the theatre in Meiningen to be the "home of the most stylish work".[675]

When Cosima assumed direction of the Bayreuth Festival, she made greater use than previously thought of her existing understanding of the theatre acquired over a period of decades and therefore her very own artistic stance. This also explains her aversion to fundamental changes. Her key dramatic experiences included working on Lessing's *Minna von Barnhelm or the Soldiers' Happiness*, which was accordingly made part of the training programme at the Bayreuth

School. The purpose of the school set up in 1892 together with chorus director and festival organizer Julius Kniese[676] was to prepare Bayreuth singers for the particular stylistic and performance characteristics of Wagner's operas by for example studying stage roles.[677] Work was by no means limited to contemporary comedies and one-act plays, but also took in classical tragedies. When Cosima rehearsed one of the first plays with her students, namely *Minna*, she borrowed costumes from Meiningen in early 1893, explaining that they "would of course be the main attraction and the actual artistic perfection of the evening".[678] During the preparations for *Rienzi*, a little later she expressed herself more clearly, wishing in a letter that she could only "achieve merely some of what we've seen and learned from the performances at Meiningen Theatre. I regret the fact that I won't have the opportunity to ask for gracious advice regarding some aspects of this difficult task."[679] Her interest in the Meiningen Company,[680] the flourishing of Meiningen as a "centre of high culture",[681] and her sadness at the cessation of its touring activities announced in 1890[682] can be taken quite seriously despite the rhetorical tone of her letters. This also begs the question of how both drama in Meiningen and the tradition of the Bayreuth Festival benefited from the 'female networks'.[683]

However, this aspect has never played a part in Bayreuth's controlled historiography. Externally, the woman who had been familiar with the severe risks of gossip in society from childhood[684] responded by cordoning off both her private and her artistic life. By writing her diaries,[685] she created a strangely hermetic artificial product in which her tone and need to communicate come across "modestly" and "quietly", and which is largely restricted to the Wagnerian oeuvre, bringing up children, the "Jewish question" and politics of the day.[686] The extent to which the diaries were written from the start with the outside world and posterity in mind was probably first realized by Richard Du Moulin Eckart, who was permitted to examine them with nothing censored in preparation for his biography published in 1929/1931.[687] Whether Cosima really intended her diaries to be locked away for decades after her death remains questionable. She began writing them on January 1, 1869, not only describing her life in detail at Richard Wagner's side until his death in February 1883 on well over 2000 pages but also making meticulous notes about what she believed to be essential and memorable regarding the Wagner cult – and what needed to be erased. Familiar with copyright matters in connection with the publication of letters, for decades Cosima well and truly veiled herself and hence significantly manipulated the image of the Wagner dynasty and its works.

Cosima Wagner and Hans von Bülow also received support from Meiningen in family matters and social affairs. Hans von Bülow was received like a "prodigal son" by the duke and his wife, who had suffered their fair share of public and private humiliation[688] on the part of the family.[689] Bulow's appointment to the royal court in Meiningen can be interpreted as a compassionate gesture by Helene[690] which amounted to his 'liberation'.[691] And last but not least, the ducal family was instrumental in Hans von Bülow's reunion with his two children.

## "Mistress attitude" instead of a "wild child"

Beidler mentioned in his writings some key reasons for Cosima's subsequent "order reflex"[692] and hence also her "mistress attitude", whose intolerance ultimately extended to anti-Semitism.[693] His radical conclusions apparently result from her origins, her years of intellectual and artistic rebellion at Bülow's side, her 'disorder' in emotional issues and in her self-image as a woman, and failure as a wife[694] and of her "life as a threesome".[695] What is striking is not just her curbing of relations with the outside world at times[696] but also the restriction of her externally perceptible artistic and intellectual activities as well as her "love of order" in all aspects of life, which was presumably practised just as radically as it was postulated.

Wagner's well-intentioned advice to Hans von Bülow to 'tame' that "wild child" Cosima (which subsequently proved to be in his own interest) reads like 'instructions for use': "You must hold on [to this nobility] in order to enable her to make any sacrifice to get rid of her bad habits large and small: she must learn to be serene and calm out of a sense of pride."[697] How much Wagner later influenced his wife can be observed from the way in which Cosima brought up her own children, as indicated by a letter to Marie von Schleinitz in March 1881: "I don't know whether it's down to a lack of tenderness on my part, but regarding my children I have only one concern: that they will not tackle the adversities of life with enough pride."[698] At the end of the month she then wrote to her daughter:

> We should beseech the deity for a pure heart and great thoughts, I do this with all my heart, my beloved child! O be noble! Never lose your virtuous, friendly serenity.[699]

Her own decision reminiscent of penance and asceticism to limit her freedom at Wagner's side and lead a 'normal' family life, which included bringing up five children, necessarily resulted in abandoning her independent career. As magnificent as her life's work was, involving the creation of the Bayreuth Festival[700] and the myth of the Wagner clan, Cosima was only able to work creatively towards the ideal of art under the protection of her widow's weeds, striving for the "annihilation of the ego"[701] and possibly even destroying parts of her own correspondence and other writings from before 1870. But this well-known and oft quoted 'life theatre' would have been inconceivable without her previous history; in fact it can better be regarded as a reflex to it. Cosima did not fail to notice the "mildew haze of glory and the past" which had surrounded Marie zu Hohenlohe-Schillingsfürst (the daughter of Princess Carolyne von Sayn-Wittgenstein) in the meantime,[702] and predicted "that other acquaintances" would have led Helene von Heldburg "to a very different development".[703] But hardly anyone can guess what she would have managed to do if she had been able to act more freely and creatively without the burden of establishing the "sacred art institution" of the "shrines of the German muse": the Bayreuth Festival.[704]

## Reception of the friendship

### An almost forgotten "lifelong friendship"

The only ones to appreciate the significance and at times intense, intimate nature of the relationship with Ellen/Helene were probably Cosima's father Liszt,[705] her husband (and later ex-husband) Hans, Bülow's housemaid Katharina,[706] and Marie von Schleinitz.[707] In mid-March 1861, Cosima is known to have assumed that "every body knows you have bewitched me" – but that might simply have been a rhetorical exaggeration and refer only to her immediate circle.[708] There's a good chance that Ellen's/Helene's parents were told, too;[709] however, whether the future spouses Wagner and Duke Georg II knew is unknown. It is even less likely that Cosima took her children into her confidence, not even her daughters Daniela and Eve. It can thus be assumed that with the death of the Duke of Saxe-Meiningen in June 1914, all those in the know had died.

Daniela remarked to Helene von Heldburg as late as 1921 that Cosima held on to "her old memories with unbroken strength of mind and in particular your picture."[710] This relationship is not mentioned in Richard Du Moulin Eckart's biography of Cosima nearly seventy pages long. Shortly afterwards, in his 1921 biography of Hans von Bülow, and in his book Neue Briefe ('New Letters') already in planning, Du Moulin Eckart intended to at least examine Bülow's links with Meiningen.[711] But as Daniela's letter (no. 80 in the book) and Du Moulin's fragmentary knowledge show, despite repeated requests,[712] he did not even receive the correspondence between the ducal family and Hans von Bülow,[713] let alone Cosima's letters. In the event, no references or descriptions of the lifelong friendship between Cosima and Ellen/Helene were contained in Du Moulin's subsequent publications Neue Briefe (1927) or the biography of Cosima (1929/1931) either.

The reception of the friendship between the two women may be similar to that of Cosima's relationship with Ernst Dohm. He, too, played an immense role in Cosima's Berlin period, although after Cosima's marriage to Wagner, he had a much smaller part in the circle of "like-minded people" (in contrast to Du Moulin's claim) than perhaps one had hoped for in Bayreuth.[714] Being absent from both Cosima's diaries and *Mein Leben* ('My Life'), he does not yet feature commensurately in the Wagner story, apart from in connection with Bülow and plans for the opera *Merlin*.[715] Parallels with the reception of the bond between Cosima and Ellen/Helene are plain to see. Although Du Moulin Eckart ranked the relationship as a "lifelong friendship" until death,[716] his descriptions lacked substantial detail. The accounts left by Cosima go no further than Meiningen, possibly for fear of delicate details being revealed. What Daniela could have found out from reading between the lines or a personal meeting has so far remained unknown. There are many possible reasons for the "discretion"[717] invoked by Daniela in a letter to Helene von Heldburg. But as these substantial personal experiences were deemed unworthy of publication, they paled by comparison with episodes in Vienna (by no means always an easy ride)[718] and Meiningen,[719] and took a backseat compared to other events in the big-selling 2000-page biography of 1929/31. Without context, the salutation "High Queen" quoted by Du Moulin Eckart lacks substance and takes on a warped, melodramatic touch.[720] And Millenkovich-Morold could not find any evidence as to why or how Cosima and Helene remained in a "lifelong friendship" either.[721]

Hopefully, the present edition of the correspondence will draw the attention of scholars and the public to this chapter in the lives of the two women, which is as fascinating as it is insightful, enabling a more nuanced picture of Cosima and those around her as well as of the origins of the Bayreuth Festival.

# Anmerkungen (deutsch) / Notes (German)

1. Der erste Abschnitt der Einführung bezieht sich auf Rest (2012).
2. Mack (1980), 6f. notierte: »Mit Schauder und Beben notiert Cosima Richard Wagners Äußerungen, daß er – der die Sprache eines Priesters spreche, der zu Aischylos' Zeiten hätte leben sollen und der im Verhältnis zu Bach, Mozart und Beethoven Offenbarung und Religion sei – gemeinsam mit ihr ›Meistersinger‹, ›Ring‹, ›Parsifal‹, die ›Gesammelten Schriften‹, die Autobiographie ›Mein Leben‹, Wahnfried und Festspielhaus zustande gebracht habe.«
3. Allein bei den ersten *Festspielen* war ein Defizit von 147.851,82 Mark entstanden. Siehe Brief Friedrich Feustel an C. W., 15. Januar 1878, zit. nach Mack (1993), 235f.
4. Dies konstatiert auch Beidler (1936/1997), 254.
5. Mack (1980), 12; Mack (2013), 131.
6. Hilmes (2007, 300f.) zitiert aufschlussreiche Tagebucheintragungen von Harry Graf Kessler, vom 20. Juli 1897, 15. März 1900 und vom 21. März 1900. Buchner (2013, 88) kommentiert: »Das Konzept der ›hohen Frau‹ [...] konnte allerdings nur im Rahmen der Monarchie funktionieren, in der es mit Kaiser, Königen und Adeligen standesgemäße Bezugsgrößen für den Bayreuther Hof und seine Regentin gab.« Zur Funktion der Wagner-Familie als »legitimer Ersatz für den verlorenen Hof« ibid., 86. Mack (1980, 5) spricht vom »hohen Paar«.
7. Siegfried (1929), 259. Nahezu sämtliche Biographen thematisieren das Tragen der Witwentracht. Siehe auch Anm. 587 im Text.
8. Siegfried (1929), 263. Siegfried spricht von den von ihr beherrschten »unerschöpflich[en] Stoffgebiete[n]«, ihrer »exponierte[n] Stellung« und ihrer »Diskretion«, die »aus ihrer einzigartigen Erfahrung heraus [getroffenen, d. V.] Erkenntnisse und Hineinleuchtungen« auf dem Gebiet der »Künstlerpsychologie«. Siegfried (1929), 259f.
9. Christine Lemke-Matwey (2005) spricht von »geradezu konvulsivischen Demutsgebärden«. Mack (1980, 6) schreibt, durch Cosima wären im Hause Wagner »Maß und Ordnung« eingekehrt: »[...] man sammelt Briefe und Manuskripte, die Kultivierung des ›Bewusstseins des Richtigen‹ setzt ein.«
10. Beidler (1936/1997), 245 hebt das Prinzip der »Unterordnung« hervor. Siehe auch Thielemann/Lemke-Matwey (2012), 75.
11. Du Moulin (1929, X) spricht davon, dass sie »wie ein zweiter Titurel in unsere Zeit hineinragt«. Siehe auch den Titel von Ilse Lotz (1935), *Cosima Wagner, die Hüterin des Grals, der Lebensroman einer deutschen Frau*.
12. Mack (2013, 131) schreibt: »Die Rollenverteilung des hohen Paares ist perfekt. Auch Cosima ist im Sinne von Victor Hugo als Königin und Dienerin eine vollkommene Frau. Sie vergöttert, dient, leidet, schweigt; dies ist sie dem Genie schuldig. Zugleich aber regelt sie sein Leben. Ihre Unterwerfung ist nicht Selbstzweck, sondern Mittel ihrer Mission.«
13. Der Vorschlag zur Verleihung der Ehrendoktorwürde der Philosophischen Fakultät der Friedrich-Wilhelms-Universität wurde von dem Musikwissenschaftler Hermann

Kretzschmar (1848–1924) und dem Archäologen Reinhard Kekulé von Stradonitz (1839–1911) eingebracht. Siehe ibid., 217–221. Bei der Abstimmung enthielten sich von den 41 Anwesenden acht Professoren, neben Vertretern aus den Fächern Ägyptologie, Historie etc. auch der Musikpsychologe Carl Stumpf (1848–1936). Da Stumpf nicht für wortreiche Einschätzungen über Komponisten bekannt ist, darf man seinen Brief an den Lehrer Franz Brentano (1838–1917) vom 24. April 1873 umso ernster nehmen, in dem er über die Einleitung eines »Verfalls« durch die Musik »Schumann – Wagner« klagt, ferner die »impertinente Herrschsucht der Wagnerianer, mit der sie jetzt namentl. alle Vertreter der soliden Musik unschädlich zu machen suchen« und darüber, dass seine aktuellen Opern »nur ein Abdruck seiner persönl. Unsittlichkeit« seien. Mitteilung von Prof. Dr. Margret Kaiser-el-Safti (Köln) an die Verf., 19. September 2013. Von Cosimas bzw. Wagner Evas bzw. Chamberlains sind zwischen 1889 und 1931 358 Mitteilungen an Reinhard und Anna von Kekulé erhalten (RWG Bayreuth, Hs 54).

14   Die Übersetzung hat freundlicherweise Jun.-Prof. Dr. Marion Gindhart (JGU Mainz) angefertigt. Den lateinischen Text ließ sich Cosima Wagner von Hans von Wolzogen übersetzen. Siehe die Übersetzung in: NA Bayreuth, II B e 5).

15   Brief C. W. an die Mitglieder der Philosophischen Fakultät, 17. Oktober 1910 (siehe Abdruck in Störgröße »F« [2010], 221).

16   Mack (2013, 135) spricht sogar von einem »Hype«. Siehe die Ausführungen des Theosophen Edouard Schuré, der in seinem 1889 erschienenen Hauptwerk *Les Grands Initiés (Die Großen Eingeweihten)* eine hinter verschiedenen Philosophien und Religionen der Menschheitsgeschichte liegende esoterische Geheimlehre darzustellen versuchte, in: Schuré (1908), 61-113. Zur Verbindung zu Schuré siehe u. a. die Briefe C. W. an Marie von Schleinitz, 23. März 1876 (RWG Bayreuth, Hs 190–126) und 11. September 1888 (RWG Bayreuth, Hs 190–218). Begeistert schilderte Anna von Helmholtz, dass Cosima bei einem Diner Anfang 1891 innerhalb einer halben Stunde 20 gelehrte Männer wie Mommsen, Dilthey, Virchow, Siemens in ihren Bann zog – samt ihrer »ungelehrten« Frauen (Anna von Helmholtz an Ida von Schmidt-Zabiérow, 31. Januar 1891 (ibid., II, 35). Monate später notierte sie: »Sie ist eben ein ganz anderes Natur- und Culturprodukt als alle anderen Menschen. Das International-Europäische in Cosima ist so anheimelnd erfreulich. Sie ist so überall zu Hause und sicher – und sie spricht so absolut schön, harmonisch und natürlich – und sieht so wundervoll aus, groß, schlank mit den schneeweißen Haaren und dem geistreichen Gesicht und den merkwürdigen Augen, kurz, sie hat es mir angethan.« Anna von Helmholtz an Ida von Schmidt-Zabiérow, 21. September 1891, in: Helmholtz (1929, II), 36. Siehe auch die Briefe an Ida von Schmidt-Zabiérow, 26. Januar 1873 (Helmholtz (1929, I), 184), 11. Mai 1881 (ibid., 258), 30. September 1891 (ibid., 35f.), 6. Oktober 1892 (ibid., 51f.). Ähnlich begeistert war Hildegard von Spitzemberg. Siehe die Tagebucheinträge vom Januar 1891 bzw. 15. März 1900 in Vierhaus (1989), 285 und 395.

17   Holl (1930).

18   Glasenapp (1876–1911). Zu den Werken Du Moulins siehe das Literaturverzeichnis.

19   Millenkovich-Morold (1937).

20 Du Moulin (1918, passim), Glasenapp oder Siegfried (1929), 254–264. Letzterer nannte sie (ibid., 259) eine »Aspasia des neunzehnten Jahrhunderts«.
21 Zur Beeinflussung Glasenapps durch Cosima Mack (2013, 136). Du Moulin (1921, 498) interpretiert, wohl unter Evas Einfluss, Cosimas zu Wagners 10. Todestag entstandenes Gedicht (RWG Bayreuth, Hs 35/XIX) als (vorweg genommenen) Nachruf auf Hans von Bülow. Doch das Bild des »rastlos Ungestüme[n]« passt in diesem Fall viel besser auf den »Meister«. Erblickt die Autorin darin, ihr Schicksal erneut beschwörend, doch in der »schaurigen« Gegenwart Richards Todesbarke und richtet letzte Worte an den »Ermatteten«, bevor sie, die »leuchtende Mutter«, ihn für immer »der Gluth« übergibt.
22 Siehe etwa die Schilderung Ferdinand Lassalles durch Millenkovich-Morold (1937, 97) und Anm. 100 im Text.
23 Du Moulin Eckart nennt als Quellen neben Gesprächen mit der greisen C. W. (Du Moulin [1929], VII) und Adolf von Groß (Du Moulin [1929], X und Du Moulin [1931], VII) das »Material«, das er vom Hause Wahnfried erhielt (Du Moulin [1929], IX und Du Moulin [1931], VII) und zu dem auch Cosimas Tagebücher zählten (Du Moulin [1929], VII) sowie die im Richard-Wagner-Archiv befindlichen Quellen (ibid., X) ferner die Korrespondenz Hans Richters (Du Moulin [1931], VIII). Schließen lässt sich im Detail u. a. auf Du Moulin Eckarts ausgezeichnete Kenntnis der z. T. nicht mehr existenten Briefe von Cosima von Bülow bzw. Wagner an Marie von Buch (verh. von Schleinitz bzw. von Wolkenstein-Trostburg), Alfred Meißner und an Louise von Bülow. Erschwerend wirken sich die mangelnden Quellenangaben aus.
24 Mollat (1938), 225–236.
25 Brief Hedwig Pringsheim an Katja Mann, 26. Dezember 1933 (Pringsheim [2013], II, 79). Hedwig Pringsheim, geb. Dohm (1855–1942), Schauspielerin. Die Tochter von Ernst und Hedwig Dohm gastierte (noch als »Frl. Dohm«) nach dem Debüt am 15. Januar 1875 als *Louise* in Schillers *Kabale und Liebe* am Meininger Hoftheater 1876 nochmals dort. Sie heiratete den Mathematiker und »kritischen Wagnerianer« Alfred Pringsheim (1850–1941) (siehe Voss ([2013]); beide wurden die Eltern von Thomas Manns (1875–1955) späterer Ehefrau Katharina, gen. Katia (1883–1980).
26 Siehe die Quellennachweise in Borchmeyer (1997), 425ff. Publiziert wurde der Originalbeitrag von 1936 unter dem Namen Beidler-Wagner, siehe Beidler-Wagner (1936). Beidler verwies laut Naegele/Ehrismann (2013, 17f.) zeitlebens auf die Verwandtschaft mit Wagner, ohne den Namen tragen zu dürfen.
27 Beidler besaß durch seinen Vater, den aus St. Gallen stammenden Franz Philipp Beidler, das Schweizer Bürgerrecht. Siehe dazu Naegele/Ehrismann (2013), 17.
28 Vaget (1997), 111. Siehe auch Pils/Ulrich (2011) und Sprecher (2011). Zum damals engen Kontakt zur Familie Mann siehe Pringsheim (2013), I, 535 sowie zahlreiche Passagen in Briefen, ibid. passim.
29 Beidler (1938–1951/1997), 16–239.
30 Dass sich Beidler »vielfach auf noch ungedruckte Quellen stützt« (Borchmeyer [1997b], 425), ist nicht haltbar. Beidler bezog viele Informationen aus Quellenausgaben und Literatur, so z.B. Bülow (1895–1908), d'Agoult (1927), Du Moulin (1918, 1921, 1927, 1929/31), Waldberg (1933), Ollivier (1934, 1936), Bory (1936), Herwegh

(1896a) und (1896b). Erschienen waren damals ebenfalls schon: Bülow (1921, 1925), Cornelius (1904f.), Golther (1914), Glasenapp (1907), Glasenapp (1904–1911), Griesser (1923), Kapp (1922), Kloss (1910), La Mara (1893, 1894, 1898, 1899–1902, 1918), Pretzsch (1934), Raabe (1931), Ramann (1880–1984), Scholz (1930), Strobel (1936), Wagner (1911), Wagner (1923), Wagner/Bülow (1916).

31 Beidler (1936/1997, 244) sprach vom »Füllhorn bombastischer Epitheta«. Laut Borchmeyer (1997b, 370) nannte Beidler Du Moulin »den jämmerlichsten, erbärmlichsten und vertrotteltsten, diesen unfähigsten aller Biographen (so recht Danielas Geschöpf).« Borchmeyer (1997b, 395) prägte den Begriff der »von Wahnfried inaugurierten Biographik«.

32 Borchmeyer (1997b), 396. Zur Verweigerung dieser und weiterer Quelle(n) Naegele/Ehrismann (2013, 15, 28).

33 Beidler-Wagner (1936).

34 Borchmeyer (1997), 425. Das Fehlen eines Registers erschwert die wissenschaftliche Beschäftigung mit dem Band ebenfalls.

35 Beidler-Wagner (1936, 675) beschrieb die »paralysierende Wirkung des Genies auf die minder Produktiven«, die in Biebrich kulminierte.

36 Beidler (1938–1951/1997, 139) schreibt: »Es gab keine Spannungen mit nachbarlichen Gönnern, keine sauren Gesichter der eifersüchtigen Gattin.«

37 Siehe die Argumentationen von Beidler (1938–1951/1997), 85, 92, 109, 123, 140, 142. Beidlers Vorgehen überzeugt durchaus, doch das von Borchmeyer (1997a, 11) attestierte »divinatorische Gespür für den Wahrheitsgehalt von Quellen und ihre sozialpsychologischen Facetten« wirkt etwas überzogen. Vielmehr zeugt es von ›gesundem Menschenverstand‹, wenn Beidler spekulativ antizipiert, »was die kritische Edition des Nietzsche-Nachlasses von Colli und Montinari in jüngster Zeit erst zutage gefördert hat« (ibid.). Nike Wagner würdigte im Vorwort zu Naegele/Ehrismann (2013, 9) seine Bemühungen um eine »Befreiung Wahnfrieds von der Hagiographie, wie sie von Autoren wie Carl Friedrich Glasenapp, Richard Du Moulin-Eckard und Max von Millenkovich-Morold betrieben wurde.«

38 Bermbach/Vaget (2006), 15.

39 Mösch (2009), 321.

40 Beidler (1938–1951/1997), 41.

41 Ibid., 81.

42 Ibid., 101.

43 So schreibt Beidler (1938–1951/1997, 36), sie habe »stets souveräne Verachtung, geringschätziges Lächeln für alles ›Bürgerliche‹ behalten und sich der Aristokratie, genauer dem Feudaladel innerlich zugehörig gefühlt.«

44 Beidler (1938–1951/1997), 21. Beidler schildert den Gegensatz von Restauration (Cosima) und Revolution (Richard Wagner).

45 Ibid., 30.

46 Ibid., 48.

47 Beidler (1936/1997), 244. Zumindest belegt der Brief C. v. B. an E. F., 6. September 1860 (20. Brief) ihr literarisches Interesse an George Sand. Zu Weihnachten 1911 schenkte Cosima ihrer Tochter Eva Sands *Lettres d'un voyageur* (1837). Brief C. W. an Marie von Wolkenstein-Trostburg, 30. Dezember 1911 (RWG Bayreuth, Hs 190–ohne Nr.).

48 Die familiäre Beziehung habe nicht so ausgesehen, »wie sie sonst zwischen Vater und Kindern die Regel bildet« (ibid., 37). Intensiv wird Blandines Weinen und der Hass gegen die Erzieherin ausgemalt (ibid., 39), ihre für die Eltern »überflüssige Existenz« (ibid., 40), der »schweigende Stolz des Märtyrers« (ibid., 41). Von »ungestilltem Zärtlichkeitsbedürfnis, empfindlichem Mangel an Liebe und Teilnahme« ist die Rede (ibid., 42).
49 Beidler (1938–1951/1997), 34–45.
50 Beidler (1936), 679f. bzw. Beidler (1936/1997), 250.
51 Beidler (1936), 680 bzw. Beidler (1936/1997), 250f.
52 Beidler (1938–1951/1997), 109. Siehe den Versuch, dies zu belegen, ibid., 110. Beidlers These stützt sich vermutlich auf Millenkovich-Morolds (1937, 45) Schilderung des »Lehrplan[es]« von Madame Patersi.
53 Mack (1980), 5–25.
54 Thielemann/Lemke-Matwey (2012), 249.
55 Ibid., 75.
56 Nöther (2008), 127. Neben einer »immense[n] Jugendlektüre in den Pariser Jahren« argumentiert Nöther (ibid.) mit der Konvention geschuldeten Theaterbesuchen, der Dramenlektüre mit verteilten Rollen oder aber auch Cosimas »Schwäche« für die Tragödinnen Adelaide Ristori oder Sarah Bernhardt.
57 Kurth/Rückert (2013), 105.
58 Piontek (2011), 192.
59 Möller (2008).
60 Bermbach (2010), 241.
61 Umbach (1980). Apropos ›Reichweite‹: Die verkaufte Auflage des *Spiegel* betrug laut *Werbung* (1980/1981) durchschnittlich 920.000 Exemplare.
62 Scholz (2010). Anders sehen dies Thielemann/Lemke-Matwey (2012), 78.
63 Der Band wurde nach Frankreich (Editions Perrin) und nach Großbritannien/USA (Yale University Press) verkauft. Mitteilung Natalie Krieger, Verkaufsleitung der Verlagsgruppe Random House GmbH München an die Verf., 30. September 2013. Naegele/Ehrismann (2013, 74) sprechen denn auch von einem »Bestseller«. Vom Liszt-Buch (Hilmes [2011]) wurde bislang in Deutschland ca. 30.000 Exemplare verkauft.
64 Hilmes (2007), 437.
65 Hilmes (2009).
66 Hilmes (2011).
67 Hilmes (2007), 125. Hilmes bezieht sich auf den Brief von Peter Cornelius an Bertha Jung, 6. September 1865.
68 Siehe Anm. 535 zum Brief Daniela Thode an H. v. H., 13. August 1920 (79. Brief).
69 Hilmes (2009), 111–141; zum neuesten Stand der Forschung Naegele/Ehrismann (2013, 17–28), samt Franz Philipp Beidlers ›ungestümem‹ Verhalten im Vorfeld (ibid., 13f.).
70 Machtan (2007) kommt zu dem Schluss, dass Hilmes »an einer tiefenhermeneutischen Durchdringung der in großen Mengen überlieferten Ego-Dokumente nicht besonders interessiert war«.
71 So wird u.a. der Artikel »Cosima Wagner« von Barbara Eichner (2010) im Lexikon *Musik und Gender* in wesentlichen Zügen von Hilmes' Ansätzen bestimmt.

Das gilt auch für Lobenstein-Reichmann (2008, 15f.); Straub (2012, passim); Tomenendal (2012, passim); Brüggemann (2013, 229), Müller (2013, Anm. 49).
72 Möller (2008); Pachl (2009); Höschel (2008); Machtan (2007); Hagedorn (2011); Rieger (2011).
73 Ludmilla Assing empfahl Gottfried Keller: »Sollte sie Ihnen dort irgendwo begegnen, so empfehle ich sie Ihrer freundlichen Aufmerksamkeit; sie ist liebenswürdig, frisch, lebhaft und natürlich [...].« Brief Ludmilla Assing an Gottfried Keller, 12. August 1857, in: ZB: Ms. GK 79 Nr. 20 (GB Bd. 2, 59). Ähnlich urteilte sie am 23. September 1857, in: ZB: Ms. GK 79 Nr. 22 (GB 2, 63). Keller antwortete: »Grüßen Sie doch von mir die zierlichen Bülow'sleute. Ihr Lob der Cosima hat sich glänzend bewährt, und diese vortreffliche und eigenthümliche junge Frau hat mir so wohl und ungetheilt gefallen, wie seit langer Zeit kein Frauenzimmer. Man muß ihr wirklich alles Gute wünschen und möge sie bleiben, wie sie ist, in der rennomistisch verschrobenen heutigen Welt!« Brief Gottfried Keller an Ludmilla Assing, 25. November 1857, in: BJK: VS 6 (GB 2, 63). Hedwig Dohm schrieb: »[...] Frau v. B. sah aber in der That verführerisch hübsch aus in dem leichten, schneeweißen Kleide, das lose und nachlässig ihre sehr schlanke Gestalt sehr vorteilhaft mehr verhüllte als hervorhob, mit den üppigen blonden Flechten und den klaren tiefen, magnetischen Augen; sonderbar, wie verschieden die Frauen über sie urtheilen; während die Gräfin [Hatzfeld-Trachenberg, d. Verf.] und Frau Friedland, nach ihrer eigenen Aussage, betroffen waren von der Häßlichkeit ihrer Züge, konnte Frl. Tendering die Blicke nicht losmachen von dem fesselnden Reiz derselben.« Brief Hedwig Dohm an Ludmilla Assing, [Sommer] 1859, in: Dohm (2009), 25f.
74 Brief C. W. an H. v. H., 19. März 1877 (40. Brief).
75 Dies tun Kurth/Rückert (2013, 105) für die Briefe der Jahre 1865 und 1866. Frank Piontek (2011, 191) monierte dies generell. Ausnahmen bilden u. a. Waldberg (1933), Bory (1936), Schad (1996).
76 Zum Marie d'Agoult-Bild in der aktuellen Liszt-Biographik siehe Borchard (2011), 466f.
77 Machtan (2007) benennt die Korrespondenz mit dem Fürsten Ernst von Hohenlohe-Langenburg und den Briefwechsel mit Großherzogin Luise von Baden, wobei zweifellos die Briefe an Ernst Dohm sowie von und an Marie von Buch (verh. Schleinitz bzw. Wolkenstein-Trostburg) hinzuzufügen sind. Siehe dazu den Abschnitt »Die Bewahrung der Briefe – ein Glücksfall«.
78 Mösch (2009, 327) spricht von »bis heute virulente[n] Vorurteile[n] und der Tendenz, Cosima nur noch als biografisch interessantes Objekt für den Buchmarkt aufzubereiten«.
79 Beidler (1936/1997), 245.
80 Eger (2010), 21. Scholz (2010); Ähnlich auch Mack (2013), 91.
81 Mack (1980), 5.
82 Gut (2011), 323.
83 Hamburger (2010), 226. Tomenendal (2012, 35) kommentiert: »Sie schlief kurz nach Liszts Tod an seinem Bett ein – ein irritierender Kontrast zu dem Trauerspiel am Totenbett Richard Wagners.«
84 Gut (2011), 793.
85 Haas (2002), 300.

86 Mösch (2012), 470.
87 Mösch (2009), 190. Du Moulin (1918, 9, 13) schwärmte von ihrer Musikalität.
88 Mösch (2009), 321.
89 So urteilt Heldt (1994, 112), die Gebrüder Brückner hätten bei ihrem *Tristan*-Bühnenbild zwar die Münchner Szene von 1865 nachgebildet, versahen »ihre Ausstattung aber mit zusätzlichen historischen und naturalistischen Motiven und bleiben damit hinter Wagners Intentionen zurück«. Siehe überdies Nöther (2008), 128 und Mösch (2012), 470ff. Thielemann/Lemke-Matwey (2012, 70) sprechen von dem »von Cosima initiierten, streng museal ausgerichteten ›Bayreuther Stil‹«, bevor sie (ibid., 75) notieren: »[...] selbst wenn Cosimas Priesterinnendienste die Sache eher verfälscht und verbogen haben, so muss sich in den ersten 70 Jahren nach Wagners Tod doch eine spezifische Aura, ein Geist, ein Funke gehalten haben, aus dem heraus musiziert wurde [...]«.
90 Nöther (2008), 128. Siehe zu den »Theaterreformen aus dem Geist der Musik« Heldt (1994), 123–169. Zu Cosimas Reaktion auf Appias Ideen ibid., 119f.
91 Nöther (2008), 128.
92 Ibid., 273.
93 Nöther (2008), 273. Nöther (ibid., 128) spricht auch von der »sprachfixierten Konkretion Cosimas musikalisierter Sprechbühne«.
94 Nöther (2008), 128.
95 Nöther (2008), 128.
96 Mösch (2012), 470. Siehe auch Mösch (2009), 161–181 und Nöther (2008), 114–128.
97 Mösch (2012), 470f.
98 Buchner (2013), 57–89.
99 Thielemann/Lemke-Matwey (2012, 111) notieren recht differenziert: »Richard Wagner dachte und fühlte antisemitisch [...]. Nachzulesen ist das flächendeckend und lückenlos, in seinen Aufzeichnungen, Schriften und Briefen sowie auch bei Cosima, die ihren Mann gerade in dieser Frage nach Kräften unterstützte. Cosimas Judenhass entsprang allerdings mehr dem ›guten Ton‹ und der feinen Gesellschaft [...].« In den vorliegenden Briefen findet sich »nur« in einem Brief (C. v. B. an E. F., 6. September 1860, 20. Brief) eine offene judenfeindliche Anspielung, und zwar in Bezug auf die promovierten Autoren Fischel und Klein (»Nun, *Juden Doktor gegen Juden-Doktor* [...]«). Ob hingegen auch die zeitweise Antipathie gegenüber Hedwig Dohm (siehe Anm. 300f. im Text) und Ludmilla Assing (siehe Anm. 304ff. im Text) einer antisemitischen Haltung entsprang, wäre ebenso zu prüfen wie die Frage einer Radikalisierung während der Ehe mit Hans in den Berliner Jahren. Schließlich resümierte Bülow schon 1862, nun »sieben Jahre um Lea Berlin gefreit« zu haben (Brief Hans von Bülow an Karl Klindworth, 5. August 1862, in: Du Moulin [1927], 14). Zu Bülows Antisemitismus siehe u. a. Hinrichsen (1999, 35), Walker (2009, 18f.) und Birkin (2011, 292f.), zur antisemitischen Besetzungspolitik bei den *Festspielen* 1876 bis 1945 Heer (2012). Zu den »Juden um Richard und Cosima Wagner« Werner (1984).
100 Zur Einführung in die Thematik siehe Hein (1996) und Udo Bermbach, »Bayreuther Kreis«, in: *Wagner-Lexikon* (2012), 63ff. Ausführlich widmet sich der völkischen und nationalsozialistischen Bewegung in Bayreuth Dietzelfbinger (2012).

101 So Buchner (2013), 88. Kurz darauf spricht er nur noch von der »gemeinsame[n] Korrekturarbeit der Wagnersippe«, an die sich der Historiker Karl Alexander von Müller (1882–1964), damals Ordinarius für bayerische Landesgeschichte an der Münchner Universität, erinnert habe. Zu Cosimas Augenleiden Anm. 105 im Text. Zur Datierung der ersten Druckfahnen Plöckinger (2011), 129f. Zum Sachverhalt befragt, bemängelt der ausgewiesene Kenner u. a. Müllers generelle Verlässlichkeit und das Fehlen weiterer zeitgenössischer Quellen. Mitteilungen Dr. Othmar Plöckinger an die Verf., 23. Dezember 2013.
102 Hinrichsen (1999), 10.
103 Siehe dazu Melanie Unselds Beitrag »Das 19. Jahrhundert«, siehe Unseld (2010).
104 Mack (2013, 137) schrieb: »Sie lebt authentisch und täuscht zugleich die Welt wie eine große Komödiantin, sie ist eine Fürstin von Persönlichkeitsgnaden (Edouard Schuré) und zugleich ein groß angelegtes Blendwerk (Annette Kolb).« Hilmes (2007, 17) nennt die Familiengeschichte »ganz große Oper«.
105 Im Februar 1874 schrieb Cosima: »Ein eigensinniges Augenübel verhindert mich zu schreiben [...] Theuerste_ _ _ ich wandre mit einem grünen Schirm beheftet, und darf nicht auf mein Papier blicken.« Brief C. W. an Marie von Schleinitz, 22. Februar 1874 (RWG Bayreuth, Hs 190–68). »Ich weiss nicht ob meine Augen schön sind [...] ich weiss aber bestimmt dass sie schlecht sind, was wirklich für meine Lebensaufgabe eine grausam erschwerende Zuthat ist, doch geht es etwas besser, und ich bilde mir ein dass das grüne Papier und blaue Brillen mir behilflich sind.« Brief C. W. an Marie von Schleinitz, 5. Februar 1876 (ibid., 122). Im Brief vom 7. Januar 1883 (ibid., 196) nannte sie ihre Augen »dienstunpflichtig«. Siehe auch die Briefe C. W. an H. v. H. vom 20. November 1877 (45. Brief) und vom 31. Dezember 1877 (46. Brief). Im Brief H. v. H.s an Eugenie Stötzer, 13. Mai 1912 (Hase-Koehler [1929], 159) wird erwähnt, sie sei »fast erblindet und schreibt selbst gar nicht mehr, Eva ist ihre Sekretärin«. Auch Siegfried Wagner litt 1904 an einem Augenleiden und durfte eine Zeit lang weder lesen noch schreiben. Brief C. W. an Marie Wolkenstein-Trostburg, 22. Dezember 1904 (RWG Bayreuth, Hs 190–ohne Nr.).
106 Lemke-Matwey (2005).
107 Wir danken Frau Dr. Viktoria Wasilewski, dass sie uns Einsicht in ihre Magisterarbeit über die Briefe von Cosima von Bülow bzw. Wagner an Ellen Franz bzw. Helene von Heldburg (Wasilewski [2004]), die bis dato für die Benutzung gesperrt war, gewährte.
108 Das fehlende Datum auf den frühen Briefen belegt die Privatheit der Äußerungen, die nur der Kommunikation, nicht aber der Sammlung und Dokumentation dienten. Die um das Jahr 2004 vorliegende Reihenfolge der Briefe in den Akten spiegelt Wasilewski (2004). Siehe den Abschnitt »Die Edition der Briefe« im Band. Im Unterschied zu Ellen datierte die in Publikationsangelegenheiten erfahrene Ludmilla Assing die Briefe Cosimas nach dem Erhalt und ergänzte auf den Autographen darüber hinaus die Autorin. Siehe BJK, Varnhagen-Sammlung 40.
109 Die Briefe stammen von der Hand Cosimas bzw. von fremder Hand (Diktat).
110 Labouvie (2009), 18f. Dazu auch Habermas (2000), 247–258. Siehe auch die grundlegenden Beiträge von Frevert (2009), Frevert (2013) und Frevert/Wulf (2012).
111 Siehe die Briefe R. W. an C. v. B. in: RWG Bayreuth, Hs 28/VIa – 1–12 (dazu Eger [2010], 151) sowie den Brief Adolf Stahr und Fanny Lewald an C. v. B., 1859, in: NA Bayreuth, IV A 32.

112 Siehe die Briefe Marie Gräfin Wolkenstein an C. W., in: NA Bayreuth, IV B 12. Marie (»Mimi«) Gräfin von Schleinitz-Wolkenstein, geb. von Buch (1842–1912) war eine der bedeutendsten Berliner Salonnièren in der zweiten Hälfte des 19. Jahrhunderts und die wichtigste Gönnerin Richard Wagners. Als liberal gesinnte Frau des preußischen Hausministers Alexander von Schleinitz (1807–1885) übte sie gesellschaftlichen Einfluss aus, auch auf Kaiser Wilhelm I., und sie war die wichtigste nicht-fürstliche Gegenspielerin des preußischen Ministerpräsidenten und Reichskanzlers Otto von Bismarck. Am Meininger Hof war zeitweise ein Großcousin ihres Mannes beschäftigt, Freiherr Leo von Schleinitz (1841–1914), Generalleutnant z. D., 1906–14 Oberhofmarschall des Herzog Georg II., verh. 1877 mit Margarete verw. v. Hahnke, geb. von Larisch. Siehe *Gothaisches Genealogisches Taschenbuch der Freiherrlichen Häuser* 42 (1892), 788–795 und 90 (1940), 541–548.

113 Siehe zu den Briefen an Franz Kroll Anm. 233 und an Alfred Meißner Anm. 238. Den Brief an Moritz Fürstenau siehe in: NA Bayreuth, II B w 4, Nr. 12, die undatierte Mitteilung an Linda Duncker in: RWG Bayreuth, Hs 87.

114 Siehe Briefe C. L. an Franz Liszt, Anna Liszt, Marie d'Agoult und Fürstin Carolyne Sayn-Wittgenstein, in: NA Bayreuth, II B b 1 und 3 sowie RWG Bayreuth, Hs 81/VI. Lediglich ein Brief C. W. an Louise von Bülow, in: NA Bayreuth, II B e 4. Zwei Mitteilungen C. v. B.s an ihre Schwester Blandine, in: RWG Bayreuth, Hs 81/VII. Siehe auch den Brief C. v. B. an Claire Charnacé, Mitte Juni 1866, in: RWG Bayreuth, Hs 157/35/I. Siehe die 191 Mitteilungen und 8 Briefe C. v. B. (später Wagner) an Daniela von Bülow (später Thode), 1866–1885, in: RWG Bayreuth, Hs 5 und Hs 200/I (3–10).

115 Siehe Briefe C. v. B. (bzw. Wagner) an Hans von Bülow, in: NA Bayreuth, II B b 2.

116 Brief C. v. B. an Isidora von Bojanowski, 20. Juli 1864, November 1864 und 26. Dezember 1864, in: NA Bayreuth, II B w 4.

117 Wegen den derzeitigen Umbauarbeiten in der Villa Wahnfried und der deshalb ausgelagerten Quellenbestände waren die 108 Briefe C. W.s an Ernst Dohm aus der Zeit 1857–1872 (NA Bayreuth, II Bz l-V) nicht zugänglich. Über den Inhalt hinaus wäre interessant zu erfahren, wann und wie Winifred Wagner in den Besitz derselben gelangte, zumal von Dohm kein Nachlass bekannt ist (Rohner [2010], 11). Laut Pringsheim (2013, II, 585, 716) war Winifred beteiligt am Zustandekommen der Ausreise von Alfred und Hedwig Pringsheim am 31. Oktober 1939 nach Zürich. Details liegen bislang im Dunkeln. Ob der Raubzug bei der Familie neben den bereits relativ gut recherchierten Kunstobjekten (siehe u. a. Heißerer [2009], 77ff.) auch (Brief-)Dokumente einschloss, ist derzeit offen. Noch am 17. Juli 1939 schrieb Erika Mann an Thomas Mann (Pringsheim [2013, II, 715]: »2.) Sich auf Schluss-Erpressung gefasst machen und ihr, womöglich schleunig begegnen, statt sich vom Schlage rühren zu lassen. 3) womöglich eruieren, wie lange, nach der ›Versteigerung‹ das Ding sich hinziehen kann.« Ob Winifred in Zusammenhang mit der Emigration in den Besitz der Briefe gelangte, konnte nicht ermittelt werden. Die dem Nationalarchiv von ihr geschenkten Briefe wurden am 20. Juni 1978 übergeben, aber wohl nicht mit dem übrigen Briefbestand verfilmt. Zu Winifred Wagner allgemein Hamann (2002).

118 Siehe die Briefe vom 17. Juni 1864 bis 20. Januar 1912 (RWG Bayreuth, Hs 190–1–ohne Nr.).

119 In *Kalliope* sind derzeit zwar 865 Handschriftendatensätze von Cosima nachgewiesen, aber mit 273 Handschriftendatensätzen nur ein Bruchteil an sie selbst. Siehe http://kalliope.staatsbibliothek-berlin.de <Zugriff: 29. Januar 2014>.
120 Die Empfänger sind Ernst Förster (1856), Karl Gutzkow (1857), Heinrich Schlesinger (1857), Friedrich Hebbel (1858/59), Auguste Nefftzer (1860) und Heinrich Ehrlich (1863). Eine größere Anzahl von Dokumenten ist mit insgesamt acht Briefen C. v. B. an Louise von Bülow (1860–1868) überliefert. Diese wurden zwischen 2008 und 2013 von der Bibliothek des Forschungszentrums Musik und Gender, Hannover, über Antiquariate angekauft. Mitteilung Anne Fiebig an die Verf., 12. Dezember 2013.
121 Zu Hinweisen auf die Entwendung von Korrespondenz Cosimas mit Richard Wagner aus dem Familienarchiv, zur fast vollständigen Vernichtung durch Eva Chamberlain von 1909 und zu den zensorischen Eingriffen im *Braunen Buch* Eger (2010), 9–19. Dass die 11 (leeren!) Briefumschläge C. v. B.s an Richard Wagner aus dem Zeitraum 1859–1861 (RWG Bayreuth, Hs 81/V [11–21]) die Vernichtungsaktion(en) überstanden, ist entweder einem Zufall geschuldet oder dies geschah mit Vorsatz.
122 Die Briefe gelangten mit Bibliothek und Nachlass des Ehepaars Varnhagen 1880 in die Königliche Bibliothek Berlin. Der handschriftliche Nachlass befindet sich auf Grund der Kriegsverlagerungen gegenwärtig in der Biblioteka Jagiellońska Kraków (BJK), Varnhagen-Sammlung 40.
123 Hase-Koehler (1929), 70f.
124 Der Brief ist weder im NA Bayreuth noch im ThStA Meiningen erhalten. Mitteilung Oberarchivrätin Katharina Witter an die Verf., 25. Februar 2013.
125 Brief C. v. B. an E. F., [nach dem 10. Februar 1860] (6. Brief).
126 Siehe die Briefe C. v. B. an E. F., [22.] und [29. August 1860] (18. und 19. Brief). Cosima kommentierte: »Nun, mir behagt dies nicht, denn ich denke, dass selbst dann, wenn nichts in einem Brief steht, dieses Nichts nur für die Person bestimmt ist, an die der Brief adressiert ist, sonst wäre die Korrespondenz weniger wert als nichts; doch ich sehe mich gezwungen, ihr zumindest den ersten zu zeigen.«
127 Briefe C. v. B. an E. F., [Ende Mai/Anfang Juni 1862] (35. Brief) und [nach dem 20. Juni 1862] (36. Brief).
128 Im 36. Brief C. v. B. an E. F., [23./24. März 1860] (10. Brief), gestand sie, der scheinbar verloren gegangene Brief mache sie »nervös«. Siehe auch den Brief C. v. B. an E. F., [13. April 1860] (11. Brief). Zum Jahreswechsel 1860/61 (23. Brief) schrieb C. v. B. an E. F.: »Meine Liebe, tu mir den Gefallen und rede mit niemandem über mich; ich bin jetzt davon überzeugt, dass niemand die Zuneigung verstehen kann, die ich für Dich empfinde, und so vermeide ich es, von Dir zu sprechen und erwarte stattdessen Nachrichten nur auf direktem Wege von Dir.« Siehe auch den Brief C. v. B. an E. F., [8. April 1861] (31. Brief).
129 Zum Vorwurf der Schreibfaulheit siehe Anm. 414 im Text.
130 Zur Biographie der Pianistin und Kunstmäzenin Marie Kalergis (1822–1874) siehe http://www.sophie-drinker-institut.de/cms/index.php?page=kalergis-maria <Zugriff: 28. Januar 2014>.
131 Brief C. W. an Marie von Schleinitz, 12. Mai 1874 (RWG Bayreuth, Hs 190-74). Am 1. Juli 1874 notierte sie an die Freundin (ibid., 76): »Diese Nacht träumte mir, sie erschien ganz lebendig und sprach von ihrem Tode! Es that mir sehr wohl _ _ _.«
132 Brief Daniela Thode an H. v. H., 21. April 1921 (80. Brief).

133 »Meiner Ansicht nach dürfen Briefe von noch lebenden Personen nicht veröffentlicht werden [...].« C. W. an Dora Dunker, 16. Mai 1904, in: ITW Berlin, Theaterhistorische Sammlung Walter Unruh, Autographen-Sammlung, Inv.-Nr. A 4024.
134 Siehe Marie von Bülow, Vorwort zu *Bülow-Briefe* VI, Vf.
135 Wagner (1911), 7ff. Dies betrifft die Ausgabe La Mara (1899–1902). Cosima selbst schrieb (Wagner [1911], 9f.), dass »die wirkliche Kenntnis der Persönlichkeit eines bedeutenden Mannes solche Veröffentlichungen geradezu erheischen, daß man dieser Kenntnis das Opfer der Diskretion zu bringen habe und sich nicht darum kümmern dürfe, ob Zartgefühl und ehrerbietige Scheu vor dem Menschen, dessen Herzensgeheimnisse man der grellen Beleuchtung der Öffentlichkeit aussetzt, gekränkt werde«.
136 Inwiefern Cosimas Selbstwertgefühl und Selbstverständnis letztlich auch ein Schlüsselargument im Plädoyer für die Vernichtung von Dokumenten vor sich selbst gewesen sein könnten, wäre zu fragen, sprach sie sich (ibid.) doch für die Publikation von Dokumenten hinsichtlich der Erlangung der »wirkliche[n] Kenntnis der Persönlichkeit eines bedeutenden Mannes« aus – und nicht einer bedeutenden Frau. Zu Cosimas Selbstreflexion siehe die Abschnitte »Cosima und Ellen – die späte Phase der Freundschaft« und »›Herrinnen-Attitüde‹ statt ›wildes Kind‹«.
137 Mack (2013, 136) schreibt: »Alles, was indiskret sein könnte und in ihrem Besitz ist, die Briefe der Frauen an Wagner, ihre eigenen Briefwechsel mit Wagner und Nietzsche, aber auch die Briefe vieler Männer von Heinrich Heine über August Röckel bis Hans von Bülow vernichtet sie, jede Art von Enthüllung bekämpft sie.«
138 Es gibt bislang lediglich den Hinweis auf einen fehlenden Brief. Siehe dazu Anm. 51 zum Brief Brief C. v. B. an E. F., [23./24. März 1860] (10. Brief).
139 Else von Hase-Koehler bat nach Helene von Heldburgs Tod Persönlichkeiten aus dem Freundes- und Adressatenkreis, ihr Briefe der Verstorbenen für eine Veröffentlichung zur Verfügung zu stellen, wovon nach eigenen Angaben kaum ein Zehntel in den Band einfloss (Hase-Koehler [1929], 5). Zu vermuten ist, dass diese Briefkonvolute, abgesehen von Helenes Briefen an ihre Mutter und Schwägerin sowie an ihren Vater und Bruder, wieder an die Adressaten zurück gesandt wurden. S. a. Anm. 142f.
140 1915 schrieb H. v. H. an Unbekannt (ibid., 164): »Ich muß dafür zu sorgen suchen, dass sein Andenken erhalten bleibt, in dieser Zeit, in der das Vergangene nichts mehr ist [...]. Wenn ich bald nicht mehr bin, wer sorgt für seine Zeichnungen, die ihm so am Herzen lagen?« Am 14. November 1915 notierte sie an Eugenie Stötzer (ibid., 228): »[...] ich möchte so schrecklich gern noch einmal mit »Ihm« zusammen auf einem Bilde von Ihnen sein, für die Kemenate, die nach seinem Testamente alle unsere Bilder zur Erinnerung an unsere Ehe bekommen soll.«
141 Brief H. v. H. an Else von Hase-Koehler, 6. November 1922, in: Hase-Koehler (1929), 248.
142 ThSTA Meiningen, HA 258, 259, 387.
143 Ibid., HA 1187–1191. Siehe auch die Briefe ibid., 209.
144 Zur Undatiertheit der frühen Briefe Anm. 108 im Text.
145 Siehe den Abschnitt »Die Edition der Briefe« im Band.
146 Siehe folgende Themen in den Briefen C. v. B. an E. F.: Schlacht vom 24. Juni 1859: [Juni 1859] (2. Brief), [September 1859] (3. Brief), Lassalle: [13. April 1860] (11.

Brief), Garibaldi: [10. September 1860] (21. Brief). Zu ihrem allgemeinen Interesse für Politik siehe Brief C. v. B. an E. F., [7. Februar 1861] (25. Brief).
147 Brief C. v. B. an E. F., [Juni 1859] (2. Brief).
148 Ibid. Ein knappes Jahr später schrieb sie: »[...] es ist nicht gut für Frauen, sich zu besinnen, denn allzu schnell kommt Traurigkeit auf, wenn man über das Leben nachdenkt!« Brief C. v. B. an E. F., [nach dem 5. Juli 1860] (13. Brief).
149 Anna Liszt, geborene Lager (1788–1866) war das Kind eines in Wien bei Katharina von Kurzbeck tätigen Stubenmädchens aus Krems an der Donau.
150 Serge Gut (2011, 751) betont den Einfluss der Fürstin Sayn-Wittgenstein auf die Entscheidung.
151 Louise-Adélaïde Patersi de Fossombroni (1779–1864) entsprach offenbar dem Klischee der viktorianischen Gouvernante. Siehe auch Walker (1989), 434. Du Moulin (1918, 9) benennt als Grund eine »schwere Erkrankung«, von der sie jedoch bald wieder genas.
152 Franziska von Bülow war wohl im Sommer 1852 erstmals in der Weimarer Altenburg zu Gast, wo sie Liszt, die Fürstin und Prinzessin Marie sowie deren Gouvernante Miss Anderson kennen lernte. Siehe Brief Franziska von Bülow an Isidora von Bojanowski, 22. August 1852, in: *Bülow-Briefe* I, 472.
153 Schon 1853 war Bülow im Besitz eines nahezu einzigartigen Empfehlungsschreibens, in dem Liszt u.a. schrieb: »Je réclame tous les services de mes amis pour lui comme pour moi même, et les considérais comme rendus à ma personne, car je le reconnais comme mon successeur légitime, come mon héritier de par la grâce de Dieu et de son talent.« Siehe Brief Franziska von Bülow an Isidora von Bülow, 4. März 1853, in: *Bülow-Briefe* I, 510. Zum interpretatorischen Einfluss Liszts auf Hans von Bülow Hinrichsen (1999), 175–284; zum Verhältnis der beiden zueinander Gut (2011), 320–324.
154 Cosima argumentierte, ihr nach der Trennung nicht die gemeinsamen Töchter Daniela und Blandine zu überlassen: »Aber Deine Mutter [...] würde unseren Kleinen, fürchte ich, alle Fröhlichkeit und alle Sorglosigkeit nehmen, denn trotz gewisser starrer Vorstellungen, die aus der Qual unglücklicher Erfahrungen stammen, hat sie keinerlei tiefe Überzeugungen und nichts, was man braucht, um aus der Kindheit das Paradies des Lebens zu machen und den Keim für eine edle und reine Existenz«. Brief C. v. B. an Hans von Bülow, 15. Juni 1869, zit. nach Gewande (2004), 89. Die damals noch enge Bindung Bülows an seine Mutter belegt sein Hilferuf im Brief kurz vor der Trennung: Brief Hans von Bülow an Franziska von Bülow, 27. Mai 1869 (ibid.).
155 Nur sieben Monate nach dem Einzug von Cosima und Blandine in Berlin hielt Hans um die Hand der 18-jährigen Cosima an; fünf Monate später kehrte die 21-jährige Blandine von einem Paris-Besuch nicht nach Berlin zurück (Gut [2011], 752f.). Cosima heiratete am 18. August 1857, Blandine am 22. Oktober 1857.
156 Siehe den Abschnitt »Cosima und Ellen – die frühe Phase der Freundschaft« im Text.
157 Nur einmal schreibt sie von ihrer Stiefmutter, Fürstin Carolyne von Sayn-Wittgenstein. Siehe Brief C. v. B. an E. F., [23./24. März 1860] (10. Brief).
158 Siehe Brief C. v. B. an E. F., [16. Mai 1862] (34. Brief). Siehe auch die früheren herzlichen deutschsprachigen Briefe von C. L. an Anna Liszt, vom 13. September, 25. September und 24. Oktober 1852 sowie zwei undatierte Briefe (NA Bayreuth, Bb1-54–58). Hans von Bülow nannte sie gegenüber Joachim Raff im Brief vom

23. September 1862 »die alte vortreffliche Mme Liszt, die in ihren letzten Tagen ihre Enkel eins nach dem Anderen hinsterben sehen muß, deren Kindheit sie die eigentliche mütterliche Pflege gewidmet hat.« In: *Bülow-Briefe* III, 494.
159 Brief C. v. B. an E. F., [13. Februar 1861] (26. Brief).
160 Marie de Flavigny verheiratete Comtesse d'Agoult (1805 – 1876) wurde in Frankfurt als Tochter des emigrierten französischen Aristokraten Alexander Victor François de Flavigny (1770 – 1819) und seiner Frau Maria Elisabeth Bethmann (1772 – 1847) geboren. Sie war zu Lebzeiten unter dem Pseudonym Daniel Stern als Schriftstellerin bekannt, u. a. als Verfasserin der *Geschichte der Revolution von 1848*. Sie stand in Beziehung zu zahlreichen Persönlichkeiten des 19. Jahrhunderts, setzte sich über gesellschaftliche Zwänge ihrer Zeit hinweg und war als Journalistin tätig. Siehe zum D'Agoult-Bild in der aktuellen Liszt-Biographik Borchard (2011).
161 Brief C. v. B. an E. F., 6. September 1860 (20. Brief).
162 Brief C. v. W. an H. v. H., 19. März 1877 (40. Brief). Siehe zum Einfluss auch Beidler (1938 – 1951/1997), 47.
163 Walker (1989), 461 – 468.
164 Blandine schrieb: »Wie stolz war die Großmutter auf uns und zumal auf Dich. ›Weißt Du‹, sagtest Du einmal zu ihr, ›drei Kinder wie wir wird man nirgends finden‹.« Brief Blandine Ollivier an C. v. B., 19. Dezember 1859, zit. nach Hilmes (2009), 89, 445.
165 Ibid. Laut Mitteilung von Kristin Unger an die Verf. vom 16. Januar 2014 befindet sich der Brief nicht, wie von Hilmes (2009, 445) angegeben im NA Bayreuth. Zum aktuellen Zeitpunkt (Februar 2014) ist dieser auch nicht über *Kalliope* recherchierbar; jedoch wollte Blandine laut ihrem Brief an Franz Liszt vom 20. Dezember 1959 (Ollivier [1936], 232) an Cosima zu deren bevorstehendem 22. Geburtstag schreiben: »Le 25 est son anniversaire de naissance, je veux qu'elle sache que j'ai particulièrement pensé à elle ce jour-là.«
166 Brief C. v. B. an E. F., [nach dem 14. Juli 1860] (14. Brief).
167 Siehe die Briefe C. v. B. an E. F., [nach dem 14. Juli 1860] (14. Brief) und [Mitte Juli 1860] (15. Brief).
168 Brief C. v. B. an E. F., [Mitte Juli 1860] (15. Brief).
169 Cosima teilte Ellen auch mit, dass ihre Schwester in Erwartung des Kindes auf ihr Landhaus, das Château de la Moutte bei Saint-Tropez an der Côte d'Azur, gezogen war. Brief C. v. B. an E. F., [16. Mai 1862] (34. Brief).
170 Daniel verstarb am 13. Dezember 1859 und Blandine am 11. September 1862.
171 Mack (2013, 91) schreibt: »Mit Cosima heiratet Hans auch das Ebenbild Liszts. Der bewunderte Lehrer und Vater ist der Hausgott der beiden. Doch er bekommt Konkurrenz.«
172 Am 17. Januar 1891 notierte Anna von Helmholtz an Ida von Schmidt-Zabiérow: »Sie ist eine wunderbare Frau mit allen Gaben des bezaubernden Vaters Liszt und dem ihr eigenen großen Ernst des bezaubernden Künstlertums und der Priesterschaft für eine große Lebensaufgabe.« Siehe Helmholtz (1929, II), 34.
173 Zu Liszts religiöser Lektüre, zu der auch Thomas von Kempens *De imitatione Christi* zählte, Eckhardt/Liepsch (1999), 9.
174 Brief C. W. an H. v. H., 19. März 1877 (40. Brief). Zu Franz Liszts Weimar Bibliothek siehe Eckhardt/Liepsch (1999). Obwohl eine Rekonstruktion von Cosimas

Bibliothek nicht möglich ist, finden sich bereits anhand der wenigen Hinweise zum Buchbestand Parallelen zum Besitz des Vaters.
175 Dazu weiter unten im Text.
176 Siehe dazu Anm. 153 im Text.
177 Siehe Brief Hans von Bülow an Franz Liszt, 20. April 1856, zit. nach Bülow (1925), 67f.
178 Danach verbrachten beide zunächst bis zur Scheidung immer wieder kürzere und längere Phasen miteinander. Nach der Versöhnung trafen sie sich erneut zwischen 1872 und 1886.
179 Bezüglich Eduard Liszts Bewunderung siehe Brief C. v. B. an E. F., [23./24. März 1860] (10. Brief). Über den Besuch in Wallners Theater schrieb Cosima: »Du kannst Dir vorstellen, wie da geredet, geschaut, geflüstert und gestarrt wurde, als wir den Garten betraten.« Brief C. v. B. an E. F., [29. August 1860] (19. Brief).
180 »Nun hat Tausig sein Konzert gegeben, und es scheint als hätte er damit einen guten Erfolg gefeiert; in den Zeitungen hatten sie geschrieben, er habe von meinem Vater Geld dafür bekommen, seine Werke aufzuführen (!!!)«, Brief C. v. B. an E. F. [nach dem 12. März 1861] (29. Brief). Zu »Dummheiten, welche die Zeitungen über meinen Vater verbreitet haben« siehe den Brief C. v. B. an E. F. [13. April 1860], (11. Brief).
181 Von Liszts zeitweiliger Abhängigkeit von Alkohol und anderen Drogen berichten Walker (1997), 5, 242, 411, 501 und Hamburger (2010), 60 und 109. Gelegentlich wurde Cosima angelastet, dass während Liszts Besuchen in Bayreuth ein Alkoholverbot herrschte. Siehe z. B. Walker (1997), 403. Cosima berichtet einmal von Wagners »große[m] Diät-Fehler (Bier, Tee, Grog, Champagner hintereinander)«. CWT, 9. November 1881 (Bd. IV, 822).
182 Brief Richard Wagner an Hans von Bülow, 19. September 1861 (S Br 13, 223). Annehmen lässt sich, dass Wagner mit den »kleinen, ihr aber so schädlichen Excessen« bzw. den »kleinen schädlichen Angewohnheiten« (ibid.) übermäßigen Alkoholgenuss meinte. Hilmes' Ausführungen legen in späteren Jahren wenigstens gelegentlichen Alkoholkonsum (Asti, Champagner, Bier) nahe. Dies betrifft die Jahre 1887 (Hilmes [2007], 261) 1909 (Hilmes [2009], 111), 1911 (ibid., 121), nach 1915 (Hilmes [2007], 405). Ob diese Quellen ausreichen, um ihr eine zeitweise Neigung zum Alkoholgenuss »über den Durst« (Hilmes [2007], 261) zu unterstellen, bleibt fraglich.
183 Brief C. v. B. an E. F., [13. Februar 1861] (26. Brief).
184 Brief C. v. B. an E. F., [Jahreswechsel 1860/61] (23. Brief).
185 Brief C. v. B. an E. F., [18. April 1861] (32. Brief). Wenn man keine Gesundheit habe, müsse man sich eine »machen«.
186 Brief C. v. B. an E. F., [21. März 1860] (8. Brief).
187 Brief Franz Liszt an Agnes Street-Klindworth, 18. Januar 1856. Siehe Williams (1998), 397. Siehe auch Anm. 42 zum Brief C. v. B. an E. F., [21. März 1860] (8. Brief).
188 Zu Hans von Bülows Dawison-Begeisterung Anm. 207 im Text.
189 Vermutlich hatten sich beide beim Treffen Anfang März 1859 kennen gelernt. Siehe Brief C. v. B. an E. F., [2. März 1859] (1. Brief). Liszts Bemerkung über E. F. siehe in La Mara (1902), 453.

190 Briefe C. v. B. an E. F., [Juni 1859] (2. Brief), [nach dem 10. Februar 1860] (6. Brief), [26. Februar 1861] (27. Brief), [vor dem 10. März 1861] (28. Brief), [nach dem 12. März 1861] (29. Brief). [Ende März 1861] (30. Brief).
191 Briefe C. W. an H. v. H., 27. und 29. März 1877 (41. Brief), 3. April 1877 (42. Brief), 26. April 1877 (43. Brief); Brief vom 19. August 1877 (44. Brief).
192 Brief C. v. B. an E. F., [16. Mai 1862] (34. Brief).
193 Siehe den Abschnitt »Der Einschnitt von 1861/1862«.
194 Nach einem Besuch des Friedhofes notierte sie: »Tiefernste Stimmung; er ist ein Opfer der Leichtfertigkeit des Vaters, der Mutter und der gleichgültigen Grausamkeit der Fürstin Wittgenstein gewesen; ich war damals zu jung und unerfahren, um energisch aufzutreten und einzugreifen.« CWT, 8. Mai 1871 (Bd. I, 386).
195 Dazu Gut (2011), 362 und 768. Zur Akzeptanz der Ehe durch Liszt Rieger (2009), 53. Zu Cosimas Motivation durch Marie von Schleinitz Anm. 569 im Text.
196 Briefe C. W. an Marie von Schleinitz, 5. Mai 1873 (RWG Bayreuth, Hs 190–49), 9. Juli 1873 (ibid., 55), 2. März 1875 (ibid., 98), 20. Juni 1875 (ibid., 106), [August 1875] (ibid., 101), 30. Mai 1878 (ibid., 153), 26. September 1880 (ibid., 163), 29. Juni 1881 (ibid., 180), 5. Juni 1905 (ibid., ohne Nr.).
197 Siehe die Briefe C. v. B. an E. F., [September 1859] (3. Brief) und [23./24. März 1860] (10. Brief).
198 Zum Flötenspiel siehe den Brief C. v. B. an E. F., [23./24. März 1860] (10. Brief).
199 Brief Hans von Bülow an Franz Liszt, 30. September 1855 (La Mara [1898], 150).
200 Beidler (1938–1951/1997), 90.
201 Notiz aus Brief Franziska von Bülow an Isidora von Bülow, 7. März 1856, in: *Bülow-Briefe* III, 39.
202 An dieser Idee hinderte sie, wie sie später schrieb, »vernünftigerweise« ihr Vater. Brief C. W. an H. v. H., 4. Februar 1906 (76. Brief).
203 Brief C. v. B. an E. F., [nach dem 20. Juni 1862] (36. Brief).
204 Brief Ludmilla Assing an Gottfried Keller, 23. September 1857, in: ZB: Ms. GK 79 Nr. 22 (GB 2, 63).
205 Siehe die Briefe vom Juli 1861 und Juni 1862. Das Faible fürs Theater ist nicht auf die von Nöther (2008, 127) so benannten »gesellschaftlich obligatorische[n] Theaterbesuche in ihrer Berliner Zeit ab 1855« zu reduzieren.
206 Brief C. v. B. an E. F., [21. März 1860] (8. Brief). Siehe dazu Kollek (1978), 162–167.
207 Zu Bülows früher Begeisterung für *Hamlet* siehe Brief Hans von Bülow an Franziska von Bülow, 24. Juni 1848, in: *Bülow-Briefe* I, 110. Du Moulin (1929, 175f.) konstatiert Bülows Affinität zur *Hamlet*-Figur. Bülow habe »einmal« gesagt (!): »Ich bin eine Art Hamlet, der seiner Aufgabe schließlich doch nicht gewachsen ist und den die Flut von Bagatellen, mit denen er sich abzuplagen gezwungen ist, erstickt.«
208 Siehe u. a. die Beurteilung des Dramatikers Klein in den Briefen C. v. B. an E. F., [29. August 1860] (19. Brief), 6. September 1860 (20. Brief), [8. April 1861] (31. Brief), [18. April 1861] (32. Brief). Zu den *Fabiern* siehe Anm. 264 im Text.
209 Brief C. v. B. an E. F., [September 1859] (3. Brief).
210 Siehe die Briefe C. v. B. an E. F., [nach dem 5. Juli 1860] (13. Brief) und [nach dem 14. Juli 1860] (14. Brief).

211 Siehe u. a. die Briefe C. v. B. an E. F. [nach dem 10. Februar 1860] (6. Brief) bezüglich der *Portia* aus Shakespeares *Kaufmann von Venedig* und vom [18. April 1861] (32. Brief).
212 Siehe u. a. den Brief C. v. B. an E. F., [22. August 1860] (18. Brief).
213 Im Brief C. v. B. an E. F. vom 6. September 1860 (20. Brief) motivierte sie diese, eine sehr gute Leistung abzuliefern. Jedenfalls schrieb Ellen an Sarah Franz, »that I wish to strike Dawison as something außer-gewöhnlich!« Siehe Brief E. F. an Sarah Franz, Saturday afternoon, in: ThSTA Meiningen, HA 387, II. Vgl. auch Briefe C. v. B. an E. F., [7. Februar 1861] (25. Brief) und [nach dem 12. März 1861] (29. Brief).
214 Brief C. v. B. an E. F., [nach dem 14. Juli 1860] (14. Brief).
215 Siehe u. a. den Brief C. v. B. an E. F., 6. September 1860 (20. Brief).
216 Im Brief C. v. B. an E. F., [29. August 1860] (19. Brief) sinniert Cosima über den Begriff des *fluidum*. Siehe auch den Brief vom [18. April 1861] (32. Brief).
217 So empfahl Cosima Ellen u. a. die Lektüre von Shakespeares *Hamlet* (Brief vom [21. März 1860], (8. Brief), Balzacs *Eugenie Grandet* (Brief vom 6. September 1860, 20. Brief) und von Schleiermachers *Monologen* (Brief [Ende März 1861], 30. Brief).
218 Brief C. v. B. an E. F., [23./24. März 1860] (10. Brief).
219 Brief C. v. B. an E. F., [21. März 1860] (8. Brief).
220 Brief C. v. B. an E. F., 6. September 1860 (20. Brief).
221 Brief C. v. B. an E. F., [Ende März 1861] (30. Brief).
222 Brief C. v. B. an E. F., [18. April 1861] (32. Brief).
223 Allein das Verzeichnis der Weimarer Ur- und Erstaufführungen von Opern 1848–1858 (Gut [2011], 191f.) liest sich wie das »Who is Who« der europäischen Musikgeschichte der 2. Hälfte des 19. Jahrhunderts.
224 Den Schauspieler Bogumil Dawison kannte Bülow spätestens seit 1853. Dazu Brief Hans von Bülow an Franziska von Bülow, 27. März 1853, in: *Bülow-Briefe* II, 15. Über die Jahre ergaben sich persönliche Kontakte und Zusammenarbeit. Erst Ende 1869 findet sich die antisemitische Bemerkung: »Bei aller Freude, die ich früher an Dawisons Leistungen gehabt habe, muß ich doch bekennen, daß mir Salvini einen viel reineren Genuß gewährt hat. Sein Talent ist vor Allem so antijüdisch – das thut wohl!« Brief Hans von Bülow an Franziska von Bülow, 27. Dezember 1869, in: *Bülow-Briefe* IV, 345.
225 Rosa Ludmilla Assing (1821–1880), Schriftstellerin und Zeichnerin. Die zweite Tochter von Rosa Maria Varnhagen und David Assur Assing, einem jüdischen Mediziner aus Königsberg, zog nach dem Tod der Eltern zu ihrem Onkel Karl August Varnhagen nach Berlin.
226 Brief C. v. B. an E. F., [22. August 1860] (18. Brief).
227 Hedwig Dohm (1831–1919), geb. Schlesinger, legte nach dem Schulbesuch die Prüfung als Lehrerin für höhere Töchterschulen ab, trat jedoch nicht in den Schuldienst ein (Störgröße »F« [2010], 64). Die Mutter von fünf Kindern wirkte als Schriftstellerin und Frauenrechtlerin. Zur Vielfalt ihres Œuvres, das von Märchen über Romane bis hin zu feministischen Schriften bis zu einer wissenschaftlichen Abhandlung über das spanische Nationaltheater reichte, Rohner (2010), 120–125. Nach eingehender Prüfung auf Solvenz und Gesinnung wurde sie 1895 als eine der

ersten Frauen als Gasthörerin an der Friedrich-Wilhelms-Universität Berlin zugelassen (Störgröße »F« [2010], 59). Ernst Dohm (1819–1883), Redakteur, Schriftsteller und Übersetzer. In der 1848 gegründeten politischen Wochenzeitschrift *Kladderadatsch* war er einer der ersten Mitarbeiter und kurz darauf deren Chefredakteur. Bekanntheit erlangte Dohm auch als Übersetzer von Operetten-Libretti Jacques Offenbachs.

228 Eduard Fischel (1826–1863), Publizist. Der Jurist war seit 1858 Assessor am Stadtgericht Berlin. Zu seinem Engagement als Redakteur der *Demokratischen Zeitung* siehe 242 im Text. Im Brief vom 31. August 1859 kündigte Bülow seiner Mutter an, »Fischel, der Rabe, meditirt einen Flug zu Euch« (*Bülow-Briefe* III, 260). Die bevor stehende Hochzeit mit Franziska von Bülow wird erwähnt im Brief Hermann Franz an E. F., 1. Dezember 1860, in: ThSTA Meiningen, HA 259, I.

229 Am 22. Juni 1858 traf Hebbel in Weimar ein, um eine Vorstellung seines Dramas *Genoveva* mitzuerleben. Während des Aufenthalts war er mehrfach zu Gast auf der Altenburg. Siehe Gut (2011), 756.

230 Briefe C. v. B. an E. F., [8. April 1861] (31. Brief) und [um den 18. April 1861] (32. Brief).

231 Emilie (Mitzi) Genast (1833–1905), Sängerin. Die später erfolgreiche Mezzosopranistin war die vierte und jüngste Tochter des Schauspielers Eduard Franz Genast (1797–1866).

232 Julius Leopold Klein (1810–1876), Dramatiker und Literaturhistoriker. Klein studierte Medizin in Wien und Berlin. Nach Reisen in Italien und Griechenland ließ er sich 1830 in Berlin als Schriftsteller nieder. Klein verfasste mehrere historische Tragödien und Komödien sowie eine 13-bändige Geschichte des Dramas.

233 Franz Kroll (1820–1877), Pianist und Klavierpädagoge, der ab ca. 1844 zeitweise mit Liszt befreundet war, später wie Conradi »paraissent tout à fait en train de s'exweymariser complètement« (Brief Bülow an Franz Liszt, 12. Dezember 1853, in: *Bülow-Briefe* II, 139), für dessen Ausbildung sich Meyerbeer im Juni 1847 eingesetzt hatte. Kroll lebte seit 1849 in Berlin, wo er 1863/1864 Lehrer am Stern'schen Konservatorium wurde. Siehe die undatierten Briefe C. v. B.s an Franz Kroll (RWG Bayreuth, Hs 32/I-10–12).

234 Fanny Lewald (1811–1889), Schriftstellerin. Geboren als ältestes von neun Kindern des jüdischen Kaufmanns David Marcus und seiner Frau Zipora, verließ sie nach der anonymen Veröffentlichung der Romane *Clementine* und *Jenny* Königsberg und ging nach Berlin. 1845/46 lernte sie in Rom den Oldenburger Gymnasiallehrer, Kritiker und Schriftsteller Adolf Stahr kennen, den sie später heiratete. Zum Vergleich einiger Werke mit denen von George Sand siehe Anm. 189 zum Brief C. v. B. an E. F., 6. September 1860 (20. Brief).

235 Bertha Maria von Marenholtz-Bülow (1810–1893), Frauenrechtlerin und bedeutende deutsche Kindergarten-Pädagogin sowie Persönlichkeit innerhalb der Fröbel-Bewegung. Siehe Rockstein (1997) und Denner (1998). Als später Cosima Wagners Tochter Daniela in den Osterferien 1876 die Gräfin Vitzhum sowie u. a. Bertha Marenholtz und die Wesendoncks besuchen sollte, war sie »kein gefährlicher Umgang!«. Brief C. W. an Marie von Schleinitz, 10. April 1876 (RWG Bayreuth, Hs 190-125).

236 Elisabeth Ney (1833–1907), Bildhauerin. Nach zwei Studienjahren an der Münchner Akademie der Künste ging die Tochter des Bildhauers Adam Ney zu Christian Daniel Rauch nach Berlin. Bevor sie 1871 gemeinsam mit ihrem Mann, dem Arzt Edmund D. Montgomery, nach Amerika auswanderte, fertigte sie u. a. Büsten von Arthur Schopenhauer, Giuseppe Garibaldi, Otto von Bismarck, Justus Liebig, Jakob Grimm, Joseph und Amalie Joachim und Karl August Varnhagen von Ense an. Das in Arbeit befindliche »médaillon de Cosette« erwähnt Franz Liszt im Brief an Carolyne von Sayn-Wittgenstein, 2. März 1859 (La Mara [1902], 453).

237 Richard Pohl (1826–1896), Komponist und Musikschriftsteller. Pohl studierte Mathematik und Mechanik sowie Philosophie. Nach kurzer Lehrtätigkeit in Graz ließ er sich 1852 in Dresden und zwei Jahre später in Weimar nieder und wirkte dort bis 1863, danach in Baden-Baden. U. a. gab er die Monatsschrift *Anregungen für Kunst und Wissenschaft* (mit Franz Brendel, Weimar 1856–1860) sowie eine Übersetzung von Berlioz' *Gesammelten Schriften* (Leipzig 1864, 4 Bände) heraus.

238 Alfred Meißner (1822–1885), Arzt, Schriftsteller und Dramatiker. Nach dem Medizinstudium wirkte Meißner kurze Zeit als Prager Spitalarzt, danach als freier Schriftsteller und Dramatiker, u. a. in Leipzig, Dresden, Paris, Frankfurt am Main, Paris und Bregenz. 1856 erschienen seine *Erinnerungen* an Heinrich Heine, die, bekannt auch unter dem Titel *Die Matratzengruft,* die späten Jahre des Schriftstellers aus ärztlicher Sicht beleuchteten. Um 1861 hielt Meißner sich offenbar für einige Zeit in Coburg auf, wo er über gute Kontakte zum regierenden Herzog verfügte. Siehe auch C. v. B.s Briefe an Alfred Meissner, 10. Mai 1860 (RWG Bayreuth, Hs 32/1-13), Juli 1861 (ibid., 14), [Herbst 1861] (ibid., 15), [Ende 1861/Febr. 1862] (ibid., 16), undatiert (ibid., 17), März/April 1862 (ibid., 18), undatiert (ibid., 19). Siehe auch Du Moulin (1929), 190f., 199f.

239 Adolf Mützelburg (1831–1882), Rezensent, Schriftsteller und Autor historischer Romane. Wie Eduard Fischel (siehe Anm. 228 im Text) Redakteur der *Demokratischen Zeitung* (später umbenannt in *Abend-Post*), stand auch er Bülow, »in seinem Feldzug um die Eroberung Berlins für Liszt und Wagner« bei (Beidler [1938–1951/1997], 104). Er veröffentlichte nach dem Liszt-Konzert vom 14. Januar 1859, in dem Bülow nach den *Idealen* einige zischende Zuschauer des Saales verwiesen hatte, die anonyme Verteidigungsschrift *Hans von Bülow und die Berliner Kritik: Ein Beitrag zur Zeitgeschichte,* die den Skandal noch ausweitete. Dazu Hinrichsen (1999), 87.

240 Siehe Anm. 152 zum Brief C. v. B. an E. F., [29. August 1860] (19. Brief).

241 Carl Friedrich Weitzmann (1808–1880), Musiker, Musiktheoretiker, Schriftsteller. Er wurde 1857 Dozent am Stern'schen Konservatorium. Der von Bülow geschätzte Weitzmann (siehe Hans von Bülows Briefe an Hans von Bronsart vom 7. März 1857 und an Felix Draeseke vom 29. März 1858, in: *Bülow-Briefe* III, 75 und 165) unterrichtete zeitweise Cosima und Ellen. Cosima schätzte ihn, weil er »zu den Wenigen« gehöre, »die so viel über die Vergangenheit wissen, dass sie die Gegenwart wirklich verstehen«. Brief C. v. B. an E. F., 31. Januar [1861] (24. Brief).

242 Siehe dazu die Ausführungen weiter oben in diesem Abschnitt.

243 Siehe u. a. den Brief C. v. B. an E. F., [nach dem 20. Juni 1862] (36. Brief).

244 Joseph Marie de Maîstre (1753–1821) war ein französischer Staatsmann, Schriftsteller und Philosoph, Edmond About (1828–1885) ein zeitgenössischer Schrift-

steller. Beide Autoren waren auch in Liszts Bibliothek vertreten. Dazu Eckhardt/ Liepsch (1999), 22 und 42.
245 C. v. B. an Malvina Schnorr von Carolsfeld, 26. Juni 1865, in: BStB München, Fasc. Germ. 159, Nr. 2, zit. nach Kurth/Rückert (2013), 109.
246 Brief C. v. B. an E. F., [Ende März 1861] (30. Brief).
247 Siehe Briefe C. v. B. an E. F., [23./24. März 1860] (10. Brief), [nach dem 12. März 1861] (29. Brief) und Brief C. W. an H. v. H., 18. Mai 1912 (78. Brief).
248 Brief C. W. an H. v. H., 24. Juli 1900 (69. Brief), Brief Daniela Thode an H. v. H., 13. August 1920 (79. Brief)
249 Brief C. v. B. an E. F., [29. August 1860] (19. Brief).
250 Briefe C. v. B. an Ludmilla Assing, 31. Januar 1859, in: BJK, VS 40.
251 Siehe dazu Anm. 266 im Text.
252 Brief C. W. an Marie von Schleinitz, 5. Februar 1876 (RWG Bayreuth, Hs 190–122).
253 Brief C. v. B. an E. F., [Ende März 1861] (30. Brief).
254 Siehe Brief C. v. B. an E. F., [7. Februar 1861] (25. Brief).
255 Du Moulin (1929), 160.
256 Dazu Brief Hans von Bülow an Franziska von Bülow, 26. Januar 1865, in: SBPK Berlin, Bülow-Briefe 55 Nachl 85,4. Adolf Friedrich Graf von Schack (1815–1894), Dichter sowie Kunst- und Literaturhistoriker, der 1855 bereits nach München verzog, aber laut Wilhelmy (1989, 943) im Salon Treskow verkehrte. Nach der Trennung von Cosima besuchte Hans ihn Ende 1869 übrigens wieder, siehe Brief Hans von Bülow an Isidora von Bülow, 11. Dezember 1869, in: SBPK Berlin, Bülow-Briefe 55 Nachl. 85, 107.
257 Brief C. v. B. an E. F., [um den 18. April 1860] (12. Brief). Zu ihrer Vorliebe für Ausstellungen etc. siehe auch die Briefe C. v. B. an E. F., 6. September 1860 (20. Brief) und [10. September 1860] (21. Brief) sowie Anm. 403 zum Brief C. W. an H. v. H., 26. April 1877 (43. Brief).
258 Die Zeitschrift wurde 1858 von Auguste Nefftzer und Charles Dollfus in Paris gegründet. Zu den Autoren zählten u. a. Hippolyt Taine, Ernst Renan, Louis de Ronchaud, Felix Werner, Alexandre Moillard und Eugène Seinguerlet.
259 Brief C. v. B. an Charles Dollfus, 29. Mai 1862, siehe Martin (1931), 699f.
260 Du Moulin (1929, 175) beurteilt ihre Tätigkeit zeittypisch, aber keineswegs erschöpfend: »Es war für die junge Frau ohne Zweifel eine Ablenkung und eine Betätigung, die doch auch dem schöngeistigen Berliner Milieu entsprach.«
261 Cosimas Übersetzung von Friedrich Hebbels *Maria Magdalena* erschien in der *Revue germanique* 2 (1858), 304–330, 506–537.
262 »Courrier littéraire et scientifique«, in: *Revue germanique*, 20. Dezember 1860 (nach Martin 1931, 698); »Courrier littéraire et scientifique«, in: *Revue germanique*, 13 (1861), 463–468; »Courrier littéraire et scientifique«, in: *Revue germanique*, Juni 1861 (16 [1861], 149–156).
263 »Courrier de Berlin«, in: *Revue germanique*, 6. Februar 1862 (19 [1862], 613–624). »Courrier d'Allemagne«, in: *Revue germanique*, 10. April 1862 (20 [1862], 586–595).
264 Dazu Du Moulin (1929), 174. Zu den *Fabiern* von Gustav Freytag siehe die Briefe C. v. B. an E. F., [nach dem 5. Juli 1860] (13. Brief), [nach dem 14. Juli 1860] (14. Brief), [22. August 1860] (18. Brief), [29. August 1860] (19. Brief), 6. September 1860 (20. Brief), [8. April 1861] (31. Brief).

265 Dazu Du Moulin (1929), 174. Gustav Heinrich Gans Edler Herr zu Putlitz (1821–1890), Gutsbesitzer, Schriftsteller, Theaterintendant und Politiker. Nach dem Jura-Studium in Berlin und Heidelberg war Putlitz 1863–1867 Generalintendant am großherzoglichen Theater in Schwerin. 1867/1868 war Putlitz Hofmarschall des kronprinzlichen Hofes in Potsdam, in den 1870er Jahren leitete er längere Zeit die Redaktion der *Spenerschen Zeitung* in Berlin. 1873–1889 übernahm er die Leitung des Karlsruher Hoftheaters.

266 Am 9. Juli 1860 schlug Cosima Nefftzer die Übersetzung von Ferdinand Lassalles unveröffentlichtem Artikel »Fichte's politisches Vermächtnis und die neueste Gegenwart« vor, den dieser für das von Ludwig Walesrode herausgegebene politische Taschenbuch *Demokratische Studien* verfasst und Johann Gottlieb Fichtes »Politischen Fragmenten aus den Jahren 1807 und 1813« gewidmet hatte, die im 7. Band von Johann Gottlieb Fichtes *Sämtlichen Werken* (Berlin 1846) enthalten sind. Nefftzer hielt diese jedoch laut seinem Brief an Charles Dollfus vom 14. Juli 1860 für »intempestive« (dt.: unzeitgemäß). Dazu Martin (1931), 697f.

267 Siehe Du Moulin (1929, 196f.) und Stempel (1967, 208). Die Übersetzung erschien Anfang 1863.

268 Brief C. v. B. an E. F., 31. Januar [1861] (24. Brief).

269 Über Zeitmangel klagte Cosima gegenüber Ellen im Brief vom [13. Februar 1861] (26. Brief). Im März 1861 schrieb Cosima: »Ich habe Deine Mutter noch nicht besuchen können; wenn Du wüsstest, was ich zu tun habe!« Brief C. v. B. an E. F., [nach dem 12. März 1861] (29. Brief).

270 Siehe Briefe C. v. B. an Ludmilla Assing, 13. Juni 1858, Ende Juli 1858 und 30. Oktober 1858, in: BJK, VS 40 sowie C. v. B. an E. F., [nach dem 10. Februar 1860] (6. Brief), [Jahreswechsel 1860/61] (23. Brief).

271 Siehe die Briefe C. v. B. an E. F., [7. Februar 1861] (25. Brief), [13. Februar 1861] (26. Brief).

272 Gut (2011), 760.

273 Briefe C. v. B. an E. F., [8. April 1861] (31. Brief), [nach dem 20. Juni 1862] (36. Brief). Siehe ebenfalls den Brief Hans von Bülow an Franziska von Bülow, 28. August 1866, in: SBPK Berlin, Bülow-Briefe 55 Nachl 85,3.

274 »Courrier littéraire et scientifique«, in: *Revue germanique* 13 (1861), 468.

275 »Extraits des Mémoires du baron de Gentz tirés des papiers posthumes de Varnhagen d'Ense«, in: *Revue germanique* 15 (1861), 210ff.

276 »Le journal de Charles-Auguste Varnhagen d'Ense«, in: *Revue germanique* 19 (1862), 273–287, 524–545 und 20 (1862), 539–563. Dazu Martin (1931), insbesondere 697f. Mit »C. F.« unterzeichnet sind die Beiträge vom 15. Februar 1861 [*Revue germanique* 13 (1861), 463–468] und vom 15. Juni 1861 [*Revue germanique* 16 (1861), 149–156]. Mit »E. Franz« unterzeichnet sind die Beiträge vom 15. Februar 1862 [*Revue germanique* 19 (1862), 613–624] und vom 15. April 1862 [*Revue germanique* 20 (1862), 586–595]. Beidler (1938–1951/1997, 98) irrt bezüglich der Reduktion ihrer Arbeit auf Übersetzungen.

277 Anlässlich einer Lesung von Kleins *Voltaire* ›beschwerte‹ sich Cosima etwa über »den Schlaf Deines Vaters und das affektierte Nicht-Verstehen Deiner Mutter«. Brief C. v. B. an E. F., [8. April 1861] (31. Brief). Siehe auch Brief C. v. B. an E. F., [18. April 1861] (32. Brief).

278 Brief Richard Wagner an Hans von Bülow, 19. September 1861 (S Br 13, 223). In seinem Brief an Hans von Bülow vom 16. Februar 1862 (S Br 13, 80f.) revidierte er diese scharfe Äußerung zweimal und betonte, »allerlei zahme Erfahrungen gemacht« zu haben.« Du Moulin (1929, 202) missverstand die Äußerung, wenn er schrieb: »Aber so ›kindisch‹, wie der Meister sie schilderte, war sie nicht.«
279 C. v. B. an Unbekannt, [Herbst 1861], zit. nach Du Moulin (1929), 200. Die Datierung des ohne Quellenangabe zitierten Briefes ergibt sich aus dem nachfolgenden Satz: »Wir rechnen viel damit, daß das Jahr 62 Sie in unsere Gegend führen werde«.
280 Offen bleibt, ob es sich in dieser Zeit statt einem Salon eher um eine »Clique« (Rohner [2010, 27) handelte, die sich an wechselnden Orten traf und im Sommer zu Ausflügen in die Umgebung Berlins aufbrach.
281 *Bülow-Briefe* I, 196; siehe auch Wilhelmy (1989), 841.
282 Wilhelmy (1989), 511, 589. Siehe auch *Bülow-Briefe* I, 475.
283 Siehe Anm. 201 im Text. Siehe auch Wilhelmy (1989), 181. Hedwig von Olfers (1799–1891) war Schriftstellerin und eine namhafte Berliner Salonnière.
284 Gatter (2009), 162.
285 Ludmilla Assing berichtete: »Auch zwei artige Töchter von Liszt sehen wir zuweilen, muntre, unbefangene Französinnen, die hier der Obhut der Frau von Bülow übergeben sind.« Ludmilla Assing an Gottfried Keller, 9. Mai 1856, in: ZB: Ms. GK 79 Nr. 16 (GB Bd. 2, 45).
286 Brief C. L. an Ludmilla Assing, 3. März 1857, in: BJK, VS 40.
287 Einladungen zum Tee enthalten die Briefe C. v. B. an Ludmilla Assing, 7. und 24. März sowie 6. Mai 1858, in: BJK, VS 40.
288 Brief C. v. B. an Ludmilla Assing, 13. Juni 1858, in: BJK, VS 40.
289 Charles Dollfus besuchte Varnhagen, um ihn als Mitarbeiter der *Revue* zu gewinnen, laut Eintrag v. 5. Mai 1858, in: Varnhagen von Ense (1870), 266. Im Brief C. v. B. an Ludmilla Assing, 12. April 1858 (BJK, VS 40) aus Paris richtete sie Grüße von Dollfus aus.
290 Peter Alexander Freiherr von Ungern-Sternberg, Künstlername: Alexander von Sternberg (1806–1868), Erzähler, Dichter und Maler.
291 Alphonse Marie Louis Prat de Lamartine (1790–1869), französischer Schriftsteller und Politiker. Dazu Briefe C. v. B. an Ludmilla Assing, 1. und 3. Dezember 1857, in: BJK, VS 40.
292 Brief C. v. B. an Ludmilla Assing, 24. Februar 1858, ibid.
293 Brief C. v. B. an Ludmilla Assing, 20. Mai 1858, ibid.
294 Isidora von Bülow hatte dieses an ein Fräulein von Fouqué verliehen und bat nun General Ernst von Pfuel, die Rückgabe zu veranlassen. Brief C. v. B. an Ludmilla Assing, 4. Juni 1858, ibid.
295 So traf man sich Ende Februar 1859 und Anfang März 1859. Siehe dazu Brief Franz Liszt an Carolyne von Sayn-Wittgenstein, 2. März 1859 (La Mara [1902], 452) und Brief C. v. B. an E. F., [2. März 1859] (1. Brief).
296 Einen Salon mit ca. 90 Anwesenden richtete sie später ebenfalls aus, siehe Brief C. v. B. an E. F., [Jahreswechsel 1860/61] (23. Brief). Eine Lesung von Kleins Tragödie *Strafford* in Anwesenheit von ca. 20 Personen fand laut Brief C. v. B. an E. F., [18. April 1861] (32. Brief) statt.
297 Brief C. v. B. an E. F., [31. Juli 1860] (16. Brief).

298 Siehe Brief C. v. B. an Ludmilla Assing, 10. Dezember 1857, in: BJK, VS 40. Dazu auch Rohner (2010), 30. Zu Dohms Freundeskreis gehörten u. a. Sophie von Hatzfeldt-Trachenberg, Franz und Lina Duncker, Betty Tendering, Friederike Friedland, Julius Freese, Fanny Lewald und Adolf Stahr, Hans von Bülow und Cosima, Alexander von Humboldt, Ferdinand Lassalle.
299 Briefe C. v. B. an Ludmilla Assing, 24. März 1858 und 6. Mai 1858, in: BJK, VS 40.
300 Brief Hedwig Dohm an Ludmilla Assing, [Sommer] 1859, in: BJK, VS 53 (zit. nach Dohm [2009], 23–26). Dohm nannte die Spannungen »Balgerei[en]« (ibid., 26). Die abschätzigen Bemerkungen hinsichtlich des Auftretens von Cosima in einem als »reizendstes Nachtgewand« (saignoir) deklassierten weißen Kleid werden relativiert, wenn man bedenkt, wie viel jünger Cosima im Vergleich zur Mehrzahl der übrigen Damen war.
301 Siehe den Brief C. v. B. an E. F., [23./24. März 1860] (10. Brief).
302 In der auf Briefen basierenden Biographie schildert Marie von Bülow (1921) die Sympathie von Hans und Cosima für Dohm. Siehe den Brief Hans von Bülow an Franziska von Bülow, 14. Dezember 1854 (ibid., 120) und den Brief Hans von Bülow an Franziska von Bülow, 7. April 1859 (ibid., 153). Bei Beidler (1938–1951/1997, 104) ist zu lesen, die Verbindung zu Dohm sei »besonders herzlich« gewesen.
303 Siehe Anm. 117 im Text.
304 Siehe Briefe C. v. B. an Ludmilla Assing, 3. März 1857 bis 19. Dezember 1859 (insbesondere Brief vom 22. Februar 1859), in: BJK, VS 40.
305 Anfang Juli lud Bülow Assing ein, mit ins Wallner-Theater zu kommen, was bei Cosima für Unmut sorgte. Siehe den Brief C. v. B. an E. F., [nach dem 5. Juli 1860] (13. Brief). Auch bei der ausgeschlagenen Einladung zum Ausflug Mitte Juli 1860 spielte sie eine Rolle. Siehe Brief C. v. B. an E. F., [Mitte Juli 1860] (15. Brief). Laut dem gegen sie am 26. Mai 1864 erlassenen Steckbrief (*Königlich-preußischer Staats-Anzeiger* No. 143 vom 22. 6. 1864, 1639) war Ludmilla »5 Fuß groß«, sodass sich Cosimas Rede von der »kleinen schlimmen Kreatur« (Brief vom 6. September 1860, 20. Brief) auf die ca. 1,52 m kleine Frau beziehen könnte. Im Brief vom [7. Februar 1861] (25. Brief) folgt die Behauptung, Ludmilla sei »hässlich«.
306 Ludmilla Assing schrieb Ende 1859: »Herr von Bülow soll in seiner politischen Broschüre ein Wort von mir, als von einer ›sehr geistreichen Dame‹ citirt haben! Muß ich da nicht sehr eitel werden?« Nachschrift zu dem Brief Ludmilla Assings an Karl Eduard Gottheiner vom 25. Dezember 1859, in: DLA Marbach 55.1048.K. Nach der Trennung von Cosima besuchte Hans sie u. a. im November/Dezember 1869 erneut (siehe die Einladung vom 4. Dezember 1869 für den folgenden Montag, in: Du Moulin [1927], 275), empfand sie im Vergleich zu Ada Pinelli offenbar weitaus »blaustrümpfig[er]«. Siehe Brief Hans von Bülow an Isidora von Bojanowski, 11. Dezember 1869, in: SBPK Berlin, Bülow-Briefe 55 Nachl. 85, 107. Auch am 21. Februar 1870 besuchte er sie erneut. Siehe Brief Hans von Bülow an Carl Bechstein, 21. Februar 1870, in: Du Moulin (1927), 283. Er kannte die Freundin so gut, dass er sogar eine Redensart zitieren konnte (»Freue mich über Jeden, der geht, selten über einen der kommt«). Brief Hans von Bülow an Karl Klindworth, 22. März 1885, in: Du Moulin (1927), 113.
307 Wilhelmy (1989), 589.
308 Zum Beginn ihrer journalistischen Tätigkeit Gatter (1999/2000). Die Briefe Humboldts an Varnhagen wurden am 28. Februar 1860 in Berlin publiziert und am 1.

März für einen Tag verboten. Die Aufhebung des Verbotes war der Auftakt für einen ›Bestseller-Erfolg‹. Mitteilung Dr. Nikolaus Gatter an die Verf., 29. November 2013.
309 Im Oktober 1861 reiste Ludmilla das erste Mal nach Florenz, wo sie sich im Frühjahr des folgenden Jahres niederließ. Siehe http://www.varnhagen.info/chronik.html <Zugriff: 5. Februar 2014>. Später informierte Friederike Friedland Ludmilla Assing über Cosima, die Geburt ihrer Kinder etc. Mitteilung Dr. Nikolaus Gatter an die Verf., 1. Dezember 2013.
310 Brief C. v. B. an E. F., 6. September 1860 (20. Brief).
311 Brief C. v. B. an E. F., [nach dem 12. März 1861] (29. Brief).
312 Hans und Cosima hatten sich nach sechs Wochen heimlich verlobt; Liszt machte hingegen ein Jahr Aufschub der Hochzeit zur Bedingung für seine Zustimmung.
313 Dazu Hausen (1988), 93.
314 Als Beispiel sei folgende anonym publizierte Schrift Hans von Bülows angeführt: *Zur Kritik Napoleons des Dritten, ein bescheidener Versuch der Demokratie den Staar zu stechen*, Berlin 1859.
315 Alle folgenden Briefe C. v. B. an E. F.: Mal entschuldigt sie sich dafür, »nicht so still und freundlich« zu sein, wie sie »sollte« ([nach dem 10. Februar 1860] 6. Brief), mal bedauert sie, Lilla Bulyovsky besäße »nicht genug Genie«, um ihren Ärger »im Stillen zu ertragen«. (Brief C. v. B. an E. F., [nach dem 14. Juli 1860], 14. Brief). Ebenfalls im Juli 1860 schrieb sie: »Nun meine Liebe, Worte sind nur Worte, und zu schwach, um auszudrücken, was in mir vorgeht, diejenigen, die ihre Gefühle genauso leichtfertig auszudrücken vermögen, wie ihre Neuigkeiten und alltäglichen Begehren, beweisen damit, dass sie keinen tiefen Schmerz verspüren.« Brief C. v. B. an E. F., [Mitte Juli 1860] (15. Brief). Später gab sie zu, nicht gern von sich selbst zu sprechen ([29. August 1860], 19. Brief) und bezeichnete sich wegen dieser Neigung zum Schweigen sogar als »hartherzig«. (6. September 1860, 20. Brief). Auch Ellen riet sie zu »stiller Verachtung« gegenüber den Unverschämtheiten der Kollegen ([7. Februar 1861] 25. Brief) bzw. dazu, auch gegenüber engeren Bekannten rät sie, »stumm und verschwiegen« zu sein ([Ende März 1861], 30. Brief). Über ein Jahr später war sie der Ansicht, »die blutenden Herzen müssen still sein«. Brief C. v. B. an E. F., [nach dem 20. Juni 1862] (36. Brief).
316 Erzogen worden waren beide nach dem Motto ›Leistung verspricht Zuneigung‹. Statt mit Hans in ihrer Muttersprache Deutsch zu reden, wählte sie Französisch. Wöhrle/Haas (2007), 195.
317 »Es war ein großes Mißverständnis, das uns ehelich verband; das Gefühl, das ich für ihn damals vor 12 Jahren empfand, ich empfinde es noch, große Teilnahme für sein Schicksal, Freude an seinen Geistes- und Herzensgaben, wirkliche Achtung für seinen Charakter, bei vollständigstem Auseinandergehen der Anlagen.« CWT, 8. Januar 1869 (Bd. I, 27f.).
318 Brief C. W. an Daniela von Bülow, 28. März 1881, in: Waldberg (1933), 176.
319 Mack (1980), 5.
320 Noch 1869 mochte Hans sich bei der als mütterliche Freundin empfundenen Franziska »ausweinen«. Brief Hans von Bülow an Franziska von Bülow, 27. Mai 1869, in: SBPK Berlin, Bülow-Briefe 55 Nachl 85,3.
321 Ende Juni 1876 erkundigte sich Bülow bei seiner inzwischen in England lebenden Schwester: »Wie geht es Mama? Ich hoffe sie quält weder sich noch Dich. Schlimm

daß ich unvermögend bin ihr zu helfen, wie sie mir.« Brief Hans von Bülow an Isidora von Bojanowski, 29. Juni 1876, ibid., 107. »Ich würde es gewiß nicht scheuen, weiter zu studieren, wie ich die Rolle jenes Mitteldings von Gesellschafterin, Kammerfrau und Wärterin, dessen meine Mutter, wenn in der Fremde absolut bedürftig ist, übernehmen könnte, so zwar, daß sie niemals zu argwöhnen hätte, man erkenne ihre Hilfsbedürftigkeit – allein das gestattet mein in den letzten Tagen verschlimmerter Schwächezustand nicht.« Brief Hans von Bülow an Isidora von Bojanowski, 16. April 1877, ibid., 120. Siehe auch die Briefe, 6. September 1876 (ibid., 115), 20. September 1876 (ibid., 116), 28. Dezember 1876 (ibid., 118), 16. April 1877 (ibid., 120), 19. Juni 1877 (ibid., 121), 12. Oktober 1877 (ibid., 122), 1. Januar 1878 (ibid., 130), 1. Februar 1878 (ibid., 131).

322 Marie von Bülow (geb. Schanzer, 1857–1941), Schauspielerin, Herausgeberin. In Wien geboren, begann sie ihre Schauspiel-Karriere 1875 in Basel, und spielte danach 1876–1879 in Karlsruhe Danzig, Hamburg und Berlin. Bülow war bereits von ihrem Auftritt als *Minna von Barnhelm* 1877 von dem »wahren Bijou von Jugend, Anmuth und großem, freilich noch nicht ganz ›fertigem‹ Talente« hingerissen (Hans von Bülow an Hans Bronsart von Schellendorf, 21. September 1877, in: Bülow [1921], 313). Nach einem erneuten Treffen im Januar 1882 in Hamburg heiratete er am 29. Juli 1882 die 27 Jahre jüngere Schauspielerin in Meiningen, und Marie trat ihr Engagement am Meininger Hoftheater an. Nach 12-jähriger Ehe nutzte auch Marie von Bülow, wie Cosima, ihre lange Witwenzeit, um für das Andenken ihres Mannes zu wirken. Mit der Bewahrung des künstlerischen Nachlasses sowie zahlreichen Brief- und Quellenpublikationen bis in die 1920er Jahre hinein schuf sie wichtige Voraussetzungen für eine wissenschaftliche Aufarbeitung von Bülows Leben und Wirken. Zur kritischen Auseinandersetzung der Zeitgenossen mit den *Bülow-Briefen* siehe die Beiträge von Paul Bekker und José Vianna da Motta in: *AMZ*, XXXVI (1909), 111–113, 135–138, *Die Musik* (1909), 92–96 sowie *AMZ*, XXXVI (1909), 273f. und 436f.

323 Erst nach der Hochzeit unterrichtete Hans seine Mutter davon, im letzten erhaltenen Brief an sie. Brief Hans von Bülow an Franziska von Bülow, 13. September 1882, in: SBPK Berlin, Bülow-Briefe 55 Nachl 85, 102.

324 Brief C. v. B. an E. F., [nach dem 5. Juli 1860] (13. Brief). Brief Hermann Franz an Sarah Franz, [Oktober 1860], in: ThSTA Meiningen, HA 258, I. Siehe u.a. Millenkovich-Morold (1937), 134f.

325 Hermann Franz schrieb aus Coburg an seine Frau: »If only the old Bülow will go! We all wish it, and are waiting for a letter from Berlin is to recall her instantly – Mrs Bülow has promised Ellen to write to her to that effect forthwith.« Siehe Brief Hermann Franz an Sarah Franz, 3. Oktober [1860], in: ThSTA Meiningen, HA 387, X.

326 Brief Hermann Franz an E. F., 1. Dezember 1860 (ibid., HA 259, I). Brief Hermann Franz an Sarah Franz, [Oktober 1860] (ibid., HA 258, I). Eduard Fischel starb im Jahr darauf an den Folgen eines Unfalles in Paris. Siehe Bülows Nachruf in der *NZFM* 13 (1863), abgedruckt in *Bülow-Schriften* II, 17–25. Einen Hinweis auf die Hochzeit mit seiner Mutter enthält der Nachruf nicht.

327 Brief C. v. B. an E. F., [Ende Mai/Anfang Juni 1862] (35. Brief).

328 Hans von Bülow an Jessie Laussot, 3. September 1863, in: *Bülow-Briefe* III, 548.

329 Wöhrle/Haas (2007, 196) sprechen von den hier angelegten »pattern of his later life«.
330 Ibid.
331 Zu den Erkrankungen an Meningitis Gewande (2004), 5 und Birkin (2011), 5.
332 Schon im November 1853 resümierte Franziska von Bülow, ihr Sohn habe auf der »steilen Künstlerbahn, wenn auch meist Anerkennung, doch alle die Dornen gefunden der ich immer fürchtend für ihn voraussah«. Franziska von Bülow an Marie Soest, 29. November 1853, in: SBPK Berlin, N. Mus. ep. 1842. Symptomatisch dafür ist Bülows Weg bis zur Entscheidung für die künstlerische Laufbahn, dazu Gewande (2004), 5–15.
333 Siehe Goltz (2005).
334 Auszüge aus Briefen Franziska von Bülows an Isidora von Bülow vom Anfang Februar 1856, 7. März 1856, 13. April 1856, 27. Mai 1856, in: *Bülow-Briefe* III, 38–42.
335 Am 27. Mai 1856 notierte Franziska von Bülow an Isidora von Bülow (*Bülow-Briefe* III, 41f.): »Da er nicht bei mir und sehr schlecht wohnt, so erschwert es Alles sehr, am meisten seine heftige, erbitterte Stimmung […]. Er sucht leider den Grund seiner Unzufriedenheit nur im Äußern, in Andern, statt in den allgemeinen Bedingungen, denen wir Alle unterworfen sind – und wenn er sich mit Andern vergleicht, hat er wahrlich keinen Grund zu klagen.«
336 Du Moulin (1921), 230.
337 Siehe die Briefnotiz Franziska von Bülows an Isidora von Bülow, Anfang Februar 1856 (*Bülow-Briefe* III, 38).
338 Gemeinsam mit den beiden Liszt-Töchtern habe Bülow etwa Alfred de Mussets *Un caprice* gespielt, ein Schauspiel aus dem Jahre 1837. Siehe dazu die anonym überlieferte Schilderung vom 20. Januar 1856 und die Briefnotiz Franziska von Bülows an Isidora von Bülow, 12. April 1856 (beides *Bülow-Briefe* III, 40).
339 Brief Hans von Bülow an Leopold Alexander Zellner, 13. August 1857, in: *Bülow-Briefe* III, 105.
340 Brief Hans von Bülow an Richard Pohl, 17. August 1857 (*Bülow-Briefe* III, 107). Ähnlich auch Haas (2002), 300.
341 Zuvor hatte sie einen Stoff aus der *Orestie* zur Vertonung zusammengestellt.
342 Brief Hans von Bülow an Richard Pohl, 24. Juli 1858, in: *Bülow-Briefe* IV, 187f. Zu Bülows Opernplänen Du Moulin (1929), 169–172 Millenkovich-Morold (1937), 94ff. und Haas (2002), 323 ff.
343 Brief Hans von Bülow an die Mutter, 31. August 1859, in: *Bülow-Briefe* IV, 259f.
344 Brief C. v. B. an E. F., [13. April 1860] (11. Brief).
345 Ibid.
346 Brief C. v. B. an E. F., 31. Januar [1861] (24. Brief).
347 Brief C. v. B. an E. F., [nach dem 20. Juni 1862] (36. Brief). Ähnlich äußert sich Cosima in einem von Du Moulin (1929, 195f.) zitierten Brief an einen unbekannten Adressaten.
348 Brief C. v. B. an E. F., [nach dem 20. Juni 1862] (36. Brief).
349 Brief Hans von Bülow an Isidora von Bülow, [14. Juni 1862]. Zit. nach Bülow (1921), 171f. Der Publizist Maximilian Harden (1914, 407) unterstellte Cosima in Zusammenhang mit dem »Beidler-Prozess«, sie sei eine »starke und männisch kluge, kalte und böse Königin«. Auch Beidler (1936/1997, 244) schrieb, man habe

ihr »mit Vorliebe und ganz allgemein männliche Intelligenz und männliche Energie nachgerühmt«.
350 Siehe auch Wöhrle/Haas (2007), 197.
351 Brief Hans von Bülow an C. v. B., 17. Juni 1869 (Gewande [2004], 90–94, hier 91).
352 Siehe Hans von Bülows Briefe an Alexander Ritter vom September 1861 (*Bülow-Briefe* III, 426f.), an die Mutter (14. Juni 1862), die Schwester Isidora (15. Juni 1862) und an Alexander Ritter (28. September 1862). Zur Konvention, als akzeptabler Bräutigam für ein sicheres Einkommen zu sorgen, siehe Hausen (1988), 94.
353 Brief C. v. B. an Hans von Bülow, 15. Juni 1869 (Gewande [2004], hier 89).
354 Brief Hans von Bülow an C. v. B., 17. Juni 1869 (ibid., 90). »Aber leider – seitdem Du mich verlassen hast – fehlt mir mein einziger Halt im Leben, im Lebenskampfe. Dein Geist, Dein Herz, Deine Freundschaft, Deine Geduld, Deine Nachsicht, Dein Verständnis, Deine Ermutigungen, Deine Ratschläge – endlich und vor allem Deine Gegenwart, Dein Blick, Dein Wort – alles das bildete meinen Lebenshalt.«
355 Brief Hans von Bülow an Franziska von Bülow, 26. Januar 1865, in: SBPK Berlin, Bülow-Briefe 55 Nachl 85,4.
356 Brief C. v. B. an E. F., [nach dem 20. Juni 1862] (36. Brief).
357 Zur generellen vermehrten Berufsbesessenheit der Ehemänner auf Kosten der Familienexistenz im 19. Jahrhundert Hausen (1988), 113. Zum Missverhältnis von Anstrengung und Erholung in Bülows Kindheit Wöhrle/Haas (2007), 196.
358 Siehe Brief C. v. B. an E. F., [13. April 1860] (11. Brief) und zwei Jahre später Bülows Brief an Alexander Ritter, 7. März 1862 (*Bülow-Briefe* III, 469f.).
359 Am 22. Januar 1857 weihte Bülow den großen Bechstein-Flügel in Berlin mit der Uraufführung der Sonate ein, die vom Publikum relativ gut, aber von der Presse ablehnend aufgenommen wurde. Dazu Gut (2011), 754.
360 Am 14. Januar 1859 dirigierte Bülow u. a. Liszts symphonische Dichtung *Die Ideale* in der Berliner Singakademie. Siehe zu den Reaktionen Anm. 529 zum Brief H. v. H. an C. W., 12. Mai 1912 (77. Brief).
361 Brief C. v. B. an E. F., [26. Februar 1861] (27. Brief).
362 Siehe Briefe C. v. B. an E. F., [nach dem 14. Juli 1860] (14. Brief), 31. Januar [1861] (24. Brief), [13. Februar 1861] (26. Brief) und [vor dem 10. März 1861] (28. Brief).
363 Bülow sprach von einer »gewaltsame[n] Beschäftigung mit diesem unglücklichen Riesenwerk«, einem »Gnadenstoß«. Brief Hans von Bülow an C. v. B., 17. Juni 1869 (Gewande [2004], 90–94, hier 91). Zu den Vorbereitungen und zur Uraufführung des *Tristan* 1865 siehe Heldt (1994), 79–109.
364 Brief Hans von Bülow an C. v. B., 17. Juni 1869 (Gewande [2004], hier 92).
365 Ibid.
366 Zu Bülows psychologischer Disposition Wöhrle/Haas (2007).
367 Siehe Brief C. v. B. an E. F., [nach dem 20. Juni 1862] (36. Brief).
368 Brief C. v. B. an Hans von Bülow, 15. Juni 1869 (Gewande [2004], 89).
369 Ibid., 88.
370 Brief Hans von Bülow an Franziska von Bülow, 12. Mai 1869, in: SBPK Berlin, Bülow-Briefe 55 Nachl 85,12.
371 Brief Hans von Bülow an Franziska von Bülow, 27. Mai 1869, ibid.,4.

372 Siehe den Brief Hans von Bülows an Victor von Bojanowski, 14. Juli 1866, ibid., 138 und die Briefe Hans von Bülows an Franziska von Bülow, 28. August 1866, 11. Januar 1867, 30. September 1868, 12. Mai 1869, ibid., 6, 7, 9, 12.
373 Brief C. v. B. an Hans von Bülow, 15. Juni 1869 (Gewande [2004], 89).
374 Brief Hans von Bülows an Victor von Bojanowski, 14. Juli 1866, in: SBPK Berlin, Bülow-Briefe 55 Nachl. 85, 138. Wegen der Umbauarbeiten in der Villa Wahnfried und der daraus resultierenden Auslagerung von Originalquellen können die drei französisch-sprachigen Briefe C. v. B.s an Isidora von Bojanowski vom 20. Juli 1864, vom November 1864 und vom 26. Dezember 1864 (NA Bayreuth, II Bw 4, Nr. 8–10) mindestens bis zum Jahr 2015 nicht eingesehen werden. Die 2011 erworbenen Briefe sind derzeit noch nicht verfilmt.
375 Brief Franziska von Bülow an Joachim Raff, 14. Juni 1869, in: BStB München, Raffiana I, Nr. 14. Leider fehlen die Briefe Nr. 15 und 16 in dem Konvolut und damit vermutlich die zeitlich direkt nachfolgenden Briefe. Mitteilungen von Dr. Nino Nodia an die Verf., 9. September und 2. Oktober 2013.
376 Siehe die Briefe Hans von Bülows an Franziska von Bülow, in: SBPK Berlin, Bülow-Briefe 55 Nachl. 85, 16, 17, 19, 20, 21.
377 Zu nennen wären die Beethoven-Sonatenabende in allen großen deutschen Städten, die Konzerttouren durch Russland (1874) und England (1875), die USA-Tournee mit 150 Aufführungen (1875/76) oder auch die Reisen mit der Meininger Hofkapelle (1881–1885). Siehe auch die Einschätzung von Wöhrle/Haas (2007), 198.
378 In seinen Briefen umschrieb Bülow die Scheidung als »›Berliner‹ Angelegenheit« (Brief Hans von Bülow an Isidora von Bülow, 10. Januar 1870, in: SBPK Berlin, Bülow-Briefe 55 Nachl. 85, 108) bzw. als »unselige Prozeßangelegenheit« (Brief Hans von Bülow an Franziska von Bülow, 9. März 1870, ibid., 16).
379 Brief Hans von Bülow an Isidora von Bojanowski, 10. Januar 1870, ibid., 108. Er fügte hinzu: »Ich handle vielleicht hierin nicht so, wie ich sollte aber ›Gott helfe mir, ich kann nicht anders‹ – ich fühle täglich mehr und mehr wie tief ich an Hirn, Herz u. s. w. zerschlagen bin und ohne Florenz, ohne Mad. Laussot – könnte ich Euch keine Mittheilung mehr über mich machen.«
380 Brief Hans von Bülow an Isidora von Bülow, 6. November 1869, ibid., 106. Er bezeichnet sich ibid. als »Dir stets so ferngebliebenen« Bruder.
381 Brief Hans von Bülow an Isidora von Bülow, 6. September 1869, in: SBPK Berlin, Bülow-Briefe 55 Nachl. 85, 115.
382 Brief Hans von Bülow an Isidora von Bülow, 10. Januar 1870, ibid., 108.
383 Siehe den Brief C. W. an Marie von Schleinitz, 5. Februar 1876 (RWG Bayreuth, Hs 190-122). Siehe Brief C. W. an H. v. H., 5. März 1889 (54. Brief). So auch Mack (1980), 6. 1883 kam kurzzeitig die Idee auf, Bülow könne Hauptdirigent der *Festspiele* werden. So Mack (2013), 134.
384 Wöhrle/Haas (2007), 196f.
385 Ellen war drei Wochen jünger als Daniel Liszt.
386 Laut Geburtseintrag im Kirchenbuch Naumburg lauteten ihre Vornamen Hermina Helene Marie Auguste (ThStA Meiningen, Staatsminister und Abteilung des herzoglichen Hauses und des Äußeren 314); genannt wurde sie jedoch ein Leben lang Ellen; der Ehevertrag mit Herzog Georg II. führt sie sogar nur als »E.« auf.

387 Hermann Franz, (1803–1870), heiratete am 4. Juli 1838 Sarah Franz, geb. Grant. Die nachfolgenden Informationen stammen aus Hase-Koehler (1929), 7. Ähnlich auch Fetting (2013), 123f.
388 Sarah Franz, geb. Grant (1808–1890). Dass es sich, wie Hase-Koehler (1929, 7) schreibt, um die Tochter eines schottischen Lords gehandelt habe, ist bislang nicht zu belegen.
389 Ellens Bruder Reinhold Franz (1840–1908), promovierter Mediziner, Badearzt in Langenschwalbach, Leibarzt des Herzogs, heiratete am 21. Oktober 1875 Tala Kraushaar.
390 Ellen bat ihre Mutter, Salomon Hermann Mosenthals Volksstück *Deborah* zu lesen (Brief E. F. an Sarah Franz, Tuesday morning [Ende August 1860], in: ThSTA Meiningen, HA 387, X), ebenso das *Feuer in der Mädchenschule*. Brief E. F. an Sarah Franz, 9. November [1860] (ibid., IX). Wohl zu Beginn des Jahres 1861 erbat Ellen von ihrer Mutter eine Ausgabe von Schillers *Wallensteins Tod,* in Vorbereitung auf die Übernahme der *Thekla,* die am 11. März 1861 jedoch Anna Versing-Hauptmann spielte. Brief E. F. an Sarah Franz, ohne Datum (ibid., X).
391 Siehe Abschnitt »Bedeutung der Freundschaft für Ellen: Freundin und Wegbegleiterin«.
392 Siehe die Briefe E. F. an ihre Familie (ThSTA Meiningen, HA 258 und 259 sowie 387, I–XIV).
393 Zu Weihnachten 1860 schrieb die 20-Jährige nach Hause, sie habe »dredful Heimweh«. Brief E. F. an Sarah Franz, [Dezember 1860] (ibid., HA 387, XI). Zu den Krankheiten siehe weiter oben im Text.
394 Siehe u. a. Du Moulin (1918), Strauss (1912), Martin (1931), Sokoloff (1970), Marek (1993), Skelton (1995), Beidler (1938–1951/1997), Karbusicky (1997), Giroud (1998), Reiser (2006), Hilmes (2007), Köhler (2007) und Borchmeyer (2008).
395 Siehe u. a. Hase-Koehler (1929), Hoffmann-Aleith (1989), Reißland (1989), Erck (1999) und Henneberg (2011).
396 Brief C. W. an H. v. H., 23. September 1896 (67. Brief).
397 Brief C. W. an H. v. H., 7. Februar 1877 (38. Brief).
398 Brief C. v. B. an E. F., [7. Februar 1861] (25. Brief).
399 Brief C. W. an H. v. H., 18. Mai 1912 (78. Brief).
400 Brief C. W. an H. v. H., 4. Februar 1906 (76. Brief). Zu den zeitweiligen Lachanfällen siehe die Briefe C. v. B. an E. F., 6. September 1860 (20. Brief), [8. April 1861] (31. Brief).
401 Brief C. W. an H. v. H., 7. Februar 1877 (38. Brief).
402 Brief C. L. an Franz Liszt, 5. Juni [1852] (NA Bayreuth, Bb1-46), 16. November 1852 (ibid., 21), 16. Januar 1853 (ibid., 22), 15. Februar 1853 (ibid., 23), 18. Mai 1853 (ibid., 26). Auch Millenkovich-Morold (1937, 36) bemerkte die englischsprachige Korrespondenz mit dem Vater, ohne diese zeitlich jedoch einzuordnen.
403 Waldberg (1933) nannte sie eine »zweisprachige Seele«. Über den zeitlichen Vorrang der einzelnen Sprachen lässt sich nur spekulieren.
404 Brief C. W. an Marie von Schleinitz, 9. Mai 1871 (RWG Bayreuth, Hs 190–6).
405 In Zusammenhang mit dem Else von Hase-Koehler angebotenen »Du« zitiert diese Helene: »Ich bin nicht verschwenderisch mit dem ›Du‹ – außer den Verwandten

und Kindern weiß ich nur noch ein Menschenkind, dem ich das ›Du‹ angeboten habe, und mein Alter wie früher meine Stellung brachten das ›Sie‹ ganz selbstverständlich mit sich.« Undatierte Briefabschrift H. v. H. an Else von Hase-Koehler, in: Hase-Koehler (1929), 248.

406 Zur Begegnung mit einem amerikanischen Gast, dem Bülow offenbar nicht behilflich sein konnte, siehe Brief C. v. B. an E. F., [nach dem 5. Juli 1860] (13. Brief).
407 Brief C. v. B. an E. F., 6. September 1860 (20. Brief).
408 Brief C. W. an Marie von Schleinitz, 9. Mai 1871 (RWG Bayreuth, Hs 190–6). Zu Hans von Bülows Ermüdung gegenüber französischer Konversation, die ihm neben der »italienischen Sprachmusik ohrverletzend als ein affectirter Jargon« erschien, siehe den Brief Hans von Bülow an Isidora von Bojanowski, 9. November 1869, in: *Bülow-Briefe* IV, 333.
409 Brief E. F. an Sarah Franz, 9. November [1860], in: ThSTA Meiningen, HA 387, IX. In einem Brieffragment Ellens an Sarah Franz verabschiedete sie sich mit der Wendung »Your own Chick«. Undatiertes Brieffragment E. F. an Sarah Franz (ibid., XIV). Auch ibid. 259, I finden sich überwiegend undatierte Briefe von Sarah Franz an Ellen, in denen die Bezeichnung »chick« Verwendung fand, aber auch »Schnips«. Die Bezeichnung findet sich auch noch in einem Brief aus Mannheim. Brief E. F. an Sarah Franz, [September 1864] (ibid., 387, II).
410 Brief C. W. an H. v. H., 11. Mai 1900 (68. Brief).
411 Du Moulin (1921), 230.
412 Brief C. v. B. an E. F., [Ende März 1861] (30. Brief).
413 Brief C. v. B. an E. F., 6. September 1860 (20. Brief).
414 Siehe die Briefe C. v. B. an E. F., [vor dem 23. März 1860] (9. Brief), [13. April 1860] (11. Brief), [um den 18. April 1860] (12. Brief), [nach dem 5. Juli 1860] (13. Brief). [nach dem 14. Juli 1860] (14. Brief), [29. August 1860] (19. Brief), 6. September 1860 (20. Brief), [Jahreswechsel 1860/61] (23. Brief), 31. Januar [1861] (24. Brief), [vor dem 10. März 1861] (28. Brief), [8. April 1861] (31. Brief), [18. April 1861] (32. Brief), [Anfang Juli 1861] (33. Brief), [16. Mai 1862] (34. Brief) sowie [nach dem 20. Juni 1862] (36. Brief).
415 Brief C. v. B. an E. F., [23./24. März 1860] (10. Brief).
416 Brief C. v. B. an E. F., [Sommer 1860] (17. Brief).
417 Ibid.
418 Ibid.
419 Brief C. v. B. an E. F., [7. Februar 1861] (25. Brief). Siehe auch ihre Briefe [vor dem 10. März 1861] (28. Brief) und [nach dem 12. März 1861] (29. Brief).
420 Brief C. v. B. an E. F., [7. Februar 1861] (25. Brief).
421 Brief C. v. B. an E. F., [18. April 1861] (32. Brief).
422 Brief C. v. B. an E. F., [nach dem 12. März 1861] (29. Brief).
423 Brief C. v. B. an E. F., [18. April 1861] (32. Brief).
424 Brief C. W. an H. v. H., 23. September 1896 (67. Brief).
425 Brief C. W. an Marie von Schleinitz, 9. Mai 1871 (RWG Bayreuth, Hs 190–6).
426 Brief C. W. an H. v. H., 23. September 1896 (67. Brief).
427 Brief C. v. B. an E. F., [Mitte Juli 1860] (15. Brief). Auch Jahre später gab sie zu, Ellen »alles« zu erzählen. Brief C. v. B. an E. F., [nach dem 20. Juni 1862] (36. Brief).

428 Brief C. v. B. an Hans von Bülow, 15. Juni 1869 (Gewande [2004], 87–90, hier 89).
429 Brief C. v. B. an E. F., [Mitte Juli 1860] (15. Brief). Cosima schrieb u. a. »Zu all dem kommt, dass Hans immer niedergeschlagener ist, regelrecht angewidert durch gewisse Umstände und Personen, so dass ich, obwohl ich ihm keine Hilfe bin (denn wer kann schon in dieser seelischen Verfassung eine Hilfe sein), das Gefühl habe, ich sollte ihn keine Minute allein lassen.«
430 Brief C. v. B. an E. F., [22. August 1860] (18. Brief).
431 Brief C. v. B. an E. F., 6. September 1860 (20. Brief).
432 Siehe Brief E. F. an Sarah Franz, Tuesday morning [Frühjahr 1861], in: ThSTA Meiningen, HA 387, X (siehe Anm. 480 im Text). Auch Hedwig Dohm teilte mit, sie habe während ihrer fünf Schwangerschaften »ein Martyrium [gelitten, d. V.], das mich zu Selbstmordgedanken brachte. So lange ich ruhelos und beschäftigungslos umherlief, war es am ärgsten. Da verfiel ich, um der Qual zu entgehen, darauf, spanische Verse [...] ins Deutsche zu übersetzen. Und das waren die einzigen erträglichen Stunden am Tage, wo ich erregtester geistiger Spannung, nach Worten und Reimen suchend, mich selbst und mein Leiden vergaß.« Hedwig Dohm, *Die Antifeministen. Ein Buch der Verteidigung,* Berlin 1902, 44.
433 Brief Hermann Franz an Sarah Franz, [Oktober 1860], in: ThSTA Meiningen, HA 258, I. Bülow bemerkte dies gegenüber Ellens Bruder Reinhold.
434 Brief C. v. B. an E. F., 6. September 1860 (20. Brief).
435 Brief C. v. B. an E. F., [Mitte Juli 1860] (15. Brief). Siehe auch den Brief C. v. B. an E. F., [8. April 1861] (31. Brief).
436 Siehe die Ausführungen in den Abschnitten »Die Ehe mit Hans von Bülow«, »Ungleiche Kräfteverhältnisse« und »Das Ende der Ehe«.
437 Brief C. v. B. an E. F., [nach dem 14. Juli 1860] (14. Brief). Dort schreibt sie: »[...] doch was den anderen Teil von mir betrifft, weiß ich nicht, was ich darüber sagen soll, und so ist es wohl besser, wenn ich gar nicht darüber spreche.«
438 Brief C. v. B. an E. F., [nach dem 20. Juni 1862] (36. Brief).
439 In folgenden Briefen bezeichnete sich C. v. B. gegenüber E. F. als »alt« bzw. »uralt«: [Juni 1859] (2. Brief), [September 1859] (3. Brief), [November 1859] (4. Brief), [um den 18. April 1860] (12. Brief), [nach dem 5. Juli 1860] (13. Brief), [31. Juli 1860] (16. Brief), [Sommer 1860] (17. Brief), [Jahreswechsel 1860/61] (23. Brief), [7. Februar 1861] (25. Brief), [13. Februar 1861] (26. Brief), [26. Februar 1861] (27. Brief), [vor dem 10. März 1861] (28. Brief), [Ende Mai/Anfang Juni 1862] (35. Brief) [nach dem 20. Juni 1862] (36. Brief).
440 Dies entsprach der von Habermas (2000, 257) dargestellten »Damenvisite« im Unterschied zu den »Männergesellschaften«.
441 Brief C. v. B. an E. F., [nach dem 10. Februar 1860] (6. Brief).
442 Brief C. v. B. an E. F., [vor dem 10. März 1861] (28. Brief). Siehe auch den Brief [nach dem 10. Februar 1860] (6. Brief).
443 Sie rät mit klaren Worten von einem Besuch bei Hedwig Dohm ab, siehe C. v. B. an E. F., [23./24. März 1860] (10. Brief). Siehe zum Thema einer »salonfähigen Freundschaft« auch Labouvie (2009), 13 und allgemeiner Habermas (2000), 247–258.
444 Briefe C. v. B. an E. F., [Juni 1859] (2. Brief) und 6. September 1860 (20. Brief).

445 Siehe die Briefe C. v. B. an E. F., [September 1859] (3. Brief), [21. März 1860] (8. Brief), [Sommer 1860] (17. Brief), [29. August 1860] (19. Brief), 6. September 1860 (20. Brief), [13. Februar 1861] (26. Brief), [nach dem 20. Juni 1862] (36. Brief).
446 Brief C. v. B. an E. F., [nach dem 10. Februar 1860] (6. Brief). Cosima schrieb: »Meine Liebe, ich muss mich auch bei Dir entschuldigen, für die Unhöflichkeit, die ich Dir in Gotha gezeigt habe, verzeih mir, ohne es zu verstehen; wenn ich einmal sehr alt bin, werde ich vielleicht mit Dir über diese Zeiten der Jugend sprechen können und dann wirst Du begreifen, wie es kommt, dass ich so leidend, und deshalb nicht so still und freundlich bin, wie ich sein sollte.«
447 Brief C. v. B. an E. F., [21. März 1860] (8. Brief).
448 Marie von Bülow gibt, um nur ein Beispiel aus Cosimas direktem Umfeld zu nennen, ein Schreiben von Franziska von Bülow an ihre Tochter vom Ende des Jahres 1852 wieder. Dort heißt es: »Ich bin sehr intim mit Bettina [von Arnim] geworden, die sagt, daß sie mich liebt [...].« Brief Franziska von Bülow an Isidora von Bülow, Anfang Oktober [1852], in: *Bülow-Briefe* I, 475.
449 Siehe etwa die Verbindung zwischen Marie Fillunger und Eugenie Schumann, für deren Beziehung die Quellen und Lebensumstände aussagekräftiger sind. Siehe u. a. Rieger (2002, 348–355) und Siegfried (2013). Hinsichtlich Ethel Smyth siehe insbesondere Hunt (2010).
450 Briefe C. v. B. an E. F., [2. März 1859] (1. Brief), [September 1859] (3. Brief), [15. Dezember 1859] (5. Brief), [nach dem 10. Februar 1860] (6. Brief), [31. Juli 1860] (16. Brief), [Sommer 1860] (17. Brief), [7. Februar 1861] (25. Brief), [nach dem 12. März 1861] (29. Brief), [Ende Juni/Anfang Juli 1862] (37. Brief).
451 Brief C. v. B. an E. F., [2. März 1859] (1. Brief).
452 Brief C. v. B. an E. F., [15. Dezember 1859] (5. Brief).
453 Briefe C. v. B. an E. F., [vor dem 23. März 1860] (9. Brief) und [23./24. März 1860] (10. Brief).
454 Brief C. v. B. an E. F., [Sommer 1860] (17. Brief).
455 Brief C. v. B. an E. F., [29. August 1860] (19. Brief).
456 Brief C. v. B. an E. F., 6. September 1860 (20. Brief).
457 Brief C. v. B. an E. F., 31. Januar [1861] (24. Brief).
458 Brief C. v. B. an E. F., [7. Februar 1861] (25. Brief).
459 Brief C. v. B. an E. F., [13. Februar 1861] (26. Brief).
460 Brief C. v. B. an E. F., [13. Februar 1861] (26. Brief).
461 Brief C. v. B. an E. F., [26. Februar 1861] (27. Brief).
462 Brief C. v. B. an E. F., [vor dem 10. März 1861] (28. Brief).
463 Brief C. v. B. an E. F., [nach dem 12. März 1861] (29. Brief).
464 Brief C. v. B. an E. F., [vor dem 10. März 1861] (28. Brief).
465 Brief C. v. B. an E. F., [nach dem 12. März 1861] (29. Brief).
466 »Das Leben geht weiter mit den Mühen der Beschäftigung, Geschäfte, mit Freuden (!), Pflichten und traurigen Dingen, und all dies ist meiner Gesundheit nicht zuträglich [...].« Brief C. v. B. an E. F., [13. Februar 1861] (26. Brief).
467 Brief C. v. B. an E. F., [nach dem 12. März 1861] (29. Brief). Rosalie von Bojanowski (später auch »Frau B.«, Bojanowska, Bojanowski, Bojanowsky oder Boja) war die Mutter von Victor von Bojanowski (1831–1892), der am 4. Oktober 1862 Hans von Bülows Schwester Isidora heiratete (*Biographisches Handbuch* [2000],

214). Sie zog zu Ellen Franz nach Gotha, da es nicht üblich war, dass junge Frauen vor dem Erreichen ihrer Volljährigkeit allein wohnten.
468 Brief C. v. B. an E. F., [8. April 1861] (31. Brief). Sie richtet Frau von Bojanowski lediglich Grüße aus, betont aber, dass es ihr unmöglich sei, ihr zu schreiben.
469 Nach dem Brief C. v. B. an Ludmilla Assing vom 19. Dezember 1859 (BJK, VS 40) folgte nach über einjähriger Pause am 7. Januar 1861 die Entschuldigung für die ausgelassenen Neujahrswünsche und das Versprechen, sich bei ihrer Rückkehr aus Weimar bei Ludmilla zu melden, sowie die Verabredung zu einer Lesung (Brief, 15. April 1861, ibid.) Siehe auch Anm. 304f. und 309 im Text.
470 Brief Hans von Bülow an Ludmilla Assing, 5. Mai 1861, in: BJK, VS 40. Dafür, dass Bülow stark erkältet war, entschuldigte er sich mit recht arabesken Formulierungen.
471 Brief C. v. B. an E. F., [Ende März 1861] (30. Brief). Zur Einrichtung siehe Brief C. v. B. an E. F., [8. April 1861] (31. Brief).
472 Brief C. v. B. an E. F., [Ende März 1861] (30. Brief).
473 Siehe die Briefe C. v. B. an E. F., [Ende März 1861] (30. Brief) und [Ende Juni/ Anfang Juli 1862] (37. Brief).
474 Brief C. v. B. an E. F., [Jahreswechsel 1860/61] (23. Brief).
475 Ellen bat die Mutter um »the album from Breest, my letters from Queen, my fleurs animées, and my little written Poésie-book«. Brief E. F. an Sarah Franz, Tuesday morning [Ende August 1860], in: ThSTA Meiningen, HA 387, X. Mit den »fleurs animées« ist entweder das 1846 erstmals in Paris herausgegebene gleichnamige französische Kinderbuch von Grandville u. a. gemeint oder Theodor Kullaks 1850 in der Leipziger Edition Peters erschienene Klavierkomposition *Les fleurs animées, peintures musicales pour le piano op. 57.*
476 »[...] she beseeched me to have faith in her, nobody not I myself understood the love she had for me etc. and said she would come to me from Weimar, so I expect her daily; in my next I shall write and tell you ausführlich all about it [...].« Brief E. F. an Sarah Franz, Tuesday, in: ThSTA Meiningen, HA 387, X.
477 »[She, d. Verf.] does understand appreciate and feel love, but it is but too true that she is one of those, who will never be happy, poor thing, she has however also good reason to be unhappy, as I know; she ran away from her father last Monday to come and see me only for a few hours and then she told me what I can never tell any body again and I am the only one who knows it, but she is very much to be pitied and admired, believe me dearest! We did not mention our disagreement, because we both know that explanations never do good, but I know that I am the person she loves most, after her father and perhaps husband; she will by this time have been by you, darling Mother, and for my sake, forgive her and trust her again; I shall never cease to thank you for it!« Siehe Brief E. F. an Sarah Franz, Tuesday morning [März 1861], (ibid.). Siehe auch die Passage: »I have been expecting Queen in rain for the last week, but as I have not heard from her, I do not yet give her up; I should like much to see her, I think we should come to a better understanding after having talked the matters over; although you know she wrote me such a touching beautiful letter that I have forgiven all [...] think, darling, that she is peculiar, unhappy, and that she has a great respect and kind feeling towards you, or else she could not have told me last summer, that in case of her death she

wished you to have the care of her child! And so have patience with her, my kind dear Mother, and at least always trust her, where I am concerned for nothing shall ever make me doubt her again after her last letter to me [...].« Brief E. F. an Sarah Franz, Tuesday morning [Frühjahr 1861] (ibid.).
478 Brief C. v. B. an E. F., [nach dem 20. Juni 1862] (36. Brief).
479 Brief Hermann Franz an Sarah Franz, [Oktober 1860], in: ThSTA Meiningen, HA 258, I.
480 Brief E. F. an Sarah Franz, Tuesday (ibid., HA 387, X). Es ist nicht auszuschließen, dass Ellens Vater das Engagement seiner Tochter am Herzoglichen Hoftheater in Coburg-Gotha unterstützte (StA Coburg, Theater 1087), weil er die Distanz zu Cosima fördern wollte. Die Hoffnung der Mutter, Cosimas Schwangerschaft würde das Interesse für ihre jüngere Freundin erlahmen lassen (4. Februar 1906), behagte Cosima nicht. Am [29. August 1860] (19. Brief) notierte sie aufgeregt, Sarah ließe sich die Briefe ihrer Tochter an sie zeigen. Cosima äußerte [Ende Mai/Anfang Juni 1862] (35. Brief) das Gefühl, Ellens Mutter möge sie nicht.
481 »From Queen I received a beautiful letter, it seems she misunderstood you dearest, and thought you did not like her influence on me; she beseeched me to have faith in her [...].« Brief E. F. an Sarah Franz, Tuesday, in: ThSTA Meiningen, HA 387, X. Siehe auch den zweiten Brief, datiert lediglich auf Tuesday morning, ibid.
482 Brief C. v. B. an E. F., 6. September 1860 (20. Brief).
483 Brief C. v. B. an Helenes Mutter, [November 1860] (22. Brief).
484 Brief C. v. B. an E. F., [7. Februar 1861] (25. Brief).
485 Brief C. v. B. an E. F., [Ende März 1861] (30. Brief).
486 Das auf den 18. Dezember datierte Gedicht *Refutation* findet sich in ThSTA Meiningen, HA 259,I.
487 Siehe Brief E. F. an Sarah Franz, Tuesday morning (ibid., HA 387, X).
488 Brief E. F. an Sarah Franz, Tuesday morning [Januar 1861] (ibid.). Dort heißt es: »And now to you dear letter my kind dear Mother! How bad and unkind it was in you, to speak of glow-worm light under my feet; do you know that you made me cry for hours, and that I was very sad, you did not understand my love to you? I thought you knew how I feel towards you, and how well I know that your talent is much more worth working upon than mine? I was sorry, my Mother could be so ironical and unfair to the feelings of her Child.«
489 Siehe Brief E. F. an Sarah Franz, Wednesday evening [Dezember 1860] (ibid., XIV). Um die Jahreswende 1860/61 schrieb Ellen: »I wish you would have your poems published, that would be a good occupation, for your sad lonely hours. Can you not make your mind to do it?« Brief E. F. an Sarah Franz, Saturday, ibid., X.
490 Siehe Brief E. F. an Sarah Franz, Wednesday evening, in: ThSTA Meiningen, HA 387, XIV.
491 Einzelne Gedichte enthält ibid., HA 259, I. So u. a. das Gedicht auf Ellen, datiert auf Coburg, 12. Oktober 1860: »Give me the eye that brightens,/That brightens with a smile,/Give me the eye that lightens:/A cruelty or guile: /Give me the eye that dances/Like sunlight in its glee,/That joy itself enhances/And birds e'en sorrow flea! /If you a blithesome maiden/With such an eye should see,/And youthful pride arrayed in/My Ellen sure is she!«
492 Siehe Abb. 7.

493 Brief E. F. an Sarah Franz, Sunday afternoon [September 1860], in: ThSTA Meiningen, HA 387, II. Ellen schreibt, sie habe bereits 16 Stunden bei Frau Schlönbach gehabt.
494 Brief E. F. an Sarah Franz, 9. November [1860] (ibid., IX).
495 Daran litt Ellen um die Premiere des *Kleinen Dämon* am 15. April 1861. Siehe Brief E. F. an Sarah Franz, ohne Datum (ibid., X).
496 Helene war z. B. traurig, ihrer Freundin weder zu Weihnachten 1860 noch zum darauf folgenden Geburtstag eine Kleinigkeit schenken zu können. Brief E. F. an Sarah Franz, [Dezember 1860] (ibid., XII). Brief E. F. an Sarah Franz, Tuesday morning [Januar 1861], in: ThSTA Meiningen (ibid., X).
497 So schrieb sie »I have a dredful quantity of Proben and nearly daily lessons of the Schloenbach for the next fortnight, for you will understand my own darling Mother, that I wish to strike Dawison as something außer-gewöhnlich!« Brief E. F. an Sarah Franz, Sunday afternoon [September 1860], in: ThSTA Meiningen, HA 387, II., was der Intendant offenkundig zu würdigen wusste, da sie ihn ibid. als »very pleased and rather nice with me« beschrieb. Rasch sandte er ihr vier neue Rollen: *Amalia* in *Die Räuber* von Schiller, die Hauptrolle in *Die Braut Conradin's* und eine Rolle im *Feuer in der Mädchenschule* sowie im *Vetter* von Benedix.
498 Siehe Brief C. v. B. an E. F., [22. August 1860] (18. Brief). Zur Einladung zu Weihnachten siehe auch den Brief E. F. an Sarah Franz, [Dezember 1860], in: ThSTA Meiningen, HA 387, XII.
499 Brief E. F. an Sarah Franz, [Poststempel auf dem Umschlag: Coburg 15. September 1860] (ibid., X).
500 Brief E. F. an Sarah Franz, 9. November [1860] (ibid., IX).
501 Brief E. F. an Sarah Franz, [Dezember 1860] (ibid., XII).
502 Anna Versing-Hauptmann spielte laut den Programmzetteln u. a. am 25. Januar 1861 die *Margarethe* im *Faust*, am 28. Januar 1861 und am 7. März die *Minna von Barnhelm*, am 30. Januar 1861 *Hedwig van der Gilden* in *Der Ball zu Ellersbrunn*. Johanna Grahl spielte am 8. November 1860 *Fanchon Vivieux* in *Die Grille*, am 6. September 1860 (zum 1. Male) sowie 16. November 1860, am 7. und 11. Januar 1861 in Gotha die *Anna-Lise*.
503 Briefe C. v. B. an E. F., [18. April 1861] (32. Brief) und [Anfang Juli 1861] (33. Brief).
504 Zu den unehelichen Kindern zählen angeblich: Helene von Sternheim (1839–1900), Karl Raymond von Ketschendorf (1848–1899) und Kamillo Graf Razumovsky von Wigstein (1852–1917).
505 Brief C. v. B. an E. F., [Anfang Juli 1861] (33. Brief).
506 Ibid.
507 Anna Versing-Hauptmann (1834–1896), Schauspielerin. Sie debütierte 1849 in Olmütz; es folgten Engagements in Prag und Brünn (1850–52). Später gastierte sie u. a. in Frankfurt a. M., Breslau, Wien, Pest, Leipzig und Wien. In Coburg wurde sie 1861 auf Lebenszeit engagiert und zur Vorleserin der Herzogin ernannt. 1865 bat sie um Entlassung, begab sich wieder auf Gastspielreisen und spielte 1867–1879 im deutschen Theater Prag. Siehe auch Franz Brümmer »Versing-Hauptmann, Anna«, in: ADB 54 (1908), 742–743.

508 Zu den Streitigkeiten zwischen den Schauspielerinnen Johanna Grahl und Anna Versing-Hauptmann, 1863 StA Coburg, Theater Nr. 626.
509 Siehe die Briefe E. F. an Sarah Franz, Tuesday morning (ThSTA Meiningen, HA 387, X) und den späteren Brief [vom Januar 1861] (ibid.).
510 Brief C. v. B. an E. F., [10. September 1860] (21. Brief), dort besonders Anm. 199.
511 Brief Sarah Franz an E. F., 7. Mai [1861], in: ThSTA Meiningen, HA 259, I. Es handelte sich um den Theateragenten Alois Heinrich in der Berliner Taubenstraße.
512 Brief C. v. B. an E. F., [29. August 1860] (19. Brief).
513 Brief C. v. B. an E. F., 6. September 1860 (20. Brief).
514 Zur Wohnsituation bei der Hofrätin Becker in der Coburger Auguststraße siehe Brief E. F. an Sarah Franz, Tuesday morning [Ende August 1860], in: ThSTA Meiningen, HA 387, X.
515 Brief C. v. B. an E. F., [7. Februar 1861] (25. Brief).
516 Siehe auch den Brief C. v. B. an E. F., [8. April 1861] (31. Brief).
517 CWT, 11. Juli 1869 (Bd. I, 126). Siehe auch die Äußerung im Brief C. W. an H. v. H., 19. März 1877 (40. Brief).
518 Brief C. v. B. an E. F., 31. Januar [1861] (24. Brief).
519 Im Oktober 1857 war das Paar in eine Wohnung in der Anhaltstraße gezogen, in die im Frühjahr 1858 offenbar eingebrochen wurde (Du Moulin [1929], 162). Von dort zog Cosima wohl im März 1861 zunächst allein an den Encke Platz 7 (siehe Anm. 289 zum Brief C. v. B. an E. F., [nach dem 12. März 1861] 29. Brief). Im April 1861 fand beider Umzug in die Schönebergerstraße statt. Die neue Wohnung wurde offenbar als wenig repräsentativ empfunden. Gewande bezieht sich auch auf Wagners Äußerungen in *Mein Leben* II, 690f (2004, 49).
520 Brief C. v. B. an E. F., [8. April 1861] (31. Brief).
521 Siehe auch Cosimas bereits angeführte Sprachbarriere (siehe den Abschnitt »Cosima und Ellen – die frühe Phase der Freundschaft«), weil ihr Französisch nun nicht mehr die »Sprache ihres Herzens« schien, sie ihrem Vater aber nicht »plötzlich deutsch schreiben [konnte, d. Verf.], ohne dass er sich mit Recht verwundere«. Brief C. W. an Marie von Schleinitz, 9. Mai 1871 (RWG Bayreuth, Hs 190–6).
522 Siehe Gatter (1996), 416, Nummer 387. Die nachfolgend publizierten Übersetzungen erschienen ohne das Kürzel »E. Franz«. Diese setzten am 1. Dezember 1862 ein und erschienen bis zum 1. März 1863. Siehe Gatter (1996), 418 (Nr. 400).
523 Siehe die Abschnitte »Gesellschaftliche Präsenz« und »Emotionalität und Leiblichkeit«.
524 Stempel (1967), 224.
525 Vorgeschoben war eventuell nur die Argumentation, eine nicht im gewünschten Zeitraum erschienene Übersetzung von Alfred Meißners Erzählung *Zur Ehre Gottes* sei für das Ende der Arbeit verantwortlich gewesen. Dazu Martin (1931), 699f. und Stempel (1967), 208.
526 Erwähnt sei Wagners Notiz in *Mein Leben,* 675. »Ich nahm im Hausflur Abschied und begegnete hier einem fast scheu fragenden Blick Cosimas.«
527 Siehe die 11 (leeren!) Briefumschläge C. v. B. an Richard Wagner aus dem Zeitraum 1859–1861, in: RWG Bayreuth, Hs 81/V (11–21).
528 Beidler (1938–1951/1997), 138f.
529 Brief C. v. B. an E. F., [Ende Mai/Anfang Juni 1862] (35. Brief).

530 Brief Richard Wagner an C. v. B., 15. Januar 1862 (S Br 14, 48f.).
531 Brief Richard Wagner an C. v. B., 21. September 1862 (S Br 14, 258f.). So auch Rieger (2009), 216.
532 Eger (2010), 40 und 42. Jedoch ist die Begründung, Cosima sei zur Jahresmitte doch schließlich bereits mit Blandine schwanger gewesen, nicht überzeugend.
533 Brief C. v. B. an E. F., [nach dem 20. Juni 1862] (36. Brief).
534 Siehe die fünf (leeren!) Briefumschläge C. v. B. an Richard Wagner, die laut den Poststempeln auf den Zeitraum vom 21. September 1859 bis zum 1. April 1861 datierbar sind, in: RWG Bayreuth, Hs 81/V (11-15).
535 Zunächst hatte Bülow Richard Wagner »volle Gastfreundschaft angeboten, volle Ungestörtheit zum Arbeiten, und volle Unbesorgtheit um sonst Alles u. Jedes.« Brief Richard Wagner an Minna Wagner, 12. Januar 1862 (S Br 14, 45). Dann deuteten sich Schwierigkeiten an, siehe Brief Richard Wagner an Minna Wagner, 15. Januar 1862 (S Br 14, 50) und Brief Richard Wagner an Peter Cornelius, 9. Februar 1862 (S Br 14, 68) und Wagners Sichtweise in *Mein Leben* (690f.). Beidler (1938-1951/1997, 137) interpretiert Cosimas Verhalten als Versuch, Bülow vor Wagners unflätigen Äußerungen zu schützen.
536 Brief C. v. B. an Minna Wagner, 27. Mai 1862 (S Br 14, 534). Damals ging sie auch selbst noch von einem zweimonatigen Besuch in Wiesbaden aus. Brief C. v. B. an E. F., [16. Mai 1862] (34. Brief).
537 Wagner äußerte sich in *Mein Leben,* 690f., abwertend über »den Charakter der Niederlassung Bülows«.
538 Brief C. v. B. an E. F., [Ende Mai/Anfang Juni 1862] (35. Brief).
539 Ibid.
540 Zu nennen sind neben Minna Mathilde Maier, Friederike Meyer und Mathilde Wesendonck. Aufschlussreich sind Rieger (2009), Susanne Vills Beitrag »Frauen« im *Wagner-Lexikon* (2012), 238-242 und Mack (2013).
541 Brief C. v. B. an E. F., [Ende Mai/Anfang Juni 1862] (35. Brief).
542 Ibid.
543 Brief C. v. B. an E. F., [nach dem 20. Juni 1862] (36. Brief).
544 Ibid. Ähnlich Jahre später ihre Reaktion auf die 2. Schwangerschaft von Verena Stocker, siehe CWT, 7. Mai 1869 (Bd. I, 93).
545 Dazu Mack (2013), 78.
546 »Ich bedarf eines weiblichen Wesens, welche mir zunächst die Besorgung meines Hausstandes abnimmt und endlich durch Bildung und Charakter mir nahe genug steht, um durch ihren freundlichen Umgang meinen geistigen und gemütlichen Bedürfnissen zu genügen.« Brief Richard Wagner an Mathilde Maiers Mutter, 25. Juni 1864, zit. nach Mack (2013), 78. Zum Zusammenhang zwischen Wagners Werk und ›seinen Frauen‹, seinem Frauen- und Liebesbegriff Rieger (2009), passim. Zum intellektuellen Austausch mit Cosima (ibid., 125), zur durch sie ermöglichten Fertigstellung des *Ring* und des *Parsifal* (ibid., 228) und zu Wagners Dominanz über und seiner Abhängigkeit von ihr (ibid., 225).
547 Die »Grausamkeit« einer Scheidung war für Wagner »vor seinem Gewissen und der Welt« nicht verantwortbar. Dazu Mack (2013), 78.

548 Minna Wagner starb am 25. Januar 1866. Bülows Einwilligung in die Scheidung erfolgte am 17. Juni 1869, der Vollzug am 18. Juli 1870 (dazu Gewande [2004], 87–94), die Heirat am 25. August 1870.
549 CWT, 28. November 1869 (Bd. I, 173f.). Nach Ansicht von Naegele/Ehrismann (2013, 13) änderte Wagner »sein Denken und Handeln im Hinblick auf seine Nachkommenschaft« erst mit Isoldes Geburt.
550 Siehe die Briefe Richard Wagner an Peter Cornelius, 9. Januar 1862 (S Br 14, 42), Richard Wagner an Minna Wagner, 12. Januar 1862 (S Br 14, 45), Richard Wagner an Charles Nuitter, 10. April 1862 (S Br 14, 130), Richard Wagner an Minna Wagner, 21. April 1862 (S Br 14, 132), Richard Wagner an Charles Nuitter, 23. April 1862 (S Br 14, 136), Richard Wagner an August Röckel, 17. Juni 1862 (S Br 14, 188), Richard Wagner an Mathilde Maier, Juni 1862 (S Br 14, 197). Siehe auch den Brief Hans von Bülow an Karl Klindworth, 1. Mai 1861, in: Du Moulin (1927), 9.
551 Siehe u. a. Gewande (2004), 235; Eger (2010), 38.
552 Brief Richard Wagner an Mathilde Maier, Juni 1862 (S Br 14, 198). C. v. B.s Brief an Alfred Meißner vom 20. Juli 1862 gibt Du Moulin (1929, 203–206) auszugsweise wieder.
553 Brief C. v. B. an E. F., [nach dem 20. Juni 1862] (36. Brief).
554 Brief Hans von Bülow an Richard Pohl, 31. Juli 1862 (*Bülow-Briefe* III, 482)
555 Siehe die Zusammenfassung der Ereignisse bei Eger (2010), 38. Dies legt nahe, dass Malvina Schnorr von Carolsfeld Jahre früher »völlige Klarheit über die Beziehung Cosimas zu Wagner« erlangte. Siehe auch Kurth/Rückert (2013), 106.
556 Brief Hans von Bülow an Richard Pohl, 31. Juli 1862 (*Bülow-Briefe* III, 481).
557 Brief Hans von Bülow an Richard Pohl, 31. Juli 1862 (*Bülow-Briefe* III, 482). »Wagner zum Nachbarn, da schrumpft alles andere so miserabel ein, wird so kindisch, null und nichtig«.
558 Brief Richard Wagner an Mathilde Maier, 1. August 1862 (S Br 14, 161).
559 Cosima hatte *Much ado about nothing* bereits am 14. Juli 1860 in Berlin gesehen. Siehe Brief C. v. B. an E. F., [nach dem 14. Juli 1860], 14. Brief).
560 Brief Richard Wagner an Mathilde Maier, Juni 1862 (S Br 14, 198). Wagner beruhigte Wochen später auch seine Frau, in dem er ihr schrieb, dass ihm Cosimas Intervention bei einer finanziellen Transaktion behilflich war. Brief Richard Wagner an Minna Wagner, 12. November 1862 (S Br 14, 324).
561 Beidler (1936), 475.
562 Brief Richard Wagner an Hans von Bülow, 6. September 1862 (S Br 14, 280). Bülows »Vermögenszustände« dürften nur eines unter vielen Themen gewesen sein.
563 Brief Richard Wagner an C. v. B., 21. September 1862 (S Br 14, 258).
564 Brief Richard Wagner an C. v. B., 6. Oktober 1862 (S Br 14, 616).
565 Brief Hans von Bülow an Richard Wagner, 23. März 1863, in: Du Moulin (1927), 440f.
566 Siehe u. a. Du Moulin (1929), 226; Beidler (1938–1951/1997), 103; Wilhelmy (1989), 828; Hilmes (2007), 87.
567 C. v. B. teilte Marie von Buch (und längst nicht mehr Ellen) am 2. Juli 1864 verklausuliert mit, dass sie mit Richard Wagner glücklich war: »Ich bin seit drei Tagen hier und mir scheint, dass es bereits ein Jahrhundert sei und dass es dauern wird, wie lange, weiß ich nicht! So ist mein Geist in Ruhe gesunken und ich habe

ein grenzenloses Verlangen, nicht mehr die Stadt zu sehen und zu hören.« (SBr 16, 406).
568 Häufig bezeichnete Cosima Marie in dieser Weise. Siehe etwa die Briefe C. W.s an Marie von Schleinitz, 9. Februar 1872, 23. August 1872, 9. Februar 1873, 23. Mai 1873, 6. Januar 1874 (RWG Bayreuth, Hs 190–23, 32, 44, 50, 67). Zu Wagners Lebzeiten weihte sie die »Schönste und Beste« in die »saure Werktagsarbeit« von Bayreuth ein. »Bei uns ist das Leben eine saure Werktagsarbeit (Die Werktage nicht so verstanden wie die Bayern sie auffassen), ohne Sonntag, und wie richtig begreifen Sie das ganze Wohlbehagen.« Brief C. W. an Marie von Schleinitz, 15. November 1874 (ibid., 83). Schon am 1. Juli 1873 (ibid., 53) sorgte sie sich gegenüber Marie von Schleinitz wegen ihres »immer einsamer und monotoner werdenden Leben[s]. Des Morgens Partitur und Haus, Nachmittags Spaziergang – auch so ziemlich immer gen denselben Punkt – abends Lektüre, wie kann man das zur Theilnehmung daran anbieten?« Stolz berichtete sie Marie 1876, dass Franz Liszt ihren Mann »den Unglaublichen« nannte. Brief C. W. an Marie von Schleinitz, 12. September 1876 (ibid., 13). Von Distanz und Ironie, die Sven Friedrich zwischen Wagner und Liszt vermutet (2004, 112), ist jedenfalls in dieser Äußerung Cosimas keine Spur. Auch für Daniela wurde sie eine wichtige Bezugsperson. Siehe die u. a. Briefe C. W. an Marie von Schleinitz, 5. Februar 1881 (RWG Bayreuth, Hs 190–171), 3. März 1881 (ibid., 173), 8. März 1881 (ibid., 174), Mai 1881 (ibid., 177f.)
569 Brief C. W. an Marie von Schleinitz, 9. Mai 1871 (RWG Bayreuth, Hs 190–6).
570 Erstmals duzte Cosima Marie im Briefverkehr am 28. November 1880. Siehe Brief C. W. an Marie von Schleinitz, 28. November 1880 (ibid., 167).
571 Marie, die ihrer Meinung nach der verstorbenen Blandine ähnelte, avancierte zur zur »geliebten Traumschwester«. Brief C. W. an Marie von Schleinitz, 15. September 1873 (RWG Bayreuth, Hs 190–59). Als Cosima sie in einem Brief als »Geliebte Mimi« begrüßte, erklärte sie der Freundin: »meine Schwester an welche Sie mich auch so oft erinnern, nannte ich Miormi«. Brief C. W. an Marie von Schleinitz, 21. September 1875 (ibid., 113).
572 Mack (2013, 135) schreibt: »Protestantisch im Eifer, jesuitisch in der Wahl ihrer Mittel weiß sie, wie schon in jungen Jahren, die Nützlichen zu fesseln, die Nutzlosen zu ignorieren, inszeniert ein grandioses Schauspiel, in dem es nur Gläubige oder Ungläubige gibt.« Ähnlich auch ibid., 93.
573 Marie spielte offenbar recht gut Klavier. Siehe Brief Anna von Helmholtz an Ida von Schmidt-Zabiérow, 9. März 1875, in: Helmholtz (1929, I), 196.
574 Anna von Helmholtz an Ida von Schmidt-Zabiérow, 17. Februar 1883, in: Helmholtz (1929, I), 263. Weiter kommentiert sie »Er gab ihrem Leben ein einheitliches Streben, das zwar einseitig wurde, weil sie von anderen Dingen auch nur das pflegte, was von Wagner gewünscht wurde. Aber ihr Leben wurde gehoben und wurde zum künstlerischen Dasein.«
575 Brief C. W. an Marie von Schleinitz, 22. Dezember 1872 (RWG Bayreuth, Hs 190–41).
576 Etwas süffisant berichtete von Helmholtz, dass »die Gelder zu besagtem Nationalunternehmen [...] noch nicht so recht gesichert« seien. Brief Anna von Helmholtz an Frau Professor Otto Becker (?), 26. Januar 1873, in: Helmholtz (1929, I), 184. Siehe zum Verkauf von Patronatsscheinen auch Wilhelmy (1989), 279.

577 Brief Anna von Helmholtz an ihre Kinder, 14. August 1876, in: Helmholtz (1929, I), 204.
578 Anna von Helmholtz an Ida von Schmidt-Zabiérow, 17. Februar 1883, in: Helmholtz (1929, I), 263. »So lange Cosima lebt, wird Gräfin Schleinitz in den Bahnen dieses inneren Strebens bleiben; jene Frau gibt ihr den Ton für das ganze Denken und Sein.«
579 Anna von Helmholtz an Ida von Schmidt-Zabiérow, 7. Dezember 1885, in: Helmholtz (1929, I), 288. »Gräfin Schleinitz ist jetzt von Schopenhauer und Wagner zu Jäger- und Schwenninger-System als Hauptinteresse des Lebens übergegangen; da man sie aber auslachen darf, so schadet es weiter nichts.«
580 Brief C. W. an Marie Wolkenstein-Trostburg, 15. März 1888 (RWG Bayreuth, Hs 190–214).
581 Brief C. W. an Marie von Schleinitz, 28. Dezember 1885 (ibid., 200).
582 Briefe C. W. an Marie von Schleinitz, 3. und 4. Januar 1886 (ibid., 202f.).
583 Brief C. W. an Marie von Wolkenstein-Trostburg, 22. Dezember 1886 (ibid., 203).
584 Brief C. W. an Marie von Wolkenstein-Trostburg, 22. März 1887 (ibid., 205).
585 Ibid.
586 »Mir ist aber sehr schwer zu Muthe, trotz des unbedingten Vertrauens, welches allenthalben die Künstler mir entgegen bringen, weil die für die Arbeit uns zugemessene Zeit gar so kurz ist und weil wir in diesem Jahre Complicationen aller Art durchzumachen haben.« Brief C. W. an Marie von Wolkenstein-Trostburg, 16. Mai 1888 (RWG Bayreuth, Hs 190–216).
587 Brief C. W. an Marie von Wolkenstein-Trostburg, 16. Mai 1888 (ibid., 216). »Es versteht sich von selbst, dass ich alles gerne thue, u. nur bestrebt bin das zu vermeiden was etwa auffällig sein u. dadurch in irgend einer Weise unserer Unternehmung schaden könnte.«
588 Brief C. W. an Marie von Wolkenstein-Trostburg, 24. März 1889 (ibid., 228).
589 Brief C. W. an Marie von Wolkenstein-Trostburg, 24. Oktober 1888 (ibid., 220). »Die Einsamkeit hat das herrlichste an sich, daß sie einen förmlich einwiegt u. dass Gutes u. Schlimmes wie Stoß u. Gegenstoß dieses Wiegens sich ausnehmen.«
590 Brief C. W. an Marie von Wolkenstein-Trostburg, 22. November 1888 (ibid., 221).
591 Brief C. W. an Marie von Wolkenstein-Trostburg, 26. Februar 1900 (ibid., ohne Nr.).
592 Brief C. W. an Marie von Wolkenstein-Trostburg, 22. September 1901, ibid.
593 Brief C. W. an Marie von Wolkenstein-Trostburg, 29. April 1906, ibid.
594 »Ich bleibe abseits u. bin zufrieden. / Zu-Frieden! Das rechte Wort für das Alter, ›contente‹ gibt es nicht wieder, denn es entstand ausserhalb von Schmerz u. Freude.« Brief C. W. an Marie von Wolkenstein-Trostburg, 2. Oktober 1909 (RWG Bayreuth, Hs 190–ohne Nr.).
595 Briefe C. W.s an Marie von Wolkenstein-Trostburg, 13. September 1901, 5. November 1901, 10. Februar 1905 (ibid.).
596 Offenbar hatte Cosima Marie von Bülow am 10. August 1898 auf deren Anfrage nach dem Eigentum an brieflicher Korrespondenz zwischen Richard Wagner und Hans von Bülow nur unzureichend geantwortet, was sie nach einer Begegnung um den Jahreswechsel 1900 nachholte. Siehe Brief C. W. an Marie von Bülow, 28. Februar 1900 (RWG Bayreuth, Hs 32 I/44).

597 Siehe den Brief C. W. an Marie von Bülow, 28. Februar 1900 (ibid.). Siehe auch den Brief C. W. an Marie von Wolkenstein-Trostburg, 11. März 1905 (ibid., Hs 190–ohne Nr.). Im März 1905 hielt sie sogar fest: »Unser idealer Dreibund in unserer Kunst hat sich doch besser bewährt, als irgend ein realer es thun konnte.« Brief C. W. an Marie von Wolkenstein-Trostburg, 22. März 1905 (ibid.). Siehe auch den Brief vom 13. November 1909 (ibid.).
598 »Das ist unser Glaubensfels, gegen welche die Thore der Hölle nicht aufkommen.« Brief C. W. an Marie von Wolkenstein-Trostburg, 31. Mai 1905 (RWG Bayreuth, Hs 190–ohne Nr.).
599 Zu den Turbulenzen um Helenes Heirat und ihr Leben an der Seite Herzog Georg II. siehe Fetting (2013), 123–137 und Müller/Goltz (2013), 194f.
600 Über die Gründe, die zum Zusammentreffen in Wien führten, siehe Müller/Goltz (2013), 197f.
601 Brief C. W. an Marie von Schleinitz, 6. November 1875 (RWG Bayreuth, Hs 190–116). Zum Wien-Gastspiel von 1875 siehe Erck/Schneider (1997), 379–382.
602 Brief Hans von Bülow an Franziska von Bülow, 26. Mai 1874, in: SBPK Berlin, Bülow-Briefe 55 Nachl. 85, 42.
603 Drei Monate zuvor hatte Helene eine Fehlgeburt erlitten. Herzog Georg II. notierte damals, »[...] daß meine Frau seit einer Reihe von Tagen an's Bett gefesselt ist: Leider trat nämlich ein, was Sie bei unserer Fahrt nach Immelborn als zu verhütenden Ausgang des damaligen Zustandes meiner Frau bezeichneten. Es ist dies recht unangenehm und traurig! Glücklich ist, daß die Schwangerschaft eine sehr kurze war, wohl nicht länger gewährt haben kann, als 4 1/2–5 Wochen so daß das Ereignis ohne alle Folgen, so Gott will, vorübergehen wird.« Brief Herzog Georg II. an Karl Werder, 5. September 1875, in: ThStA Meiningen, HA 393 II.
604 Durch die Heirat mit Wagner 1870 hatte Cosima ihren Adelstitel verloren; Helene erlangte diesen knapp drei Jahre später durch die Heirat mit Herzog Georg II. von Sachsen-Meiningen.
605 Zu den Briefen nach 1875 siehe Briefe Nr. 38–Nr. 78 in der Briefedition.
606 Brief C. W. an H. v. H., 7. Februar 1877 (38. Brief).
607 Ibid. Siehe u.a. auch die Briefe C. W. an H. v. H., 19. März 1877 (40. Brief), 5. März 1889 (54. Brief), 23. August 1889 (56. Brief), 23. September 1896 (67. Brief), 11. Mai 1900 (68. Brief), 30. Dezember 1905 (75. Brief), 4. Februar 1906 (76. Brief).
608 1871 schrieb Cosima, ihre Kinder gehörten dem »Berufe« an, dem sie »lebe und sterbe«. Brief C. W. an Marie von Schleinitz, 9. Mai 1871 (RWG Bayreuth, Hs 190–6). Noch im Brief vom 25. Februar 1878 (50. Brief) schrieb C. W. an H. v. H.: »Mein Mann arbeitet fast den ganzen Tag und ich bin mit den Kindern beschäftigt.«
609 Brief C. W. an H. v. H., 19. März 1877 (40. Brief).
610 Über den Besuch der *Bayreuther Festspiele* im August 1876 von Georg II. und Helene sowie den Gegenbesuch von Ehepaar Wagner im März 1877 in Meiningen siehe Müller/Goltz (2013), 201f.
611 Brief C. W. an H. v. H., 19. März 1877 (40. Brief).
612 Brief C. W. an Marie von Schleinitz, 14. März 1877 (RWG Bayreuth, Hs 190–141). Dort heißt es: »Wir kehrten Montag von Meiningen zurück wo wir sehr schöne Tage verlebten; wir haben den Herzog wirklich lieb gewonnen, und er war fesselnd durch sein Interesse an allem was unser Meister sagte, und der grossen Freundlich-

keit mit welcher er dem Freunde des Genius' folgte. Malade imaginaire ging ausgezeichnet, Esther war rührend wie eine Kranke, Schwache, sein kann, Julius Cäsar hatte Momente welche zu dem Grossartigsten gehörten was ich erlebt. Und als ob ein Adler mich auf seinen Fittigen in die Heimath getragen, war mir wiederum die Berührung mit dem geheimnisvollsten der Mächtigen im Reiche der Geister.«

613 Siehe auch Anm. 433 zum Brief C. W. an H. v. H., 19. Februar 1878 (49. Brief). Zu den jährlichen theatralen Aktivitäten an Wagners Geburtstag allgemein Du Moulin (1929), 943. Einige Geburtstagsdichtungen für Richard Wagner aus verschiedenen Jahren, nicht jedoch aus dem Jahr 1868 (NA Bayreuth, II Ba und IV B 21). Ein Bericht über die Feier des 22. Mai 1875 in Wahnfried wurde eigens für König Ludwig II. angefertigt, siehe die Abschrift ibid., II B c 2.

614 Zum Geburtstag 1873 sagte Siegfried ein Gedicht auf und die fünf Kinder sangen ihr »zum Erwachen eine holde Weise«. Brief C. W. an Marie von Schleinitz, Neujahr 1874 (RWG Bayreuth, Hs 190-66).

615 Briefe Richard Wagners an H. v. H. vom 20. und 23. November 1878, in: ThStA Meiningen, HA 3c. Am 3. Januar 1878 hatte C. W. an Friedhold Fleischhauer, vermutlich als Erwiderung von Geburtstagsglückwünschen, geschrieben: »Wollen Sie es mich wissen lassen wenn Sie eine Concerttournée machen damit wir wiederum einen Musik.[alischen] Abend in »Wahnfried« arrangieren, wenn Sie und die anderen Herrn uns gern wieder erfreuen.« Brief C. W. an Friedhold Fleischhauer, 3. Januar 1878, in: SBPK Berlin, N. Mus. ep. 1709. Leider stammt der erste überlieferte Brief Cosimas an Marie von Schleinitz (mit Datierung) erst vom 17. März 1879 (RWG Bayreuth, Hs 190-156).

616 CWT, 25. Dezember 1878 (Bd. III, 269ff.). Zur Zusammenarbeit Richard Wagners mit der Meininger Hofkapelle sowie zur langjährigen Mitwirkung Meininger Musiker im Bayreuther Festspielorchester siehe Müller/Goltz (2013), 192f.

617 Eine Ausnahme bildete mit einer Unterstreichung etwa der Brief C. W. an Marie von Schleinitz, 26. April 1874 (RWG Bayreuth, Hs 190-75).

618 Bülow schrieb einmal an seine Mutter: »Aber Du weißt ja selbst, empfindest es so bitter, wie unsäglich schwer für uns Beide der briefliche Verkehr ist, wenn er Tieferes, Wichtigeres berührt, als die zum Vorlesen bestimmten Blätter enthalten können. Ein intimer persönlicher Besuch wäre am Platze, wäre dringend nothwendig gewesen [...].« Hans von Bülow an Franziska von Bülow, 13. September 1882, in: SBPK Berlin, Bülow-Briefe 55 Nachl 85, 102.

619 Offenbar hielt sich Cosima um den 21. Februar 1890 in Meiningen auf (Brief C. W. an H. v. H., 21. Februar 1890, 59. Brief). Trotz der Einladung, im Schloss zu wohnen, übernachtete sie auch beim nächsten Besuch im Hotel Sächsischer Hof. Siehe den Brief C. W. an H. v. H., 19. Juni 1890 (61. Brief). Cosima hoffte, Helene Anfang des Jahres 1901 in Berlin, Dresden oder München zu treffen (Brief C. W. an H. v. H., 31. Dezember 1900, 72. Brief).

620 CWT, 2. November 1875 (Bd. II, 946); Du Moulin (1929), 750.

621 CWT, 20. und 24. August 1876 (Bd. II, 1000); Kalendernotizen Helene, in: ThStA, HA 340.

622 Briefe C. W. an H. v. H. Nr. 39, 40, 41, 42; CWT, 9.-12. März 1877 (Bd. II, 1036f.); Kalendernotizen Helene, in: ThStA, HA 340.

623 CWT, 18. April 1880 (Bd. III, 522).

624 Brief C. W. an H. v. H., 5. März 1889, (54. Brief).
625 Brief C. W. an H. v. H., [August 1889], (55. Brief).
626 Brief C. W. an Marie von Wolkenstein-Trostburg, 19. Januar 1890 (RWG Bayreuth, Hs 190–ohne Nr.).
627 Brief C. W. an H. v. H., 21. Februar 1890, (59. Brief).
628 Brief C. W. an H. v. H., 19. Juni 1890, (61. Brief).
629 Brief C. W. an H. v. H., 23. September 1896, (67. Brief).
630 Siehe Anm. 520 zum Brief C. W. an H. v. H., 13. Juni 1901, (74. Brief).
631 Brief C. W. an H. v. H., 4. Februar 1906, (76. Brief).
632 Dazu Müller (2004) und Goltz (2012c).
633 Brief C. W. an Marie von Wolkenstein-Trostburg, 29. April 1906 (RWG Bayreuth, Hs 190–ohne Nr.). So notierte Cosima: »Wir begegneten Prinzess Marie Meiningen […]. Sie gefiel mir wieder ausnehmend und obgleich sie auf das Schroffste ihre Entfremdung von Bayreuth bekundete u. alles Künstlerische, trotz Klavierspieles, ihr ferne liegt, verstanden wir uns ausgezeichnet. Der Kopf, der eine so alte Race verkündet, die unbedingte Wahrhaftigkeit u. Fertigkeit, die Originalität u. Herzensgüte, fesseln immer wieder, und sie ist zudem ein merkwürdiges Individuum u. der beredte Ausdruck eines grossen Geschlechtes.«
634 Briefe C. W. an H. v. H., 19. August 1877 (44. Brief), 31. Dezember 1877 (46. Brief), 24. Juli 1900 (69. Brief).
635 Der »große Magier« (gemeint ist Liszt) wird Wagners vorauseilen und davon berichten, »wie sehr wir an Sie denken«. Brief C. W. an H. v. H., 3. April 1877 (42. Brief).
636 Brief C. W. an H. v. H., 7. Februar 1877 (38. Brief).
637 Brief C. W. an H. v. H., 30. Dezember 1905 (75. Brief).
638 Mack (2013, 135) schreibt: »Selbstzweifel kennt sie nicht; auch das hat sie von Richard gelernt.«
639 Im Brief vom 26. April 1877 (43. Brief) schrieb C. W. an H. v. H.: »Werden Sie schlecht von mir denken, wenn ich zugebe, dass ich mich so gar nicht ›den Göttern nah‹ fühle? Das Mitgefühl und Verständnis einer ehrlichen Seele bedeutet mir viel mehr als der Applaus Tausender […].« Siehe auch den Brief C. W. an H. v. H. vom 13. Juni 1901 (74. Brief).
640 Brief C. W. an H. v. H., 23. August 1889 (56. Brief).
641 Siehe die Äußerungen in Anbetracht des Todes von Helenes Mutter in: Brief C. W. an H. v. H., 7. Februar 1890 (58. Brief).
642 Siehe Brief C. W. an H. v. H., 12. Januar 1893 (63. Brief).
643 Brief C. W. an H. v. H., 19. Juni 1890 (61. Brief).
644 Brief C. W. an Marie von Schleinitz, 3. Januar 1886 (RWG Bayreuth, Hs 190–202).
645 Siehe die Briefe C. W. an H. v. H., 20. November 1877 (45. Brief) und 31. Dezember 1877 (46. Brief). Ein für Wagner zum 22. Mai 1881 von Cosima geschriebener *Epilog zum Intermese von Lope de Vega* (NA Bayreuth, II Ba 19) zeugt ebenfalls von ihrem Interesse am spanischen Theater dieser Zeit. Zur Verwandtschaft der Werke von Shakespeare und Calderón siehe Brief C. W. an Marie von Wolkenstein-Trostburg, [1905] (RWG Bayreuth, Hs 190–ohne Nr.).
646 Brief C. W. an H. v. H., 7. Februar 1890 (58. Brief).
647 Brief H. v. H. an Else von Hase-Koehler, 6. November 1922, Abschrift nach Hase-Koehler (1929), 248f.

648 Bereits Cosimas Briefe an ihre Tochter Daniela (Waldberg [1933]) ignorieren dergleichen Bezüge. Siehe u. a. auch Gregor-Dellin (1963), Mayer (1976), Mayer (1978), Borchmeyer (1982), Richard-Wagner-Handbuch (1986), Gutman (1989), Kiem/Holtmeier (2003), *Wagner-Lexikon* (2012) sowie Fischer (2013).
649 Kern (2010).
650 Kern (2010), 333.
651 Piontek (2011), 188f.
652 Piontek (2011), 187.
653 Siehe Müller/Goltz (2013), 199. Zu den europaweiten Gastspielreisen des Meininger Hofschauspiels siehe Erck/Kern (1999).
654 *Wagner-Lexikon* (2012), 112–115.
655 Siehe Mösch (2012, 476). Der von Mösch (2009, 326) zitierte Satz Carl Hagemanns (»Nichts sei in der Oper unerträglicher als hyperrealistisches, ›schlechtes Meiningertum‹ […].«), bezieht sich nicht auf die Bayreuther Inszenierungspraxis, sondern auf die Wiesbadener Kaiserfestspiele. Siehe Hagemann (1921), 285.
656 Mack (1980), 11f.
657 Im April 1893 bat sie z. B. Wilhelm von Bode darum, ihr »für byzantinisch-romantische Architektur, Ornamentik u. Trachten, Werke weisen« zu wollen. C. W. an Wilhelm von Bode, 18. April 1893, in: SMB-ZA, IV/NL Bode 5703.
658 Brief C. W. an H. v. H., 7. Februar 1877 (38. Brief).
659 Siehe die Brief C. W. an H. v. H., 7. Februar 1877 (38. Brief), 19. März 1877 (40. Brief), 27. und 29. März 1877 (41. Brief), 20. August 1890 (62. Brief). Auch Franz Liszt berichtete am 5. April 1877 Carolyne von Sayn-Wittgenstein von den Ereignissen (Williams [1998], 816).
660 Cosima selbst sprach von »unauslöschlichen fruchttreibenden Eindrücke[n]«. Brief C. W. an H v. H., 11. September 1896 (66. Brief). Jahre später heißt es wiederum: »Jedes Mal, wenn wir auf diese Weise arbeiten, erinnern wir uns an die meisterhaften Meininger Aufführungen und an die Eindrücke, welche sie in uns hinterlassen haben.« Brief C. W. an H. v. H., 13. Juni 1901 (74. Brief). 1912 bezeichnete sie die Meininger Aufführungen als »die reinsten Offenbarungen«. Brief C. W. an H. v. H., 18. Mai 1912 (78. Brief).
661 U. a. Paul Lindau, 1895–1899 Intendant des Meininger Hoftheaters, fokussierte die gesamte Leistung der »Meininger« auf den Herzog, verglich Georg II. mit Cäsar, reduzierte die Freifrau auf die »Gefährtin« und würdigte Ludwig Chronegk mit keiner Silbe. Siehe Lindau (1898) und Erck/Schneider (1997), 348–151.
662 »[…] das für den Herzog Geschriebene war auch zur Hälfte für Sie selbst bestimmt, denn der Herzog hätte ohne Deine Unterstützung solch ein großes Unterfangen nicht auf sich nehmen können.« Brief C. W. an H. v. H., 23. September 1896 (67. Brief).
663 Siehe Brief C. W. an H. v. H., 5. März 1889 (54. Brief) sowie Anm. 450 dort.
664 Brief C. W. an H. v. H., 24. April 1881 (52. Brief). Vorausgegangen war im Jahre 1878 Cosimas Wunsch, vom herzoglichen Schneider ein *Lohengrin*-Kostüm für ihren 9-jährigen Sohn Siegfried anfertigen zu lassen, das dieser in einem »allegorischen Schauspiel« anlässlich von Richard Wagners 65. Geburtstag tragen sollte. Brief C. W. an H. v. H., 19. Februar 1878 (49. Brief). Wenige Tage später hatte sich der Wunsch erledigt. Brief C. W. an H. v. H., 25. Februar 1878 (50. Brief).

665 Brief C. W. an H. v. H., 11. Juni 1881 (53. Brief).
666 Brief C. W. an H. v. H., 9. November 1889 (57. Brief).
667 Brief C. W. an H. v. H., 23. Mai 1890 (60. Brief). Cosima erhielt offenbar einige der erbetenen Werke, denn mit dem Anschreiben vom 20. August 1890 (62. Brief) sandte sie mehrere Bücher zurück.
668 Siehe die Briefe Daniela Thodes an den Hofklempnermeister Johann Kallert vom 20. März 1897, 21. Mai 1897, 27. Mai 1897, 15. Juni 1897 und 18. Juni 1897, in: Meininger Museen, U-435. Zu Kallert (1841–1921) siehe Schmidt-Raßmann (1999), 3f.
669 Brief C. W. an H. v. H., 20. November 1877 (45. Brief).
670 Brief C. W. an H. v. H., 5. März 1889 (54. Brief).
671 Vgl. auch Mösch (2009), 326f. Thielemann/Lemke-Matwey (2012, 75) schreiben von dem »Glaube[n], mit dem musikalischen Drama die Welt zwar nicht verändern, aber doch erklären zu können«. Deutlich wird dies insbesondere an ihrer Schilderung von Dawisons *Hamlet*-Darstellung im Brief vom 21. März 1860 (8. Brief).
672 Brief C. W. an H. v. H., 5. März 1889 (54. Brief).
673 Brief C. W. an H. v. H., 5. März 1889 (54. Brief). Über die »im Argen« liegende Kunst äußerte sich C. W. auch im Brief an Marie von Wolkenstein-Trostburg, 18. Juni 1900 (RWG Bayreuth, Hs 190–ohne Nr.).
674 Brief C. W. an H. v. H., 11. September 1896 (66. Brief).
675 Brief C. W. an H. v. H., 9. November 1889 (57. Brief).
676 Julius Kniese (1848–1905) besuchte das Lehrerseminar in Altenburg. Nach Studien in Leipzig wirkte er 1871–1879 als Dirigent der Glogauer Singakademie. In Frankfurt am Main leitete er mit Rühl'schen Gesangsverein u. a. die Uraufführung von Liszts *Christus-Oratorium*. 1884 wurde er am Theater Aachen Musikdirektor und Kapellmeister leitete 1885 mit Carl Reinecke das Niederrheinische Musikfest und arbeitete freischaffend. 1889 übernahm er hauptamtlich die Stelle als Chorleiter und Festspielorganisator in Bayreuth.
677 Siehe Chamberlain (1893), Humperdinck (1997, 175) und Mösch (2009), 327.
678 Briefe C. W. an H. v. H., 12. Januar 1893 (63. Brief). Als sie die »Trachten« wieder zurücksandte, dankte sie für die herzogliche »Förderung, die mir dadurch wurde, indem die vollendete Gewandung mich um Vieles dem näher brachte, was ich mit dieser kleinen Aufführung anstrebte. Was ich kurzweg als Styl bezeichnen möchte.« Brief C. W. an H. v. H., 1. Februar 1893 (64. Brief).
679 Brief C. W. an H. v. H., 1. Februar 1893 (64. Brief).
680 Brief C. W. an H. v. H., 19. August 1877 (44. Brief); Brief C. W. an H. v. H., 11. Juni 1881 (53. Brief).
681 Brief C. W. an H. v. H., 24. April 1881 (52. Brief).
682 Brief C. W. an H. v. H., 19. Juni 1890 (61. Brief).
683 Labouvie (2009), 16.
684 Siehe Anm. 180 im Text.
685 Einen Einblick in die Dimension von Cosimas Tagebüchern bietet der Eintrag von Ariane B. Rindle im *Wagner-Lexikon* (2012), 143–145.
686 Lemke-Matwey (2005).
687 Du Moulin (1929), VII.

688 Zum Skandal der Heirat im März 1873 Fetting (2013), 113–171. Vor Kummer wegen neuerlicher Peinlichkeiten bei den bevorstehenden Familienfeierlichkeiten zum Geburtstag von Prinzessin Marie Elisabeth und der Konfirmation des Prinzen Friedrich (1861–1914) schrieb Helene: »[...] es ist nichts Erschreckendes passirt. Die Verhältnisse sind nur augenblicklich wieder besonders angreifender Natur, und mein Unwohlsein hat mich auch nicht gerade tapferer gemacht [...]. O, bester Professor, warum können wir armen Menschenkinder uns nicht der Erde freuen? Warum verdunkeln Haß und Selbstsucht so manche schöne Stunde? Wenn sich die Menschen nur nicht Christen nennen wollten!« Brief H. v. H. an Karl Werder, 24. September 1875 (ThStA Meiningen, HA 393 II).

689 Brief Hans von Bülow an Franziska von Bülow, 4. Juli 1876, in: SBPK Berlin, Bülow-Briefe 55 Nachl. 85, 69.

690 Brief Hans von Bülow an Franziska von Bülow, 6. Januar 1881, ibid., 102.

691 Bülow schilderte Georg II. im Januar 1881 als »sehr interessiert an vielen Details, hört sich viele Proben an, erstmals unter Dankesträne über den empfangenen Kunstgenuss umarmt und geküßt«. Hans von Bülow an Franziska von Bülow, 6. Januar 1881, ibid., 101.

692 »Dem illegitimen Bunde zweier Menschen entsprossen, im persönlichen Leben die Schranken der Legalität eklatant und gründlich durchbrechend, stellt sie sich dennoch niemals in die Reihe der Frauen, die größere Freiheit in Familie und Gesellschaft fordern, und in ihren für die Öffentlichkeit bestimmten Kundgebungen wird betonter Wert auf Ordnung, Einordnung und Legitimität gelegt.« Beidler (1936), 674.

693 Siehe Anm. 99 im Text.

694 In ihrem Trennungsbrief bedauert sie, ihn nicht glücklich gemacht zu haben. Brief C. v. B. an Hans von Bülow, 15. Juni 1869 (Gewande [2004], 89). Zum ehelichen Programm der »häuslichen Glückseligkeit« siehe Hausen (1988), 89–92.

695 Siehe Anm. 373 im Text.

696 Brief C. v. B. an Hans von Bülow, 15. Juni 1869 (Gewande [2004], 89).

697 Brief Richard Wagner an Hans von Bülow, 19. September 1861 (S Br 13, 223).

698 In Bezug auf Daniela schrieb C. W. an Marie von Schleinitz: »Du, geliebteste Mimi, hast wiederum geleistet was ich selbst nie im Stande – vielleicht selbst nie in der Lage – gewesen wäre zu leisten. Soll ich dir nun gestehen – dass das Einzige was mich dabei und fast leidenschaftlich erregt, die Sorge ist: Daniela möge sich tüchtig bemühen. Ich weiss es nicht ob es ein Mangel an Zärtlichkeit bei mir ist, aber in der That, hege ich betreffs meiner Kinder nur die eine Besorgniss, dass sie nicht stolz gelassen genug den Widrigkeiten des Lebens entgegenstreben.« C. W. an Marie von Schleinitz, 8. März 1881 (RWG Bayreuth, Hs 190-174).

699 Brief C. W. an Daniela von Bülow, 28. März 1881, in: Waldberg (1933), 176.

700 Zu den Festspielen Wagner-Lexikon (2012), 205–212.

701 Mösch (2009), 321; Mösch (2012), 471. Der Verschlag, aus dem sie zeitweise die Proben verfolgte und ihre Anweisungen per Zettel wortlos an Dirigenten, Musiker und Sänger herausreichte, erscheint wie eine Potenzierung der Witwentracht, als noch weiter reichende Immunisierungsstrategie.

702 »Vielleicht unterhält es Dich zu erfahren, dass Marie H. nicht auf meinen Vorschlag über die Veröffentlichung der Werke meines Vaters einging. Wir bleiben aber dabei

gute Freunde. Sie lebt in einer Art Moderdunst von Ruhm und Vergangenheit und hat ihren Kultus mumienhaft fern vom Lebendigen ausgearbeitet, die Arme! Doch bleibe ich ihr gut, denn sie ist bei Allem eine ungewöhnliche Natur«. Brief C. W. an Marie von Wolkenstein-Trostburg, [April 1905], (RWG Bayreuth, Hs 190–ohne Nr.).

703 »In Meiningen sprach ich Frau v. Heldburg über unsere Sachen, u. fand sie herzlich u. freundlich wie stets zu mir. Die sehr bitteren Erfahrungen, die sie gemacht hat, haben den idealen Schwung ihrer Jugend bei ihr abgestreift, u. sie zu einer nüchternen, praktischen Entwickelung geführt. Aber Bedeutung u. Rechtschaffenheit sind ihr geblieben, u. ich habe die bestim[m]te Empfindung, dass andere Begegnungen sie zu einer ganz anderen Entfaltung geführt haben würden.« Brief C. W. an Marie von Wolkenstein-Trostburg, 21. März 1890 (ibid.).

704 Siehe die Begrifflichkeiten in der Argumentation um die Ehrenpromotion von Cosima Wagner 1910, Anm. 14 und 15 im Text.

705 Franz Liszt schrieb am 5. April 1877 an Carolyne von Sayn-Wittgenstein (La Mara [1900], 185): »Vous vous souvenez peut-être que la 3me femme du Duc Georges, maintenant Bne de Heldburg, était autrefois très liée avec Cosima à Berlin. Leurs relations ont été interrompues pendant une douzaine d'années, mais se sont reprises à Vienne et à Bayreuth, sur l'ancien pied d'intimité.«

706 Offenbar kommunizierten die Freundinnen auch über *Käthchen* miteinander. Brief Hermann Franz an Sarah Franz, [Oktober 1860], in: ThSTA Meiningen, HA 258, I.

707 Darauf deutet insbesondere der bereits zitierte Brief C. W. an Marie von Schleinitz, 6. November 1875 (RWG Bayreuth, Hs 190–116), insbesondere die Formulierung: »Ich segne aber die Annäherung _ _ _ Sie wissen weshalb.« Marie war zwar, im Mai 1842 geboren, selbst fast drei Jahre jünger als Ellen, doch sie als Stiefnichte von Sophie von Hatzfeldt-Trachenberg, mit der Cosima schon seit Beginn gesellschaftlichen Umgang pflegte, womöglich besonders gut informiert.

708 Brief C. v. B. an E. F., [nach dem 12. März 1861] (29. Brief).

709 Siehe die Ausführungen im Abschnitt »Bedeutung der Freundschaft für Ellen: Freundin und Wegbegleiterin«.

710 Brief Daniela Thode an H. v. H., 21. April 1921 (80. Brief).

711 Brief Richard Du Moulin Eckart an H. v. H., 19. Mai 1921, in: ThStA Meiningen, HA 443/2. Er plante bereits damals die »Neuen Briefe« (1927), und bat »um ›die Briefe‹, die im zweiten Band mit den übrigen von Bechstein, Frau von Meyendorff, und des letzteren an Klindworth und an Frau Wagner einen bedeutungsvollen Platz erhalten sollen, neben unseren menschlichen und künstlerischen Ausführungen über Meiningen.«

712 Brief Richard Du Moulin Eckart an H. v. H., 19. Mai 1921 (ibid.). Demnach erbat er seit dem Mai des Vorjahres die Briefe und erneuerte seine Bitte nun nochmals.

713 Siehe ebenfalls Helene von Heldburgs Ablehnung, die in ihrem Besitz befindlichen Bülow Dokumente für Marie von Bülows Briefausgabe herauszugeben. Marie von Bülow, Vorwort zu VI, VIIf. Demnach antwortete H. v. H. 1894 auf Marie von Bülows Bitte, diese »solle ›warten, bis die Generation, die mit ihm jung war, nicht mehr ist‹, und nicht ›vorzeitig ein Segment seines Lebens oder eine Medaille ohne ihre Kehrseite veröffentlichen‹.«

714 Als »treuer und aufrichtiger Kamerad« wird er geschildert, als »Mitarbeiter« »für ihre Absichten und Entwürfe«. Sie habe »die Begeisterung des edlen und ehrlichen Mannes vollständig in den Dienst für ihren Gatten gestellt«. Du Moulin (1929), 158. Stattdessen reiste Dohm eigens zu dem von Bülow dirigierten Weihnachtskonzert 1873 nach Meiningen. Siehe Brief Hans von Bülow an Franziska von Bülow, 27. Dezember 1873, in: Bülow (1921), 275f.
715 Zu den *Merlin*-Opernplänen siehe den Abschnitt »Ungleiche Kräfteverhältnisse«.
716 Du Moulin (1929), 159.
717 Brief Daniela Thode an H. v. H., 21. April 1921 (80. Brief).
718 Du Moulin (1929), 792: »Was mich betrifft, so bin ich gleichfalls durch die Liebenswürdigkeiten der Frau von Heldburg gefesselt, der ich immer meine reine Verehrung gezollt.« Ebenso die Beschreibung auf S. 796 über die Aufführungen von *Esther* etc.
719 Du Moulin (1929), 750.
720 Möglicherweise existierte um 1920 wenigstens noch ein Brief Helenes aus der Spätzeit. Der in der Villa Carlotta verfasste Brief vom 12. Mai 1912, in dem H. v. H. Cosima als »Teuerste Königin!« anredete, wurde in *Fünfzig Jahre Glück und Leid* veröffentlicht. Siehe Brief H. v. H. an C. W., 12. Mai 1912 (77. Brief), Abschrift nach Hase-Koehler (1929), 70f. Vorgelegen haben könnten der Veröffentlichung entweder das in Cosimas Besitz befindliche Original oder eine Vor- bzw. Abschrift aus dem Besitz von Helene von Heldburg.
721 Millenkovich-Morold (1937), 96.

*Maren Goltz, Maria Heyne, Herta Müller*
# Die Edition der Briefe

## Die Manuskripte

Der im Thüringischen Staatsarchiv Meiningen (HA 39, 40) vorliegende Manuskriptfundus zu dieser Briefedition teilt sich in zwei Abschnitte: sämtliche der frühen, also zwischen 1859 und 1862 geschriebenen Briefe Cosimas (37 an der Zahl) wurden in Cosimas Handschrift und, mit Ausnahme eines französischen Briefes an Sarah Franz,[1] ausschließlich in englischer Sprache verfasst.

Der zweite Teil der Korrespondenz – Briefe 38–78, verfasst zwischen 1877 und 1912 – enthält neben den englischen Briefen Cosimas an Helene (Nr. 38–53, 55) auch deutsche Briefe (Nr. 54, 57–66, 68, 73, 77) sowie englische Briefe (Nr. 56, 67, 69–72, 74–76, 78) in fremden Handschriften, die höchstwahrscheinlich von Cosima diktiert wurden. Die Briefdiktate wurden in drei aufeinander folgenden Zeitabschnitten von insgesamt vier unterschiedlichen Schreibern bzw. Schreiberinnen ausgeführt, die jedoch keinen Personen aus Cosimas Umfeld, etwa Eva von Bülow oder Siegfried Wagner, zugewiesen werden konnten. Eine Ausnahme bildet der 78. Brief in der Handschrift von Daniela Thode. Die Briefe Nr. 79 und 80, in deutscher Sprache an Helene von Heldburg geschrieben, sind von ihrer Hand. Diese dienten als Grundlage für den Handschriftenvergleich bezüglich des 78. Briefes.

Dass es sich bei den fremdschriftlichen Briefen um Diktate Cosimas handelt, kann daraus abgeleitet werden, dass acht Briefe aus den Jahren 1896 bis 1912 ihre eigenhändige Unterschrift tragen. Die Frage, warum nur die genannten Diktate Cosimas von ihr unterschrieben wurden, die übrigen fremd geschriebenen aber nicht, lässt sich derzeit nicht schlüssig beantworten. Auffallend ist aber, dass sie nur die späten und nur die in der dritten Handschrift abgefassten Briefe mit ihrem Autogramm sozusagen autorisiert hat. Von dieser Feststellung nicht betroffen, aber mit Cosimas eigenhändiger (auffällig zittriges bzw. verändertes Schriftbild) Unterschrift versehen, scheint der 78. der einzige von Daniela geschriebene Brief zu sein. Hier dürften inhaltliche Gründe dafür sprechen, den Brief persönlich zu unterzeichnen, denn offenbar diktierte Cosima nicht zufällig ihrer Tochter in Frankfurt die Antwort an Helene zum leidigen *Parsifal*-Thema.

Cosimas Briefdiktate setzen im März 1889 ein. Der 54. bis 68. Brief , also jene Briefe, die im Zeitraum vom 5. März 1889 bis zum 11. Mai 1900 diktiert wurden, sind ein und derselben Handschrift zuzuordnen, und zwar der ersten

---

[1] Brief C. v. B. an Sarah Franz, [November 1860] (22. Brief).

Fremdschrift. Eine Ausnahme bildet der 57. Brief in einer zweiten Fremdschrift. In den genannten Zeitraum fallen insgesamt 15 Briefe, von denen 13 in deutscher und nur drei in englischer Sprache verfasst wurden. Der 55. Brief, die kurze Verabredung mit Helene während der Festspiele 1889, ist das letzte eigenhändige Schriftstück Cosimas (in englischer Sprache) in dem Meininger Konvolut.

Die in deutscher Sprache verfassten Briefe stammen aus jener Lebensphase, in welcher Cosima ihre intensivste Theaterarbeit für Bayreuth, Karlsruhe und ihre Stilbildungsschule leistete. Für diese Arbeit erbat sie immer wieder unterschiedlichste Hilfe und Unterstützung aus Meiningen. Da Helene und erst recht der Herzog Cosimas Wünsche gelegentlich an Bedienstete (Theaterintendanten, Kostümschneider, Bibliothekar usw.) weiter zu reichen hatten, bedurfte es der deutschen Sprache. Auffallend ist, dass Cosima ihre Freundin in einigen dieser Briefe förmlich mit »Verehrte Freifrau«, »Hochgeehrte Freifrau« oder auch nur »Theuerste Freundin« u. ä. anredet, in den beiden englisch geschriebenen Briefen aus diesem Zeitraum aber zur altvertrauten bzw. intimen Formel »[...] mein liebes Täubchen« (55. Brief) oder zu »Meine theuerste Freundin und liebstes Täubchen aus alten Zeiten« (67. Brief) zurückkehrt.

Mit dem 69. Brief vom 27. Juli 1900 setzt die Schreibphase der dritten Fremdschrift ein. Diese Phase reicht bis zum 74. Brief vom 13. Juni 1901. Es sind jene Briefe, die durchweg von Cosimas eigenhändiger Unterschrift signiert werden. Auch darunter befindet sich ein deutschsprachiger Brief, nämlich der vom 14. Mai 1901 (73. Brief). Hier bestimmt wiederum der Inhalt die Sprachwahl, denn Cosima erbittet von Helene und Georg II. deren Unterstützung in ihrem Kampf um die Urheberrechte für Wagner und seinen *Parsifal*.

Für die beiden Briefe vom 30. Dezember 1905 (75. Brief) und vom 4. Februar 1906 (76. Brief) ist schließlich noch eine vierte Handschrift feststellbar. Beide Briefe wurden jedoch nicht von Cosima persönlich unterschrieben.

## Cosima Wagners englische Briefe an Helene von Heldburg – Transkription und Übersetzung

Die Briefmanuskripte wurden an Hand autorisierter Fotokopien des Thüringischen Staatsarchivs Meiningen und mit Hilfe einer Einsichtnahme in die Originale vor Ort so treu wie möglich transkribiert. Unterstreichungen Cosimas (auch in doppelter und dreifacher Form) wurden in Transkript und Übersetzung beibehalten bzw., im Fall von dreifacher Hervorhebung, in einer Fußnote vermerkt. Cosimas Angewohnheit, Absätze durch Unterstriche ( _ ) zu markieren, wurde in das Transkript übernommen; in der Übersetzung traten entsprechende Absätze an deren Stelle. Schreibfehler Cosimas wurden 1:1 in das Transkript übernommen. Um eine bessere Lesbarkeit zu gewährleisten, sind Fehler in Namen und deutschen Worten in der deutschen Fassung unter Verwendung von eckigen Klammern korrigiert worden.

Cosima verwendete in ihren englischen Briefen oft und gern fremdsprachige Wörter, Redewendungen, Namen und Zitate. Um die multilinguale Atmosphäre der Briefe zu wahren, wurden die entsprechenden Stellen sowohl im Transkript als auch in der deutschen Fassung kursiv gesetzt. Deutsche Wörter in der Übersetzung waren also von Cosima ursprünglich auch deutsch formuliert worden. Eine kursive Hervorhebung erfuhren in der Übersetzung auch Werktitel von Musik- und Theaterstücken sowie Rollen in letzteren. Fremdsprachige Eigennamen wurden in das Transkript übernommen und in der Übersetzung ins Deutsche übertragen sowie mit einer erklärenden Fußnote versehen. An Stellen, die eine Übersetzung zum Verständnis des Briefinhaltes erforderlich machen, beispielsweise bei der Verwendung französischer wie lateinischer Begriffe oder Zitate, wurde die entsprechende deutsche Übertragung in der Fußnote ergänzt.

Die Handschrift Cosimas verursachte bei der Transkription einige Schwierigkeiten – besonders im ersten Teil der Briefe. Cosima schrieb schnell und impulsiv, und je aufgewühlter ihr Gefühlszustand war, desto schwieriger lässt sich ihre Handschrift entziffern (siehe beispielsweise die flüchtig niedergeschriebenen Zeilen im 5. Brief[2] nach der Beerdigung von Cosimas Bruder Daniel). Im zweiten Teil der Briefe ist Cosimas Handschrift deutlich sauberer und »kontrollierter« – dies passt auch zum neuen sprachlichen, gesellschaftlichen und zeitlichen Kontext der späteren Korrespondenz.

Die wenigen trotz aller Bemühungen unleserlichen Wörter wurden im Transkript mit [...] gekennzeichnet. Aus Platzgründen musste auf die bei wissenschaftlichen Editionen übliche zeilengetreue Übertragung und die Nummerierung der Zeilen verzichtet werden. Mit Ausnahme der von Cosima in deutscher Sprache diktierten Briefe wurde deren Übersetzung zur besseren Lesbarkeit an die aktuellen Regeln der deutschen Rechtschreibung angepasst.

## Cosimas Englisch

Cosima zeigt sich in ihrer Nicht-Muttersprache Englisch äußerst wortgewandt; sie verfügte über ein beeindruckendes und differenziertes Vokabular. Detaillierte Beschreibungen (siehe beispielsweise die *Hamlet*-Schilderung im 8. Brief[3] gelangen ihr ebenso wie wortwitzige Beschreibungen amüsanter Episoden (beispiels-

---

2   Brief C. v. B. an E. F., [15. Dezember 1859] (5. Brief).
3   Brief C. v. B. an E. F., [21. März 1860] (8. Brief).

weise die des amerikanischen Herrn im 13. Brief[4] und stellenweise schneidende Ironie (wie die Beschreibung des Äußeren von Karolina Frieb im 21. Brief.[5]) Cosimas wiederholte Entschuldigungen für ihr schlechtes Englisch (besonders in den späteren Briefen[6]) scheinen in Anbetracht ihres flüssigen, natürlichen Umgangs mit der Sprache etwas übertrieben, gegenüber der Muttersprachlerin Helene aber nachvollziehbar. Selbstverständlich finden sich in den Briefen typische Fehler deutscher Muttersprachler (»falsche Freunde«); beispielsweise schreibt Cosima von Bülow im 3. Brief:[7] »there is nothing good to become« – sie meint aber, es sei »kein gutes [Papier] zu *bekommen*«. An fragwürdigen Stellen wurde daher in der Übersetzung davon ausgegangen, dass Cosima ihre Sätze auf Deutsch gedacht und auf Englisch formuliert hat.[8] Die syntaktischen Strukturen von Cosimas Sätzen sind oft am deutschen Satzbau angelehnt, aber dennoch auch im Englischen schlüssig und korrekt. Der Tonfall und die in den Briefen anklingende Stimmung lassen sich daher auf die deutsche Version relativ nahtlos übertragen.

Auffällig ist die Vielzahl fremdsprachlicher Einsprengsel in Cosimas Briefen – dies trifft insbesondere auf französische Formulierungen zu. Oft schien ihr ein französisches Wort auf der Zunge zu liegen, während das deutsche oder das englische Äquivalent nicht greifbar war (beispielsweise *plage* oder *déborder* im 3. Brief[9]), Sie schreibt außerdem von Frau Bulow (französische Schreibweise ohne Umlaute), während sie andere Namen anglisiert (»Fischel« wird zu »Fishel«). Natürlich spielt auch Cosimas »geliebtes Deutsch«[10] in ihrem Sprachgebrauch eine Rolle – die Briefe sind von deutschen Wörtern, Werktiteln und Zitaten durchzogen.

4   Brief C. v. B. an E. F., [nach dem 5. Juli 1860] (13. Brief).
5   Brief C. v. B. an E. F., [10. September 1860] (21. Brief).
6   Beispielsweise im Brief C. v. B. an E. F., 6. September 1860 (20. Brief): »Bitte entschuldige mein schlechtes Englisch, ich schreibe so schnell.« oder im Brief C. W. an H. v. H., 23. September 1896 (67. Brief): »Du hast mich durch Deine lebhaften Zeilen in unsere gute alte Zeit zurückversetzt, so dass ich auf Englisch beginnen muss, obwohl ich die Sprache fast vergessen habe [...] oder im Brief C. W. an H. v. H., 30. Dezember 1905 (75. Brief): »Ich habe mein Englisch fast vergessen, doch ich möchte mit Dir in der Sprache unserer alten Zeiten sprechen [...].
7   Brief C. v. B. an E. F., [September 1859] (3. Brief).
8   Ein besonders schönes und bezeichnendes Beispiel ist Cosimas Satzkonstruktion im Brief C. v. B. an E. F., [vor dem 10. März 1861] (28. Brief): »[...] you give right to your wronger. You will laugh at my english, and *ich gebe es dir preis von Herzen wenn es dich nicht angewöhnt in der Queen's sprache und Gedanken zu lachen; das wäre* sad *denn Queen meint es* good.«
9   Brief C. v. B. an E. F., [September 1859] (3. Brief).
10  C. W. schreibt im Brief an H. v. H., 23. September 1896 (67. Brief): »Du hast mich durch Deine lebhaften Zeilen in unsere gute alte Zeit zurückversetzt, so dass ich

## Stilistischer Wandel

Der zweite Teil der Briefe hebt sich sowohl optisch als auch stilistisch stark vom ersten Teil ab. Auffällig ist neben Cosimas sauberer, wohlgeformter Handschrift die sorgfältige Datierung der Briefe (im ersten Teil hatte Cosima sich zumeist auf Angaben wie »Mittwoch«[11] oder »Dienstagabend«[12] beschränkt). Die Sprache der späten Briefe ist in ihrem Duktus und Ausdruck deutlich gereift. Statt des saloppen Briefbeginns ohne Anrede (das »Dearest Chick« ist meist in den ersten Satz der frühen Briefe eingebaut), beginnt sie nun fast jeden Brief mit »My dearest Chick« und gliedert das Geschriebene sauber in Anrede, Briefinhalt und mitunter recht förmliche Verabschiedung. Ellens Heirat mit Herzog Georg II. von Sachsen-Meiningen, welche die Schauspielerin gesellschaftlich in den Rang einer Baronin aufsteigen ließ, hatte auch Auswirkungen auf Cosimas Sprachgebrauch. »[...] please to present our respectful duties to His Highness the Duke, to receive my husband's regards and both Daniella's and my love![13]« lautet eine ihrer typischen Schlussfloskeln.

Die jugendliche Vertrautheit der Frauen klingt trotz des förmlicheren Sprachgebrauches in Cosimas Zeilen an. Das Festhalten am Englischen als Kommunikationsmedium scheint für sie dabei von besonderer Bedeutung zu sein. Sie schreibt beispielsweise am 7. Februar 1877 (38. Brief): »Auch für mich ist es natürlicher, mit Dir englisch zu sprechen und zu schreiben, als irgendeine andere Sprache. Wenn ich die Formen und Sprache vergangener Zeiten verwende, ist es mir, als wären diese Zeiten zurückgekehrt und der Gedanke, dass das Vergangene nie wirklich vergeht, erfüllt mich mit Zufriedenheit.«

## Übertragung der Anreden

Cosima bezeichnete Ellen (und später Helene) als »Chick« (eigentlich »Küken« bzw. »Hühnchen«). Da Helene im einzigen erhaltenen Gegenbrief 1912 »Chick« mit »Täubchen« gleichsetzte,[14] schlossen sich die Übersetzerin und die Herausge-

---

    auf Englisch beginnen muss, obwohl ich die Sprache fast vergessen habe und mir fast sicher bin, dass ich *in meinem geliebten Deutsch* schließen werde.«
11  Brief C. v. B. an E. F., [21. März 1860] (8. Brief).
12  Brief C. v. B. an E. F., [31. Juli 1860] (16. Brief).
13  »Bitte übermittle unsere hochachtungsvollsten Grüße an Seine Hoheit den Herzog und empfange für Dich selbst die besten Wünsche meines Mannes und die herzlichste Zuneigung von Daniella und von mir«, oder im Brief C. W. an H. v. H., 26. April 1877, (43. Brief).
14  »Und doch komme ich, die ich mich von jeher Ihnen gegenüber als ›Täubchen‹ fühlte, zu Ihnen, die Sie für mich immer ›Königin‹ sein werden, und lege Ihnen die Sache vor.« Brief H. v. H. an C. W., 12. Mai 1912 (77. Brief)

berinnen dieser Übersetzung an. Währenddessen wurde Cosima von der Freundin »Queen« (Königin) genannt. Gerade in den frühen Briefen offenbart sich zwischen den Frauen ein sowohl inhaltlich als auch sprachlich äußerst inniger und intimer Austausch. Formulierungen wie »And now a thousand kisses upon your eyes and cheeks my darling"[15] oder »I kiss you a thousand times my dearest best child, I am no parent of you, I am not even your oldest friend but I know I love you [...]"[16] schließen eine Übertragung des »you« in die Sie-Form gänzlich aus. Auch für den zweiten Teil der Korrespondenz wurde in der deutschen Übertragung die vertraute Anredeform gewählt. Zwar war es in der zweiten Hälfte des 19. Jahrhunderts nicht unüblich, auch vertraute Personen in Briefen zu siezen, ein Wechsel vom »Du« zum »Sie« hätte jedoch einen irreparablen Bruch in der Beziehung signalisiert,[17] während bei Cosima und Helene eher von einer erneuten Annäherung zweier zeitweise entfremdeter Freundinnen auszugehen ist (siehe Einführung der Herausgeberinnen). Die Tatsache, dass die von Cosima diktierten deutschen Briefe in der Sie-Form gehalten sind, lässt sich dadurch erklären, dass das Verhältnis der Frauen nicht für ein drittes Paar Augen und Ohren bestimmt war.[18]

Das Anliegen der vorliegenden Übersetzung ist eine möglichst direkte, unverschleierte und authentische Rezeption von Cosimas Briefen – die einheitliche Übertragungsvariante der Anreden trägt also vor allem der Wirkung der Briefe auf den Leser Rechnung.

Die Editionsprinzipien orientieren sich weitgehend an den von der Arbeitsgemeinschaft Musikerbriefe innerhalb der Fachgruppe Freie Forschungsinstitute in der Gesellschaft für Musikforschung erstellten Richtlinien-Empfehlungen für die Edition von Musikerbriefen (Appel/Veit [1997]).[19]

15 »Und nun tausend Küsse auf Deine Augen und Wangen mein Schatz«, Brief C. v. B. an E. F., [29. August 1860] (19. Brief).
16 »Ich sende Dir tausend Küsse, mein liebstes, bestes Kind, ich bin Dir keine Mutter, ich bin nicht einmal Deine älteste Freundin, aber ich weiss, dass ich Dich liebe [...]«, Brief C. v. B. an E. F., [Sommer 1860] (17. Brief).
17 Im Kapitel »Pronomina, Syntax des Dialogs« seiner *Textgrammatik der deutschen Sprache* schreibt Harald Weinrich: »Die Aufkündigung eines Duz-Verhältnisses kommt einem feindseligen Akt gleich« (1993).
18 Im Brief C. v. B. an E. F., [Jahreswechsel 1860/61] (23. Brief) schreibt Cosima: »In Bezug auf uns beide solltest Du nichts Glauben schenken, das nicht direkt von mir kommt. Meine Liebe, tu mir den Gefallen und rede mit niemandem über mich; ich bin jetzt davon überzeugt, dass niemand die Zuneigung verstehen kann, die ich für Dich empfinde, und so vermeide ich es, von Dir zu sprechen und erwarte stattdessen Nachrichten nur auf direktem Wege von Dir.«
19 Appel/Veit (1997).

## Herausgeberzeichen in den Brieftexten

C. L.       Cosima Liszt
C. v. B.    Cosima von Bülow
C. W.       Cosima Wagner
E. F.       Ellen Franz
H. v. H.    Helene von Heldburg

[ ] Editorischer Einschub
[?] fragliche Lesart
[ein Wort unlesbar]
[sic] ungewöhnliche Schreibweise oder Grammatik

*Maren Goltz, Maria Heyne, Herta Müller*

# The edition of the letters

## The letters – a look at the manuscripts

The body of manuscripts used for this edition is located in the Thuringia State Archives (HA 39, 40) in Meiningen and can be divided into two parts. All thirty-seven of Cosima's early letters (those written between 1859 and 1861) were written in her own handwriting and (with the exception of one French letter to Sarah Franz[20]) in English.

The second part of the correspondence – Letters 38–78, written between 1877 and 1912 – contains English letters to Helene von Heldburg in Cosima's handwriting (nos. 38–53, 55) as well as German letters (nos. 54, 57–66, 68, 73, 77) and English letters (nos. 56, 67, 69–72, 74–76 and 78) in different handwritings, which Cosima most likely dictated to a third person. The dictations took place during three consecutive time spans and were taken by four different writers. However, no one in Cosima's immediate family – such as Eva von Bülow or Siegfried Wagner – could be identified as the writers. One exception is Letter 78, which is written in the handwriting of Daniela Thode. Letters 79 and 80, written in German to Helene von Heldburg, were written by her and served as an example for the handwriting analysis of Letter 78. The fact that the letters not composed in Cosima's own writing were dictated by her can be derived from the fact that eight letters written between 1896 and 1912 bear her signature. Strikingly, Cosima's signature "authorized" only the letters written in the third handwriting. The question of why these letters were signed by her while the other dictated ones were not cannot be answered with certainty at this time. Letter 78 appears to be the only letter Cosima dictated to her daughter Daniela – it was also signed by Cosima herself (with her signature changed and very shaky). The signature can be explained with the content of the letter, as Cosima apparently did not dictate her answer to the exasperating *Parsifal* debate to Helene in Frankfurt by coincidence.

Cosima's letter dictations started in March 1889. Letters 54–68 (those dictated between March 5, 1889 and May 11, 1900) were written in the same handwriting – the first third-party handwriting. Letter 57 is exempt, as it was written in the second third-party handwriting. A total of 15 letters fall into the previously mentioned time span; 13 were written in German and only 3 in English. Letter

---

20   Letter 22, [November 1860].

55, in which Cosima makes her appointment with Helene during the 1889 *Bayreuth Festival*, is the last piece of writing composed by Cosima herself (in English) included in the manuscripts found in Meiningen. The German letters were written in a phase of Cosima's life that was characterized by intensive efforts for the Bayreuth and Karlsruhe theatres. To facilitate her work, Cosima continued to ask for help and support from Meiningen. As Helene and especially the duke would often pass Cosima's wishes on to their subordinates (theatre directors, costume designers, librarians etc.), the use of the German language was required. Strikingly, Cosima used rather formal salutations in German (such as *Verehrte Freifrau*, *Hochgeehrte Freifrau* or *Theuerste Freundin*), but still held on to the familiar and intimate "My dearest Chick" (Letter 55) and "My dearest friend and most dear Chic of old" (Letter 67) in the English letters.

Letter 69 of June 27, 1900 marks the beginning of the phase of the third third-party handwriting. This phase lasted until Letter 74 of June 13, 1901 and includes the letters that were signed by Cosima herself. Among them is one German letter (Letter 73 written on May 14, 1901). Here, the content once again dictates the choice of language, as Cosima asks Helene and Georg II for their support in the fight for the copyrights for Wagner and his *Parsifal*.

The two letters of December 30, 1905 (Letter 75) and February 4, 1906 (Letter 76) were written in a fourth third-party handwriting. These two letters were not signed by Cosima herself.

## Cosima Wagner's English letters to Helene von Heldburg – transcription and translation

The manuscripts were transcribed as accurately as possible with the use of authorized photocopies from the Thuringia State Archives and the transcription was verified with the original manuscripts during a visit to the Meiningen archives. Cosima's underscoring (sometimes doubled or even tripled) was faithfully rendered in both transcription and translation (triple underscoring is rendered as double underscoring with an explanatory footnote). Cosima's habit of noting paragraph breaks via underscores ( _ ) was kept in the transcription; the respective paragraphs were added in the translated version. Spelling mistakes and slips of the pen are reflected in the transcription without changes. In cases where mistakes could have inhibited the readability of the respective letter, they were corrected with the use of brackets ([ ]) in the translated version.

In her English letters, Cosima frequently used foreign-language terms, names and quotations. In order to preserve the multi-lingual atmosphere of the letters, the respective words were italicized in both the transcription and the translation – German italic words in the translation thus signify places where Cosima used German words in her English letters. Proper names of musical and theatre works and roles of the latter are written in italics in the translation, as well. Foreign-language names and titles were transcribed as written by Cosima and translated in the German version; explanatory footnotes were added as needed. When a translation of individual foreign-language words or phrases was needed to facilitate proper understanding of content, the respective German translation is given in a footnote.

Cosima's handwriting caused some difficulties. Particularly in the early letters, she wrote quickly and impulsively, and legibility decreased as her level of emotional distress grew (see for example the scribbled lines of Letter 5 from December 15, 1859, written after the funeral of her brother Daniel). The second part of the correspondence was written in a much neater, more deliberate and controlled hand – this corresponds with a new context of time and social status, which is reflected in Cosima's use of language.

Despite all efforts, a few word puzzles remain unsolved. Illegible words are marked as [...] in the transcription. In order to facilitate the layout, the lines were not numbered. The German translation (with the exception of sentences written in German by Cosima) follows the current German spelling rules.

## Cosima's English

Although English was not Cosima's native language, she showed impressive command of the language. She communicated articulately and with broad vocabulary. Cosima had no difficulties in giving lively, detailed descriptions (such as that of the *Hamlet* performance, see Letter 8 of March 21, 1860), recounted humorous events in a witty tone (such as the episode with the American gentleman in Letter 13 of July 5, 1860), and even showed herself to be quite sharp-tongued at times (see the description of the looks of actress Karolina Frieb in Letter 21 of September 10, 1860). Cosima's reoccurring apology for her bad English[21] thus seems like a bit of an exaggeration, but is quite understandable considering Helene was a native speaker. She did of course fall victim to some mistakes typically made by German speakers (in Letter 3 of September 1859, she writes

21  As, for example, in Letter 20, September 6, 1860: "You must excuse my bad English, I write so quick." or Letter 67, September 23, 1896: "You have through your lively lines so transported me in our old good time, that I must begin in english although I almost forgot it [...]" or letter 75, December 30,1905: "I have almost forgotten my English but still I want to speak to you in the language of our old times [...]".

"there is nothing good to become" meaning she cannot *obtain* any decent paper – a typical "false friend" between English and German). Questionable sentences were thus 'translated' with the German construction in mind, which Cosima most likely had in the back of her mind while writing in English.[22] Consequently, her syntactic structures – while being mostly correct and cohesive in English – are closely based on the German model of *Satzbau*. The tone and atmosphere of Cosima's writing thus transfers quite seamlessly from English into German and should be equally reflected in both versions of the letters.

In her English letters, Cosima used foreign words, phrases and quotations quite frequently – this is especially the case with French terms. It seems to the reader that she would sometimes use a French word when she was unable to think of the English or German equivalent, such as in the case of *plage* or *déborde* (Letter 3, September 1859). She also writes Mrs Bulow (French spelling without *Umlaut*), while she uses the anglicized version of certain names (as, for example, 'Fishel' instead of 'Fischel'). Naturally, Cosima's "beloved German" [23] also plays an essential part in her use of language – German words and phrases can be found throughout her English letters.

## Stylistic changes

The second part of the correspondence shows some visible differences in writing, form and style when compared to the first part. Apart from Cosima's neat, much more deliberate handwriting, she now carefully dates each letter (in the earlier correspondence, she had only sporadically used somewhat obscure time markers such as "Wednesday"[24] or *"Dienstag abend"* [25]. Cosima's style of writing in the later letters shows an increased level of sophistication and maturity. Instead of starting her letters with random sentences (the "dearest Chick" was usually somehow woven into the first sentence of the earlier letters), she now insists on a proper salutation and an – at times rather formal – closing paragraph. Ellen's new matrimonial status (as the wife of Duke Georg II, the actress had climbed the

22  An especially quirky and telling example is Cosima's wording in Letter 28, [March of 1861]: "[...] you give right to your wronger. You will laugh at my english, and *ich gebe es dir preis von Herzen wenn es dich nicht angewöhnt in der Queen's sprache und Gedanken zu lachen; das wäre* sad *denn Queen meint es good."*
23  In Letter 67 of September 23, 1896, Cosima writes: "You have through your lively lines so transported me in our old good time, that I must begin in english although I almost forgot it and am quite sure to end in *meinem geliebten Deutsch."*
24  Letter 8, [March 21, 1860].
25  Tuesday night, Letter 16, [July 31, 1860].

social ladder and now bore the title of Baroness) also affected the way in which Cosima communicated with her. "[...] please to present our respectful duties to His Highness the Duke, to receive my husband's regards and both Daniella's and my love!²⁶" is one of her typical closing paragraphs.

However, a trace of the close friendship of her youthful days is still detectable in Cosima's lines. Maintaining English as the preferred language of communication seems to have been of special importance in order to preserve this bond: in Letter 38 of February 7, 1877, Cosima writes: "To me also it is more natural to speak and write english to you, than any other language, and it is now to me, when I use the terms and the language of former days, as if these were come again, and with satisfaction I think once more in my life, that that which was never ends."

## Translation of salutations

Cosima calls Ellen (and later Helene) her "Chick", while she refers to herself as "Queen". Especially the early letters reveal a high degree of intimacy between the two women both in content of the exchange and in the use of language. Sentences such as "And now a thousand kisses upon your eyes and cheeks my darling"[27] and "I kiss you a thousand times my dearest best child, I am no parent of you, I am not even your oldest friend but I know I love you [...]"[28] make the usage of the German *Du-Form* (usually reserved for family and close acquaintances) necessary. Although the German letters dictated by Cosima in the second part of the correspondence use the more formal *Sie*, the translation reflects the continued friendship of the women by using the *Du-Form* throughout the English letters. It should be noted that Cosima and Ellen might very well have chosen to communicate in English in part due to the fact that this would allow them to bypass the *Sie*, which, during the second half of the nineteenth century, was not uncommonly used even among friends in correspondence. However, switching back from *Du* to *Sie* would have signified an irreparable rift in the relationship,[29] the intimacy of which Cosima actually tried to revive in her late letters (see the editors' introduction). This intimacy, however, was not meant for a third pair of

26  Letter 43, April 26, 1877.
27  Letter 19, [August 29, 1860].
28  Letter 17, [summer of 1860].
29  In the chapter "*Pronomina, Syntax des Dialogs*" of his *Textgrammatik der deutschen Sprache*, Harald Weinrich writes: "The dissolution of the Du-salutation is comparable to an act of animosity". (1993)

eyes and ears, which is likely why Cosima chose to dictate in the more formal *Sie-Form*.[30]

The aim of the translation of Cosima's English letters is to give German readers an authentic and unveiled glance into Cosima's thoughts and feelings. It is thus only appropriate that the use of *Du* was employed throughout in order to recreate the effect Cosima's letters had on the original recipient for a modern audience.

The editorial principles applied are largely based on the guidelines and recommendations for editing composers' and musicians' letters drawn up by Arbeitsgemeinschaft Musikerbriefe (Musicians' and Composers Letters' Working Group) within Fachgruppe Freie Forschungsinstitute (Independent Research Institutes' Group) in Gesellschaft für Musikforschung (Society for Music Research).[31]

## Editorial symbols used in the letter texts

| | |
|---|---|
| C. L. | Cosima Liszt |
| C. v. B. | Cosima von Bülow |
| C. W. | Cosima Wagner |
| E. F. | Ellen Franz |
| H. v. H. | Helene von Heldburg |

[ ] added by the editors
[?] questionable legibility
[illegible word]
[sic] unusual spelling or grammar

---

30 In Letter 23, around New Year's Eve 1860/61, Cosima writes: "What concerns us both, how could you listen to any thing which came not directly from me? Do me the favour my dearest one, and dont speak to anybody of me; I am now so convinced that nobody has understood the love I have for you, that I avoid to speak of you, and will always expect to receive direct news from you."
31 Appel/Veit (1997).

10. *Umschlag des Briefes Cosima von Bülow an Ellen Franz*, [26. Februar 1861] (27. Brief)

10. *Envelope used for the letter from Cosima von Bülow to Ellen Franz*, [February 26, 1861] (Letter 27)

# Die Briefe

1. COSIMA VON BÜLOW AN ELLEN FRANZ, [MITTWOCH, 2. MÄRZ 1859],[1] aus Berlin, Manuskript: englisch, in: ThStA Meiningen, HA 39

Wir haben Pech, ganz so, als ob wir ein Liebespaar wären, meine Allerbeste, mein liebes Täubchen! Stell Dir nur vor, ich bin krank (Kopfschmerzen, *Herzklopfen* und was Du Dir vorstellen kannst) und kann Dich nicht besuchen kommen. Ich bin natürlich *trostlos* und liege hier in ziemlich entmutigter Stimmung auf meinem *Sopha*.
Wie hast Du den gestrigen Abend gefunden?[2]
Unsere kleine Sängerin[3] ist gut, obwohl sie so hässlich ist; denk nur, sie trägt ihr Haar so wie ich und hat auch eine ähnliche Haarfarbe, und dann diese Fülle; ich war anfangs regelrecht schockiert und wegen ihres schönen Haars ganz steif, doch dann habe ich es vergessen und nur an ihre tiefe, mächtige Stimme und ihre Originalität gedacht. Sie ist ein richtiges <u>Volkskind</u>, doch wir denken, dass man aus ihr etwas machen kann. Wir werden sehen.
Erzähl mir, wie der Abend und der Tag Dir gefallen haben; Mützelbourg[4] war wie ein <u>*cameleon*</u> und fragte mich immer wieder danach, wen Du alles kennst.
Und nun tausend Küsse mein liebes Kind, <u>antworte mir</u> und erzähle mir recht viel. Ich habe Dir schon wieder sehr viel *zu <u>erzählen</u>*. Immer und ewig die Deine
CB

1 Franz Liszt berichtet von der angesprochenen Soiree vom 1. März 1859 im Brief an Carolyne von Sayn-Wittgenstein, 2. März 1859. Siehe La Mara (1902), 452f. Du Moulin (1929, 159) beschreibt diesen Abend ohne Nennung von Datum und Quelle.
2 Anwesend waren laut ibid. Franz Liszt, Franziska von Bülow, Ellen Franz, Emma Herwegh, Elisabeth Ney, Ernst und Hedwig Dohm, Lilla von Bulyowky, Eduard Fischel, Carl Becker, Ferdinand Lassalle, Emilie Genast, Fräulein von Jasky, Fanny Lewald, Adolf Mützelburg, Kroll, Weitzmann, Hildebrandt u. a.
3 Zu Emilie Genast siehe die Einführung, Anm. 231. Nachdem die Genast laut Liszts Brief an Carolyne von Sayn-Wittgenstein, 27. Februar 1859 (Williams [1998], 474) wenige Tage zuvor bereits mit Liedern von Schubert zu hören gewesen war, sang sie an diesem Abend ausschließlich Lieder von Liszt. Brief Franz Liszt an Carolyne von Sayn-Wittgenstein, 2. März 1859, in: La Mara (1902), 452f. Hamburger (2010, 248) berichtet von einer »diskrete[n] Liaison« Liszts mit Emilie Genast.
4 Zu Adolf Mützelburg siehe die Einführung, Anm. 239.

2. Cosima von Bülow an Ellen Franz, [Juni 1859],⁵ aus Berlin,
Manuskript: englisch, in: ThStA Meiningen, HA 39

Danke vielmals liebstes Täubchen für die schönen Rosen; sie schmücken und *embaument*⁶ noch immer mein blaues Zimmer, die Erdbeeren sind nicht gekommen, ich vermute, sie haben die Eisenbahner in Versuchung geführt, die sie aufgegessen haben werden, aber ich für meinen Teil bevorzuge die Rosen. Dein armer Garten muss nun ganz leer sein, ich kann mir vorstellen, dass fast alle Blumen daraus verschwunden sind, und es macht mich ganz traurig, wenn ich mein Zimmer so schön geschmückt sehe und denke, dass Dein reizender Garten⁷ darunter leiden musste. Wir werden den ganzen Sommer in Berlin bleiben, die Gründe dafür sind Krieg, Erschöpfung und Taschengeld. Hast Du vom letzten Sieg gehört, es ist wirklich beschämend für die Österreicher. Nun haben wir »*einquartierung*«, es ist reizend; ich kann Dir gar nicht sagen, wie ich Preußen jetzt verabscheue und für wie dumm ich es halte; aber das ist kein Konversationsthema zwischen Täubchen und ihrer Königin, wir müssen zwischen Rosen und Erdbeeren wandeln, soweit es die Eisenbahner erlauben. Leb wohl Liebe, sei glücklich und verschwiegen und nachsichtig mit Deiner alten Königin [auf dem 1. Blatt quer geschrieben]
Fährst Du nach Halle? Vergiss nicht die Einladung meines Vaters.⁸
Ich war am Montag bei Deiner Mutter, aber sie war nicht zu Hause. Ich habe Gossmann⁹ gesehen, es ist nicht der Rede wert. Doch sie sind hier ganz verrückt nach ihr.

5   Es ist Rosen- und Erdbeerzeit im Jahr 1859. Mit dem Krieg könnte Cosima den so genannten Sardinischen Krieg meinen, eine Auseinandersetzung zwischen dem Kaisertum Österreich und dem Königreich Sardinien mit seinen Verbündeten Frankreich und Napoleon III. Die entscheidende Schlacht vom 24. Juni 1859 bei Carina und Solferino, in der Österreich geschlagen wurde, ebnete den Weg zur Einigung Italiens. Cosimas negative Äußerung über Preußen könnte sich darauf beziehen, dass letzteres es abgelehnt hatte, Österreichs Truppen im Kampf gegen Napoleon zu unterstützen.
6   Dt.: mit Wohlgeruch erfüllen.
7   Im Manuskript: »vineyard«: Weingarten. Gemeint ist vermutlich Helenes Naumburger Garten. Die Saale-Unstrut-Gegend ist bis heute ein Weinanbaugebiet. Einen an die Mutter adressierten Brief schrieb Ellen 1860 aus dem »Vineyard«. Brief Ellen Franz an Sarah Franz, Montag Nachmittag, in: ThSTA Meiningen, HA 387, II.
8   Was Ellen in Halle vorhatte bzw., wozu sie von Franz Liszt eingeladen wurde, konnte nicht ermittelt werden.
9   Friederike Goßmann (1836–1906) debütierte in München 1853. Laut Neise (1956, 170) Debüt 1853 München, 1854–1855 Königsberg, danach Danzig, Elbing, Gumbinnen, 1855 Thalia Theater Hamburg, 1857 Burgtheater. Nach ihrer Heirat mit verließ sie Wien, danach lediglich Gastspiele, 1867 Rücktritt von der Bühne.

*Die Briefe*

3. Cosima von Bülow an Ellen Franz, [September 1859],[10] aus Berlin, Manuskript: englisch, in: ThStA Meiningen, HA 39

Doch Helgoland ist viel schöner, Fräulein Täubchen. Dort, wo ich einen kleinen Punkt markiert habe, haben wir eine schöne Zeit verlebt, mein liebes Kind. Hätte ich nicht gerade erst mindestens zehn lange und törichte Beschreibungen von der See, dem Felsen, den Booten und Hamburg[11] geschrieben, dann hätte ich Dir von ihnen erzählt, doch so bist du davon *befreit*. Denk nur Täubchen, ich hatte dieses hässliche Papier auf der Insel gekauft,[12] wo nichts Anständiges zu bekommen ist, nur um Dir einen langen Bericht über mein Dasein zu schreiben, doch Helgoland könnte man zu Recht die »*faulpeltz Insel*« nennen, denn kaum hatte ich zwei Zeilen geschrieben, habe ich geschlafen, zur See geschaut oder war unten am *plage*[13] und habe geträumt. Ja mein liebstes, süßes Kind, ich war während dieser acht Tage eine glückliche Königin; die See ist eine Wohltat für Augen und Seele und lässt einen zufrieden sein mit seiner Welt und viel an andere denken, sie bringt Schönheit in unser aufreibendes, gequältes Dasein, das niemals über sich selbst hinauswächst, und behält selbst in ihrem größten Aufbäumen einen wundervollen Rhythmus, um sich danach wieder in erhabener Ruhe zu glätten. So muss auch die Seele sein, Qualen und Stürme sind da und können nicht vermieden werden, doch sie dürfen uns nicht *déborder*,[14] und wir müssen, wenn sie vorüber sind, wieder zu Ruhe und Gelassenheit zurückfinden. Was machst Du gerade, mein Täubchen? Solltest Du nicht bald aus Naumburg[15] zurückkehren? Ich glaube, die Ferien sind jetzt vorüber, und Berlin ist nicht mehr so schrecklich und überfüllt. Wenn alle wieder fort sind, kommt

10 Ob sich Cosima gemeinsam mit ihrem Mann Hans oder auch mit ihrem Vater auf der Hochseeinsel aufhielt, wo dieser bereits im September 1849 drei Wochen mit Carolyne Elisabeth Fürstin zu Sayn-Wittgenstein und deren Tochter Marie Ferien gemacht hatte (Gut [2011], 745), konnte nicht ermittelt werden.
11 Im Manuskript: »Hamburgh«.
12 Der Kopf des Briefpapiers enthält eine Ansicht von Helgoland, mit Blick von der Südinsel.
13 Dt.: Strand.
14 Dt.: überwältigen.
15 Im Manuskript: »Naumbourg«. Ellen besuchte in ihren Ferien offenbar Verwandte väterlicherseits in Naumburg. Gero von Wilke behauptet, Ellens Vater habe Naumburg wegen »Liebesaffären« verlassen müssen und sei deshalb für längere Zeit nach England gereist, um dort Arbeit zu finden. So Gero von Wilke, »Thüringer Theaterblut – Die von Wangenheim. Zum Geburtstag der Schauspielerin und Malerin Karin von Wangenheim, Urenkelin des Meininger ›Theaterherzogs‹«, in: *Archiv für Sippenforschung* 107 (1987), 170–194, hier 193.

ein ganz besonderer Reiz über diese stürmische, staubige, hässliche Stadt. Wir beginnen nun wieder mit Weitzmanns[16] *Karneval*,[17] und ich war eine ergebene und treue Königin, und habe keinen Unterricht genommen, und so habe ich treu und ergeben alles vergessen, doch unser alter und Dein lieber Meister ist ebenso geduldig wie alt und freundlich und wird mir ganz ruhig alles von vorn erklären. Habe ich schon erwähnt, dass ich Gossmann wieder einmal in einem dieser kleinen Schauspiele gesehen habe? Sie hat ein gefälliges *naturel*, doch kein bisschen Witz, das kann mir so gar nicht gefallen und ich finde es schade, dass eine solche Schauspielerin auftritt, denn durch sie kommen die einfältigen Schauspiele, denen sie Leben einhaucht, in Mode und zu Ehren. Wie kann man sich noch an echten, schönen Komödien erfreuen, wenn einen Kunst und Natur oder *Erziehungsresultate*[18] oder dergleichen zum Lachen bringen? Herr Poùsonnet[19] ist noch immer ein Gentleman und fragt immer noch sehr oft nach Dir. Er scheint zu glauben, dass seine Chancen jetzt besser stehen, wo er einen Prinzen woanders als nur auf der Bühne gesehen hat, und er sprach mit ihm von *face à face*[20] wie Moses mit Jehova. Ich bin mir sicher, dass das Täubchen keine Sicht auf Krieg und Frieden hat und davon gänzlich unbeeindruckt ist, ganz täubchenhaft, und das ist auch gut so. Überlassen wir diese dummen Gedanken, Hoffnungen und Ängste der alten Königin. Leb wohl meine Liebe, ich küsse Dich auf Deine zarten Wangen und hoffe, dass du mich immer täubchenhaft lieb behältst, während ich dich königinnenhaft, also zärtlich, sehr, sehr lieb habe.
CB

Wie soll man solches Papier in einen zivilisierten Umschlag bekommen?

---

16  Zu Carl Friedrich Weitzmann siehe die Einführung, Anm. 241.
17  Weitzmann veröffentlichte in der NZfM 58 (1863, 213–215) erst Jahre später den Text »Ein Carneval in Rom um die Mitte des 17. Jahrhunderts«. Darin bezog er die Gestalt des *Salvator Rosa* aus E. T. A. Hoffmanns Novelle *Signor Formica* auf die damals gegenwärtigen Auseinandersetzungen um den »schändlichen Einfluß des mehr und mehr Herrschaft gewinnenden und Tragödien und Comödien ins Verderben stürzenden Musikdramas«. Liszt äußerte sich am 7. September 1863 gegenüber Franz Brendel begeistert, er habe »avec grand plaisir ses articles d'érudition mignonne« gelesen (La Mara [1893], 50) und ähnlich an Hans von Bülow (La Mara [1898], 316).
18  Das Lustspiel *Erziehungs-Resultate oder guter und schlechter Ton* von Carl Blum (1786–1844) wurde 1844 in Berlin bei Schlesinger veröffentlicht.
19  Die Person konnte nicht ermittelt werden.
20  Dt.: von Angesicht zu Angesicht.

4. Cosima von Bülow an Ellen Franz, [November 1859],[21] aus Berlin, Manuskript: englisch, in: ThStA Meiningen, HA 39

Wenn es einen Trost für die Traurigkeit gibt, die *malades*[22] begleitet, so spürt man ihn dann, wenn jene, die man liebt, an einen denken. Meine Teuerste, mein liebes Täubchen, hab besten Dank für Deinen Besuch; ich nehme einen dieser reizenden Vögelchen an, denn ich weiß nicht, wie ich ein Geschenk von Dir verweigern soll, doch behalte den anderen bei Dir, ich schäme mich schon, dass ich nicht stark genug bin, Dir beide zurückzuschicken, denn es ist unmöglich von mir, Dir Dinge wegzunehmen, die für Dich bestimmt waren. Mein armer Bruder ist krank,[23] schrecklich krank, weder der Arzt noch ich wissen, wann diese schwere Prüfung für ihn vorbei sein wird; er leidet fürchterlich; Geduld und Geistesstärke werden hier momentan in größerem Ausmaß gebraucht, als sie in meiner Natur liegen; Du verstehst sicher, dass an Theater, Besuche oder Spaziergänge gar nicht zu denken ist, Tag und Nacht muss er unter Beobachtung stehen.
Adieu meine Allerliebste, ich küsse Dich auf beide Augen und bin für immer Deine alte, dumme Königin.
Bitte komm doch bald, ich würde mich freuen, Dich zu sehen; kannst Du morgen gegen Zwölf?
Tausend Dank für das Vögelchen.

[Rückseite:]
Miss Ellen Frantz
Enke Platz 7

---

21 Seit dem Sommer weilte der an Tuberkulose leidende Daniel Liszt bei seiner Schwester. Erst am 11. Dezember traf der beunruhigte Vater in Berlin bei der Familie ein. Siehe zu Daniels Krankheit und zu seinem Tod den Brief Franz Liszts an Carolyne von Sayn-Wittgenstein, 15. Dezember 1859 (Williams [1998], 486–491). Ellen traf am Montag den 12. Dezember 1859 am frühen Abend gemeinsam mit Ernst Dohm ein. Siehe Brief Franz Liszts an Carolyne von Sayn-Wittgenstein, 15. Dezember 1859 (ibid., 487). Siehe auch Gut (2011), 758.
22 Dt.: Kranke.
23 Daniel Liszt, geb. am 9. Mai 1839 in Rom, starb am 13. Dezember 1859 in Berlin.

5. Cosima von Bülow an Ellen Franz, [Donnerstag, 15. Dezember 1859],[24] aus Berlin, Manuskript: englisch, in: ThStA Meiningen, HA 39

Oh meine Liebe, es ist eine schlimme Zeit, möge meine Seele stark bleiben und sie gut überstehen. Heute habe ich ihn unter die Erde gebracht und werde ihn nie wieder sehen, mir ist es, als wäre meine ganze Jugend begraben worden. Danke an Dich, meine Allerliebste, wenn mir irgend jemand helfen kann, den schwarzen Schleier, der auf meiner Seele liegt, zu zerreißen, dann bist Du es. Mein bester Gedanke, meine tiefsten Gelöbnisse sind bei Dir, mögest Du gesegnet sein, mein eigenes, liebes Kind.
CB

---

24 Der Brief entstand offenbar am Tag des Begräbnisses; Datum laut Gut (2011), 758. Das Grab befindet sich auf dem Berliner St. Hedwig-Friedhof, Liesenstrasse 8, ursprünglicher Standort: Feld 1, eingeebnet, Grabstein nun am Feld Mauer 2 befindlich.

6. Cosima von Bülow an Ellen Franz, [nach dem 10. Februar 1860],[25] aus Weimar, Manuskript: englisch, in: ThStA Meiningen, HA 39

Meine Liebe, es war mir unmöglich, Dir vor dieser Minute zu schreiben; ohne dass mir die Zeit je sehr leicht vorkommt, ist sie hier genauso wie überall verflogen, es ist mir unbegreiflich. Ich bin ganz in Aufruhr über Dich; was hat unser <u>wilder Chef</u>[26] gesagt und wie war Dein nettes »*college*«, ich denke, Du wurdest nicht bei Hofe eingeführt, weil ich keine Hutsendung erhalten habe. Mein Vater hat bereits von Deinem *erfolg* erfahren, durch einen Herrn, der begeistert war von …… nun, sagen wir von Herrn Reer.[27] Es tat ihm sehr leid, bei Deinem <u>*debut*</u> nicht assistiert zu haben, doch er ist entschieden, beim nächsten dabei zu sein, wenn es ihm irgendwie möglich ist.

Ich bin bei recht guter körperlicher Verfassung, das Zeug ist mit dem *Deutschen Haus* verschwunden.[28] Diesen Morgen habe ich nett gefrühstückt, und an Täubchen gedacht, während ich in meinem Bett ein reizendes Brötchen aß, das nur aus Kruste bestand. Es gibt hier auch eiserne Öfen,[29] aber da das Zeug verschwunden ist, fühle ich mich nicht mehr unwohl. Aus meinem Fenster schaue ich in das kleine Wäldchen, das ganz mit Schnee bedeckt ist,

---

25  Cosima nimmt auf Ellens Debüt am Gothaer Theater am 10. Februar 1860 Bezug, in dem sie, laut Hase-Koehler (1929, 8) an der Seite von Emil Devrient in der Rolle des *Rochester*, die *Jane Eyre* in *Die Waise von Lowood*, einem Schauspiel in zwei Abteilungen und vier Akten von Charlotte Birch-Pfeiffer, nach dem Roman der britischen Autorin Charlotte Brontë spielte. Cosima war dort anwesend und reiste von Gotha wohl zu einem Kurzbesuch zu ihrem Vater nach Weimar.

26  Vermutlich ist Gustav Freiherr von Meyern-Hohenberg (1820–1878) gemeint. Er studierte Jura in Göttingen und Berlin. 1843 trat er in die Zivil- und Hofdienste des Herzogs von Coburg (Ernst I.), wurde erst Geh. Kabinettsrat und als Nachfolger Maximilian von Wangenheims am 4. April 1860 Intendant und Bühnenschriftsteller des Herzoglichen Hoftheaters zu Sachsen-Coburg und Gotha, dem er bis zum 11. September 1868 vorstand. Cosima nennt ihn im Folgenden auch Maiern, Mayern oder Baronet.

27  Julius Réer (1819–1884), ab 1850 bis zu seinem Tod Hofschauspieler und Hofopernsänger (Tenor) in Coburg.

28  Offenbar wohnte Cosima bei einem erneuten Gotha-Besuch im Hotel *Deutsches Haus* in Gotha, wo Ellen zunächst gewohnt hatte, bevor sie zur Familie Becker umzog. Ein an das *Deutsche Haus* in Gotha adressierter Brief der Mutter an Ellen Franz mit Umschlag (Poststempel vom 7.3.1860) ist erhalten in: ThSTA Meiningen, HA 387, VII. Cosima hatte damals ein letztes Mal ihre Menstruation vor Danielas Geburt.

29  Die Altenburg liegt etwas außerhalb des Weimarer Stadtzentrums, jenseits des Parks an der Ilm in der Jenaer Straße. Zur Ausstattung der Altenburg Lina Ramann, *Franz Liszt. Als Künstler und Mensch*, Band 2.2, Leipzig 1892.

aus der Ferne sieht es aus wie eine hübsch gepuderte, steife Dame, und aus der Nähe ist es ein lieber Zufluchtsort für traurige Träume, die hier in den Räumen schmerzen, es nimmt sie auf und bringt sie verwandelt wieder hervor. Ich mag die Kiefern,[30] halb weiß und halb grün, mit denen ich spreche, als wüssten sie das Geheimnis aller Dinge.

Ich werde wahrscheinlich morgen früh zurückkommen; doch warte nicht am _Bahnhof_ auf mich, denn ich bin mir nicht sicher. Bitte richte Käthchen aus, sie soll alle meine Briefe behalten, bis ich um sie bitte.[31] Ich sage Dir diese Dinge in der Hoffnung, dass dieser Brief Dir von Gotha nach Berlin geschickt werden wird.

Du wirst von Deiner Mutter gehört haben, wie früh wir angekommen sind und dass wir _den Wilden_ gesehen haben. Ich sage Dir, er war mehr als lustig, doch ich hebe mir die Erzählung auf, bis ich wieder in Berlin bin. Falls Du die Person des _Kehlkopf_-Briefes getroffen hast, sage ihm nicht, dass ich darüber erfreut war, und sage, dass Du von mir gehört hast, dass ich <u>sehr</u>, <u>sehr</u> <u>bald</u> zurückkommen werde, nichts anderes.[32]

Und nun auf Wiedersehen liebstes Kind, mögen diese Zeilen Dich hoch gestimmt und bei guter Gesundheit vorfinden; doch wir müssen noch viel mehr Mut fassen, meine Liebe, es gibt keine wahre weibliche Rolle ohne eine Menge davon; ich predige zu Dir darüber, obwohl ich selbst so wenig davon habe, doch man sagt, dass man zu zweit eine Sache besser erreichen kann als allein. Meine Liebe, ich muss mich auch bei Dir entschuldigen, für die Unhöflichkeit, die ich Dir in Gotha gezeigt habe, verzeih mir, ohne es zu verstehen; wenn ich einmal sehr alt bin, werde ich vielleicht mit Dir über diese Zeiten der Jugend sprechen können und dann wirst Du begreifen, wie es kommt, dass ich so leidend, und deshalb nicht so still und freundlich bin, wie ich sein sollte. <u>Wir müssen in Berlin ernsthaft arbeiten</u>, ich habe die _Portia_[33] für Dich durchgelesen, daraus ist viel zu machen, doch Du musst sehr gut und lange darüber nachdenken. Nun, wir werden sehen. Leb wohl meine kleine Lorbeergekrönte, warte ein wenig und arbeite ernsthaft, dann wirst Du die Königin sein, während ich das bleibe, was ich jetzt bin, Deine treue und anhängliche
Cosima

---

30  Im Ilm-Park gab es auch zu Liszts Zeiten verschiedene Kiefern. Mitteilung Dorothee Ahrendt, Klassik Stiftung Weimar, an die Hrsg., 3.Juli 2013.
31  Käthchen war die Haushälterin der Bülows. Sie sollte die an Cosima gerichteten Briefe demnach nicht nachsenden. Siehe auch die Einführung, Anm. 125.
32  Was hier gemeint ist, konnte nicht ermittelt werden.
33  Bei der _Portia_ handelt es sich um die Rolle einer reichen Erbin aus Shakespeares _Kaufmann von Venedig_ (_The Merchant of Venice_), 1600.

## 7. Cosima von Bülow an Ellen Franz, [Mitte Februar bis März 1860],[34] aus Berlin, Manuskript: englisch, in: ThStA Meiningen, HA 39[35]

Liebstes Täubchen, ich habe die Karten für morgen gerade erhalten, und da Frau Bülow sie schon vor einer Woche für mich bestellt hatte, glaube ich nicht, dass ich sie ihr einfach zum dritten Mal zurücksenden kann; doch wenn Deine Mutter nach der italienischen Oper keinen Besuch empfangen möchte, werde ich dies selbstverständlich tun. Bitte sage mir, ob Deine Mutter es mir gestatten würde, etwas später zu kommen. Es ist mir selbst ein großes Ärgernis, Du weißt, dass ich nicht viel von Artot[36] und dem *Barbiere*[37] halte, doch ich denke es wäre unhöflich von mir, Frau Bülow abzusagen. Wenn Deine Mutter nicht möchte, dass ich so spät komme, habe ich jedoch einen triftigen Grund für die Absage und es würde mir überhaupt nichts ausmachen, ich bin tausendmal lieber zum Tee bei Dir als bei allen *Barbieres* der Welt. Tausend Küsse; und lass mich Deine Antwort wissen, ich stehe ganz zu Deiner Verfügung, mach also kein Theater.
Ganz die Deine
CB

<u>Sag mir die Wahrheit, sonst werde ich sehr verargert sein.</u>[38]

[Rückseite mit Adresse]

Fräulein Ellen Franz
Encke Platz 7

---

34 Der unten aufgeführte *Barbier von Sevilla* lief offenbar schon einige Zeit.
35 Siegel herausgetrennt.
36 Désirée Artôt de Padilla, geb. Montageney (1835–1907) war eine Mezzosopranistin. Sie debütierte in Berlin 1858 und war erfolgreich u. a. mit der *Rosina* in Giacomo Rossinis *Barbier von Sevilla*.
37 Vom 4. Januar bis 14. April 1860 gastierte Achille Lorini (um 1830–?) mit seiner italienischen Operntruppe im Berliner Victoria-Theater [Henze Döring (1860), 651f.]. Laut einem Bericht der *Berliner Musikzeitung* 14 (1860, 115) stand der *Barbiere* dabei als *Cheval de bataille* mindestens 20-mal auf dem Programm. Siehe auch Henze Döring (2006), 651f. Welche Vorstellung Cosima genau meint, bleibt unklar.
38 Im Manuskript dreimal unterstrichen.

8. Cosima von Bülow an Ellen Franz, [Mittwoch, 21. März 1860],[39] aus Weimar oder Gotha, Manuskript: englisch, in: ThStA Meiningen, HA 39[40]

Mittwoch
Wirst Du sehr erstaunt sein, mein liebes Täubchen, wenn ich Dir sage, dass ich nichts an Deinem Brief verstanden habe? Selbstverständlich kann ich Deine kindische Forderung nicht erfüllen, und wenn Du jetzt an der Stelle angekommen bist, mich ernsthaft zu fragen, ob ich Dich liebe, so muss ich hoffen, dass Du Dir selbst die Antwort geben kannst. Was Deine Unterstützung für alles oder nichts betrifft, so hängt dies gänzlich von Dir selbst ab, denn ich sperre Dich nicht in einen Käfig, Du bist frei wie ein Vöglein und kannst selbst entscheiden, ob Du das Wenige, das ich meine, Dir sagen zu müssen, akzeptieren oder ablehnen möchtest und ob Du darauf hörst oder nicht. Ich denke, Du solltest diese Art von falschem Stolz bei den Aufführungen von *Jane Eyre* lassen, denn zu uns passt er etwa so gut wie Trompeten zu einer *Berceuse*.[41] Doch jetzt will ich von etwas anderem sprechen, denn ich bin nicht dazu in der Lage, mich selbst oder meine Gefühle zu erklären. Denk nur, ich war allein in Gotha, in denselben Räumen, in denen wir gemeinsam gewohnt haben, und alles nur, um Dawison[42] im *Hamlet*[43] zu sehen.

39 Datierung auf Grund des *Hamlet*-Besuches und der am Schluss des Briefes genannten Konzertreise Bülows.
40 Siegel herausgetrennt.
41 Dt.: Wiegenlied.
42 Bogumil Dawison (1818–1872), Schauspieler. 1837 debütierte er am Theater seiner Heimatstadt Warschau. Über Lemberg und das Hamburger Thalia Theater kam er 1849 an das Burgtheater. 1854–1864 in Dresden engagiert, ging er 1864 auf Gastspielreisen. Dawison war ein bedeutender Charakterschauspieler *(Shylock, Mephisto, Franz Moor)*. Laut Neise (1956, 170) spielte er 1855 in Berlin an dreizehn Abenden: *Hamlet, Carlos (Clavigo), Marcus Antonius, Marinelli, Mephisto, Franz Moor, Othello*. Sein erstes Auftreten war sensationell. Presse, Publikum und Schauspielkollegen waren »hingerissen«. Gelobt wurde seine »edle […] zu plastischem Ausdruck glücklich und charakteristisch befähigte Gestalt« sowie seine »ausdrucksvolle mimische Beweglichkeit« *(Spenersche Zeitung* Nr. 134, 12. Juni 1855). Dawison gastierte am 19. März 1860 als *Hamlet* in Gotha. Bezüglich Liszts Begeisterung für den Schauspieler siehe Franz Liszt an Agnes Street-Klindworth, 18. Januar 1856 und an Prinzessin Carolyne, 28. August 1860, in: Williams (1998), 396f. und 512f.
43 Wie der Philosoph und Historiker Moritz Carrière (1817–1895), der Theaterkritiker Karl Frenzel (1827–1914) und die Dresdner Presse war auch Liszt nach Dawisons Weimar-Gastspiel im Januar 1856 (Gut [2011], 752) beeindruckt von dessen neuartiger, sich von der klassisch-idealistischen Schauspielästhetik unterscheidenden *Hamlet*-Interpretation (siehe den Brief vom 18. Januar 1856 an Agnes Street-

Und obwohl mich *Herr <u>Deutscher Hof</u>*[44] <u>geprellt</u> hat wie kein anderer, bin ich überaus glücklich, dass ich dieses närrische Unterfangen auf mich genommen habe. Ich nehme an, dass Du *Hamlet* gelesen hast und werde deshalb Deine Geduld strapazieren, indem ich Dir all das erzähle, was mir durch den Kopf geht, wenn ich an diese meisterhafte Aufführung zurückdenke. Doch wenn nicht, dann warte bis ich zurück bin, und wir können es gemeinsam lesen.

Bei Dawisons erstem Auftritt (bei Hofe, I. Akt) war ich sofort schockiert: ich stellte mir für diesen Anfang einen jungen, schönen, blassen Mann vor und sah entgegen meines Willens die Maske von *Richard III.* und *Mephisto*; dann sollte für mich der *Hamlet* des ersten Aktes die Traurigkeit von einem haben, der Schreckliches <u>ahnt</u>, nicht aber die ironische Verachtung, die Dawison ihm verlieh. Ich erwarte großen Enthusiasmus, aber auch eine Art Bitterkeit, die Bitterkeit der Jugend, die eher mit Tränen einhergeht als mit einem verächtlichen Lächeln. Als nun der Vorhang fiel, war ich verblüfft, als ich sah, dass Dawison dies nicht wirklich verstand, ich fand ihn zu <u>*manieri[e]rt*</u>, er spielte übertrieben. Dann kam der zweite Akt und die Szene mit dem Geist; es war etwas Schönes, sein Entsetzen und sein Niederfallen, der Kampf zwischen der Liebe eines Sohnes und dem Schrecken eines Mannes, der dem Geist seines Vaters begegnet; doch wieder war ich mit der Schauspielerei nicht zufrieden, er variierte sehr kunstvoll den Klang seiner Stimme bei den Wörtern *Geist, Vater, König von Dänemark*, doch es war für meinen Geschmack zu <u>gesucht</u> und ich hätte eher dieselbe Stimme, gefärbt von inneren Emotionen, bevorzugt. Danach war seine Mimik hervorragend, als er aus dem Mund seines Vaters vom Verbrechen seiner Mutter erfuhr, auf die Knie gesunken, und sein Schwert wie ein <u>*Crucifix*</u> haltend, schluchzte er so herzzerreißend, dass mir war, als wäre ich für seine Pein mitverantwortlich gewesen. Man spürte, wie seine Jugend zerstört, *getödtet* wurde und niemals zurückkehren würde; mit seinem Verschwinden trägt der Geist sie davon und lässt ihm nur das <u>Wissen</u> zurück; und von diesem Moment an ist *Hamlet* der Missionar der ungese-

---

Klindworth, in: La Mara [1894], 58f.). Ihm widmete Franz Liszt seine symphonische Dichtung *Hamlet* (komponiert im Frühjahr 1858 als Vorspiel zu Shakespeares gleichnamigem Drama; der auf *Ophelia* hindeutende Mittelsatz wurde später hinzugefügt, erste Aufführung am 2. Juli 1872 in Sondershausen): »Bogumil Dawison freundlichst gewidmet October 60 – FL.« Siehe Autograph in GSA 60/Z, 11a. Der von Liszt im Brief an Julius Schuberth (1804–1875) 13. November 1860 (Library of Congress, Nr. 138A) ergangenen Bitte, die Widmung beim Druck zu berücksichtigen, kam der Verleger bei der Veröffentlichung 1861 als *Symphonische Dichtung Nr. 10* nicht nach. Kollek (1978, 165) bezeichnet Liszt als Dawisons Freund.

44 Cosima meint den Besitzer des Hotels *Deutsches Haus*, das sich damals in der Erfurter Straße in Gotha befand.

henen Welt, der Vollstrecker des höchsten Gerichts, er muss mit einer <u>*ganz zermalmten*</u> Seele die energischsten Taten vollbringen; an menschlichem Gefühl bleibt ihm nur die Tatkraft und die Verachtung; Hoffnung, Reue, Milde, die Mutterliebe eines Kindes, die Ehre des Blutes – all dies ist verschwunden und doch kann er selbst nicht aus der Welt verschwinden, sondern muss darin mit menschlichen Waffen zur Tat schreiten. Und zu alledem kommen seine Zweifel, er ist nicht immer sicher, dass er wirklich für solch eine <u>*mission*</u> auserwählt ist und fragt sich, ob er nicht einer Versuchung des Teufels zum Opfer fiel und stellt so alles in Frage; und dennoch bleibt er im gesamten Stück energisch und stark, er wird das tun, was er zu tun hat, doch nie soll er darin Befriedigung finden. Er hat gesehen, was den meisten verborgen bleibt, Gerechtigkeit zu üben ist eine Sache der Götter, und wie an Prometheus *nagte* der <u>*Vautour*</u>[45] *an ihm* und wird niemals von ihm ablassen._ _ _
Dann beginnt der dritte Akt, und von diesem Moment bis zum letzten ist Dawison fantastisch; alles – Bewegungen, Gesicht (nun muss er nicht mehr jung und schön sein), Gesten, Stimme, Darbietung – kurz gesagt ist alles über die Maßen grandios und erhaben. Die bittere Ironie, mit der er *Polonius* und die *Höflinge* unterhält, und sie glauben lässt, er sei verrückt geworden, fielen wie ein Sonnenstrahl auf meine Seele. Es schien mir, dass auch ich manchmal so sprechen könnte, und während er sprach fühlte ich mich, als würde mir eine große Last genommen werden; ich kann es nicht erklären. Manchmal schimmerte durch seine Handlungen eine traurige Einsamkeit, und ich weinte drei oder viermal, während das ganze Publikum lachte. Dann seine Szene mit *Ophelia*, als er ihr sagt, sie solle in ein Kloster gehen; niemals hätte ich gedacht, dass sie mit solch einer Achtung und mit tiefem Mitgefühl gespielt werden könne. Geh in ein Kloster, denn du bist schön und tugendhaft, und dies wäre verloren in dieser abscheulichen Welt, geh in ein Kloster, denn ich habe mit dir nichts mehr zu tun.
Ich bin ein anderes Ich. Ich kann Dir nicht vom Monolog <u>sein oder nicht sein</u> erzählen; es ist unmöglich auszudrücken, wie schön er war und warum er so schön war; langsam, schlicht, wie ein Mann, der mich nicht an seine Probleme denken lassen will, kam er zu seinen letzten Worten und seine Darbietung war so grandios, dass ich sie nicht nur hörte und sah, sondern in Gedanken mitträumte. Danach die Szene mit den Spielern, als er sich als ihrer aller Meister offenbart, da er das Recht hat, nach dem Gewissen zu entscheiden und über sie zu urteilen. Neben dem Monolog ist dies wohl die *leistung*, die mich am meisten berührte. Die Szene mit der Mutter ist berühmt, und das zu Recht, derselbe Kampf zwischen Liebe und Schrecken, der im zweiten Akt

45  Dt.: Geier.

in ihm wütete, kommt hier wieder: zwischen dem Respekt, den er für seine Mutter hat, und der Verachtung, die er haben und ausdrücken muss. Auch hier ist er voller Höflichkeit, er verbeugt sich zu ihr, über die er richten muss, mit solcher Achtung, dass alle Grobheit, die diese Szene beinhalten könnte, verschwindet, und dass man nur fühlt, dass er Recht hat und dass er leidet; er ist ein Held und er wurde dazu auserkoren, Dinge zu hören und zu tun, von denen wir nur träumen können. Doch damit genug von den Einzelheiten dieser höchst beeindruckenden Vorstellung. Du weißt, ich bin nicht leicht *bouleversée*,[46] obwohl ich sehr enthusiastisch bin, doch vergangenen Montag war ich nicht ich selbst und tatsächlich fassungslos. Es war, als wären in mir neue Gefühle erweckt worden, als ob vage Eindrücke, die ich in mir trug, auf einmal Form annahmen und lebendig wurden, es war kurzum, als lebte ich mehr; *jeder Theil meiner Seele war ins Wandeln gekommen*.
Lies dies mit Verständnis, meine Liebe, ich schreibe nach sehr traurigen Momenten und es hat mich etwas Überwindung gekostet, die wundervollen Emotionen aufzuschreiben, die ich am vergangenen Montagabend durchlebt habe, und nun sehe ich einen herrlichen Sonnenuntergang, der in mir Gefühle weckt, die selten Ausdruck finden im gewöhnlichen Verlauf des Lebens. Mein liebes Täubchen, ich wünsche mir für Dich Frieden und Zufriedenheit, ich hätte Deinen Brief beantwortet, wenn ich es gekonnt hatte; verwechsele Dich selbst nicht so viel und so oft mit mir, und sei zu mir wie ich zu Dir bin, offen, schlicht, auf herzliche Weise fröhlich oder traurig, wenn die Momente vorüber sind, doch immer *unbefangen*, wir wollen keine Schulszenen und keine Bühneneffekte. Ich küsse Dich herzlich und bin froh, dass es Deiner Mutter besser geht. Wenn dieser Brief Dich erreicht, werde ich in Berlin sein, denn ich reise morgen ab. Komm mich besuchen, wann Du möchtest.
Ich habe immer erfreuliche Neuigkeiten; das Hofkonzert war gestern und er geht direkt von Paris nach Wien, so dass ich ihn nicht sehen werde.[47]
Aufrichtig und ohne *erklarungen* ganz die Deine
CB

---

46 Dt.: aus der Fassung zu bringen.
47 Mit dem Hofkonzert ist Bülows Auftritt am 20. März im Palais des Tuileries in Paris gemeint. Danach reiste er nach Wien, wo er am 25. März im 4. Konzert der Gesellschaft der Musikfreunde in Wien u.a. Liszts *Ungarische Rhapsodie* sowie dessen Bearbeitungen der *Großen Fantasie op. 15* von Schubert spielte. Siehe auch Gewande (2004), 232.

9. Cosima von Bülow an Ellen Franz, [vor dem 23. März 1860],[48] aus Berlin, Manuskript: englisch, in: ThStA Meiningen, HA 39

schönes Wetter heute

Mein teuerstes Täubchen, weißt Du, wo man Karten herbekommen kann? Sei in jedem Fall halb 6 zu Hause (*anhaltstrasse*)[49], denn falls wir in der Stadt keine bekommen können, werden wir es an der *Casse* versuchen. Wenn Du für morgen welche hast, würde mich das sehr freuen, denn da habe ich viel Zeit. Wie geht es Deiner Mutter, bestell ihr meine besten Grüße, und Dir sende ich gleichzeitig viele _ _ Schelte und Küsse, die einen für Deine *faulheit*, die zweiten für den *Magnetismus*.
Königin

[Rückseite mit Adresse]

Fräulein Ellen Franz
Encke Platz 7

---

48 Vor dem erklärenden »Magnetismus«-Brief vom [23./24. März 1860] (10. Brief).
49 Vom 1. Oktober 1857 an wohnten Hans von Bülow und Cosima in der Anhaltstraße 11, 2. Etage. Siehe Brief Hans von Bülow an Peter Cornelius, 8. August 1857 (*Bülow-Briefe* IV, 101).

10. Cosima von Bülow an Ellen Franz, [Freitag/Samstag 23./24. März 1860],[50] aus Wien, Manuskript: englisch, in: ThStA Meiningen, HA 39

Obwohl ich Dir gestern Abend geschrieben habe,[51] mein liebes Kleines, möchte ich mit Dir reden, und da ich nicht sehr pedantisch bin (wie Du weißt), mache ich wieder den Anfang.

Ich muss gar nicht sagen, dass Dein Brief mir eine große Freude gemacht hat, denn Du weißt, so lange, wie Du für mich das bist, was Du von Anfang an und bis jetzt warst, wird mir jedes Wort von Dir eine Freude sein, das ist der *magnetismus*! Ich hätte gern von Dir mehr über E. C.[52] erfahren, denn Dohm[53] zählt zu den Leuten, die immer erst dann über interessante Dinge reden, wenn diese bereits vorüber sind, ich bin ziemlich sicher, dass er erst daran denken wird, einen Brief an mich zu schreiben, wenn ich am Berliner *bahnhof* stehe, aber egal.[54]

Im Allgemeinen kann ich sagen, dass ich eine Antipathie gegen die Leute habe, die immer reden müssen, *im Anfang war die That* sagt *Faust*,[55] und er hat so Recht; in Deutschland gibt es zu viele Leute, die voller Pläne, Ideen &c &c sind, und dennoch nie auch nur zur kleinsten Tat schreiten. Sie treiben diejenigen, welche die Dinge vorantreiben wollen, in den Wahnsinn, und manchmal würde ich eine scharfe Opposition dieser passiven Zustimmung vorziehen. Ich komme nun wieder zu Dohm und seiner Frau[56]. Statte ihr keinen Besuch ab, in dieser Sache bin ich *unerschütterlich* und habe dafür meine guten Gründe; Du weißt, dass ich ihr einen Besuch von Dir nicht verwehren

---

50 Datierung 1860 aufgrund der Vorbereitung des *Tannhäuser* in Paris. Laut Gewande (2004, 232) [Sonntag], 25. März Konzert in Wien, [Donnerstag], 29. März 1860 Konzert in Prag sowie der tätlichen Ausschreitung Albert Niemanns gegen den Kapellmeister Bernhard Scholz am Hannoveraner Hoftheater am 18. März 1860. Cosima und Hans hielten sich, wie die Bitte um Nachsendung von Zigarren und Bülow-Noten zeigt, zum Zeitpunkt der Entstehung des Briefes bereits in Wien auf.
51 Der erwähnte Brief vom Vortag scheint verschollen zu sein.
52 Es konnte nicht ermittelt werden, auf wen die Kürzel verweisen oder, ob es sich um ein Pseudonym handelt, unter dem eventuell sogar Cosima selbst veröffentlichte.
53 Zu Ernst Dohm (1819–1883) siehe Einführung, Anm. 227. Zu den gegenwärtig nicht zugänglichen Briefen Cosima Bülows bzw. Wagners an Dohm siehe die Einführung, Anm. 117.
54 Vermutlich reiste Cosima ihrem Mann Ende März nach Wien nach. Aus Paris kommend, konzertierte Bülow bis zum 2. Mai abwechselnd in Wien und Prag. Gemeinsam kehrten beide im Verlauf des Monats Mai 1860 nach Berlin zurück.
55 Johann Wolfgang von Goethe: *Faust*, Teil 1, 1237.
56 Zu Hedwig Dohm siehe die Einführung, Anm. 227.

will, weil es mich erfreut, ihr _ärger_ zu machen, doch Du weißt auch, dass Deine Position noch nicht sicher ist, Du gehst auf einem Weg voller gesellschaftlicher Schwierigkeiten, und um voranzukommen, in gesellschaftlicher Hinsicht, musst Du Deine Bekanntschaften sehr bedacht auswählen. Wenn Du mit mir zu Frau D. gehst, so tust Du mir einen Gefallen, und in der Zwischenzeit zeigst Du Dich ihr gegenüber nicht so, doch wenn Du als Mädchen allein zu einer verheirateten Frau gehst, die Deiner Mutter nicht bekannt ist, so erweckst Du den Eindruck, dass Du mit ihr eine Vertrautheit wünschst, und Frau D. ist weder in intellektueller Hinsicht, noch _moralisch_ oder in ihren Manieren eine Person, deren Vertrautheit Du Dir erhoffen kannst. Warte deshalb bis zu meiner Rückkehr und sei ihr gegenüber eher kühl, wenn Du sie triffst. Ich musste sie besuchen, und obwohl es auch für mich mit Schwierigkeiten behaftet war und in gewisser Hinsicht ganz ähnlich ist, ist es eine andere Sache.

Du kannst Dir vorstellen, dass ich von Deiner Deklamation von Fröbel[57] nicht sehr erfreut bin, doch dies ist in jedem Fall nicht _unanständig_, und die alte [Frau] Marenholtz[58] ist selbst so nett, hätte sie mich gebeten, zu Fröbels Ehren[59] ein *flöten solo* zu spielen, so hätte ich wohl zugestimmt.

Doch gib Dir Mühe meine Liebe, sage es nicht nur mit Deinem schönen _organ_ und dem, was sie _empfindung_ nennen, das ist nichts wert; sondern durchdenke die edlen Gedanken, die im Gedicht sind, oder diejenigen, die Du hineinbringen kannst, arbeite mit vielen _nüancen_, davon kann es nie genug geben, doch nicht nur Nuancen in der Stimme, sondern auch im _accent_, sprich das doppel _ll_ und das _m_ deutlich aus und sprich nicht _nachlässig_ à la

---

57  Friedrich Wilhelm August Fröbel (1782–1852) war ein deutscher Pädagoge und Schüler Pestalozzis. »Fröbels besonderes Verdienst besteht darin, die Bedeutung der frühen Kindheit nicht nur erkannt, sondern durch die Schaffung eines Systems von Liedern, Beschäftigungen und ›Spielgaben‹ die Realisierung dieser Erkenntnisse vorangetrieben zu haben. Er ist der Begründer des ›Kindergartens‹. Dieser unterschied sich von damals bereits existierenden ›Kinderbewahranstalten‹ durch die pädagogische Konzeption. Damit verbunden war die Erweiterung des Aufgabenspektrums von der Betreuung zur Trias von Bildung, Erziehung und Betreuung.« Siehe http://www.froebelweb.de/ <Zugriff: 18. September 2013>.
58  Zu Bertha von Marenholtz-Bülow siehe die Einführung, Anm. 235.
59  Anlass der Feierlichkeit war vermutlich die bevorstehende Wiederzulassung der Fröbel-Kindergärten in Preußen durch den Erlass des Unterrichtsministers vom 17. April 1860 gewesen, für die sich Bertha von Marenholtz-Bülow maßgeblich eingesetzt hatte. Siehe *Pädagogischer Jahresbericht für die Volksschullehrer Deutschlands* 13 (1861), 643ff.

Fuhr,⁶⁰ <u>arbeite</u>, <u>arbeite</u>, <u>arbeite</u>, es gibt keinen Akt ohne schreckliche intellektuelle und sorgfältige Arbeit, besonders in einer Zeit, in der die Reflexion eine so große Rolle spielt, muss man jede *Kunst-leistung* genau durchdenken. Ich bin überzeugt davon, dass Dawison jahrelang an seiner gelungenen *Hamlet*-Darstellung gearbeitet hat, und darum gibt es keinen gut aussehenden Schauspieler mit schöner Stimme, schönen Augen und Beinen, der ihm das Wasser reichen könnte. Überlegung ist <u>alles</u> meine Liebe, mögen die Leute sagen, was sie wollen, bis die Kritiker Dich nicht zu *<u>pointenreich</u>* finden, bist Du nicht einzigartig.

Ich werde Dawison in Prag treffen, er wird *Shylock*, *Hamlet* und *Mephisto* spielen,⁶¹ und wie Du Dir sicher vorstellen kannst bin ich sehr erfreut. Es tut mir leid, dass der Prolog von diesem Löwinstein⁶² geschrieben werden wird, warum schreibt ihn Dohm nicht, <u>er</u> wäre genau der richtige Mann dafür. Wenn noch genügend Zeit ist und die Möglichkeit besteht, dann bitte ihn darum, doch es ist wahr, dass er so schrecklich faul ist, *er bringt es zu nichts und wieder nichts*; also lass es lieber.

Wie schade, dass Du die *cigarres* nicht geschickt hast, es macht nun nichts mehr, aber ein für alle Mal meine Liebe, höre nicht auf das, was andere Leute reden, wenn ich Dich um etwas bitte. Natürlich wissen wir, dass die <u>*steuer*</u> hoch ist, doch wir hätten sie bezahlt. Aber egal.

Nun tu mir bitte den Gefallen, gehe in die *Anhalt-strasse* und schau, ob Du in Hans' Noten die <u>*orchesterpartien*</u> der *Ruinen v. Athen* (Fantasien meines

---

60  Lina Fuhr, geb. Fuhrheim (1826–1906), Schauspielerin. Fuhr spielte nach ihrer erfolgreichen Bühnenlaufbahn u. a. am Hamburger Thalia Theater (1849–1852) und danach an der Berliner Hofbühne dort am 11. November 1860 ihre Abschiedsvorstellung als *Leonore* in Schillers *Verschwörung des Fiesco zu Genua*.

61  Laut Kollek (1978, 132) spielte Dawison am Königlichen Ständetheater (Královské Stavovské Divadlo) in Prag 1860 folgende Rollen: *Richard III.* (20. April), *Hamlet* (22. April), *Carlos*, *Gottfried* und *Hippolyt Falk* und *Charles Faucon* (24. April), *Narziß* (26. April), *Mephisto* (29. April), *Shylock* (1. Mai), *Othello* (3. Mai), *Perin* (5. Mai), *Marinelli* (8. Mai), *Philipp II.* (10. Mai), *Benedikt*, *Gottfried* und *Hippolyt Falk* und *Charles Faucon* (12. Mai), *Franz Moor* (13. Mai), *Fürst Michel* (16. Mai), *Benedikt* (20. Mai). Wann genau sich Cosima in Prag aufhielt, konnte nicht ermittelt werden.

62  Rudolph Löwenstein (1819–1891), humoristischer und politischer Schriftsteller. Der aus Breslau stammende Löwenstein arbeitete schon kurz nach der Gründung des Satiremagazins *Kladderadatsch* 1848 dort mit. Mit David Kalisch und Ernst Dohm gehörte er zum Herausgeber-Gremium und zu den wichtigsten Autoren des Magazins. 1849 wegen politischer Aktivitäten aus Deutschland ausgewiesen, kehrte er 1850 zurück. Der produktive Autor war bekannt für seine »Kindergarten«-Gedichte und für seine politische Lyrik.

Vaters)⁶³ findest, sie stehen in <u>B-Dur und im 4/4 Takt</u>. Bitte Weitzmann darum, Dir zu helfen und sende sie <u>sofort</u> an Dr. Porges⁶⁴ *Prag*. Bitte *grüsse* Weitzmann dabei von mir und frage ihn, wie er meine *prelude* gefunden hat; ich nehme an voller Fehler.

Nun unterbreche ich meinen Brief, um ins Theater zu gehen, morgen werde ich Dir etwas darüber schreiben.

<u>Immer noch Freitag morgen</u>
Hast Du die <u>Geschichte</u> von Niemann⁶⁵ mit Scholz gehört;⁶⁶ ich habe mich sehr darüber amüsiert, erstens weil Scholz ein _ _ _ist und zweitens, weil Niemann in Paris den *Tannhäuser* singen wird, die <u>Csillag</u>⁶⁷, eine der besten Sängerinnen Wiens, ist schon als *Elisabeth* engagiert, es wird wundervoll werden. Doch wo wird Seebach⁶⁸ bleiben? Ich schicke Dir das Programm

63  Gemeint ist Franz Liszts *Fantasie über Motive aus Beethovens Ruinen von Athen*.
64  Heinrich Porges (1837–1900) war ein tschechisch-österreichisch-deutscher Chorleiter und Musikkritiker. Er war mit Wilhelmine Merores verheiratet. Porges studierte zunächst Jura und Philosophie; später wandte sich der begeisterte Anhänger der Werke Liszts und Wagners der Musik zu. Ab 1863 redigierte er mit Franz Brendel in Leipzig die NZfM. 1867 berief ihn König Ludwig II. auf Vorschlag Wagners nach München.
65  Albert Wilhelm Carl Niemann (1831–1917) war ein Tenor und Wagner-Interpret. Einer Ausbildung bei Albert Nusch und ersten Engagements als Solist folgten eine steile Karriere als 1. Tenor in Halle ab 1853 und Gastspiele in Stuttgart, Königsberg und Stettin. Wagner engagierte ihn 1861 für die Erstaufführung der Pariser Fassung des *Tannhäuser*. 1876 holte Wagner ihn für die Rolle des *Siegmund* nach Bayreuth. Seit 1864 Kammersänger und seit 1866 an der Königlichen Hofoper in Berlin engagiert, zog er sich 1888 von der Bühne zurück. Hans von Bülow nannte ihn einen »klanglosen, hochgezogenen Bariton«.
66  Am 18. März 1860 schlug Niemann dem Hofkapellmeister Bernhard Scholz (1835–1916) in einer Auseinandersetzung um die Aufführung des *Lohengrin* den Hut vom Kopf und musste deswegen im April des Jahres eine vierwöchige Gefängnisstrafe antreten. Siehe dazu 11 Briefentwürfe und Niederschriften aus dem Autografenkatalog Doktor Ernst Hauswedell und Co. <Hamburg> (Hrsg.): Bücher, Autographen, Graphik […], 6. und 7. Oktober 1936 Hamburg 1936 (= Katalog Nr. 9), 7, Nr. 4–14.
67  Rosa Csillag (1832–1892), ungarisch-österreichische Mezzosopranistin.
68  Marie Seebach (1830–1897). Laut Neise (1956, 170) »muntere Liebhaberin und Soubrette« u. a. in Nürnberg, Düsseldorf, Lübeck, 1849–50 Danzig, 1850–52 Kassel, 1852–54 Hamburg, 1854–56 Burgtheater Wien, 1856–66 Hannover, danach ausgedehnte Gastspiele, 1871 nach Amerika, 1887–97 Hoftheater Berlin, 1859 Ehe mit Albert Niemann. Ihr Vermögen bestimmte sie 1893 zu einem »Heim für alte hülfsbedürftige Schauspieler«. Der Weimarer Großherzog Carl Alexan-

von Hans' Konzert, ich hatte Stiefmutter[69] davon erzählt, aber es haben sich einige kleine Änderungen ergeben; die Dustmann ist nun die erste Sängerin,[70] sie hat eine wundervolle Stimme, ich habe die <u>Valentine</u>[71] noch nie so gehört wie sie von ihr gesungen wurde, <u>übrigens</u> ist die ganze Oper großartig, <u>chöre,</u> orchester und Sänger haben Feuer und verstehen ihren Part, es ist eine Freude, sie zu hören. Ich will Dir gar nicht von meinen zahlreichen Bekanntschaften erzählen, welcher <u>geistmangel</u>, es sind Dummköpfe meine Liebe, das kann ich Dir versichern; nur mein Onkel,[72] der ein charmanter <u>Mensch</u> ist, ein wahrer *Zukunftsonkel*, ist ganz von <u>unserer</u> Sache überzeugt, was mir gut tut. Wenn wir uns zusammenfinden haben wir gemeinsame *Zukunftsorgien,* wie ich sie zu nennen pflege; er ist begeistert von Hans und bewundert natürlich meinen Vater, aber versteht ihn auch wirklich und mich kann er wohl auch ertragen. Er singt die *Lieder* meines Vaters sehr gut und wird für unsere Zwecke eine Zeitung <u>stiften</u>.

Ich komme noch einmal auf die Dohm zurück. Meine Liebe, unterstelle den Leuten nie, dass sie falsch seien, <u>das tut nichts zur Sache</u> was die Beziehungen angeht, aber sie ist vulgär und das <u>ist</u> von großer Bedeutung.

Samstag morgen
Die erste Aufführung von *Das Autograph*[73] war wundervoll gespielt, insbesondere von Gossmann, doch es ist tatsächlich eine schlechte Sache, kennst Du die Geschichte *zu Ellenbrunn,*[74] das war die zweite, sehr sehr gut gespielt,

---

der schenkte dazu ein Grundstück in der Weimarer Tiefurter Allee, wo 1895 das Marie-Seebach-Stift in Anwesenheit der Stifterin eingeweiht werden konnte.
69 Carolyne Elisabeth Fürstin zu Sayn-Wittgenstein-Berleburg-Ludwigsburg, geb. von Iwanowska (1819–1887), war über zwei Jahrzehnte Franz Liszts Lebensgefährtin.
70 Marie-Luise Dustmann-Meyer (1831–1899), deutsche Sopranistin und Schwester der Schauspielerin Marie Meyer. Nach Stationen in Breslau, Wien, Kassel, Dresden und Prag wurde sie 1857 an der Wiener Hofoper engagiert und 1860 zur Kammersängerin ernannt.
71 Die *Valentine* in Meyerbeers *Hugenotten* zählte zu Dustmanns Paraderollen.
72 Der musisch begabte Landesgerichtsrat Dr. Eduard Liszt (1817–1879) war ein Lieblingsverwandter Liszts, »Onkel-Cousin«. Er stieg zum Hofrat und Generalprokurator auf und war für die Finanzen des Pianisten und der Fürstin Sayn-Wittgenstein zuständig. 1859 folgte die Erhebung in den österreichischen Ritterstand. Siehe Hamburger (2010), 104 und Gut (2011), 758.
73 *Ein Autograph*, Lustspiel in einem Akt. Nach dem Französischen von Alexander Bergen (d. i. Marie Gordon), Berlin 1860.
74 Gemeint ist wohl die Rolle der *Hedwig* im *Markt zu Ellenbrunn*, einem Lustspiel in drei Aufzügen von Carl Blum (1835) nach *La fiera* (1817/1826) von Alberto Nota.

aber was für eine dumme Rolle meine Liebe, diese *Hedwig*, damit ist nichts anzufangen, alt, sentimental, dumm, ich war für Dich aufs Höchste verärgert, doch wir werden sehen.[75] Eine hübsche *toilette* hatte sie, ich weiß nicht wie sie heißt, die sehr gut spielte.

Ich schicke Dir den Ausschnitt aus der Zeitung für Stiefmutter. Leb wohl meine Liebe, hast Du etwas von meinem verlorenen Brief gehört? Ich bin deswegen immer sehr nervös. Ich umarme Dich von ganzem, Dir lieb zugeneigtem Herzen,
Königin

meine Adresse in Prag ist: Gasthof zum Schwarzen Ross. Wir werden Wien Montag Abend verlassen,[76] schreibe also nach Prag.

---

75 Ob Ellen die Rolle der *Hedwig* im *Markt zu Ellenbrunn* je gespielt hat, konnte nicht ermittelt werden.
76 Bülow hatte am Sonntag, den 25. März 1860, im 4. Konzert der Gesellschaft der Musikfreunde mitgewirkt (Gewande [2004], 232) und am Donnerstag, den 29. März, in Prag im 3. Konzert des Konservatoriums erneut aufzutreten (ibid.).

11. COSIMA VON BÜLOW AN ELLEN FRANZ, [FREITAG, 13. APRIL 1860],⁷⁷ aus Wien, Manuskript: englisch, in: ThStA Meiningen, HA 39

Freitag
Ich hatte gehofft, mein liebes und einziges Täubchen, dass Du mir schreiben würdest, aber da Du ein kleiner *faulpeltz* bist, werde ich den Anfang machen und Dir so viel erzählen, wie an einem Hoteltisch neben einem Krankenbett und nach einem sehr aufregenden Konzert möglich ist.⁷⁸ Meinen armen Hans habe ich ziemlich *malade*⁷⁹ vorgefunden, er hat Halsschmerzen und entsetzliche Kopfschmerzen und nimmt sich die Dummheiten, welche die Zeitungen über meinen Vater verbreitet haben, sehr zu Herzen. Du kannst Dir gar nicht vorstellen, was sie mit dem *Prometheus* gemacht haben; sie haben etwa 100 oder 150 Personen eingekauft, die von Anfang bis Ende ununterbrochen gezischt haben, mein Onkel hat mir erzählt, dass es unmöglich war, auch nur einen Ton der Aufführung zu hören;⁸⁰ Hans hat natürlich die ganze *Presse* nicht beachtet und hat sich nicht vor ihnen allen verbeugt, als er sie traf, obwohl er sie von 59⁸¹ kannte. Du kannst Dir ihre Wut vorstellen, sie haben dazu noch ihr bestes versucht, um es so aussehen zu lassen, als hätte Hans nicht gut gespielt, doch bis gestern hat er beim Publikum nur Erfolge gefeiert; gestern wurde er nach der *Sonate* von Beethoven viermal herausgerufen und fünf- oder sechsmal nach dem *Walzer* von Schubert; er spielte in einem *Gesang-Verein*-Konzert.⁸²

77 Die Datierung erschließt sich aus dem Schluss des Briefes. Laut Birkin (2011, 410) musizierte Bülow am 12. April 1860 erstmals in Wien und am 14. April sicher mit dem Violinisten Josef Hellmesberger (1828–1893). Der Brief entstand zwischen den beiden Konzerten.
78 Gemeint ist das Konzert am Vortag.
79 Dt.: krank.
80 Am 26. Februar dirigierte Johann Franz von Herbeck in Wien Liszts Symphonische Dichtung *Prometheus* und die Uraufführung seiner Chöre zu Herders *Entfesseltem Prometheus*. Ein Rezensent »(R.)« schrieb in der *Neuen Berliner Musikzeitung* 14 (1860, 93) Mitte März 1860 über das Wiener Konzert: »Zu Liszt's ›Prometheus‹ waren die Leute gekommen, nicht, um zu hören und zu urtheilen, sondern um zu – verurtheilen, nöthigenfalls auch ohne zu hören.« Zu Eduard Hanslicks vernichtender Rezension in der *Presse* vom 1. März 1860 Hanslick (2005), 152–156 bzw. 482–485. Eine differenzierte Aufnahme durch das Publikum legt folgender Band nahe: Ludwig Herbeck, *Johann Herbeck, ein Lebensbild*, Wien 1885, 96f.
81 Gemeint ist Bülows Berliner Konzert am 14. Januar 1859, in welchem er Liszts symphonische Dichtung *Die Ideale* aufführte, welche vom Publikum ausgezischt wurden, woraufhin Bülow die Zischer des Saales verwies. Siehe Gewande (2004), 230.
82 Demnach erklangen im Singverein der Gesellschaft der Musikfreunde u. a. eine Beethoven-Sonate und die *Valse caprice* von Schubert/Liszt (R 252). Darüber hin-

Morgen gibt er davon ein zweites; ich befürchte, dass es nicht vollbesetzt sein wird, zum einen, weil es sehr spät stattfindet und einige Leute schon weg sind, zum anderen, weil die *Presse* die hübsche Idee hatte, Hans bei Hofe <u>verdächtig</u> zu machen, indem sie seine <u>Broschüre</u>[83] und seine <u>*revolutionären gesinnungen*</u>[84] zur Sprache brachten, und das in Österreich. Wir sind die Ungerechtigkeit und die <u>perfidien</u> schon so gewöhnt, dass ich für meinen Teil überrascht wäre, wenn sie einmal ausblieben. Natürlich hat Leopold v. Meyer[85] sein Möglichstes getan, um Hans daran zu hindern, einen Saal zu bekommen und über ihn das schlechteste Gerede zu verbreiten &c &c (doch genug von diesen Dornen, die auf jedem Schritt den Weg des Talentes, des Genies und der Ehrlichkeit säumen. Wien ist ein schöner Ort, die Straßen sind eng aber fröhlich, es gibt reizende, geschmackvoll gestaltete Läden und es sind immer viele Menschen unterwegs, was mich an Paris erinnert.) Ich habe bisher noch nichts von der Stadt gesehen, wegen Hans, der den ganzen Tag im Bett bleiben muss, bis er schließlich aufzustehen hat, um zu spielen. Doch ich war zweimal im Theater, *ballet* und *Käthchen v. Heilbronn*; Gossman war so scheußlich wie Du Dir nur vorstellen kannst, ihr Organ reichte aus, um das ganze Stück unausstehlich zu machen. J. Wagner[86] spielte die

---

     aus setzte Herbeck kurzfristig den am 26. Februar 1860 durchgefallenen Schnitterchor aus *Prometheus* mit der vierhändigen Klavierbegleitung Hans von Bülows auf das Programm (Bülow an Felix Draeseke, 22. April 1860, in: *Bülow-Briefe* III, 310). Wegen der Programmänderung, dem von Bülow angesprochenen Bedauern über den Wegfall der zweiten Sonate (Brief Bülow an Joachim Raff, 20. April 1860, in: *Bülow-Briefe* III, 308) und der ausdrücklichen Erwähnung Hellmesbergers erst für das folgende Konzert, ist dessen tatsächliche Mitwirkung im Konzert am 12. April 1860 anzuzweifeln, ebenso das Erklingen von Liszts Ballade Nr. 1 R 15 (laut Birkin [2011], 410). Siehe Eduard Hanslicks Rezension in der *Presse* vom 17. April 1860 Hanslick (2005, 171–176 und 486f.).
83  1860 war bei dem Leipziger Verleger Kahnt Hans von Bülows 31-seitige Broschüre *Über Richard Wagner's Faust-Ouvertüre, eine erläuternde Mittheilung an die Dirigenten, Spieler und Hörer dieses Werkes* erschienen.
84  Zu Hans von Bülows Freundschaft mit Ferdinand Lassalle (1825–1864) siehe Hinrichsen (1999, 33ff.). Der Autor (ibid., 34) geht davon aus, dass Bülow nur »sporadisch« mit den Inhalten von Lassalles Politik sympathisierte.
85  Leopold von Meyer (1816–1883) war ein österreichischer Pianist und Komponist. Zu Meyer siehe Hanslick, *Geschichte des Conzertwesens in Wien*, 1870, Bd. 2, 163f.
86  Johanna Wagner (1828 – 1894), verheiratete Jachmann, Opernsängerin (Sopran) und Schauspielerin. Die Nichte Richard Wagners war laut Neise (1956, 120) an folgenden Theatern tätig: Herzogliches Hoftheater Bamberg (1842), Dresdner Hofoper (1844), Studien in Paris (1846), Hamburger Oper (1849 – 1851) und Hofoper Berlin (1851 – 1862).Wegen zeitweiliger Stimmprobleme wurde sie an das Königliche Schauspielhaus Berlin (1861 – 1872) engagiert. Unter Liszts Leitung sang sie am

*Mutter*[87] und ich erkannte in ihm Liedkes[88] Vorbild; ein ganz ähnlicher Akzent, fast die gleiche Figur, man merkt, dass er ein Abklatsch von Liedke ist. Sie spielten hier mit großer Lebhaftigkeit und konnten zumindest ihren Text, und doch war es nicht zufrieden stellend. Ich habe mit Frau Bülow über das *ballet*[89] gesprochen; von den *Wienern* selbst sage ich Dir nichts, Du weißt ja, dass man ihnen Dummheit nachsagt, und nachdem, was ich gesehen habe, verdienen sie diesen Ruf vollkommen.

Und nun genug für heute. Morgen wird der berühmte Geiger Hellmesberger[90] mit Hans spielen und ich muss mich etwas zurechtmachen. Wärest Du vielleicht so lieb, uns etwa *100 cigaretten* zu schicken, Du weißt ja, dass Hans gerne raucht. Falls mein Hut angekommen ist, behalte ihn in Berlin, ich brauche ihn hier nicht.

Leb wohl meine Liebe, schreib mir bald alles, was Du weißt, denkst und träumst und behalte mich in lieber Erinnerung,
Deine Königin

[Anmerkung auf dem ersten Blatt] Natürlich ist alles, was ich sage, nur für Dich

30. April 1856 in Weimar die männliche Titelpartie in Christoph Willibald Glucks Oper *Orpheus* und *Eurydike*. Siehe Gut (2011), 753. Als Ehefrau Wagners mit Johanna verwandt, stand Cosima Ende des Jahrhunderts mit ihr in Briefkontakt und beabsichtigte mehrfach, deren Schülerinnen in Berlin anzuhören. Siehe SBPK Berlin, N. Mus. ep. 2521 – 2527 (Briefe vom 15. Dezember 1889, 7. Februar 1890, 28. Januar 1891, 13. März 1891, 2. Juni 1891, 24. August 1891, 3. Dezember 1891).

87 Gemeint ist die Rolle der *Gräfin Helena*, Mutter von Friedrich Wetter vom Stahl in Kleists *Käthchen von Heilbronn*.

88 Theodor Liedtke (1828–1902) war Schauspieler. Laut Neise (1956, 135–138) gehörte er dem Opernchor seiner Heimatstadt Königsberg an, begann 1846 die Bühnenlaufbahn, spielte in Altona, Stettin, Weimar und Dresden. 1850–1889 war er am Kgl. Schauspielhaus Berlin engagiert, spielte Bonvivants und Liebhaber in Konversationsstücken, klassische Rollen, darunter *Petruchio*, *Prinz Heinrich* (*Heinrich IV.*). Liedtke begeisterte das Publikum durch »trockenen Humor« und seine »natürlich, liebenswürdige Tourüre« (*Montagspost* Nr. 3, 19. Januar 1857).

89 Gemeint ist vermutlich Hans von Bülows Stiefmutter, Louise Pauline von Bülow geb. Gräfin von Bülow-Dennewitz (1813–1905). Siehe auch die Einführung, Anm. 19, 113, 120.

90 Laut Birkin (2011, 410) standen am 14. April 1860 eine Violinsonate von Bach und die *Fantaisie concertante pour piano et violon sur des motifs de l'opéra Tannhäuser de Richard Wagner* von Bülow/Edmond Singer auf dem Programm, ferner Werke von Mozart, Beethoven, Raff und Liszt. Siehe auch *NZfM* (52 [1860], 154) vom 20. April 1860.

12. COSIMA VON BÜLOW AN ELLEN FRANZ, [UM DEN 18. APRIL 1860],[91] aus Wien, Manuskript: englisch, in: ThStA Meiningen, HA 39

Mein allerliebstes Täubchen,
Ich habe _Post_; sehr freundliche Leute haben mir Karten für _Fidelio_ gesendet, und für die _Burg_, wo Gossmann _Lustspiele_ aufführt. Und ich kann sie mir nur anschauen, um sie dann wegen einer Feier auf dem Tisch liegen zu lassen. Nun schreibe ich Dir, um mich aufzuheitern, bevor ich mich ankleide. Ich sage aufzuheitern, obwohl ich allen Grund und große _Lust_ habe, Dich zu schelten. Doch das werde ich mir bis zum Ende des Briefes aufheben und stattdessen anfangen, zu reden, obwohl es schwierig ist, zu erzählen, wenn man eine Standpauke _in petto_ hat. Jetzt wo du nett auf eine _Fournierèrie_[92] vorbereitet bist, beginne ich mit meinem Bericht. Ich werde die Dummheit der _Wiener_ gar nicht näher beschreiben, denn wenn ich dies täte, wäre mein Brief so monoton wie das Prasseln des Regens am Fenster, und was kann man über Leute sagen, die von ihren Galerien und Theatern keine Ahnung haben, die nicht mehr über Politik nachdenken als ich über Gänse, die sich für alles und jeden begeistern und dabei niemanden verstehen? _A propos_, ich habe gestern Wangenheims[93] _flamme_ Marie Seebach gesehen; schrecklich meine Liebe, ich kann Dir sagen, ich habe genug monströse Julias gesehen, um aus ihnen eine _Parade_ aufzustellen, doch sie ist ohne Zweifel ihrer aller Marschall, ich kann Dir gar keine Beschreibung geben von dieser Stimme, dieser Aufführung; kalt, _affecti[e]rt_, gekünstelt, geschmacklos, gedankenlos, sie machte mich so nervös dass ich den ganzen Abend gähnte und schlechtgelaunt wieder zu Hause ankam. Ich nehme an, dass Herr v. Hülsen[94] sie

---

91 Datierung des Briefes anhand des angegebenen Alters von Heinrich Anschütz und Bülows drittem und letztem Klavierabend am Samstag, den 21. April 1860.
92 Überliefert ist ein Brief von Julie Fournier (Lebensdaten konnten nicht ermittelt werden) an Ellen vom 29. Mai 1856 zu deren Geburtstag. Er ist per Du und schließt mit den Worten: »Es grüßt und küßt Dich herzlich [...]«. In: ThSTA Meiningen, HA 387, XIV.
93 Maximilian Bernhard Freiherr von Wangenheim (1810–1894), Hausmarschall, Major à la suite, Flügeladjutant. Wangenheim war 1851–1860 Hofkapellintendant, Theaterintendant und Bühnenschriftsteller am Herzoglich Sächsischen Hoftheater zu Coburg-Gotha.
94 Botho von Hülsen (1815–1886) war Theaterintendant der königlich-preußischen Schauspiele und Präsident des Deutschen Bühnenvereins. Siehe _Wagner-Lexikon_ (2012), 321–324.

engagieren wird. Doch ist es nicht schön, dass W.[95] aus Fishelopolis[96] verschwunden ist, so ein Dummkopf hätte dich zum Wahnsinn getrieben. Der *Romeo* war schlechter als Porth,[97] doch die reizende Rolle des *Pater Lorenzo*,[98] die so eindrucksvoll dargestellt ist wie die Heiligen in den Gemälden der alten Meister, welche die heilige Jungfrau und das Jesuskind zeigen, dieser *Pater Lorenzo* wurde von dem alten Anschütz[99] (75 Jahre alt), einer Berühmtheit aus alten Zeiten, wunderbar gespielt.

Ich habe Gemälde erwähnt, zu meiner großen Freude haben wir hier einige; diesen Morgen bin ich um halb elf Uhr zur Galerie[100] gegangen und war zu meinem Erstaunen erst um drei wieder zurück, Herr Hans war sehr amüsiert darüber und nannte mich eine *Museumskatze*. Die Zigarren kommen nicht, und auch kein langer Brief von meinem Täubchen, und ich werde keine weiteren Zeilen schreiben, obwohl ich noch so viel über dies und das zu erzählen habe. Leb wohl meine Liebe, sei nicht so ein *faulpeltz* und schreibe mir möglichst viel; denk nicht nur an die Königin, sondern sprich lieber mit ihr. Ich küsse Deine lieben Augen und verbleibe als Deine alte, uralte

Königin

95 Es konnte nicht ermittelt werden, auf wen das Kürzel verweist, vermutlich auf einen Schauspieler oder Regisseur.
96 Der Begriff spielt auf den Wirkungskreis des Publizisten Eduard Fischel (1826–1863) an, mit dem Bülow seit der Revolutionszeit befreundet und mit dem Franziska von Bülow zum zweiten Mal verheiratet war. Siehe die Einführung, Anm. 228.
97 Karl Porth (1835–1896), laut Neise (1956, 110) 1855 Schauspieler am Hoftheater Berlin, 1860–1863 Petersburg, 1863–1871 Hannover.
98 Von dem gutmütigen *Pater Lorenzo* werden *Romeo* und *Julia* in der gleichnamigen Tragödie von 1597 heimlich getraut, feiern heimlich die Brautnacht und hoffen durch ihre Liebe die feindlichen Familien zu versöhnen.
99 Heinrich Anschütz (1785–1865), Schauspieler, der die Fürstenschule in Grimma besuchte und in Leipzig Jura studierte. Wenn Cosima ihn »eine Berühmtheit aus alten Zeiten« nennt, meint sie wohl auch, dass er das Goethe-Theater in Bad Lauchstädt und das Weimarer Hoftheater unter Goethes Leitung erlebt hatte, dass Franz Grillparzer ihn ausdrücklich bat, die von ihm verfasste Grabrede zu Beethovens Begräbnis am 29. März 1827 vorzutragen. Nach Theater-Stationen in Deutschland war er 1821–1865 am Wiener Burgtheater engagiert.
100 Gemeint ist eine Wiener Galerie.

Hier sind gerade eine <u>Menge</u> netter Leute (damit meine ich, dass sie nett anzusehen sind), sehr elegant gekleidet, für unsere Wirkung als Königin und Täubchen wäre es denke ich besser, in Berlin zu leben!!!
Mein fliederfarbenes Kleid sieht reizend aus und ich denke der Sonnenschirm passt perfekt dazu. Nun habe ich doch nicht gescholten und keinen Platz mehr dafür, stattdessen sende ich Dir die Veilchen.

[Auf dem 1. Blatt oben quer geschrieben]
Hans' drittes Konzert ist nächsten Samstag. Ich habe es nicht erwähnt, weil damit so viele unerfreuliche Dinge verbunden sind.[101]

---

[101] Das Konzert am Samstag, den 21. April 1860 mit Kompositionen von Mendelssohn, Bach, Wagner und Liszt verlief offenbar erfolgreich, wenngleich Bülow im Brief an Felix Draeseke vom 22. April 1860 die »Wühlereien der Opposition« beklagte (*Bülow-Briefe* III, 309f.).

13. Cosima von Bülow an Ellen Franz, [nach dem 5. Juli 1860],[102] aus Berlin, Manuskript: englisch, in: ThStA Meiningen, HA 39

Nun meine Teuerste, Du hast weder Weitzmann noch mir geschrieben, und dabei hätte Dir der viele Regen ausreichend Zeit zu Hause geben sollen, um Briefe zu schreiben, doch *Noth bricht Eisen, Trägheit bricht Zeit*[103] und viel beschäftigte Leute finden nie genug Zeit für solche Dinge. Doch so ist es nun einmal. Ich war froh über das furchtbare Wetter der letzten Tage, denn ich dachte, Du würdest die *Fabier*[104] lernen, wenn dies der Fall war, stört es mich gar nicht, dass Du nicht geschrieben hast. Sag mir, wie findest Du Misdroy?[105] Ich bin sicher, dass Du höchst enthusiastisch gestimmt bist und Du hast Recht, selbst wenn die Ostsee nicht eine der allerbesten ist, so ist sie immer noch die See und damit von unbeschreiblicher Schönheit.

Wie ich seit Mittwoch gelebt habe, ist nicht leicht zu sagen. Frau Bülow kam an diesem Abend zum Tee und verließ uns am nächsten Morgen wieder, immer bei bestem Humor, mit Augen, die Du Dir vorstellen kannst und halben Reden, die ein besseres Publikum verdienen als Deine alte, treue Königin. Jetzt ist sie in Leipzig, zusammen mit ihrer Schwester, die zwar ganz anders ist als sie, aber genauso *ängstlich* und mit dem gleichen Unbehagen, denk nur, die beiden ganz allein im kleinen Leipsick,[106] wo sie niemanden kennen und nicht einmal Zeitungen haben, weil sie wegen ihrer schlechten Augen nicht lesen können, ohne eine Katze oder einen Hund muss das ein

---

102 Der Brief wurde vor der Abreise der Wiener Theatertruppe (siehe 14. Brief) geschrieben, und Helene befindet sich noch im Urlaub in Misdroy.
103 Im Original lautet der Satz von Paulus Aemilius: »Noth bricht Eisen – selbst die Kette der Trägheit.« *Der Neue Teutsche Merkur vom Jahre 1800*, Bd. 2, hrsg. von Christoph Martin Wieland, Weimar 1800, 215.
104 Der Begriff ist doppeldeutig. Es handelt sich sowohl um die Rolle als auch um die historische Einordnung. Fabius (weiblich Fabia, eingedeutscht Fabier) war das Nomen der *gens Fabia* im Römischen Reich. Die Fabier waren eine der führenden Patrizierfamilien (*gentes maiores*) der Stadt. Am 21. September 1860 spielte Ellen die *Fabia* in der Premiere von *Die Fabier* (Gustav Freytag).
105 Międzyzdroje (deutsch Misdroy) ist eine heute ca. 5.500 Einwohner umfassende Stadt mit Sitz einer Stadt- und Landgemeinde auf der Insel Wolin im Powiat Kamieński (der polnischen Woiwodschaft Westpommern und einer der bekanntesten Badeorte der Ostseeküste. Wohlhabende Berliner und Stettiner bauten sich hier im 19. Jahrhundert Villen.
106 Cosima von Bülow benutzte in diesen Jahren überwiegend die französische Schreibweise für den Städtenamen Leipzig. Siehe auch den Brief Cosima Wagner an Heinrich Ehrlich, [1863?], in: SBPK Berlin, N. Mus. ep. 1754.

reizendes *tête á tête* sein! Am Donnerstagabend kam Ludmilla,[107] sie war hoch gestimmt und ganz aufgeregt, sie und Hans lachten über dies und das und ich blieb recht still, da mir tausende Dinge durch den Kopf gingen, und während ich tagträumte hörte ich, wie meine süße Seele sie für den nächsten Tag in das Theater Wallners einlud, um die Wiener Truppe zu sehen, die *Pére Prodrigue*[108] aufführt, ein französisches Schauspiel voller Mängel, aber meisterhaft gemacht. Nun, ich saß da wie eine Salzsäule, es war *abgemacht*, und so gingen wir hin. Es war tatsächlich sehr amüsant (das Theater), denn die *Wiener* sind jetzt erstaunlich und spielen mit Lebhaftigkeit, Natürlichkeit und sind tausendmal besser als unsere Helden. Wir hatten eine vorzügliche Loge, und Du kannst Dir denken, dass unsere geladene Schönheit erfreut war; Kroll[109] war auch bei uns. Aus der Friedrichstraße[110] die lustigsten Dinge, wenn es möglich ist, etwas lustiges zu finden; jetzt kann ich nur sagen, dass es vorbei ist und das auf unglückliche Weise, ich kann dir die Einzelheiten nicht schreiben, aber sie waren wohl der Anfang eines sehr rüden Endes einer Beziehung. Du weißt, warum es mich ärgert, aber da es nicht zu ändern ist, bin ich still und darüber überrascht, dass es nicht schon eher kam.

Es gab zu Hause eine lustige Begebenheit, von der ich Dir erzählen muss. Denk nur, es kam ein Herr, der Hans sprechen wollte, Käthchen hat ihn nicht verstanden und ihm auf der Uhr gezeigt, dass ihr Herr um 12 zurück sein wird; um zwölf kam der Herr also wieder; ich war außer Haus, Hans zu Hause, und nun stellte es sich heraus, dass der Herr Amerikaner war, der kein Wort Deutsch oder Französisch versteht, und Du weißt ja, wie Hans englisch spricht. Sie verbrachten eine Viertelstunde miteinander und haben sich nicht besser verstanden, als hätte einer von ihnen türkisch und der andere chinesisch geredet. Schließlich holte Hans ein Wörterbuch und sagte diesen wundervollen Satz: *the wife of me is to house at four*[111], danach ging der Herr wieder und kam um vier erneut zurück. Wir haben uns über diesen Spaß köstlich amüsiert, doch der arme Amerikaner ist hier ganz verloren,

---

107 Zu Ludmilla Assing siehe die Einführung, Anm. 73, 122, 225 und den Abschnitt »Gesellschaftliche Präsenz«.
108 Alexandre Dumas fils *Un pére prodigue*, comédie en cinq actes (1859) feierte laut Wischer (1967, 345) am 5. Juli 1860 im Wallner-Theater Premiere.
109 Zu Franz Kroll siehe die Einführung, Anm. 233.
110 Im Manuskript: »f.street«. Wer gemeint ist, konnte nicht ermittelt werden. Denkbar ist, dass es sich um Eduard Fischel handelte, der nicht in den Berliner Adressbüchern der betreffenden Jahre eingetragen ist, dessen Liaison mit Cosimas 20 Jahre älterer Schwiegermutter aber durchaus vorübergehend für Heiterkeit gesorgt haben dürfte. Siehe die Einführung, Anm. 228.
111 Wörtlich: »die Frau von mir ist am Haus um vier« (Anm. d. Übers.).

die Theater sind geschlossen und gerade halten sich so wenig Engländer oder Amerikaner hier auf, und ich kann ihn nicht einladen, denn das würde einen unmöglichen Eindruck machen.

Adieu meine Liebe, nun hast du von mir ein Tagebuch, tue das gleiche für mich und schreibe mir, wer in Misdroy[112] ist, jetzt sind sie fast alle abgereist und es ist sehr ruhig und noch immer kalt hier, so kann man in Ruhe spazieren gehen und nachdenken, doch es ist nicht gut für Frauen, nachzusinnen, denn allzu schnell kommt Traurigkeit auf, wenn man über das Leben nachdenkt!

Bicking[113] war hier, freundlich und humorvoll, er hat mich eine von den _alten hexen_ genannt. Viel Freude Teuerste, vergiss nicht zu arbeiten, es ist das Wichtigste überhaupt. Ich möchte nicht, dass Du so leichtfertig durch das Leben gehst, das [auf dem 1. Blatt quer geschrieben] mit großem Ernst genommen werden muss, weil es sonst allzu schnell leer wirkt.

Von ganzem Herzen die Deine
Königin

---

112 Cosima wollte in Erfahrung bringen, wer noch in Misdroy Urlaub machte.
113 Franz Anton Bicking (1809–1873), homöopathischer Arzt und Schriftsteller.

14. Cosima von Bülow an Ellen Franz, [nach dem 14. Juli 1860],[114] aus Berlin, Manuskript: englisch, in: ThStA Meiningen, HA 39

Ich habe nicht eher geschrieben, meine Teuerste und Einzige, weil Du mir gesagt hattest, dass Du bald wieder Nachricht geben würdest, also habe ich gewartet, weil ich immer dachte, dass in dem Moment, wo ich meinen Brief absenden würde, Deiner hier eintreffen könnte. Nun meine Liebe, ein halber Beinbruch? Was für eine nette Sache, und ohne jetzt wie der Schulmeister klingen zu wollen, der dem gerade ins Wasser gefallenen Schüler eine Standpauke hält, statt ihm zu helfen, muss ich dir sagen, dass Du wirklich zu unvorsichtig bist. Wie gern wäre ich jetzt in Misdroy, um Dir allerlei nette Dinge zu sagen, die Dich wenigstens den Schmerz, der hoffentlich nicht zu groß ist, vergessen lassen würden. Wie nett, dass Julie Fournier[115] Dich besucht hat. Wie Du schon richtig gesagt hast bin ich sehr erfreut darüber, dass Du nun Zeit zum Studieren hast, ich bedaure nur, dass Du wohl nichts weniger gebrauchen kannst als einen Unfall, wenn Du Dich mit Deinen *Rollen* beschäftigst. Es wäre sehr günstig für mich, wenn Du am Mittwoch ankommen würdest, denn am selben Tag fährt Hans weg und so hätten wir genug Zeit, um die *Fabier*[116] durchzuschauen, solange Du es nicht wichtiger findest, Dich um Kostüme, *ausstattung* etc. zu kümmern[117] – doch ich hoffe, das wird nicht der Fall sein. Um den 6. oder 7. wird mein Mann mit meinem Vater zurückkehren, und später vielleicht auch meine Schwester; sie hat mir drei oder vier Briefe geschrieben, die zwar alle sehr nett sind, aber mir wieder beweisen, wie weit entfernt wir voneinander sind. Für meine Gesundheit ist das wohl gut, doch was den anderen Teil von mir betrifft, weiß ich nicht, was ich darüber sagen soll, und so ist es wohl besser, wenn ich gar nicht darüber spreche. Es überrascht mich nicht im geringsten, dass Du den alten

114 Datierung aufgrund der im Brief benannten, bevorstehenden Abreise Bülows am Mittwoch, den 1. August 1860 zu dem Konzert am 3. August in Wiesbaden (Gewande 2004, 232). Von dort reiste Bülow offenbar nach Leipzig weiter zu dem Konzert Liszts, zu welchem dieser auch seine Tochter einladen wollte (15. Brief). Am 6. oder 7. August 1860 wollten Bülow und sein Schwiegervater dann gemeinsam nach Berlin zurückkehren. Laut Gut (2011, 759) besuchte Liszt die Bülows erst vom 23.–27. August 1860. Siehe Brief Brief C. v. B. an E. F., [29. August 1860] (19. Brief).
115 Siehe Anm. 92 zum Brief C. v. B. an E. F., um den 18. April 1860 (12. Brief).
116 Am 21. September 1860 trat Ellen erstmals in der Rolle der *Fabia* in Gustav Freytags Trauerspiel *Die Fabier* in Coburg auf.
117 Um 1860 hatte es sich noch nicht überall durchgesetzt, dass Schauspieler und Schauspielerinnen Kostüme vom Theater gestellt bekamen; vielmehr hatten sie für eine Grundausstattung selbst zu sorgen.

Weitzmann langweilig findest, mich verwirrt er immer und Hans wird nervös, wenn er hier ist, obwohl wir ihn beide wirklich sehr mögen und wissen, dass er <u>alles</u> mit größter Hingebung tut. Wie schwer es doch ist, mit den Leuten auszukommen, die einen sind zuvorkommend aber ermüdend, die anderen witzig aber unhöflich, und die dritten sind weder das eine noch das andere und man weiß gar nicht, warum man sich mit ihnen trifft und tut es trotzdem, und die nächsten sind langweilig und dazu auch noch *gemein*, und man fragt sich, wie sie einem überhaupt über den Weg gelaufen sind, und so geht es immer weiter, Amen. Hast Du gehört, dass die Bulyosky[118] in *Pesth*[119] *eine Katzenmusik* bekommen hat, weil sie doch das ungarische Theater für das deutsche verlassen hat? Die arme Frau hat viel durchzustehen und sie besitzt nicht genug Genie, um es im Stillen zu ertragen. In Paris sind sie von Niemann ganz angetan, er bekommt in diesem Jahr 72000 Francs; ich glaube die *Tannhäuser*-Aufführung wird eine grandiose Sache werden und denke, dass mein Mann im Dezember nach Paris fahren wird, um dabei zu assistieren.[120] Natürlich habe ich die ganze Zeit sehr still gelebt, es kamen einige Besucher von auswärts, Bronsard,[121] die Hundt[122] und zwei weitere, doch all

---

[118] Lilla Bulyovsky (1834–1909, geb. von Szilagyi, weitere Namensformen: Lila, Lilla, Lilly von Bulyowsky, Bulyovszky), Schauspielerin. Die Tochter eines Siebenbürger Schauspielers erhielt die erste Ausbildung beim Vater, war 1847–1849 Tänzerin und Soubrette in Klausenburg, 1849–1860 für tragische Rollen in Pest engagiert. Nach einem Gastspiel am Theater Coburg-Gotha 1859 (*Marie Stuart, Julia, Donna Diana* und *Clara*) erfolgte 1860–1861 das Engagement am Hoftheater in Dresden. Gastspielreisen führten sie ans Wiener Burgtheater (*Maria Stuart*) und ans Berliner Hoftheater (*Emilia Galotti*). Nach dem Engagement 1867–1871 am Hoftheater in München erfolgte 1873 ihr Rückzug von der Bühne.

[119] Ältere Schreibweise für Pest.

[120] Dazu kam es nicht, denn Wagner erkrankte in Paris für längere Zeit und die *Tannhäuser*-Proben kamen bis zum Beginn des Jahres 1861 nur schleppend in Gang. Siehe *Mein Leben* II, 292f.

[121] Hans Bronsart von Schellendorff (1830–1913), Komponist und Pianist. Er gehörte dem Weimarer Kreis um Franz Liszt an, nahm dort mehrere Jahre Unterricht und war seitdem mit Bülow befreundet. Nach seiner Tätigkeit an der Spitze des Orchestervereins *Euterpe* (1860–1862), wurde er 1867 Direktor des Königlichen Theaters in Hannover, wo Bülow 1877–1879 als Hofkapellmeister wirkte. Von 1887 bis zu seiner Pensionierung 1895 leitete Bronsart als Generalintendant das Weimarer Hoftheater.

[122] Aline Hundt (1847–1872), Pianistin, Komponistin, Dirigentin, Klavierpädagogin. Um 1860 von Franz Liszt in Weimar unterrichtet, wurde sie im November 1860 zur Sächsisch-Weimarischen Hofpianistin ernannt und gleichzeitig am Hof als Klavierlehrerin der Prinzessin Marie von Sachsen-Weimar (1849–1906) angestellt. In den 1860er Jahren erschienen mehrere ihrer Kompositionen im Druck.

das war von wenig Interesse. In der Königstadt[123] habe ich wieder die <u>Wiener</u> gesehen, die nun abgereist sind, sie spielten *Much ado about nothing*[124] und das ganz reizend, die *Beatrice* daraus wäre eine sehr schöne Rolle für Dich, Du tätest gut daran, sie einzustudieren. Ich war mit der Schenker[125] dort und kann Dir sagen, dass es ein fantastisches Erlebnis war, so viel Vergnügen und solch freudige Ausrufe und Gelächter habe ich noch nie in meinem Leben gehört. Ich hatte gute Plätze in einer Loge, und sie sagte mir ganz ernsthaft, dass sie sich glücklicher fühlte als jemals zuvor in ihrem Leben. Die Arme, es war sehr bewegend. Ich habe noch keine Antwort von Niemann, er fand es wahrscheinlich sehr merkwürdig, dass ich ihn wie einen Spion über die Familien in Coburg ausgefragt habe. Aber das macht nichts. Und jetzt adieu meine Liebe, komme bei bester Gesundheit und guten Mutes zurück, wenn Du auch nicht gern nach Berlin zurückkehrst, so findest Du dort immer ein offenes Herz und Arme, die Dich gern umschließen. Leb wohl meine Liebe und arbeite nun, es ist kein Vergnügen, an das Theater zu gehen.
Ganz die Deine
CB

Im Frühjahr 1871 dirigierte sie ihre Symphonie mit der Berliner Symphoniecapelle. Siehe http://mugi.hfmt-hamburg.de/A_lexartikel/lexartikel.php?id=hund1849, <Zugriff: 4. Mai 2013>.
123 Das Berliner Königsstädtische Theater, das 1824–1845 von Karl Friedrich Cerf geführt wurde, nutzte man seit 1851 für andere Zwecke. Der Name wurde nach 1850 auf andere Theater übertragen, hauptsächlich auf das Wallner-Theater.
124 *Viel Lärm um nichts* (engl. *Much Ado About Nothing*) ist eine Komödie um Liebe und Intrigen von William Shakespeare, 1599/1600. Laut Wischer (1967, 345) fand die Premiere von *Viel Lärm um Nichts* im Wallner-Theater am 14. Juli 1860 statt.
125 Die Person konnte nicht ermittelt werden.

## 15. Cosima von Bülow an Ellen Franz, [Mitte Juli 1860],[126] aus Berlin, Manuskript: englisch, in: ThStA Meiningen, HA 39

Ich fühle mich heute sehr unwohl, fast krank, und meine Seele ist auf das Tiefste betrübt, mein Täubchen. Lass mich denken, dass ich bei Dir Erleichterung finde, nicht weniger jetzt, wo Du weg bist, als wo Du hier warst. Die Ursache dieser Seelenschmerzen? Nun meine Liebe, Worte sind nur Worte, und zu schwach, um auszudrücken, was in mir vorgeht, diejenigen, die ihre Gefühle genauso leichtfertig auszudrücken vermögen, wie ihre Neuigkeiten und alltäglichen Begehren, beweisen damit, dass sie keinen tiefen Schmerz verspüren. Doch das ist genug oder sogar schon zu viel davon.

Es freut mich, dass es Dir in Misdroy gefällt und hoffe, dass ihr alle durch die Seeluft neue Kräfte schöpfen könnt; natürlich würde ich Dich nur allzu gern besuchen, doch ich fürchte, dass dies nicht möglich sein wird, denn Bicking hat mir verordnet, mich zu schonen, nicht zu reisen, in derselben Position nicht zu lange zu verweilen und mich besonders diesen Monat in allen Dingen des Lebens sehr vorzusehen. Mein Vater wollte, dass ich nach Leipsick komme, er wird Anfang August dort verweilen, und Du kannst Dir vorstellen, wie bitter es für mich war, ihm dies zu verwehren und ihm sagen zu müssen, dass ich nicht im Stande sein werde, irgendwo hin zu verreisen. Zu all dem kommt, dass Hans immer niedergeschlagener ist, regelrecht angewidert durch gewisse Umstände und Personen, so dass ich, obwohl ich ihm keine Hilfe bin (denn wer kann schon in dieser seelischen Verfassung eine Hilfe sein), das Gefühl habe, ich sollte ihn keine Minute allein lassen.

Diese Zeit wird bald vorbei sein mein Täubchen, und wir werden uns in Berlin wiedersehen und uns dann wieder trennen müssen, um unsere eigenen Wege zu gehen; ich wünsche Dir, dass Dein Weg leichter ist als meiner.

Nun zu etwas Unterhaltsamem, Hildebrandt[127] ist wieder in Berlin und er bat mich darum, Dir seine ergebensten Grüße zu bestellen und dazu dieses

---

126 Datierung: Es handelt sich um die sommerliche Spielzeitpause in Berlin und den Sommer vor Danielas Geburt im Oktober 1860; Ellen macht in Misdroy Urlaub. Cosima erwähnte hier nochmals den amerikanischen Besucher, von dem sie im Brief zuvor bereits eine lustige Begebenheit schilderte und verweist auf Liszts Leipzig-Termin Anfang August.

127 Gemeint ist der Wirtschaftswissenschaftler Richard Hildebrand (1840–1918). Hildebrands Vater Bruno (1812–1878), der wie Ellen Franz aus Naumburg stammte, beantragte 1864 übrigens Bülows Ehrenpromotion an der Universität in Jena. Mit seinem zweiten Sohn, dem Bildhauer Adolf Hildebrand (1847–1921), arbeitete Herzog Georg II. ab 1891 über ein Jahrzehnt zusammen. Siehe Goltz (2012b).

Rätsel: er nahm vier Streichhölzer und legte sie in dieser Art aufeinander und fragte mich, was dies wäre, ich wusste es nicht und er lachte und meinte ein *streich-quartett*; er gab vor, du hättest es sofort erraten und ich gab vor, du würdest das Rätsel schon kennen. Der arme amerikanische Herr ist noch immer hier und macht die unmöglichsten Fehler; er verirrt sich ständig und kann keine *Drochke* nehmen, da die Kutscher seine Aussprache der Straßennamen nicht verstehen. Vergangenen Montag war er bis drei Uhr morgens auf der Straße unterwegs, denn er hatte die *Friedrich strasse* in die falsche Richtung genommen und war in einem komplett falschen Stadtteil gelandet.

Die Leute reisen nicht wie von mir erwartet und erhofft ab, die Dunkers,[128] Friedlands[129] und all jene sind noch immer hier, was nicht sehr erfreulich ist; denk nur, heute findet eine große *Landpartie* statt, der Anlass ist der Geburtstag des kleinen Friedlands und ich wurde eingeladen, ich habe mich bedankt, aber Hans wird hingehen. Es wird reizend sein, ich frage mich, ob Ludmilla ihren Amazonenhut aufsetzen wird; ja meine Liebe, sie hat einen solchen, einen weißen mit schwarzem Samtrand, der mit zwei Federn geschmückt ist, einer schwarzen und einer _ _ _ roten! Extravagant! Wenn es irgendetwas gäbe, das mich von zu Hause weglocken könnte, wo ich doch zu denen zähle, die leidenschaftlich gerne zu Hause sind und nur dort Frieden, Ruhe und Erholung finden, so würde mich dieser Hut dazu verlocken, *mit* von der *landpartie* zu sein. Von meiner Schwester habe ich in Anbetracht meines Zustandes[130] einen netten kleinen Brief erhalten; er bereinigt nicht die Vergangenheit, doch wird vielleicht die Zukunft *anständig* machen.[131] Ich habe ihr geantwortet und sie inständig darum gebeten, die Patentante meines Kindes zu werden, um ihr zu zeigen, dass nichts mehr auf dem Herzen lasten kann.

128 Lina geb. Tendering (1825–1885) war verheiratet mit dem Berliner Verleger Franz Duncker (1822–1888). Lina Duncker führte in ihrem Haus in der Potsdamer Straße einen Salon.
129 Ferdinand Friedland (1810–1868) heiratete am 14. März 1848 Ferdinand Lassalles Schwester Friederike. Ihren Lebensmittelpunkt hatte die Familie in Prag, später in Wien. Der musisch interessierte Industrielle, der zeitweise u.a. mit Heinrich Heine und Hector Berlioz in Verbindung stand, gilt als Begründer der Gasbeleuchtung in Prag.
130 Cosima nimmt Bezug auf ihre Schwangerschaft.
131 Laut Klára Hamburger [(2010), 104] war Cosima nach der Heirat mit Hans von Bülow 1857 von ihrem Vater bevorzugt worden. Blandine indessen zog zurück nach Paris. Gewande [(2004), 48] hält fest, Richard Wagner habe der in Paris lebenden Blandine den Hof gemacht, was bei Minna Wagner »berechtigte Eifersucht« zur Folge gehabt habe und die Fürstin Sayn-Wittgenstein ihren Kontakt zu Wagner abbrechen ließ.

Herr Darby[132] ist in guter Verfassung, er isst und trinkt und scheint Käthchen sehr zu mögen, doch er singt überhaupt nicht, Käthchen sagt, er *zwitchert nur*, sie dachte wohl, dass er wie Niemann singen würde. Von Frau Bülow ein heiterer Brief, sie erscheint mir sehr *gelangweilt*, die Arme. Und nun adieu meine Liebe, besten Dank an Deine Mutter und für Dich selbst meine besten Wünsche und meine Zuneigung!
Königin

---

132 Gemeint ist wohl ein Singvogel mit Namen Herr Darby.

**16. Cosima von Bülow an Ellen Franz, [Dienstag, 31. Juli 1860],**[133] **aus Berlin, Manuskript: englisch, in: ThStA Meiningen, HA 39**

Mein eigenes, liebstes, geliebtes Kind, komme nicht zu Krolls, sondern zu mir, denn ich werde vor Donnerstag nicht bei ihnen sein. Ich bin traurig wie eine Eule und fühle mich zu nichts im Stande, außer mein Täubchen zu hören, zu küssen und zu tadeln, das Täubchen muss also kommen und recht freundlich und nachsichtig mit mir sein.
Adieu mein zärtlich geliebtes Kind. *Sei froh und heiter, weine mir nicht mehr, und behalte immer lieb*[134]
*Deine alte, uralte*
*Königin CB*

*Dienstagabend*

[Rückseite mit Adresse]

Fräulein Ellen Franz
    Wohlgeboren
Enke Platz 7 <u>Berlin</u>

---

133 Dienstagabend. Der Probenbeginn des Coburg-Gothaischen Hoftheaters nach der Sommerpause war am 1. August.
134 Im Manuskript deutsch.

## 17. Cosima von Bülow an Ellen Franz, [Sommer 1860],[135] aus Berlin, Manuskript: englisch, in: ThStA Meiningen, HA 39

*Ich bilde mir ein,* mein liebes Kind, dass ich Dir zu Deinen Handlungen und Gefühlen ein paar Worte zu sagen habe, lass mich Dir deshalb in diesem ersten wichtigen Moment Deines Lebens sagen, mein Eigenes, dass ich Dich tief und innig liebe und dass ich Dir von ganzem Herzen eine strahlende und klare Zukunft wünsche. Mögest Du Dir Deine edlen Gefühle bewahren und Deinen Charakter weiter so entwickeln wie bisher, mögest Du für die Leiden des Herzens nie einen anderen Trost suchen als die starken und edlen Gedanken! Ich wünsche Dir, dass die Geister aller großen Künstler der Vergangenheit und der Gegenwart bei Dir sein werden, wenn Du sprichst, und dass Du nicht an mich denkst, wenn man Dir applaudiert oder Du Dich glücklich fühlst, sondern in dem Moment, in welchem Du Dich selbst offenbaren willst. Ich sende Dir tausend Küsse, mein liebstes, bestes Kind, ich bin Dir keine Mutter, ich bin nicht einmal Deine älteste Freundin,[136] aber ich weiß, dass ich Dich liebe und das macht unsere Verbindung und gemeinsame Zeit besonders.
Ganz die Deine
alte, traurige, dumme Königin

[Rückseite mit Adresse]

Miss Ellen Franz
Enke Platz 7
<u>Berlin</u>

---

135 Am Beginn von Ellens Engagement.
136 Möglicherweise war Ellens älteste Freundin Julie Fournier. Siehe Anm. 92 zum Brief C. v. B. an E. F., um den 18. April 1860 (12. Brief).

18. Cosima von Bülow an Ellen Franz, [Mittwoch, 22. August 1860],[137] aus Berlin, Manuskript: englisch, in: ThStA Meiningen, HA 39

Mittwoch
Meine liebste *Carina*,[138] Dein Brief hat mich natürlich sehr ärgerlich gemacht (mit Ausnahme der großen Freude, die ich immer verspüre, wenn ich Nachricht von Dir bekomme), denn obwohl ich immer mit den schlimmsten Anfängen rechne, war ich auf den Empfang, den Dir der *baronnet*[139] bereitet hat, nicht vorbereitet. Nun, Du hast zunächst absolut korrekt geantwortet, wenn Du Dir weiterhin diesen Zustand der anständigen bereitwilligkeit und *höflichen Zurückhaltung und Unabhängigkeit* bewahren kannst, wirst Du Dich aller dieser Benachteiligungen bald entledigen können. Ich wünschte, sie wären Dir erspart geblieben, aber sie scheinen niemanden zu verschonen, der eine etwas aufregendere Karriere mit höherer Bildung und edlerem Geist beginnt, als man hier gewohnt ist. Bestehe bezüglich der anstandsrollen auf die Gagen[140] und Ausgaben, die Du für die Kostüme, die zu Deinem *fach* gehören, bereits abdecken musstest. Ich hoffe, dass ich Dawison sehen werde, bevor er nach Coburg fährt, denn er soll am 28. August hierher kommen und für die *Goethe Feier* spielen.[141] Ich weiß schon genau, was ich ihm erzählen werde, wenn ich ihn sehe, und was er darauf in Coburg erzählen wird (*nebenbei gesagt, Wallenstein* ist nicht eine seiner besten Rollen). Doch da wir es nun nicht ändern können meine Liebe, und

---

137 Datierung anhand des vorhandenen Umschlages mit Poststempel. Gut (2011, 759) geht bei der Datierung von Liszts Besuch irrtümlich vom 23. August aus.
138 Cosima schreibt Carina, italienisch für Reizende. Siehe auch Anna Carina (eigtl. Katharina Gschmeiler, 1839–1885), Sängerin (Sopran).
139 Baronet ist eigentlich die weibliche Form von Baron, ein englischer Titel, der an Bürgerliche verliehen wird. Vermutlich ist Gustav Freiherr von Meyern-Hohenberg (1820–1878) gemeint. Siehe dazu Anm. 26 zum Brief C. v. B. an E. F., [nach dem 10. Februar 1860] (6. Brief).
140 Im Manuskript: »*gages*«.
141 Siehe auch den Brief Cosima von Bülow an Alfred Meissner, 10. Mai 1860 (RWG Bayreuth, Hs 32/1-13). Franz Liszt berichtete Carolyne von Sayn-Wittgenstein am 28. August 1860 von Dawisons Gastspiel. Siehe Williams (1998), 513. Der Ertrag der Vorstellungen sollte dem geplanten Goethe-Denkmal zu Gute kommen. Das Berliner Goethe-Komitee hatte schon 1860 für die Errichtung eines Goethedenkmals geworben, zunächst aber wenig Resonanz gefunden. Das Goethe-Denkmal im Berliner Großen Tiergarten ist eine Arbeit des Bildhauers Fritz Schaper (1841–1919) und wurde 1880 eingeweiht.

Du Dein _debùt_ in *Minna* geben musst,[142] behandle die Rolle mit äußerster Sorgfalt; spiele sie so _übermüthig_, lebhaft und munter wie möglich, aber nicht _gemacht_, es muss ganz natürlich wirken, sonst wird es so monoton wie bei der Döllinger.[143] Wenn Du an diesem Abend das Publikum für Dich gewinnst, ist schon viel erreicht und die Hälfte des Ärgers wird sich in Luft auflösen. Die _furore_ des Fräulein Grahl[144] wird nicht lange anhalten, doch sei nicht unfreundlich zu _ihr_, wenn Sie höflich zu Dir ist, sonst würden die Leute sofort sagen, dass Du _stolz_ und _neidisch_ bist, zwei Eigenschaften, die überhaupt nicht zusammen passen, aber immer von denjenigen in einem Atemzug genannt werden, deren stumpfer Geist die Dinge nicht richtig erfassen kann. Wenn Schlönbach[145] gut ist, dann sei überaus freundlich, regelrecht _devote_ (im deutschen Sinne) und Du wirst ihre Protektion genießen, denn wenn sie denkt, dass Du ihr zugeneigt bist, wird sie ihren Stolz dafür einsetzen, Dir zu helfen. Ich bin darüber in Sorge, dass wir die *Fabier* nicht zusammen durchgenommen haben, ich kann mir nicht vorstellen, wie Du sie spielen wirst. Meine Liebste, tue Dein Möglichstes, Dein Talent wird Dir die größte Hilfe sein

---

142 Ellen begann ihre erste Spielzeit am 4. September 1860 in Coburg mit der Hauptrolle in Lessings *Minna von Barnhelm*.

143 Therese Döllinger (1837–1927), Schauspielerin. Laut Neise (1956, 113): 1854–1857 Weimar, 1857–1887 Kgl. Schauspielhaus Berlin. 1868 Ehe mit Karl Breitbach. Siehe auch Neise (1956), 152–155.

144 Johanna Grahl, Hofschauspielerin und Hofvorleserin in Coburg. Siehe zum Engagement von Johanna Grahl von 1860 bis 1906 StACo, Theater Nr. 1137, 1138. Siehe auch die Einführung, Anm. 502, 508. Wegen Johanna Grahls »unheilvollen Einflusses« auf Herzog Ernst II. von Sachsen-Coburg und Gotha legten wohl später Friedrich Haase und Gustav von Meyern-Hohenberg ihre Ämter nieder. Dazu Paul von Ebart, »Friedrich Haase als Leiter des Koburg-Gothaischen Hoftheaters. Mit Auszügen aus Haases Korrespondenz«, in: *Deutsche Revue* 37 (1912), 352–365.

145 Auguste Schloenbach, geb. Schröder (1810–1874) war 1826–28 Mitglied des Wiener Burgtheaters. Sie heiratete in Pest den Schauspieler Eduard Gerlach und kam nach mehreren Stationen 1844 ans Hoftheater Coburg. In ihren Rollen wechselte sie vom Fach der jugendlichen Liebhaberinnen über die Anstandsdamen in das der komischen Alten. 1855 heiratete sie den Schriftsteller und Schauspieler Arnold Schloenbach (1817–1866). Siehe *Österreichisches Biographisches Lexikon (1815–1950)*, Bd. 11, 233. Ellen erhielt bei ihr Schauspielunterricht und studierte mehrere Rollen mit ihr ein. Siehe Brief Ellen Franz an Sarah Franz, Tuesday morning, in: ThSTA Meiningen, HA 387, X. Darin schrieb sie: »Mad. Schlönbach told me some days ago in a lesson, that from that hour she was sure for the first time that I had a great tragic talent; as I am sure it will interest my own good Mother to know ale the whereabouts, and as I have taken a few hours time to write to you I will tell you all about it.«

und Dich für allen Ärger entschädigen, Deine gute Bildung wird Dich vor der *Bande* bewahren, zu denken, dass kultivierte Manieren und Gedanken auch ein gewisses Maß an Heuchelei nötig machen. Wenn der *baronnet* sich so verhalten hat, so liegt dies hauptsächlich daran, dass er befürchtet, dass Du Dich nicht der Disziplin unterwirfst und er wollte Dir daher zeigen, dass es keine Bevorzugungen[146] geben würde.

Deine Mutter war gestern hier und hat mir von Deiner Reise erzählt und mich darum gebeten, ihr die Briefe zu zeigen, die ich bekomme. Nun, mir behagt dies nicht, denn ich denke, dass selbst dann, wenn nichts in einem Brief steht, dieses Nichts nur für die Person bestimmt ist, an die der Brief adressiert ist, sonst wäre die Korrespondenz weniger wert als nichts; doch ich sehe mich gezwungen, ihr zumindest den ersten zu zeigen. Sage ihr nicht, dass ich Dir davon geschrieben habe.

Heute Morgen habe ich einen Brief nach Heidelberg geschickt, indem ich Frau B.[147] gebeten habe, am 26. in Coburg zu sein, denn mir gefiel der Gedanke nicht, dass Du dort noch länger allein sein musst. Armer Wan.,[148] Dein Besuch wird ihn rühren; bitte ihn darum, Dich seiner Frau vorzustellen, ich bin mir

---

146 Im Manuskript: »no difference made« – keine Unterschiede. Ellen Franz war von dem Publizisten Eduard Fischel (s. Einführung, Anm. 228) an das Coburg-Gothaische Hoftheater empfohlen worden. Siehe Freiherr von Wangenheim an Herzog Ernst II. von Sachsen-Coburg und Gotha, 26. Januar 1860, in: StA Coburg, Theater 1087. Zudem könnte Franz Liszt seine guten persönlichen und künstlerischen Beziehungen zu Herzog Ernst II. für eine Empfehlung Ellens genutzt haben. Er war mehrfach in Coburg und Gotha zu Gast. Am 14. April 1848 dirigierte er die Uraufführung der Oper *Toni oder die Vergeltung* des Herzogs (siehe Gut [2011], 191 und 745). Am 6. Februar 1856 war er bei einem Konzert im Herzoglichen Theater von Gotha anwesend, bei dem Hector Berlioz u. a. sein Oratorium *L'enfance du Christ* op. 25 dirigierte (Gut [2011], 752). Am 5. Dezember 1858 erlebte er eine Aufführung von Herzog Ernsts Oper *Diana von Solange* in Coburg (Gut [2011], 756), die zwei Jahre später in Wien offenbar durchfiel (dazu Eduard Hanslicks Rezension in der *Presse* vom 1. März 1860, in: Hanslick [2005], 154f.). Wie eng er sich dem Herzog verbunden fühlte, ist daran zu ersehen, dass Liszt nach seinem Abschied in Weimar am 17. August 1861 noch am selben Tag zu Ernst II. in Reinhardsbrunn reiste (Gut [2011], 218, 761) und ihn auch im März 1869 nochmals besuchte (Gut [2011], 768).

147 Mit »Frau B.«, später auch Bojanowska, Bojanowski, Bojanowsky oder Boja ist Rosalie von Bojanowski gemeint, die Mutter von Victor von Bojanowski (1831–1892), der am 4. Oktober 1862 Hans von Bülows Schwester Isidora heiratete (*Biographisches Handbuch* [2000], 214). Siehe auch die Einführung, Anm. 467.

148 Gemeint ist vermutlich Maximilian von Wangenheim, der am 4. April 1860 von seinem Amtsnachfolger Gustav Freiherr von Meyern-Hohenberg als Intendant des Herzoglichen Hoftheaters zu Sachsen-Coburg-Gotha abgelöst wurde.

sicher, dass ihm das gefallen wird und wenn Du Dich dort ein wenig als *dame*
bekannt machst, wird dies für Deine Situation sehr von Vorteil sein.
Und nun leb wohl meine Liebste; ich wollte Dir sofort antworten, Dir danken
und Dir sagen, dass Du guten Mutes sein sollst, das ist das Allerwichtigste.
Bezüglich *Minna v. Barnhelm*, wenn Du Dich bewegst, dann bewege Dich
sehr, denn sie ist natürlich sehr *lebhaft*, aber während des gesamten ersten
Teils sitzt sie, glaube ich.
Mein Vater kommt nur heute Abend; alles ist so wie es war, als Du abgereist
bist, und ich will Dich nicht mit langatmigen Vorträgen über die tristen Dinge
ermüden, die ein Privatleben ausmachen. Mögen wir uns nur genug Stärke
und Willenskraft bewahren, um nicht auf diesen Dingen zu verweilen und
stattdessen nach Höherem streben, nach immer Höherem. Ganz die Deine
von ganzem Herzen. CB
Zu Deinem Papier, ich habe hier noch einiges für Dich, aber ich wollte erst
wissen, ob es Dir gefällt.
Käthchen dankt sehr herzlich für Deinen *gruss*, und bittet Dich darum, so
freundlich zu sein, sie nicht ganz zu vergessen. Sie liebt Dich wirklich sehr!

[Briefumschlag mit Poststempel BERLIN/ANHALTER-BAHNH:/23. 6.* 12]
Fräulein Ellen Franz
Herzoglich Sächsische Schauspielerin
Coburg

[2. Poststempel auf der Rückseite des Briefumschlages unleserlich]

19. Cosima von Bülow an Ellen Franz, [Mittwoch, 29. August 1860],[149] aus Berlin, Manuskript: englisch, in: ThStA Meiningen, HA 39

Mittwoch
Ich hoffe, dass Frau Bojanowska jetzt bei Dir ist, meine liebe Seele, und ich hoffe noch viel mehr, dass ihr miteinander auskommt; sie ist in jeder Hinsicht eine kultivierte Person, und da Du auf dem Weg bist, eine solche zu werden, bin ich fast sicher, obwohl man einander lieben und respektieren kann und dennoch auf Grund charakterlicher Unterschiede vielleicht nicht in der Lage ist, zusammen zu leben; gebe Gott, dass es hier nicht so sein wird.
Mein Vater hat fünf Tage bei uns verbracht;[150] er kam am vergangenen Mittwoch und ist gestern abgefahren, ich habe ihn bis nach Hale[151] begleitet, wo ich mich sechs Stunden aufgehalten habe und bin um 10 Uhr abends wieder zu Hause eingetroffen. Jetzt ist hier alles wieder still und das gewohnte Leben hat uns wieder. Als mein Vater hier war, haben wir fast niemanden besucht, wir waren einmal im Zoologischen Garten und vorgestern in Wallner's Theater,[152] wo Dawison den *Carlos* in *Clavigo* gespielt hat. Du kannst Dir vorstellen, wie da geredet, geschaut, geflüstert und gestarrt wurde, als wir den Garten betraten; Wieprecht,[153] der das Konzert dirigierte, fiel regelrecht über meinen Vater her, er war so rot wie *Styx, der Prinz von Arkadien*,[154]

---

149 Datierung anhand von Dawisons *Clavigo*-Gastspiel am 27. August 1860. Brief Franz Liszts an Carolyne von Sayn-Wittgenstein, 28. August 1860 (Williams [1998], 512f.)
150 Liszt besuchte Cosima und Hans vom 23. bis 27. August 1860, laut Gut (2011, 759) vom 23. bis zum 28. August.
151 Im Manuskript: »Hale«. Wahrscheinlich ist Halle (Saale) gemeint, von wo Liszt nach Weimar weiter reiste. Liszt war mit dem Hallenser Komponisten und Dirigenten Robert Franz (1815–1892) befreundet, seit 1841 Organist an der Ulrichskirche, seit 1842 Dirigent der Singakademie Halle und seit 1859 Universitätsmusikdirektor in Halle.
152 Franz Wallner (geb. Leidesdorf, 1810–1876), Schauspieler, Intendant und Schriftsteller. Nach dem Lizenzverkauf an Wallner wurde 1858 aus dem Neuen Königsstädtischen Theater das Wallner Theater. Es war ein privat finanziertes und geleitetes bürgerliches Berliner Volkstheater.
153 Wilhelm Wieprecht (1802–1872), Komponist und Dirigent, Reformer und Organisator der deutschen Militärmusik. Er entwickelte u. a. die Basstuba, die 1835 patentiert wurde. Auf Wieprecht geht der »Große Zapfenstreich« zurück. Liszt komponierte u. a. den Hohenzollern-Marsch *Vom Fels zum Meer* für das Wieprecht'sche Militärorchester. Siehe dazu *NZfM* 48/49 (1858), 231. Neben Liszt war Wieprecht auch mit Spontini und Meyerbeer bekannt.
154 Im zweiten Aufzug von Jacques Offenbachs 1858 in Paris uraufgeführter Operette *Orpheus in der Unterwelt* umwirbt *Hans Styx*, der stets betrunkene Diener *Plutos*

doch selbstverständlich nicht so dünn, er begann mit *Hochverehrter Meister, Herr General Musikdirektor,* und Dank und Verbeugungen und 100 000 solcher Dinge. Wallner kam nach der Aufführung, um meinem Vater dafür zu danken, dem Theater mit seiner Anwesenheit die Ehre erwiesen zu haben, am Ende kam sogar Dawison selbst und saß mit an unserem kleinen Tisch, er war sehr nett. Ich muss dazu sagen, dass der Aufführung ein Konzert voranging, und sie hatten den *Huldigungsmarsch* meines Vaters, den Wieprecht als Militär*musik* bearbeitet hat, ins *programm* genommen. Als wir während der letzten Nummer auf dem *programm* durch den Garten liefen, folgte uns eine kleine Menschenmenge, die innehielt, um jedes Wort meines Vaters aufzusaugen. Es war wirklich komisch, und nach dem Stück gingen mein Vater, mein Mann und ich, um uns wie versprochen mit Dawison zu treffen; Wallner hatte ein kleines *orchester* bestellt, das eine der *Consolations*[155] für *orchester* spielte; wir trafen dort allerlei Leute, einen aus dem Goethe *comité,* einige Schauspieler, es war, um es mit einem Wort zu sagen, eine recht <u>bunte Gesellschaft</u>, doch insgesamt sehr angenehm, und ich fühlte mich nicht unwohl, wie es sonst bei Treffen dieser Art meistens der Fall ist. Ich habe mich mit Dawison über Dich unterhalten und um seinen besonderen <u>Schutz</u> für Dich gebeten, mein Vater hat auch ein paar Worte dazu gesagt und ich bin mir sicher, dass er sehr nett zu Dir sein wird. Da ich in Prag Deinen Namen nicht erwähnt hatte, dachte er, dass Du eine andere Schauspielerin bist und fragte mich lachend, woher ich die vielen Theaterfreunde nehme, ich lachte ebenfalls und klärte das Missverständnis auf. Wenn Du ihn siehst, kannst Du ihm sagen, dass ich ihn den <u>Gerrick</u>[156] von Deutschland oder etwas in der Art genannt habe, und wenn Du ihm ganz offen sagst, dass Du schon immer den Wunsch hattest, ihn zu treffen, nachdem Du so viel von ihm gehört hast, wirst Du von ihm nicht enttäuscht werden, und er wird Dir das Bühnenleben angenehmer machen.

Obwohl ich *Carlos* schon zum vierten Mal gesehen habe, war dieser Abend eine große Freude, so wunderbar ist sein Spiel. Rate mal, wen Du wahrscheinlich dieser Tage in Coburg sehen wirst? Fishel und danach Moritz[157]; sei nicht unhöflich zu ihnen, ich habe sie gebeten, Dir einen Besuch abzustatten und

*Eurydike* und erzählt ihr von seiner Zeit in Reichtum und Pracht als Prinz von Arkadien.

155 Franz Liszts 1850 im Druck erschienene *Consolations* zählen zu seinen bekanntesten Klavierwerken.
156 David Garrick (1717–1779), Schauspieler. Er war sowohl als Komödiant als auch in ernsten Rollen besonders auf den Londoner Bühnen erfolgreich und erwarb sich als Theaterdirektor und Autor von Bühnenstücken einen Namen.
157 Ein Fräulein Moritz gehörte laut Neise (1956, 119) von 1861–1866 dem Königlichen Schauspielhaus an.

ich werde F. sogar einen Brief für Frau B. mitgeben. Ich freue mich immer, Leute zu sehen, die mit Dir zu tun hatten, und ich denke, es wird für Dich ähnlich sein; in diesen Fällen sieht man weniger die Person selbst und spürt stattdessen die Luft, die sie geatmet haben.
Meine Freundin, die Gräfin Krockow,[158] wird mich in der ersten Septemberwoche besuchen; obwohl ich eine Art *Kränkliches begehren* nach Ruhe und Frieden habe, freue ich mich darauf, sie zu sehen, doch ich wünschte, dass auch Du kommen könntest, Du würdest bestimmt Gefallen an ihr haben. Zu meiner großen Erleichterung war ich nicht verpflichtet, Du weißt wen[159] einzuladen, als mein Vater hier war. Mein Vater wollte ihn nicht sehen und hat sich nur einmal danach erkundigt, wo er sei, worauf mein Mann sehr ruhig antwortete »*Hatt sich schändlich benommen*«; ich habe es nicht verstanden und kein Wort gesagt, er sprach von dem Abend als die Person davon sprach, für mich so viele Aufträge erledigt zu haben. Ich bin froh darüber, dass ich alles für mich behalten habe, was hätte Hans gesagt wenn er wüsste, was dann folgte. Natürlich habe ich weder meine Bücher, noch die Notizen, die ich wollte, und er tat so, als hätte er uns bei Wallners nicht gesehen, er hat sich weder verbeugt, noch ist er zu uns gekommen, um meinem Vater einen guten Abend zu wünschen!! Es ist das Vulgärste, das man sich vorstellen kann.
Nun zu Dir meine Liebe; ich wünschte, Du wärst nicht so beunruhigt; der *baronnet* ist ziemlich schrecklich, wie wir hier zu sagen pflegten, doch sorge Dich nicht, es wird nach und nach besser werden, und wenn Du ihm nicht die Genugtuung gibst, auf sein Verhalten schockiert oder verärgert zu wirken, wird er es von allein ändern. Natürlich habe ich dieses *Verhältniss* Dawison gegenüber mit keinem Wort erwähnt, ich habe ihm lediglich gesagt, dass Du begonnen hast und dass Dir alles sehr merkwürdig vorkam. Für die Schauspieler ist es natürlich viel weniger wichtig, wie sie mit Dir umgehen, als mit dem Baronet; wenn Herr[160] ich kenne seinen Namen nicht, sich stocksteif benimmt, dann umarme ihn so, wie Du einen Stock umarmen würdest, wenn Du verrückt genug wärst, einen solchen zu mögen. Im *Sommernachtstraum* spricht Titania die zärtlichsten und poetischsten Worte zu einem Esel, weil sie

---

158 Elisabeth von Krockow (1820–1882), geb. von Putkamer.
159 Es konnte nicht ermittelt werden, um welche Bülow wie Liszt gleichermaßen bekannte Person es sich hierbei handelte. Nicht ausgeschlossen ist, dass es sich um jenen Herrn Moritz aus Stettin handelte, der geraume Zeit später im Umfeld Wagners auftauchte und mit angeblichen Aufträgen Bülows an Wagner für Ärger sorgte. Siehe Brief R. W. an Bülow, 25. Dezember 1862 (S Br 14, 366, 695f.).
160 Um welchen Partner von Helene es sich handelte, konnte nicht ermittelt werden.

ein *fluidum* getrunken hat,[161] dieses *fluidum* muss für Dein Talent die Kunst sein, die unabhängig von den äußeren Umständen existiert.[162] Erwarte nie, dass Deine Mitdarsteller Dir helfen werden, sonst wirst Du nicht weit kommen; Du musst Dir Herrn XX als die lebhafteste und leidenschaftlichste Person überhaupt vorstellen können, obwohl er ein Stock ist, und Du musst ihn in dem Moment wirklich als einen <u>Fabier</u> sehen, obwohl er nur der <u>geschminkte</u> Herr XX ist. Erwarte Dir auch nicht zu viel vom <u>*fortgerissen werden*</u>, Du musst <u>*fortgerissen*</u> sein von Deiner <u>*Auffassung*</u> über diese oder jene Figur, nicht von dieser oder jener Situation oder von Gefühlen, denn diese Art des *fortgerissen werdens* ist flüchtig, während die andere ewig anhält und der wahre Enthusiasmus ist, der Enthusiasmus der Gedanken, nicht der Nerven; damit erhältst Du Dir immer <u>*das richtige maass*</u>, während Du mit dem anderen riskierst, zu weit oder nicht weit genug zu gehen.

Apropos *Minna*, ich muss Dir von einer kleinen <u>*nuance*</u> erzählen, die die Döllinger (die ich, wie Du weißt, nicht mag) eingesetzt hat, und die mir sehr gefallen hat.[163] <u>*Spotte nur Franziska*</u>, sagte sie gleich nach der Rede von <u>Fr.</u>, dann hielt sie inne und man fühlte, dass sie von einem Gedankenwandel überkommen wurde und sie sagte <u>*spotte nicht*</u>. Mache zwischen den Worten also eine ~~lange~~[164] Pause, *eine nachdenkende pause*. Und dann lass mich sofort wissen, <u>wie</u> Du gespielt hast und was gesagt wurde. Es ist gut, für *Eine Seele* so viele Proben gehabt zu haben.[165] Sag mir Liebes, was meint die Schlönbach, ist sie

161 Cosima erinnert sich nicht richtig, denn Shakespeares *Titania* trank nichts, sondern *Oberon* tropfte ihr im Schlaf den Tau einer bestimmten Blume auf die Wimpern (*Ein Sommernachtstraum*, 2. Aufzug, 2. Szene).
162 Cosima spannt hier den Bogen von der ursprünglichen Bezeichnung für hypothetisch angenommene flüchtige Stoffe (lat.: fluidus), die Eigenschaften und Wirkungen übertragen können bis zur Bedeutung als von einer Person oder Sache ausgehende Wirkung oder Ausstrahlung, die eine bestimmte Atmosphäre schafft. Praktisch und theoretisch spielt diese Auffassung seit dem Ende des 18. Jh. eine Rolle, theoretisch seit Diderots *Paradoxe sur le comédien* (1773, publiziert 1830). Der Schauspieler und die Schauspielerin sollen sich ein Modell sowohl von ihrer Figur als auch der der anderen machen. Das wird im späten 19. Jahrhundert der ›Mainstream‹, bei Stanislawski Anfang des 20. Jh. ist es d e r wichtige Punkt der Schauspieltheorie und in der ganzen 1. Hälfte des 20. Jahrhunderts europaweit und auch in Amerika: wie von einem Umschalthebel bedient (Imagination, Talent, Genie, Schöpfung), spielt der Schauspieler, wenn er spielt in einer ›anderen Welt‹.
163 Die Ausführungen beziehen sich auf den Dialog zwischen *Franziska* und dem *Fräulein* im 3. Auftritt des 4. Aktes von Gotthold Ephraim Lessings Lustspiel *Minna von Barnhelm, oder das Soldatenglück* (1767).
164 Im Manuskript viermal unterstrichen.
165 Am 11. Oktober 1860 trat Ellen Franz erstmals als Helene in *Nur eine Seele* von Wilhelm Wolfsohn auf.

wohlwollend nicht nur Deiner Person, sondern auch Deinem Talent gegenüber und denkt sie, dass es gehen wird?
Ich habe Deine Mutter gesehen und ihr Deinen ersten Brief vorgelesen, sie erschien mir im Großen und Ganzen in einer ruhigen Verfassung zu sein, trotz der häuslichen Probleme, die sie gerade hat.[166] Meine Liebe, nun denke nicht, dass es Deine Pflicht gewesen wäre, bei ihr zu bleiben; Du weißt, <u>wie</u> ich zu der Zeit, als die Entscheidung gefallen ist,[167] mit Dir gesprochen habe, um Dich hier zu halten, meine Abneigung (die wirklich groß ist) gegen die Bühne und die Darsteller übertrieben habe. Damals war die Zeit, um <u>abzuwägen</u>, was Pflicht ist und was nicht, jetzt ist es Deine erste Pflicht, eine hervorragende Künstlerin zu werden, wenn Du eine ehrbare Frau bleibst. Denke, die einzige Möglichkeit, wie Du Deiner Mutter eine Gegenleistung erbringen kannst ist, ihr zu zeigen, dass sie nicht getäuscht wurde, als sie dachte, dass aus Dir etwas Besonderes werden wird. Wenn Du Dich den traurigen Gedanken hingibst, so machst Du einen <u>Fehler</u>, einen großen <u>Fehler</u>, denn sie nehmen Dir die Kraft, die Du dazu benötigst, um Deinen Charakter und Dein Talent weiterzuentwickeln, und <u>nur</u> diese Weiterentwicklung kann Deine Familie für die Opfer, die sie für Dich gebracht hat, entschädigen. Flüchte vor falscher Empfindlichkeit wie vor der Pest, alles muss <u>im Voraus</u> <u>erwägt</u> werden, wenn man einmal engagiert ist, hat man nur an das <u>Ziel</u> zu denken und sollte nicht zurückschauen. So muss es sein, aber schreibe mir ruhig alles, was Du denkst und fühlst, solange es Dich nicht stört, wenn ich Dir Rat gebe.
Und nun tausend Küsse auf Deine Augen und Wangen mein Schatz; ich denke, dass ich nun alles beantwortet und besprochen habe, Du weißt, dass ich über mich selbst nicht rede.
Klein[168] war gestern hier, und ich war nicht zu Hause, ich fürchte, er will, dass <u>ich</u> <u>Dir</u> den *Voltaire*[169] empfehle. Wärst Du nicht erfreut darüber, eine der *halles* Damen[170] zu spielen!

---

166 Eventuell ist Sarah Franz' Sorge um die Erkrankung ihres Mannes gemeint. Hermann Franz litt an einer Wassersucht infolge eines Leberleidens. Siehe Brief Ellen Franz an Sarah Franz, Tuesday noon, in: ThSTA Meiningen, HA 387, XIV.
167 Cosima spielt hier offenbar auf die Zeit an, in der Ellen sich für die Laufbahn der Schauspielerin entscheiden wollte. Es hatte der Fürsprache Liszts und Bülows bedurft, um die Einwilligung ihrer Eltern für den Berufsweg als Schauspielerin zu erhalten.
168 Zu Julius Leopold Klein (1810–1876) siehe die Einführung, Anm. 232.
169 Julius Leopold Kleins *Voltaire*, ein Lustspiel in 5 Akten, erschien 1862 im Druck.
170 Zur Personnage des Stückes gehören acht *Damen von der Halle*.

Die Lasslow-Doria¹⁷¹ ist eine gefeierte ungarische Sängerin. Mein Mann ruft sich bei Dir in Erinnerung. Diesen Morgen war ich bei Deiner Mutter, doch es hat niemand aufgemacht. Ich sende Dir ein kleines Bild, um Dich zu erheitern, rate, was es ist und erzähle mir, was Du darüber denkst. Leb wohl, schreibe bald. Wie war die *Goethe-feier*¹⁷² bei Dir?
CB

171 Mimi László-Doria (1823–1906), ungarische Sopranistin, wirkte u. a. in Berlin und Coburg.
172 Gemeint ist die Feier des 102. Geburtstages am 28. August 1860 in Coburg. In welchem Rahmen die Feier stattfand, ließ sich nicht ermitteln. Parallel fand an diesem Tag ein weiteres großes Ereignis in Coburg statt, nämlich die feierliche Konsekration der neu erbauten katholischen Kirche zu St. Augustin.

20. Cosima von Bülow an Ellen Franz, Donnerstag, 6. September 1860, aus Berlin, Manuskript: englisch, in: ThStA Meiningen, HA 39

6. September 1860
Ich habe zwei schöne, lange Briefe von Dir zu beantworten, *mein einziges*! Ich weiß gar nicht, womit ich anfangen soll, denn ich möchte Dir auf alles antworten und so viel erzählen! Ich denke ein schöner, langer Kuss ist immer der beste Anfang, und nun hast Du einen solchen auf Deinen hübschen Augen und Deinen lieben Wangen, und ich möchte Dir vor allem sagen, wie <u>sehr</u> ich über Dein Debüt <u>erfreut</u> bin. Es macht überhaupt nichts, nicht oft herausgerufen zu werden und keinen überschwänglichen Beifall zu erhalten, besonders in Coburg, wo das Publikum weder in seinem Enthusiasmus noch in seiner Kälte *maassgebend* ist. Wichtig ist, dass Du jetzt das Gefühl hast, gut gewesen zu sein und dass das stocksteife Publikum Dir Unrecht getan hat. Davon abgesehen ist die <u>Leistung</u>, dem *Baronnet* ein Kompliment entlockt zu haben, wie er es Dir gemacht hat, wirklich beachtlich und mehr wert als hunderttausend Verbeugungen (in Coburg <u>Nota Bene</u>[173]).

Nun erzähl, meine Liebe, war der Herzog[174] im Theater und was hat er gesagt? Zweitens, wie sind die Schauspieler Dir gegenüber, insbesondere die Schlönbach? Drittens, wie sind Bühne und Theater, so groß und schön wie in Gotha, oder nicht? Es ärgert mich, dass wir nicht gemeinsam die *Jane Eyre* durchgenommen haben, ich hätte Dir darüber gern einige Dinge gesagt; doch Du wirst Dir schon selbst zu helfen wissen.
Wie waren die Bewegungen (Hände und Kopf) der *Minna*, hast Du Dich dabei wohl oder steif gefühlt? Das ist besonders wichtig. Nun widme Deine ganze Aufmerksamkeit und Deinen Fleiß der *Helene*,[175] versuche, aus dem Monolog eine effektvolle Sache mit vielen *nüancen* zu machen, doch behalte das <u>schwermüthige colorit</u> bei. Ich möchte, dass Dawison mit Dir zufrieden ist; wenn er das

173 Dt.: wohlgemerkt.
174 Herzog Ernst II. von Sachsen-Coburg und Gotha (1818–1893) regierte von 1844 bis zu seinem Tod. Neben seinen politischen Verdiensten erwarb er sich auch als Förderer von Kunst und Kultur Anerkennung. So war er z. B. selbst als Regisseur, Schauspieler und Komponist tätig. Ernst II. war übrigens mit Herzog Georg II. befreundet. Sie waren sich nicht nur ihrer künstlerischen Ambitionen wegen nahe, Ernst II. hatte vor allem im Entscheidungsjahr 1866 die politische Position des Meininger Erbprinzen unterstützt und den Fortbestand des Herzogtum Sachsen-Meiningen zu sichern geholfen.
175 Am 11. Oktober 1860 stand ihre Auftritt als *Helene* in *Nur eine Seele* (Wilhelm Wolfssohn) bevor.

ist, so ist Dir ein erfolgreicher und glänzender Weg sicher. Zu den *Fabiern*, das ist eine lästige Schererei, die Du hinter Dich bringen musst, und das so gut wie möglich; ich denke nicht, dass es mehr als ein- oder zweimal aufgeführt werden wird, also zerbrich Dir darüber nicht allzu sehr den Kopf.
Ich wüsste gern mehr über die *Minna*; wie Du Dich gefühlt hast, zu welchen Dingen Dich Dein Eifer inspiriert hat, wie Du gespielt hast, ob *Franziska* Dir eine Hilfe oder eher hinderlich war; war Fräulein Grahl nicht verärgert darüber, keinen Applaus zu bekommen und wie verhält sie sich Dir gegenüber? Wenn es Dir nichts ausmacht, freue ich mich über jedes Detail, doch wenn Du es nicht erzählen willst, dann lasse es und ich werde von meiner Vorstellung Gebrauch machen müssen.
Von Frau B. habe ich einen wirklich sehr netten Brief erhalten, den ich vorgestern beantwortet habe, sie scheint mit Dir genauso zufrieden zu sein, wie Du es mit ihr bist, und ich für meinen Teil kann sagen, dass ich mich am allermeisten freue; alles, was sie mit Dir macht, erscheint mir als gut und richtig und ich bin sicher, dass Dein Umgang und Leben mit ihr, verbunden mit Deinem Theaterdasein, Dir sehr zu Gute kommt und Dich reifen lässt, sie ist in jeder Hinsicht eine wirkliche Dame, und es tut Dir sehr gut und ist wichtig für Dich, mit einer kultivierten Person zu tun zu haben, die Dich unterweist, damit Du durch all die Theaterpflichten und Tätigkeiten nicht verstumpfst.
Berichte mir, ob sie meinen Brief bekommen hat und ob sie darüber erfreut war. Bis jetzt bin ich sehr zufrieden mit Deinem *Coburger* Leben; selbst die wenigen Tage, die Du alleine verbracht hast und die Dich so viel Kraft gekostet haben, waren bestimmt lohnenswert für Dich. Deine arme Mutter hat sich deswegen schreckliche Sorgen gemacht und (denk nur) wollte Dich sogar zurückholen!! Du weißt ja, ich bin hartherzig; sprich, ich mache mir nicht viel aus Sorgen und Schwierigkeiten, wenn aus ihnen ein Vorteil zu gewinnen ist; und hier war genau dies der Fall, denn durch Deine beschwerliche Situation hat sich ein *vis-à-vis* mit dem *baronnet* ergeben, und das unter vier Augen.
Du tust gut daran, Deine Mutter nicht nach Wolff[176] (der bis jetzt noch nicht zurück ist) zu fragen, denn sie gerät über Dich so schnell in Sorge, und ihre Ängste nehmen ihr die rechte Sicht auf die Dinge. Schreibe ihr also so fröhlich wie möglich und klage dabei so wenig wie Du kannst. Mir kannst Du schreiben was Du möchtest, und ich werde ebenso antworten und immer versuchen, die Dinge so zu sehen, wie sie wirklich sind; Du weißt, dass ich nicht zu Aufregung und übertriebener Sorge neige; wenn ich das täte, würde ich wohl schon nicht

---

[176] Laut dem Adressbuch von 1860 praktizierte in der Berliner Bendlerstraße 23 der Kreis-Physikus a. D. und Homöopath Dr. med. C. W. Wolf. J. A. Bünger. Siehe *Allgemeiner Wohnungs-Anzeiger nebst Adreß- und Geschäftshandbuch für Berlin und Umgebungen und Charlottenburg auf das Jahr 1860, 157.*

mehr leben. Seit Deinem letzten Brief habe ich Deine Mutter zwei oder drei Mal gesehen und heute werde ich sie wieder besuchen gehen, um zu erfahren, ob das Ergebnis der *Minna* sie erfreut hat. *À propos*, konntest Du die kleine Rose, die ich Dir geschickt habe, verwenden und wo wurde sie angebracht? Ein Glück, dass die Perücke Dir gut stand, wer hätte das gedacht, es ist eine große Erleichterung für die nächsten Rollen, die Du spielen wirst, in denen eine vorgesehen ist. Ich werde mich nach Arbeiten meiner Mutter umsehen, denn ich <u>selbst</u> besitze keine; doch *Nelida*[177] kann ich Dir nicht schicken, denn ich wünschte, sie hätte es nie geschrieben, und obwohl ich weiß, dass ich als Tochter nicht das Recht habe, über meine Mutter zu urteilen, kann ich nicht ohne Sorge und Wut daran denken. Sage das Frau <u>B.</u> Sage ihr, dass mein Vater in diesem Buch beschrieben wird, dann wird sie verstehen, dass ich nichts damit zu tun haben möchte.

Dein Bericht über Fishels Besuch ist das Komischste, was ich mir vorstellen kann und erinnert mich an unsere Unterhaltungen über dieses und jenes, mit denen wir die tristen Momente, die uns die Leute bescherten, in Stunden des Lachens verwandelt haben. Nun, *Juden Doktor gegen Juden-Doktor*,[178] Klein hat mich besucht, er brachte mir die *Herzogin*[179] und fragte mich nach einem <u>Komödienthema</u>, das er dramatisieren könnte. Ein mit ihm befreundeter Herr aus dem Theater *bureaux* hat ihm geraten, den berühmten *Voltaire* nicht einzusenden, wie Deine Mutter war er der Ansicht, dass es ein Reinfall werden würde; dass das <u>liebes paar</u> nicht interessant genug sei und dass der vierte *akt*, <u>den ihr alle so wundervoll und dramatisch fandet</u>, so Klein, ziemlich schockierend sein würde. Er behält also seine Monstrosität und will nun ein Stück mit immenser Wirkung schreiben und hat mich nach einem möglichen Thema gefragt. Ich habe ihm versprochen, darüber nachzudenken. Natürlich hat er ausgiebig nach Dir und Deinen *rollen* gefragt; als ich von *Helene* sprach, schüttelte er den Kopf, zuckte mit den Schultern und lächelte; *es ist eine effect Rolle* sagte ich; *Ja!* (<u>und mit einem tiefen Seufzer und ziemlich bitter</u>) *und das wollen die Schauspieler*

---

177 *Nélida* ist ein 1846 erschienener Roman von Marie d'Agoult (Pseudonym Daniel Stern) über ihre vierjährige Affäre mit Franz Liszt. Marie d'Agoult kehrte nach der kurzzeitigen Versöhnung mit Liszt auf der Insel Nonnenwerth am 20. Oktober 1843 nach Paris zurück. Sie begann dort mit der Niederschrift des quasi autobiographischen Romans *Nélida*, in dem Liszt in der Gestalt des Malers Guermann Regnier als Künstler mit amoralischer Lebensanschauung dargestellt wird, der anspruchsvolle Kunstwerke zwar hervorbringen möchte, aber bei der praktischen Ausführung versagt. Der Roman erschien am 8. August 1846.
178 Die antijüdische Polemik richtete sich lange Zeit auch gegen gesamte Berufsgruppen wie die Rabbiner, Handel Treibende und Zeitungsleute. Siehe zur Interpretation der offenen judenfeindlichen Anspielung die Einführung, Anm. 99.
179 Gemeint ist Julius Leopold Kleins Lustspiel *Die Herzogin* (1848).

*immer.* Oh, sagte ich, ich bin mir ziemlich sicher, dass Fräulein Ellen nicht so ist wie die anderen, und es bevorzugen würde, eine kleine Rolle in einem bemerkenswerten Stück zu spielen, statt eine große in einem schlechten.« Da kam ein Strahlen über sein Gesicht und er antwortete »Das wusste ich schon! Wie lächerlich, dass man sie hier nicht engagiert hat.«
Während wir über dies und jenes sprachen, kam mein Mann herein; es folgte eine beidseits sehr steife Verbeugung, wie Du Dir vorstellen kannst, und ich fühlte mich etwa so wohl wie bei unserem gemeinsamen Abendessen nach den zwei Akten des *Voltaire*. Dann begann mein Mann, von Peter Lohman[180] zu erzählen und äußerte ein nettes Kompliment über die *Maria*,[181] und Klein dankte ihm, und als mein Mann gegangen war, fing er vom berühmten virtuosen an. Trotzdem war es »ziemlich schrecklich« für mich. Ich hoffe dennoch, dass eine Aussöhnung möglich sein wird. Wusstest Du schon, dass Hülsen die Leitung des *Schauspielhauses* an Düringer[182] abgegeben hat? Es scheint der Beginn seines Weggangs zu sein; wen werden wir dann bekommen? Ich fürchte, einen schlechteren. Gestern war ich mit Deinem Vater bei einer Aufführung, er war so nett, mir eine Karte zu bringen; gespielt wurde der *Arzt*[183] und der *Alte Magister*[184]; Döring[185] und Frieb[186] spielten in letzterem ganz vorzüglich und ich war sehr

---

180 Peter Lohmann (1833–1908), dramatischer Schriftsteller und u. a. Autor der Schrift *Ueber Robert Schumann's Faustmusik* (ca. 1860).
181 Gemeint ist Julius Leopold Kleins Tragödie *Maria von Medici* (1841).
182 Philipp Jakob Düringer (1809–1870) trat ab 1826 auf diversen Bühnen auf, so in Mannheim, Freiburg i. Br., Frankfurt a. M., Düsseldorf, Wien, Hamburg, München und Nürnberg. 1835 wurde er am Leipziger Stadttheater engagiert und war 1836–1843 Regisseur dort. 1843–1853 war er Oberregisseur des großherzoglichen Hof- und Nationaltheaters in Mannheim. 1853 berief man ihn an das königliche Schauspielhaus nach Berlin, wo er bis 1870 wirkte, ab 1862 mit dem Titel eines »Artistisch-technischer Direktor des Schauspiels«. Anfang 1870 pensioniert, starb er am 12. Mai 1870 in Coburg.
183 Möglicherweise gemeint ist die Posse *Der Arzt und das Mittel* (1802) von Andreas-Joseph von Guttenberg.
184 Gemeint ist *Der alte Magister* (1846), ein Schauspiel von Roderich Benedix.
185 Theodor Döring, recte Häring (1803–1878) war Schauspieler. Laut Neise (1956, 14) erstes Auftreten im Urania-Verein, danach Engagements in Bamberg (1825), Breslau (1826), Mainz (1829), Hamburg (1836), Stuttgart (1838), Hannover (1843), im gleichen Jahr Gastspiel am Berliner Hoftheater, dem er von 1845–1878 angehörte. Zu seinen Rollen zählten: *Falstaff, Shylock, Mephisto, Malvolio, Dorfrichter Adam, Harpagon*.
186 Minona Frieb-Blumauer (1816–1886) war Schauspielerin und Sängerin. Laut Neise (1956, 47) studierte sie zunächst am Conservatorium in Prag, danach spielte sie in Darmstadt (1832), Köln und Aachen (1833). 1834 erfolgte der Wechsel zum Schauspiel bei Karl Immermann in Düsseldorf. Es folgten Engagements in Böh-

amüsiert; doch die Formes[187] spielte einen sentimentalen Part, Du kannst es Dir vorstellen! Es war unerträglich, kein natürlicher Ton, keine elegante Bewegung, und dazu hatte sie kein bisschen Stimme, sie scheint ihr *organ* verloren zu haben, sieh Dich vor Täubchen, sieh Dich nur vor! Denk nur, das Ehepaar Formes[188] will mich mit einem Besuch beehren; mir ist dabei eher unwohl, wie Du Dir vorstellen kannst, aber egal, ich habe schon schlimmeres erlebt. Apropos schlimmeres, weißt Du, meine ganzen Romane von George Sand[189] sind bei der kleinen schlimmen Kreatur,[190] wenn sie sie zurücksendet, werde ich sie gleich für Dich zur Post schaffen. In der Zwischenzeit schicke ich Dir einen Balzac-Band im nächsten Päckchen, das Deine Mutter packt. Frage Frau B., ob sie nicht auch denkt, dass Eugénie Grandet[191] der beste Anfang wäre; ich denke schon.

Ich habe Deine Fotografie nicht erhalten, und habe nur eine bei Deiner Mutter gesehen, die ich sehr schön fand, mit Ausnahme der Hände, diese waren schrecklich. Doch der Gesichtsausdruck, die Augen und die Nase (immer eine schwierige Sache) sind reizend, und die ganze Haltung ist sehr damenhaft und hübsch. Ich

men und Mähren, 1842 im Theater an der Wien und Theater in der Leopoldstadt sowie am Hoftheater Berlin (1853–1886). Frieb-Blumauer spielte vor allem komische Charaktere in Konversationsstücken. Seit 1839 war sie mit dem Ingenieur Emanuel Frieb verheiratet. Zeitweise nahm Ellen Franz Unterricht bei ihr.

187 Auguste Formes, geb. Arens, königlich preußische Hofschauspielerin, Wirkungszeit 2. Hälfte des 19. Jahrhunderts.

188 Theodor Formes (1826–1874), Tenor, debütierte in Budapest, war 1851–1866 an der Berliner Oper engagiert und starb, wie Robert Schumann, in Endenich.

189 George Sand (1804–1876), eigentlich Amandine Aurore Lucile Dupin de Francueil, Schriftstellerin. Sand veröffentlichte neben Romanen zahlreiche gesellschaftskritische Beiträge und setzte sich durch ihre Lebensweise und mit ihren Werken sowohl für feministische als auch für sozialkritische Ziele ein. Im September 1860 las Ellen Franz mit Frau von Bojanowski Sands gerade erschienenen Roman *La ville noire* im Original und erbat von Cosima offenbar in diesem Zusammenhang weitere Lektüre. Brief Ellen Franz an Sarah Franz, [Poststempel auf dem Umschlag: Coburg 15. September 1860], in: ThSTA Meiningen, HA 387, X. Wie sehr Helene von Heldburg in späterer Zeit Sands Werke schätzte wird daran deutlich, dass sie drei neue Novellen Fanny Lewalds 1877 mit den »Meisterstückchen der George Sand« verglich. Helene von Heldburg an Fanny Lewald, 8. Dezember 1877, in: Institut für Theaterwissenschaft der FU Berlin, Archiv und Theaterhistorische Sammlung, Inv.-Nr. 5415.

190 Es handelt sich vermutlich um Ludmilla Assing, auf die Cosima im Juli 1860 wohl etwas eifersüchtig reagierte (Briefe 14 und 15), was sich im Brief vom 7. Februar 1861 (25. Brief) bis zur Behauptung steigerte, sie sei »hässlich«. Siehe dazu die Einführung, Anm. 305.

191 *Eugénie Grandet* ist ein Roman von Honoré de Balzac (1834). In Balzacs Romanzyklus *La Comédie humaine* (dt.: *Die menschliche Komödie*) gehört *Eugénie Grandet* zu den *Scènes de la vie de province* (*Szenen aus dem Provinzleben*).

hätte wirklich sehr gern ein Kopfportrait davon, doch Deine Mutter hat kein Wort darüber verloren, also habe ich auch nichts gesagt.
Gesundheitlich geht es mir wirklich sehr gut, ich kann immer noch laufen, lesen und schreiben; wenn ich es nicht mehr kann, wird Käthchen für mich schreiben, sie küsst Dir beide Hände und bedankt sich für die Rose, die sie sehr erfreut hat, sie möchte, dass Du mir genau sagst, wo Du hingehst, damit sie es auf der *Thüringer Blume*[192] sehen kann. Sie wird Dir die Nachricht von meiner Niederkunft übermitteln, die jedoch nicht so bald kommen wird, wie ich dachte, erst etwa Mitte Oktober. Meine Freundin Krockow kann nicht kommen, also werde ich bis dahin viel Ruhe und Freiheit haben; habe ich Dir schon erzählt, wie sie mir gratuliert hat? Ich glaube nicht, sie sagte »Du bist also wirklich dabei, einen neuen Kandidaten für das System zu präsentieren!« Das ist so typisch für sie und wird Dich sicher amüsieren. Und jetzt auf Wiedersehen meine Liebe, meine Beste, ich glaube ich habe nun alles in Deinem Brief beantwortet. Ich werde Dir nicht sagen, dass ich Dich bedaure, denn in gewisser Hinsicht ist mein ganzes Leben ein großes Bedauern, und ich lege mich nicht auf einzelne Dinge fest, doch ich kann Dir versichern, mein Einziges, dass ich mehr als zehn Mal am Tag das Bedürfnis verspüre, mit Dir zu sprechen, Dich zu sehen, Dich zu umarmen! Ich bitte Gott, dass Dir es ebenso geht, und dass die lange und entscheidende räumliche Trennung, die zwischen uns gekommen ist, der inneren Verbindung, die uns vereinigt hat, nichts anhaben wird. Wenn ich mich müde und schwach fühle, und genug habe vom Wachen und Träumen,[193] lasse ich meine Gedanken auf der Zeit ruhen, die wir zusammen gelebt haben, und ich glaube fest daran, dass Du mich immer genauso lieben wirst, obwohl ich selbst so anders bin, so dem Schweigen zugeneigt, so hartherzig, um es mit einem Wort zu sagen.
Meine Liebe, nun achte auf Deine Gesundheit, achte sehr darauf; ich werde morgen in die *Bendlerstrasse* gehen, um herauszufinden, wann Wolff zurückerwartet wird, und es Dich wissen lassen. Heute Nachmittag werde ich Frieb Deine Neuigkeiten berichten und ihr natürlich sagen, dass bei Dir alles bestens ist, was ja auch stimmt. Jetzt gehe ich in die Bilder-*austellung*.[194] Ich erwarte mir nicht viel davon, aber man muss sie gesehen haben, da alle darüber sprechen.

192 Möglicherweise handelt es sich um eine Landkarte Thüringens in Blumenform.
193 Bereits in Friedrich Maximilian Klingers *Sahir, Eva's Erstgeborener im Paradiese* (1798) hatte es geheißen: »Alle unsere Erscheinungen im Wachen und Träumen sind Wahrheit; aber ein rosenfarbiger Duft hüllt sie ein, und verbirgt uns die nahe Erkenntniß. Aus der Musik, dem Gesange steigen lebende Bilder auf; selbst der leiseste West verkörpert sich, wenn er unsere Lippen, unsere Wangen berühret.«
194 Gemeint ist wohl die Berliner Kunstausstellung von 1860.

Es soll ein hübsches Portrait von Richter[195] dabei sein; ich werde Dir davon berichten. Noch einmal adieu, ich sende Dir eine Million Küsse und Wünsche so zahllos und strahlend wie die Sterne am Himmel. Bitte entschuldige mein schlechtes Englisch, ich schreibe so schnell. Denk nur, ich gebe meinem Mann jetzt Unterricht, das ist ein Spaß kann ich Dir sagen! Schreibe bald, wenn Du Zeit und Muße hast, und erzähle mir so viel Du kannst.
Ganz die Deine in <u>Herz und Seele</u>,
Königin
[auf dem 1. Blatt oben quer geschrieben]
Behalte Frau Bülow und Isa besser bei Dir. Sie hätten hier keine Zerstreuung und es wird sie sicher freuen, Dich auftreten zu sehen, und dazu die Königin und Dawison und ich weiß nicht wen noch.

195 Ludwig Richter (1803–1884), Maler und Zeichner der deutschen Romantik und des Biedermeiers.

21. COSIMA VON BÜLOW AN ELLEN FRANZ, [MONTAG, 10. SEPTEMBER 1860],[196]
aus Berlin, Manuskript: englisch, in: ThStA Meiningen, HA 39

Nur ein paar Zeilen heute, meine Liebe, um Dir zu sagen, dass Wolff zurück ist und Du ihm schreiben kannst. Wenn ich richtig gelesen habe, wird heute Abend *Jane Eyre* aufgeführt; ich mache mir überhaupt keine Sorgen um das Ergebnis, doch ich möchte sehr gern wissen, ob Du einige Veränderungen vorgenommen hast, oder ob Du es genauso spielst wie in Gotha. Ich denke, dass Du im letzten Akt etwas verändert haben musst, sage mir doch bitte wie und was; machst Du aus dem Schnüren des Schuhs eine kleine Pantomime? Die Seebach hat es wirklich sehr übertrieben, aber dennoch muss daraus etwas gemacht werden, das Publikum muss die *überwindung* spüren können. Gestern war ich zusammen mit Deiner Mutter im Victoria Theater, und wir haben schreckliche Possen gesehenen, das Schauspiel an sich und auch dessen Darbietung waren ziemlich abscheulich. Doch ich glaube, dass dies Deine Mutter nicht gestört hat, denn wir haben uns viel unterhalten und natürlich auch viel über Dich geredet. Sie hat mir eine Photographie von Dir versprochen. Im Großen und Ganzen sah sie sehr gut und gesund aus; wir haben uns für die Bilderausstellung verabredet und wollen öfter gemeinsam ins Theater gehen, solange ich noch in der Lage bin, zu laufen.
Wie ich Dir schon erzählt habe, war ich bei Frieb, die nicht zu Hause war, aber *die kleine Katze*[197] *empfing mich*; ich habe Dich dafür entschuldigt, nicht geschrieben zu haben, sagte ihr, dass *Du* mich gebeten hast, zu gehen, da Du so beschäftigt bist &c &c; wenn Du Zeit hast, dann schreibe diese Woche, es besteht kein Grund zur Eile. Ich habe mir die kleine Frieb genau angeschaut und festgestellt, dass sie nicht halb so hübsch ist wie ich dachte; erstens hat sie keine Augenbrauen, was eine große Schwäche ist, zweitens ist ihre Nase von problematischer Regelmäßigkeit und der Abstand zwischen ihr und dem Mund ist so groß, dass sie ohne Schwierigkeiten *moustaches*[198]

---

196 Ellen trat laut Programmzettel am 10. September 1860 erneut als *Jane Eyre* in Coburg auf.
197 Gemeint ist Karolina Frieb (1844–1876), die Tochter von Minona Frieb-Blumauer. Die Sängerin und Schauspielerin heiratete 1872 Wilhelm Carl Mühldorfer (1837–1919), 1867–1881 zweiter Theater-Kapellmeister in Leipzig, u. a. beteiligt an den ca. 100 Proben zur Leipziger Erstaufführung von Wagners *Die Meistersinger von Nürnberg* am 6. Dezember 1870. Danach wurde er erster Kapellmeister der vereinigten Stadttheater Köln. Er komponierte Ballette, Schauspielmusiken, Chöre, Lieder und Opern, darunter *Die Goldmacher von Strassburg* (1886) und *Iolanthe* (1889).
198 Dt.: Schnurrbärte.

tragen könnte. Der Mund ist nett und die Augen auch, das Haar hatte sie so kurios gelegt, dass ich nie gedacht hätte, dass sie viel davon hat, sie hat keinen Porzellanteint, aber der Hals und die Schultern sind schön; um es mit einem Wort zu sagen, ist sie hübsch anzusehen, aber nicht die Schönheit, die ich mir vorgestellt hatte. Sie geht nicht zum Theater, weil es ihr nicht gefällt, so erzählte sie mir, und sie überlegt, diesen Winter in Hannover bei ihrer <u>grosscousine</u> zu verbringen.

Sag mir Liebes, Du hast Gottheiner[199] gesehen, war er nett? Hast Du ihn <u>Frau B.</u> vorgestellt und wie kamen sie miteinander zurecht? Hat er über Deine Schauspielerei gesprochen, und wie; ich wüsste es gerne, denn ich sehe niemanden, der mit ihnen in Verbindung steht und würde es sonst nie erfahren. Hier ist gerade eine französische Sängerin, M<u>me</u> Miolhan,[200] sie wird morgen mit dem *Barbier* **debütieren** und Italienisch singen und Französisch sprechen,[201] während alle anderen Deutsch singen und sprechen werden, und das alles bei *erhöhten Preisen*, wie lächerlich! Die Wagner[202] hat in *Varsovia*[203] ein Fiasko verursacht, sie wird dort nicht mehr singen, obwohl der russische Kaiser gerade dahin kommt. Sie war bei ihrem Auftritt in *Lucrezia Borgia* enthusiastisch aufgenommen worden, aber danach wurde sie während des gesamten Stücks ausgepfiffen. Sie tut mir leid, aber es war zu gewagt von ihr, dort zum ersten Mal zu singen, wo sie jetzt gar nicht mehr bei Stimme ist.

199 Vermutlich handelte es sich um den Berliner Kammergerichtsrat Carl Eduard Gottheiner (Wirkungszeit um 1860). Ellen bat ihre Mutter offenbar auch gelegentlich, Gottheiner aufzusuchen. Brief Sarah Franz an Ellen Franz, ohne Datum, in: ThSTA Meiningen, HA 259, I.
200 Marie Miolhan-Carvalho (geb. Marie Caroline Felix-Miolan, 1827–1895), Sopranistin seit 1855 am Théâtre Lyrique (bis 1866), hatte ab 1859 als Interpretin von Meyerbeers *Dinorah* Erfolge, bevor ihr Adelina Patti den Rang ablief. Charles Gounod schrieb die Partie der *Margarethe* in seiner Oper *Faust* (1859) für sie.
201 Die *Signale für die musikalische Welt* 40 (1860, 467) meldeten in ihrer Ausgabe vom 27. September 1860: »Mad. Miolhan-Carvalho setzte ihr Gastspiel als Lucia fort, nachdem sie vorige Woche zweimal die Rosine im Barbier gesungen.«
202 Zu Johanna Wagner (1826 – 1894) siehe Anm. 86 zum Brief C. v. B. an E. F., [13. April 1860] (11. Brief).
203 Die Schauspielerin wurde aus Sicht der Autoren infolge der damaligen politisch bedingten Preußenfeindlichkeit bei ihrem ersten Auftreten in Warschau als *Lucrezia* in Gaetano Donizettis opera seria *Lucrezia Borgia* ausgezischt. Sie setzte ihr Gastspiel trotzdem fort. Julius Kapp/Hans Jachmann, *Richard Wagner und seine erste »Elisabeth«, Johanna Jachmann-Wagner: ein neuer Beitrag zur Wagnerforschung*, Berlin 1927, 175f. Bevor stand der Besuch des russischen Zaren Alexander II. Nikolajewitsch (1818–1881).

Hast Du gehört, dass die Hoppé[204] Liedke heiratet? Du kannst Dir die Kritik vorstellen, die diese Ehe auslösen wird.

Ich weiß nicht, was mit unseren Theatern geschehen wird, alles entwickelt sich so schlecht wie nur möglich und alle sind über Hrn. N.[205] erbost. Um ein anderes Theater anzusprechen, Du weißt, dass Garibaldi in Neapel[206] ist, was er tut, ist eine große Sache, versäume es nicht, ihm auf seinem Befreiungsmarsch zu folgen.

Und nun leb wohl meine Liebe, ich wollte nur ein paar Worte schreiben und nun sind es vier Seiten geworden. Wir haben hier das, was die Leute ein schönes Wetter nennen, also schneidende Luft mit Sonnenstrahlen, die keine Wärme spenden; Du weißt, was ich davon halte, doch da ich niemanden mehr habe, der mich dafür auslacht, grolle ich *innerlich* und sage kein Wort über dieses schreckliche Klima, das mir den Frühling, Sommer und Herbst raubt.

Ganz die Deine
Königin

[Rückseite mit Poststempel BERLIN/ANHALTER-BAHNH:/10. 9. * 12 – 1]
Fräulein Ellen Franz
Herzoglich-Sächsische Schauspielerin
Coburg
frei

[2. Poststempel unvollständig]

---

204 Clara Stich-Hoppe (1820–1862), Schauspielerin, erhielt ersten Unterricht bei ihrer Mutter Auguste Crelinger (1795–1865). 1834 spielte sie am Berliner Hoftheater das *Käthchen von Heilbronn*. Im gleichen Jahr erfolgte ein Gastspiel am Burgtheater, 1835–1862 war sie am Hoftheater Berlin engagiert. 1848 heiratete sie den Schauspieler Hoppe, der bald darauf starb. Am 14. September 1860 heiratete sie in zweiter Ehe Theodor Liedtke. Siehe auch Neise (1956), 141ff.
205 Gemeint ist wohl Albert Niemann.
206 Am 8. August 1860 setzte Garibaldi, der Sizilien erobert hatte, aufs Festland über. Die kampflose Besetzung Neapels erfolgte am 7. September.

22. Cosima von Bülow an Sarah Franz, [November 1860],[207] aus Berlin, Manuskript: französisch, in: ThStA Meiningen, HA 39

Ich weiß nicht wirklich, wie ich Ihnen, gnädige Frau, für all die Güte, die Sie mir bezeugen, danken soll. Ich ersuche Sie, sich mit dem Wissen zu begnügen, dass ich im höchstmöglichen Maße dafür empfänglich bin und versichere Ihnen, dass der charmante kleine Ring, den ich liebe und achte, da er einen Abschnitt Ihres Lebens begleitet hat, niemals meinen Finger verlassen wird. Ich bin beinahe traurig, mich seines Besitzes anzunehmen, nachdem er Ihnen, gnädige Frau, gehört hat, da ich mich dessen unwürdig fühle, doch werde ich ihn dafür umso mehr lieben. Was soll ich zudem über die charmanten Wünsche sagen, die Ellen mir hat zukommen lassen? Sicherlich entspreche ich bei weitem nicht der Schönheit der lieblichen Embleme, die Sie, gnädige Frau, für mich in Ihrem Wohlwollen ausgewählt haben, aber ich sehe zu, mir in meiner Seele die Reinheit der Lilie zu erhalten und die Sanftheit der Rose zu verinnerlichen, vielleicht wird es mir in meiner letzten Stunde gelungen sein, Ihre Diktion zu verwirklichen, die ich so sorgsam bewahren werde wie einen heiligen Augur! Gnädige Frau, erlauben Sie mir, Sie mit aller Herzlichkeit zu umarmen, Ihnen im Austausch für Ihre liebenswürdigen Zuwendungen die aufrichtigsten Wünsche für Sie und Ihre Angehörigen zukommen zu lassen und Sie meiner herzlichst respektvollen Gefühle zu versichern.

Cosima Liszt von Bülow

---

207 Vermutlich entstand der Brief um die Zeit von Danielas Taufe im November 1860. Für die Übersetzung danken die Hrsg. Thierry Gelloz, Leipzig.

Sarah Franz: Für »Daniella«,[208] nach dem ersten Behüten,[209]
[25.] Januar 1861, Manuskript: englisch, in: ThStA Meiningen, HA 39

Winzige Schönheit, Daniella
Röslein so lieblich anzusehen
Liebstes Gänseblümchen, Daniella,
In der Liste der Schönsten wirst Du stehen!

Kleiner Engel, Daniella,
Ein Lächeln von himmlischen Schwestern gemacht,
Doch diese Augenbraue, Daniella,
Von inniger Liebe wurd' sie vollbracht.

Und diese Augen, ein himmlisches Blau,
sie träumen strahlend in deinem Gesicht,
Schon jetzt erzählen sie Dir, Daniella,
von Deines Geistes himmlischem Licht.

Wohl Dir, Baby Daniella,
Mögen Engel in ihrem Schutz Dich hegen,
Bis sie mit Dir wieder gen Himmel schweben,
Ich weiß, von dort aus kamst Du in das Leben!

Januar 1861

---

208 Die Wahl des Namens Daniella war eine Reminiszenz an den verstorbenen Daniel Liszt. Die Eindeutschung des Vornamens durch Weglassen des zweiten »l«, wurde, wie Briefe aus der Zeit davor und danach vermuten lassen, von Daniela selbst um das Erreichen der Volljährigkeit 1882 vorgenommen, jedoch nicht im Geburtenregister des Katholischen Dompfarramtes St. Hedwig Berlin (741/1860, zit. nach Hilmes [2009], 283) verzeichnet. Ihr zweiter, hier nicht genannter, Vorname Senta nimmt Bezug auf die weibliche Hauptrolle aus Wagners *Fliegendem Holländer*.
209 Zu Sarah Franz' Begabung als Lyrikerin siehe Einführung, Abschnitt »Bedeutung der Freundschaft für Ellen: Freundin und Wegbegleiterin«. Anlass für die poetische Schilderung war, dass sie Daniela das erste Mal hütete. Der Entwurf zu dem Gedicht mit dem ausführlicheren Titel »To Daniella, after having for the first/time nursed her and studied her/features« (25. Januar 1861) findet sich in ThSTA Meiningen, HA 259, I.

23. Cosima von Bülow an Ellen Franz, [Jahreswechsel 1860/61],[210] aus Berlin, Manuskript: englisch, in: ThStA Meiningen, HA 39

Ich wollte Deinen Brief sofort beantworten, mein Täubchen, denn er hat mich zu Tränen gerührt, doch die letzten Tage stürzte so viel auf mich ein, dass dies gänzlich unmöglich war. Zuerst Weihnachten, was in der Tat sehr anstrengend war, und dann mein Geburtstag, an dem ich wie Du weißt immer sehr traurig und melancholisch gestimmt bin. An diesem Tage blicke ich instinktiv immer auf Vergangenes zurück und denke an all das, was ich habe, und ach! an all das Verlorene und dann frage ich mich selbst, ob es nicht besser wäre, wenn es mich nicht gäbe, so dass all die Gratulationen eine höchst deprimierende Wirkung auf mich haben. Danach musste ich eine kleine Feier ausrichten, zu Ehren der jungen *violin spielerin* Fräulein Bido,[211] welche mir von der Gräfin Flemming (Armgart, wie Du weißt)[212] empfohlen wurde. Es war nicht wirklich eine große Angelegenheit, doch bis man all die Gäste zusammen hat, die man sich wünscht, bis alles bestellt ist und bis man weiß, was man anziehen soll etc. etc. vergeht viel Zeit. Es war ein hübscher Erfolg, wir waren etwa 90, darunter Meyerbeer,[213] der Maler Schmitson,[214] die Ney,[215] Frau Lagrange,[216] die gefeierte Sängerin, von der Du sicher schon gehört

---

210 Am 27. Januar 1861 fand Bülows dritte musikalische Soiree der Saison 1860/1861 in der Singakademie statt. Siehe die Rezension von Th. Rode (»Die drei musikalischen Soireén Hans v. Bülow's der Saison 1860/1861 in Berlin«) in der NZfM 54 (1861), 64f. Die beiden ersten Soireen fanden am 29. November 1860 und am 14. Dezember 1860 statt.
211 Gemeint ist wohl Amelie Bido (geb. 1843 oder 1844), siehe: http://www.sophie-drinker-institut.de/cms/index.php?page=bido-amelie <Zugriff: 9. Juli 2013>.
212 Armgard Gräfin von Flemming (1821–1880), eine Tochter von Bettina und Achim von Arnim.
213 Giacomo Meyerbeer (1791–1864, eigentlich Jakob Liebmann Meyer Beer), Komponist und Dirigent, einer der erfolgreichsten Opernkomponisten seiner Zeit.
214 Teutwart Schmitson (1830–1863), Tier- und Porträtmaler.
215 Zu Elisabeth Ney (1833–1907) siehe die Einführung, Anm. 236.
216 Anna Carolina Lagrange (1824–1905), Koloratursopranistin und Gesangspädagogin. Von ihrer Tätigkeit in Amerika kommend, war sie zu jener Zeit Mitglied von Lorinis Operntruppe, die vom 18. Oktober 1860 bis Ende März 1861 im Berliner Victoria-Theater gastierte. Siehe Henze Döring (2006), 694.

hast, Gräfin Krockow, Gräfin Saldern,[217] meine Cousinen,[218] die Bousenis,[219] Herr von Witzleben und seine Tochter,[220] Herr und Frau v. Auer,[221] und Ada Treskow, die (denk nur!) die *Lenore* mit *begleitung <u>deklamierte</u>*.[222] Nun, es war <u>scheus[s]lich</u>[223] in jeder Hinsicht, Mimik, Stimme, Akzent, alles war so schlecht es nur sein konnte, doch sie hat dennoch mächtig Eindruck gemacht, die *begleitung* hat sie in dieser Hinsicht gerettet. Wir hätten uns gemeinsam köstlich amüsiert; <u>so</u> fühlte ich mich jedoch sehr allein. Ich habe Dein hübsches Gesicht und Deine lieben Augen in allen Ecken vergeblich gesucht, und es war merkwürdig, Dich nicht dort zu sehen, wo Du gewöhnlich immer warst, wenn bei mir etwas stattfand. Möge das Leben es gut mit Dir meinen, mein Täubchen! Ich kann kaum sagen wie traurig ich manchmal bin, wenn ich daran zu denken beginne, dass Du schwierige Zeiten durchleben musstest. In Bezug auf uns beide solltest Du nichts Glauben schenken, das nicht direkt von mir kommt. Meine Liebe, tu mir den Gefallen und rede mit niemandem über mich; ich bin jetzt davon überzeugt, dass <u>niemand</u> die Zuneigung ver-

---

217 Louise Gräfin von Saldern-Ahlimb-Ringenwalde (1808–1876). Louise lebte in der Wintersaison stets längere Zeit in Berlin, sonst in Ringenwalde. Mitteilung Jobst von Saldern an die Hrsg., 22. Januar 2014.
218 Gemeint sein könnten die Kinder von Franz von Liszt (1851–1919), da es wenig wahrscheinlich ist, dass die Töchter von Cosimas Onkel Maurice de Flavigny, Pair von Frankreich (1799–1873) und seiner Frau Louise Mathilde de Montesquieu (1811–1883) Liszt später noch besucht haben.
219 Gemeint ist die Witwe des Buchhändlers Artur Friedrich Bussenius (1821–1858). Unter dem Pseudonym William Neumann verfasste B. zahlreiche Biographien und Werkverzeichnisse. 1855 publizierte er eine Liszt-Biographie, die von Liszt als »sehr gelungen« angesehen wurde (siehe LSS [3, 221]).
220 Georg von Witzleben (1838–1898), preußischer Hauptmann, und seine Tochter?
221 Eventuell handelt es sich um die Eltern des Geigers Leopold von Auer (1845–1930).
222 Ada von Treskow Pinelli (1840–1918, Pseud. Günther von Freiberg), Schriftstellerin. Sie wuchs als Tochter von Adolf Eduard von Treskow und der Salonnière Minna in einem kulturbegeisterten Haus auf. Die Lyrikerin und Novellistin arbeitete für diverse Zeitschriften, u.a. als Wiener Feuilletonist(in) der *Schlesischen Zeitung*. Beeinflusst wurde sie u.a. von dem greisen Fürsten von Pückler-Muskau, dem Dichter Friedrich Adolf von Schack und dem Prinzen Georg von Preußen, sowie dem jungen Karl Frenzel. 1866–1881 mit J. Pinelli verheiratet, ging sie nach Venedig und siedelte 1886 nach Wien über. In Frage kommt die von Ludwig van Beethoven komponierte Schauspielmusik *Leonore Prohaska*, bestehend aus einem Krieger-Chor, einer Romanze, einem Melodram und einem Trauermarsch (Werk ohne Opus 96). Geschrieben wurde der Text vom Königlich preußischen Geheimsekretär Friedrich Duncker (1815) zum Gedenken an Eleonore Prochaska (1785–1813), eine deutsche Soldatin in den Befreiungskriegen.
223 Im Manuskript: »scheuslich«.

stehen kann, die ich für Dich empfinde, und so vermeide ich es, von Dir zu sprechen und erwarte stattdessen Nachrichten nur auf direktem Wege von Dir. Solltest Du dafür keine Zeit haben, so werde ich geduldig warten, bis die Zeit kommt. Du sagtest, Du hattest viel durchzustehen in dieser Zeit; möchtest Du mir sagen, was genau? Bist Du im Reinen mit Dir selbst, bist Du gut vorangekommen und mit Dir und Deinem Leben halbwegs zufrieden? Ich würde so gern mehr über Dich wissen. Unser Leben ist wie gewöhnlich, mein Mann hat bereits zwei <u>Klavier-*Soirées*</u> gegeben und es wird am vierten Januar noch eine dritte stattfinden.[224] Die ersten beiden waren ein großer Erfolg, und am dritten wird er die *Sonate* meines Vaters spielen, ich denke, dass es da Schwierigkeiten geben könnte.[225] Kullack[226] kommt etwa einmal die Woche für eine <u>*Conferenz*</u> und war über eines seiner Stücke in Aufruhr, von dem er wollte, dass Hans es spielt, und welches Hans in seinem Konzert <u>Leuchtenberg</u>[227] spielen lassen hat; Du kannst es Dir vorstellen! Frau K. hat verkündet, <u>*sie könnte mich erwürgen*</u>; ich konnte mich vor Lachen über diesen Fischweibausdruck kaum halten. Kullacks Stück wird nun in sämtlichen Zeitungen <u>*heruntergerissen*</u>, und Du weißt ja, wie er sich solche Dinge zu Herzen nimmt, bei seinem letzten Besuch sah er ganz grün aus und es fiel ihm ungemein schwer, die Höflichkeit zu wahren.

---

224 Cosima irrte sich im Datum der Soiree. Siehe Anm. 229 zum 24. Brief.
225 Zumindest bestand der Plan, die Sonate h-Moll R 21 aufzuführen, wenngleich Hinrichsen (1999, 468) schreibt: »keine Aufführungen nachgewiesen zwischen 1861 und 1881«. Auch Gewande (2004, 234) führt nur ein Werk von Liszt an. Ebenso das von Birkin (2011, 417) angegebene Programm für den 27. Januar enthält die Sonate nicht.
226 Theodor Kullak (1818–1882) Pianist, Klavierlehrer und Komponist. Mit Julius Stern und Adolf Bernhard Marx zusammen gründete er 1850 das Stern'sche Konservatorium in Berlin. Für einige Zeit erhielt Ellen Franz bei ihm Klavierunterricht. Als er die Institution 1855 verließ, um die Neue Akademie der Tonkunst, das bedeutendste deutsche Privatinstitut für Musikerziehung zu gründen, folgte ihm Hans von Bülow als Klavierlehrer an das Konservatorium.
227 Leuchtenberg war zunächst Schüler von Theodor Kullak (1818–1882), Brief Bülows an Carolyne Sayn-Wittgenstein, 10. Februar 1859, in: *Bülow-Briefe* III, 217. Später übernahm ihn Bülow in seine Klasse, dazu Brief Bülows an Louis Köhler, 22. Oktober 1863, ibid., 552.

Ich hörte, dass Meissner jetzt in Coburg ist; hast Du ihn getroffen? Da er meinen Brief ja nie beantwortet hat (wahrscheinlich dachte er, dass ich mich über ihn lustig gemacht habe), will ich ihm nicht erneut schreiben, doch ich wüsste gern, was er macht. Der kleine Tausig ist in Wien und gibt dort *orchesterconcerte*,[228] es ist kaum vorstellbar für mich, dass er sich trotz seiner kleinen Gestalt Autorität verschaffen kann, dazu ist er ungeduldig und närrisch, doch er nimmt es auf sich und scheint zu glauben, dass alles bestens verlaufen wird. Wie war Deine Weihnacht, hattest Du einen Baum oder nicht? Hast Du viele schöne Dinge bekommen? Ich konnte es nicht übers Herz bringen, Dir eine Kleinigkeit zu schicken, die Vorstellung, Dir irgendetwas zu <u>schicken</u>, ohne Dich zu sehen, besonders zu einer Zeit, in der ich nicht wusste, wie Du zu mir stehst, gefiel mir nicht. Ich hoffe, dass Du nicht glaubtest, ich hätte nicht an Dich gedacht, denn ich konnte gar nicht anders, als mich an die vergangene Weihnacht mit ihren traurigen und frohen Stunden zu erinnern. Das einzige, was unverändert geblieben ist, war der Korb Veilchen, den Dohm mir sandte, wie anders war doch sonst alles! Teuerste, wir sollten den Veränderungen mit Humor und mit der Unveränderlichkeit unserer Gefühle begegnen; lassen wir die Sorgen, das Alter und die Trennung ruhig über uns kommen, denn durch die Beständigkeit und unerschütterliche Kraft unserer Zuneigung stehen wir über ihnen. Teuerste, vergiss nicht, dass Du nirgendwo anders so tiefes und wahres Interesse finden wirst, wie ich es für Dich empfinde, und schenke bezüglich unser beider niemandem Glauben außer mir. Nächste Woche werde ich in Weimar sein und danach komme ich Dich besuchen.
Fishel kommt, und es ist unmöglich zu schreiben, während er spricht oder schweigt, also bis zum nächsten Mal meine Liebste.
Ganz die Deine
alte Königin.

[quer auf dem 1. Blatt geschrieben]
Tausend Dank für das Bild und die kleinen Dinge

---

228 Carl Tausig (1841–1871), Komponist und Pianist. Er ging als 14-Jähriger in Liszts Unterricht nach Weimar. Tausig wirkte 1862–1865 in Wien. In Berlin gründete er später eine Schule des Höheren Klavierspiels. Bülow nannte sein Spiel »urvollendet«. Ab 1871 unterstützte Tausig Wagners Festspielidee und gründete mit seiner Schülerin Marie von Schleinitz, Cosima Wagners Freundin (siehe die Einführung, Abschnitt »Cosimas Freundschaft zu Marie von Schleinitz«), den Bayreuther Patronatsverein. Kurze Zeit später starb er, erst 29-jährig, an Typhus. Siehe Peter Rummenhöller, »Franz Liszt und seine Schüler in Berlin: C. Tausig (1841–1871)«, in: *Studia musicologia Academiae scientiarum hungaricae* 42 (2001), 65–76. Siehe auch Gut (2011), 324f.

24. Cosima von Bülow an Ellen Franz, Donnerstag, 31. Januar [1861],[229] aus Berlin, Manuskript: englisch, in: ThStA Meiningen, HA 39

Mittwoch, der 31. Januar [1861][230]
Meine Liebe, hier sende ich einen kleinen Brief, bitte sei so freundlich und gib ihn Herrn Victor[231] und sage ihm, dass der Brief von mir kommt. Ich habe nur ganz wenig Zeit, doch ich wollte Dir trotzdem erzählen, dass das letzte Konzert meines Mannes wirklich wunderbar war; nach der *sonate*[232] wurde er zweimal herausgerufen, nach seinen eigenen Stücken[233] dreimal und die *Tannhäuser*-Ouvertüre[234] war ein fantastischer Höhepunkt; die *Sing-Akademie* war vollbesetzt, was genau den richtigen Eindruck auf all die Esel gemacht hat, die nie davon überzeugt sind, die richtige Meinung zu haben, wenn sie nicht sehen, dass eine Menge anderer Esel diese teilen. Doch egal, es war wirklich erfreulich, und Herr Hans spielte schöner als je zuvor. Es wird gerade viel darüber geredet, dass er von der neuen Königin[235] *angestellt*

229 Der Inhalt des Briefes und das erwähnte Konzertprogramm beziehen sich auf die dritte Soiree Bülows, die am 27. Januar 1861 in der Berliner Singakademie stattgefunden hatte (Gewande [2004], 233) und Birkin [2011], 413).
230 Cosima irrte sich entweder im Wochentag oder im Datum; der 31. Januar 1861 war ein Donnerstag.
231 Möglicherweise handelt es sich um Victor von Bojanowski (1831–1892), den späteren Ehemann von Hans von Bülows Schwester Isidora. Der Legationsrat war zunächst Konsul des Norddeutschen Bundes, danach Attaché der deutschen Gesandtschaft in Petersburg (1867–1869), Direktor der 2. Abteilung des Auswärtigen Amtes (1884) später Präsident des Kaiserlichen Patentamtes (1888–1892). Er verfasste auf Veranlassung des Königlich Preußischen Ministeriums für Handel, Gewerbe und öffentliche Arbeiten u.a. die Studien *Die Englischen Fabrik- und Werkstätten-Gesetze* (1876) sowie *Über die Entwicklung des deutschen Patentwesens in der Zeit von 1877–1889* und *Unternehmer und Arbeiter nach englischem Recht* (1877). Siehe Biographisches Handbuch (2000), 214f.
232 Gemeint ist die Sonate h-Moll R 21 von Franz Liszt.
233 An eigenen Werken spielte er laut Birkin (2011, 413) *Elfenjagd* op. 14 und *Mazurka-Impromptu* op. 4.
234 Gemeint ist Liszts Transkription der *Tannhäuser*-Ouvertüre R 275 als letzter Programmpunkt.
235 Gemeint ist die Ehefrau König Wilhelms von Preußen, Augusta von Sachsen-Weimar-Eisenach. Prinz Wilhelm von Preußen hatte 1858 die Regentschaft seines Bruders Friedrich Wilhelm IV. übernommen, die jener aus gesundheitlichen Gründen abgegeben hatte. Nach dem Tod des älteren Bruders am 3. Januar 1861 wurde Wilhelm König von Preußen. Er war mit Augusta von Sachsen-Weimar-Eisenach, einer Tochter von Maria Pawlowna und Großherzog Carl Friedrich von Sachsen-Weimar-Eisenach verheiratet.

werden sollte, doch sie scheint nicht daran zu denken. Deine Mutter wird Dir erzählt haben, dass ich sie getroffen habe, denk nur, ich war nicht in der Lage, ihren freundlichen Besuch zu erwidern. Du hast keine Vorstellung davon, wie viel ich zu lesen, zu schreiben und zu tun habe, wie die Bekanntschaften jeden Tag mehr werden, so dass es fast unmöglich ist, die Höflichkeit zu wahren; ich sehne mich nach etwas Erholung, denn (unter uns gesagt) ich fühle mich gar nicht wohl. Das Baby nimmt viel Zeit in Anspruch und versteht nicht, dass ich mich von Zeit zu Zeit auch anderen wichtigen Dingen zuwenden muss. Es hat mir große Freude bereitet, Kaplan Berg[236] wieder zu sehen, ein Mitglied des *Abgeordneten* Hauses, ein großer Prediger und ein gewitzter und intelligenter Mann, mit dem ich ausführlich über die Religion gesprochen habe. Übrigens wollte ich Dir sagen meine Liebe (ohne Dir jetzt eine <u>Predigt</u> halten zu wollen), dass ich mir sehr wünsche, dass Du fromm bleibst und in all dieser Zeit nicht das Beten vergisst; ich bin mir sicher, dass Deine Seele so rein und strahlend ist wie ein Stern, und dass Du die Religion nicht zum Zweck der Sühne brauchst, doch das Gebet erlaubt Dir, mit Dir selbst in Verbindung zu bleiben; indem Du jeden Tag wiederholst, dass Du Deinen Schuldigern vergibst,[237] wirst Du Dir angewöhnen, es auch wirklich zu tun, und Du wirst Ungerechtigkeit Dir gegenüber als eine traurige Sache betrachten, die Leute sich selbst antun. Ich weiß aus Erfahrung, dass wir selbst mit gutem Gespür den falschen Weg einschlagen können, und nichts auf der Welt kann Dir so dabei helfen, Dir selbst treu zu bleiben und zu kämpfen, wie es der Gedanke an Gott kann. Ich selbst, mit meinem halb zerrütteten Glauben, meiner Neigung zur Unabhängigkeit und zur Kritik und mit meiner Abneigung gegen Regeln, ich bin davon überzeugt, dass ich mich der Autorität der Kirche nur hingebe, um meine Pflichten gänzlich erfüllen zu können, denn

---

236 Philipp von Berg (1816–1866) war ein deutscher römisch-katholischer Priester sowie Abgeordneter der preußischen Nationalversammlung und des preußischen Abgeordnetenhauses. Der 1843 in Köln zum Priester geweihte von Berg wurde am 8. Mai 1848 in die preußische Nationalversammlung gewählt, wo er mit seinen Reden hervortrat, die ihr Echo auch in der von Friedrich Engels und Karl Marx herausgegebenen *Neuen Rheinischen Zeitung* fanden. Mit der Auflösung der preußischen Nationalversammlung sah sich von Berg zugleich der obrigkeitlichen Verfolgung ausgesetzt. 1850 wurde ihm wegen angeblichen Aufruhrs der Prozess gemacht, doch endete das Verfahren mit einem Freispruch.

237 Das *Vaterunser* ist das am weitesten verbreitete Gebet des Christentums und das einzige, das laut dem Neuen Testament Jesus von Nazaret selbst seine Jünger gelehrt hat. Es wird von Christen aller Kirchen und Konfessionen gebetet, von den meisten auch im Gottesdienst. Dazu verwenden sie die längere Version mit insgesamt sieben Bitten, die im Matthäusevangelium (Mt 6,9–13) enthalten ist. Die sechste Bitte lautet: »Und vergib uns unsere Schuld, wie auch wir vergeben unsern Schuldigern.«

ich gebe zu, ich bin zu schwach, um dies alleine zu tun; es gibt im Leben zu viel Täuschung, zu viel Ungerechtigkeit und Unbeständigkeit, um das <u>Leiden am Kreuz</u> nicht zu verinnerlichen, wenn man stark sein und sich ein gutes Herz bewahren will. Lache nicht darüber und erwähne selbstverständlich auch kein Wort davon.

Erzähle mir, wie das Kleid sich <u>macht</u>, ich hoffe, dass es nicht zu alt ist und Dir gut steht; es hat am Abend immer eine schöne Wirkung erzielt, und ich hoffe, dass es für Gotha gut genug sein wird. Mein Mann wird in einer Woche für drei Wochen verreisen;[238] ich hoffe sehr, dass ich Dich besuchen kommen kann; wäre der Hof nicht da, so würde ich es tun, doch es wäre schwierig für mich, acht Tage bei Dir zu bleiben, ohne dass Du darum gebeten würdest, mich zu präsentieren, und dann hätte ich nichts von Dir und Du nichts von mir; doch wenn es machbar ist, werde ich die Reise trotzdem unternehmen.

Die Gräfin Krockow ist diesen Morgen abgereist, sie wollte zwei Tage bleiben und blieb stattdessen drei Monate, und sie kaufte nach und nach alles, was sie wollte, es war so komisch, dass wir uns darüber köstlich amüsiert haben. Nun plant sie, in einem Monat wiederzukommen, doch weiß Gott, was sie tun wird, in jedem Fall nicht das, was man von ihr erwartet. Ich habe die gute Frau Marenholtz hier angetroffen, sie war noch aufgeregter als im letzten Jahr, aber wie immer freundlich und strahlend wie die Sonne, die wir hier nicht mehr zu Gesicht bekommen. Doch der arme Weitzmann sieht schrecklich aus; ich fürchte, dass er nicht mehr lange leben wird, so krank scheint er zu sein.[239] Das wäre sehr traurig, denn er gehört zu den Wenigen, die so viel über die Vergangenheit wissen, dass sie die Gegenwart wirklich verstehen. Isa geht es auch nicht besonders gut,[240] es würde Dich erschrecken zu sehen, wie dünn sie ist, ich verstehe es nicht wirklich, aber ich bin nicht <u>ängstlich</u>, denn ich glaube, dass es für sie eine Phase der Aufregung und der Schwäche ist, die sie durchstehen muss. Bitte tu mir den Gefallen und erwähne sie wenn möglich nicht. Du hast nicht geschrieben, obwohl Du eigentlich Zeit haben müsstest, da Du ja nicht spielst; ich verstehe Deinen Müßiggang, doch gib Dich ihm nicht zu sehr hin, sonst wird eine solche Kleinigkeit wie ein Brief für Dich bald zu einer großen Sache werden, obwohl Du das Schreiben als etwas ansehen solltest, das man einfach tut, fast ohne darüber nachzudenken. Ich küsse Dich von ganzem Herzen meine liebe Seele und wünsche Dir, dass

---

238 Bülow verreiste nach Zürich, Basel und Paris. Siehe auch Gewande (2004), 233.
239 Weitzmann genas wider Erwarten von der Erkrankung und starb erst am 7. November 1880.
240 Aus Bülows Brief vom 14. Juni 1862 an seine Schwester Isidora (Bülow [1921], 171) zu deren Verlobung mit Victor von Bojanowski kann auf eine unglücklich verlaufene Liebe geschlossen werden.

Du mit den besten Dingen, die das Leben zu bieten hat, gesegnet sein wirst: Kraft und Hoffnung.
Ganz die Deine
Königin

25. Cosima von Bülow an Ellen Franz, [Donnerstag, 7. Februar 1861],[241] aus Berlin, Manuskript: englisch, in: ThStA Meiningen, HA 39

Donnerstag
Teure Seele meines Herzens, ich schreibe Dir mitten in der Nacht, weil ich befürchte, dass ich in den nächsten Tagen nicht dazu kommen werde, Dir zu antworten und nicht möchte, dass Dein lieber Brief so lange unbeantwortet bleibt. In Posen sehe ich nur einen Vorteil, nämlich dass Du auf dem Weg dahin durch Berlin kommen wirst, doch dieser Vorteil ist ein so großer, dass er alles Unangenehme übertreffen wird, das Du in einem fremden Land beim _gastieren_ vorfinden könntest. Posen ist ein schwieriger Ort, doch solange Du aufpasst, dass man Dich nicht betrügt, wird alles gut gehen, und im Großen und Ganzen ist es gut für Dich, zu spielen und aus Deinem Loch herauszukommen, ob ich Dir allerdings geraten hätte, dies _gerade_ jetzt und an einem solchen Ort zu tun, ist eine andere Frage (übrigens, frage mich ein anderes Mal erneut danach, durch meinen Mann kenne ich die dortigen Gegebenheiten und Städte ziemlich gut), doch jetzt ist alles arrangiert und ich bin sicher, dass alles gut laufen wird.[242] Deine Mutter kam heute Morgen und war ganz aufgeregt über das _Schauspielhaus_ und dass sie die kleine Wagner[243] engagiert haben, die zu nichts zu gebrauchen ist, und jetzt kurz davor sind, Remosani[244] zu engagieren, die wohl noch schlimmer ist; sie wollte keine Zeit verlieren und für Dich etwas erfragen, ich weiß nicht, was; ich gab ihr einen kleinen Rat, nämlich, dass man Dich so natürlich wie möglich Deinen eigenen Weg gehen lassen sollte, denn man sollte bedenken, dass Unstimmigkeiten und Ärgernisse genauso zum Leben der Künstler gehören wie für alle anderen auch, und dass man ihnen mit der freudigen Bestimmung begegnen muss, die jemand hat, der sich nicht entmutigen[245] lässt. Der Moment, in dem sich alles fügt, mein liebes Herzenskind, wird wundervoll sein und Dich für alles entschädigen. Die Dinge, die Du durchzustehen hast, werden Dich wachsen

---

241 Datierung auf Grund der Virchow-Vorlesung in der Singakademie am 7. Februar 1861.
242 Über ihren unangenehmen Aufenthalt in Posen schrieb Ellen: »[…] the Director is of course a monster, and will not let me play till Thursday, than Saturday, and then for the end on Monday; o I am losing my precious time here, which I might have spent with you […]« Brief Ellen Franz an Sarah Franz, undatiert, Poststempel vom 6. März [1861?], in: ThSTA Meiningen, HA 387, X.
243 Gemeint ist Johanna Wagner (1826–1894); siehe Anm. 86 zum Brief C. v. B. an E. F., 13. April 1860 (11. Brief).
244 Thusnelda Remosani (verh. Steinbrecht-Remosani), Schauspielerin, 1861–1863 in Leipzig engagiert.
245 Im englischen Manuskript: »a person decided not to undergo«.

lassen; und wenn sie nur dem Zweck dienten, Dein Wesen zu stärken, so wären sie doch Gold wert. Je weiter Du kommen wirst, desto mehr wirst Du bemerken, dass <u>niemals</u> irgendetwas beklagt werden sollte, außer die eigenen Fehler und Schwächen, die des Geistes und der Seele. Der Graf Joseph de Maître[246] (ein großes Genie, über das Dich Frau Bojanowski <u>aufklären</u> wird) sagte »*il n'y a en le monde que deux maux réeitables la maladie et les remords*«.[247] Ich erlaube mir nun, die Krankheit außen vor zu lassen, da ich in ihr nichts wirklich böses sehe, und so bleibt nur die Reue, also das Gewissen, dass man nicht immer so gehandelt hat, wie man hätte handeln sollen.

Falls Herr Megan[248] sich jetzt nicht verbeugt, so wird er nun vielleicht vor Dir den Hut ziehen und in jedem Fall wird der Tag kommen, wo Du ihn dazu bringen wirst, peinlich berührt zu sein, wenn Du Dich nicht nur gut benimmst sondern auch ein bisschen politisch agierst. Übrigens muss ich Dir sagen, dass ich nicht erfreut darüber bin, dass Du unhöflich zu ihm warst; Du könntest ihn fragen, warum er es Dir gegenüber war und ihm nahelegen, dass Du gar nicht verstehen kannst, wie er annehmen könnte, Du würdest solche Manieren unterstützen, und dass Du einen sanfteren Umgang gewohnt bist; doch wenn Du ihm den Rücken kehrst, machst Du einen <u>Aufstand</u>, und wenn der Aufstand erst einmal da ist, musst Du gehen können. Wenn Du aber gezwungen bist, zu bleiben, so ist es der ehrbarere und vorsichtigere Weg, einen höflichen wenn auch kühlen Umgang zu bewahren, denn so hast Du Dir selbst einen Nachteil verschafft, und er kann Dich wie ein Täubchen behandeln. Hätte er jedoch gesehen, dass Du Dich unter Kontrolle hast und hättest Du seine Unverschämtheit mit stiller Verachtung erwidert, so hätte er Dich respektieren müssen; lerne aus dieser Sache für die Zukunft und <u>brich nur dann alle Brücken hinter Dir ab</u>, wie sie in Frankreich zu sagen pflegen, wenn Du wirklich gehen kannst;[249] solange Du jedoch bleiben musst, bleibe still und erhalte den Frieden, wenn auch auf distanzierte Art und Weise.

---

246 Siehe zu Joseph de Maître (1753–1821) die Einführung, Anm. 244.
247 »Il n'y a que deux maux bien réels dans le monde: le remords et la maladie.« – »Es gibt im Leben nur zwei wirkliche Übel: Gewissensbisse und Krankheit.« Siehe die *Lettres et opusules inédits du comte Joseph de Maistre, précédés d'une notice biographique par son fils le comte Rodolphe de Maistre*, Paris 1853, 148.
248 Person konnte nicht ermittelt werden.
249 Agathokles von Syrakus (360–289 v. Chr.) ließ in der 2. Phase des Krieges gegen Karthago (Sommer 310–309) die Flotte verbrennen, da er keine Möglichkeit hatte, sie zu bewachen. Ohne Rückzugsmöglichkeit begann er den Vormarsch. Die Unumkehrbarkeit des Abbrechens von Brücken ist auch im Französischen gebräuchlich als *brûler ses vaisseaux*.

Es freut mich, dass Du das Kleid gebrauchen kannst, doch das *medaillon* war in einem ganz schlimmen Zustand, denn es lag in einem Paket auf dem Schrank, doch ich werde es neu bronzieren lassen und dann wirst Du es bekommen. Victor sagte mir, dass Du sehr gut ausgesehen hast, das freut mich natürlich, doch ich würde Dich genauso lieb haben, wenn Du hässlich wie Ludmilla wärst. Ich hätte Dich gern hier, es gibt so viel zu erzählen. Natürlich wirst Du bei Deiner Mutter wohnen, doch wenn das nicht so wäre und nicht so sein müsste, würde ich Dich gern bei mir aufnehmen, denn mein Mann ist jetzt unterwegs nach Zürich, Basel und Paris.[250] Ich war weder im Theater noch auf großen Feiern, von denen ich Dir erzählen könnte, und momentan beschäftige ich mich nur mit der Politik. Heute Nachmittag war ich bei einer *Vorlesung* Virchows in der *Sing-Akademie*;[251] erinnerst Du Dich, dass ich Dich zu einer solchen einmal mitgenommen habe, als wir uns noch kaum kannten? Ich wurde ganz traurig, als ich daran dachte, und befürchtete für Dich die gleichen Rückschläge des Lebens, die ich für mich nie erwartet hatte und so wurde ich ganz schwach und war kurz davor, auf unmöglichste Art in Tränen auszubrechen. Um meine Gesundheit ist es gar nicht gut bestellt, ich bin fast ermattet, mir geht so viel durch meinen Kopf; doch es wird meiner Seele ein großer Trost sein, wenn Du erfolgreich bist und es Dir gut geht. Kümmere Dich nicht darum, was die Leute reden, das meiste davon ist Unsinn oder gelogen oder gewöhnliches Zeug; doch gehe *tief* in Dich und überlege Dir jede Deiner Handlungen gut, Du musst Deine Impulsivität beherrschen und sie wie eine Uhr verstellen, lass sie nicht wie eine *wind-mühle* sein, die für jede Böe anfällig ist, sonst wird jeder Dich aus der Bahn werfen können.

---

250 Bülow konzertierte am 10. Februar im 7. Abonnementskonzert in Basel (Birkin [2011], 413); am 11. Februar trat er in Zürich in einer Privatsoiree auf (laut ibid.), ebenso am 12. März in Paris. Dort erlebte er am 13. März 1861 die erste der drei *Tannhäuser*-Aufführungen.
251 Anlass für Rudolf Virchows (1821–1902) am 7. Februar 1861 gehaltene Rede war eine Vortragsreihe in der Berliner *Singakademie*, »auf Anregung des zur Errichtung eines Göthe-Denkmals in Berlin zusammengetretenen Comités«. Als Naturforscher ging Virchow psychologisch interessanten Fragen nach, die den Schwerpunkt seines Vortrages bildeten: »Wie ward der Dichter (Goethe) Naturforscher?« und »Wie gewann (Goethe) gerade (Schiller) als allernächsten Freund, der die Naturforschung verlassen hatte, um Dichter zu werden?« Wenig später erschien Virchows Schrift *Göthe als Naturforscher und in besonderer Beziehung auf Schiller*, Berlin 1861.

Und nun unternimm deine Reise fröhlich und mit leichtem Herzen, ich schließe mit den Worten von Graf de Maîstre: *il faut entreprendre comme si l'on pouvait tout, et se résigner comme si l'on ne pouvait rien.*[252]

Adieu und süße Träume mein Schatz, es ist nun sehr spät und ich bin müde. Sei wohl behütet und behalte Dein Vertrauen in Deine alte, verständnisvolle Königin
CB
Ich werde bald wieder schreiben.

---

[252] »Nimm die Dinge in Angriff, als ob du alles könntest, und gib sie auf, als ob du gar nichts könntest.«

26. COSIMA VON BÜLOW AN ELLEN FRANZ, [MITTWOCH, 13. FEBRUAR 1861],[253]
aus Berlin, Manuskript: englisch, in: ThStA Meiningen, HA 39[254]

Nur ein paar Worte, meine liebe Seele, um Dir zu sagen, dass ich am nächsten Sonntag mit meinem Vater nach Leipsick fahre und dort etwa drei oder vier Tage bleiben werde. Ich halte es für ausgeschlossen, dass Du in dieser Zeit durch Berlin kommen könntest, denn ich will nicht gänzlich an meinem Aufenthalt zweifeln; sage mir also meine Seele, dass Du erst Ende nächster Woche kommen wirst; sonst wäre es für mich mehr als traurig und (ich versichere Dir), ich kann jetzt keine traurigen Emotionen gebrauchen. Das Leben geht weiter mit den Mühen der Beschäftigungen und Geschäften, mit Freuden (!), Pflichten und traurigen Dingen, und all dies ist meiner Gesundheit nicht zuträglich, denn ich fühle mich immer schwächer und bin nicht in der Lage, mehr als die Hälfte der Dinge zu schaffen, die ich mir vornehme.
Ich war noch immer nicht bei Deiner Mutter, ich habe die gute alte Yaski[255] noch nicht einmal besucht, obwohl ich schon fünf Mal[256] eingeladen wurde, ich habe alle vernachlässigt und weiß dennoch nicht, wo ich die Zeit hernehmen soll, es ist unmöglich und sehr unangenehm.
Nun, meine Liebe, musst Du mir etwas Erfreuliches über Deine Reise erzählen. Denk nur, ich habe von mir und dem Baby eine Photographie machen lassen und werde sie Großmutter schicken, die wie ich fürchte (so traurig es ist!) ihren kleinen Nachkommen wohl nie kennenlernen wird.
Victor reist morgen ab. Mein Mann ist nun in Paris, sobald es Neuigkeiten über *Tannhäuser*[257] gibt, werde ich es Dich wissen lassen. Der Grund, wa-

253 Das mögliche Briefdatum bzw. der Entstehungszeitraum ergibt sich aus dem Poststempel des Briefes und der bevorstehenden *Prometheus*-Aufführung am 19. Februar 1861.
254 Mit Siegel.
255 Gemeint ist wohl Sophie Amalie von Jaski (?–?). Auch Du Moulin (1929, 159) erwähnt ein Fräulein von Jasky, womit möglicherweise eine ihrer Töchter Malwine Marie Therese (1817–?) oder Sophie Charlotte Florentine (1823–?) gemeint war.
256 Im Manuskript: »fünfth«.
257 Die wohl berühmteste aller *Tannhäuser*-Aufführungen fand 1861 an der Pariser Grand-Opera statt. Wagner hatte, um die an diesem Haus übliche Balletteinlage zu ermöglichen, die Venusberg-Szene im ersten Akt zum Bacchanal erweitert. Dennoch wurde die Aufführung, die nach der enormen Zahl von 164 Proben herauskam, zu einem der größten Theaterskandale des 19. Jahrhunderts. Er entzündete sich daran, dass die große Ballettszene im ersten Akt stattfand und nicht der Tradition folgend den Mittelpunkt der Oper bildete und Wagner sich weigerte, den Konventionen zu folgen. Nach drei chaotisch verlaufenen Vorstellungen am 13., 18. und 24. März

rum ich nach Leipsick fahre, ist der *Prometheus* meines Vaters, der am 18. aufgeführt werden wird.[258] Mein Vater hatte mich gebeten, zu kommen, und ich werde die Reise mit der größten Freude unternehmen; doch komme nicht in dieser Zeit, sonst wäre ich böse mit Dir, mit meinem Schicksal, mit mir selbst und mit allem und würde denken, dass etwas dagegen spricht, dass ich Dich sehen kann und Dich liebe. Ich umarme Dich, meine Allerliebste, wenn Du an mich nicht als Deine Anhänglichste und Ergebenste denkst, wird mein Geist Dich heimsuchen und Dir schlechte Träume bescheren, doch wenn Du es tust, dann wirst Du mich jede Nacht sehen und meine Küsse fühlen, wie ich Sie Dir jetzt mit zärtlichsten Gedanken schicke.
Alte Königin[259]

[Rückseite mit Poststempel BERLIN/ANHALTER-BAHNH:/13. 2. * 12]

Fräulein Ellen Franz
Herzoglich Sächsische Schauspielerin
bey Frau Hofräthin Becker
in Gotha

1861 zog Wagner die Partitur zurück, obwohl zu diesem Zeitpunkt alle weiteren Vorstellungen ausverkauft waren und sich ein Sensationserfolg abzeichnete. Dennoch begann mit diesen drei Aufführungen eine schwärmerische Wagner-Verehrung in Frankreich, die, propagiert vor allem von Charles Baudelaire, die französische Musik für mehrere Jahrzehnte auf die Wagner-Nachfolge festlegte. Die für Paris erstellte Bearbeitung des Werks aber wurde als »Pariser Fassung« die zweite der heute üblichen Standardversionen der Oper. Dazu *Wagner-Lexikon* (2012), 897.
258 Cosima irrte sich entweder im Datum oder sie meinte eine öffentliche Generalprobe am Vortag. Am Sonntag, den 19. Februar 1861, wurde Liszts *Prometheus* einschließlich der Chöre im 9. Konzert der Euterpe in Leipzig aufgeführt, dirigiert von Hans Bronsart von Schellendorf, mit Dr. Harnisch als Erzähler. Dazu Johns/Saffle (1997), 138.
259 Im Manuskript: »old Queen-Nay«.

27. COSIMA VON BÜLOW AN ELLEN FRANZ, [DIENSTAG, 26. FEBRUAR 1861],[260]
aus Weimar, Manuskript: englisch, in: ThStA Meiningen, HA 39[261]

Mein eigenes Täubchen, wie der *enveloppe*[262] Dir verraten wird bin ich in Weimar und werde hier noch ein paar Tage bleiben. Könntest Du mich besuchen kommen? Vielleicht morgen, *Wednesday (Mittwoch, Mercredi)*, wenn die Bulyoski *Julia*[263] als ihre letzte *Gastrolle* spielen wird;[264] sie hat hier überhaupt keinen Erfolg gehabt, aber es wäre dennoch interessant, sie zu sehen, und sie ist wirklich eine Schönheit. Komme um Eins, dann kannst Du mit uns zu Mittag essen und wir gehen gemeinsam ins Theater. Wenn Du morgen nicht kannst, dann suche Dir noch heute einen anderen Tag aus und komme dann. Mein Vater würde Dich sehr gern sehen. Und nun gute Nacht meine Liebe, ich fühle mich immer noch sehr schwach und mir wird gesagt, ich müsste sehr weit weg gehen.[265]
Sei heiter und fröhlich mein Liebes, und denk an mich als
Deine alte, liebevolle Königin
P.S. Antworte.

Dienstag

[Rückseite mit Adresse und Poststempel WEIMAR: 26. 2. 1861]
Fräulein Ellen Franz
bey Frau Hofräthin Becker
Gotha
eilig

[2. Poststempel: GOTHA/27.2./1861]

260 Datierung auf Grund des Poststempels und des Gastspiels der Bulyowsky am 27. Februar 1861 als *Julia* in Weimar.
261 Mit Siegel.
262 Dt.: Umschlag.
263 Im Manuskript: »Juliet«.
264 Sie gastierte am 21. Februar 1861 in *Maria Stuart* (ThHStAW, Kunst und Wissenschaft – Hofwesen, A 10419/48, Bl., 103), am 23. Februar 1861 als *Adele Müller* in *Die gefährliche Tante* (ibid., Bl. 104) und am 27. Februar 1861 als *Julia* in *Romeo und Julia* (ibid., Bl. 106).
265 Cosimas seit Wochen anhaltende Schwäche löste in ihrem Umkreis Besorgnis aus, sie könnte wie ihr Bruder auch an Tuberkulose erkrankt sein. Denkbar wäre stattdessen, dass Cosima an einer Depression litt. Deshalb wurde ihr dringend eine Kur empfohlen, die sie jedoch erst – gemeinsam mit ihrem Mann – im Sommer in Biebrich antrat.

## 28. Cosima von Bülow an Ellen Franz, [vor dem 10. März 1861],²⁶⁶ aus Weimar, Manuskript: englisch, in: ThStA Meiningen, HA 39²⁶⁷

Sicher hast Du nicht erwartet, meine *pfote*²⁶⁸ schon jetzt zu sehen, doch es hat mich so gefreut, Dich zu sehen und ich habe Dich so zu Deinem Vorteil gefunden, dass ich nicht warten kann, bis Du wieder zurück bist, um Dir das zu sagen. Ich hätte schon vor zwei Tagen geschrieben, wenn ich nicht so gelitten hätte unter meiner Niedergeschlagenheit; meine Liebe, wenn ich mich besser gefühlt hätte, so hätte ich Deine Anwesenheit ganz anders genießen können, und es ist eine so dumme Sache, wenn man fühlt, dass man immer mehr zum Tier wird und alle seine Fähigkeiten verliert, und das auf Grund eines Körpers, in den ich lieber nie hineingeboren worden wäre. Mein Vater war sehr erfreut darüber, Dich zu sehen, und fand Dich noch schöner als in Berlin. Und wie ist es nun um Posen bestellt?

266 Datierung vor dem dritten Tausig-Konzert und dem *Tannhäuser*-Skandal in Paris.
267 [quer auf dem Blatt: handschriftliche Abrechnung von Ausgaben nach Wochentagen]

Sonntag      1 – 6 – 7 – 6 – 76 – 2 – 10 – 5
                              30   193
Montag       1 – 6 – 7 – 6 – 20
Dienstag     1 – 6 – 7 – 6 – 20
Mittwoch     1 – 6 – 7 – 6 – 20                    6 11
Donnerstag   1 – 6 – 7 – 6 – 20 – 5
Freitag      1 – 6 – 7 – 6 – 20 – 5
Sonnabend    1 – 6 – 7 – 6 – 20 – 5
Sonntag      1 – 6 – 7 – 6 – 20 –
Montag       1 – 6 – 7 – 6 – 20 – 5
Bedienung.
Droschken. 15.
Trinkgeld.  9.
             2. 7. 6.
             1. 24.
             4. 20.
             10.
             25.
             15.
             ─────
             19.11.6.

268 Eine Anspielung auf die eigene Handschrift im Sinne von »Klaue«.

Der jüngste Aufstand in *Varsovia*[269] wird der Öffentlichkeit keinen Frieden gebracht haben, doch vielleicht wird für <u>Dich</u> alles harmonisch. Hast Du vielleicht Minet[270] im Vorbeigehen gesehen, und wie findest Du sie? Was mich betrifft, so lebe ich hier und mache o, denke an nichts und leide durch alles; ah das liebe Leben und noch mehr, welch schwere Dinge es ertragen muss und ist doch leichter als unsereins selbst! Gott gab Dir Kraft und Resignation, meine liebe, reizende Seele!

Tausig gibt am 10. März sein drittes Orchesterkonzert, er hat seine Sache sehr schön gemacht und trotz der Zeitungen unsere Sache vorangebracht[271]; in Leipsick macht es Bronsardt ebenso. *Tannhäuser* wird in Paris mit dem größten Aufwand, den man sich vorstellen kann, aufgeführt, für Berlin haben wir <u>gesorgt</u>, und wir *sorgen* weiter dafür, Du wirst also sehen, dass unsere Bemühungen Zuspruch finden, trotz der Vasallen und der Feiglinge, doch es gibt noch vieles, um das wir kämpfen müssen, so wird es immer sein, und diese Kämpfe sind von viel Abscheu begleitet! Jaële[272] bekam die <u>*medailee*</u> des Herzogs von Coburg für all die Arrangements für die höchst herzogliche Oper der *Diana*,[273]

269 Engl. für Warschau. Nach einer Reihe von polnischen religiös-nationalen Feiern, z.B. einem Trauergottesdienst anlässlich der 30-Jahresfeier des November- bzw. Kadettenaufstandes für die polnische Unabhängigkeit von Russland, wurden auch am 25. Februar 1861, zum 30. Jahrestag der Schlacht bei Grochów, in welcher sich im Februar 1831 die polnische und die russische Armee im Kampf um Warschau gegenüber gestanden hatten, und am 27. Februar Massendemonstrationen veranstaltet. Diese sollten die Agrarische Gesellschaft, die zu diesem Zeitpunkt ihre Jahresversammlung abhielt, zu raschen Entschlüssen bezüglich der – in Russland gleichzeitig verkündigten – Bauernbefreiung veranlassen. Bei der Demonstration wurden fünf Personen durch Schüsse der Kosaken getötet, was die nationale polnische Stimmung weiter verstärkte.
270 Kosename für Cosimas Tochter Daniela.
271 Hanslick sprach in der Rezension in der *Presse* vom 28. März 1861 zwar von dem »hervorragenden ›Liszt-Spieler‹«, bezeichnete die Konzertfolge aber als »Monstre-Concerte«. Siehe Hanslick (2005) 349 und 464.
272 Alfred Jaëll (1832–1882), österreichischer Pianist, begann nach seinem Studium bei Carl Czerny eine glanzvolle Virtuosenkarriere. Auch Bülow musizierte mit ihm, z. B. am 2. März 1860 in Paris, als sie Liszts *Les Préludes* an zwei Klavieren spielten. Im Zuge seiner Konzerttätigkeit komponierte er eigene Werke und Opern-Paraphrasen. 1866 heiratete er die Pianistin Marie Trautmann und trat auch mit ihr gemeinsam auf. Siehe Bernnat (2003).
273 Siehe *Diana von Solange | Oper von | E.H.z.S. | Fantasie | für Piano | Componirt und | Sr Hoheit dem Herzog | Ernst | zu | Sachsen Coburg Gotha | Ehrfurchtsvoll gewidmet | von | Alfred Jaell | K. Hannoverscher Hofpianist | op.90*. Eine Abschrift von der Hand eines L. Wenzlawski mit Widmung an Ernst II., Herzog von Sachsen-Coburg und Gotha (Datum: 26. April 1859) siehe in Herzogliche

die Prinzessin N.²⁷⁴ beschaffte sie für ihn auf die Bitte meines Vaters²⁷⁵ hin. Du kannst gewiss sein, dass sie in der kleinen Stadt sehr viel zu sagen hat. Denk nur, der Kaiser Napoleon²⁷⁶ hat in Paris die Anweisung gegeben, dass die Zeitungen Wagner nicht auf die Weise zu attackieren haben, wie sie es in Deutschland tun, und er hat es arrangiert, dass alles nach den Wünschen des *maestros* ausgeführt werden soll.²⁷⁷ Du kannst Dir vorstellen, dass diese Protektion unendlichen Dank verdient, und wäre ich nicht schon lange eine flammende und fanatische Imperialistin, so würde ich es jetzt werden. Nur Niemann, für den Wagner alles getan hat, will seiner Aufgabe nicht gerecht werden und beschwert sich darüber, dass er zu viel zu singen hat (einige Partien des *Tannhäusers* wurden neu geschrieben); wahrscheinlich hat er von verschiedenen Stellen gehört, dass die Oper keinen Erfolg haben wird und ist jetzt in Sorge; es ist wirklich beschämend, doch es war wohl zu erwarten.²⁷⁸

Schlossbibliothek, Coburg, Abth.29a No.7. Wie der RISM-Opac zeigt, gab es zahlreiche zeitgenössische Bearbeitungen meist in Form einer Fantasie, so von Anton Berlijn, Leopold Brassin, Carl Moritz, Alphons Czibulka, Adolph Herz, Auguste Mey, Wilhelm Müller, Bernard Rie, Julius Sachs und Carl Schiller.

274 Gemeint ist vermutlich die gefeierte französische Opernsängerin Victorine Noël (1815–1903), Künstlername: Rosine Stoltz, die als lyrische Tragodin in den Opern von Meyerbeer, Halévy, Donizetti und Weber Musikgeschichte schrieb. Aufgrund des langjährigen Verhältnisses mit Herzog Ernst II. von Sachsen-Coburg und Gotha »residierte« sie wohl nach 1847 des Öfteren in Gotha, ohne jemals am Herzoglichen Hoftheater aufzutreten. Aus dem Verhältnis ging der uneheliche Sohn Karl Raymond Freiherr von Ketschendorf (1848–1899) hervor. 1856 trat Stoltz in der Hauptrolle der von Ernst II. komponierten Oper *Santa Chiara* (UA: Coburg, 1848, Text: Charlotte Birch-Pfeiffer) in Brüssel auf. 1865 in den Adelsstand erhoben, wurde sie zur Freifrau von Stolzenau, erwarb das neugotische Schloss Ketschendorf im gleichnamigen Coburger Stadtteil am Fuße des Buchbergs und nannte sich ab 1868 Baronin von Ketschendorf.
275 Zur Freundschaft zwischen Jaëll und Liszt siehe Marie-Laure Ingelaere, »Alfred Jaëll, ami de Brahms et de Liszt, un pionnier«, in: *Marie Jaëll: un cerveau de philosophe et des doigts d'artiste*, Lyon 2004, 33–53. Liszt hatte das Werk am 5. Dezember 1858 in Coburg gesehen. Siehe Gut (2011), 756.
276 Napoleon III. (1808–1873) war unter seinem bürgerlichen Namen Charles-Louis-Napoléon Bonaparte französischer Staatspräsident der 2. Französischen Republik (1848–1852) und 1852–1870 als Napoleon III. französischer Kaiser. Am 21. April 1866 war Liszt von Napoleon III. in das Palais des Tuileries eingeladen worden, wo er ihm seine Légende *Saint François de Paul marchant sur les flots* (1863) vorspielte. Dazu Gut (2011), 766. Zum Bonaparte-Anhänger Liszt Beidler (1938–1951/1997), 32.
277 Siehe Richard Wagner, *Mein Leben*, 296.
278 Vgl. Wagner II, 297. Niemann war für acht Monate zu monatlich 10.000 Franken nur für die Partie des *Tannhäuser* engagiert, wobei nur 3 Aufführungen genehmigt, das Übrige Probenzeit waren.

Was ich von Dir erwarte, Teil meiner Seele, ist, dass Du das Theater zu Ehren bringen und mich wieder mit dieser *namenlosen Wirthschaft* aussöhnen wirst, die den Namen der Kunst angenommen hat; meine Liebe, für dieses Vorhaben braucht man Talent, Tugend und Schönheit und Du besitzt alle drei, lasse sie so sehr wie nur möglich gedeihen und bleibe mit dem Geist in den edlen Regionen des Gefühls; lasse niemals Ärger und Sorgen so über Dich bestimmen, so dass Du das große Gesetz des Vergebens und Vergessens umgehst, was diese Gefühle ungerecht macht. Wenn Dich eine Ungerechtigkeit aus der Fassung bringt, gibst Du dem Ungerechten Recht.[279] Du wirst über mein Englisch lachen und *ich gebe es dir preis von Herzen, wenn es dich nicht angewöhnt, in der Queen's sprache und Gedanken zu lachen; das wäre* sad[280] *denn Queen meint es* good.[281]

Mit aller Zärtlichkeit, die mein armes, verwundetes Herz weiterhin fühlt, Deine alte Königin. Wann wirst Du zurückkommen? Ich weiß noch nicht, ob ich hier bleiben werde, doch schreibe mir in jedem Fall hierher.[282]

---

279 Im Manuskript: »[...] you give right to your wronger«.
280 Dt.: traurig.
281 Dt.: gut.
282 Cosima hielt sich noch bei ihrem Vater in Weimar auf, der dort am 8. März die UA seines 1. *Mephisto-Walzers* dirigierte (Gut [2011], 760), während Bülow auf Konzertreisen war (Gewande [2004], 232).

29. Cosima von Bülow an Ellen Franz, [nach dem 12. März 1861],[283] aus Berlin, Manuskript: englisch, in: ThStA Meiningen, HA 39

Mein Herzenstäubchen, ich bin nun in Berlin, am Dienstagabend[284] bin ich angekommen. Ich habe meinem Vater ausgerichtet, dass Du zu den *Nibelungen* kommen wirst und er erwartet Dich vor dem Theater.[285] Ich habe Fräulein Anderson,[286] die verhasste Heroine aus der Altenburg[287] versprochen, dass Du ihr einen kleinen Besuch abstatten wirst, versäume dies also nicht, denn sie mag Dich sehr gern. Ich schreibe Dir heute, um mein liebes kleines Täubchenkind darum zu bitten, zu niemandem ein Wort über das zu verlieren, was ich Dir bei unserem letzten Treffen anvertraut habe; erwähne weder, dass ich aus Weimar zu Dir geflüchtet bin,[288] noch die kleinen Anekdoten, die ich Dir erzählt habe; denn ich habe mich dazu entschlossen, bezüglich alledem absolutes Schweigen zu wahren, ich habe solche Angst vor dem Klatsch, dass ich alles für mich behalte, Du bist die Einzige, für die das nicht gilt und jeder weiß, dass Du mich verzaubert hast. Ich habe über Dich zu niemandem ein Wort verloren außer zu meinem Vater und meinem Mann, die beide viele Fragen gestellt haben und mit denen ich, wie Du weißt, über die Räume

---

283 Es handelt sich um den Zeitpunkt nach dem Tausig-Konzert am 10. März 1861 noch vor der ersten Premiere des *Tannhäuser*.
284 Der 12. März 1861 war ein Dienstag.
285 Mit der Uraufführung der drei Abteilungen seiner *Nibelungen* im Jahre 1861 (31. Januar 1861 erste und zweite Abteilung, bzw. 16. und 18. Mai 1861 einschließlich der dritten Abteilung) unter Franz von Dingelstedts Leitung am Weimarer Hoftheater erlangte Friedrich Hebbel (1813–1863) nachhaltigen Erfolg. Für die am meisten beachteten Bearbeitungen des Nibelungenstoffes im Theaterfach ehrte man Hebbel 1863 als ersten mit dem neu geschaffenen Preußischen Schiller-Preis.
286 Janet Anderson (genannt Scotchy, 1816–?), eine der vier unverheirateten Schwestern des Geistlichen Andrew Anderson, Rektor der Culbone and Oare Church in England, betreute zunächst Gräfin Maria Potockas Söhne in St. Petersburg, bevor sie sich ab 1846 um Marie zu Sayn-Wittgenstein (1837–1920), Tochter des kaiserlich-russischen Rittmeisters a. D. Nikolaus Prinz zu Sayn-Wittgenstein-Berleburg-Ludwigsburg und Carolyne zu Sayn-Wittgenstein, geb. von Iwanowska, kümmerte. Auf der Altenburg speiste und scherzte Liszt gern mit ihr und spielte mit ihr Karten. Nach der Schließung der Altenburg im August 1861 zog sie zu ihrem Bruder nach Worthy Manor, Porlock und lebte dort bis zu dessen Tod 1874. Siehe Williams (1998), 558 und Pocknell (2000), 57. Siehe auch Du Moulin (1918), 11.
287 Im Manuskript: »the heroic hate frome the Altenburg«.
288 Siehe zur Diskussion der Passage die Einführung, Abschnitt »Emotionalität und Leiblichkeit«.

gesprochen und jemanden verletzt habe.[289] Ich habe hier alles wie erwartet vorgefunden, viele *imbroglios*[290] und so viele Dinge, die erklärt werden müssten, so dass ich es mir geschworen habe, nichts zu erklären. Die liebe alte [Frau] Marenholtz kam mich besuchen, noch immer ganz die alte! Sie brachte sieben Bälle und kleine Holzspielzeuge mit, von denen ich erst dachte, sie seien Messer und Gabeln der Wilden, woraufhin sie mich schockiert fragte, ob ich denn die Methode nicht kenne?[291] Sie ist überzeugt davon, dass in der Politik alles auf den Kopf gestellt werden wird, dass die Metzger sich in Seide und Gold wiegen und die Könige im Dreck liegen werden, und das alles schon sehr bald; ich bin dagegen nicht so sicher, dass wir einen solchen *bouleversement*[292] erleben werden, und dass dieser gut wäre, auf jeden Fall sieht es nicht sehr friedlich aus. Ich habe beim letzten Mal vergessen, Dir von Frieb zu erzählen und möchte es jetzt als eine Art Lebenslektion nachholen. Du wirst sehr gut daran tun, ihr bezüglich der *Gast-rollen* zu schreiben, es dauert mich nur, dass Du dies tun musst, nachdem Du sie mit ziemlicher Gleichgültigkeit behandelt hast; jetzt musst Du Dich mit Deinen Worten und Handlungen in Acht nehmen, damit Du niemanden vernachlässigst, denke sehr gut darüber nach, ob Du nicht einmal in die Lage kommen wirst, Dich doch an diese Person wenden zu müssen.[293] Es ist durchaus akzeptabel, manche Kontakte fallenzulassen, doch wir können dies nur unter der Bedingung tun, sie dann für immer ruhen zu lassen, ansonsten versetzen wir uns selbst einen Hieb.

---

289 Gemeint ist vermutlich, dass Cosima vorübergehend aus der gemeinsamen Wohnung in der Anhalter Straße auszog und eine Wohnung über der Familie Franz am Enckeplatz bezog, bis sie Anfang April 1861 mit Bülow in die größere Wohnung in der Schönebergerstraße 10 wechselte.
290 Ital.: Schwindel, Verwicklungen.
291 Zu Friedrich Fröbel siehe Anm. 57 zum Brief C. v. B. an E. F., [23./24. März 1860] (10. Brief). Drei Spielgaben erachtete Fröbel als besonders wertvoll für die kindliche Entwicklung: Ball (1. Gabe), Kugel und Würfel aus glattem Holz (2. Gabe) und acht kleine Würfel, die einen großen ergeben (3. Gabe). Kugel, Zylinder und Würfel gelten bis in die heutige Zeit als Grundformen für Kleinkinder-Spielzeug.
292 Dt.: Umsturz, Umwälzung, Umbruch.
293 Frieb-Blumauer hatte in ihrem Empfehlungsschreiben, das neben der Empfehlung Fischels den Anlass zum Engagements von Ellen Franz gab, u. a. geschrieben, »[...] daß die genannte junge Dame allerdings ein sehr schönes Talent ist, welches unter meiner Leitung nun so weit gediehen, wie meiner Meinung nach, überhaupt Unterricht in der dramatischen Kunst führen kann – jetzt ist die Zeit da, wo sie Rollen spielen, und auf der Bühne darstellen muß, und alle die üblichen kleinen Fehler und Schwächen, die jedem Anfänger noch die Flügel halten, abzustreifen«. Minona Frieb-Blumauer an Freiherr von Wangenheim, 18. Januar 1860, in: StA Coburg, Theater 1087.

Sieh Dich mit Herrn Maiern vor, erwecke nie den Eindruck, dass Du verärgert bist, es wird Dir sehr zum Vorteil sein, denen verzeihen zu können, die Dich ärgern wollen; betrachte das Leben als ständigen Kampf, in dem wir darauf achten müssen, unseren Stolz ebenso zu bewahren wie wir unsere Vorhaben schützen, daher <u>müssen</u> wir sowohl <u>überlegt</u> als auch beständig sein, denn wenn Du Deinen Stolz <u>*windbeutelig*</u> sein lässt, wird dies Auswirkungen haben und Du wirst Deine Karriere in der Kunst nicht verwirklichen können. Nun arbeite viel, und sei ganz hübsch, so hübsch wie möglich. Wie war Dein Ball? Morgen sende ich Dir die Nachrichten, die einige Dinge verzeichnet haben. Hier trauern sie alle,[294] aber auf unmöglichste Art und Weise, denn wenn man die Leute besucht, tragen sie rosa oder hellblau, doch auf den Straßen zeigen sie sich so schwarz wie schlechte *chocolade* (ich weiß nicht, wie man dieses süße Wort schreibt). Nun hat Tausig sein Konzert gegeben, und es scheint, als hätte er damit einen guten Erfolg gefeiert; in den Zeitungen hatten sie geschrieben, er habe von meinem Vater Geld dafür bekommen, seine Werke aufzuführen (!!!), und er antwortete mit einem sehr netten Brief, indem er schrieb, dass er es für eine Ehre hielt, ein solches Konzert mit <u>seinem</u> Geld zu geben. Es wird gesagt, dass *Tannhäuser* mehr als 40 Vorstellungen in Paris sehen wird, eine nach der anderen. So Gott will!
Und nun leb wohl meine Teuerste, gräme dich nicht, erhalte Dir Dein reines Herz und halte Deine Gedanken stets erhaben, glaube nicht, dass schlechte Zeiten von Dauer sein werden, aber vertraue auch nicht darauf, dass die guten bleiben, sondern arbeite, arbeite immer weiter, unser Los *ist nun einmal zu thuen wie das Maulthier: suchen im Nebel unseren Weg.*[295]
*Ganz deine mit Seele und Herz*
<u>Königin</u>

[Auf dem 1. Blatt oben quer geschrieben:]
Ich habe Deine Mutter noch nicht besuchen können; wenn Du wüsstest, was ich zu tun habe! Dem Baby geht es gut, sie scheint darauf zu brennen, sprechen zu können, denn sie macht immerfort o o o o a a a, ra ra ra.

294 Vermutlich handelte es sich um die Trauerzeit für Friedrich Wilhelm IV. von Preußen (geb. 1795), der am 2. Januar 1861 gestorben war. Der Sohn von Friedrich Wilhelm III. von Preußen regierte 1840–1861 als König von Preußen. Aus gesundheitlichen Gründen übergab er am 7. Oktober 1858 die Regentschaft an seinen jüngeren Bruder Wilhelm.
295 Die Gedichtzeile »Das Maultier sucht im Nebel seinen Weg« stammt aus dem *Mignon* überschriebenen Lied, das Goethe zuerst in dem Roman *Wilhelm Meisters Lehrjahre* (1795/1796) veröffentlichte. Angesichts Ellens Unzufriedenheit bzw. ihrer mangelnden Anerkennung in Coburg-Gotha versuchte Cosima ihr Mut zu machen, dass sie ihrem Instinkt folgend, den richtigen Weg finden würde.

30. Cosima von Bülow an Ellen Franz, [Ende März 1861],²⁹⁶ aus Berlin, Manuskript: englisch, in: ThStA Meiningen, HA 39

Ich komme gerade aus der Kirche mein Täubchen, und obwohl ich mich sehr schwach fühle, will ich Dir antworten, damit Du nicht zu lange warten musst. Ich verstehe nicht, warum Herr Meiern Dich so behandelt hat, und wie Du solche Ungerechtigkeit auf Dich ziehen konntest; doch mein Unverständnis ist irrelevant und nutzlos, nun müssen wir einen Rückzugsort finden. Wenn Du Zeit hast, dann gehe ohne irgendeine *anmeldung* nach Weimar, ohne etwas von mir zu sagen und frage meinen Vater um Rat, er weiß in allem immer den rechten Weg und gibt den besten Rat, denn das Wohl der anderen liegt ihm sehr am Herzen und er will für alle immer das Beste. Rede im Vertrauen mit ihm und tue dann, was er Dir sagt. Über Carlsruhe sprechen wir nach Deiner Vorsprache bei <u>unserem</u> Hof und dem König in Weimar; schreibe der Herzogin jetzt noch nicht, es wäre verfrüht, außerdem kann sie sich sowieso nicht in Theaterangelegenheiten einmischen.²⁹⁷

Vielen Dank für die <u>*brochure*</u>,²⁹⁸ sie ist wirklich schön, verständlich und durchdacht geschrieben, und vertritt einen guten *standpunkt* (den einzigen, den Protestanten vertreten können, obwohl er nicht die praktische moralische Festigkeit des Katholizismus enthält) und ein hervorragendes Verständnis der wahrlich großartigen *erscheinung* Schleiermachers.²⁹⁹ Falls in Deinem Kopf neben den Schwierigkeiten der Bühne noch etwas Platz ist, rate ich Dir, die *Monologe*³⁰⁰ oft zu lesen, sie sind großartige Nahrung für den Intellekt, und sieh Dich vor, meine liebe Seele, dass Du Dich nicht <u>*zersplitterst*</u>.

296 Kurz vor dem Umzug in die Schöneberger Straße 10. Bülows Brief an Alexander Ritter vom 10. April 1861 (*Bülow-Briefe* III, 394ff.) ist der erste in der Briefausgabe, welcher ausdrücklich in der Schöneberger Straße geschrieben wurde. Bülows Konzert in Karlsruhe (siehe Anm. 297) liegt bereits in der Vergangenheit.
297 Ellen sollte offenbar König Wilhelm und seiner Gemahlin, Prinzessin Augusta von Sachsen-Weimar-Eisenach, in Berlin vorsprechen, und darüber wollte Cosima mit ihr in Weimar reden, wie auch über das Karlsruher Botschaftskonzert Bülows vom 22. März 1861 (Birkin [2011], 414).
298 Franz.: Broschüre.
299 1861 erschien im Gothaischen Verlag Thienemann die 29-seitige Schrift von Carl Schwarz, *Schleiermacher, seine Persönlichkeit und seine Theologie. Ein Vortrag, gehalten im wissenschaftlichen Verein zu Berlin am 2. März 1861*, Gotha 1861.
300 Friedrich Schleiermachers *Monologe* erschienen 1800. Auf eine kurze einleitende »Darbietung« folgen: I. »Die Reflexion«, II. »Prüfung«, III. »Weltsicht«, IV. »Ansicht«, V. »Jugend und Alter«. Ehrhardt schreibt dazu: »Die Monologe sind leicht zu lesen, aber nicht leicht zu verstehen.« Christiane Ehrhardt, *Religion, Bildung und Erziehung bei Schleiermacher. Eine Analyse der Beziehungen und des*

Nun tu mir den Gefallen und bitte Frau Bojanowska, mir so rasch wie möglich die biographischen *notizen* über Schwartz[301] zu schicken, ich habe so wenig Zeit und möchte sie so gerne haben. Und dann frage Schwartz, was er damit meint, wenn er auf Seite 23 schreibt: »*er hat Manches ausgeschieden was bis dahin einen breiten Raum und eine besondere Wichtigkeit in Anspruch genommen!*« Was und wo. Wenn Du keine Zeit zum Schreiben hast, dann sende mir nur Schwartz' Antwort, aber *wörtlich* und bald.[302]

Ich verstehe nicht, was die Blankenburgs[303] und Frau Boja und die anderen über allerlei Dinge *faseln*,[304] sei in jedem Fall stumm und verschwiegen, und lasse die Leute reden, soviel sie wollen, ohne ihnen mehr Beachtung zu schenken, als es die Höflichkeit verlangt. Natürlich wirst Du mit niemandem darüber sprechen, was ich zu Dir gesagt habe; denn ich habe schon zwei- oder dreimal gesagt, dass ich nicht mit Dir darüber gesprochen habe. Vergiss das nicht.[305]

Gestern hat mich Deine Mutter besucht, sie wirkte recht niedergeschlagen. Es war keine gute Gelegenheit, über das Baby zu sprechen, und ein gewisses Thema unserer Unterhaltung haben wir erst ruhen lassen, als ich ihr versicherte, dass ich Dich bei sehr guter Stimmung vorgefunden habe und überzeugt davon bin, dass sich alles bestmöglich entwickeln wird. Übrigens tat es mir leid, dass Du bei Deiner Abreise nicht nach oben gekommen bist, doch ich habe es vollkommen verstanden und denke, dass Du richtig gehandelt hast. Ich habe nun meinen *Auszug* vor mir; ich ziehe in die *Schönebergerstrasse parterre* und bin mir noch nicht wirklich sicher, ob mein neues Domizil mir gefallen und mich zufrieden stellen wird; doch mit meiner Gesundheit konnte ich es mir nicht erlauben, umher zu rennen, und Du weißt ja, dass ich bezüglich meines inneren und äußeren Lebens zu niemandem Vertrauen habe. Es wird eine Plage werden und gerade kommt mein Mann zurück[306] und

*Widerstreits zwischen den »Reden über die Religion« und den »Monologen«*, Göttingen 2005, 80.
301 Cosima meint den zuvor genannten Carl Schwarz.
302 Im Manuskript dreifach unterstrichen.
303 Bei den Blankenburgs handelt es sich vermutlich um eine Gothaer Familie, Herrn Major Blankenburg und seine Frau. Siehe Ellens Notizen »Was ich der Frau Majorin schulde« vor dem 2. September 1860, in: ThSTA Meiningen, HA 258, I.
304 Im Manuskript: »fazling«.
305 Gegenstand waren vermutlich die Meinungsverschiedenheiten zwischen Cosima und ihrer Schwiegermutter, die den Verdacht nahe legen, dass Cosima vorübergehend zu Hause auszog (siehe Einführung, Anm. 519).
306 Bülow hatte, von der ersten *Tannhäuser*-Aufführung in Paris am 13. März 1861 kommend, am 18. und 22. März in Karlsruhe konzertiert, bevor er nach Berlin zurückkehrte.

wird auch noch damit belästigt, was meine eigene Belastung noch schlimmer macht. Doch es ist nicht zu ändern!

Gestern habe ich im Victoria das *Wintermärchen*[307] gesehen, meine Liebe, es war ganz und gar nicht übel, sondern sehr schön, und an einigen Stellen ganz fantastisch.[308] Die Szene, in der die Königin vor Gericht steht und sich verteidigt ist einer der größten Momente, die Shakespeare zu bieten hat. Hier wird der ganze Stolz einer Frau beschrieben, voller Sittsamkeit und Würde; sie wünscht den Tod herbei und dankt dafür, doch sie verteidigt ihre Ehre wie die Krone ihres Lebens. Wie wunderbar natürlich wirken die idyllische Landschaft und die Bräuche Böhmens nach den schrecklichen Emotionen, die ihnen vorausgingen; wie wunderbar fließen Leidenschaft, Tücke und arglose Liebe in diesem Stück zusammen, wie meisterhaft sind die komischen Szenen mit den lyrischen und den pathetischen verwoben. Liebes Täubchen, es war großartig und ich habe es sehr genossen. Die Schauspielerin, die die Königin gespielt hat, scheint viel von Frau Lagrange gelernt zu haben und hat gar nicht schlecht gespielt; die letzte Szene, in der die Statue sich selbst zum Leben erweckt, war sehr schwierig und sie war dabei überhaupt nicht ungeschickt, das ist eine große Leistung. Sie sah sehr hübsch aus und trotz einiger falscher Akzente und geschmackloser Übertreibungen hat sie mir nicht missfallen. Ich kenne ihren Namen nicht.[309]

Leb wohl und viel Glück meine Liebe, vergiss mich nicht, ob in Sorge oder in Freude, denn meine Besorgnis ist (ganz zärtlich) immer bei Dir.

CB

---

307 Im Manuskript: »Winters Tale«.
308 Rudolf Genée, Geschichte der Shakespeare'schen Dramen in Deutschland, 1870, 337: »Das ›Wintermärchen‹ wurde in Berlin nur im Victoria Theater (nach Dingelstedt mit Flotows Musik) gegeben.« Auch Meyerbeer äußert sich positiv über die Musik und die Inszenierung. Dazu Brief Giacomo Meyerbeer an Gemmy Brandus, Berlin 24. März 1861, in: Henze Döring (2006), 200.
309 Die *Hermione* in Shakespeares *Wintermärchen* spielte damals Charlotte Wolter (1834–1897). Franz Dingelstedt entdeckte Farbe und Beleuchtung als Agens eines neuen Inszenierungsstils und Charlotte *Wolter* als deren ideale Projektionsfigur. Die Statue der *Hermione* erschien nun »in röthlicher Beleuchtung«. Siehe Aman/Lengauer/Wagner, *Literarisches Leben in Österreich*, 1848–1890, 529. Laut Neise (1956, 91) trat die Wolter ab 1846 als Schauspielerin auf, 1857 in Pest, anschließend folgte ein Wandertruppenleben. Sie spielte am Carltheater, 1859 in Brünn und am Victoria-Theater Berlin, 1861 am Thalia Theater Hamburg und 1862 am Burgtheater in Wien.

31. COSIMA VON BÜLOW AN ELLEN FRANZ, [MONTAG, 8. APRIL 1861],³¹⁰ aus Berlin, Manuskript: englisch, in: ThStA Meiningen, HA 39

Meine eigene liebe Seele, ich habe bis jetzt die Übersetzung von Frau v. B. nicht gelesen, denn ich hatte keine Zeit, doch ich kenne den französischen Artikel, er ist reizend, und ich werde das Manuskript morgen zu Deiner Mutter bringen, damit er in die Zeitung kommen kann.³¹¹ Den Brief von Herrn Jo...³¹² [?] [sic] habe ich auch nicht gelesen, Isa hat ihn mir nicht gegeben, doch erwähne die Sache nicht, ich werde selbst danach fragen. Als sie davon sprach, dachte ich, dass er ihr von Frau B. geschickt wurde, und da ich die Regel eingeführt habe, <u>nichts</u> zu hören oder zu lesen, das nicht auf direktem Wege von Dir kam, habe ich mich lediglich für die Nachricht bedankt; da ich nun sehe, dass es anders ist, werde ich ihn mir anschauen. Aber generell solltest Du mir die Dinge auf direktem Weg schicken meine Liebe, egal, was es kostet, ein paar wenige *groschen* machen mir nichts aus, auch wenn ich nicht reich bin.

Morgen findet eine große Lesung eines neuen Stückes von Klein statt, Du kannst Dir vorstellen, dass es mir davor graut, nicht wegen der Langatmigkeit, sondern wegen der Lachhaftigkeit. Aber egal, ich freue mich darauf, ein paar Stunden in <u>Deinem</u> zu Hause zu verbringen, obwohl es sich recht seltsam anfühlen wird, an die Lesung des *Voltaires* und unsere Anfälle zu denken, an den Schlaf Deines Vaters und das affektierte Nicht-Verstehen Deiner Mutter, und daran, wie wir zuvor im Park saßen, um Moreto³¹³ zu lernen und den <u>Suez-Prinzen</u>,³¹⁴ und all die anderen Dinge, die für immer vergangen sind. Durch meinen Umzug erscheint es mir, als hätte eine neue Periode meines Lebens begonnen; mein armer Bruder ist nicht mehr da, mein Kind ist gekommen, Du bist für weiß Gott wie lange weg, viele Bindungen sind zerbrochen, alles, auf das ich vertraut habe, hat sich als Täuschung erwiesen, und nun fühle ich mich so allein und traurig, mein Geist ist fast krank vor Niedergeschlagenheit, und die Jugend haben wir in meiner alten Wohnung zurückgelassen, wo so viele Menschen und Gefühle zu Hause waren, die ich nie wiedersehen werde.

---

310 Datierung laut Umschlag mit Poststempel.
311 Um welchen französischen Artikel in der Übersetzung von Frau von B[ojanowsky?]. es sich handelte, konnte nicht ermittelt werden.
312 Wahrscheinlich ist hier der im 31. Brief erwähnte Jonow gemeint.
313 Agustín Moreto (1618–1669) war ein spanischer dramatischer Dichter, der zahlreiche Komödien hinterließ.
314 Konnte nicht ermittelt werden.

Ich bin allein hier, die Räume sind groß und hoch, die *Einrichtung* ist adrett und komfortabel, wir sind im *Parterre*, was weniger ermüdend ist, und wenn auch die *schöneberger strasse* weit weg ist, so ist sie doch nahe der Eisenbahn,[315] das gefällt mir, obwohl ich nicht weiß, warum.

Ich reise Ende des Monats (am 20.) nach Schwerin[316] und hoffe, dort Herrn Flotow[317] zu treffen, um nach einem Engagement zu fragen und mich generell über den Zustand der Theater zu erkundigen. Dieser Tage habe ich die *Fabier* gesehen; die Döllinger war erschreckend; absolut *scheusslich*, so dass ich mich bei einigen ihrer ergebenen Freunde unbeliebt machte, indem ich laut *grässlich* schrie; es ist alles in allem eine schwierige Rolle, großartig und *äusserlich* entwickelt, ich würde Dich gern darin sehen, denn das Stück ist wunderbar, ich hatte es bei der *durchlesung* sehr schlecht beurteilt, die Situationen, Figuren und die Sprache sind voller Kraft und Wahrheit, außer der *Fabia*, die sehr langweilig ist. Hast Du von Bulgoskis Fiasko in Wien gehört, die Ungarn haben sie mit kleinen *pfeifen ausgezischt*, es war äußerst rüde und vulgär.[318] Gestern habe ich *Kieselbach und seine Nichte*[319] gesehen, insgesamt sehr lustig und *harmlos*, aber nicht so gut wie *einer von unsere Leut*.[320] Denk nur, wir haben keine Plätze bekommen und saßen in der Menge inmitten des pöbels, in diesem schrecklichen kleinen Theater, ich hatte einen famosen *Lakai* neben mir, und mein Mann das schrecklichste, alte, *aufgeputzte* Zimmer*mädchen*, das Du Dir vorstellen kannst, sie haben miteinander über die Reihen kommuniziert und auf eine Art und Weise applaudiert und gelacht, die mich am liebsten hätte

---

315 In der Nähe der Schöneberger Straße befindet sich der Anhalter Bahnhof, vor dem Ersten Weltkrieg der wichtigste Fernbahnhof für die Eisenbahnverbindungen nach Österreich-Ungarn, Italien und Frankreich.
316 Cosima begleitete ihren Mann offenbar, der am 20. und 22. April 1861 dort konzertierte. Dazu Gewande (2004), 233.
317 Friedrich von Flotow (1812–1883), Komponist, wurde 1855 zum Hoftheaterintendanten in Schwerin berufen und zum großherzoglich mecklenburgischen Kammerherrn ernannt.
318 Es handelte sich wahrscheinlich um Auftritte im Anschluss an das von Paul Heyse beschriebene Münchener Gastspiel im März 1861. Siehe Paul Heyse, *Gesammelte Werke*, Teil 3, Band 1, Hildesheim/Zürich/New York 1985, 260. Biographische Angaben zu Lilla Bulyovsky siehe in Anm. 118 zum Brief C. v. B. an E. F., [nach dem 14. Juli 1860] (14. Brief).
319 Eventuell ist die von Ferdinand Raimund bearbeitete Posse Hermann Herzenskrons (1789–1863) *Die Heirat durch die Pferdekomödie* oder *Die Räuber in den Abruzzen* gemeint, mit den Personen: *Herr von Kieselbach*, Gutsbesitzer, *Papp*, Zettelträger, *Andres*, Bedienter.
320 *Einer von unsere Leut'*, Posse mit Gesang in drei Aufzügen und acht Bildern nach O. F. Berg, Pseudonym für Otto Franz Ebersberg (1833–1886).

davonlaufen lassen; doch ich spiele in solchen Situationen nicht gern die *grande dame*, und so hatte ich sie bald vergessen und lachte selbst herzlich, wenn auch nicht so laut wie meine beiden Nachbarn.

Ich habe gehört, dass Du mit Frau B. wieder nach Coburg fährst und bin erstaunt nach dem, was Du erzählt hast; sag mir, stimmt es und freut es Dich? Erzähle mir auch, wie Du den kleinen *Dämon*[321] gespielt hast und ob Du damit Erfolg hattest.

Sieh Dich vor mit dem netten Herrn und seinen Blumensträußen, wir dürfen Blumensträuße nur von Narren annehmen, sonst hat man schnell einen *freier*. Ich habe mich immer an diese Regel gehalten und denke, dass es so richtig war, doch sage mir, wer ist der Herr, ich bin neugierig.

Wenn ich Dir noch nicht gesagt habe, dass die kleine Tasse reizend ist, so ist dies von mir die rüdeste Vergesslichkeit, die man sich vorstellen kann. Minet bekommt gerade vier Zähne und leidet ein wenig, alle sagen, dass es sehr früh ist mit sechs Monaten. Sie sieht gut aus und scheint Geduld zu haben, das erfreut mich in Anbetracht der Freuden, die das Leben bereithält. Ich werde bald meine Photographie anfertigen lassen und sie Dir schicken.

Mein Mann kommt heim und bittet um Tee, dann also adieu meine Liebe, schreibe bald, ich habe heute mehr getan, als ich eigentlich konnte, indem ich Dir geantwortet habe, denn es gibt nicht wenige Sorgen in diesem Haus. Doch ich will so sehr, dass Du an meine Zuneigung glaubst, dass ich keine Ausrede akzeptieren möchte, nicht mit Dir zu sprechen. Hier ist der Plan unserer neuen Wohnung;[322] Daniellas kleines Zimmer ist nicht darauf, weil mir der Platz auf dem Papier ausgegangen ist, es ist bei der Küche.

Ganz die Deine in diesem und im anderen Leben, Königin

Meine Grüße an Frau B., es ist mir ganz unmöglich, [ihr] zu schreiben.

[Briefumschlag mit Siegel und Poststempel
BERLIN/ANHALTER-BAHNH:/8. 4.* 9-10 N]
Fräulein Ellen Franz
bey Frau Hofräthin Becker
in Gotha
[2. Poststempel auf Rückseite Briefumschlag: GOTHA/9./4./1861]

321 Über die schon zu Engagements-Beginn geplante Premiere, die förmlich ›in letzter Minute‹ der Gothaer Spielzeit stattfand (d. h. am Tag vor der Abreise nach Coburg), siehe den Brief Ellen Franz an Sarah Franz, ohne Datum, in: ThSTA Meiningen, HA 387, X. Ellen Franz spielte die *Cecilie* in *Ein kleiner Dämon* (Dt.: Adolph Bahn) bei den Premieren am 15. April 1861 in Gotha und am 23. Mai 1861 in Coburg.
322 Siehe Abb. 4.

32. Cosima von Bülow an Ellen Franz, [Donnerstag, 18. April 1861],[323]
aus Berlin, Manuskript: englisch, in: ThStA Meiningen, HA 39

Meine liebe Seele, ich muss Dir nicht sagen, wie traurig mich der Gedanke macht, dass es Dir nicht gut geht. Ich glaube nicht daran, dass die Gesundheit das Wichtigste ist, wie es alle alten Damen gern behaupten, denn ich sehe, dass man auch ohne sie wunderbar zurechtkommen kann, obwohl es natürlich unbequem ist, sie nicht zu haben, genauso wie das Geld. Beide sind geheimnisvolle Mächte, die man nur dann zu spüren bekommt, wenn sie nicht da sind, wenn man sie hat, denkt man nicht an sie. Nun meine Liebe, versuche, dir eine Gesundheit zu <u>verschaffen,</u> mein Vater sagt: *Wenn man keine Gesundheit hat, muss man sich eine machen,* und ich kann Dir versichern, dass viele Krankheiten (Kopfschmerzen, Augenflattern, Ohnmacht *u.s.w.*) nur Einbildung sind, wenn man sich dazu entschließt, sie nicht zu haben, dann kommen sie auch nicht; doch das mit den roten Punkten ist eine andere Geschichte, <u>sie</u> sind so echt und spürbar wie nur möglich.[324]
Danke für die Antwort von ------------
Ich habe gerade dieses Stück Papier wieder gefunden, das vor langer Zeit[325] an Dich geschrieben wurde, und sende es Dir nun mit einer Fortsetzung, zu der mich der Augenblick inspiriert hat, meine Teuerste. Isa verlässt mich gerade und hat mir erzählt, dass Du einen <u>großen</u> Erfolg mit Deiner letzten Rolle im *kleinen Dämon* hattest; meine Liebe, ich gratuliere Dir von ganzem Herzen und bedaure es wirklich sehr, dass Du Gotha verlassen musst. Was ich Dir vor drei Monaten gesagt habe und Du mir nicht geglaubt hast, scheint wahr zu sein, Herr von Maiern hat sich nur seinen Anweisungen gefügt und <u>konnte</u> Dich nicht spielen lassen; Du kannst also trotz des Interesses, das Herr <u>M. an Dir hat</u>, nicht bleiben. Du siehst meine Liebe, für alles finden sich *Erklärungen,* so auch für die Unhöflichkeit des <u>Hrn. M.</u> Du wirst Deinen Weg ganz sicher gehen, mit oder ohne die Sympathie eines Herzogs, und obwohl

---

323 Datierung laut Umschlag an Frau Decker [sic] mit Poststempel, im vorigen Brief Abfahrt am 20. April, hier: »übermorgen«.
324 Eventuell ist eine Gürtelrose gemeint, Herpes zoster. Hermann Franz schrieb Anfang Oktober 1860 darüber: »As to the ›pustules‹ (I think so you call the thing) which Ellen has got, they are only disagreeable as to their beginning to open, or rather, to ›nässen‹ a little, which I think is good, but they will not prevent her from playing.« Siehe Brief Hermann Franz an Sarah Franz, 3. Oktober [1860], in: ThSTA Meiningen, HA 387, X.
325 Vermutlich hatte Cosima ihren Brief im Oktober des Vorjahres begonnen und wurde durch die Geburt verhindert, den Brief zu beenden. Siehe die Beschreibung der Erkrankung durch Ellens Vater von Anfang Oktober 1860.

die Grahl Dir in Gotha und anderswo Streiche spielen mag, wird sie Deiner Karriere nichts anhaben können. Nur als eine *lection*: versuche beim nächsten Mal, Dir ein gutes Verhältnis zu den Herr[en] von Maierns zu wahren (wer immer sie auch sein mögen) und versuche, eine Erklärung für ihr Verhalten zu finden; die Machtvollen sind niemals unhöflich, sie haben Leute, die es für sie sind, und die für sie ihre Gefühle zum Ausdruck bringen.
Der Herzog hat Deiner letzten Aufführung nicht beigewohnt, das ist äußerst vielsagend und zeigt, dass Du Dich in Deinem Urteil geirrt hast. Mein Herzenstäubchen und meine Liebe, denke in Zukunft über die Leute und ihre Handlungen nach und urteile nicht nach Gefühl oder Sympathie, denn diese trügen oft. Was gedenkst Du nun zu tun? Hast Du schon eine Vorstellung davon, wohin Du gehen möchtest? Wünschst Du Dir *Gastrollen* oder ein Engagement? Ich habe überlegt, Dawison zu schreiben, aber ich weiß nicht, ob Du so frei bist, auf der Bühne zu spielen, welche die Baier-Birck[326] so viele Jahre beherrscht hat. Übermorgen fahre ich nach Schwerin und werde versuchen, mit *Herrn von Flotow* zu sprechen, doch wäre Dir das überhaupt Recht? Ich kenne Deine Vorstellungen nicht. Die Bojanowsky spricht von Wien als Nachfolgerin der Gossmann, würdest Du in dieses *fach übergehen* oder ist es lediglich ein Übergangszustand zum Üben? Es gibt so viele Fragen, meine Liebe, nimm sie mir nicht übel, ich wüsste gern etwas Genaues über Dich, und das kann ich weder von Deiner Mutter, noch von Isa oder jemand anderem erfahren. *A propos*, Dr. Niesing[327] hat uns gestern besucht, nachdem er uns erzählt hatte, dass er im Begriff sei, ein Millionär zu werden, hatten wir eine merkwürdige und lustige Unterhaltung über Dich. Er hat Dich sehr verändert gefunden, »*gar nicht zu ihrem nachtheil*« sagte er und betonte dabei das *gar nicht*, und dann begann er, über Deine Abneigung gegen das männliche Geschlecht zu sprechen, ich lachte und erwiderte, dass Du gar nicht Unrecht hast obwohl ich mir früher gewünscht hatte, dass Du heiraten würdest. Er stürzte sich auf dieses Wort und sagte »Sie sind auch dieser

---

326 Marie Bayer-Bürck (1820–1910), Tochter des Prager Schauspielers Franz Rudolf Bayer, erhielt bei ihrem Vater Unterricht. Sie begann ihre Bühnenlaufbahn 1836 in Prag und wechselte 1839 an das königliche Theater in Hannover. In den Jahren 1850–1858 trat Marie Bayer-Bürck mehrmals in Stücken von Franz Grillparzer in Wien auf. Besonders dem Werk *Des Meeres und der Liebe Wellen* (1840) verhalf sie zum Erfolg. Nach einem Gastspiel in Dresden im Jahre 1841 nahm man sie dort unter Vertrag. Marie Bayer-Bürck wurde von Adelheid Bernhard als eine »Vertreterin des klassischen Styls in vollendetster Reinheit« bezeichnet. Anlässlich ihres 50. Bühnenjubiläums wurde sie 1886 Ehrenmitglied des Dresdner Hoftheaters.
327 Vermutlich ist Dr. Georg Nießing, Stabsarzt der Reserve (Muskau) gemeint.

Meinung, ich bin mir sicher, dass sie es tun sollte«.³²⁸ »Ich sagte es ihr schon früher«, antwortete ich, »nun muss sie eine sehr lange Zeit warten, wenn sie überhaupt jemals heiraten sollte«. Das schien ihn nicht sehr zu erfreuen. Er hat mir viele gute Dinge über Dich erzählt, über Deine Fortschritte, darüber, wie zufrieden Frau Schloenbach ist und über die Meinung, die Fr. v. Bo. von Dir hat, doch ich halte an der Meinung fest, die ich mir über ihn gebildet habe, als ich ihn das erste Mal gesehen habe, er ist ein *intrigant* und ich würde ihm nicht über den Weg trauen. Es kann sein, dass ich ihm Unrecht tue, doch ich glaube es nicht.

Denk nur, wir haben heute eine Lesung bei uns zu Hause, Klein kommt und liest für uns seinen *Strafford*,³²⁹ eine lange, lange, lange, lange Tragödie; ich habe Deine Eltern eingeladen und dazu Dr. Niesing, die Maiers³³⁰, Dohms, Witzmanns³³¹ &c &c insgesamt etwa 19 oder 20 Personen. Ich bin schon gespannt, denn das Stück ist sehr interessant (kein Vergleich zu dem *Voltaire*), allerdings nicht besonders unterhaltsam und ich befürchte, dass mein Publikum einschlafen könnte, und was wird Klein dann nur denken!... Er hatte seinen *Voltaire* nach Dresden geschickt und Dawison schrieb darüber *es ist das Verrückteste abgeschmackt langweiligste Zeugs was mir in meiner Schauspieler Carriere vorgekommen ist*; stell Dir nur vor wie Klein das erzählt! Ich glaube, wenn Dawison kommt, wird er ihn an einer Straßenecke umbringen.

Der Brief von Herrn Jonow war (*unter uns*) keinen Pfennig wert, seine Phrasen über die Kunst sind so gewöhnlich, man möchte nicht nach Posen fahren, um sie zu hören, und was er über Deinen Ruf sagt ist lächerlich, Du musst solche Rollen spielen und kannst in einem Loch, wie es das Theater in Posen ist, nicht die *Thecla*, *Gretchen* oder *Clärchen*³³² auswählen; all das ist Unsinn. Bezüglich seiner Kritik an *Um eine Seele*³³³, wenn Du diese Rolle reserviert, *verschlossen* spielen möchtest, dann bist Du so frei davon

---

328 Mit Ausnahmen endeten die Karrieren von Schauspielerinnen und Musikerinnen mit der Heirat.
329 Julius Leopold Kleins *Strafford*, Tragödie in 5 Akten, erschien 1862 im Druck.
330 Mathilde Maier, Freundin Richard Wagners aus Mainz und ihr Mann?
331 Gemeint sind vermutlich Georg Witzleben und seine Tochter.
332 Rollen in Schillers *Wallenstein* sowie Goethes *Faust* und *Egmont*.
333 *Um eine Seele*, dramatisches Märchen in 4 Abteilungen, Erscheinungsort und -datum konnten nicht ermittelt werden. Ein bislang nicht datiertes und vorortetes Exemplar des Werkes befindet sich heute in Binghamton University Libraries, The Max Reinhardt Archives and Library, Miscellaneous playscripts owned by Max Reinhardt (= Ausgabe 220). Der Besitzvermerk lässt darauf schließen, dass Josef Reitmeyer Reinhardt das Märchen zur Lektüre übergab. Ellen spielte die Rolle der *Helene*.

wie der Wind, wenn Du doch nur eine Idee ausdrücken würdest und das mit der nötigen Kraft, um sie zu ihrer Wirkung zu bringen, dann könntest Du viel aus dieser Idee machen. Die *auffassung* ist Deine eigene und nur Deine, das ganze Geheimnis ist, solch eine technische Kraft zu haben, dass das Publikum sie errät und mit Interesse verfolgt; ob sie gut ankommt oder nicht, ist nicht wesentlich, solange Deine Intention deutlich hervortritt. Ich zweifle noch daran, dass Du bisher diesen Grad der Vollkommenheit in <u>Um eine Seele</u> erreicht hast und bin deshalb nicht überrascht, dass das Publikum <u>kühl</u> reagiert hat, obwohl Deine *Auffassung* so warm wie nur möglich war. Ausdruck ist das Allerwichtigste zwischen Publikum und Künstler, strebe daher danach, diesem die größtmögliche <u>*prägnanz*</u> zu verleihen, so dass nicht der kleinste Zweifel daran besteht, wie Du die Rolle auslegst und so, dass jede Bewegung, jeder Akzent, jede Geste mit dieser Auslegung in Einklang steht, dann wirst Du eine große Künstlerin sein; also arbeite, arbeite, arbeite, jede Stunde und jede Minute, denke bei Tag und bei Nacht an Deine Kunst, überlasse <u>nichts</u> dem Schicksal oder dem Gefühl, sei Dir aller Deiner Bewegungen und deren Wichtigkeit bewusst, <u>bedenke</u> alles, meine Liebe, was auch immer dumme Leute über Inspiration sagen mögen, sie hat nur die Kraft, <u>Arbeit</u> zu unterstützen und hervorzubringen (und effektiv zu machen); arbeite also immer. Das ist die Bedingung für alles und auch für unser ganzes Dasein. Nun hast du ein *Seitenstück* zu Herrn Jono's Brief, nur mit weniger Heucheleien geschrieben.

Nun leb wohl meine Liebe: der Artikel hat mich sehr interessiert, doch er würde in den Zeitungen nicht erscheinen nach den zwei Briefen Wagners,[334] diese waren eine Art <u>Coda</u>[335] von allem, was zu der Sache zu sagen ist. Danke Frau Bojanowski dafür. Meinem Baby geht es wundervoll, meinem Mann recht gut und mir selbst wie immer, auf eine strahlende Minute folgen verzweifelte Stunden und Tage.

Nun meine Liebe, erzähle mir <u>*en détail*</u>: Wie steht es um die Gesundheit von <u>Frau Boja</u>. Und im Allgemeinen <u>sei</u> <u>verschwiegen</u>.
Ganz die Deine für Leben und Tod

---

334 Der erste offene Brief Richard Wagners war an den Opernsänger Joseph Tichatschek (1807–1886) gerichtet. Das vom 23. März 1861 datierende Schreiben erschien am 29. März 1861 in den *Hamburger Nachrichten* (siehe SBr 13, Nr. 64). Der »Bericht über die Aufführung des ›Tannhäuser‹ in Paris« (Brieflich) erschien in der Beilage der Leipziger *Deutschen Allgemeinen Zeitung* vom 7. April 1861.
335 Als Coda (ital. »Schwanz«) wird der angehängte, ausklingende Teil des Musikstückes bezeichnet, der oft auch das ganze Werk zusammenfassende Charakterzüge trägt.

[Umschlag mit Poststempel BERLIN/ANHALTER-BAHNH:/18. 4. * 1–2]
Fräulein Ellen Franz
Herzogl. Sächsische Schauspielerin
bey Frau Hofräthin Becker
in ~~Gotha~~ Coburg

[2. Poststempel: BAHNHOF COBURG/19/4/7–8M]
[3. Poststempel: GOTHA/19/4/1861---]

**33. Cosima von Bülow an Ellen Franz, [Anfang Juli 1861],**[336] **aus Berlin, Manuskript: englisch, in: ThStA Meiningen, HA 39**

Hab millionenfachen Dank dafür mein lieber *Schatz*, dass Du mir die Kleider geschickt hast, verziert mit einigen *fetzen* haben sie sich fantastisch gemacht. Nun sage mir Möchtest Du sie wiederhaben? Ich hatte nämlich solchen Erfolg (unmöglich, denn ich habe schlecht gespielt), dass ein *Da capo* des Stückes gewünscht wird; wenn Du die Kleider wiederhaben möchtest, werde ich sie sofort zurückschicken, ich werde dann neue bestellen. Wenn Du sie jedoch nicht willst, würde ich sie beide behalten und in etwa zwei Wochen zurückschicken. Sei ehrlich zu mir, in jedem Fall bin ich Dir zu Dank verpflichtet, obwohl Du nicht mehr schreibst, was ich gar nicht in Ordnung finde. Doch kommen wir nun zu einem ernsteren Thema. Hast Du Meissner[337] gesehen, den ich fast zu Dir geschickt hätte, als ich ihm große Vorwürfe über sein Verhalten im letzten Jahr gemacht habe? Er hat mir einige seltsame Dinge erzählt, die ich Dir nun schreiben möchte, unter der Bedingung, dass Du sie für Dich behältst. Einige Tage nach Deiner Ankunft in Coburg äußerte der Herzog, dass Du überhaupt kein Talent hättest, und als Meyern Dich verteidigte, war der Herzog fast außer sich vor Wut und behauptete, dass er (Meiern) überhaupt nichts vom Theater verstehe. Nun kannst Du für Dich selbst entscheiden, ob es M's Schuld war, und ob es ihm möglich gewesen wäre, sich anders zu verhalten, als sich der Herzog so vehement gegen Dich aussprach. Meissner saß mit in der Loge, als all dies gesagt wurde, er lügt nie!!
Wie steht es nun mit Schwerin, falls etwas arrangiert ist, tue mir doch bitte den Gefallen und schreibe einige Worte an Dawison; ich wäre wirklich sehr verärgert[338] wenn Du dies nicht tätest, denn es ist nett von ihm, dass er sofort geschrieben hat, und es wäre unhöflich und unmöglich, ihm nicht zu danken. Ich werde ihm auch selbst schreiben, doch zuerst musst Du ihm ein paar Zeilen schicken. Ich bin etwas verwundert darüber, dass Du mir nichts vom Erhalt der beiden Briefe geschrieben hast, und es tut mir leid *dass du dich so gehen lässt*; wo keine Willenskraft ist, kann es nicht weitergehen, doch egal was Du sagst, ein Brief ist keine Unmöglichkeit, sondern verlangt nur danach, erledigt zu werden. Meine Liebe, ich hoffe, Du kennst mich gut genug um zu wissen, dass diese Worte nicht durch Ärger inspiriert wurden, und dass ich mich mehr um Dich gräme als um die Tatsache, dass ich keine Neuigkeiten

---

336 Von etwa Mitte Juli bis Mitte August hielt sich die Familie Bülow zur Kur in Bad Reichenhall auf, siehe Gewande (2004), 233.
337 Siehe zu Alfred Meißner (1822–1885) die Einführung, Anm. 238.
338 Im Manuskript: »vexed and *vulgue*«.

von Dir erhalte. Ich verstehe die Gründe, die Dich davon abhalten, mir zu schreiben, doch ich kann diese Untätigkeit nicht allgemein gutheißen; noch bist Du jung und man kann vieles leicht vergessen, doch wenn Du dann dreißig bist, wirst Du noch mehr Schwierigkeiten haben und dann wird es wie *unbildung* aussehen. In zwei Wochen werden wir Berlin verlassen und nach Reichenhall gehen, und ich bin darüber sehr froh; das Leben hier ist schrecklich anstrengend und die kleine Komödie hat mich sehr ermüdet, obwohl es nichts weiter war, fühle ich mich heute halbtot; ich spielte mit Ada Treskow[339] bei Fr. von Shack[340] in einem albernen Stück, das alle reizend fanden, urteile selbst, ich war die *larmoyante Wittwe*! Dein rosa Kleid hatte ich mit weißem Tüll und schwarzer Spitze mit Rosen verziert, es sah wirklich hübsch aus. Nun sage mir ganz ehrlich, wo und wann Du die Kleider möchtest. Wenn nicht sofort, so werde ich noch einmal darin spielen und sie dann zurücksenden. Sag mir *tutte*[341] und mach kein Theater, ich würde mich zu Tode ärgern, wenn ich sie Dir wegnehmen würde.

Ich würde Dir gern so viel sagen, doch *monolog correspondenz* ist nicht mein *fach*, so werde ich abwarten, bis Du die Zeit und die Freiheit hast, an mich zu denken. Es war vollkommen richtig von Dir, nicht nach Berlin zu kommen, ich weiß nicht, wie weit Du in Deiner Kunst vorangeschritten bist und kann deshalb nicht beurteilen, ob Du mit Marie Seebach nach Schwerin kommen kannst, doch sei in jedem Fall höflich zu *regisseur* Steiner,[342] er ist ein netter Mann und auf Dawisons Empfehlung wird er alles ihm Mögliche tun. Und nun leb wohl meine Liebe, die zärtlichsten Wünsche für das Jetzt und für die Zukunft verbunden mit den besten Erinnerungen an die Vergangenheit von Deiner
Königin
Ich habe Klein nicht getroffen – seit Deiner Weigerung, zu kommen, denkt er wohl, dass ich der Grund war, warum Du nicht gekommen bist! Vergiss Da-

---

339 Siehe Anm. 222 zum Brief C. v. B. an E. F., [Jahreswechsel 1860/61].
340 Zu Adolf Friedrich Graf von Schack (1815–1894) siehe die Einführung, Anm. 256.
341 Ital.: alles.
342 Julius Steiner (1816–1889), Schauspieler, Regisseur, Hoftheater-Direktor in Schwerin. Die Theaterkarriere bis zum Theaterdirektor in Lübeck (1842–49) stellte Julius Steiner in seiner Autobiographie dar. Zunächst in reisenden Theatertruppen spielend, kam er über die Stadttheater in Bamberg und Nürnberg nach Lübeck, wo er im Revolutionsjahr 1848/49 Theaterleiter wurde. In dieser Phase schrieb er sein kritisches Werk über das Theater des Vormärz: *Zur Reorganisation der Theater-Verhältnisse* (Bremen 1849). Nach Stationen in Magdeburg und Dessau wurde Julius Steiner 1855 als technischer Direktor und Oberregisseur an das Schweriner Hoftheater berufen und war dort 1863–1883 Hoftheaterdirektor.

wison nicht, die Sache ist ernst, er wird sicher auf einen netten Brief <u>feinfühlig</u> reagieren und ebenso schockiert sein, falls er nichts von Dir hört. <u>Auf jeden Fall</u> (ob es zu einer Anstellung kommt oder nicht) musst Du ihm schreiben, und mir Bescheid geben, wenn Du dies getan hast. Adresse: Herrn Bogumil <u>Dawison berühmter Künstler Dresden</u>

34. Cosima von Bülow an Ellen Franz, [Freitag, 16. Mai 1862],[343] aus Berlin, Manuskript: englisch, in: ThStA Meiningen, HA 39

Nun meine Teuerste, ich sehe, dass Du nicht schreiben wirst, und obwohl es nicht meine Art ist, denen nachzulaufen, die sich nicht um mich zu kümmern scheinen, laufe ich Dir doch nach und frage Dich, wie es Dir geht und was Du machst. Ich war verwundert darüber, dass Du in Berlin nicht zu mir gekommen bist, aber danach habe ich es mir selbst folgendermaßen erklärt: dass Du mich nicht während einer schwierigen Zeit sehen wolltest; es wäre im höchsten Maße außergewöhnlich, aber außergewöhnliche Dinge geschehen jeden Tag, und so war ich nicht verärgert und auch nicht mehr verwundert, vielleicht ein wenig traurig. Ich wollte nicht zu Dir kommen, denn es erschien mir nicht als passend, mich in einer Zeit von Sorge und Unbehaglichkeit in Deinem Hause blicken zu lassen. Deine Mutter mag mich nicht, deshalb blieb ich sofort, nachdem ich gehört habe, was sich im S[c]hauspielhaus zugetragen hat,[344] still und verschwiegen und erwartete Dich; ich war so töricht zu denken, dass Dein erster Gang Dich zu mir führen würde. Doch lass uns denken, dass alles zwischen uns so ist, wie es sein sollte, das ist das Beste. Ich versichere Dir meine Liebe, dass ich keinen Stecknadelkopf voll Bitterkeit empfinde und dass für Dich kein Schatten einer Kühle in meiner Seele weilt. Du hattest versprochen zu schreiben, also habe ich Deinen Brief erwartet, er kommt nicht, also schreibe ich. Den ganzen April konnte ich dies nicht, es war ein stürmischer Monat für Deine arme Königin meine Liebe, und ich denke und hoffe, dass es nun vorüber ist, denn die Stunden waren von schwarzer Schwere.[345] Hier sind viele Fremde ein- und ausgegangen, aus Weimar, aus Paris, aus Sankt Petersburg _ _ _ _[346]
Nun erzähle mir, wie es Dir geht, wie Du Dich fühlst, wie Du lebst, wie Du spielst; ich kann nicht viel schreiben, denn ich befürchte, dass der Brief Dich nicht erreichen wird. Wir bleiben noch bis Anfang Juli hier und werden dann

---

343 Datierung laut Poststempel: 16. Mai 1862. Der zweite Poststempel datiert vom 17. Mai 1862.
344 Ellen Franz sollte offenbar im Mai 1862 am Berliner Königlichen Hoftheater (*Deutsches Theater-Album* VII [1862], 16) gastieren. Was zur »Affäre« gereichte, konnte nicht ermittelt werden. Offenbar kam es nicht zum Auftritt, denn der *Deutsche Bühnenalmanach* 27 (1863) sowie die entsprechenden Ausgaben der *Vossischen Zeitung* und der *Haude und Spenerschen Zeitung* verzeichnen keinen entsprechenden Eintrag darüber.
345 Bülow war im April offenbar auf Konzertreisen, siehe Gewande (2004, 235).
346 Wer die Gäste waren, konnte nicht ermittelt werden.

für zwei Monate nach Wiesbaden gehen, Wagner und einige andere Freunde meines Mannes werden auch dort sein.[347] Mir ist es ziemlich gleichgültig, ob ich gehe und wo ich bleibe, ich habe keine besonderen Ansprüche außer dem Wunsch, dass ich Dich gern sehen würde. Womöglich werde ich auch für zwei Wochen nach Paris fahren, da meine arme Großmutter dort ganz allein ist; meine Schwester ist guter Hoffnung[348] und in ihr kleines Landhaus[349] gezogen. Mein Vater ist noch immer in Rom und wird dort bleiben, schwer wie es ist. Nun meine Liebe, wir müssen das schultern, was das Leben unserem Herzen aufbürdet, bis es entzwei bricht, ich denke immer, dass es nicht lange halten kann, so matt ist es, und doch geht das Leben weiter und vielleicht machen wir uns in unserem Kopf die Dinge auch größer, als sie in der Realität sind. Ich glaube, dass Du mit einem schönen langen Brief antworten wirst, aber vielleicht täusche ich mich wieder, Du kennst das Schlimme und in Fröhlichkeit und Traurigkeit lasse ich mich oft irreführen. Ich wünsche Dir Frieden und Fröhlichkeit meine Liebe, und mit diesem Wunsch sende ich Dir tausend Küsse, Königin
Donnerstag

[Briefumschlag mit Poststempel BERLIN/ANHALTER-BAHNH:/16. 5.* 10]
franco
Fräulein Ellen Franz
Schauspielerin
Nüremberg

*Im fall der abwesenheit bittet man den Brief zurückzusenden an: Frau v. Bülow Schönebergstr. 10 – Berlin.*

[2. Poststempel auf Briefumschlag:]
NÜRNBERG/17/Mai/1862---

---

347 Anfang Juli 1862 reisten die Bülows »auf ausdrücklichen Wunsch Wagners« für mehrere Wochen nach Biebrich, wo u.a. Wagner mit dem Ehepaar Schnorr von Carolsfeld die Partien von *Tristan und Isolde* einstudierte. Dazu Gewande (2004), 235.
348 Cosimas Schwester Blandine, die mit dem französischen Anwalt und Politiker Emile Ollivier verheiratet war, starb in Folge einer Entbindung am 11. September 1862 in Saint-Tropez im 27. Lebensjahr.
349 Im Manuskript: »landhouse«.

35. Cosima von Bülow an Ellen Franz, [Ende Mai/Anfang Juni 1862],[350] aus Berlin, Manuskript: englisch, in: ThStA Meiningen, HA 39

Mittwoch
Du siehst Teuerste, ob ich genauso bin [wie Du], ich habe Deinen Brief gestern erhalten und beantworte ihn heute. Obwohl Du nicht gleich geschrieben hast, habe ich keine Minute daran gezweifelt, dass mein Brief Dir Freude gemacht hat, denn ich bin kein Täubchen, und beginne nicht damit, die Dinge <u>auf den Kopf</u> zu stellen, nachdem ich jemanden seit Jahren kenne. Zu denken, dass ich Dich verlassen würde in dem Moment, wo Du erschöpft und traurig und unglücklich bist, war äußerst _ _ _ _ Täubchen, und ich musste unweigerlich lachen, als ich diesen Teil Deines Briefes gelesen habe. Sorge Dich nicht darüber, dass ich auf Deine *mamma* böse sein könnte, sie kennt mich nicht, also ist es, in Anbetracht der Welt, in der wir leben, ganz natürlich, dass sie mein Verhalten im negativen Sinn auslegen würde. <u>Das</u> ist nun vorbei, ich bin mir nicht sicher, ob Du Dich bei einer anderen Gelegenheit wieder wie ein Täubchen benehmen wirst, doch da ich bitte, weiter Königin zu bleiben, besteht kein Zweifel daran, dass wir uns erneut und immer wieder finden werden.
Die <u>Affäre</u> hier war unerfreulich aber keinesfalls ein <u>unglück</u>; Du weißt, dass ich dagegen war, dass Du <u>jetzt</u> in Berlin hier spielen solltest, es ist besser zu warten, bis sie noch tiefer gesunken sind und Du noch fortgeschrittener und *sicher* bist.[351] Du kannst Dir denken, dass ich danach gefragt wurde, und nun denke, wie ich geantwortet habe; in diesem Fall war ich froh, sagen zu können, dass ich nichts weiß und Ellen nicht gesehen habe – nicht gesehen [?] – Nein – Die Leute waren erstaunt und wussten nicht, was sie denken sollten, da ich keine einzige Bemerkung gemacht habe. Mein Mann sagte nur ein- oder zweimal, ohne etwas zu erwähnen, »es ist Dein Los, missverstanden zu werden«. Ich lachte und sagte ihm, dass die Zeit ein großer Lehrmeister sei und viele Dinge regelt. Und sie hat geregelt! Wenn ich Dir sage, dass ich froh darüber bin, dass Du so viel zu tun hast, dann wirst Du in diesen Worten ganz Deine alte Königin wieder erkennen, meine teure Seele, Arbeit ist <u>rettung</u>. Ich hätte während der letzten Monate mein halbes Leben dafür gegeben, nähen, Unterricht geben oder kochen zu müssen, irgendetwas. Ich bin nun bei mir selbst angekommen, Du hast es erraten, meine Liebe; es war schrecklich und ist jetzt noch schrecklicher; die Sache, die in den Briefen [an]gespielt wurde, wurde im Sehen erneut [an]gespielt.[352]

350 Datierung nach dem Vorsprechen bzw. Gastspiel von Ellen Franz am Berliner Königlichen Hoftheater im Mai 1862. Details konnten nicht ermittelt werden.
351 1864 gastierte sie von ihrem Oldenburger Engagement erneut dort (*Deutsches Theater-Album* IX [1864], 36).
352 Siehe die Einführung, Abschnitt »›Idée fixe‹ Richard Wagner«.

Ich war überrascht, die Ankunft war sehr unerwartet und ich war nicht in der Lage, zu lügen, und währenddessen und danach habe ich das gespürt, was in den Briefen war, Gleichgültigkeit, Kälte, bis zu einem gewissen Grade Verachtung. Nach der Abreise habe ich geschrieben; der Brief wurde nicht beantwortet und ich weiß Dinge, die ich lieber nicht wissen würde. Leere, Trostlosigkeit _ _.
Ich denke nicht gern daran und möchte nicht darüber sprechen, ich fühle mich, als trüge ich einen schweren, leblosen Körper auf den Schultern, vor dessen Anblick es mir graut: Wenn ich falsch gehandelt habe, kann ich sagen, dass ich nicht einen Moment des Glücks und kaum einen Moment der Freude hatte, und jetzt fühle ich Bitterkeit, so unerträgliche Bitterkeit, dass ich manchmal denke, ich müsste wahnsinnig werden. Und wir müssen mit all dem in unserem Inneren leben, und essen, und lächeln, und sprechen und laufen. Wäre ich vorbereitet gewesen, so hätte ich mich beherrscht und das Leiden wäre anders und besser gewesen, reiner und höher. Es gibt auf dieser Welt kein Vergessen, deshalb bin ich *gestempelt*, möge der Himmel mir beistehen_ _.
Nun zu Dir meine Liebe; ich war erfreut über die Zeitung, ich weiß nicht, ob es gerecht[fertigt] ist, aber es ist gut; fühle Dich nicht bedrückt bei der Arbeit, sondern sieh sie als den größten Segen an, den es auf der Welt gibt! Nur sieh Dich vor, Dich nicht zu sehr mit Dir selbst zu beschäftigen, das ist eine Gefahr Deines Berufes, man verliert dabei leicht die Sicht auf die Relationen und widmet die größte Leidenschaft und das größte Interesse den Kleinigkeiten; vergiss Deine Seele nicht, damit meine ich, vergiss nicht Deine Pflichten gegenüber allen, sieh die Bühne nur als eine der Aufgaben an, die es im Leben zu erfüllen gilt, sonst könntest Du engherzig werden. Du verstehst mich. Ach! Wiesbaden ist nicht auf dem Weg von Nürnberg, hätte ich gewusst, dass Du in Nürnberg bist, dann hätte ich diesen Sommer kommen können, vielleicht wird es mir im Herbst vergönnt sein, für ein paar Tage zu Dir zu kommen. Du weißt, wenn ich nicht komme, dann kann ich nicht. Um meine Gesundheit steht es gut, obwohl ich sehr blass und hässlich aussehe. Daniella geht es gut, Gott sei Dank. Ich denke, dass alles seinen Gang geht, das freut mich.
Dohm hat in den letzten Tagen nach Dir gefragt, der arme Mann muss schlimme Dinge durchstehen, er wäre fast in das Gefängnis gekommen und ist auch jetzt noch nicht ganz frei.[353] Er könnte so gut arbeiten und Geld

---

353 Siehe dazu Ursula E. Koch, »›L'opinion publique, c'est nous!‹ Berliner illustrierte humoristisch-satirische Wochenblätter als Meinungsführer und Zeitgeistvehikel (1848 bis 1871) mit einem Rück- und Ausblick«, in: Sösemann, Bernd (Hrsg.), *Kommunikation und Medien in Preußen vom 16. bis zum 19. Jahrhundert*, Stuttgart 2002 (= Beiträge zur Kommunikationsgeschichte, 12), 386–420, hier 405. Rohner (2010, 35) berichtet, dass Ernst Dohm im Herbst 1869 Berlin wegen drohender Schuldhaft verlassen musste und nach Weimar flüchtete und Hedwig Dohm für eini-

verdienen, doch er ist das Arbeiten nicht mehr gewöhnt und hat weder Zuversicht noch Selbstvertrauen. Die Wagner[354] geht nach Dresden (*Gastspiel*), sie hat der Berliner Bühne aufgrund der Infamien der Ellinger[355] und der Hoppe[356] den Rücken gekehrt; sie scheinen schreckliche Kreaturen zu sein. Isas Hochzeit ist im Oktober,[357] Frau Bülow möchte Berlin danach verlassen, und wir wissen noch nicht, ob wir hier bleiben werden. Mein Mann ist in so schlechter und melancholischer Verfassung, dass ich ihm vorgeschlagen habe, nach Rom zu gehen, was er begrüßt hat; mir ist es ziemlich gleich, wo ich mich aufhalte, desillusioniert, schwindend, wo ich lebe oder sterbe ist mir so gleichgültig wie dem Gras der Ort ist, an dem es wächst.

Es ist tatsächlich eine gute Nachricht, dass Dein Teint nicht ruiniert ist, ich habe oft daran gedacht, besonders, als ich die schreckliche haut der Formes gesehen habe, von der sie sagen, sie wäre einst reizend gewesen. Wenn Du nach Saint Laurent gehst, dann denke vor dem *Sacramentshäuschen*[358] an mich, ich habe dort schöne Stunden verbracht, und bete für mich, bete für uns, bete für unsere arme Erde, die mir wie eine einzige blutende Wunde erscheint.

Leb wohl meine Liebste, ich küsse Dich von ganzem Herzen und verbleibe als Deine

wahrlich alte Königin

[auf dem 1. Blatt quer geschrieben]

Was sagst Du zu dem katholischen Papier, das mir mein Mann aus Breslau mitgebracht hat?[359] Verbrenne meinen Brief, und sage mir, dass Du es getan hast. Ich küsse Dich erneut tausend Millionen Mal.

---

ge Monate nach Rom ging, während die jüngeren Töchter in Pension nach Eisenach bzw. zu ihren Großeltern kamen.

354 Gemeint ist Johanna Wagner.
355 Teresa Ellinger (geb. Engst, um 1820–1898), Mezzosopranistin, Mitglied der seit Oktober 1860 am Victoria-Theater gastierenden italienischen Operngesellschaft Lorinis und wechselte noch im selben Jahr an die Wiener Hofoper. Sie war verheiratet mit dem Tenor Joszef Ellinger, gastierte 1866 am Stuttgarter Hoftheater und war dort 1867–1871 engagiert.
356 Siehe zu Clara Stich-Hoppe Anm. 204 zum Brief C. v. B. an E. F. [10. September 1860] (21. Brief).
357 Die Heirat von Isidora von Bülow mit Victor von Bojanowski fand im Oktober 1862 statt.
358 Gemeint ist das Sakramentshaus von Adam Kraft (1493, Stein) in St. Lorenz, Nürnberg. Es handelt sich um eine Kleinarchitektur innerhalb eines Kirchengebäudes und diente zur Aufbewahrung des eucharistischen Leibes Christi.
359 Es handelt sich um Briefpapier mit einem Wasserzeichen, das Christus mit Heiligenschein zeigt. Laut Gewande (2004, 234f.) hatte Bülow am 24. Februar und am 8. April 1862 jeweils ein Konzert in Breslau gegeben.

36. Cosima von Bülow an Ellen Franz, [nach dem 20. Juni 1862],³⁶⁰ aus Berlin, Manuskript: englisch, in: ThStA Meiningen, HA 39³⁶¹

Sieh es mir nach, meine Liebe, dass ich mit meiner Antwort so lange auf mich warten lassen habe, es ist wirklich so, dass es für mich jetzt eine Anstrengung bedeutet, einen Brief zu schreiben, und ich fliege von einem Teil meiner Wohnung zum anderen, versuche zu lesen, zu denken, zu beten und bin außer zum Schlafen zu nichts zu gebrauchen. Du hast mir eine Frage gestellt, Herz meiner Seele, die ich mir selbst oft gestellt habe, ohne sie beantworten zu können; was ist es für ein Gefühl, das mich in seiner Gewalt hat, und wie wird es für mich ausgehen? Ich weiß es wirklich nicht und fühle mich nur traurig, traurig, traurig! Ich bekomme überhaupt keine Neuigkeiten und weiß gar nichts, und ich fühle mich geschwächt und beschämt darüber, immer wieder an dieselbe Sache zu denken, und alles Übrige wie einen hässlichen Traum zu betrachten. Man sagt, dass die Zeit viel vermag, doch ich denke, dass die Zeit nichts ungeschehen machen kann, und ich fühle, dass ich einen Schlag bekommen habe, der mir mein ganzes Leben lang zu schaffen machen wird! Doch genug von mir, es ist ein Kapitel, das ich sehr ungern aufschlage, die blutenden Herzen müssen still sein. Rom war ein Gedanke der Verzweiflung, ich denke nicht, dass ich dahin kommen werde; es stimmt, wir denken viel darüber nach, Berlin zu verlassen, denn mein Mann ist sehr erschöpft und ich flehe ihn auf Knien an, diese schrecklichen Unterrichtsstunden, die ihn krank machen, aufzugeben, und dem verhassten Berlin, das ihn so betrübt, den Rücken zu kehren. <u>Wohin</u> wir gehen werden, <u>falls</u> wir gehen, weiß Gott! Ich wünsche mir ein Loch, wo wir niemanden sehen müssen, mein Mann könnte Konzerte in den größeren Städten geben und ich würde beim Baby bleiben, das Einzige, wofür ich noch Herz und Mut habe.
Ich werde es einrichten, Dich im Herbst oder im Winter besuchen zu kommen, es ist etwas schwierig, weil es so weit ist, aber ich denke, wenn ich mein Möglichstes tue, wird es zu schaffen sein.³⁶² Mein Mann verreist übermorgen, das Konzert in Wiesbaden ist am 27.,³⁶³ ich für meinen Teil bleibe hier, um einige Dinge in Ordnung zu bringen und um mich allein zu erholen. Du würdest nicht erraten, was ich dieser Tage gemacht habe, in meiner Stimmungslage, die nie nachlässt, aber die mir tatsächlich niemand anmerkt?

---

360 Datierung auf diesen Tag, weil Hans von Bülow »übermorgen« zu dem Konzert am 27. Juni in Wiesbaden abreiste.
361 Briefpapier mit Wasserzeichen Christus mit Heiligenschein.
362 Ellen Franz hatte seit dem Spätsommer 1862 ein Engagement in Oldenburg.
363 Siehe Birkin (2011), 420.

Nun, ich habe eine Komödie gespielt! Ein kleines französisches Stück mit dem Titel »*Où passerai – je mes soirées?*«,[364] das sehr amüsant und nett ist, es gibt darin nur zwei Personen, einen Herrn und eine Dame, und ich habe die Dame gespielt und ein Franzose, M. Marelle[365] (unfreundlich, aber ein guter Schauspieler) spielte den Herrn. Die Leute waren natürlich überaus dankbar und ich hatte einen schönen Erfolg, der mich sehr gefreut hätte, wenn doch nur... nichts mehr davon!

Deine kleine Photographie hat mir viel Freude bereitet meine Liebe; sie ist wirklich sehr schön und vermittelt einen guten Eindruck von Deiner Person, Du wirkst wie ein romantisches, edles Täubchen; wünsche Dir nicht, kein Täubchen mehr zu sein, denn dann würde ich Dich nicht halb so sehr lieben und hätte nicht ein Viertel der Zuversicht in Dich, die ich jetzt habe. Wie erbärmlich und elend wir doch sind in unserer Logik, unserer *reflexion* und unserem Denken! Ich bitte Gott darum, dass Du Dein ganzes Leben lang ein <u>Täubchen</u> bleibst, in allen Deinen Erfahrungen. Mein Bild kann ich Dir nicht schicken, das letzte gute, das ich hatte, habe ich verschenkt, ich sage nicht an wen, errätst Du es? Im Moment habe ich nicht genügend Geld, um ein neues anfertigen zu lassen, doch sobald meine Börse wieder gefüllt ist, werde ich Dir Deinen Wunsch erfüllen. Kannst Du es glauben meine Liebe, dass ich jetzt eine Menge grauer Haare habe? Käthchen war ziemlich *ers[c]hrocken*, als sie mir vor ein paar Tagen die Haare machte und das entdeckte. Ich war gar nicht überrascht, selbst wenn es ganz weiß wäre, würde ich das nicht sein; unabhängig von den Dingen, von welchen Du die Hälfte weißt, hatte ich schwere Tage, mein Mann ist allem überdrüssig, spielt nicht gern, verzweifelt an sich selbst und ist fast immer krank. Wie gern und wie bereitwillig würde ich sterben, wenn ihm das eine bessere Gesundheit und ein besseres Schicksal verschaffen könnte. Möge Gott uns allen helfen, bete, meine Liebe, bete mit mir, für mich, für Dich, für uns, so oft Du nur kannst. Ich könnte Tage und Nächte auf den Knien verweilen, nur um wieder Kraft zu finden. Ich kann nicht verstehen, warum mein Mann seine Erfüllung nicht findet, sein Talent ist so immens, sein Charakter so edel und sein Leben so rein. Als er hier war, hat Rubinstein[366] mit uns gespielt, es war großartig, und niemand

---

364 *Où passerai – je mes soirées,* ein Comédie-Vaudeville in einem Akt von Charles Potier und Gaston de Montheau (1854). Es spielen darin die junge Witwe *Hornense de Vaudray, Charles de Brévannes* und das Kammermädchen *Justine* (stumme Rolle).

365 Charles-Marie Marelle (1827–nach 1897), Dichter und Literaturprofessor an der Humboldt-Akademie und am Viktoria-Lyzeum in Berlin.

366 Anton Grigorjewitsch Rubinstein (1829–1894), russischer Pianist, Komponist und Dirigent. 1867 trat er für 20 Jahre von seiner Stellung als Direktor des von ihm

hat es besser gespürt als ich; doch wenn er die Kraft dafür hat, wieviel *grandeur* und Schönheit liegt dann im Spiel meines Mannes! Mehr Kraft, mehr Leidenschaft auf der einen Seite, und tausendmal mehr Größe, mehr Geist, mehr *feinheit* und mehr *nuancierung* auf der anderen. R[ubinstein]. ist nun in Copenhagen,[367] wo er Prinzessin Anne von Preußen[368] den Hof macht, die unglücklicherweise in ihn verliebt ist, er ist dort, seit er von hier abgereist ist, das habe ich dieser Tage gehört, und Du weißt schon, ich konnte es nicht lassen, darüber auf eine bestimmte Art und Weise zu lächeln.

Denk nur, der arme Dohm ist wegen seiner Schulden im Gefängnis, man sagt, es wären 20.000 *thaler*, die er schuldet, und niemand bezahlt für ihn; 13 Wochen wird er bestimmt eingesperrt bleiben und Gott weiß, wie es enden wird. Es ist eine Schande, er wird noch mehr herunterkommen, wie furchtbar für seine Frau und seine Kinder und seinen Namen, er tut mir sehr leid. Du fragst nach *Griseldis*,[369] es ist schon eine ganze Weile her, dass ich es gelesen habe, und nun hast Du wahrscheinlich dieses reizende Werk für Dich selbst gelernt, gespielt und verstanden, den wahren Stolz, die wahre Resignation, die wahre Bescheidenheit, kurzum, die wahre Liebe, die alle Wahrheiten beinhaltet, kommt durch *Griseldis* zum Ausdruck. Wie groß das Opfer ist, und wie einfach und bewegend bei aller Entrüstung, sie handelt in allem so, wie eine Blume *duftet*, sehr natürlich, und sie erreicht ihre Erhabenheit mit derselben Leichtigkeit, mit welcher ein Vogel in einen Baumwipfel flattert. Ich

gegründeten Petersburger Konservatoriums zurück, um in Westeuropa eine fast nur mit Franz Liszt vergleichbare Pianisten-Karriere zu realisieren. Siehe weitere Bemerkungen Cosimas in der Einführung, Anm. 347.

367 Rubinstein reiste, von den Konzerten mit Jean Becker in den russischen Ostseeprovinzen über London (*NZfM*, 13. Juni 1862, 214) nach Berlin, von dort aus nach Kopenhagen, wo er sich auf Einladung der Prinzessin Anna von Preußen über sieben Wochen aufhielt. Am 20. August 1862 wurde in seiner Anwesenheit das Konservatorium in St. Petersburg eröffnet. Siehe Philip S. Taylor, *Anton Rubinstein – a life in music*, Bloomingon (2007), 100f.

368 Marie Anna Friederike von Preußen (1836–1918) war die Tochter des Prinzen Carl von Preußen und Prinzessin Marie von Sachsen-Weimar-Eisenach. Sie heiratete 1853 den Prinzen Friedrich Wilhelm von Hessen Kassel, dessen Mutter Louise Charlotte von Dänemark war. Nachdem Kurhessen 1866 von Preußen annektiert und Annes Gatte Friedrich Wilhelm auf die Regierungsrechte verzichtet hatte, lebte das Ehepaar von einer hohen Abfindung als Privatpersonen zeitweilig auch in Dänemark. Im Jahre 1880 bezog das Paar das ausgebaute Schloss Philippsruhe bei Hanau, wo Anna u. a. Kontakte zu Musikern wie Johannes Brahms, Clara Schumann, Anton Rubinstein, Julius Stockhausen pflegte.

369 *Griseldis*, Dramatisches Gedicht in 5 Akten von Friedrich Halm (eigentlich Eligius Franz Joseph Freiherr von Münch-Bellinghausen, 1806–1871), Entstehungsjahr 1835.

habe viel geweint, als ich es gelesen habe, und habe oft daran gedacht, dass Du viel in Dir trägst, das genauso ist. Deshalb hatte ich Bedenken, als ich Dich in das Leben eintreten sah, das Du für Dich gewählt hast, ich fürchtete die Nähe und die Wirkung der Vulgarität, die auf, oder besser, hinter der Bühne regiert. *Griseldis* muss sehr bewegend, aber nicht sentimental sein, Einfachheit ist die wichtigste Tugend ihrer Seele, sieh Dich vor, nicht zu übertreiben, dies passiert oft, wenn man eine Wirkung erzielen möchte. Wie war Hendrichs[370] und wie fandest Du die Rettich[371]? Mir erschien sie sehr altmodisch, doch ich denke, dass sie in den Rollen von Halm[372] sehr gut sein muss, denn zwischen ihnen bestand eine große Leidenschaft und sie ist nun immer noch die einzige Person, die er sieht und frequentiert. Frau Ritter[373] war hier und hat keine *gastvorstellung* bekommen, obwohl sie talentiert ist und uns

---

370 Hermann Hendrichs (1809–1871). Laut Neise (1956) Debüt mit 15 Jahren, danach Engagements am Liebhabertheater Frankfurt am Main (1831–1837), Hannover (1837–1840), Hamburg (1840–1844), Hoftheater Berlin (1844–1864), anschließend Gastspiele, 1871 Direktion des Viktoria-Theaters Berlin. Rollen: *Fiesko, Carlos, Ferdinand, Götz*. Siehe auch Karlheinz Friebel, *Hermann Hendrichs (1809–1871)*, o. O. 1956.
371 Julie Rettich geborene Gley (1809–66) debütierte 1825 am Dresdner Hoftheater und bildete sich unter Ludwig Tiecks Leitung weiter aus. 1827 Gastspiel am Wiener Burgtheater, für das sie 1830 gewonnen wurde. Wegen Intrigen kehrte sie 1833–1835 an das Dresdner Hoftheater zurück. 1835 trat sie erneut ein Engagement am Wiener Burgtheater an, 1863 Abschied von der Bühne.
372 Friedrich Halm (eigentlich Eligius Franz Joseph Freiherr von Münch-Bellinghausen, 1806–1871) arbeitete als Dichter, Novellist und Dramatiker. 1845 wurde er der erste Kustos an der Wiener Hofbibliothek. 1865 bis 1869 war er Vorsitzender des Verwaltungsrats der Deutschen Schillerstiftung. 1869 bis 1871 leitete er als Generalintendant die beiden Wiener Hoftheater und war mit der Burgschauspielerin Julie Rettich eng befreundet. Auf seine lange Zeit geheim gehaltenen literarischen und poetischen Bestrebungen hatte sein Lehrer, der Ästhetiker Michael Leopold Enk von der Burg, Einfluss. 1835 wurde von Münch-Bellinghausens Erstlingswerk *Griseldis* unter dem auch später beibehaltenem Pseudonym Friedrich Halm mit großem Erfolg aufgeführt.
373 Es handelt sich um die Schauspielerin Franziska Wagner, eine Nichte von Alexander Ritters Idol Richard Wagner, die er 1854 heiratete, von der er aber vier Jahre später wieder getrennt war.

sehr gut tun würde; die Wagner ist fort, es bleiben die Kierschner,[374] Pellet[375] und das Dir bekannte _Pack_, so ist es also unmöglich, ins Schauspielhaus zu gehen. Eine bezaubernde Tänzerin aus Wien ist hier, die _Pussburg_,[376] die alle Zeitungen in höchsten Tönen _loben_, ich fand sie schrecklich in *Gänzchen von Buchenau*,[377] einem furchtbaren Stück, indem es jedoch ein Leichtes ist, eine große Wirkung hervorzurufen und in dem die Gossman[n] reizend war. Und nun habe ich von allem in und außerhalb meines Herzens gesprochen und Dir nicht erzählt, dass mein armes Baby krank ist; es ist nichts Gefährliches, aber es schmerzt mich doch, das liebe kleine Gesicht so blass zu sehen, die Augen so traurig, und das kleine Stimmchen so klagen zu hören. Hier sende ich Dir ihr Bild statt dem meinen, es sieht ihr sehr ähnlich, nur, dass sie nicht so schwarz ist; die Leute denken, dass sie intelligent aussieht.
Gerade schreit sie, mein Mann spielt das *Ave Maria* und ich fühle mich, als wollte ich auf die Knie fallen, um mit ihr zu weinen und mit ihm zu beten, Gott, Gott, was für ein Ding ist das Leben und wer soll es jemals verstehen? Ich erwidere die Million Küsse, die Du mir geschickt hast, und die ich angenommen habe, ohne _ä_ zu sagen; schreibe doch noch ein wenig mehr, wenn Du kannst, ich sehne mich danach, viel von Dir zu hören; sieh, was ich sage, als eine große Sache an, denn Gott weiß, dass ich eigentlich von keiner Menschenseele etwas hören und mit niemandem sprechen möchte.

374 Vermutlich handelt es sich um die mit dem Schauspieler Eduard Kierschner (1825–1879) verheiratete Marie Kierschner (geb. Weißhappel), später verheiratete Liedtke, die unter Laube 1854–1859 als Salondame engagiert war. Siehe *Österreichisches Biographisches Lexikon (1815–1950)*, Bd. 3, 326f.
375 Ida Pellet (1837–1863), Schauspielerin. Laut Neise (1956, 85) war sie 1854 am Stadttheater Stettin engagiert, 1858 – 1861 am Hoftheater Wiesbaden, und 1861–1863 am Kgl. Schauspielhaus in Berlin. Sie spielte u. a. die Rollen der *Luise*, der *Desdemona* und der *Ophelia*. Ihr Nachlass befindet sich in der Clara Ziegler-Stiftung, München.
376 Biographische Daten konnten nicht ermittelt werden.
377 *Gänschen von Buchenau*, Lustspiel in einem Aufzug von Jean François Alfred Bayard und W. Friedrich (1851).

Sag mir, die Dame, von der Du erzählt hast, ist sie Frau <u>Creling</u>, die Tochter von Kaulbach?[378] Dann bestelle ihr meine *Grüsse*, sie ist eine nette Person. Da ich Dir alles erzähle, muss ich auch sagen, dass ich sehr schöne und anonyme Rosen[379] bekomme _ _ _ _.
Schreibe bald, Liebe, sonst bin ich nicht mehr da, ich bleibe noch bis zum fünften Juli.
Ganz die Deine Königin

[auf dem 1. Blatt quer geschrieben]
Ich kann Dir meine Adresse nach dem 5. nicht geben, denn ich weiß selbst noch nicht, wo wir unterkommen werden, nicht einmal, in welcher Stadt. Ich wünsche Dir Frieden und Freude, meine Liebe, jetzt und für alle Zeiten. Verbrenne meinen Brief.

---

378 Johanna Kaulbach (verh. Kreling), Tochter des Akademiedirektors und Hofmalers in Hannover Friedrich Kaulbach (1822–1903), heiratete 1854 den deutschen Maler und Bildhauer August von Kreling. Neun Briefe Cosimas an Josephine von Kaulbach, geb. Sutner (1809–1896) aus den Jahren 1865–1866 befinden sich in der Bayerischen Staatsbibliothek München, Kaulbach-Archiv III. Bülow, Cosima von.
379 Wer die Rosen sandte, konnte nicht ermittelt werden.

## 37. Cosima von Bülow an Ellen Franz, [Ende Juni/Anfang Juli 1862],[380] aus Berlin, Manuskript: englisch, in: ThStA Meiningen, HA 39

Liebes Täubchen, natürlich würde ich nur zu gern die Ehre und die Freude haben, Deine Mutter bei mir zu sehen; doch ich hoffe mein liebes Kind, dass Du ihr gegenüber kein Wort von dem erwähnt hast, was ich Dir gestern erzählt habe, denn Du kannst Dir vorstellen, dass ich bezüglich dieses Themas niemanden befragen und zu Rate ziehen möchte als mich selbst.[381] Doch all dies ist unnötig, denn ich weiß, dass Du verschwiegen warst, also sage Deiner Mutter, dass es mich sehr freuen wird, sie zu empfangen, wenn sie es nicht lieber hätte, dass ich zu ihr käme, in diesem Fall würde ich um Zwölf kommen. Tausend Küsse mein Kind, lass mich mit den Dingen zurechtkommen, die mir Sorgen machen, denk nicht daran, sonst müsste ich es immer bereuen,[382] so schwach gewesen zu sein, mit Dir über sie zu sprechen.
Deine Dir in Herz und Geist ganz ergebene
Königin

---

380 Ellen hielt sich zur Entstehungszeit des Briefes in Berlin auf; vermutlich handelte es sich um die Sommerpause vor dem Engagementsbeginn in Oldenburg. Siehe auch die nachfolgende Anm.
381 Cosima könnte damit ihre beginnende Schwangerschaft mit Blandine meinen.
382 Im Manuskript: »*semper regret*«.

38. Cosima Wagner an Helene von Heldburg, Mittwoch, 7. Februar 1877, aus Bayreuth, Manuskript: englisch, in: ThStA Meiningen, HA 40

Mein teuerstes Täubchen,
Mit der größten Freude nehme ich Deine freundliche Einladung an und halte mich gerne an die Formen, die zwischen uns üblich waren, und die mich an Zeiten erinnern, an die ich gern zurückdenke. Auch für mich ist es natürlicher, mit Dir englisch zu sprechen und zu schreiben, als irgendeine andere Sprache. Wenn ich die Formen und Sprache vergangener Zeiten verwende, ist es mir, als wären diese Zeiten zurückgekehrt und der Gedanke, dass das Vergangene nie wirklich vergeht, erfüllt mich mit Zufriedenheit. Ich muss Dich jedoch bitten, mein Englisch zu entschuldigen, denn ich fürchte, dass es sehr schlecht geworden ist und ich es Dir nicht zumuten würde, wäre es nicht um der schönen Erinnerungen willen. Doch bitte denke nicht, dass mein ganzes Wesen rückschrittlich sei, weil mein Englisch sich verschlechtert hat! Bitte übermittle Seiner Hoheit dem Herzog unseren ehrerbietigsten Dank dafür, dass er freundlicherweise auf unsere Wünsche eingegangen ist;[383] wir freuen uns auf die Aufführung von »*Julius Cäsar*«[384] und sind dankbar für die Aufführungen von »*Esther*« und »*le Malade imaginaire*«.[385] Bezüglich des Termins richtet sich mein Mann selbstverständlich nach den Anweisungen Seiner Hoheit und den Deinen, doch wenn Ihr beide einverstanden wärt, wäre er sehr dankbar für die Erlaubnis, unseren Besuch in Meiningen mit einer Reise nach Berlin verbinden zu dürfen, die er aller Wahrscheinlichkeit nach Mitte März unternehmen muss. Die Chorsänger des Opernhauses in Berlin baten ihn darum, ein oder zwei Stücke in einer ihrer »*matinées*«, die Du vielleicht noch in Erinnerung hast, zu ihren Gunsten zu dirigieren. Ich glaube wir haben ein oder zwei dieser Konzerte gemeinsam besucht und,

---

383 Georg II. hatte Wagners schon für Ende Februar/Anfang März 1876 zu einer Aufführung von Ibsens *Kronprädendenten* nach Meiningen eingeladen (siehe Brief von Richard Wagner an Georg II. vom 2. Februar 1876, in: ThStA Meiningen, HA 3d). Zu einem Besuch des Meininger Hoftheaters kam es erst im März 1877. Offenbar entsprach das dafür vorgeschlagene Programm dann den Wünschen der Gäste.
384 Cosima erinnert sich im Laufe der Briefe noch mehrmals an die Aufführung des *Julius Cäsar* vom 11. März 1877, u. a. mit Paul Richard (*Julius Cäsar*), Joseph Nesper (*Brutus*) und als Gast Friedrich (Fritz) Dettmer vom Königlichen Hoftheater Dresden (*Marc Anton*).
385 Am 9. März 1877 wurden im Herzoglichen Hoftheater Grillparzers *Esther*, Molières *eingebildeter Kranker* und offenbar separat eine *Burleske Ceremonie der Doctorpromotion Argan's* aus Molières *Eingebildetem Krankem* gespielt.

unter anderem, halb gähnend und halb lachend die endlose »*Glocke*« von Romberg[386] gehört. Mein Mann wird die Bitte kaum ablehnen können, doch wenn eine Verzögerung unseres Besuches auch nur im Geringsten die Pläne Seiner Hoheit oder die Deinen stört, werden wir uns geehrt fühlen, am 29. dieses Monats in Meiningen erscheinen zu dürfen. Bitte sei so freundlich, mich Deine Entscheidung wissen zu lassen.
Mit großem Bedauern haben wir die Neuigkeiten von der Krankheit des Herzogs aufgenommen und senden, verbunden mit den Wünschen einer vollständigen Genesung, unsere Ehrerbietung und unsere ergebenste Erkenntlichkeit. Meinem Mann ging es in letzter Zeit überhaupt nicht gut und die vergangenen zwei Tage war es so schlimm, dass ich lieber darauf verzichtet habe, Dir unter diesen Umständen zu schreiben, was ich selbstverständlich andernfalls sofort nach dem Erhalt Deines Briefes getan hätte. Er muss immer noch zu Hause bleiben, aber ich bin guter Hoffnung, dass er sich bald erholen wird und bei bester Gesundheit die Freude, die ihn in Meiningen erwartet, in vollen Zügen genießen kann. Du würdest kaum glauben, wie sehr er sich für die »*Hermannschlacht*«-Aufführung interessierte, und wie zufrieden er danach war![387]
Mein Mann entsendet Dir seine ergebensten Grüße, mein teuerstes Täubchen, und ich verbleibe mit aller meiner Liebe als
Deine zugeneigte
Cosima Wagner
Bayreuth
am 7. Februar 1877

386 *Das Lied von der Glocke* ist ein im Jahr 1799 von Friedrich Schiller veröffentlichtes Gedicht. Die Vertonung von Andreas Romberg (1767–1821) aus dem Jahr 1808 war bis in die ersten Jahrzehnte des 20. Jahrhunderts populär.
387 Cosima und Richard Wagner hatten die Aufführung der *Hermannsschlacht*, es war die erste Vorstellung des zweiten Berlin-Gastspiels des Meininger Hofschauspielensembles, am 17. April 1875 im Friedrich-Wilhelmstädtischen Theater gesehen. Wagners »Interesse hat vorzüglich den aufführungsästhetischen Aspekten gegolten, denn vor ihm lag die große Aufgabe der künstlerischen Gesamtleitung der ersten Festspiele im kommenden Jahr«. (Oswald Georg Bauer, *Wagner geht ins Theater. Begleitbuch zur gleichnamigen Ausstellung in Bayreuth*, Bayreuth 1996, 279). Zur Meininger Inszenierung von 1875 siehe Stuber (2003).

39. Cosima Wagner an Helene von Heldburg, [Samstag, 10. März 1877],[388] in Meiningen geschrieben, Manuskript: englisch, in: ThStA Meiningen, HA 40[389]

Liebstes Täubchen,
Meinem Mann geht es heute Morgen viel besser, gestern hatte er sehr hohes Fieber und ich bin Dir zu <u>tiefstem Dank</u> dafür verpflichtet, dass er gehen durfte. Ich denke, dass im Moment alles ausgestanden ist, doch wie ich Dir schon erzählt habe, bin ich insgesamt sehr beunruhigt.
Bitte bestelle seiner Hoheit unseren ehrerbietigsten Dank und frage ihn, wann der Herzog es meinem Mann gestatten würde, ihm heute Morgen seine Hochachtung zu erweisen. Sage mir bitte auch, wann ich Dich besuchen kann, mein Mann ist heute um halb eins bei Seiner Hoheit dem Herzog Bernhard bestellt.
Ganz die Deine mein liebes Täubchen, mit dem herzlichsten Dank für Deine Freundlichkeit,
Cosima
P. S. Ich hoffe, Seine Hoheit hat sich gestern auf der Treppe nicht verkühlt. Ich würde natürlich sehr gern heute Morgen zur Kirche gehen, und hatte den Gedanken schon aufgegeben.

---

388 Der Brief ist anhand der Unpässlichkeit Richard Wagners beim Souper zu datieren. Siehe dazu Müller/Goltz (2013), 202.
389 Cosima und Richard Wagner besuchten Meiningen vom 9. bis 12. März 1877.

40. Cosima Wagner an Helene von Heldburg, Montag, 19. März 1877, aus Bayreuth, Manuskript: englisch, in: ThStA Meiningen, HA 40

Mein teuerstes Täubchen,
Nun sind wir wieder zu Hause und der Vergleich, den Du zwischen einer schönen Episode Deines Lebens und einem Traum gemacht hast, hat erstaunlicherweise sein Spiegelbild gefunden, gänzlich ungestört von der Tatsache, wie merkwürdig es doch ist, dass zwei Menschen denselben Traum träumen und ihn gemeinsam weiterführen können. Die verträumten Stunden in Meiningen waren wahrlich bezaubernd, wenn auch flüchtig; mir war es, als wären alle vergangenen Zeiten wieder in ihnen aufgelebt, um mir ohne jede Sorge und ohne Traurigkeit zu begegnen. Das Erlebnis, mit Dir wieder in die künstlerische Arbeit einzutauchen und die Kunst zu genießen, erinnerte mich an die Zeiten in Berlin; die lange Jahre vermissten »*Festklänge*«[390] und die »*Faustouvertüre*«[391] an mein Leben in Weimar mit meinem Vater, der »*Huldigungsmarsch*«[392] ließ mich an unseren König denken und an alle Hoffnungen und Erwartungen, mit denen ich mein Leben in München begann, »*das Idyll*« weckte Erinnerungen an die glückliche Einsamkeit in Tribschen und »*le malade imaginaire*« transportierte mich sogar zurück in meine Jugendzeit und erinnerte mich daran, wie meine Mutter versuchte, mir die französische Literatur und das Theater nahe zu bringen.
Während dieser drei Tage genossen wir den Zustand, der in der Vorstellung der Dichter so oft als die wirkliche Wahrheit erscheint, nach der es sich zu streben lohnt: das Leben in der Kunst und mit der Kunst unter der Obhut einer höheren Kraft, die Freiheit der Gedanken und Gefühle, die durch die Sanftheit eines noblen Daseins bestimmt wird wie die Melodie vom Rhythmus. Ich kann gar nicht beschreiben, wie glücklich wir uns fühlten, und wie dankbar wir Seiner Hoheit und Dir dafür sind.
Über die Aufführungen gibt es noch viel zu erzählen, besonders über »*Julius Cäsar*«, denn darin gab es Momente, die zu den schönsten Eindrücken unseres Lebens zählen.
Bitte bestelle dem Herzog meine tiefste Dankbarkeit und Ehrerbietung. Ich hoffe inständig, dass die Erkältung, die der Herzog sich in Folge seiner

---

390 Franz Liszts *Festklänge* (Symphonische Dichtung Nr. 7) entstanden 1854.
391 Wagners *Faust-Ouvertüre* d-Moll WV 59 entstand zum Jahreswechsel 1839/1840; die Uraufführung fand am 22. Juli 1844 unter der Leitung des Komponisten in Dresden statt. Wagner überarbeitete seine Komposition in den Jahren 1843 und 1855; diese überarbeitete Version wurde am 23. Januar 1855 uraufgeführt.
392 Wagner komponierte den *Huldigungsmarsch* zum Geburtstag seines Wohltäters König Ludwig II. im Jahre 1864.

Freundlichkeit gegenüber meinem Mann und seinem gnädigen Interesse an seinen Werken zugezogen hat, auskuriert ist und dass die Reise nach Berlin nicht zu ermüdend und mühevoll sein wird.[393]

Meine Kinder senden Dir ihren allerherzlichsten Dank für die wundervollen Süßigkeiten, die Du ihnen geschickt hast und erinnern sich noch immer daran, wie freundlich Du im Sommer zu ihnen warst. Als wir von Seiner Hoheit, dem Herzog sprachen, sagte Siegfried: »*ist es der Herr, wo in Wien, wir nicht gut gegrüsst haben?*«, sie taten so, als hätte ich sie daraufhin für ihre Ungeschicklichkeit gescholten.

Weißt Du, mein liebes Täubchen, über mich kennt jeder eine Geschichte, eine Geschichte von Büchern, vom Schelten, von was auch immer! .........

Mein Mann, der auch an Seine Hoheit schreibt, sendet Dir seine Empfehlungen und ich umarme Dich, meine Teuerste, mit der Wärme vergangener Zeiten.

Cosima Wagner
Bayreuth
am 19. März 1877

---

393 Im Meininger Fourierbuch (ThStA Meiningen, HMA 1386) ist vom 19.–23. März für Georg II., Helene und den Adjutanten Maximilian Freiherr von Lyncker (1845–1923) eine Reise nach Berlin vermerkt. Anlass war die offizielle Verlobung von Erbprinz Bernhard mit der 16-jährigen Prinzessin Charlotte von Preußen, die beide am 10. Dezember 1876 heimlich geschlossen hatten. Ob auch Sondierungsgespräche für das im Gespräch befindliche London-Gastspiel des herzoglichen Hofschauspielensembles stattfanden, bleibt offen.

41. Cosima Wagner an Helene von Heldburg, Dienstag, 27. und Donnerstag, 29. März 1877, aus Bayreuth, Manuskript: englisch, in: ThStA Meiningen, HA 40

Bayreuth
27. März 1877
Mein teuerstes Täubchen,
Ich möchte Dich nicht im Ungewissen darüber lassen, welch wunderbaren Eindruck Dein letzter Brief auf mich gemacht hat und will Dir deshalb gleich dafür danken, während meine beiden großen Männer und <u>Genies</u> sich ausruhen. Mein Mann war von der freundlichen Aufmerksamkeit Seiner Hoheit des Herzogs tief berührt und ist für den freundlichen Brief, mit welchem Er ihn beehrt hat, zutiefst dankbar. Teuerstes Täubchen, liest Du noch die »*Gesammelten*«?³⁹⁴ Wir für unseren Teil sind in Gedanken noch immer bei den Meininger Aufführungen, mein Mann schrieb einige Worte an Dettmer³⁹⁵ und wir sind mit *Brutus*, *Cäsar*, Shakespeare und Plutarch noch nicht fertig. Wie man sich *Brutus* und *Cäsar* vorstellen sollte ist eine der Fragen, die meinen Mann in den letzten Tagen seit unserer Heimkehr beschäftigt haben. Du siehst, liebes Täubchen, dass die Freude, die wir durch die gnädige Gastfreundschaft Seiner Hoheit und durch Deine Freundlichkeit erfahren haben, keine flüchtige war, sondern tiefe Spuren hinterlassen hat. Es hat uns sehr gefreut zu hören, dass auch wir bei den Meiningern nicht ungern gesehen wurden und ich danke Dir dafür, dass Du mir dies erzählt hast.
Mein Vater kam am letzten Samstag bei guter Gesundheit an (Gott sei Dank!) und ich habe ihm wie von Dir gewünscht ausgerichtet, dass Du ihm diese Woche schreiben wirst.
Unsere Reise nach London ist nun beschlossene Sache, und ich denke, dass wir am ersten Mai dort angekommen sein werden.³⁹⁶

394 Wagner hatte sich mit einem launigen Brief vom 12. März 1877 und der Übersendung seiner 9-bändigen *Gesammelten Schriften* bedankt und seinem Gastgeber die Essays »Deutsche Kunst und deutsche Politik« sowie »Über Staat und Religion« zur Lektüre empfohlen. Siehe dazu Müller/Goltz (2013), 202.
395 Friedrich Dettmer (1835–1880), anfänglich zum Klaviervirtuosen bestimmt, ging heimlich zur Bühne. Nach erstem Auftreten in Basel (1852), erhielt er 1853 ein Engagement in Danzig. Nach kürzerem Aufenthalt in Weimar (1855) und Hamburg (1855–1856) wurde er 1856 Mitglied der Hofbühne zu Dresden und nahm dann ein abermaliges Engagement in Hamburg (1859–1860) an, kehrte aber 1860 an das Dresdner Hoftheater zurück.
396 Die ersten *Bayreuther Festspiele* endeten mit einem Defizit (siehe Einführung, Anm. 3). Das veranlasste Wagner, neben einer Vielzahl von Initiativen zur Geldbeschaffung, mehrere Konzertreisen zu unternehmen, wozu ihn im Winter 1877 Ange-

Daniella ist nun von der Schule zurück, sie sieht gut aus und ist wirklich ein gutes und liebes Kind. Ich hoffe, dass der Aufenthalt in Berlin für Seine Hoheit den Herzog ein angenehmer war. Bitte übermittle ihm unsere hochachtungsvolle und dankbare Ehrerbietung und empfange für Dich selbst die besten Grüße meines Mannes und meine Zuneigung.

Deine anhängliche
Cosima Wagner

Mein Vater weiß nicht, dass ich Dir schreibe, sonst hätte er seine Hochachtung an Seine Hoheit und seine besten Grüße an Dich ausrichten lassen. Wir haben viel über die reizenden Tage in Meiningen gesprochen und denken an Dich, an das liebe Täubchen, ich denke Du weißt, wie sehr! Bayreuth, 29. März 1877

bote aus London erreichten. Allerdings erbrachte die Konzertreise im Mai/Juni nur einen enttäuschenden Reingewinn von 15.000 Mark. »Ich bin jetzt auf dem Äußersten angelangt [...] Ich werde wohl nichts mehr tun können als [...] das Theater loszuwerden« schrieb Wagner aus London an den Bankier Friedrich Feustel in Bayreuth. Siehe Christfried Coler, »Richard Wagner 1864–1883«, in: *Mein Leben,* 525.

42. Cosima Wagner an Helene von Heldburg, Dienstag, 3. April 1877, aus Bayreuth, Manuskript: englisch, in: ThStA Meiningen, HA 40

Mein teuerstes Täubchen,
Mein Vater wollte uns gestern verlassen, um Seiner Hoheit dem Herzog persönlich seine Glückwünsche zu überbringen, doch als er gerade im Aufbruch war, stürzten plötzlich so viele Dinge in den einen Tag herein, dass wir im Begriff waren, einen der zehn von ihm versprochenen zu verlieren, und so blieb er in der ihm eigenen Freundlichkeit bei uns.[397]
Nun ist also der wichtigste Überbringer unserer guten Wünsche verhindert, »*was tun? spricht Zeus*«?[398] Nach einigem Überlegen haben wir beschlossen, dass es besser ist, verspätet, aber richtig zu kommen, als zur rechten Zeit und unvollständig, und so entschieden wir uns noch zu warten, um gemeinsam mit meinem Vater kommen zu können.
Du weißt ja »*Spät naht der Poet*«,[399] und hinter ihm folgt seine Frau; beide kommen fast sicher zu Recht, wenn der große Magier ihnen vorauseilt. Dieser wird dann Seiner Hoheit dem Herzog unsere herzlichsten Gratulationen übermitteln und Dir davon berichten, wie sehr wir an Dich denken, mein liebes Täubchen, mit den herzlichsten Grüßen von Deiner
Cosima Wagner
Bayreuth
3. April 1877

---

397 Franz Liszt hatte offenbar vorgehabt, den Herzog an seinem 51. Geburtstag am 2. April 1877 zu besuchen. Laut Fourierbuch (ThStA Meiningen, HMA 1388) hielt sich Liszt am 4. April für einen Tag erstmals als offizieller Gast Georgs II. und Helenes im Meininger Schloss auf. Am Abend musizierte er hier vor einem erlesenen Publikum zu Ehren des Herzogs.
398 Am Schluss von Friedrich Schillers Gedicht *Die Theilung der Erde* (1795) heißt es: »›Was tun?‹ spricht Zeus, ›die Welt ist weggegeben,/Der Herbst, die Jagd, der Markt ist nicht mehr mein./Willst du in meinem Himmel mit mir leben -/So oft du kommst, er soll dir offen sein.‹ «
399 Im gleichen Gedicht hieß es zuvor: »Ganz *spät,* nachdem die Theilung längst geschehen,/ *Naht der Poet*: er kam aus weiter Fern'./ Ach, da war überall nichts mehr zu sehen./ Und Alles hatte seinen Herrn! Weh' mir!«

**43. Cosima Wagner an Helene von Heldburg, Donnerstag, 26. April 1877, aus Bayreuth, Manuskript: englisch, in: ThStA Meiningen, HA 40**

Mein teuerstes Täubchen,
Zwei Worte nur, um Dir für Deinen Brief zu danken und um Dir zu schreiben, dass mein Vater mich in seinem letzten Brief gebeten hat, Dir seine herzlichsten Grüße zu übermitteln und auszurichten, dass er die Stunden mit Dir sehr genossen hat. Ich befürchte, dass die Konzerte schon vorbei sein werden, wenn Du und Seine Hoheit vor den Pfingsttagen in London ankommen werdet,[400] sie beginnen am 6. Mai[401] und das letzte findet am 19. statt. Bitte sei so freundlich, mir mitzuteilen, wann die Abreise[402] geplant ist und ob Seine Hoheit der Herzog mir die Ehre erweisen würde und Du so freundlich wärst, einem der Konzerte in meiner Loge beizuwohnen? Wenn die sechs Konzerte erfolgreich sein sollten, könnten danach noch ein oder zwei weitere stattfinden, doch hierfür gibt es noch keine konkreten Anweisungen; die Sänger sind jedoch vorsorglich für den ganzen Monat Mai engagiert.[403]
Wirst Du schlecht von mir denken, wenn ich zugebe, dass ich mich so gar nicht »den Göttern nah« fühle? Das Mitgefühl und Verständnis einer ehrlichen Seele bedeutet mir viel mehr als der Applaus Tausender und ich wünschte, dass diese Reise nicht notwendig gewesen wäre. Ich fürchte, Du wirst mich für kaltherzig halten, doch Du weißt ja, dass mir Erfolg, Applaus und das ganze Drumherum nie besonders wichtig waren. Ich wünsche mir nur einen erfolgreichen Ausgang der Konzerte, da wir uns sonst in einer misslichen Situation befinden würden.

---

400 Die Pfingsttage fielen 1877 auf den 21. und 22. Mai.
401 Das erste Konzert fand am 7. Mai 1877 in der Royal Albert Hall in London statt.
402 Laut Fourierbuch (ThStA Meiningen, HMA 1388) brachen Georg II. und Helene am 17. Mai 1877 zur Veste Heldburg auf. Allerdings deutet Cosimas Frage, ob Helene den Schauspieler Jepherson als *Rip van Winkle* in London gesehen habe, auf einen Kurzaufenthalt des Herzogs und Helenes in London (46. Brief) in der 2. Maihälfte 1877, allerdings auch daraufhin, dass sich beide Ehepaare in London nicht begegnet sind. Der Besuch Georgs II. und Helenes dürfte Gesprächen und einer Besichtigung der vorgesehenen Spielstätte für das beabsichtigte London-Gastspiel des Meininger Hofschauspiels gegolten haben.
403 Bei der Veranstaltung der Konzerttournee wurde Wagner von dem Unternehmer Hodge & Essex unterstützt. Wagners wohnten während ihres London-Aufenthaltes vom 1. Mai bis 4. Juni 1877 bei Edward Dannreuther und wurden u.a. von Königin Viktoria auf Schloss Windsor empfangen. Während der Aufenthalt für Richard offenbar relativ anstrengend war, genoss Cosima die Besuche in Museen, Ateliers und bei gesellschaftlichen Anlässen. Siehe dazu Föttinger (2011) 160ff.

Die zwei englischen Herren[404] haben Dich nicht korrekt informiert, es gibt Plätze für zwei Schillinge, und die Preise wurden gemäß der englischen Gewohnheiten bestimmt.
Auf Wiedersehen, mein teuerstes Täubchen, ich hoffe bald von Dir zu hören, dass es Dir wieder besser geht und dass wir uns in London sehen werden. Bitte übermittle unsere hochachtungsvollsten Grüße an Seine Hoheit den Herzog und empfange für Dich selbst die besten Wünsche meines Mannes und die herzlichste Zuneigung von Daniella und von mir,
ganz die Deine Cosima
Bayreuth
26. April 1877

Meine Adresse in London:
R. Wagner bei Herrn Dannreuther[405]
12 Ormesquare Bayswater
London W

---

404 Gemeint sind vermutlich die Shakespeare-begeisterten Herren Charles Halford Hawkins und sein Begleiter Croft, die am 9. und 12. April von Georg II. ins Meininger Schloss nicht nur zum Diner, sondern zu vorbereitenden Gesprächen bezüglich des geplanten London-Gastspiels des Hofschauspielensembles geladen waren. Siehe das Fourierbuch, in: ThStA Meiningen, HMA 1386. Noch im April 1877 publizierte Hawkins einen »The Meiningen Court Theater« betitelten Beitrag im *Macmillan's Magazine*.
405 Edward Dannreuther (1844–1905), Pianist und Klavierlehrer, Absolvent des Leipziger Konservatoriums der Musik (1859–1863), übersiedelte nach Studienabschluss nach England, gründete 1872 die London Wagner Society und dirigierte bis 1874 auch deren Konzerte. Dannreuther übersetzte Schriften Wagners ins Englische und war selbst als Autor tätig, etwa als Verfasser der zweibändigen Verzierungslehre *Musical Ornamentation* (London, 1893–1895).

44. Cosima Wagner an Helene von Heldburg, Sonntag, 19. August 1877, aus Bayreuth, Manuskript: englisch, in: ThStA Meiningen, HA 40

Bayreuth
19. August 1877[406]

Mein teuerstes Täubchen,
Nun sind schon drei Monate vergangen, seit Dein freundlicher Brief bei mir eintraf; ich habe nicht eher geschrieben, weil ich erstens nicht genau wusste, wo Du Dich aufgehalten hast und zweitens weil ich so umhereilte, dass ich nicht in der Lage war, einige vernünftige Zeilen zu schreiben.[407] Nun habe ich von meinem Vater erfahren, dass Seine Hoheit der Herzog ernsthaft erkrankt war und möchte Dir schreiben wie leid es uns tut, dies hören zu müssen und dass wir inständig hoffen, dass der Herzog sich inzwischen vollständig erholt hat und Du nicht länger in Sorge leben musst. Es ist wirklich traurig, dass man immer dann, wenn man eine Weile nichts voneinander gehört hat, mit traurigen Neuigkeiten rechnen oder diese selbst überbringen muss. Ich traue mir kaum, Dir zu dem gewaltigen Erfolg des Herzoglichen Theaters in Frankfurt und Köln zu gratulieren.[408] Wir haben viel davon gehört und sind, wie Du Dir vorstellen kannst, hocherfreut darüber. Doch wenn man mit ernsthaftem Schmerz oder in Sorge lebt, merkt man, wie klein die Dinge doch sind, die uns sonst im Leben so wichtig erscheinen. Ich hoffe sehr, dass Du nun erleichtert bist und die schönen Seiten des Lebens wieder genießen kannst.[409]
Wir bedauern es wirklich sehr, dass wir uns in London nicht treffen konnten,

---

406 Im Tagebuch erinnerte sich Cosima unter diesem Datum an ihren Hochzeitstag mit Bülow 20 Jahre zuvor. Siehe CWT, 19. August 1877 (Bd. II, 1066).
407 Wagners fuhren Anfang Juni von London aus direkt zur Kur nach Bad Ems, wo sie bis Mitte Juli weilten. Danach folgten Kurzaufenthalte in Schwetzingen, Heilbronn, Mannheim, Freiburg, Triebschen, München, Nürnberg, Weimar (23. Juli) und Bayreuth (1. August).
408 Köln (1. Mai–10. Juni) und Frankfurt (15. Juni–8. Juli) waren die beiden Stationen der Frühjahrstournee 1877. Die Meininger waren erstmals im Westen Deutschlands unterwegs. Davor gastierte man in Berlin, Wien, Budapest, Dresden und Breslau. Neue Stücke, die besonders erfolgreich hätten aufgenommen werden können, waren nicht im Repertoire. Es heißt, insbesondere einige Vertreter der Düsseldorfer Malerschule seien hoch begeistert gewesen von der Pracht und Farbstimmigkeit der Dekorationen und Inszenierungen. Es konnten keine entsprechenden Quellen ermittelt werden. Mitteilung Nicole Roth, Stellvertretende Leiterin der Düsseldorfer Gemäldegalerie, 22. Juli 2013.
409 Von welcher Erkrankung des Herzogs hier die Rede ist, konnte nicht ermittelt werden.

doch wir sind fast erleichtert, dass Seine Hoheit und Du die Konzerte nicht besucht habt. Albert Hall ist kein guter Saal für die Musik. Ich denke, dass Stierkämpfe und große Shows darin beeindruckend wären, doch das trifft nicht auf künstlerische Darbietungen zu[410] und daher fürchte ich, dass die Eindrücke, die Du letztes Jahr in Bayreuth gewonnen haben, vielleicht verdorben worden wären. Doch Deine Landsleute waren trotz der ungünstigen Lokalität wundervoll und ich habe aus England wunderschöne Erinnerungen mitgebracht. Mein Mann war natürlich erschöpft und sehnte sich nach Ruhe und Erholung. Ich hoffe sehr, dass ihm diese nun für den Rest des Jahres vergönnt sein werden.

Nun ist es fast ein Jahr her, dass die letzten Aufführungen hier stattfanden. Bitte richte dem Herzog aus, dass wir noch immer dankbar an das freundliche Interesse denken, dass er an unserer Kunst hatte und dass wir hoffen, dass dieses Interesse von Dauer sein wird.

Mein teuerstes Täubchen, übermittle bitte diesen Dank zusammen mit unseren hochachtungsvollen Grüßen und nimm für Dich selbst die besten Wünsche meines Mannes an. Ich verbleibe als Deine Dir unwandelbar zugeneigte Cosima Wagner

---

[410] Zu den akustischen Problemen des im März 1871 eröffneten Konzerthauses siehe Forsyth (1992).

45. Cosima Wagner an Helene von Heldburg, Dienstag, 20. November 1877, aus Bayreuth, Manuskript: englisch, in: ThStA Meiningen, HA 40

Mein teuerstes Täubchen,
Mein Mann und ich haben uns sehr gefreut, von Dir zu hören, dass Seine Hoheit der Herzog sich gänzlich von seiner Krankheit erholt hat. Doch welch schreckliche Zeit musst Du ausgestanden haben![411] Lass uns nun nur an das Gute daran denken, nämlich, dass, verglichen mit dieser Sorge, alles andere wie eine Bagatelle erscheint. Ich weiß es wohl, und ich weiß auch, dass ich mich dafür geschämt habe, über irgendetwas geklagt zu haben, dabei haben mich Gedanken beschäftigt, die weit über das Klagen hinausgehen. Mein teures Täubchen, ich hoffe, Du hattest eine schöne Zeit in Berlin und denke, dass Du nun zurück sein müsstest.[412] Wir haben uns vorgenommen, über diesen Winter ganz ruhig zu Hause zu bleiben. Mein Mann möchte an seinem neuen Gedicht arbeiten, Gott sei Dank geht es ihm gut und er ist wunderbar tatkräftig und stets »hochgemuth«. Wir beide denken oft in Gedanken und Gesprächen an die schöne Zeit in Meiningen zurück; bitte bestelle dem Herzog unsere aufrichtigsten Grüße und dankbare Ehrerbietung. Meine Liebe, Du hast wirklich Recht: ohne Kunst wäre das Leben nicht lebenswert. Kürzlich haben wir bei der Lektüre von Alarcons »*Wahrheit wird verdächtig*«[413] an Meiningen gedacht und daran, ob Du vielleicht auch das spanische Theater einmal ausprobieren möchtest. Ich weiß, dass es immer nur eine kleine Minderheit geben wird, die an der feinsinnigen und außergewöhnlichen Kunst Freude findet, doch die Mühe lohnt sich und nur ein Primus[414] kann sie auf sich nehmen und so um des Höheren Willen eine Abstraktion dessen zu schaffen, was der Allgemeinheit gefällt.

411 Georg II. war im Sommer 1877 in Schottland »wieder sehr krank« und erholte sich erst im Spätsommer und Herbst in den heimatlichen Bergen davon; Helene hatte an »ununterbrochenen neuralgischen Gesichtsschmerzen« gelitten. Helene von Heldburg an Fanny Lewald, 8. Dezember 1877, in: Institut für Theaterwissenschaft der FU Berlin, Archiv und Theaterhistorische Sammlung, Inv.-Nr. 5415.
412 Das Meininger Fourierbuch (ThStA Meiningen, HMA 1386) vermeldet für Georg II. und Helene einen Berlin-Aufenthalt vom 14.–29. November 1877. Auch diese Reise dürfte in Zusammenhang mit den umfänglichen Sondierungsgesprächen und Vorbereitungen für das London-Gastspiel zu sehen sein. Vermutlich galt sie auch intensiven Gesprächen und Verhandlungen im Berliner Schloss zur Vorbereitung der für März 1878 geplanten Hochzeit des Meininger Erbprinzen Bernhard mit der preußischen Prinzessin Charlotte, der Schwester des späteren deutschen Kaisers Wilhelm II.
413 Gemeint ist Juan Ruiz de Alarcóns Komödie *La verdad sospechosa* (*Die verdächtige Wahrheit*, ca. 1619/21).
414 Lat.: der Erste, der Vorderste.

Tausend Dank für Daniella, ich möchte Deine freundliche Einladung gern annehmen,[415] die einzige Ungewissheit ist, dass sie eventuell in dieser Zeit nach London reisen muss. Tante Isa[416] »wünscht ihr sofortiges Erscheinen«.[417] Ich bin auf der Suche nach einer vertrauenswürdigen Person, die im Laufe des Winters nach England reisen würde.[418] Sollte Dir etwas zu Ohren kommen, würde ich mich freuen, wenn Du es mich wissen ließest.

Von Herrn von B. habe ich sehr gute Neuigkeiten erhalten, er dirigiert jetzt die Konzerte in Glasgow.[419] Ich denke, dass er sich Herrn von Bronsarts wegen mit der Situation in Hannover arrangiert hat, einem seiner besten Freunde und in jeder Hinsicht ein Gentleman.[420] Ich denke, Du solltest ihm Dein Mitgefühl und Deine Freundschaft »aufzwingen«, er ist einer der wenigen, die dies verdient

415 Seit Helene ab 1873 den Kontakt zu Bülow wieder enger gestaltete, wusste sie um dessen Sehnsucht, seine Töchter wiederzusehen, von denen er seit November 1869 getrennt war. Trotz mehrfacher Einladungen nach Meiningen sahen sich Vater und Tochter erstmals während der Feierlichkeiten zu Liszts 70. Geburtstag 1881 in Berlin wieder. Zu einem entspannten Besuch Danielas bei ihrem Vater in Meiningen kam es erst im Oktober 1883.

416 Als »Tante« wird in den von Waldberg (1933) herausgegebenen Briefen Cosima Wagners an ihre Tochter Daniela wiederholt Isidora bezeichnet, die Schwester von Hans und Ehefrau Viktor von Bojanowskis, 1873–1882 attachierter Generalkonsul in London. Nach London schrieb Hans übrigens: »Bez. Daniella's habe ich Euch carte blanche gegeben. Arrangiert's also ganz nach Eurem bon plaisir. In Bayreuth wird man sich vollkommen danach bequemen.« Brief Hans von Bülow an Isidora von Bojanowski, 1. Februar 1878, in: SBPK Berlin, Bülow-Briefe 55 Nachl. 85, 131. Bülow plante seinen London-Aufenthalt vom 6.–13. Juni, wo er zwei Recitals in St. James Hall gab: »Ich möchte nun gern von Dir eine kurze Notiz haben – wie Ihr es mit dem projectirten Besuche Daniella's bei Euch arrangiert habt. Wie ich Dir früher mündlich vertraut, würde mich ein Zusammentreffen mit meiner Tochter (als ein verfrühtes) geniren – ich kann keine neuen Emotionen gebrauchen – habe an alten noch genug zu – verdauen. Also ... doch Du verstehst mich ja zwischen den Zeilen – u. s. w.« Brief Hans von Bülow an Isidora von Bojanowski, 9. Mai 1878, in: SBPK Berlin, Bülow-Briefe 55 Nachl. 85, 132.

417 Isidora wünschte ihre Nichte als Hilfe zur Pflege der bei ihr lebenden Mutter Franziska von Bülow.

418 Daniela war noch nicht volljährig und durfte deshalb nicht allein reisen.

419 Bülow gab von Ende Oktober 1877 bis Anfang Januar 1878 unter der Schirmherrschaft der Glasgow Choral Union Konzerte als Dirigent. Siehe Gewande (2004), 270f.

420 Bülows langjähriger Freund und Liszt-Schüler hatte ihm schon im August 1876 angeboten, zu ihm nach Hannover zu kommen, wo er das Königliche Theater leitete. Bülow nahm die Einladung für einige Wochen zwecks Genesung auch an. Als im August 1877 der Hofkapellmeister Ludwig Fischer (1816–1877) plötzlich verstarb, bot Bronsart Bülow die Stelle an, welche dieser am 29. September 1877 antrat.

haben. Er mag Dich und sein Charakter ist tadellos, wenn ihm auch das Leben schon so manches auferlegt hat. Könnte er sich nicht vielleicht mit D. bei Dir treffen?

Hast Du eventuell schon einmal von einem Meininger Maler und Xylographen namens Rau gehört?[421] Mir schrieb jemand aus Berlin und wollte unbedingt, dass ich ihn Dir empfehle. Das kann ich natürlich nicht tun, da ich weder ihn selbst noch seine Werke kenne, doch so habe ich ihn wenigstens erwähnt. Hast Du Jepherson als *Rip van Winkle*[422] in London gesehen und war das nicht eine perfekte Aufführung? Mein Mann und ich waren davon gänzlich hingerissen, ich wünschte nur, dass wir ihn auch in anderen Theaterstücken sehen könnten. Doch Shakespeare ist fast in Vergessenheit geraten – wir haben einen schrecklichen *R. III.*[423] gesehen.

421 Es handelt sich möglicherweise um eine Verwechslung: Zu den Arbeiten des Bildhauers Johann Georg Rau, Biberach bei Stuttgart, zählte laut *Die Künstler aller Zeiten und Völker* (1870 Bd. 4, 354) auch die »Erfindung der Malerei« für den Herzog von Meiningen. Der ebenfalls in Biberach geborene Bildhauer Ernst Rau (1839–1875) schuf u. a. eine Schillerstatue für Marbach (1876).
422 *Rip van Winkle* ist eine Erzählung des amerikanischen Schriftstellers Washington Irving (1783–1859), die 1819 im Rahmen seines *Skizzenbuchs* erschien. Erzählt wird die Geschichte des Bauern Rip van Winkle, der zur englischen Kolonialzeit in den Bergen New Yorks in einen Zauberschlaf fällt, erst nach zwanzig Jahren wieder aufwacht und feststellt, dass er nun nicht mehr Untertan des englischen Königs, sondern Bürger der Vereinigten Staaten ist. Die Bühnenadaption von Dion Boucicault mit Joseph Jefferson in der Hauptrolle wurde zu einem der erfolgreichsten Theaterstücke des 19. Jahrhunderts.
423 *Die Tragödie von König Richard III.*, engl. *The Tragedy of King Richard the Third*, ist ein Drama von William Shakespeare in fünf Akten über den englischen König Richard III. Das um 1593 entstandene Werk erschien 1597.

Doch jetzt leb wohl mein teures Täubchen, ich hoffe, dass Du bei bester Gesundheit bist. Mein Mann lässt Dir seine aufrichtigsten Grüße bestellen und ich bin in aufrichtiger Zuneigung
immer die Deine
Cosima
20. November 1877

[auf dem 1. Blatt quer geschrieben]
Meine Augen sind so schlecht,[424] bitte entschuldige diesen Brief, den ich nicht noch einmal durchsehen konnte.

---

[424] Cosima litt an einer fortschreitenden Augenerkrankung, die zur Erblindung führte. Im Februar 1893 begab sie sich deswegen z. B. in die Behandlung von Prof. Ebersbach nach Erlangen (Brief von Cosima an Houston Stuart Chamberlain vom 8. Februar 1893) Bereits nach ihrem 50. Geburtstag hatte sie am 9. Januar 1888 an Ludwig Schemann geschrieben: »Meine Gesundheit ist zwar immer gut, meine Augen aber sind so elend geworden, dass ich gar nichts mehr für mich lesen kann. Es schien mir dieses zuerst sehr schwer, nun erscheint es mir als Gewinn, da ich die Dinge durch den Mund und die Stimme meiner Kinder klangvoll erhalte.« (siehe Marek [1983], 303).

46. Cosima Wagner an Helene von Heldburg, Montag, 31. Dezember 1877, aus Bayreuth, Manuskript: englisch, in: ThStA Meiningen, HA 40

31. Dezember 1877
Mein teuerstes Täubchen,
Wir können das Jahr 1877 nicht ausklingen lassen, ohne an diejenigen zu denken, die uns mit ihrer Güte und Freundlichkeit erfreut haben. Dabei denken wir ganz besonders an die Freundlichkeit, die Seine Hoheit und Du uns entgegengebracht habt und senden in Dankbarkeit unsere besten Wünsche für ein glückliches neues Jahr. Ich hoffe, dass der Heilige Abend Dich für alle Deine Mühen entlohnt hat – unser Fest war ein fröhliches, die Kinder strahlten vor Glück und ich wünschte, Du hättest meinen Gabentisch gesehen. Er war fantastisch und voller origineller Dinge! Ein japanisches Morgenkleid ist eine ganz besondere Schönheit![425] Ich war mit meinen Geschenken sehr prosaisch, denn in unserem Haus läuft man eher Gefahr, die Prosa zu vergessen, als die Poesie.
Vielen Dank für D's erneute Einladung.[426] Ich weiß noch nicht, ob sie nach London reisen wird oder nicht. Du weißt ja, dass es ein Fehler der alten Fr. v. B. und ihrem Umfeld ist, nicht immer über alles einen klaren Überblick zu haben.
Jedenfalls denke ich nicht, dass Daniella dort ihren Vater treffen wird, und ich bin mir fast sicher dass H. v. B. selbst es lieber hätte, sie erst bei Dir zu sehen, mein liebes Täubchen.
Lewinsky[427] hat Dir gefallen?[428] Ich habe ihn wohl in der falschen Rolle gesehen, denn mir erschien er recht unbedeutend. Mir fällt auf Anhieb keine einzige gute Vorstellung in Deutschland ein – Dettmer als *Antonius* hat mir sehr gefallen, doch ich bin mir ziemlich sicher, dass das nicht sein Verdienst

---

425 Es handelt sich um den auf einem Gemälde von Paul Joukowsky festgehaltenen traditionellen japanischen Kimono. Siehe die mit »Cosima Wagner 1889« unterschriebene Abbildung bei Du Moulin (1931), nach VIII. Im Abbildungsverzeichnis fehlt das Gemälde. Inwiefern die Behauptung von Buchner (2013, 87), sie habe im häuslichen Umfeld »silberfarbene Kimonos« (!) getragen, belastbar ist, bleibt dahingestellt.
426 Gemeint ist eine Einladung Daniela von Bülows nach Meiningen.
427 Joseph Lewinsky (1835–1907), Schauspieler. Er arbeitete zunächst als Statist am Hofburgtheater, debütierte 1855 im Theater an der Wien und spielte daraufhin in Troppau, Bielitz und Brünn. 1858 verpflichtete ihn Heinrich Laube an das Hofburgtheater. Nach Vertragsende wurde er 1861 Ensemblemitglied auf Lebenszeit daselbst. Unterbrochen wurde die Tätigkeit des »Wirklichen Hofschauspielers« (1865) von Gastspielen u. a. in Moskau und St. Petersburg.
428 Im Manuskript: »I wonder how Lewinsky pleased you«.

war! Gibt es denn erwähnenswerte neue Stücke? Mich würde interessieren, ob Du schon einmal etwas von Costa (<u>Nero</u>, <u>Messaline</u>)[429] gehört hast; ein wahres Talent, und seine beiden Stücke sind viel besser als die gleichnamigen Werke von Wilbrandt.[430] Er ist Italiener, aber ich glaube, dass Nero ins Deutsche übersetzt wurde, auf der Bühne ist das Stück sehr eindrucksvoll. Ich gehe davon aus, dass Du <u>Gries</u>[431] Übersetzung der Spanier hast; dies ist eine gute Wahl, obwohl viele meiner Favoriten darin nicht enthalten sind.
Meine Augen sind schwach, mein teuerstes Täubchen, und ich sehe kaum noch, was ich schreibe und kann abends nicht mehr lesen. Wir haben ja schon darüber gesprochen, dass es traurig, aber nicht zu ändern ist.
Und nun noch einmal ein glückliches neues Jahr, bitte übermittle dem Herzog unsere dankbare Ehrerbietung verbunden mit den ergebensten Grüßen meines Mannes und meiner tiefsten Zuneigung!
Cosima

---

429 Eventuell handelt es sich bei der Autorin um Francisca da Paula Pozzolo da Costa, welche laut *Allgemeiner deutscher Real-Encyclopädie für die gebildeten Stände* (1824, 756), 1816 einen Band Gedichte unter dem Titel *Francilia pastora do Tejo* sowie zwei Lustspiele herausgab und die zur Zeit des Erscheinens des Nachschlagewerkes an einer Übersetzung des Romans *Corinne ou l'Italie* (1807) von Baronin Anne Louise Germaine de Staël-Holstein (1766–1817), besser bekannt als Madame de Staël, arbeitete. Es könnte sich allerdings auch um den italienischen Schriftsteller Paolo Costa (1771–1837) handeln, denn Cosima schreibt von einer männlichen Person.
430 Adolf von Wilbrandt (1837–1911) studierte Jura, Geschichte und Philosophie und war nach seiner Promotion in der Redaktion der *Münchner Neuesten Nachrichten* tätig. Er arbeitete als Schriftsteller und wurde 1881 Direktor des Burgtheaters in Wien. Siehe auch Stefan Siebert (Hrsg.), *Adolf Wilbrandt: ein literarisches Leben zwischen Rostock und Wien,* Rostock, 2013.
431 Johann Diederich Gries (1775–1842) war ein deutscher Übersetzer der romantischen Ära und übersetzte u. a. 1815–1826 die Werke von Pedro Calderón de la Barca.

47. Cosima Wagner an Helene von Heldburg, Samstag, 12. Januar 1878, aus Bayreuth, Manuskript: englisch, in: ThStA Meiningen, HA 40

Mein teuerstes Täubchen,
Ich habe noch immer keine Antwort von H. v. B. bezüglich seiner Wünsche für Daniella erhalten; ich habe angefragt, ob er es wünscht, dass sie diesen Winter abreist oder nicht. Erlaubst du mir, ein *Telegramm* zu schicken, das ihre Ankunft ankündigt, falls ich bis <u>Dienstag</u> eine bejahende Antwort bekomme? Falls dies nicht passiert, bitte ich Dich, Deine freundliche Einladung für den nächsten Winter aufzuheben, da sie dann 18 ist und es keinen Grund mehr geben wird, zu fragen, so wird sich die Angelegenheit von selbst klären. Vielen Dank für Deine Güte mein teures Täubchen, die Freude, die Daniella bei Dir gehabt hätte, wäre auch für mich sehr schön gewesen. Ihre Reise nach London habe ich schon für den Monat Juni vorbereitet, damit sie dann nicht verhindert ist, doch ich sehe es als meine Pflicht an, die Wünsche ihres Vaters abzuwarten bezüglich ihres ersten Auftretens in der Öffentlichkeit und der Frage, ob dieses jetzt oder später passieren soll.
Bitte lege Seiner Hoheit dem Herzog unsere hochachtungsvollsten Grüße zu Füßen und nimm für Dich selbst den erneuten Ausdruck meiner Dankbarkeit und Anhänglichkeit an
Cosima
12. Januar 1878

48. Cosima Wagner an Helene von Heldburg, Mittwoch, 16. Januar 1878, aus Bayreuth, Manuskript: englisch, in: ThStA Meiningen, HA 40

Mein teuerstes Täubchen,
Herr v. B. schreibt mir gerade, dass er wünscht, dass Daniella der Gesundheit seiner Mutter wegen so rasch wie möglich nach London reist. Er möchte, dass sie ihr Erwachsenenleben mit einer wirklich guten Tat beginnt, nämlich damit, dass sie ihrer Großmutter hilft, die Schmerzen des Alters zu ertragen.[432] Ich suche nun nach einer Begleitung und werde sie losschicken, sobald diese gefunden ist.
Tausend Dank mein teures Täubchen. Erlaubst Du mir, Deine Freundlichkeit im nächsten Jahr in Anspruch zu nehmen?
Meine Liebe an Dich und meine Ehrerbietung an Seine Hoheit den Herzog.
Immer die Deine,
Cosima
16. Januar 1878

---

432 Daniela von Bülow verbrachte mehrere Wochen zu Besuch bei ihrer Großmutter im Hause ihres Onkels von Bojanowski. Cosima richtete folgende Briefe an ihre Tochter nach London: 21. Juni 1878 (Waldberg 1933, 57ff.), 24. Juni 1878 (Waldberg 1933, 60), 7. August 1878 (Waldberg 1933, 61ff.), 23. August 1878 (Waldberg 1933, 63ff.). Franziska von Bülow starb 1888.

49. Cosima Wagner an Helene von Heldburg, Dienstag, 19. Februar 1878, aus Bayreuth, Manuskript: englisch, in: ThStA Meiningen, HA 40

Mein teuerstes Täubchen,
Ich hoffe, dass Du nicht allzu sehr darüber erstaunt sein wirst, dass ich mich mit der Bitte um einen Gefallen an Dich wende. Ich bereite gerade den Geburtstag meines Mannes vor, und da ich die Kinder gern ein kleines allegorisches Schauspiel vorführen lassen würde,[433] hätte ich gern Kostüme. Wärst Du, mein liebes Täubchen, so freundlich, Seine Hoheit den Herzog zu fragen, ob er es mir gnädigerweise gestatten würde, beim herzoglichen Kostümier[434] ein *Lohengrin*-Kostüm für meinen kleinen Jungen zu bestellen? Ich weiß, dass es nicht zu den Gepflogenheiten eines Hoftheaters gehört, Aufträge von Privatpersonen anzunehmen, doch da mir eine ähnliche Bitte einmal vom König von Bayern erfüllt wurde, hoffe ich darauf, dass Seine Hoheit der Herzog und Du selbst es nicht anmaßend von mir finden, diesen Wunsch zu äußern. Mein teuerstes Täubchen, sollte es Dir jedoch in irgendeiner Weise Umstände machen, mir diesen Gefallen zu gewähren, dann sage mir dies selbstverständlich bitte ganz offen und entschuldige, dass ich mir die Freiheit genommen habe, darum und noch um eine zweite Sache zu bitten.
Wärst Du so freundlich, mir ein winzig kleines Stückchen des gelben Satinstoffes zu schicken, aus dem das Kleid gefertigt war, das Du im vergangenen Jahr einmal getragen hast? Ich möchte für den <u>Abend</u> (für eine der allegorischen Figuren) genau diese Farbe, konnte sie jedoch mit der bloßen Beschreibung bisher nicht finden. Ich vertraue auf unsere Freundschaft und hoffe, dass Du nicht allzu überrascht von diesen seltsamen Wünschen sein wirst und Verständnis für die Gründe hast, aus denen ich Sie vorgetragen habe, ob Du sie erfüllen kannst oder nicht. Lege bitte seiner Hoheit dem Herzog meine Ehrerbietung zu Füßen und empfange selbst meine Liebe,
Cosima Wagner, Bayreuth, 19. Februar 1878

433 Du Moulin (1929), 824 f. schreibt: »Der 22. war so w a h n f r i e d l i c h, daß er uns ewig im Sinne bleiben wird. Einen Gedanken von mir, die Huldigung durch die vier Tageszeiten, Jahreszeiten, Elemente und Weltteile hatte Wolzogen wunderschön um Erdas Erwachen, Klagen und Jubeln gruppiert und durch ein Nornenvorspiel eingeleitet, und meine Kinder führten das kleine Festspiel in der Halle in wirklich unvergleichlicher Weise aus [...]«.
434 Gemeint ist Bernhard Gustav Schmidt (1854–1914), herzoglicher Hofschneidermeister. Der aus Barchfeld stammende Schmidt hatte 1825 in Meiningen eine Schneiderwerkstatt eröffnet, die 1848 von seinem Sohn Johann Georg übernommen wurde und die später an dessen Sohn Bernhard Gustav überging. Die Schmidts fertigten über Jahrzehnte hinweg Herrenkostüme für die Inszenierungen des Meininger Hofschauspiels an.

50. Cosima Wagner an Helene von Heldburg, Montag, 25. Februar 1878, aus Bayreuth, Manuskript: englisch, in: ThStA Meiningen, HA 40

Mein teuerstes Täubchen,
Nimm meinen allerbesten Dank für Deine Freundlichkeit an; ich hoffe, dass ich sie nicht in Anspruch nehmen muss, denn ich möchte Dir mit meinen Trivialitäten nicht Deine Zeit stehlen und unnötig Mühe machen. Der Kostümier unseres Theaters, der mir versichert hatte, dass es nichts in der Art gibt, wie ich für das kleine *Lohengrin*-Kostüm haben wollte, hat mir nun mitgeteilt, dass er doch alles da hat, und zeigte mir Dinge, die zwar nicht so schön sind, als wären sie aus Meiningen gekommen, aber ihren Zweck erfüllen werden. So bin ich froh, Dir diese Umstände zu ersparen, doch ich bin genauso dankbar, als hätte ich sie angenommen und bitte dich, mir zu erlauben, nur dann an den Kostümier zu schreiben, falls mein eigener Versuch fehlschlagen sollte. Ich hoffe, dass Seine Hoheit der Herzog bei guter Gesundheit wieder bei Dir eingetroffen ist, und dass er von den wahrhaft anstrengenden Dingen nicht zu sehr ermüdet wurde.[435] Ich hoffe auch, dass es Deiner Frau Mutter gut ging, als Du sie besucht hast. Bitte rufe mich bei ihr in Erinnerung, wenn Du ihr schreibst.
Uns geht es sehr gut, wir sind froh darüber, zu Hause zu sein und auch eine Weile zu Hause bleiben zu können. Mein Mann arbeitet fast den ganzen Tag und ich bin mit den Kindern beschäftigt.
Bitte übermittele Seiner Hoheit dem Herzog unsere hochachtungsvollsten Grüße und empfange für Dich selbst die besten Wünsche meines Mannes sowie meine Liebe und meinen Dank.
Cosima Wagner
Bayreuth
25. Februar 1878

---

435 Georgs Sohn, Erbprinz Bernhard, hatte am 18. Februar 1878 die preußische Prinzessin Charlotte geheiratet. Der Herzog musste aus protokollarischen Gründen allein an den Feierlichkeiten in Berlin teilnehmen. Vgl. Briefe an Helene in: ThStA Meiningen, HA 319.

51. Cosima Wagner an Helene von Heldburg, Dienstag, 15. April 1879, aus Bayreuth, Manuskript: englisch, in: ThStA Meiningen, HA 40

15. April 1879
Beantwortet am 17.4.[436]
Mein teuerstes Täubchen,
Mein Mann bat mich darum, in seinem Namen anzufragen, wie es im Sommer um die »*Meininger Kapelle*« steht, ob die Musiker freigestellt werden oder ob sie im Dienst Seiner Hoheit des Herzogs verbleiben, und ob es einzurichten wäre, sie von Ende Juni bis Juli für einen Monat hier zu haben? Mein Mann möchte einen Teil des »*Patronat-Fond*« für Konzerte, oder vielmehr für das Einstudieren von Musikwerken verwenden, was nur mit einem Orchester möglich ist. Er wäre Dir sehr dankbar, mein liebes Täubchen, wenn Du mir bezüglich dieser Einzelheiten Auskunft geben könntest.[437]
Ich hoffe, dass Du bei bester Gesundheit und zufrieden mit dem Winter bist, der uns nicht verlassen zu wollen scheint. Ich habe durch Lenbach von Dir gehört (es tut mir leid, dass er Dein Portrait nicht gemalt hat),[438] doch das ist schon eine Weile her und nun weiß ich nicht einmal, ob Du in Meiningen bist. Uns geht es gut, doch wir sehnen uns so sehr nach Sonne und Wärme und denken ernsthaft darüber nach, jedes Jahr ein paar Monate in Italien zu verbringen, höchstwahrscheinlich in Neapel. Zu Ostern hatten wir meinen Vater erwartet, doch er ist nicht gekommen, da er für Szegedire spielen musste und sehr viel herumreist;[439] gerade ist er in Hannover, wo sein *Prometheus* aufgeführt wird (erinnerst Du Dich an die Berliner Aufführung? Wir hatten eine kleine Auseinandersetzung über die Chöre, ich glaube Du hast die

---

436 Handschriftliche Bemerkung Helene von Heldburgs.
437 Ob Mitglieder der Meininger Hofkapelle in dem betreffenden Sommer in Bayreuth spielten, konnte nicht ermittelt werden, weil diese nur im Zeitraum vom 1. Oktober bis 15. April im Dienst des Herzogs standen.
438 Georg II. hatte schon im Herbst 1878 Franz Lenbach in München mit einem ganzfigurigen Bild Helenes beauftragt, das er ihr offenbar zum 40. Geburtstag am 30. Mai 1879 zu schenken beabsichtigte. Am 6. Mai schrieb Lenbach an Helene, dass er noch keine Zeit für den Auftrag des Herzogs hatte wegen eines »Labyrinth[s] von Arbeiten seit 2 Jahren«, »allein nun kommt der Tyrann von Bayreuth dazwischen. Unser König will sein Bildniß noch bis zum Geburtstag (22. Mai) des gedachten Musikanten fertig haben, und da ich erst vorgestern angefangen habe so bin ich auch dadurch gebunden.« Brief Franz Lenbach an Helene von Heldburg, 6. Mai 1879, in: ThStA Meiningen, HA 79.
439 Obwohl Liszt in Szeged nie konzertierte, setzte er das halbe Europa für die dortigen Hochwasser-Geschädigten von 1879 in Bewegung. Dazu Lajos Tandi, *Revive Szegedin! Liszt Ferenc és Szeged*, Szeged 2011.

Dryaden-Stimmen bevorzugt und ich andere).[440] Ende dieses Monats wird er in Frankfurt sein, wo sie seinen *Christus*[441] aufführen.

Teuerstes Täubchen, ich bin dankbar für diese Gelegenheit, Dir Deine alte Freundin wieder in Erinnerung zu rufen und hoffe, dass Du mich noch nicht ganz vergessen hast. Ich bitte Dich herzlich, dem Herzog unsere hochachtungsvollste Ehrerbietung zu übermitteln und selbst die Grüße meines Mannes und meine unwandelbar herzliche Zuneigung anzunehmen.
Cosima

---

440 Bülow dirigierte *Der entfesselte Prometheus* am 13. April 1879 in Hannover. Die Berliner Aufführung hatte am 6. März 1864 stattgefunden (Hinrichsen [1999], 498). Dann hätten sich Cosima und Helene aber nur 11 Jahre lang nicht gesehen. Möglich ist auch, dass sie Hans von Bronsarts Aufführung am 19. Februar 1861 in Leipzig meinte, zu der sie trotz längerer Krankheit aus Berlin angereist war und dort ihren Vater traf (Gut [2011], 769]). Die Dryaden sind ein Chor für Frauenstimmen in Liszts *Prometheus*.

441 Am 21. April 1879 war Franz Liszt bei der Aufführung seines *Christus* durch den Rühlschen Gesangverein anwesend. *Franz Liszt and Agnes Street-Klindworth: A Correspondence (1854–1886)*, introd., transl., annot., and ed. by Pauline Pocknell, Hillsdale/New York 2000 (= Franz Liszt Studies Series, 8), 286.

52. Cosima Wagner an Helene von Heldburg, Donnerstag, 24. April 1881, aus Bayreuth, Manuskript: englisch, in: ThStA Meiningen, HA 40

Meine teuerste Freundin,
Ich hoffe, dass Du mich noch nicht ganz vergessen hast, und trotz allem Trubel bin ich mir sicher, dass Du meinen Mann und seine Arbeit nicht vergessen und beide in freundlicher Erinnerung behalten hast. Diese Gewissheit gibt mir den Mut, Dich darum zu bitten, für mich bei Seiner Hoheit dem Herzog zu vermitteln und Ihn zu fragen, ob er es freundlicherweise seinem Kostümier gestatten würde, die Kostüme für *Parsifal* herzustellen. Wenn dies möglich sein sollte, kannst Du mich bitte wissen lassen, ob der Kostümier die »Figurinen« selbst zeichnet oder ob er Skizzen erwartet, und wann er mit der Arbeit beginnen könnte?
Wir hoffen sehr, dass Du bei guter Gesundheit und hoch gestimmt bist und es in vollen Zügen genießt, Meiningen als Zentrum der Hochkultur aufblühen zu sehen. Ich habe gehört, dass Du nach London gehen wirst, ist dies wahr?[442] Unser Winter war besser, als ich erwartet hatte, in Gedanken sind wir oft noch in Italien, und Gott sei Dank geht es meinem Mann viel besser als vorher.
In den nächsten Tagen werden wir nach Berlin reisen, unsere Adresse wird die des Hôtel Royals[443] sein (für den Fall, dass Du nicht antworten kannst, während ich noch hier bin).[444]
Meine Teuerste, bitte lege Seiner Hoheit dem Herzog unsere dankbare Ehrerbietung zu Füßen und nimm für Dich selbst die herzlichsten Grüße von meinem Mann und Deiner anhänglichen Freundin an,
C. Wagner
Bayreuth
24. April 1881

---

442 Cosima meinte das London-Gastspiel des Meininger Hofschauspiel-Ensembles vom 30. Mai–23. Juli 1881 im Drury Lane Theatre.
443 Das Unter den Linden 3 gelegene Hôtel Royal zählte zu den erstklassigen Hotels von Berlin.
444 Die Abreise nach Berlin wurde auf Wunsch Daniela von Bülows, die dort am 27. April nach 12 Jahren zum ersten Mal wieder ihren Vater getroffen hat und davon sehr ergriffen war, auf den 29. April verschoben. Wagner wurde in Berlin zu den Proben des *Ring der Nibelungen* erwartet. Siehe CWT, 27.–30. April 1881 (Bd. IV, 731ff.).

53. Cosima Wagner an Helene von Heldburg, Samstag, 11. Juni 1881, aus Bayreuth, Manuskript: englisch, in: ThStA Meiningen, HA 40

Meine teuerste Freundin,
Ich habe die erste Nachricht aus England erwartet, um Dir gleich herzlich für Deinen freundlichen Brief zu danken. Ich wusste, dass ich die Freude haben würde, Dir zu gratulieren und habe nun aus Briefen und Zeitungen die Bestätigung erhalten, und so freue ich mich mit Dir über diesen ganz großen Erfolg der Herzoglichen Truppe.[445]

Vielen Dank für Deine freundliche Antwort, sobald die Skizzen fertig gestellt sind, werde ich an die Kostümiers in Frankfurt schreiben, die Du mir freundlicherweise empfohlen hast.

Meine teuerste Freundin, ich bin Dir sehr dankbar für Deinen Anteil an dem Familienereignis, welcher uns alle tief berührt hat.[446] Ich denke und hoffe, dass alle Beteiligten bleibende Freude daran haben werden.

Liebe Freundin, mein Mann und ich bitten Dich nun, unsere Ehrerbietung Seiner Hoheit dem Herzog zu Füßen zu legen und unsere herzlichsten Grüße entgegenzunehmen. Daniela bat mich, sie bei Dir in Erinnerung zu rufen und ich schließe in Dankbarkeit und mit erneuter Gratulation als Deine anhängliche Freundin
C. Wagner
Bayreuth
11. Juni 1881

---

445 Vgl. dazu Erck/Kern (1999), 16ff und Erck/Gann/Schneider (2012), 99ff.
446 Zu Richard Wagners Geburtstag am 22. Mai 1881 ließ Cosima Wagner in die Hohlkehlen der Kassettendecke aus Stuck im Saal im Erdgeschoss des Hauses Wahnfried Wappen anbringen. Es handelte sich um die Wappen der Städte, die bereits damals einen Richard Wagner Verband gegründet hatten. Ob sich Helene eventuell daran beteiligte oder an der 1882 von Paul von Joukowsky (1845–1912) gestalteten Seidentapete, konnte nicht ermittelt werden.

54. Cosima Wagner an Helene von Heldburg, Dienstag, 5. März 1889,[447] aus Bayreuth, Manuskript: deutsch, Brief gänzlich von fremder Hand, in: ThStA Meiningen, HA 40

Verehrte Freifrau und theuerste Freundin,
Wenn es auch vielleicht kein schöner zu empfindendes Gefühl giebt, als die Dankbarkeit, so giebt es vielleicht auch keines dem die Worte so ungenügend erscheinen. Und so bin ich zugleich durchaus gedrängt Ihnen zu schreiben, und im Voraus mit dem was ich vorbringe unbefriedigt. Und bleibt der Dankende dem Geber gegenüber immer kleinlich, beinahe möchte ich sagen thörig [sic], da die Handlung des Gebenden in sich selbst Alles birgt und nichts erwartet. Unter so ungünstigen Umständen, schlecht ausgerüstet, wie man es mit dem Worte immer ist, rücke ich denn aus. Sie müssen fortfahren die Gebende zu sein und durch die Freundlichkeit, mit welcher Sie meine Worte aufnehmen, diesen einige Bedeutung verleihen.
In der That werden Sie, theuerste Freundin begreifen, dass ich das mitgenommene Dankgefühl als unaussprechlich bezeichne, wenn Sie sich vergegenwärtigen, wie es mit der Kunst im Allgemeinen jetzt beschaffen ist, und wie – sei es im Zusammenhange mit diesem Verfalle, oder im Zusammenhange mit der schmerzlich empfundenen Erschütterung der Idealität überhaupt – diejenigen welche zu der Kunst ihre Zuflucht nehmen, von ihr Erhebung und Kraft erwarten, in den Meistern dieser Kunst aber, die wahren Tröster und Helfer verehren.
Der Aufführung des eigenartigsten Werkes eines Dichters, in welchem das germanische Ideal in vollendeter Reinheit und staunenswürdiger Kühnheit sich verkörpert hat, dieser Aufführung solch einen Eifer und eine derartige Sorgfalt gewidmet zu sehen, Das [sic] hat mich an den [sic] neulichen unvergesslichen Abend so ergriffen, und ergreift mich jetzt, indem ich dieses Phänomen mit Ihnen betrachte, bis zu Thränen.
Unter den Leiden, die uns hienieden beschieden sind, gehört gewiss das Erlebniss der Verkennung oder Vernachlässigung des Erhabenen zu den [sic] schwerst Zuertragenden. Wer könnte daher die feierliche Freudigkeit schildern, welche sich unserer bemächtigt, wenn wir diesem Erhabenen nun fürstlich

---

447 Laut Fourierbuch (ThStA Meiningen, HA 1388) war Cosima Wagner am Nachmittag des 3. März »mit ihren Töchtern und Sohn« im Meininger Schloss Elisabethenburg eingetroffen. Nach einem gemeinsamen Diner, das Herzog Georg II., Helene von Heldburg, Prinzessin Marie Elisabeth und deren Hofdame Luise von Gagern gemeinsam mit den Gästen einnahmen, folgte ein Besuch der Inszenierung von Schillers *Die Jungfrau von Orleans* im Herzoglichen Hoftheater. Am 4. März reisten die Gäste vormittags ab.

gehuldigt, und damit ein Beispiel von unermesslich segensreicher Wirkung gegeben, sehen. Und gerade an diesem einen Werke, welches von so ungeheurer Schwierigkeit ist, dass es eigentlich so gut wie lebensunfähig erklärt worden war, dieses fürstliche Beispiel erleben zu dürfen, hat mich in eine Stim[m]ung versetzt, die ich nur als Erbauung bezeichnen kann. Noch stehen die Bilder Alle vor mir: Die schönen lebendigen, unmerklich wechselnden Gruppen des ersten Aktes; die zu so eigenthümlicher Wirkung gebrachte Rathlosigkeit im englischen Heere, im zweiten Akt; Der prachtvoll hervorgehobene Tod des Feldherrn, und der nicht minder grossartig ausgeführte Kampf zwischen der Jungfrau u. ihrem Gegner im III. Akt; der alle Beschreibung übersteigende Zug und Ausgang im Vierten; endlich aber die wundervolle Wirkung des Schlussbildes – sie verlassen uns nicht und sagen uns von einer erhebenden That.

Wie kann man dafür dem Herzog danken? Muss man sich nicht mit Worten ganz erbärmlich vorkommen, und besteht nicht der einzig würdige Dank darin, sich in die That zu versenken, sie in ihrem ganzen Werthe zu erkennen, und die Wirkung derselben in sich zu pflegen und fruchtbar zu machen? Von den allgemeinen Bildern ergehen wir uns auch in das Einzelne, und so mussten wir es hervorheben, wie selbst der englische Herold im ersten Akte so vorzüglich gewählt u. ausgestattet war, dass die Täuschung vollständig wurde. Alle so unzähligen Feinheiten der Inscenirung u. Ausstattung haben mich, nicht künstlerisch blos, entzückt, sondern sie haben mich wohlthätig, andächtig berührt, wie die Huldigung, welche seitens eines Höchsten dem Erhabenen dargebracht wird. Ich weiss wenig was mich so ergreift, wie der Empfang welcher *Hans Sachs* seitens des Volkes in den *Meistersingern* bereitet wird. Das Genie im lebendigen Zusammenhange mit der Allgemeinheit, nicht vereinsamt, wirkungslos – zu erkennen, ist für mich die freudenvollste Vorstellung; es erleben zu dürfen, dass ein Fürst diesen Zusammenhang – der für Schiller beinahe verloren schien – nun belebt und diesem einzigen Genius zu seiner unvergänglich veredelnden Wirksamkeit verhilft, ist, wie ich Ihnen Anfangs sagte, eine Freude, für welche mir die Worte fehlen.[448]

Nun habe ich aber auch als Mutter zu danken. Wollen Sie, theuerste Freundin, Seiner Hoheit dem Herzog für die Güte gegen meine Kinder, meinen gerührten Dank zu Füssen legen. Für sie sind mir solche Eindrücke, wie wir sie in Meiningen erlebten, unschätzbar, denn Alles erwarte ich von der Kunst. Hoffentlich haben Sie sich ganz von Ihrem Sturz erholt, und gehen Ihrer schönen, aber so ungemein angreifenden Thätigkeit in vollem Wohlsein entgegen!

448 Neben *Julius Cäsar, Wilhelm Tell* und *Ein Wintermärchen* gehörte die Inszenierung der *Jungfrau von Orleans*, zumal mit der jungen Amanda Lindner in der Titelrolle, zu den erfolgreichsten und am häufigsten gespielten Aufführungen während der Meininger Tourneen. Dazu Erck/Kern (1999), 88.

Es hat mich unendlich gefreut Sie wiederzusehen, theuerste Freundin, und mir zu sagen, dass Das, was uns in der Jugend vereinigte, die Kunst, uns nun jetzt auch so nahe befreundet uns fühlen liess.
Für alle Ihre Freundlichkeit gegen meine Kinder den innigsten Dank! Bleiben Sie uns gut und seien Sie meiner treuen Anhänglichkeit u. herzlichen Ergebenheit für alle Zeiten versichert!
Seiner Hoheit dem Herzog lege ich mich u. mein Haus in ehrerbietigster Erkenntlichkeit zu Füssen.
Von ganzem Herzen
die Ihre
C. Wagner.

P.S. Wollen Sie die Güte haben mich Ihrer Frau Mutter angelegentlich zu empfehlen.
Ich erlaube mir Ihnen – indem ich mich zu der Lektüre von Ibsen begebe[449] – ein Buch zu schicken, in welchem für mich sich ein höchster dichterischer Geist ausdrückt. Darf ich Ihnen in's Besondere die *heilige Elisabeth* u. den *grossen König* empfehlen;[450] nicht, dass die anderen dramatischen Scenen weniger wertvoll wären, nur dass sie einer besonderen Stimmung bedürfen, von welcher ich nicht wissen kann ob Sie sich jetzt in ihr befinden.
Wahnfried.
Den 5ten März 89.
Ich habe Ihretwegen mich etwas über Parnell[451] informirt, u. muss Ihnen in Ihrer Sympathie vollständig Recht geben. Auch sind Sie ja ganz siegreich!

449 Welches Werk Henrik Ibsens (1828–1906) gemeint ist, konnte nicht ermittelt werden. Die deutsche Erstaufführung von Ibsens *Gespenstern* fand am 21. Dezember 1886 auf der Bühne des Meininger Hoftheaters in Anwesenheit des Dramatikers statt.
450 Heinrich Freiherr von Stein eigentlich Karl Eduard Heinrich Freiherr von Stein zu Nord- und Ostheim (1857–1887) war Philosoph, Pädagoge und Publizist. Nach dem Studium in Heidelberg, Halle und Berlin promovierte er 1877 mit der Dissertation Über *Wahrnehmungen*. Bei einer Reise nach Rom lernte er Malwida von Meysenbug (1816–1903) kennen, die ihm eine Stelle als Hauslehrer bei der Familie Wagner vermittelte. Er wurde Lehrer und Erzieher des damals zehnjährigen Siegfried Wagner und gehörte fortan zum engen Kreis der »Wagnerianer«. Aus Steins Nachlass erschien 1888 im Leipziger Verlag Breitkopf & Härtel seine *Dramatische[n] Bilder und Erzählungen*, welche auch die genannten Titel enthielten.
451 Charles Stewart Parnell (1846–1891) war ein politischer Führer im Irland des 19. Jahrhunderts. Parnell wird als irischer Nationalheld angesehen. Parnells Höhenflug währte nur kurz, weil herauskam, dass er seit geraumer Zeit der Geliebte und Vater einiger Kinder von Katharine O'Shea war. Sie war die Frau von Parnells Parteifreund, dem Parlamentarier Willie O'Shea. Parnell und Katherine heirateten kurz nach ihrer Scheidung von O'Shea.

55. COSIMA WAGNER AN HELENE VON HELDBURG, [AUGUST 1889],[452] aus Bayreuth, Manuskript: englisch, in: ThStA Meiningen, HA 40

Ich freue mich sehr darauf, Dich zu sehen, mein liebes Täubchen. Würde Dir zwischen eins und zwei passen?..... Ich werde Dich dann erwarten; wenn Dir das nicht recht ist, nenne mir bitte Deine Zeit und ich werde zu Dir kommen. Zwischen drei und fünf bin ich verhindert.
Ganz die Deine,
Cosima
Dienstag Morgen[453]

452 Die Verabredung trifft vermutlich auf 1889 zu, als Helene allein – wohl als Gegenbesuch zu Cosimas Meiningen-Aufenthalt im März – zu den *Festspielen* gereist war. Vermutlich erlebte sie Cosimas Inszenierung von *Tristan und Isolde* und damit zum ersten Mal eine Inszenierungsarbeit ihrer Freundin, unter der musikalischen Leitung von Felix Mottl (Kostüme: Joseph Flüggen, Bühnenbild: Max Brückner). Zur Inszenierung Heldt (1994), 110–118. *Tristan*-Aufführungen fanden 1889 am 22. und 29. Juli sowie am 5. und 12. August 1889 statt. Die aus dem Fourierbuch (ThStA Meiningen, HMA 1388) ersichtlichen Terminkonstellationen für Georg II. und Helene im Zeitraum von Anfang Juni bis zum 11. August 1889 lassen den Schluss zu, dass Helene die *Tristan*-Aufführung am 5. August in Bayreuth erlebte und sich für Dienstag, den 6. August 1889, mit Cosima dort verabreden wollte.
453 Im August 1889 fielen, der 6., 13., 21. und 27. des Monats auf einen Dienstag, in Frage kommen nur Dienstage vor dem 23. August (siehe 56. Brief).

56. Cosima Wagner an Helene von Heldburg, Freitag, 23. August 1889, aus Bayreuth, Manuskript: englisch, Brief gänzlich von fremder Hand, in: ThStA Meiningen, HA 40

Teuerste Freundin,
Ich kann Dir gar nicht sagen, wie tief mich Deine Freundlichkeit berührt hat. Ich danke Dir herzlich dafür und hoffe, dass Du mir als teure Repräsentantin vergangener glücklicher Zeiten verbunden bleibst.
Unsere Pläne haben sich auch gänzlich geändert: ich habe Schweninger[454] hier für Blandine[455] und Eva konsultiert, und er sah es für beide als nötig an, in das südliche Gebirge zu reisen, so haben wir den *Achensee* gewählt und werden gegen Ende der nächsten Woche dorthin gehen. Aus diesem Grund bedanke ich mich für Dein freundliches Angebot, muss Dich jedoch bitten, mir zu erlauben, es mir aufzuheben, bis ich wieder abkömmlich bin. Ich bin eine große, große Freundin der Einsamkeit, insbesondere, wenn vor mir oder hinter mir Arbeit liegt, und ich kann mir nur zu gut vorstellen, wie schön es in Deinem Hause sein muss.[456]
Hättest Du die Güte, mich mit größtem Respekt bei Seiner Hoheit dem Herzog in Erinnerung zu rufen und Ihm auszurichten, wie sehr ich es bedauert habe, dass es ihm nicht möglich war, unsere Aufführungen mit Seiner Anwesenheit zu beehren?[457] Doch ich bin dankbar, dass Du gekommen bist,

---

454 Ernst Schweninger (1850–1924) übernahm 1879 eine praktische ärztliche Tätigkeit u. a. an dem damals neu eingerichteten Kreiskrankenhaus im Villenort Groß-Lichterfelde nahe Berlin, wo er u. a. ausgedehnte naturheilkundliche Methoden zum Einsatz brachte. Schweninger hatte 1896 die geschiedene Frau Franz von Lenbachs geheiratet. Siehe Georg Schwarz, *Ernst Schweninger, Bismarcks Leibarzt*, Leipzig 1941.
455 Blandine von Bülow (1863–1941), Tochter von Cosima Wagner aus ihrer ersten Ehe mit Hans von Bülow.
456 Vermutlich hatte Helene ihrer Freundin mit Blandine und Eva angeboten, sich in ihrem »Kaser«, einem Blockhaus auf der Saletalp am Königssee, zu erholen.
457 Georg II. hatte sich im Sommer wegen seiner zunehmenden Schwerhörigkeit in die Behandlung des Schweizer Ohrenarztes und Dramatikers Dr. Arnold Ott begeben, was jedoch die Erkrankung nicht aufhielt. 1891 ließ er sich hinter seinem Sitz im Theater-Parkett ein Gaslicht anbringen: »Ich höre zu schlecht, um Sätze, welche nicht virtuos deutlich auf der Bühne gesprochen werden, zu verstehen. Ich will daher nachlesen. Nur so kann ich angeben, was auf der Bühne gemacht werden soll. Das Verstehen wollen und nicht können versetzt mich in einen ganz nervösen Zustand, in dem ich mir, Ihnen, meiner Frau u. allen unausstehlich bin, und womit nur übel gewirkt, nicht aber genutzt wird.« Brief Georg II. von Sachsen-Meiningen an Ludwig Chronegk, 8. März 1891, in: ThStA Meiningen, HA 227. Georgs Mutter war im Alter von 76 Jahren offenbar schon taub. Siehe Brief Hans

teuerste Freundin, und ich hoffe, dass Dir Dein Aufenthalt hier trotz aller Hektik gefallen hat.
Bleibe mir freundlich verbunden, teuerste Freundin, und nimm meinen Dank dafür an, dass Du an mich denkst.
In unwandelbarer Herzlichkeit die Deine,
C. Wagner

Bitte entschuldige mein schlechtes Englisch, ich wollte Dir in der Sprache unserer jugendlichen Freundschaft antworten.
Bayreuth
Wahnfried, 23. August 89

von Bülow an Franziska von Bülow, 6. Januar 1881, in: SBPK Berlin, Bülow-Briefe 55 Nachl 85,3. Ob es sich um ein erbliches Leiden handelte, konnte nicht ermittelt werden.

57. Cosima Wagner an Helene von Heldburg, Samstag, 9. November 1889, aus Bayreuth, Manuskript: deutsch, Brief von fremder Hand, mit Cosimas Unterschrift, in: ThStA Meiningen, HA 40

Hochgeehrte Freifrau, theuerste Freundin!
Mit einer grossen Bitte komme ich heute zu Ihnen. Ich bin bereits in den ersten Vorbereitungen für den *Tannhäuser* (in zwei Jahren) begriffen[458] und würde Ihnen sehr verbunden sein, wenn Sie mir von der Güte Seiner Hoheit des Herzogs die Erlaubniss erwirken möchten, bei dem Schneider des herzogl. Hoftheaters die Costüme, zu welchen Professor Flüggen[459] wiederum die Skizzen entwirft, ausführen lassen zu dürfen.
Hoffentlich, theuerste Freundin, kommt Ihnen meine Bitte nicht ungelegen und erscheint sie Ihnen nicht erstaunlich, da es am Ende wohl natürlich ist, dass ich bei der Ausführung einer so grossen Aufgabe den Ort in das Auge fasse, von wo nach dieser Seite hin die stilvollsten Leistungen ausgehen.
Ich bin eben von Berlin zurückgekehrt[460], wo ich mit unserem gemeinschaftlichen Freunde Werder[461] viel über Sie, und Sie können es sich wohl denken,

---

458 Cosima Wagner inszenierte die Oper *Tannhäuser und der Sängerkrieg auf Wartburg* 1891 erstmals für die *Bayreuther Festspiele*. Die musikalische Leitung übertrug sie 1891 und 1892 Felix Mottl; das Bühnenbild schuf Max Brückner.
459 Joseph Flüggen (1842–1906), Maler von Porträts und Genrebildern. Er war zunächst Schüler seines Vaters Gisbert F., besuchte danach die Münchner Akademie der Bildenden Künste und war danach Schüler des Malers Carl Theodor von Piloty, der ein Vertreter der realistischen Historienmalerei war. 1866 ging er nach Paris, London und Antwerpen. In Antwerpen nahm er starke Einflüsse des belgischen Malers Hendrik Leys auf. 1883–1903 war Flüggen »Vorstand des Kostümwesens am Hoftheater München« (*Meyers Konversations-Lexikon* Bd. 6, 587). Er verfasste u.a. eine Geschichte der Kostüme aller Zeiten, die jedoch unvollendet blieb.
460 Cosimas Berlin-Reise, die sie am 19. Oktober 1889 antrat, galt nicht nur dem Besuch ihres Sohnes, der nach dem Abitur ab Herbst 1889 bei Engelbert Humperdinck in Berlin Musik studierte. Sie wollte vor allem eine *Tannhäuser*-Aufführung besuchen und den Bassisten kennen lernen, der in der Partie des *Landgrafen* dort gastierte (Du Moulin [1931], 298f).
461 Carl Friedrich Werder (1806–1893), Philosoph, Literaturwissenschaftler, Dichter. Der Anhänger der Philosophie Georg Friedrich Wilhelm Hegels wurde nach der Promotion (1833) und der Habilitation (1834) Privatdozent an der Berliner Universität und ab 1838 außerordentlicher Professor dort. Werder war Prinzenerzieher am Berliner Kaiserhof und hielt Kaiser Wilhelm I. (1797–1888) Vorlesungen über Literatur. Sein Spezialgebiet war die Ästhetik der Bühnendichtung. Um 1875 trat er durch Vermittlung Helene von Heldburgs in Verbindung zum Meininger Hof. Er war bis zu seinem Tod Freund und Vertrauter Georgs II. und Berater der Meininger Theaterreform.

wie? gesprochen habe. Mit grosser Theilnahme hörte ich, daß die Gesundheit Seiner Hoheit Ihnen Sorgen gemacht hat. Möchten Sie doch von denselben ganz befreit sein, und Sie guten Muthes den Winter antreten.[462] Legen Sie mich und die Meinigen in dankbarster Erinnerung Seiner Hoheit dem Herzog zu Füssen und bewahren Sie, theuerste Freundin, ein gutes Andenken Ihrer Ihnen

Bayreuth,           treu und herzlich ergebenen
9. Nov. 1889       C Wagner

---

[462] Es konnte nicht ermittelt werden, ob Georg II. zu der Zeit an einer akuten Erkrankung litt.

58. COSIMA WAGNER AN HELENE VON HELDBURG, FREITAG, 7. FEBRUAR 1890, aus Bayreuth, Manuskript: deutsch, Brief gänzlich von fremder Hand, in: ThStA Meiningen, HA 40

Verehrte Freifrau u. theure Freundin,
Erst heute erfuhr ich nach meiner Heimkehr den Verlust der Sie getroffen hat u. ich bitte Sie freundlich den Ausdruck meiner warmen Theilnahme zu empfangen![463]
Bilder aus frühesten Zeiten sind mir erstiegen, ich sehe noch die Stube u. Ihre Mutter darin sitzend, höre ihr schönes Englisch, erfreue mich der Theilnahme die sie mir herzlich bekundete, u. ihrer Begeisterung für die Kunst, und es ist Alles so freundlich in diesem Bild, als ob es zu jener Zeit gar kein Leiden gegeben hätte.
Sie mussten wohl, theure Freundin, auf diesen Verlust gefasst sein, u. doch kann ich mir wohl vorstellen, wie dieses edle Wesen Ihnen fehlen wird.
Man begreift oft gar nicht, wie die Kraft uns bleibt um die Kunst sich noch zu bemühen, und doch bleibt sie, das ist der letzte Segen!

---

463 Am 7. Januar 1890 war die Mutter Helene von Heldburgs, Sarah Franz geb. Grant, in Meiningen verstorben. Unter dem Datum des 9. Januar 1890 vermerkt das Fourierbuch (ThStA Meiningen, HMA 1388): »Abends um 5 Uhr die Beerdigung der Frau Director Franz.«

In wenigen Tagen gehe ich wieder nach Coburg zu einer Besprechung mit Brückner's[464] u. anderen unserer Künstler. Dann gehe ich nach Weimar um den dortigen Kapellmeister am Werk zu sehen.[465]
Es würde mich sehr freuen von Ihnen zu hören, wie es Ihnen u. Seiner Hoheit dem Herzog, dem ich mich zu Füssen lege, geht, und indem ich Ihnen, verehrte Freundin, meine innigste Teilnahme wiederhole, entsende ich Ihnen den Gruss der unwandelbaren treuen Ergebenheit!
C. Wagner.
Bayreuth. Wahnfried.
den 7 Februar 90.

[464] Zur Tätigkeit der Bühnenbildner Max und Gotthold Brückner für Bayreuth und Meiningen siehe Kern (2010) sowie Müller/Goltz (2013), 199.
[465] Cosima Wagners Interesse galt dem jungen Richard Strauss, der seit 1889 2. Kapellmeister am Weimarer Hoftheater war. Er war schon im Sommer 1889, noch vor dem Antritt seiner Weimarer Tätigkeit, als korrepetierender Assistent für den *Parsifal* nach Bayreuth, Weihnachten 1890 in die Familie Wagner eingeladen worden. Sie engagierte ihn 1891 als Probendirigent nach Bayreuth und vertraute ihm schließlich 1894 die musikalische Leitung des *Tannhäuser* an. Nach dem Unverständnis der Familie Wagner für seine Oper *Salome* kam es zum Zerwürfnis mit Bayreuth. Strauss kehrte erst 39 Jahre später als Dirigent dorthin zurück, allerdings in das Bayreuth der Winifred Wagner. Vgl. *Richard Strauss und Wagner. Von Richard I. zu Richard III.* ohne Autor, siehe http://www.richardstrauss.at/html/18_pdfs/15_wagner_deutsch.pdf <Zugriff: 2. Juli 2013>.

59. Cosima Wagner an Helene von Heldburg, Freitag, 21. Februar 1890, aus Bayreuth, Manuskript: deutsch, Brief gänzlich von fremder Hand, in: ThStA Meiningen, HA 40[466]

Kaum sass ich in dem Wagen dass ich es bereute Sie, Theuerste Freundin mit meinen Nöthen geplagt zu haben. Ich überlegte mir, dass ich nur zu allerletzt Sie belästigen sollte, u. vorerst doch unter unserem so grossen Personale mich umsehen müsste. So bitte ich Sie denn mir Ihre gütige Vermittelung für dann zu sparen, wenn alle Stricke reissen.
Wunderlich genug war es, dass ich mich durch alle meine Rücksichtnahmen um die Freude eines Abends mit Ihnen u. um die Ehre Seiner Hoheit dem Herzog wiederzubegegnen gebracht habe, nachdem ich meine ganze Reise auf diesen Abend hin eingerichtet hatte.
Wie dem auch sei, ich freue mich, dass ich Sie wiedergesehen habe[467] u. mit der Bitte mich Seiner Hoheit dem Herzog zu Füssen zu legen, versichere ich Sie, theuerste Freundin auf's Neue meiner unwandelbaren Anhänglichkeit u. Ergebenheit!
C. Wagner.
Wahnfried d. 21 Februar 90[468]

---

466 Briefpapier mit Wasserzeichen: »Mary Mill/Ivory Paper« und stilisierte Blütenzweige.
467 Im Fourierbuch (ThStA Meiningen, HMA 1388) konnte ein Besuch Cosima Wagners um den 21. Februar 1890 im Meininger Schloss nicht nachgewiesen werden. Es ließ sich auch nicht erhellen, von welcher ›Belästigung‹ hier die Rede ist. Vom 19.– 24. Februar 1890 ist im Fourierbuch kein Besuch vermerkt.
468 Cosima war über Coburg, wo sie sich bei den Bühnenbildnern Brückner die Entwürfe zum *Tannhäuser* angesehen und »einen ungemein erfreulichen Eindruck« (Du Moulin [1931], 323) davon gewonnen hatte, nach Weimar gereist, um Richard Strauss näher kennen zu lernen. Vermutlich kam sie auf der Rückreise, ebenfalls in *Tannhäuser*-Angelegenheiten, nach Meiningen.

*Die Briefe*

60. COSIMA WAGNER AN HELENE VON HELDBURG, FREITAG, 23. MAI 1890, aus Bayreuth, Manuskript: deutsch, Brief gänzlich von fremder Hand, in: ThStA Meiningen, HA 40

Bayreuth. Wahnfried.
den 23 Mai 1890.

Theuerste Freundin,
Sie hatten die Güte mir Costüm-Werke aus dem Besitze Seiner Hoheit des Herzogs anzubieten.[469] Darf ich mir es wirklich erlauben Sie um zwei Derselben, Eines für das 13te, Eines für das 14the Jahrhundert, wegen des »*Rienzi*« u. der »*Heiligen Elisabeth*«*, die mich jetzt beschäftigen,[470] zu bitten?

---

469 Laut den Katalogen der Herzoglichen Privatbibliothek (ThStA Meiningen, HMA 738, Bd. 1, 1887, 838f.) waren folgende kostümkundliche Werke vorhanden: *Handbuch der Geschichte der Tracht, des Baues und Geräthes von den frühesten Zeiten bis auf die Gegenwart*, Stuttgart 1866–1871, 1872 (mehrere Lieferungen einer Reihe); *Dictionnaire raisonné du Mobilier Francais de l'époque Carolingienne à la renaissance*, Paris 1871, 1872 (Bd.1-3, von Bd.4 H. 1 + 10, von Bd.5 H.1, 3, 10); *Recueil de costumes Suisses*, Zürich o.J.; Edmund Wallner, *Die Harmonie und Charakteristik der Farben mit besonderer Anwendung auf Costümierung*, Erfurt, 1879; Franz Bock, *Geschichte der liturgischen Gewänder des Mittelalters*, 3 Bde., Bonn 1859–1871; *Blätter für Kostümkunde. Historische und Volkstrachten. Nach authentischen Quellen in Stahl gestochen* [...], 1. Heft. Berlin 1874; Friedrich Hottenroth, *Trachten, Haus- Feld- und Kriegsgeräthschaften der Völker alter und neuer Zeit*, Stuttgart, o. J.; August von Heyden (Hrsg.), *Blätter für Kostümkunde. Historische und Volkstrachten*, Berlin, o. J.; Auguste Racinet, *Le costume historique*, Paris, o. J.; *Monuments Français inédits, pour servir à l'histoire des arts, des costumes civils et militaires, armes et armures, instruments de musique, meubles de toute espèce, et décorations intérieures et extérieures des maisons, dessinés, décrits, gravés et coloriés, d'après les originaux par N. X. Willemin*, Paris 1825; Paul Lacroix, *XVIIIme Siècle. Institutions, usages et costumes. France, 1700–1789. Ouvrage illustrée*. Paris 1875; Auguste Guillaumot fils, *Costumes du XVIIIe Siècle d'après les dessins de Watteau fils, Desprais, Leclere, Cochin etc. 20 cauxfortes, 2. série. Costumes au pied*, Paris, 1875. Sowohl die Herzoglich Öffentliche als auch die Privatbibliothek Herzog Georg II. wurden nach 1945 Kriegsbeutegut. Dazu Schneider (1991), 141 ff.
470 Cosima hatte in enger Zusammenarbeit mit Felix Mottl, der seit 1880 als Hofkapellmeister am Hoftheater Karlsruhe wirkte, die dortige Bühne zum sogenannten »Klein-Bayreuth« profiliert, wo während der ›Ära Mottl‹ bis 1903 eine Fülle von Ur- und Erstaufführungen stattfanden, die dem Bayreuther Festspielhaus vorenthalten blieben, wie z. B. eine Aufführung des *Rienzi* oder die Szenische Erstaufführung von Liszts Oratorium *Die Legende von der heiligen Elisabeth* am 21.Oktober 1890.

Ferner, würden Sie mich, theuerste Freundin, sehr verbinden, wenn sie die Güte haben wollten mir das allgemeine Costüm-Werk anzugeben, welches Sie für das Beste halten. (Racinet ??)[471]
Ich hörte dass Seine Hoheit u. Sie, Theuerste, in Athen waren, hoffentlich haben Sie Freude u. Erholung von der Reise gehabt![472]
Nach manchem Kreuz- u. Quer-Zug[473] bin ich wieder hier mit Eva, u. erwarte einerseits die ersten Theilnehmer an den nächstjährigen Festspielen, andererseits meine Kinder Alle, sowohl die Palermitaner wie die Frankfurter.[474] Wie gerne denke ich daran, dass wir gemeinschaftlich in Berlin die schwankenden Anfänge des *Tannhäusers* erlebten,[475] u. wie würde es mich freuen,

471 Gemeint ist Auguste Racinets Werk *Le Costume Historique,* das in Frankreich zwischen 1876 und 1888 in 6 Bänden mit ca. 500 Abbildungen erschienen war. Es beschreibt die Weltgeschichte der Bekleidung von der Antike bis zum Ende des 19. Jahrhunderts und gilt bis heute als einzigartig in seiner Bandbreite und Detailtreue.
472 Ihre Reise nach Athen beschrieb Helene von Heldburg in einem Brief an Johannes Brahms vom 1. April 1890 wie folgt: »Wir haben durch den Tod meiner guten Mutter einen traurig-stillen Winter verlebt und sind nun seit dem 19. März [ihrem 27. Hochzeitstag – d. Hrsg.] unterwegs; waren 8 Tage in dem reizenden Corfu, machten von dort auf besonderem Dampfer, nur in Gesellschaft des Kapitains, einen Abstecher nach Nocopolis u dem Golf von Arta, der traumhaft schön ist, und hoffen morgen an des Herzogs Geburtstag [2. April – d. Hrsg.] die Acropolis zu sehen. In Athen denken wir wieder eine Woche zu bleiben, (Hotel Grande Bretagne) u dann nach Constantinopel zu dampfen [...] Dann wird über Neapel u Rom die Heimfahrt angetreten [...]« (Herta Müller/Renate Hofmann [Hrsg.], *Johannes Brahms im Briefwechsel mit Herzog Georg II. von Sachsen-Meiningen und Helene Freifrau von Heldburg,* siehe Tutzing 1991, 98).
473 In Vorbereitung des *Tannhäuser,* aber auch des *Rienzi* und der *Heiligen Elisabeth* war sie nach Weimar, Dresden, Karlsruhe und Frankfurt zu verschiedenen Theateraufführungen gefahren.
474 Mit den »Frankfurter Kindern« waren Daniela Thode und ihr Mann Henry gemeint (1889–1891 war Henry Thode Direktor am Städelschen Kunstinstitut). In Palermo (»Palermitaner«) lebte die Familie der Tochter Blandine, die mit dem Grafen Biagio Gravina (1850–1897) verheiratet war.
475 Cosima erinnert hier offenbar an das Konzert des Berliner Orchestervereins vom 19. Oktober 1855, in welchem Bülow die *Tannhäuser*-Ouvertüre dirigierte und dafür ausgezischt worden war. Danach »spät nachts unter recht ungewöhnlichen Umständen« verlobten sich Bülow und Cosima heimlich. Aus Rücksicht auf seinen Freund Bülow bat Wagner Franz Liszt darum, die Berlin zugesagte Aufführung des *Tannhäuser* zu leiten. Die Premiere fand am 14. Januar 1856 statt, für Cosima »ein Erlebnis, denn zum ersten Male hörte sie das Werk, mit dem sie innerlich schon so stark verwachsen war. Sie teilte heimlich mit Bülow die Verstimmung über die künstlerischen Mängel der Aufführung, die ihn so stark alterierten, dass

wenn Sie u. Seine Hoheit der Herzog, dem ich mich zu Füssen lege, unsere Aufführung erleben wollten.

Noch nach Einem möchte ich fragen, nämlich, nach der letzten Ausgabe des Lebens der *heiligen Elisabeth* von Montalembert, in welchem die säm[m]tlichen Bilder der Heiligen gesam[m]elt sind.[476] Besitzen sie diese? Und dürfte ich auch um dieselbe auf einige Tage bitten.

Verzeihen sie die Belästigung u. geben Sie die Schuld davon Ihrer grossen Freundlichkeit gegen mich, für welche von Herzen zu danken mir ein freudiges Bedürfniss ist.
In treuer Liebe u. Ergebenheit, theuerste Freundin
Ihre C. Wagner.

\* von meinem Vater.

er fast krank davon ward, umsomehr als er sich in seinen eigenen Bemühungen getäuscht sah. Denn er hatte eine leidenschaftliche Propaganda dafür in die Wege geleitet und selbst in den späteren Aufführungen mit seinen so sehr beschränkten Mitteln für die Claque gesorgt.« Du Moulin (1921), 230f.
476 Charles Forbes René Comte Montalembert verfasste 1836 in Frankreich die wichtigste Biografie des 19. Jh. über die Heilige Elisabeth *Histoire de sainte Elisabeth de Hongrie, duchesse de Thuringe.*

61. Cosima Wagner an Helene von Heldburg, Donnerstag, 19. Juni 1890, aus Bayreuth, Manuskript: deutsch, Brief gänzlich von fremder Hand, in: ThStA Meiningen, HA 40

Theuerste Freundin,
Das thut Nichts, oder besser thut viel, insofern als Ihre liebenswürdige Offenherzigkeit[477] mir eine willkom[m]ene Heiterkeit verursachte, u. mich an alte liebe Zeiten erinnerte, in welchen Sie mir auch hie u. da u. stets anmuthig gestanden, Sie hätten Alles vergessen was ich Ihnen gesagt hatte! Im Ernst aber danke ich Ihnen herzlich, dass Sie doch noch meiner Angelegenheit dachten, u. gestehe Ihnen, dass ich hier insofern wieder im Unrechte bin, als es mir durch den Sinn kam, Sie in Meiningen an Ihr gütiges Versprechen zu erinnern, aber meine unüberwindliche Scheu hielt mich ab, u. so logiere ich durch eigene Schuld zum zweiten Male im »sächsischen Hof«![478]
Seien Sie herzlich gegrüsst u. bedankt in treulichster Ergebenheit u. Liebe!
C. Wagner.

Bayreuth den 19 Juni 1890.

477 Helene dachte wohl erst an die historischen Kostümkunde-Bücher, nachdem sie erfahren hatte, dass Cosima – eventuell beim Theaterschneider – gewesen war.
478 Während ihres Besuchs im März 1877 und im März 1889 waren die Wagners Gäste des Herzogs gewesen und hatten im Schloss Elisabethenburg logiert. Dieses Angebot dürfte Helene von Heldburg auch für Cosimas jetzigen Aufenthalt vorgesehen haben. Wann genau Cosima die beiden Male im Sächsischen Hof logierte, konnte nicht ermittelt werden. Vermutlich bezieht sich ihr Brief vom 21. Februar 1890 (59. Brief) auf ein Treffen sowie ihre erste Übernachtung in dem Meininger Hotel.

62. Cosima Wagner an Helene von Heldburg, Mittwoch, 20. August 1890, aus Bayreuth, Manuskript: deutsch, Brief gänzlich von fremder Hand, in: ThStA Meiningen, HA 40

Wahnfried d. 20. Aug. 1890

Theuerste Freundin,
Mit vielem Danke sende ich Ihnen hier die Bücher zurück, welche ich durch Ihre Güte erhielt, u. von welchen ich nur hoffe, dass ich sie nicht zu lange bei mir hatte.
Sie sind vermuthlich jetzt nicht in Meiningen,[479] aber in der Unkenntnis Ihres jetzigen Aufenthaltes gebe ich diese Zeilen dorthin ab.
Es hat mich wehmüthig berührt in den Zeitungen zu lesen, dass die Gastspiele der herzogl. Meiningischen Gesellschaft aufhören sollten,[480] denn ohne Zweifel verdankt man es diesen Gastspielen, dass die Classiker auf allen Bühnen Deutschlands jetzt mit Sorgfalt u. Achtung wiedergegeben wurden. Im Stillen legte ich, Seiner Hoheit dem Herzog, meinen Dank zu Füssen für das hohe Beispiel welches Er gegeben u. die unvergesslichen Eindrücke welche ich vom *Cäsar*, von der *Jungfrau* und von der *Hermannschlacht* hatte, lebten, meinen Sinn verstärkend, in mir wieder auf.
Hoffentlich wird es mir vergönnt sein im Winter Sie, theure Freundin, zu besuchen. Für's Erste mache ich mich mit meinen Kindern nach dem Comersee auf.[481] Es gilt diess vornehmlich einem letzten Zusam[m]ensein mit meinem Sohne, vor seinem Eintritt in das Polytechnikum in Berlin.[482] Jetzt

479 Laut Fourierbuch (ThStA Meiningen, HMA 1388) weilten Georg II. und Helene von Heldburg seit dem 7. Juni 1890 auf Schloss Altenstein, unterbrachen diesen Aufenthalt allerdings vom 18. bis 31. August mit einem Abstecher in die Residenzstadt.
480 Für die Beendigung der Gastspielreisen des Meininger Hofschauspielensembles nach 16 sensationell erfolgreichen Jahren sprachen 1890 mehrere Gründe: »Die Verringerung der Zuschauerzahlen, Probleme, geeignete neue Stücke für das Repertoire zu finden, die zunehmend sichtbarer werdende gesundheitliche Angegriffenheit Chronegks, das Fehlen geeigneter Darsteller für die Hauptrollen, letztlich ›die Ausbreitung des Meiningertums von einer deutschen Bühne auf alle‹ (Otto Brahm), ließen eine Fortsetzung der Gastspielreisen nicht mehr opportun erscheinen.« (Erck/Kern [1999], 32).
481 Cosima besuchte »mit einem Teil Ihrer Familie« (Du Moulin [1931], 358) ihren Geburtsort Bellagio am Comer See.
482 Nach dem einjährigen Musikstudium bei Humperdinck begann Siegfried ein Architekturstudium am Polytechnikum in Charlottenburg.

ist auch Daniela bei mir, die sich, Gott sei Dank erholt hat[483] u. die ihr Mann Ende des Monats zur Rückkehr nach Frankfurt bei mir abholen wird.

Meine Kinder empfehlen sich Ihrem freundlichen Gedenken u. vereinigen sich mit mir um Seiner Hoheit dem Herzog sich zu Füssen zu legen.
Die herzlichste Freundschaft u. Ergebenheit entsende ich Ihnen, theuerste Freundin, in einem Grusse der treuen Erinnerung!
C. Wagner.

---

[483] Laut Hilmes (2009, 69) verbrachte Daniela jedes Jahr mehrere Wochen im Sanatorium.

63. Cosima Wagner an Helene von Heldburg, Donnerstag, 12. Januar 1893, aus Bayreuth, Manuskript: deutsch, Brief gänzlich von fremder Hand, in: ThStA Meiningen, HA 40

Bayreuth. Wahnfried
d. 12 Januar 93.

Verehrte Freifrau u. theuerste Freundin,
Darf ich auf Ihre Güte gegen mich soweit bauen, dass ich Sie in der Zuflucht, die Sie gegen unseren wahrhaft entsetzlichen Winter sich gewählt,[484] aufsuche u. meinen warm empfundenen Neujahrswünschen für Sie, Freundin u. Seiner Hoheit dem Herzog sogleich eine Bitte beifüge?
Ich hoffe insofern ja, als ich dringend ersuche, falls diese Bitte auf die geringste Schwierigkeit träfe, mir dadurch das Bestehen Ihrer freundschaftlichen Gesinnung zu bezeigen, dass sie mir das unumwundenste Nein ohne Weiteres sagen.
Meinen hiesigen, noch recht bescheidenen Schülern,[485] habe ich »Minna von Barnhelm« einzustudiren versucht u. möchte ich vor einigen Gästen mehrere Szenen daraus ihnen am 31 Januar aufführen lassen.[486]
Ist es zu anmassend für diese Aufführung (erste u. letzte am 31 Januar) um die Costüme von Meiningen zu bitten welche freilich den Hauptreiz u. das eigentlich künstlerisch-Vollendete des Abends bilden würden?[487]
Dass ich dafür stehe, dass sie auf das Sorgfältigste behandelt u. in gutem Stande sofort zurück geschickt würden, bedarf wohl keiner Versicherung?
Dürfte ich, theuerste Freundin, um ein telegrafisches Wort bitten?

---

484 Laut Fourierbuch (ThStA Meiningen, 1388) reiste Georg II. mit Helene von Heldburg am 3. Dezember 1892 nach Cannes und traf am 3. Mai 1893 von dort kommend auf der Villa Carlotta am Comer See ein.
485 Am 10. November 1892 wurde die Bayreuther Stilbildungsschule gegründet. Siehe die Einführung, Anm. 676–679.
486 Da sich Georg II. und Helene zu dem Zeitpunkt in Cannes aufhielten, dürfte der Herzog den damaligen Intendanten des Hofschauspiels Paul Richard mit der Übersendung der Kostüme nach Bayreuth beauftragt haben.
487 Lessings Minna von Barnhelm hatte aus Anlass seines (162.) Geburtstages am 22. Januar 1891 im Meininger Hoftheater Premiere. Da im Programmzettel keine neue Ausstattung vermerkt ist, dürften Kostüme aus der Vorgängerinszenierung von 1882/83 verwendet worden sein. Allerdings war das Stück nie eine Gastspiel-Inszenierung.

Möchten diese Zeilen Sie doch in vollstem Wohlsein wieder antreffen! Mit wahrer Betrübnis erfuhr ich, wie leidend Sie gewesen seien.[488]
Ich frug sehr nach Ihnen bei Gelegenheit unseres *Tannhäuser's*, den ich gar gerne Ihnen als unsere beste Arbeit vorgeführt hätte.
Gedachte ich doch viel, unserer einstigen *Tannhäuser*- u. *Lohengrin*-Campagne! Ich bleibe nun, wie Sie sehen, bei meinem Leisten (worunter nicht »Leistung« zu verstehen ist) u. fahre fort so schlecht u. gut es geht das Wenige was ich kann mitzutheilen; man gewöhnt sich daran das Seinige zu thun ohne viel an Resultate zu denken, wie das Thier seinen Halfter trägt u. seinen Trott geht.
Innig würde es mich freuen von Ihnen zu hören! Und mit der Bitte, Seiner Hoheit dem Herzog meine u. meines Hauses Ehrerbietung zu überbringen, versichere ich Sie, theuerste Freundin, meiner Verehrung, Anhänglichkeit und unwandelbaren Ergebenheit!
C. Wagner.

---

488 Georg II. erlitt im April 1892 lumbagoartige, d. h. hexenschussähnliche Schmerzen, die das Herzogspaar veranlassten, ihre Reisepläne zu ändern. Noch am 17. September schreibt Helene von Heldburg an Arthur Fitger: »Der Herzog liegt beinahe achtzehn der vierundzwanzig Stunden und die übrigen bringt er halbliegend im Lehnsessel oder Rollstuhl zu.« Hase-Koehler (1929), 57. Auch Helene war seit »einem unglückseligen Anfall« Ende Juli gesundheitlich sehr angeschlagen. »Mein Herz reagiert auf die kleinste Erregung; ein Gedanke genügt, meinen Puls toll und aussetzend und die Füße wie Eis zu machen«, klagt sie ihrem Bruder am 13. August 1892. Siehe Hase-Koehler (1929), 85.

**64. Cosima Wagner an Helene von Heldburg, Mittwoch, 1. Februar 1893**, aus Bayreuth, Manuskript: deutsch, Brief gänzlich von fremder Hand, in: ThStA Meiningen, HA 40

Verehrte Freifrau u. theuerste Freundin,
Nicht möchte ich die schönen Trachten wieder in ihr Heim senden, ohne wenigstens mit einem Wort die Eindrücke zu berühren, die sie in mir erweckt. Eigentlich liesse sich Alles in dem Worte: Dank fassen.
Zunächst, für die Güte Seiner Hoheit des Herzogs u. die Förderung, die mir dadurch wurde, indem die vollendete Gewandung mich um Vieles dem näher brachte, was ich mit dieser kleinen Aufführung anstrebte u. was ich kurzweg als Styl bezeichnen möchte. Weiter aber ist mir bei Gelegenheit dieser Sendung die Erkenntlichkeit, die wir Alle, welche in irgend einer Weise mit der Kunst zusam[m]enhängen, dem Herzoge schulden u. die beständig in mir lebt, auf das Deutlichste in das Bewusstsein gekom[m]en.
Ich habe mich jetzt mit der Inszenierung des *Rienzi* zu befassen u. ich möchte es gelänge mir nur halbwegs Das, was von den Aufführungen des Meiningen'schen Theater's wir erfuhren u. lernten, zur Geltung zu bringen. Ja, ich beklage es, dass es mir nicht vergönnt sein kann, in Manchem bei dieser schwierigen Aufgabe um gnädigen Rath zu bitten. So ist denn das Geringe was ich vermag u. das Grosse was ich anstrebe, was als Dank zu Ihnen, theuerste Freundin wallt.
Nehmen Sie es freundlich auf u. bleiben Sie gütig gesinnt
Ihrer Ihnen innig anhänglichen
C. Wagner.
Bayreuth
d. 1. Februar 93.

**65. Cosima Wagner an Helene von Heldburg, Samstag, 15. April 1893,
aus Montreux, Manuskript: deutsch, Brief gänzlich von fremder Hand, in:
ThStA Meiningen, HA 40**

Verehrte, theure Freundin,
Ich weiss nicht ob die Zeitungen Ihnen den Unfall gemeldet, der mich betroffen.[489] Einzig bei diesem Anlass erwünschte ich es! Denn es geschah an dem Geburtstage seiner Hoheit des Herzogs und es ging mir nahe nicht meine Glückwünsche entsenden zu können.
Darf ich mir erlauben durch Ihre freundliche Vermittlung dieselben mit dem erneuerten Ausdruck der Dankbarkeit u. der tiefsten Verehrung dem Herzog unserem Gönner ehrerbietigst zu entsenden?
Es geschieht dies[490] von der Höhe aus, wohin ich mich zur Erholung geflüchtet habe u. wo alles Edle Einem besonders nahe u. gegenwärtig ist.
Empfangen Sie, theuerste Freundin, mit meiner Bitte, die erneuerte Versicherung treuer Anhänglichkeit, Verehrung u. Ergebenheit!
C. Wagner

Montreux
Les Avant
15 April 93.

---

489 Cosima erlitt am Ostersonntag 1893 eine Gallenkolik, die jedoch von dem Bayreuther Arzt Dr. Landgraf nicht als solche erkannt worden war. Erst, als sie im Sommer in Luzern einen zweiten Anfall erlitt, konnte Dr. Vogel dort die richtige Diagnose stellen und behandeln (Du Moulin [1931], 452). Herzog Georg II. hatte am 2. April Geburtstag, genau genommen also einen Tag vor dem Anfall. Wie Cosimas Dank an Wilhelm von Bode für seine Genesungswünsche zeigt, sprach sich ihre Erkrankung auch im weiteren Freundeskreis rasch herum. Siehe Cosima Wagner an Wilhelm von Bode, 18. April 1893, in: SMB-ZA, IV/NL Bode 5703.
490 Im Manuskript: »diess«.

66. Cosima Wagner an Helene von Heldburg, Freitag, 11. September 1896, aus Bayreuth, Manuskript: deutsch, Brief gänzlich von fremder Hand, in: ThStA Meiningen, HA 40

Verehrte Freifrau u. theuerste Freundin,
Es war mir nicht möglich Ihnen in der Festspielzeit zu sagen, wie ich mich über Ihren Gruss gefreut habe u. selbst nach Abschluss, mussten drei Wochen vergehen, bevor ich zu dem erfreulichen Momente kam.
Es war mir sehr lieb, dass wir hier Ihrem Wunsche entsprechen konnten u. hoffentlich hat Ihr Anbefohlener (der sich mir zu meinem Bedauern nicht gemeldet hat) den Eindruck des Werkes erhalten![491]
Gar viel habe ich daran gedacht, wie Sie, liebe Freundin u. Seine Hoheit der Herzog uns vor 20 Jahren mit Ihrem Besuch erfreuen u. es wäre mir eine Genugthuung gewesen, wenn ein guter Stern es zugelassen hätte, dass Sie dieses Mal auch unsere Arbeit in Augenschein genom[m]en hätten.
Leider musste ich erfahren, wie <u>viel</u> Leiden Sie durchmachen mussten. Hoffentlich sind Sie jetzt wohl u. von der Sorge um des Herzogs Gesundheit befreit.[492]
Wenn ich in meiner bescheidenen Thätigkeit zurückblicke u. mich nach den Eindrücken befrage, welche entscheidend in meinem Leben gewesen sind, so stehen die Aufführungen in Meiningen vor meinem geistigen Auge u. ein Gefühl des Dankes erhebt sich zu Demjenigen, dem ich diese unauslöschlichen fruchttreibenden Eindrücke schulde.
In der That steht dieses Meininger Theater, wie ich es zu kennen das Glück hatte, gleich einer Oase in der jetzigen Kunstwüstenei u. es ist mir immer, als ob man dem Herzog nicht genügend dafür gedankt hätte, u. lange nicht genug von ihm gelernt habe.
Bei mir aber ist das Gewährte nicht auf eine Undankbare oder Unempfindliche gefallen. Dieses möchte ich sagen u. immer wiederholen.
Möchten Sie, theuerste Freundin, es gerne entgegen nehmen!

---

491 Möglicherweise besuchte der damalige Meininger Hofkapellmeister Fritz Steinbach (1855–1916) im Auftrag von Georg II. und Helene die *Bayreuther Festspiele*, wo Cosima – nach Wagners Inszenierung der Uraufführung von 1876 – zum ersten Mal ihre Inszenierung des *Ringes des Nibelungen* vorstellte. Die musikalische Leitung lag in den Händen von Hans Richter und Siegfried Wagner hatte zum ersten Mal die Hauptprobe dirigiert.
492 Zur fortschreitenden Schwerhörigkeit Georg II. war durch einen Jagdunfall Misshörigkeit hinzu gekommen, so dass er Musik nur stark entstellt wahrnehmen konnte und daher meiden musste. Schon ein Jahr zuvor musste er dem Ersten Meininger Landesmusikfest fernbleiben, das Steinbach Brahms zu Ehren veranstaltet und den Komponisten zu seinem letzten Meiningen-Besuch veranlasst hatte.

Wir hatten die Freude hier den Prinzen Friedrich u. seine Gemahlin zu sehen; sie waren mir liebe Vertreter des hohen Vaters, u. ich könnte mir keine feinfühligere[n], verständnisvollere[n] Zuhörer denken! Es würde mich freuen, wenn sie von den Tagen hier berichtet hätten.[493]
Mit unserem gemeinschaftlichen Freund Hildebrand habe ich viel von Ihnen gesprochen. Er sprach mir von einer Arbeit, die er für den Herzog ausführe.[494] Auch hier hat Seine Hoheit den rechten Blick bewahrt u. einen außerordentlichen Künstler gefördert!
Nun aber leben Sie wohl, theuerste Freundin, gedenken Sie meiner ferner freundlich u. seien Sie in treuer Anhänglichkeit gegrüsst
von Ihrer
C. Wagner.
Bayreuth 11 Sept 96

---

493 Prinz Friedrich von Sachsen-Meiningen (1861–1914) erlebte 1896 gemeinsam mit seiner Frau Adelheid zu Lippe-Biesterfeld die Aufführung des *Ringes*. Der dritte Sohn von Herzog Georg II. und Prinzessin Feodora von Hohenlohe-Langenburg fiel zu Beginn des 1. Weltkrieges 1914 in der Schlacht von Namur.
494 Gemeint ist wohl Adolf von Hildebrands Arbeit an der Bronzefigur des *Marsyas*, die Herzog Georg II. für Schloss Altenstein in Auftrag gegeben hatte. Dazu Goltz (2012b), 158. Eventuell hatte das Gespräch während Hildebrands Besuch der *Ring*-Aufführung stattgefunden.

67. Cosima Wagner an Helene von Heldburg, Mittwoch, 23. September 1896, aus Bayreuth, Manuskript: englisch, Brief von fremder Hand, mit Cosimas Unterschrift, in: ThStA Meiningen, HA 40

Meine teuerste Freundin und liebstes Täubchen aus alten Zeiten!
Du hast mich durch Deine lebhaften Zeilen in unsere gute alte Zeit zurückversetzt, so dass ich auf Englisch beginnen muss, obwohl ich die Sprache fast vergessen habe und mir fast sicher bin, dass ich *in meinem geliebten Deutsch* schließen werde.[495]
Oh ja! Ich erinnere mich an den *chevalier*[496] *(oder besser, den chvalier)* und an *Clärchen, Jane Eyre* und alle meine überflüssigen Predigten, denn Du hattest *unbewusst* selbst schon ein Gefühl für Deine Kraft und dafür, wo Dein Leben hingehen würde. Doch die Gouvernante in mir liebt es noch immer, andere in den wenigen Dingen, die ich zu verstehen meine, zu belehren. Und es ist sehr gütig von Dir, dass Du meine Ungeduld und Strenge in so freundlicher Erinnerung bewahrt hast.
Doch meine teuerste Freundin, mein Brief war für Deine Augen gedacht, und das für den Herzog Geschriebene war auch zur Hälfte für Dich selbst bestimmt, denn der Herzog hätte ohne Deine Unterstützung solch ein großes Unterfangen nicht auf sich nehmen können.
Wie traurig, dass Du nicht mehr zu unseren Theateraufführungen kommen kannst! Und wie deprimierend, dass Du nach Deiner Krankheit so geschwächt bist. Ich denke bei Dir ist wohl das gleiche grauenvolle Wetter, das wir hier aushalten müssen, und unter diesen Umständen ist es sehr schwierig, sich zu erholen.
Wie sehr möchte ich doch unsere Jugend zurückholen,[497] ich muss darüber sprechen (ich sage unsere, obwohl Du so viel jünger als ich warst und bist!) Wir können von unserer Freundschaft sagen *schier dreissig Jahre bist Du alt*

---

495 Der gesamte Brief ist in englischer Sprache verfasst.
496 In Ferdinand Raimunds Original-Zaubermärchen *Verschwender* (1834), worin Helene am 23. Dezember 1866 die *Fee Christiane* spielte, gibt es die Rolle des *Chevalier Dumont*. Am Meininger Hoftheater wurde das Stück laut Theaterzettel am 11. April 1897 als Benefiz zugunsten des technischen Personals aufgeführt, was der Anlass dafür gewesen sein könnte, sich über die Vergangenheit auszutauschen.
497 Cosima blickt außerordentlich wehmütig auf ihre Jugendzeit zurück und beschreibt, dass sie besonders Helenes »Magnetismus« nicht noch einmal erlebte. In diesem Zusammenhang ist auch der Wunsch zu verstehen, Helene hätte Cosimas Kinder besser kennen sollen, der wohl eher auf die ersehnte Nähe Helenes abzielt.

*und hast manchen Sturm erlebt!*[498] Es ist schön, daran zu denken, dass wir Stürme erleben können und trotzdem gute Freundinnen bleiben.
Seit Du Berlin verlassen hast, habe ich nicht wieder ein solches Interesse an Jüngeren gehabt und wurde von meinen eigenen Kindern vereinnahmt, von denen ich sehr wünschte, dass Du sie näher kennen würdest. Ganz besonders Siegfried!
Nun meine teuerste Freundin und gütigstes Täubchen, lege Seiner Hoheit dem Herzog meine dankbare Hochachtung zu Füßen und sei mit der Wärme alter Zeiten umarmt
von Deiner treuen
CWagner
Der arme Fishel[499] wollte keine Leidenschaft. Meine Predigten an ihn gingen in eine andere Richtung.
Bayreuth, 23. September 96

---

498 Es handelt sich um den Beginn des »Mantelliedes« aus dem Schauspiel *Lenore* (1828) von Karl von Holtei (1798–1880).
499 Siehe zu Eduard Fischel (1826–1863) die Einführung, Anm. 228. Möglicherweise zielten Cosimas »Predigten« in Richtung Franziska von Bülow.

68. Cosima Wagner an Helene von Heldburg, Freitag, 11. Mai 1900, aus Florenz, Manuskript: deutsch, Brief von fremder Hand, mit Cosimas Unterschrift, in: ThStA Meiningen, HA 40

Verehrte Freundin,
Ich besuchte die Villa welche der Prinz Ernst von Meiningen hier bewohnte[500] und durch einen natürlichen Ideen-Zusammenhang waren meine Gedanken bei der Wanderung durch den Garten beständig bei Ihnen. Ich frug mich, ob meine Zeilen Sie erreichten, wo Sie wohl sein möchten, wie es Ihnen gehe u. das Bild unserer Jugendbeziehung stand vor mir, wie stets wenn ich an Sie denke. – Heimgekehrt lagen Ihre lieben Zeilen wie eine unmittelbare Erwiederung [sic] auf meine Gedanken. Ihr freundlicher Wunsch war mir Befehl, gerne bat ich den Freund in Bayreuth um das Blatt, welches er gemacht; und so lege ich es Ihnen vor, hoffend, dass sie in den alten »Zügen« dieselbe Theilnahme u. Ergebenheit lesen, die ich von dem ersten Augenblick unserer Begegnung empfand.[501] Wenn Ihnen der Kreis, in dem ich mich bewegte von Bedeutung gewesen ist, so können Sie sich sagen, dass der Zauber Ihrer Anmuth u. Ihrer Begabung, Ihre spontane Sympathie für mich, dieser Vergangenheit den lieblichsten Schein verlieh. Wir waren Beide fremd in der preussischen Hauptstadt, waren uns dessen nicht bewusst, aber wir zauberten uns durch unser gegenseitiges Mitfühlen eine Heimath für sich. Etwas ausserhalb des uns Umgebenden, Beruhenden. Das kann nie zerstört werden und es ist mir eine Genugthuung des Unvergänglichen immer bewusster zu werden und der Täuschung durch Zeit und Raum mich zu entwinden.

[500] Prinz Ernst von Sachsen-Meiningen (1859–1941), der zweite Sohn von Herzog Georg II., begann mit Jura-Studien in Bonn, Straßburg und Leipzig und wechselte nach der Militärzeit zum Malerei-Studium in München. 1892 heiratete er Katharina Jensen, die Tochter des Schriftstellers Wilhelm Jensen (1837–1911) und siedelte mit ihr anschließend für einige Jahre nach Florenz in die Nähe seines Lehrers Adolf von Hildebrandt um. Felicitas Ehrhardt, Kunsthistorisches Institut in Florenz, geht davon aus, dass Ernst im Umfeld Hildebrands gewohnt haben könnte, der im Kloster San Francesco di Paola lebte. Mitteilung Felicitas Ehrhardt an die Hrsg., 28. Oktober 2013. Der Standort der in Florenz erworbenen Villa konnte nicht ermittelt werden.
[501] Möglicherweise handelt es sich um das nach einem Gemälde von Paul Joukowsky entstandene Blatt (siehe Anm. 425 zum Brief C. W. an H. v. H., 31. Dezember 1877, 46. Brief).

Nun sind Sie gar fast in der Nähe,[502] und sehen meine Kinder, die mir von Ihrer und Seiner Hoheit des Herzog's liebenswürdigen Gastlichkeit erzählen! Bitte danken Sie dem gnädigsten Herrn für Seine Güte und bitten Sie ihn, sie mir u. meinem Hause zu bewahren.

Wir verlassen in einigen Tagen (wenn meine Gesundheit es erlaubt) das schöne Florenz u. denken etwa in einer Woche wieder heim zu sein. Ich hoffe dort das versprochene Bild von meinem theuren »Chick d'autre fois« zu finden u. freue mich darauf sehr! Finden Sie wirklich, dass man sich sehr verändert? Ich habe das Gefühl als ob ich meiner Jugend immer verwandter würde u. als ob Alles, was mit dem äusserlichen Leben zusam[m]enhing, in das Wesenlose schwände. Gerne denke ich mir Sie in der schönen Villa Carlotta, an dem See wo ich geboren, wandelnd, und ebenso gerne gebe ich mein Bild bescheidentlich dahin!

Haben Sie Dank für Ihre lieben Zeilen u. seien Sie in treuem Gedenken gegrüsst und geküsst von Ihrer alten Freundin
Cosima.

Meine Kinder tragen mir ihren herzlichsten Dank u. ihre verehrungsvollen Empfehlungen auf.
Florenz. Hôtel Victoria
11 Mai 1900.

---

502 Laut Fourierbuch (ThStA Meiningen, HMA 1389) reisten Georg II. und Helene von Heldburg am 13. März 1900 nach Cap Martin und trafen am 2. Juni 1900 von der Villa Carlotta am Comer See kommend wieder in Meiningen ein. Daniela Thodes Briefe vom 13. Juni und 20. Juli 1900 sowie vom 3. Januar 1901 an Helene von Heldburg belegen den Aufenthalt von Ehepaar Thode in der Villa Carlotta (ThStA Meiningen, HA 4).

69. Cosima Wagner an Helene von Heldburg, Dienstag, 24. Juli 1900, aus Bayreuth, Manuskript: englisch, Brief von fremder Hand, mit Cosimas Unterschrift, in: ThStA Meiningen, HA 40

Meine teuerste Freundin,
Vielen, vielen Dank für die Fotografien, sie sind wirklich reizend. Ich freue mich darüber, in einer von ihnen die Augen wieder zu sehen, in die ich so gern und mit so viel Freude geschaut habe, und welch wundervolle Überraschung war das Portrait von Seiner Hoheit dem Herzog mit Dir. Er sieht seinem Ahnen *Heinrich der Vogler*[503] so ähnlich und ich wünschte, ich könnte Ihn in *Lohengrin* haben.

»*Je crois bien, Sire*« antwortete Jean Bart[504] Louis XIV,[505] um einen Wunsch dieser Art auszudrücken!

Meine liebe Freundin, ich danke Dir auch sehr dafür, dass Du mir eine Auswahl überlassen hast, denn ich bevorzuge die zwei Fotografien, die zu behalten ich mich glücklich schätze und sende Dir die anderen zurück.

Wir sind nun hier für das nächste Jahr mit Arbeit beschäftigt und es ist ein trauriger Gedanke für mich, dass es weder Dir, meine teuerste Freundin, noch Seiner Hoheit möglich sein wird, zu kommen. Die Eröffnung unseres Theaters, welches der Herzog mit seiner Anwesenheit beehrt hat, wird sich zum 25. Mal jähren. Er ist der Meister von uns allen, die mit dem Theater in Verbindung stehen, und meine ersten ernsthaften Erfahrungen im Unterrichten begannen mit Dir, meine teuerste Freundin. Zuerst war es für uns beide fast wie ein Scherz, und dann wurde es so ernst.

---

503 Heinrich I. (um 876–936), heimatkundlich auch als Heinrich der Vogler oder Heinrich der Finkler bekannt, aus dem Adelsgeschlecht der Liudolfinger. Er war ab 912 Herzog von Sachsen und 919–936 König des Ostfrankenreiches. Verwandt war Herzog Georg II. mit Heinrich dem I. ebensowenig wie die angebliche Ähnlichkeit mit »Typus des alten Wettiner Hauses« haltbar ist, die Cosima am 16. November 1875 in ihrem Tagebuch festgehalten hatte. CWT, 16. November 1875 (Bd. II, 949).

504 Jean Bart, eigentlich wohl Jan Baert (1650–1702) war ein Freibeuter aus Flandern in Diensten des französischen Königs Ludwigs XIV. 1694 gelang es ihm nach seinem Sieg in der Seeschlacht von Texel einen für Frankreich bestimmten Getreidekonvoi skandinavischer Schiffe aus holländischen Händen zu befreien. Für diese Tat wurde Bart zum *Chevalier de St. Louis* geschlagen und in den Adelsstand erhoben. Nach seinen Erfolgen wurde Jean Bart 1696 Konteradmiral der französischen Flotte.

505 Ludwig XIV. (1638–1715) war seit 1643 König von Frankreich und Navarra, genannt *der Sonnenkönig*.

Ich habe das von Dir erwähnte Buch nicht gelesen.⁵⁰⁶ Blandine schrieb, dass sie darin viele indiskrete Dinge fand. Ich bedauere es, dass Daniela es absolut unmöglich fand, mit F. v. B.⁵⁰⁷ irgendeine Art von Beziehung zu haben, denn einige Dinge hätte man vielleicht vermeiden können.
Ich selbst sandte unseren *Musikdirektor*⁵⁰⁸ zu ihr, um die Erlaubnis zu bekommen, die Partitur des *Fliegenden Holländers* anzusehen⁵⁰⁹ – sie lehnte ab, und ich kann nicht verstehen, warum.⁵¹⁰
Dies sind traurige Dinge; es ist besser, nicht daran zu denken. *Non ragionam di lor, ma guarda e passa.*⁵¹¹

506 Hier dürfte der 1900 erschienene 4. Band der von Marie von Bülow herausgegebenen *Bülow-Briefe* gemeint sein, welcher die Jahre 1864–1872 umfasste.
507 F. v. B. = Frau von Bülow, d. h. Marie von Bülow.
508 Wie aus dem in der nachfolgenden Anmerkung zitierten Brief hervorgeht, handelt es sich um Musikdirektor Julius Kniese (1848–1905). Siehe zu Kniese die Einführung, Anm. 676.
509 Siehe den Brief Cosima Wagner an Marie von Bülow, 28. Februar 1900, in: RWG Bayreuth, Hs 32 I/44.
510 In dem Brief Cosima Wagner an Marie von Bülow, 28. Februar 1900 (RWG Bayreuth, Hs 32 I/44) heißt es: »Ich höre, dass dieselbe [Partitur, d. Hrsg.] verpackt in Hamburg liegt, demnach kaum zu erreichen. So lebhaft ich das bedaure, so müssen wir wohl darauf verzichten, bis Sie, hochgeehrte Freifrau wiederum in den Gebrauch Ihrer Bücher und Papiere gelangen. Vielleicht haben Sie dann die grosse Güte, Musikdirector Kniese die Möglichkeit der Vergleichung zu eröffnen.« In Bülows Musikalienkatalog von 1869 sind lediglich die Partitur der Ouvertüre Hinrichsen (1999), 403 sowie ein Klavierauszug des gesamten *Fliegenden Holländers* nachweisbar (Hinrichsen [1999], 420). Zum Schicksal von Bülows Musikalienbibliothek und zur Entstehung des Kataloges (Hinrichsen [1999], 403). Zum Verbleib der Partitur ist laut Dr. Egon Voss, Richard-Wagner-Gesamtausgabe, nichts zu ermitteln. Voss geht davon aus, dass Bülow in München aus der Theaterpartitur dirigierte. Diese gehört zum Bestand Historisches Aufführungsmaterial der Bayerischen Staatsoper in der Bayerischen Staatsbibliothek (Signatur: St. th. 868). Mitteilungen Dr. Egon Voss an die Hrsg., 10. September 2013 und Dr. Sabine Kurth an die Hrsg., 4. November 2013. Ein Grund für das Verwehren der Einsichtnahme in die Partitur könnte also darin bestanden haben, dass Marie von Bülow diese gar nicht besaß.
511 »Reden wir nicht über sie, schau und geh deinen Weg.« Das Zitat stammt aus Dante Alighieris *Divina Commedia (Die Göttliche Komödie, Inferno III, 51)*. In der italienischen Vorlage heißt es: »Non ragioniam di lor, ma guarda e passa.« In anderem Zusammenhang erwähnt Cosima das Zitat später auch gegenüber Marie von Wolkenstein-Trostburg. Siehe Brief Cosima Wagners an Marie von Wolkenstein-Trostburg, 13. September 1901, in: RWG Bayreuth, Hs 190–ohne Nr.

Daniela erzählte mir von den schönen Stunden, die sie mit ihrem Mann in der Villa Carlotta[512] verbracht hat, und von der Freundlichkeit, die Seine Hoheit und Du ihnen beiden entgegengebracht haben. Es freute mich, zu hören, dass Du an ihr eine Entwicklung bemerkt hast. Sie hat unter ihren vielen Gaben eine bemerkenswerte und seltene Eigenschaft: sie kann in sich gehen und sich selbst beurteilen. In ihrem Esprit erinnert sie mich sehr an ihren Vater. Ich habe nun die Freude, mit einem großen Künstler zu arbeiten, seit Schnorr war ich von keinem so beeindruckt wie van Rooy.[513] Hast Du ihn schon einmal gehört? Oder besser, hast Du ihn gesehen, denn mit seiner dramatischen Ausdruckskraft und seiner emotionalen Intensität gehört er der Bühne.

Nun leb wohl, meine teuerste Freundin, und noch einmal tausend Dank für die schönen Portraits und Deine lieben Worte. Bewahre für mich Deine gütige Freundschaft und sei meiner unwandelbaren Anhänglichkeit versichert. Deine alte Freundin,
C Wagner

Bitte lege meine dankbare Ehrerbietung Seiner Hoheit dem Herzog zu Füßen.
Bayreuth, 24. Juli 1900

---

512 Im Brief vom 13. Juni 1900 an Helene (ThStA Meiningen, HA 4) schwärmt Daniela Thode von der Schönheit der Villa, des Gartens und der dortigen Wälder, durch die sie mit ihrem Mann gewandert sei. Sie erwähnt auch, dass sie dort mit ihrem Mann an den »Korrekturen des Tintoretto« gearbeitet habe, die »inzwischen durchgesehen« seien und kündigt ein Exemplar als Geschenk für den Herzog an. Vgl. Henry Thode, *Tintoretto,* Bielefeld [u. a.] 1901 (= Künstler-Monographien, 49).
513 Der in Rotterdam geborene Wagner-Sänger Anton van Rooy (1870–1932) studierte bei Julius Stockhausen in Frankfurt, debütierte 1897 bei den *Bayreuther Festspielen* als *Wotan* im *Ring des Nibelungen* und sang bis 1903 regelmäßig dort.

70. COSIMA WAGNER AN HELENE VON HELDBURG, FREITAG, 14. SEPTEMBER 1900, aus Bayreuth, Manuskript: englisch, Brief von fremder Hand (Daniela Thode), mit Cosimas Unterschrift, in: ThStA Meiningen, HA 40

Meine teuerste Freundin,
Ich weiß, wie gütig Du zu mir bist und dass Du es nicht als aufdringlich empfinden wirst, dass ich Dir zwei Lithographien von meinem Sohn und meiner alten Wenigkeit schicke, die ein junger Zeichner und Maler von großem Talent angefertigt hat, der zwar bei seinen Kollegen schon Anerkennung findet, jedoch in der Öffentlichkeit noch recht unbekannt ist. Sein Name ist Otto Greiner.[514] Es würde mich sehr freuen, wenn Du, meine teuerste Freundin und der große Künstler, Seine Hoheit der Herzog, Interesse an diesem talentierten jungen Mann fänden und Freude daran hätten, diese Portraits zu betrachten. Falls nicht, dann verstaue sie in einer hinteren Ecke und betrachte die Sendung nur als Zeichen meines Wunsches, mich bei meiner teuren Freundin in Erinnerung zu rufen als
Deine treue und Dir unwandelbar zugeneigte
C. Wagner
Bayreuth, 14. Sept. 1900

---

514 Der Maler und Graphiker Otto Greiner (1869–1916) begann 1884 in Leipzig eine Lehre als Lithograph. Daran schloss sich ein Studium an der Münchner Akademie 1888–1891 an. 1891 reiste er erstmals nach Italien, wo er sich mit M. Klinger (1857–1920) anfreundete. 1892–1898 lebte er in München und Leipzig, danach zog er nach Rom. Wegen des Krieges musste er Italien 1914 verlassen und ging nach München, wo er auch verstarb. Die Lithographien von Cosima und Siegfried Wagner entstanden 1900.

71. Cosima Wagner an Helene von Heldburg, Dienstag, 13. November 1900, aus Bayreuth, Manuskript: englisch, Brief von fremder Hand (Daniela Thode), mit Cosimas Unterschrift, in: ThStA Meiningen, HA 40

Meine teuerste Freundin,
Ich weiß um Deine Freundlichkeit mir gegenüber und möchte Dir deshalb erzählen, dass meine Tochter Isolde einen jungen Künstler heiraten wird (Franz Beidler[515]), der bereits mit uns zusammengearbeitet hat und dessen Talent und Charakter ich aufs Höchste schätze.
Ich bin froh darüber, meine Kinder zumindest in nächster Zeit hier um mich zu behalten.
Teuerste Freundin, ich bitte Dich, Seiner Hoheit dem Herzog unsere Ehrerbietung zu Füßen zu legen, und die herzlichsten »*Grüsse*« anzunehmen von Deiner alten Freundin
C. Wagner
Bayreuth, 13. Nov. 1900

---

515 Siehe die Einführung, Abschnitt »Sichten auf Cosima«.

72. Cosima Wagner an Helene von Heldburg, Montag, 31. Dezember 1900, aus Bayreuth, Manuskript: englisch, Brief von fremder Hand (Daniela Thode), mit Cosimas Unterschrift, in: ThStA Meiningen, HA 40

Meine teuerste Freundin,
Ich kann dieses Jahr nicht ausklingen lassen, ohne Dir die besten Wünsche für ein glückliches neues zu senden und ohne Dich darum zu bitten, die hochachtungsvollsten Wünsche aus meinem Hause an Seine Hoheit den Herzog zu übermitteln.
Ich selbst wünsche mir, mich wieder mit Dir zu treffen, meine teuerste Freundin, denn es scheint mir eine sehr lange Zeit her zu sein, dass ich Dich gesehen habe.
In 8 oder 10 Tagen werde ich etwas Arbeit in Berlin haben, danach bin ich in Dresden und Ende Februar für die neue Oper meines Sohnes in München.[516]
Ich erzähle Dir dies in der Hoffnung, dass das Glück vielleicht ein Treffen zulassen wird.
Mit nochmaligen, allerbesten Wünschen bin ich, meine teuerste Freundin, unwandelbar die Deine
C. Wagner
Bayreuth, 31. Dezember 1900

---

516 Siegfried Wagner vollendete am 24. Oktober 1900 in Montreux seine zweite Oper *Herzog Wildfang*.

73. Cosima Wagner an Helene von Heldburg, Dienstag, 14. Mai 1901, aus Bayreuth, Manuskript: deutsch, Brief von fremder Hand (Daniela Thode), mit Cosimas Unterschrift, in: ThStA Meiningen, HA 40

Theure, verehrte Freundin!
Ich weiss, dass Sie mir Ihre freundliche Gesinnung bewahren und dass Sie auch unserer Sache treu bleiben. Daher erlaube ich mir, Ihnen ein Schreiben zuzusenden, zu welchem ich genöthigt wurde.
Zugleich erfuhr ich, dass die Componistengenossenschaft beschlossen habe, den Bundesrath zu ersuchen, dem Gesetzentwurf, wie ihn der Reichstag beschlossen, Seine Zustimmung zu versagen.[517] Ich erlaube es mir, durch Ihre Vermittlung Seine Hoheit, den Herzog herzlich zu bitten, in dieser Angelegenheit uns gnädig zur Seite zu stehen.

---

[517] Am 27. August 1898 wandte sich Cosima Wagner, die von den Vorbereitungen einer Revision des Urheberrechtsgesetzes gehört hatte, an den Reichskanzler und bat um eine Verlängerung der Schutzfrist von 30 auf 50 Jahre. Bandilla schreibt dazu: »Obwohl das Schreiben bei der weiteren Arbeit am Entwurf eines neuen Urheberrechtsgesetzes keine Rolle mehr spielte, sah sich doch aufgrund des Versuchs der Einflußnahme von Frau Wagner jeder Befürworter einer Verlängerung der Schutzfrist dem Vorwurf ausgesetzt, er wollte eine ›lex Wagner‹ schaffen.« Gemeint ist im obigen Text speziell die Petition Deutscher Komponisten und Musikverleger an den Bundesrat vom 13. Mai 1901, die Zustimmung zum Entwurf zu verhindern. Siehe dieselbe sowie die Verteidigung des Entwurfs durch den Reichskanzler nach den Beschlüssen des Reichstags vom 30. Mai 1901, die Zustimmung des Bundesrates vom 13. Juni 1901 und das Inkrafttreten von § 50 des Gesetzes betreffend das Urheberrecht an Werken der Literatur und der Tonkunst (LUG) vom 1. Januar 1902 mit ausführlichen Quellenangaben bei Bandilla (2005), 154–158. Eine gedruckte Petition vom 9. Mai 1901 ist in ThStA Meiningen, HA 40 erhalten. Siehe auch Fritz (2012).

Vor 25 Jahren gehörte Seine Hoheit zu den ersten unter den Fürsten Deutschlands, die unser Theater mit begründeten und unser Haus durch Ihre Gegenwart ehrten. In dieser Erinnerung bitte ich Ihn, unseren Hohen Gönner, *Parsifal* Seinen Schutz angedeihen lassen zu wollen.[518]
Ich weiss, theuerste Freundin, dass Sie mich verstehen und mir beistehen werden. Ich danke Ihnen dafür!
Wollen Sie mich und mein Haus Seiner Hoheit dem Herzog ehrerbietigst empfehlen, Ihnen, theuerste Freundin entsende ich den Ausdruck unwandelbarer herzlicher Anhänglichkeit
Ihrer
treu ergebenen
C Wagner
Bayreuth,
14. Mai 1901.

---

518 Außer um die Verlängerung der Schutzfrist, die ja für Wagner erst im Februar 1913 auslief, ging es Cosima Wagner in ihrer Petition auch um eine gesetzliche Verankerung von Wagners Willen, Aufführungen des *Parsifal* für alle Zeiten auf das Bayreuther Festspielhaus zu beschränken.

74. Cosima Wagner an Helene von Heldburg, Donnerstag, 13. Juni 1901, aus Bayreuth, Manuskript: englisch, Brief von fremder Hand, mit Cosimas Unterschrift, in: ThStA Meiningen, HA 40

Meine teuerste Freundin,
vielen Dank für den liebevollen Empfang, den Du meinem Brief bereitet hast, und bitte übermittle auch meinen hochachtungsvollsten Dank an Seine Hoheit den Herzog für seine Freundlichkeit.
Teuerste Freundin, es ist nicht der geringste Ruhm in diesem armen Brief, den ich in einem Zustand der Verzweiflung schrieb. Weiß Gott, wie es weitergehen wird; es scheint momentan, als würde der *Bundesrath* dem neuen Gesetz nicht zustimmen, das ist zumindest gut.
Unsere Proben haben mit dem *Fliegenden Holländer*[519] begonnen, das Schmuckwerk zuerst. Ich bin froh, dass mein Sohn mir diese Aufgabe abgenommen hat und sie vorzüglich auszuführen versteht. Jedes Mal, wenn wir auf diese Weise arbeiten, erinnern wir uns an die meisterhaften Meininger Aufführungen und an die Eindrücke, welche sie in uns hinterlassen haben.
Ich bedaure es wirklich sehr zu horen, dass Du nicht bei guter Gesundheit bist, meine teuerste Freundin, und ich hoffe und wünsche mir für Dich, dass Gastein[520] Dir helfen wird.
Bitte sprich zu mir nie von Bewunderung, doch bleibe mir stets freundlich zugeneigt und sei gewiss, dass ich immer mit der warmen Zuneigung alter Zeiten an Dich denke.
Deine Dir unwandelbar treu ergebene
C. Wagner
Bayreuth, 13. Juni 1901

519 *Der fliegende Holländer* wurde die erste Inszenierung Siegfried Wagners für die *Bayreuther Festspiele* (Dirigent: Felix Mottl, Bühnenbild: Max Brückner, Kostüme: Max Roßmann).
520 Vermutlich änderte Helene von Heldburg ihre Pläne auf Cosimas Rat hin. Helene kurte wie geplant Anfang Juni in Gastein (Hase-Koehler [1929], 144), von Mitte August bis Mitte September auf der Saletalp am Königsee und danach im September/Oktober 1901 in Riedberg bei Partenkirchen, als Gast von Hermann Levis Witwe Mary Fiedler-Levi, wo sie auch Cosima wieder traf. Dazu Brief Cosima Wagner an Marie von Wolkenstein-Trostburg, 22. September 1904, in: RWG Bayreuth, Hs 190–ohne Nr. Du Moulin (1931), 666ff. Cosima Wagner war nach Levis Tod 1900 mehrere Jahre nacheinander für etliche Wochen auf Riedberg zu Besuch; meist in Begleitung von einer ihrer Töchter. Siegfried (1929), 254. Cosima empfing dort offenbar auch gelegentlich Besuch (ibid., 258).

75. Cosima Wagner an Helene von Heldburg, Samstag, 30. Dezember 1905, aus Bayreuth, Manuskript: englisch, Brief gänzlich von fremder Hand, in: ThStA Meiningen, HA 40

Teuerste Freundin,
Ich habe mein Englisch fast vergessen, doch ich möchte mit Dir in der Sprache unserer alten Zeiten sprechen und hoffe, dass Du diese und mich selbst nicht vergessen hast. Ich denke gerade jetzt, wo es immer unwahrscheinlicher scheint, Dich wieder zu sehen, an diese Zeiten & an Dich, teuerste Freundin. Mit den Erinnerungen, die mir so am Herzen liegen, sende ich Dir die besten Wünsche für ein gutes neues Jahr und bitte Dich darum, Seiner Hoheit dem Herzog unsere dankbare Ergebenheit zu Füßen zu legen.
Es würde mich freuen zu hören, ob Du körperlich und seelisch wohlauf bist, wo Du den Winter verbringen wirst & ob Du frei von Sorgen bist. Ich selbst habe es genossen, in den Weihnachtstagen meine Kinder und Enkel um mich zu haben.
Die Thodes sind nun in Berlin, wo der Professor gestern eine Vorlesung über »*Kunst und Religion*« hielt.
Auch Blandine wird sich im Januar und Februar mit ihrer reizenden Tochter dort aufhalten, während ihre beiden jüngeren Söhne, beide liebenswert und talentiert, in Wahnfried bleiben und hier die Schule besuchen.
Meine Beschäftigungen sind unverändert & Du wirst von den Aktivitäten meines Sohnes gehört haben.[521] So schließe ich nun diese Zeilen, die den einzigen Zweck haben, Dir zu sagen, dass unter allen Umständen und zu jeder Zeit meine Gedanken zärtlich bei Dir sind und ich für immer, teuerste Freundin, anhänglich die Deine bin
C. Wagner
Bayreuth, 30. Dez. [1]905

---

[521] Hier sind vermutlich Siegfried Wagners Aktivitäten als Komponist gemeint, denn am 13. Oktober 1905 war seine im Mai desselben Jahres in Rom vollendete vierte Oper *Bruder Lustig* am Stadttheater Hamburg uraufgeführt worden.

76. Cosima Wagner an Helene von Heldburg, Sonntag, 4. Februar 1906, aus Bayreuth, Manuskript: englisch, Brief gänzlich von fremder Hand, in: ThStA Meiningen, HA 40

Meine teuerste Freundin,
was wirst Du von mir denken, dass ich mich erst heute für Deinen wunderbaren Brief bedanke, der mich wieder in die Zeit unserer Jugend mit all ihren Launen und Künstlerfreuden zurückversetzt hat!
Doch der Jahresanfang war keine leichte Zeit für uns; mein kleiner Gravina Enkelsohn war schwer erkrankt – er musste von unserem Haus in ein Krankenhaus transportiert und ernsthaft behandelt werden. Gott sei Dank ist er nun auf dem Wege der Besserung.
Ich selbst liege seit vier Wochen mit einer schweren Angina im Bett. Heute ist einer der ersten Tage, an denen ich mich besser fühle, und so wollte ich Dir sogleich meine Gedanken schreiben und Dir sagen, wie sehr mich Deine lieben Zeilen erfreut haben. Ich glaube, dass ich, mit Ausnahme meiner Familie, nie so viel gelacht habe wie in unserer Berliner Zeit. Du hast unseren armen Freund Fischel nicht erwähnt, und erinnerst Du Dich daran, dass ich Dich bei Deinem ersten *début* in der *Sing-Akademie* begleiten wollte & dass mein Vater dies vernünftigerweise verhinderte? Ich sehe Dich in Deinem weißen Musselin-Kleid vor mir, als wäre es gestern gewesen, und der gewaltige Erfolg Deiner Deklamation ist mir noch gut in Erinnerung. Verrücktes Gotha! Ich weiß noch wie Deine freundliche Mutter, als ich Daniela erwartete, zu mir sprach, dass ich, wenn ich dann Mutter wäre, nicht mehr so viel Zeit und Interesse für eine jüngere Freundin haben würde & ich antwortete »oh doch«.
Ich erfreue mich an der Vorstellung von Dir und Seiner Hoheit dem Herzog im schönen Cap Martin, denn unser Winter, der schon im September beginnt und selten vor dem Mai endet, stellt uns oft auf eine harte Probe. Ich weiß noch nicht genau, wie es mit uns weitergehen wird. Höchstwahrscheinlich wird Blandine mit ihrem kleinen Rekonvaleszenten und ihrer Tochter in den Süden fahren, & Eva und ich werden vielleicht ein paar Wochen in *Schweningers Klinik* in Gross-Lichterfelde verbringen.
Wie freundlich von Dir & dem Herzog, mich dazu einzuladen, auf *Schloss Altenstein*[522] zu Besuch zu kommen! Übrigens, würdest Du mir bitte sagen, wann Du dort verweilen wirst & <u>wann</u> ich Dir diesen Besuch abstatten könn-

---

522 Schloss Altenstein, in der Nähe von Bad Liebenstein gelegen, wurde 1736 von dem Meininger Herzog Anton-Ulrich erbaut und 1888/89 von Herzog Georg II. im Stile der englischen Spätrenaissance umgebaut. Das Schloss mit dem weitläufigen Landschaftspark war ein Sommersitz der Meininger Herzöge.

te? Ich werde wohl bis Ende August hier bleiben, denn in diesem Sommer finden unsere Aufführungen statt. Wenn es Dir besser passen würde, dass ich Dich im Herbst in der *Villa Carlotta* besuche, so würde ich dies mit der gleichen Freude tun, denn gewöhnlich reisen wir im Herbst in den Süden. Wenn die Zeit kommt, wirst Du es mich wissen lassen.

Bitte übermittele S.H. dem Herzog unsere Ehrerbietung, denn wir alle denken mit der Dankbarkeit und Bewunderung an ihn, zu der ihm alle Künstler & Liebhaber der Kunst verpflichtet sind.

An Dich, meine teuerste Freundin, entsende ich wie in alten Zeiten einen liebevollen Kuss und verbleibe

für immer die Deine

C. Wagner

Meine Kinder möchten sich bei Dir in freundlichste Erinnerung rufen.

77. Helene von Heldburg an Cosima Wagner, Sonntag, 12. Mai 1912, aus Cadenabbia am Comer See, Manuskript: deutsch, Autograph verschollen, Abschrift nach Hase-Koehler (1929), 70f.

Villa Carlotta, 12. Mai 1912
Teuerste Königin! Wenn ich heute mit einem Anliegen zu Ihnen komme, obgleich ich davon überzeugt bin, daß Ihre Antwort negativ ausfallen wird,[523] so ist es mir, während ich an Sie schreibe, als kehrte ich für einen Augenblick wieder in die Jugendzeit mit all ihren lieben Erinnerungen zurück, und daraus schöpfe ich den Mut, Ihnen den Wunsch einer wirklichen Freundin von mir vorzutragen.[524] Sie ist die Witwe des bekannten Generals der Infanterie Stoetzer, eine hervorragende Frau und die Schwester von Carré,[525] dem Direktor der Komischen Oper in Paris. Dieser Carré, den Sie sicher dem Namen nach kennen, wünscht nichts mehr und nichts weniger, als den »*Parsifal*«[526] als erster außerhalb Bayreuth herausbringen zu dürfen! In jedem anderen Falle hätte ich mich geweigert, Ihnen gegenüber die Sache auch nur zu erwähnen, und hätte gesagt: wenn Ihre Ansprüche auf solch eine Gunst berechtigt sind, so bedarf es meiner Fürsprache nicht; sind sie es aber nicht, so sparen Sie sich jede weitere Mühe, denn die Frage wird sicher absolut sachlich entschieden werden. Und doch komme ich, die ich mich von jeher Ihnen gegenüber als »Täubchen« fühlte, zu Ihnen, die Sie für mich immer »Königin« sein werden, und lege Ihnen die Sache vor. Sie werden wahrscheinlich lachen, das kleine hochmütige Lachen, das ich so gern hörte, und werden vielleicht (hoffentlich in zärtlichem Tone) sagen: »Aber Täubchen!« Und dann werden Sie sich selbst oder jemand von Ihren Lieben bemühen, mir die Antwort zukommen zu lassen, auf die ich gefaßt bin, und – auf diese Weise werde ich wieder etwas von Ihnen gehört haben! Letzten Sommer, als Ihr schönes Buch über Ihren

---

523 Ohne Illusionen in dieser Hinsicht ist auch der Brief Helene von Heldburgs an Eugenie Stötzer, 13. Mai 1912. In: Hase-Koehler (1929), 159.
524 Eugenie Stötzer (1860–nach 1923), geb. Carré, verh. mit Louis Stötzer (1842–1906), zunächst Oberst, 1891–1894 Kommandierender General des 2. Thüringisches Infanterie-Regiment Nr. 32 in Meiningen. Eugenie Stötzer war eine vertraute Freundin Helenes, die besonders deren Pastell-Portraits schätzte, von denen sie mehrere bei ihr in Auftrag gab.
525 Michel-Antoine Carré (1865–1945), Sohn des Librettisten Michel Carré (1821–1872), war ein französischer Schauspieler, Bühnen- und Filmregisseur. Er arbeitete auch gemeinsam mit André Barde am Libretto für Joseph Szulc's 1933 entstandene dreiaktige Operette *Le Garçon de chez Prunier*.
526 Zur *Parsifal*-Petition siehe Anm. 517 zum Brief C. W. an H. v. H., 14. Mai 1901.

geliebten Vater herauskam,[527] drängte es mich, Ihnen zu schreiben, aber ich war damals besonders leidend und kam nicht dazu. Gar oft kehren meine Erinnerungen zu Ihnen und jenen Tagen frühester Jugend zurück und ich muß daran denken, was Sie für einen Einfluß auf mich ausgeübt haben und wie tief ich für immer in Ihrer Schuld stehe. Ich glaube, das ist der wahre Grund, daß ich Herrn Carrés Wunsch nachgebe und Ihnen schreibe. Ich habe auf diese Weise noch einmal Gelegenheit, Ihnen zu sagen: Gott segne Sie, Königin! Der Herzog bittet mich, ihn auf das ergebenste zu empfehlen. Er leidet jetzt sehr unter seiner täglich zunehmenden Schwerhörigkeit, die es ihm unmöglich macht, Musik zu hören oder auch nur an einer Unterhaltung teilzunehmen. Wir führen deshalb ein ganz zurückgezogenes Leben. Auch die Enkelin meines Gatten, Feo in Weimar,[528] läßt sagen, wie unendlich sie bedaure, daß sie letzten Sommer nicht imstande gewesen ist, Ihnen persönlich die große Bewunderung auszusprechen, die sie für Sie hegt. Ich kann ihr keine größere Freude bereiten, als ihr von den Tagen unserer Jugend und meiner dankbaren Liebe für Sie zu erzählen. Sie würden lächeln, könnten Sie sehen, wie eifrig sie lauscht, wenn »Täubchen« ihr von alten Zeiten, von Gotha und *Jane Eyre*, von der Singakademie[529] erzählt und wie Sie mich damals nach der Altenburg mitgenommen und mir die Rolle der Königin im »*Don Carlos*« überhört haben, und was der alten Erinnerungen mehr sein mögen. – Leben Sie nochmals wohl, liebe Königin, und lassen Sie mich immer sein und bleiben Ihr ergebenes »Täubchen«.

527 Es handelt sich um *Franz Liszt, ein Gedenkblatt von seiner Tochter,* München 1911.
528 Prinzessin Feodora (1890–1972), Tochter des Prinzen Friedrich von Sachsen-Meiningen, durch ihre Hochzeit mit Großherzog Wilhelm-Ernst von Sachsen-Weimar-Eisenach (1876–1923) am 4. Januar 1910 letzte Großherzogin von Weimar.
529 Spektakulärer als Helenes eigener Auftritt in der Singakademie im Dezember 1859 (siehe Anm. 531 zum Brief C. W. an H. v. H., 18. Mai 1912, 78. Brief) war das 2. Orchesterkonzert am 14. Januar 1859. Hans von Bülow dirigierte damals ein sogenanntes »musikalisches Parteiprogramm« (*Kreuzzeitung,* 16. Januar 1859), d. h. Werke von Berlioz, Liszt, Wagner, Raff und spielte Beethovens G-Dur-Konzert. Als er am Schluss des 1. Teils nach Berlioz' Ouvertüre zu Byrons *Corsar* Liszts *Ideale* dirigierte, zischten einige Konzertbesucher. Dass Bülow mit Hinausweisung der Störenden aus dem Saal reagierte, beschäftigte danach in einem regelrechten »Federkrieg« von personifizierten oder anonymen Wortmeldungen noch wochenlang verschiedene Zeitungen, so u. a. die *Vossische Zeitung* (16., 22., 23., 25. Januar 1859, 1., 6. Februar 1859, 1. März 1859), die *Spenersche Zeitung* (16., 22. Januar 1859, 5. Februar 1859), die *Nationalzeitung* (22. Januar 1859, 9. Februar 1859), die *Kreuzzeitung* (16. Januar 1859), die *Berliner Montagspost* (24. Januar 1859). Dazu auch Gewande (2004, 230) und Gut (2011, 757).

78. Cosima Wagner an Helene von Heldburg, Samstag, 18. Mai 1912, aus Frankfurt am Main, Manuskript: englisch, Brief von fremder Hand (Daniela Thode), mit Cosimas Unterschrift, in: ThStA Meiningen, HA 40

Frankfurt 18.5.12
Meine teuerste Freundin,
Ich bin Herrn Michael Carré zu tiefem Dank verpflichtet, denn er brachte mir nach so langer Zeit wieder einen Brief von Dir!
Zu *Parsifal* – sein Urheber wollte, dass er ausschließlich auf der Bayreuther Bühne aufgeführt wird. Demnach tat ich alles in meiner Macht stehende, um ein Gesetz durchzusetzen, das dieses Werk schützen würde, doch es war vergebliche Mühe. So muss ich nun das ertragen, was kommen mag. Mein Sohn tröstet mich mit seinen Worten: *Parsifal* schützt sich selbst, Bayreuth will *Parsifal* nicht, doch *Parsifal* will Bayreuth. Ich denke, dass er darin Recht hat. Dein lieber Brief erreichte mich hier; wir sind nun auf dem Weg nach Hause, wo wir morgen nach einer Abwesenheit von viereinhalb Monaten ankommen werden. Ich habe meine und Chamberlains Kinder um mich & wir werden Siegfried in Bayreuth treffen, er kehrt aus Wien zurück, wo seine Oper *Banadietrich* zweimal von sehr guten Sängern und dem fantastischen Orchester des Kaiserlichen Theaters aufgeführt wurde und begeistere Aufnahme fand. Es ist eine der größten Entbehrungen für mich, diese Stücke & diese Musik nicht zu sehen & zu hören, doch wenn man alt wird, wird es um einen still, »*Das Alter bringt des Alternden viel*«, so Goethe.530
Wenn Du mit Freude an unsere Jugend & unsere Beschäftigungen zurückdenkst, so kann ich Dir versichern, dass mir dies alles in lebhaftester Erinnerung ist; ich sehe Dich als *Jane Eyre* vor mir und denke daran, wie wir die *Königin* studiert haben. Doch vor allem erinnere ich mich an Dein Debüt mit einer Ballade von Hebbel531 bei einem Konzert Herrn von Bülows und nicht zuletzt an unsere langen Spaziergänge zum *Tiergarten*.
Die Neigungen der Jugend haben eine ganz besondere Macht und wenn sie unter dem Einfluss der Kunst stehen, scheinen sie nie zu vergehen. Ich für meinen Teil sehe immer noch die großartigen Meininger Aufführungen vor mir. Sie waren für mich die reinsten Offenbarungen.

530 Das Alter bringt des Alternden gar viel herbei. Johann Wolfgang von Goethe (1749–1832), an Friedrich Heinrich Jacobi, 6. Januar 1813 (*Goethes Briefe*, Bd. 2, Berlin 1984, 267ff.).
531 Am 11. Dezember 1859 wirkte Ellen Franz in der von Bülow geleiteten zweiten Soiree der Berliner Singakademie mit. Sie sprach die Hebbel-Ballade *Schön Hedwig* im Melodram für Deklamation und Klavier von Robert Schumann (1849), von Bülow am Klavier begleitet. Die Matinee fand zu Gunsten der Schillerstiftung statt.

Es stimmt mich traurig zu hören, dass es dem Herzog nicht gut geht; eine solche Krankheit muss eine harte Probe sein. Doch der Herzog ist ein Held und ich bin mir sicher, dass er es wie ein Held erträgt. Wirst Du ihm meine ergebene Hochachtung übermitteln, und die meiner Kinder, die Dir ihre wärmsten Grüße schicken. Meine teuerste Freundin, ich umarme Dich liebevoll als Deine treuste Freundin
Cosima
Bitte übermittele Prinzessin Feo in Weimar meine dankbaren Grüße und richte ihr aus, dass ich sehr darauf hoffe, sie in diesem Sommer in Bayreuth zu sehen.

### 79. Daniela Thode an Helene von Heldburg, Freitag, 13. August 1920, aus Jena, Manuskript: deutsch, in: ThStA Meiningen, HA 443/II

In Mama's Namen die sich innig darüber gefreut hat, soll ich Ihnen wärmstens für die holden [?] Alpenblümchen danken,[532] und Ihnen sagen, wie oft und gern sie der gemeinsamen Jugendtage gedenkt und von welcher Bewunderung und unauslöschlicher Dankbarkeit getragen die Meininger Eindrücke in ihr leben. – Wirklich lebe auch ich nur mehr in der Erinnerung, und das berühmte Wort: »nessun' maggior' dolor«[533] hat seine traurige Gewalt <u>noch</u> nicht über die Seele erhalten. – Wie oft auch gehen die Gedanken den schönen Weg von Cadenabbia in die Zauberwelt der Carlotta – wer mag dort weben und walten und jene traumhafte Herrlichkeit geniessen – die unser Einer wohl niemals wiedersieht?![534] –

[532] Helene hielt sich während ihrer Witwenjahre fast jeden Sommer, so auch im Sommer 1920, in ihrem »Kaser« auf der Saletalp am Königsee auf. Siehe auch den Brief Eva Wagner an Daniela von Bülow, August 1920, RWG Bayreuth, Hs 13/V-1770. Dort heißt es: »Grösste, innige Freude bereitete der so schöne Brief Fr. v. H's und bittet dich Mama ihrer geliebten Jugendfreundin zu sagen, mit welch gleichen Gefühlen auch sie jener Zeiten gedächte; oft weilten ihre Gedanken bei ihrem ›Chick‹.«
[533] Die gern zitierte Sentenz »Nessun maggior dolore/che ricordarsi del tempo felice/ne la miseria« stammt aus Dante Alighieris *Divina Commedia* (*Göttliche Komödie*, Inferno V, 121ff.) und bedeutet »Kein größerer Schmerz als sich erinnern glücklich heiterer Zeit im Unglück.«
[534] Da Italien im Mai 1915 an der Seite der Entente in den Ersten Weltkrieg eintrat und damit gegen Deutschland kämpfte, war die Villa Carlotta, der Sommersitz der Herzöge von Sachsen-Meiningen am Comer See im August 1915 unter Aufsicht des italienischen Staates gestellt worden. Um die Rückgabe der Villa gab es seit diesem Zeitpunkt zähe Auseinandersetzungen bis sie 1927 wegen ihres hohen nationalen Kulturwertes (ihr Wert wurde von Meininger Seite mit 8,8 Millionen Mark beziffert) endgültig in den Besitz des italienischen Staates überging.

Mama hat leider vor 8 Tagen wieder einen ihrer bösen, heftigen, quälenden Anfälle[535] gehabt, dem ihre sieghafte Natur noch einmal widerstand – aber jetzt ist die Erschöpfung <u>gross</u> und die Sorge um sie eine verzehnfachte. Die Pflege um sie, der Umgang mit den holden, lustig heranblühenden Kindern meines Bruders und die Kunst (ich lege ein Programm bei) füllen vorerst meine stillen Tage hier aus – an eine Zukunft denke ich nicht mehr. –
Mama's Herzensgrüssen füge ich die Versicherung altgetreuer Ergebenheit und Verehrung bei!
Ihre <u>Daniela</u>

---

[535] Hilmes (2007, 350) schreibt: »Nach allem, was wir über Cosimas Krankengeschichte wissen, erlitt sie im Dezember 1906 [erstmals, d. V.] einen so genannten ›Adam-Stokes-Anfall‹. Bei dem nach den Dubliner Medizinern Robert Adams und William Stokes benannten Anfall handelt es sich um einen Zustand kurzer Bewusstlosigkeit, der hervorgerufen wird durch einen kollapsartig auftretenden Herzstillstand. Diese Attacken sind zumeist dadurch gekennzeichnet, dass die Betroffenen aus völligem Wohlbefinden heraus plötzlich bewusstlos werden und sich dabei sehr oft verletzen. Auch Cosima hatte – wie mehrfach überliefert ist – nach den Anfällen Blut am Mund, was darauf hindeutet, dass sie sich möglicherweise gebissen hat. Nach kurzer Zeit, wenn der Rhythmus wieder ›anspringt‹, wachen die Betroffenen ebenso rasch wieder auf und haben nur für den Moment der Bewusstlosigkeit eine Erinnerungslücke.«

80. Daniela Thode an Helene von Heldburg, Donnerstag 21. April 1921, aus Jena, Manuskript: deutsch, in: ThStA Meiningen, HA 443/II

Hochverehrte theure Baronin,

haben Sie herzlichen Dank, dass Sie Ihren Leiden[536] solch' einen langen, eingehenden gütigen Brief an mich abgerungen haben! Den Theil, den Sie meiner Diskretion empfahlen, hab' ich sofort zerrissen, den andern habe ich an Mama gesandt, die sich daran erfreuen wird, hängt sie doch mit ungebrochener Geisteskraft an diesen ihren alten Erinnerungen und im Besonderen auch an Ihrem Bild, und wenn ich – so Gott will – diesen Sommer wieder nach Bayreuth zu ihr und den geliebtesten Kindern fahre, so gestatten Sie mir, dass ich einen Zug im lieben alten Meiningen überspringe, und geben mir, bitte, die verschiedenen Andenken für Mama,[537] von denen ich Ihnen heute schon schriftlich verspreche, dass sie [sic] sie treulich wieder erhalten sollen. – An Du Moulin's Buch[538] werden Sie Freude haben, es ist lebensvoll und künstlerisch geschrieben; er wurzelt in festem Boden, und aus der Fülle der Gestalten [gestr.] Gesichte lässt er die drei Hauptgestalten plastisch hervortreten, an die er mit Enthusiasmus, Wahrhaftigkeit und Gerechtigkeit herantritt; die Episode, die traurige von der Sie sprechen[539] hat er mit Takt, Schonung und Aufrichtigkeit – sehr kurz behandelt. Schade, dass die Briefe an den geliebten Herzog und Sie ihm nicht zugänglich waren[540] – Sie haben sicherlich nur recht und klug gehandelt. –[541]

---

536 Helene litt im hohen Alter zunehmend an Kreislaufproblemen und körperlicher Schwäche.
537 Was mit den »Andenken« gemeint war, konnte nicht ermittelt werden. Cosima hatte Ellen 1860 einen Hut sowie 1861 u. a. zwei Kleider sowie ein Medaillon geschenkt. Siehe Briefe C. v. B. an E. F., [13. April 1860] (11. Brief), 31. Januar [1861] (24. Brief) und [7. Februar 1861] (25. Brief).
538 Gemeint ist die Biographie Hans von Bülows, die Richard Du Moulin Eckart 1921 herausgab. Siehe Du Moulin (1921).
539 Daniela von Bülow spielt vermutlich auf den unvermittelten Weggang ihres Vaters aus Meiningen nach dem Zerwürfnis mit Brahms im November 1885 an, das aber 1887 zur Versöhnung mit Brahms führte. Dazu Du Moulin (1921), 488f.
540 Brief Richard Du Moulin Eckart an Helene von Heldburg, 19. Mai 1921, in: ThStA Meiningen, HA 443/2.
541 Offenbar hatte Du Moulin Eckart in Meiningen für seine Biographie nach den sich in Helenes Besitz befindlichen *Bülow-Briefen* gefragt und diese nicht erhalten.

Ich habe mich langsam von schwerer Grippe erholt, bleibe vorläufig noch hier, wo ich in Professor Berger[542] einen herausragenden Arzt und gütigsten Freund gefunden habe, widme mich den Menschen, die in diesen letzten sechs schweren Jahren gut für mich waren,[543] und stürze mich in die Musik, vor allem Beethoven, wobei ich meines Vaters Blut in mir pulsiren [sic] fühle. Die Welt ist mir zum Schatten geworden, ich selber wandle nur mehr wie ein Schatten in ihr. »*Life* could not be endured were it *seen* in *reality.*«[544] sagt Walter Scott einmal. -
In treuer Anhänglichkeit und Verehrung die Ihre
Daniela

Auf den Briefrändern:
»In Saalfeld habe ich mehrfach in den letzten Jahren Ihre Narzissen bewundert, die mich an den Comer See[545] gemahnten! -«

542 Hans Berger (1873–1941), der Enkel des Dichters und Orientalisten Friedrich Rückert, war Neurologe und Psychiater und Begründer der Elektroenzephalographie. Berger habilitierte sich 1901 und war 1919–1939 Direktor der Jenaer Nervenklinik.
543 1915 hatte sich Daniela nach knapp 30-jähriger Ehe von Henry Thode scheiden lassen.
544 »Man könnte das Leben nicht aushalten, wenn man seine Wirklichkeit erkennen würde.« Siehe John Gibson Lockhart, *Memoirs of the life of Sir Walter Scott*, Vol. III, Edinburgh 1838, 347.
545 Was gemeint war, konnte nicht ermittelt werden.

# The letters

01, Cosima von Bülow to Ellen Franz, [Wednesday, March 2, 1859],[1] from Berlin, original manuscript: ThStA Meiningen, HA 39

> We have got ill luck, just as if we were lovers, my best my dear, my own Chick! Imagine I am ill (head acke, *Herzklopfen* and all you like) at cannot come to see you. Of course I am *trostlos*, and lie here upon my *Sopha* in a rather discouraged situation of mind. How have you found the evening yesterday? Our little singer is nice although perfectly ugly; think only she wears hair just like mine and has got quite the same colour of hair, and a quantity; I was shocked at the beginning and looked rather stiff on account of her beautiful hair, but afterwards I forgot it and thought only of her deep and mighty voice and of her originality. She is quite a <u>*Volkskind*</u>, but we think it will be possible to make something of her. We'll see. Tell me how you found the night and the day; Mützelbourg was rather <u>*camelion*</u> and asked me I dont know how much about whom you know. And now a thousand kisses my dearest child, <u>answer me</u> and tell me a good deal of things. I have already a quantity *zu <u>erzählen</u>,* all and for ever yours
> CB

02, Cosima von Bülow to Ellen Franz, [June 1859], from Berlin, original manuscript: ThStA Meiningen, HA 39

> A million thanks dearest Chick for the nice roses; they adorn, and <u>*embaument*</u> still my blue drawing-room; but the strawberries did not come, I suppose they have tempted the railway men who will have eaten them, well for my part I prefer the roses. Your poor garden must be quite empty now, I am sure you have rather all the flowers away and I am often sad in seeing my room so splendid to think that it is at the expense of your charming vineyard. We shall stay in Berlin the whole summer, on account of war, fatigue, and pocket-money; you have heard of the last great victory; it is truly shameful for the Austrians. Now we have „*einquartierung*" it is charming; I cannot tell you how I hate Prussia now, and how I think her stupid; but that's no matter of discourse between Chick and her Queen, we must reside amongst the roses and the strawberries if the railway men allow it, and scream on the cherry-trees and […] in the wood. Adieu love, be happy and quiet and be indulgent with your <u>old</u> queen
> Do you go to Halle; dont forget the invitation of my father.

I went to your mother on Monday but she was not at home. I have seen Gossmann, it is nothing at all. But they are quite mad here about her.

03, COSIMA LISZT TO ELLEN FRANZ, [SEPTEMBER 1859],[2] **from Berlin, original manuscript: ThStA Meiningen, HA 39**

But Helgoland is much nicer Miss Chick! Where I have put the little spot we have lived, a beautiful life my dearest child. Had I not just written at least ten so long as stupid descriptions of the sea, the rock, the boats and Hamburgh, I would have told you of them, but now you are <u>befreit</u>. Just think chick, I had bought that ugly paper on the island where there is nothing good to become only to write to you, and to make you a long long tale of my existence, but Helgoland could with right be called the „*faulpeltz Insel*" for I couldnt achieve more than two lines, and I slept or looked to the sea, or was down to the <u>plage</u> (I dont know that word neither in English nor in German) and dreamed. Well my dear, dear tender loved child I was a happy queen during these eight days; sea is a great comfort for the eyes and the soul, it makes one satisfied with this world and brings us to think much of another, it gives us the beautiful aspect of our agitated and tormented being which never goes beyond its line, keeps a wonderful measure in its greatest convulsions and comes after all to the sublimest calm. So must be the soul, torments and tempests are there, they cannot be avoided, but they must not make us <u>*déborder*</u>, and we must after them be capable of serenity and mildness. What do you do my chick now? Shall you not return soon from Naumbourg, I think holidays are over, and Berlin is not so dreadful, as it is no more so hot. Every body is gone it is a great charm spread over that stormy, sandy, ugly thing of a town. We shall now begin again on Weitzmann's *Carnaval*, I was a true and faithful Queen I did not take any lesson and I have also very truly and faithfully all forgotten, but our old and <u>your</u> dear master is as patient as old and dear and he shall calmly tell me all over. Have I told you that I saw Gossmann once more in these little plays? A very nice <u>*naturel*</u>, but not a bit of wit, that cannot please me, and I think its rather a pity that such an actrice performs, because she brings in honour and in the fashion the stupid plays to which she gives life. How can people like true and beautiful comedy if they laugh in <u>Kunst und Natur</u>, or *Erziehungsresultate*, or all such things. Mr <u>Poissonnet</u> is still a gentleman and asks still very much for you, he seems believe to have more chances now he has seen a prince else where than on the stage, and he has spoken with him <u>*face à face*</u> like Moses to Jehova. I am sure Chick has not the sight a bit to peace and war and has not been a moment affected by it, the

Chick of Chicks. But that's well, one must leave those stupid thoughts and hopes and desperations to the old Queen. Adieu my love I kiss you on your little nice cheeks and pray you to love me always Chickingly whilst I love you Queenly, that is to say tenderly and very very much.
CB/How to get such a paper in civilized envelopp?


04, Cosima von Bülow to Ellen Franz, [November 1859],³ from Berlin, original manuscript: ThStA Meiningen, HA 39

If their is a consolation for the sadness which accompanies the *malades* it is to be remembered by those one loves, my dear my best charming Chick; have these best thanks for your visit; I accept one of the nice birds because I dont know how to refuse you, but keep the other, I am already ashamed not to be strong enough to send you both back, for my taking the things which are sent to you is ridiculous. My poor brother is ill, very ill, neither the physician nor I we know when he shall be delivered of that very rude proof; he suffers dreadfully; patience and strength of mind are here required more than my very poor nature possesses; you understand there can be no thinking of theatre, visit, walk, the nights and the days he must be observed.
Adieu my best best love, I kiss you on both the eyes and remain for ever your old stupid queen.
Pray come soon, I shall be happy to see you; can you to morrow about twelve? Thousand thanks for the bird.


05, Cosima von Bülow to Ellen Franz, [Thursday, December 15, 1859], from Berlin, original manuscript: ThStA Meiningen, HA 39

Oh dearest it is a rude time, may my soul keep good and firm! To day I have put him into the earth and I shall no more see him; it is as if my whole youth were buried! Thanks to you my dearest dear, if any body can help me to tear the black veil which hangs over my soul it is you. My best thought, my best vows, I can say my benedictions are with you own dear child.
CB

06, Cosima von Bülow to Ellen Franz, [after February 10, 1860], original manuscript: ThStA Meiningen, HA 39

It was impossible to me my dear, to write you before this minute; the time without being ever very light to me, has flyed away as every where, without my understanding it. I am very anxious about you; what said our <u>wild chef</u>, et how has been your nice „*college*". I think you have not been presented to court because I have received no bonnet-despatch. My father had already heared of your *erfolg* by a gentleman who went into raptures about _ _ _. Well we shall say about Mr Reer. He is very sorry not to have assisted at your <u>debut</u> but is decided if he possibly can to see the following.
I am physically pretty well, the Stuff having vanished with the *Deutsche Haus*. This morning I had a nice breakfast, and thought of Chick in eating in my bed, a charming little bread which was all crust. There are here also iron stoves, but as the stuff is disappeared I dont feel any more uncomfortable. From my window I look in the little wood all covered with snow, from far he looks like a nice powdered stiff lady, from near he is a kind asyl for sad dreams, which are painfully in the rooms, he vanishes them and gives them back transformed, and I like those pines half white and green, with whom I converse as if they knew the secret of all things. I will come back probably to morrow morning; but do not await me at the <u>Bahnhof</u>, because I am not sure. Pray tell to Käthchen to keep all my letters till I ask her for them. I tell you these things, thinking this letter will be sent to you from Gotha to Berlin. You will have heard from your mother how early we came, and also how we met with <u>den Wilden</u>. I tell you he was more than funny, but I will relate all when I shall be in Berlin. If you met the person of the *Kehlkopf*-letter do not tell him I was pleased with it, and say I say I had told you I will come back <u>very very soon</u>, nothing else. And now good bye dearest child, please the gods these few lines find you in good spirits and good health; but we must acquire a good deal more courage my love, there is no right female character without a great portion of it; I preach you that and have got myself so little, but well one says it is easier to acquire a thing being two than being alone. I have also to beg your pardon dear love for the rudeness I have shown to you in Gotha, excuse me without understanding; once when I shall be old very old I will perhaps be able to speak to you of these times of youth and then you will comprehend how it comes that I am all suffering, and therefore not quiet and kind as I ought to be. <u>We</u> must work hard in Berlin, I have read over *Portia* on your account there is a good deal to be made of it, but you must think long and long over it. Well we shall see. Adieu my dear little laurel-crowned, wait a bit and work hard and then you will be the Queen, whilst I shall be as I am now your devoted and attached/Cosima

07, Cosima von Bülow to Ellen Franz, [mid-February–March 1860]
original manuscript: ThStA Meiningen, HA 39

Dearest Chick, I just receive the tickets for to morrow, and as Mrs Bulow has ordered them for me since a week I dont think that I can well send them back to her for the third time; but if your mother does not like to receive after the Italian opera of course I will. Pray tell me if your dear mother allows me to come a little later. It is a great bother to me, you know I dont care a straw for <u>Artot</u> and the <u>Barbiere</u>, but I think it would be rude in me to refuse Mrs Bulow. If your mother does not like me to come so late, then of course I have a very good reason to refuse, and dont mind it a bit; I prefer a thousand times being at your tea-table, than in all <u>Barbieres</u> of the world. A thousand kisses; and let me know your answer I am quite at your disposal so dont make ceremonies.
All yours,
CB

<u>Tell me the truth, else I shall be very vexed.</u>


08, Cosima von Bülow to Ellen Franz, [Wednesday, March 21, 1860], from Weimar or Gotha, original manuscript: ThStA Meiningen, HA 39

<u>Wednesday</u>
Will you be very astonished my dear Chick if I tell you that I have not understood any thing to your letter? Of course I cannot answer to your childish demand, and if you are <u>now</u> at that point to ask me seriously if I love you, I will pray you to make yourself the answer. What concerns your supporting all or nothing, that depends entirely on you, and as I dont keep you in a prison you are free as the air to listen to or not to accept or refuse, the few words I think right to tell you. I think you had better leave to the performance of *Jane Eyre* that sort of false proudness which is almost as well placed between us, as trumpets in a *berceuse*. _ But now I will speak of something else for I am incapable of any explanation about myself and my feelings. Think only I have been in Gotha alone, and in the very same rooms where we have lived together, and that only to see Dawison in the *Hamlet*. Well although Mr <u>Deutscher Hof</u> has <u>geprellt</u> me as none I was and am exceedingly happy I did that foolish thing. I suppose you have read *Hamlet*, therefore I shall try your patience in telling all that comes through my mind in remembering that masterly performance. If not wait till I come back, then we shall read it together. When Dawison first appeared (at

court I act) I was immediately shocked; I want for that beginning a young, a fine, pale man, and against my will I perceived always the mask of *Richard the III* and *Mephisto*, then I wish in the first act *Hamlet* to be sad as somebody who <u>ahnt</u> something terrible, but not ironical and despising as Dawison made him, I want a strong enthusiasm and also a sort of bitterness but the bitterness of the youth which is more near the tears than the disdainful smile. So when the curtain fell, I was perplex I saw well that Dawison had not really a conception of the fact but I thought him too <u>manierirt</u>, he played too much. Come the second act, the scene with the ghost; it was something beautiful his horrifying and falling down, his fight between son's love and man's terror in seeing his father as a ghost; but again the allocation did not please me, he varied with a great art his tone in saying *Geist, Vater, König von Dänemark*, but it was too <u>gesucht</u>, at my idea, and I should have preferred it almost in the same voice tinted by the internal emotion. Then his mimic became splendid when he heard from the mouth of his father the detail of his mother's crime, on his knee, his sword hold as a <u>Crucifix</u>, and sobbing in a way which broke my heart as if I had assisted to a an agony. One feels his youth is distroyed, *getödtet*, it will never come back; the ghost in disappearing takes it with him and leaves him the <u>knowledge</u>; and from this moment *Hamlet* is the Missionary of the unseen world, he is the high executor of the highest justice, he has to accomplish the most energic action with a Soul <u>ganz zermalmt</u>; from the human feeling he must keep only the energy and despise; hope, regret, tenderness, child's love to the mother, honor of blood, all that is vanished and he has not the right to disappear from the world, he must act in it with the human arms. And to these pains come his doubts, he is not always sure that he is truly chosen for such a <u>mission</u> he asks himself if he has not been the prey of the devil's temptation and so all is question for him, all; but he [...] he remains through the whole play he remains energic and strong, he will do what he has to do, but never shall he have any satisfaction from it. He has seen where most all are not to see, to do justice is an attitute of gods, therefore like Prometheus the <u>Vautour</u> *nagte in ihm* and will never leave._ _ _ _
Then begins the third act, and from this moment to the last Dawison is sublime; all, movements, face (he must no more be young and beautiful) gestures, voice, performance, in short all is grand above all saying all describing. The bitter irony with which he entertains *Polonius* and the *courtiers*, and makes them believe he is mad entered in my soul like a ray of sun, it seemed to me that so I would be able to speak sometimes, and it was as if a great burden was taken from me whilst he spoke; I cannot explain that. Sometimes he through the reflexions with a sort of sad neglect and I cried thrice or forth whilst all the public laughed. Then his scene with *Ophelia* when he tells her to go to a nunnery; never I dreamt it could be played with such a courtesy and a tender

compassion. Go to a nunnery for you are beautiful and virtuous and that would be lost in this odious world, go to a nunnery for I have nothing more to do with you, I am another myself. I cannot speak you of the monolog <u>to be or not to be</u>; impossible to tell you how and why it was beautiful; slowly, simply as a man who is wanted me to think nothing [...]such problems he arrived to this last words, and so grand was his performance that I had not only listened and looked and heard but I had dreamt or thought with. After this the scene of the players, when he shows himself as the master over all as since who has the right to prefer the conscious and to judge them. With the monolog this is perhaps the *leistung* that which struck me the most. The scene with the mother is very renowned and with right, the same fight which is in him in the second act between love and terror, comes here between respect to his mother and the despise he <u>must</u> have and he <u>must</u> express. There also he is full of courtesy, he bows to her to whom he has to do justice, with such a deference that all the rudeness which could possibly be in that scene disappears, and that one only feels <u>he</u> is right and he suffers, and he is the hero, and he is whom has been judged worthy to hear and had do things of which we only sometimes dream. I will not speak any more to you of the detail of this most admirable performance; You know I am not easily *bouleversée* although I am pretty enthusiastic but last Monday I was another and was *bouleversée*. It was as if new feelings had been created or awoken in me, as if impressions which I felt before vaguely in me, had all at once taken form and life, it was in short as if I lived most; *jeder Teil meiner Seele war ins Wandeln gekommen.*

Read this with patience my dearest, I write after very sad moments, and it has costed a little effort to me to write down the beautiful emotions I had that last Monday evening, and now I look at the sunset which is also glorious, and awakes also in me such feelings which can alas! but rarely speak in the ordinary course of life. _

Peace and satisfaction be with you my dear chick, I would have answered to your letter if I had been able; dont mistake yourself so much and so often in me, and be with me as I am with you, open, simple, affectionate gay or sad after the moments, but always *unbefangen,* and we then dont want the school scenes and the stage effect. I kiss you with all my heart and am happy your mother is better; when you will receive this letter, I will be in Berlin, for I leave to morrow. Come to see me when you like.

I have always nice news; the concert at court was yesterday and from Paris he goes directly to Vienna so that I shall not see him.
Sincerely and without
*erklarungen* all yours
CB

09, Cosima von Bülow to Ellen Franz, [before March 23, 1860], from Berlin, original manuscript: ThStA Meiningen, HA 39

nice weather to day

My dearest Chick do you know where tickets are to be got? _
At all events be at home (*anhaltstrasse*) at 5 ½, for in case we dont get tickets in the town we shall try to become them at the Casse. If you had got some for to morrow it would be very nice indeed, for I am quite free. _ How does your mother my best loves to her, and for you lots of _ _ scoldings and kisses together the ones for your *faulheit*, the second for the *Magnetismus*.
Queen

10, Cosima von Bülow to Ellen Franz, [Friday, March 23, 1860/Saturday, March 24 1860] from Vienna, original manuscript: ThStA Meiningen, HA 39

Although I have written to you yesterday evening my dear little one as I want to speak to you and am not very pedantic (you know) I begin again. I dont want to tell you, your letter has made me a great pleasure, you know so long you will be to me what you have been from the beginning and are till now every word of you will please me; that is the *magnetismus!* I should have liked you to tell me more about E. C., for Dohm belongs to those persons who speak always about things which in fact become an interest only when they are done, and I am quite positive he will think to begin his letter to me when I shall be at the *bahnhof* of Berlin, no matter. Generally speaking I cannot tell you how I had an antipathy of the talking people, *im Anfang war die That* says *Faust* and he is greatly right; it is a distress in Germany all those persons who are full of plans, ideas &c &c, and never come to the least action; it could render mad those who have the want of bringing the things forward, and sometimes I would to prefer a fierce opposition to that passive approbation. I return to Dohm and his wife. Dont pay a visit to her; on that point I am *unerschütterlich* and I have my good reasons; you know I dont want to deprive her of your visit for the pleasure of making her an *ärger*; but you know your position is not now made, you are making in a way which is so full of social difficulties that to come forward, socially speaking, you must make a great choice in your acquaintances; if you go with me by Mrs. D. it is a kindness you have for me, and by the mean time you proof yourself not such to her, but if you go alone you girl to a married woman which your mother dont know, you establish that your desire an intimity with her, and Mrs. D. is neither intellectually, nor _moralisch_ nor in the manners a person which intimity you can wish for. Therefore leave it till my return and be rather cool to her when you meet with her. I have been obliged to see her, and for me although there are great difficulties also, and almost the same on another degree, it was another thing. You can well imagine I am not very pleased of your declamation by Friebel, but this is at all events not _unanständig_, and Mrs Marenholz is herself so nice, that if she had asked me to play a _flöten solo_ in honour Fröbel I think I would have done it._ But now make it well dear, dont say it only with your nice organ, and what they call _empfindung_, that is nothing; but reflect on the fine ideas, which will be in the poem, or those which you can put in it, make quantities of nüancen there are never enough, and not only _nuancen_ in the voice but in the accent, pronounce the double ll and m, and dont speak _nachlässig_ a la fuhr; work, work, work, there is no act without dreadful intellectual and meticulous work, especially in one time when such a great part is given to reflexions, one must think for every _Kunst-leistung_. I am sure Dawison has worked years to his beautiful creation of _Hamlet_, and there is on account of that no beautiful actor with beautiful voice, eyes and legs, who can act in concurrence with him. Thought is all my dear all, people may say what they like, till the critic do not come to find you to _pointenreich_ you are no individuality.

I shall find Davison in Prague, he will play _Shylock_, _Hamlet_, and _Mephisto_, you can think I am pleased. I am sorry the prolog will be composed by that Löwinstein, why does not Dohm write it, he is just the man for that thing, if it is time and a possibility ask him to do it, but it is true he is so horridly lazy _er bringt es zu nichts und wieder nichts;_ leave it so. _

I am sorry you did not send the _cigarres_, no matter now; but once for all dear love when I pray you to do a thing dont listen what other people say. Of course we know the steuer is high, but we would have paid it. No matter. _ Now do me the favour and go to the _Anhalt-strasse,_ and look in the music of Hans if you find the orchesterpartien of the _Ruinen v. Athen_ (_Fantasias_ of my father) they are in b dur 4/4 tact. Ask Weitzmann to help you and send them immediately to Dr. Porges _Prag_. By the same occasion _grüsse_ Weitzmann from me and ask him how he has found my _prelude_; full of faults I can think._Now I interrupt my letter, I go to the theater. To morrow I shall tell you something about it _ _ _

Still Friday morning
You have heard of the Geschichte of Niemann with Scholz; I was very amused by it, first because Scholz is a _ _ _ _, secondly because Niemann will go to Paris and sing _Tannhäuser_, the Csillag a capital singer of Vienna is already engaged for the _Elisabeth_, it will be charming. But where will

Seebach remain? I send you the programme of Hans's concert, I had told it to stepmother but it has been altered a little; the Dustmann is the first singer now, and has a wonderful voice, I never heard <u>Valentine</u> as by her, <u>*übrigens*</u> the whole opera is magnificient, <u>*chöre,*</u> <u>orchestra</u>, and singers have fire and understanding, and it is a pleasure to hear them. I cannot speak you of my numerous acquaintances, because of their <u>*geistmangel,*</u> idiots my dear I can assure you; only my uncle who is a charming <u>people</u> quite a *Zukunftsonkel*, be has a conviction and a faith in <u>our</u> case, which does me good, and when we come together we have our <u>*Zukunftsorgien*</u> as I call them; he is in raptures about Hans, adores my father of course but nicely with understanding and can bear me I suppose. He sings the *Lieder* of my father very well and will <u>*stiften*</u> a newspaper for our affairs._
I come again to the Dohm; never say of people dear they are false, <u>that is no matter</u> for the relations, but she is vulgar and that <u>is</u> of a great matter.
Saturday morning
The first play *Das Autograph* was beautifully played by Gossmann particularly, but is a very bad thing indeed, you know the tale *Zu Ellenbrunn* that was the second, very very nicely given but what a stupid part my dear that *Hedwig*, there is nothing to be done with it, old, sentimental, stupid, I was vexed as possible on account of you, well we shall see. Beautiful *toilette* she had the I dont know whom, who played very nice.
I send you that bit of newspaper you will give it to stepmother. Adieu my love, have you heard something of my lost letter, I am always so anxious about it? I embrace you with all my very devoted it affectionated heart Queen
my adress in Prague is: Gasthof zum Schwarzen Ross. We leave Vienna Monday evening so write to Prague

11, Cosima von Bülow to Ellen Franz, [Friday, April 13, 1860] from Vienna, original manuscript: ThStA Meiningen, HA 39

<u>Friday</u>
I hoped, my dear and only chick, you would write to me but as you are a little <u>*faulpeltz*,</u> I will begin and tell you so much one can tell on an hotel's table, near a *Krankenbett*, and after a very exciting concert. First I have found my poor Hans very *malade*, with throat-ache, terrible head-ache, and very affected by all the ignorances the news-papers have spread over my father. You have no idea how they have managed for the *Prometheus*; they had <u>bought</u> about 100 or 150 persons who have hissed without interruption from the beginning to the end, so it was impossible as my uncle has told me to hear

a note of the thing; of course Hans has taken no notice of the whole *presse*, and has not bowed to them all when he has met with them, although he knew them from 59. You can imagine their fury; also have they done their possible to make believe Hans did not even play well, however till yesterday he has had a complete success by the public; yesterday he was called four times after the *Sonate* of Beethoven and five or six times after the *Walzer* of Schubert; he played in a *Gesang-Verein* concert. To morrow he gives his second; I fear it wont be full, first because it is very late, and the people are already partly gone, secondly because they have had the nice idea in the *Presse*, to make Hans <u>verdächtig</u> by the court in speaking of his <u>brochure</u> and of his <u>revolutionäre gesinnungen</u>, you can think in Austria. Well we are so accustomed to the injustices and the <u>perfidien</u> that for my part I would be very astonished if once it would go without. Of course Leopold v. Meyer has done his possible, first that Hans should become no Hall, secondly that most bad things would he said upon him &c &c but enough of those thorns which stand out of the stones by every step, talent, genius, and honesty do. _

Vienna is a very nice place, the streets are little but gay, beautiful shops, tastefully arranged, quantity of people running about, which remembers me of Paris. I have seen nothing till now, on account of Hans who is obliged to stay to bed the whole day till the moment he must get up and play; however I have been twice in the theater, <u>ballet</u> and *Käthchen v. Heilbronn*; Gossman as detestable you can imagine, her organ sufficed to make the whole play insupportable, J. Wagner made the <u>Mutter</u> and I have found in him the prototype of Liedke, just the same way of accent, almost the same figur, but one sees Liedke is a copy. They play here with much vivacity and at least they know their parts, but it is neither very satisfying. I have spoken of the <u>ballet</u> to Mrs Bulow; I wont tell you anything of the *Wiener* themselves, you know their reputation of stupidity, and after what I have seen they deserve it fully. And now enough for this morning, Hellmesberger the celebrated violinist comes to play with Hans and I must dress a little. Would you perhaps be so kind to send us about <u>100 cigaretten</u> as you know Hans smokes them? If my bonnet is arrived let him remain in Berlin; I dont want him. Adieu love, write soon all you know, think and dream and keep a good remembrance of your Queen

Of course all I say is <u>only for you</u>

12, COSIMA VON BÜLOW TO ELLEN FRANZ, [AROUND APRIL 18, 1860] from Vienna, original manuscript: ThStA Meiningen, HA 39

My very much beloved Chick
I have got *Post*; very nice Persons indeed have send me tickets for *Fidelio*, and for the *Burg* where Gossmann plays *Lustspiele*, and I am obliged to look at them, and leave them on the table on account of a party; therefore to make me cheerful before I go to dress I write to you, I say to make myself cheerful and however I have great reason and great *Lust* to scold you. But I shall forget it till the end of the letter, and begin to talk, although it is very uncomfortable to speak whilst one has a scolding *in petto*. Now you are nicely prepared to a *Fournièrerie*, I will begin to relate. I wont speak you of the stupidity of the *Wiener* because if I would be true my letter would be tedious as a rain weather, and what can be said about people who have no idea of what are their galleries, their theaters, who dont think upon political things more than I upon geese, who have enthusiasm alas! For every thing an anyone one and don't understand any one? - *A propos* yesterday I saw Wangenheims *flamme Marie* Seebach; horrid my dear I can tell you; I have seen a good deal of monstrious Julia already and I could make a *Parade* out of them, but to be sure she would be the marshal, I can make you nor description of that voice, that performance; cold, *affectirt*, pretentious, tasteless, thoughtless, she made me so nervous that I yawned the whole evening and came quite bad tempered at home. I suppose Herr v. Hülsen will engage her. But is it not in nice *W.* is gone from Fishelopolis, such an idiot would have made you mad. The *Romeo* was worse than Porth, but *Pater Lorenzo* that most charming character, which as perfectly shown as the saints in the pictures of the old masters, where the holy Virgin and the child are the principal part, *Pater Lorenzo* was beautifully given by the old Anschütz, (75 years old) a great celebrity of former times. I have pronounced the word pictures, well they have them here my greates joy; think only I have been this morning to the gallery at 10 ½ and came back only at three, to my great astonishment and to great amusement of Mr Hans who has laughed at me and called me a *Museumskatze*. The cigarres dont come, and no long letter from min Chick, also I dont write a line more although I should have a good good deal to tell about this and that. Adieu my dear love dont be such a *faulpeltz* and write long and much; no need to think of queen it is better to speak to her. I kiss your nice eyes and remain your old old thing
Queen

There are a <u>quantity</u> of nice persons here (nice looking I mean) and very elegantly dressed, so that I think it is better for Queen's and Chick's effect they live in Berlin!!! My lilack dress looks nice and the parasol fits well with it. I *pensir* – I have not scolded and I have no more place, instead of it I send you the violets.

The third concert of Hans is next Saturday. I have not spoken about it because there are such a grandity of [...] thinks about it.

13, COSIMA VON BÜLOW TO ELLEN FRANZ, [AFTER JULY 5, 1860] from Berlin, original manuscript: ThStA Meiningen, HA 39

Well my dear, you have written neither to Weitzmann nor to me, and there has been plenty of rain to keep you at home and give you leisure for correspondence, but if *Noth bricht Eisen, Trägheit bricht Zeit* and busy fellows never find time for any thing. No matter. I was rather glad in seeing the horrid weather there last days because I thought you would study the *Tabier*, if it is the case I dont mind you not writing. Tell me how you think Misdroy, I am sure you are in all the enthusiasm possible and you are right, for if the East sea is not one of the very fine, it is always the sea, that is to say an undescriptible beautiful thing.

How I have lived since Wednesday is rather difficult to say. Mrs. Bülow came the evening to take tea and went off the other morning, always funny, with eyes you may imagine, and half speeches worth to find a better public than your obedient Queen. Now she is in Leipzig with her sister quite different of her but as *ängstlich* and uncomfortable, they both quite alone in that little Leipsick without a one to see, without a newspaper, not being able to read on account of their eyes, and without a cat or a dog, it must be a charming *tête á tête*! On Thursday evening came Ludmilla all in good spirits and exited temper, she and Hans went on laughing at this and that, I rather mute on account of a hundred thousand reflexions who just covered my mind, and which I was politely dreaming on I hear my sweet soul invite her to Wallner's theater the next day, on account of the troop of Vienna who plays the *Pére Prodrigue* a french play full of defects but done with great ability. Well I sat there like a salt statue it was *abgemacht,* and we went. It was very amusing indeed (the theater) for if now the *Wiener* are remarkable they play with vivacity, natural and are of course thousand times better than our heroes. We had a nice box and you can think that our invited beauty was pleased; Kroll also was with us. From the <u>f. street</u> the most funny things, if it is possible to find any thing funny; now truly I can say it is over, unhappily I cannot write you those details but they are worth of the beginning of that very rude end of a relation. You know why it vexes me, but as it cannot be helped I am quiet, and think I must be rather astonished that it did not come sooner than it did come. There was quite a funny scene at home which I must tell you; think only a gentleman comes who wants to speak to Hans, Käthchen does not understand him, and showed him at the watch that her master will come back at 12; at twelve that gentleman comes again; I am out, Hans at home, and now it happens that the gentleman is an American who does not understand a word german, nor a word french, and you know how Hans speaks english, well they were a quarter of an hour together without being able to understand each other more than if the one had spoken turkish and the other chinese, at last Hans fetched a dictionary and told that beautiful phrase: *the wife of me is to house at four*, after what the gentleman went off and came back at four. We have laughed half mad about that fun, but the poor American is quite lost here, the theaters are close and there are so few English and American just now and I cannot invite him for it would be too ridiculous.

Good bye dearest, there you have my diary do the same for me and tell me who is in Misdroy; now almost every body is gone, it is very quiet and still cold here one can walk in peace and think a little, but it is not very good for women to reflect, for sadness comes easily in considering life!

Bicking has been here funny and nice; he has named me from the <u>alte hexen.</u> Much pleasure dearest, dont forget to work, it is the principal thing, I dont like you going so lightly in a

a life which is to be treated exceedingly earnest, or will easily be bare. All yours with all my heart

Queen

14, Cosima von Bülow to Ellen Franz, [after July 14, 1860] **from Berlin, original manuscript: ThStA Meiningen, HA 39**

I have not written my dearest and only one, because you told me you would soon give news again, so I waited always thinking the moment after I would have put the letter to the post yours would arrive. Well my dear half broken your leg! It is a nice thing, and without wanting to like the school master who seeing his pupil fallen into the water instead of helping him out begun to preach, I must tell you that you are truly to imprudent. I should like to be in Misdroy now and tell you all sorts of delectable words who should at least make you forget your pain, which I hope is not too great. It is nice Julie

Fournier has come to see. As you say I am very glad you have had leisure to study; only I regret you want nothing less than an accident to pay any attention to your <u>Rollen</u>. If you arrive Wednesday it will be very nice for me for Hans goes away just the same day, and then we shall have plenty of time to look through the <u>Fabier</u>, if you dont think more necessary to run about costumes and *ausstattung* &c &c. But I hope you will not. About the 6<sup>th</sup> or 7<sup>th</sup> my husband will come back with my father, and perhaps at the end my sister who has written three or four letters, all very nice but who proof me again that we are at leagues from another. For my health is pretty good; for the other part of me I dont know what to say about it and it is better I dont speak at all of it. I am not astonished at all you think old Weitzmann tedious, he makes me always confuse and Hans nervous when he is there although we like very much indeed, and we know he is devoted to <u>all</u> from heart. How difficult in general to go on with people, the one are excellent but tiresome, the other are witty but rude the third are neither the one nor the other but are nothing and one does not know why one sees them but still one does, and the fourth are both tedious and *gemein* and one is confounded how they came in one's way, and so it goes on, Amen. Have you heard the Bulyosky has got in *Pesth* a *Katzenmusik* on account of her having left the Ungarian theater for the German; poor woman she has a good deal to go through, and has not genius enough to be able to carry that quietly. They are quite in raptures about Niemann in Paris, he gets for that year 72000 francs; I think it will be a nice and grand thing the performance of *Tannhäuser*, I think my husband will go to Paris to assist to it, in the month of December. Of course I have lived very quietly all this time, there have been some visitors from out, Bronsard, the Hundt, and two others, but all that was of little interest. In the Königstadt I have again seen the <u>Wiener</u> who are now gone, they played charmingly *Much ado about nothing*, of which the *Beatrice* would be a very nice part for you which would do you good to learn. I was there with the Schenker and can tell you it was a capital fun, such a pleasure and such exclamations, and such laughings I never heard in my life. I took nice places in a loge and she told me very earnestly she felt happier than in any time of her life. Poor thing it was nice. I have no answer of Niemann who has probably thought it rather strange that I wanted him to tell all about the families in Coburg like a spy. Well no matter. And now good bye dearest come back in good health and good spirits, if you dislike too much to return to Berlin you know you find there a heart always open to you and arms who shall be glad to embrace you. Good bye and work my dear it is no fun to go to the theatre.
All yours
CB

15, Cosima von Bülow to Ellen Franz, [mid-July 1860] from Berlin, original manuscript ThStA Meiningen, HA 39

I am very unwell to day, almost ill, and sad to the deepest of my soul, let me think my Chick you allow me to relieve in you as well now you are gone and when you were there. The cause of my pain? Well dear words are words that is to say feeble things unworthy to describe what is going on in the soul, those who express their feelings as easily as they would express their newities and their most common wishes proof by that they dont feel deep. Enough and even to much of it.

I am glad you are pleased with Misdroy and hope you will all get strong by the sea air; of course I should be glad to visit you but I dont think it will be possible for Bicking has injoined me to take great care, not to travel, not stay a long time in the same position, and told me particularly for this month I was to live very cautiously. My father wanted me to come to Leipsick where he shall be in the beginning of August and you think how it was painful for me to refuse, and afirming him of course I wont be able to go any where. To all those reasons comes that Hans is exceedingly down, disgusted of things and men, and that even if I am of no use to him (for who can be of any use when the mind takes this way) I feel I must not leave a minute. The time will soon be over my Chick, and we shall meet in Berlin, to part again and there on both of us on; I wish your way be lighter than mine._ Now a bit of fun, Hildebrandt is back to Berlin, and has prayed me to send you his devoted compliments as also that riddle: he took four matches and put them the one upon the other in that way # and asked me what it was, as I did not know he laughed and told me a *streich-quartett;* he pretends you will guess it immediately and I pretend you know it already. The poor American gentleman is still here and makes the most ridiculous mistakes; losing his way every minute, not being able to take a *Drochke* because the coachmen dont understand the way in which he pronounces the names of the street; last Monday he was till three in the morning in the streets because he had taken the wrong side of the *Friedrich strasse* and went till I dont know what part of Berlin. People dont go away as I had thought and hoped for instance Dunkers, Friedlands and all those are still here which is not pleasant; think only there is to day a great *Landpartie* on account of the birth day of the little Friedland, where I had been invited, I have thanked but Hans is going, it will be charming, I wonder if Ludmilla will put on her Amazonen hat; yes my dear she has got one and a white one trimmed with black velvet and ornamented with two feathers the one black and the other _ _ _ red! Fancy! If any thing on earth could draw me out of my home for which I have the passionate affection of those who feel there only is peace, quietness and relief, this hat would have engaged me to <u>*landpartien mit*</u>. From my sister I have got a little letter rather nice on account of the state in which I am; it does not make the past good but will perhaps render the future more *anständig*. I have answered her and begged of her to be the god-mother of my child to proof her that was incapable to keep anything on the heart.

Mr. Darby is very well off, eats and drinks, and seems to like Käthchen very much, but he does not sing at all, or *zwitchert nur* says Käthchen, I fancy she thought he would sing about like Niemann. From Mrs Bulow a funny letter when she seems rather *gelangweilt* the poor old thing. And now good bye dear my best thanks to your mother, and for you all my wishes and my loves! Queen

16, Cosima von Bülow to Ellen Franz, [Tuesday, July 31, 1860] from Berlin, original manuscript: ThStA Meiningen, HA 39

My own, dearest, beloved child, dont come to Krolls but to me, for I shall not go to them until Thursday. I am sad like an owl and fit for nothing but hear, kiss and scold Chick, so chick must come and be very kind and indulgent. Adieu my most tenderly loved child, *Sei froh und heiter, weine mir nicht mehr, und behalte immer lieb*
*Deine alte, uralte*
*Königin B*
<u>*Dienstag abend*</u>

17, Cosima von Bülow to Ellen Franz, [summer 1860] from Berlin, original manuscript: ThStA Meiningen, HA 39

*Ich bilde mir ein,* my dearest child I have got a word to say in your actions and emotions, therefore let me tell you my own, at that first important moment of your life, that I love you tenderly, deeply, and that I wish you from all my soul, the brightest and purest destiny. May you keep your noble feelings, may you develope your caracter in the way you have begun, may you never seek to the pains of the heart other consolation than the firm and refined thoughts! I pray the ghosts of all the great artists past and present to be over you when you will speak and pray you to think of me not when you will be applauded or when you will feel happy but the moment you shall want most to expose your own.

I kiss you a thousand times my dearest best child, I am no parent of you, I am not even your oldest friend but I know I love you and that values connexion and time.
All your own
old Sad stupid
Queen

18, Cosima von Bülow to Ellen Franz, [Wednesday, August 22, 1860] from Berlin, original manuscript: ThStA Meiningen, HA 39

Wednesday
My dearest *Carina*, your letter has of course vexed me exceedingly (abstraction made of the great joy I shall always have when I get news of you), for although I always await the worst of all <u>beginnings</u> I was not prepared to the reception the <u>*baronnet*</u> made you. Well for the first you have perfectly answered, and if you continue to maintain yourself in that situation of <u>*anständiger bereitwilligkeit*</u> and *höflicher Zurückhaltung* and *Unabhängigkeit*, you will soon get rid of all those disadvantages, which I hoped you would not know but which seem to be spared to nobody of those who enter in a rather adventurous carrier with more education, and more refined spirit than one is accustomed to find there. Concerning the <u>*anstandsrollen*</u> insist on the <u>gages</u>, and the expenses you have already been obliged to do for the costumes which belong to <u>your</u> *fach*. I hope I shall see Dawison before he goes to Coburg, for he is said to come here on the 28<sup>th</sup> of August and play for the *Goethe Feier*; if I see him I know what I shall tell him and what he will tell also in Coburg (*Nebenbei gesagt Wallenstein* is not a very good part of his). But now dear as it cannot be helped and you have to make your <u>*debùt*</u> in *Minna*, take a great care of that part; play it as <u>*übermüthig*</u> lively and animated you can, but not <u>*gemacht*</u>, it must seem quite natural, else it gets monotonous as by the Döllinger. If you have on that evening the public for you, a good deal is won and the half of the vexation will cease from themselves. The <u>furore</u> of Miss Gral wont last long; but dont be stiff to <u>her</u> if she is polite to you else people would immediately say you are <u>*stolz*</u> and <u>*neidisch*</u>, two qualities which never go together but that dull minds always connect, not knowing the propriety of the things. If Schönbach is good, be exceedingly nice, rather <u>devote</u> (german sense) and then she will take you under her protection, think you want her, and put her pride to help you. I am desperate we have not made the *Fabier* together, I cannot fancy how you play that; dearest dear do all your possible, your talent will be your best help, he will make good all the vexations your

good education will attire to you from a <u>Bande</u> who always believes that to be refined in manners and thoughts includes pretentions. If the <u>baronnet</u> has been so it is much because he fears you would not put yourself under the disciplin and therefore he wanted to show you that there was no difference made. Your mother came yesterday and told me how you had done your journey and asked me to show her the letters I would receive; well I dont like much that notion for I think even when there is nothing in a letter, that nothing is exclusively written for the person to which it is directed, else a correspondence is worth less than nothing; but I shall be obliged at least to show the first. Don't tell her I have written you about it.

This morning I sent a letter to Heidelberg where I asked Misses <u>B.</u> to be on the 26 in Coburg not liking the idea of you staying there longer alone. Poor <u>Wan.</u> he will be touched by your visit; ask to be presented to his wife, I am positive he will like it and when you will be a little known as *dame* there will be also much gained for your situation. And now good bye dearest; I wanted to answer you immediately, thank you and tell you to keep in good spirits, that is the principle thing. For *Minna v. Barnhelm* when you move do it very much because she is of course very *lebhaft*, but the whole first part she sits I think.

My father comes only this evening; all is as it was when you left and dont want to fatigue you by the tedious recital of the wearying things which compose a private life. May we only keep enough strength and devotion of mind not to rest upon these things and to look higher, always higher. All yours my dear with all my heart. CB

On your paper, I have still some for you here, I wanted only to know if you were pleased with it.

Käthchen thanks very much for your *Gruß*, and asks you to be so kind not to forget her quite. She loves you very much indeed!

19, Cosima von Bülow to Ellen Franz, [Wednesday, August 29, 1860]
from Berlin, original manuscript: ThStA Meiningen, HA 39

<u>Wednesday</u>
I hope Misses Bojanowska is now with you my dear soul, and hope still more you agree each other; as she is under all respects a distinguished person, and as you are one who shall become so, I am rather secure, although one may love and have great respect to one another without being able, on account of differences of character to live together, please God it wont be the case here. Well my father has lived five days with us; he arrived last Wednesday, and went

yesterday, I accompanied him till Hale where I stayed six hours and returned home at 10 in the evening. Now all is mute again here, and the old life has recommenced. We have seen almost nobody whilst my father was here once we have been to the *Zoological Garden* and the day before yesterday to Wallner's theatre where Davison played *Carlos* in *Clavigo*. You may think that rumour, that looking, that whispering, that staring when we entered the garden; Wieprecht who directed the concert, fell literally upon my father, as red as the <u>*Styx Prince of Arcadia*</u>, but of course not so thin, and began with *Hochverehrter Meister, Herr General Musikdirektor*, and thanks, and bows, and 100 000 things of the sort. Wallner came afterwards to thank my father to have illustrated his theater, and at the end Davison himself who sat at our little table and was very nice. I must tell you that a concert preceded the performance and that they had put the *Huldigungsmarsch* of my father, which Wieprecht has arranged for military *musik*, upon the *programm*. When we went through the garden during the last numbers of the *programm* a very crowd followed us and stopped listening when my father spoke a word. It was funny indeed, after the play we went my father, my husband and I, when we had promised Davison to find him; the Wallner had ordered a little *orchester* who played one of consolation arranged for *orchester*; and where we found all sorts of people, the one from the Goethe *comité*, some few actors, in a word quite a <u>*bunte* Gesellsch*aft*</u>, but nice altogether, and I did not feel uncomfortable as it has happened to me in most of those meetings. I have spoken of you to Davison, and asked his particular <u>Schutz</u> for you, my father said also a word and I am quite sure he will be very nice to you. As I had not named you in Prague he thought it was another and asked me laughing from where I got those of theatrical friends, I laughed also and explained him the misunderstanding. When you see him you can say him I had told you he was the <u>Gerrick</u> of Germany or something of the sort, and if you speak quite freely of the wish you have always had to see him on account of what you had heard of him I am quite sure you will be pleased with him and he will make you the stage life more comfortable. Although I saw *Carlos* for the fourth time I had a great pleasure that evening, so great is his act. Guess whom you will probably see these days in Coburg? Fishel and afterwards Moritz; dont be rude to them, I have told them to pay you their visit, and will even give a letter to <u>F.</u> for Misses <u>B.</u> I will be glad to see persons who have seen you, and I think it will be the same with you; one does not look at the persons in such cases, but only to the air they have breathed. My friend the Countess Krockow comes to see me in the first week of September; although I have a sort of *kränkliches begehren* after peace and quietness I am glad to see her, but I should wish you here, she would please you. At my great satisfaction I have not been obliged to invite whom you know whilst my father was here. My father did not want him, once only he asked where he was, at which my husband very quietly answered „Hatt sich schändlich benommen); I never understood, as I have not spoken a word; he refered to the evening when the person spoke about his having done so much commissions for me. I am glad I have kept all for me, what should Hans have said if he knew what followed. Of course I have got neither my books, nor my notices I wanted, and he made as if he did not see us at Wallners, and never bowed nor came to bid my father good evening!! It is as vulgar as possible.

Now to you dearest, whom I should like to know more at ease; the baronnet is rather horrid, as we used to say here, but no matter by and by he will make the difference, and if you dont make him the pleasure to look shocked on vexed by his behaviour he will alter it from himself. Of course I did not say a word about that Verhältniss to Davison, told him only, that you begun and that all seemed very strange to you. For the performers it is naturally much less important how they are to you, than the baronet; if Mr I dont know his name, is like a stick embrace him as you would embrace a stick, if you were so mad to like one; in mid summers night dream, Titania says all the most tender and poetical words to an ass on account of the fluidum she has drunk, well that fluidum must be for your talent art, which is quite independent of the exterior objects. Never await to be helped by your co-performers, else you will be good for nothing; because you must be able to think Mr xx is the most vivid, lively, passionate creature although he is a stick, as well as you are obliged to think in the minute he is a Fabier although he is only the geschminkte Mr xx. Dont await too much either from the fortgerissen werden, you must be fortgerissen by the idea you have of this or that caracter by the Auffassung, but not by these or those situations or feelings, because that sort of fortgerissen werden lasts only a time whilst the other lasts eternally and is the true enthusiasm, the enthusiasm of the thought not of the nerves; with him you will always keep das richtige maass, whilst with the other you risk to go either too far or not far enough. Speaking of Minna, I must tell you a little nuance which the Döllinger (whom I dont like you know) made and which pleased me. Spotte nur Franziska she said very quick upon the speech of Fr. and then she paused; one felt a changement of thought came upon her and she said spotte nicht. Make also a long pause between the words, eine nachdenkende pause. And then let me know immediately how you have played and what has been said. It is good you have so much rehearsals of Eine Seele. Tell me dear what say Schlönbach, is she favourable not only to your person but also to your talent, does she think it will go? _ _

I have seen your mother and red her your first letter, she seemed in the whole calm and quiet in spite of the domestic troubles she has got. Now dear dont think it would have been your duty to stay by her; you know at the time when the resolution was taken how I have spoken to you about it, and how I have [...] to retain you at home exaggerating the dislike (although it is truly great) I have for the stage and the performers, then was the time to wage what was duty or not, now you have for first duty to become a remarkable artist in remaining an honest woman, think that the only way of rewarding your mother is to show her that she has not been deceived in thinking you would become something distinguished; if you give yourself up to sad thoughts you do wrong very wrong indeed because you take to yourself the strength you want to develop your caracter and your talent, by which development you will only be able to reward your family of the sacrifices she has done for you. Fly like illness the false sensibility, all must be erwägt before, once engaged one has only to think to the Ziel one wants to reach and not look backward. That's it; but write all you think and feel, if you dont dislike me to councel you. And now a thousand kisses upon your eyes and cheeks my darling; I think I have answered all and told all about here, of myself you know I dont speak. Klein has been here yesterday, as I was not at home, I fear he wants me to recommend you the *Voltaire*. Would you not be pleased to play one of the halles Ladies! _ The Lasslow-Doria is a very celebrated ungarian singer. My husband remembers himself to you. This morning I was by your mother; but nobody opened. I send you a little picture to amuse you, guess what that is and tell me what you think about it. Good bye write soon. How was *Goethe feier* by you?
CB

20, COSIMA VON BÜLOW TO ELLEN FRANZ, THURSDAY, SEPTEMBER 6, 1860
from Berlin, original manuscript: ThStA Meiningen, HA 39

6th September 1860
Two good long letters to answer you, *mein einziges!* Well I dont know by what to begin, for I want to answer every point and to tell you lots of things! I think a good long kiss is always the best beginning, and now you have got it upon your nice eyes and your nice cheeks, I will tell you that I am very pleased indeed about your debut. Not to be called or much applauded is no matter, particularily in Coburg where the public is maassgebend neither in his enthusiasm, nor in his coldness, if any you have the feeling that you have done well and that they are not in their right in being like sticks. Besides the

377

result to have brought the *Baronnet* to a compliment of sort he did is a true good one and worth a hundred thousand calls (in Coburg <u>Nota Bene</u>). Now tell me dear was the Duke in the theater, and what did he say? Secondly how are the performers towards you, and particularly the Schlönbach, 3rd how is the stage and the theater, as large as that of Gotha and as nice, or not? I am vexed we did not make together the *Jane Eyre*, I had a good deal of things to tell you about it; well you shall help yourself as well. How was it with the movements (hands and head) in *Minna*, did you feel stiff or at ease? It is a capital thing. Now give all your attention and all your diligence to *Helene*, try to make of the monologue an effect thing with many *nüancen* but in keeping the <u>schwermüthige colorit</u>. I want Dawison to be pleased with you; if he is you may be sure that your way will be a good and brilliant one. For the *Fabier* it is a tedious and bothering thing you have to go through, as well as you can; I dont think it will be given more than once or twice, so dont make yourself great head-ackes about it. I should like to know still more about the *Minna*; how you felt, what things were inspired you by the moment, how you played, how *Franziska* helped or disturbed you; was Miss Grahl not in a rage not be applauded, and how is she towards you? The more details you can my if it does not bother you, if it does then let it, I shall try to guess. _ From <u>Misses B.</u> I had a <u>very</u> nice letter indeed to which I have answered the day before yesterday, she seems as pleased with you, as you are with her, and I can say that I am the more pleased of all, all she does with you seems quite right to me and I am sure your <u>Umgang</u> and life with her mixed with your theatrical life will develop you to your great advantage, she is a distinguished woman in every respect, and it was quite necessary for you that you should have to do with a cultivated and instructed person that you may not <u>verstumpfen</u> in the theater duties and occupations. Tell me if she has got my letter and if she was pleased with. Till now I am quite satisfied with your *Coburger* life; even the few days you passed alone and were so hard to you, must have I think be profitable to you. Your poor mother was in a dreadful state about it, and (think only) wanted to fetch you back!! You know I am <u>hard</u>-<u>hearted</u>; that is to say I dont reckon for much the pains and the troubles, if I think there is some advantage to be get out of them; and to be sure there was by the troublesome position you had *vis-à-vis* the *baronnet* and all alone. You are very right not to ask your mother about Wolff (<u>who is not now back</u>), because she gets so easily anxious about you, and becomes fears and frights, which take her the right view of things. So as much as possible write her cheerfully, and complain the less you can with her. To me write just as you like, I answer the same, trying always to see the things as they are and not subject you know to excitement or exagerated anxieties; if I had been I would not be living now. I have seen your mother twice or thrice since your last letter, and will go to her to day, to see how she is pleased with the result of *Minna*; *à propos* were you able to use the little rose I sent to you, and how was it placed? A happy wonder the whig suited you, I would not have thought it, and it is a great relief for the next parts you will have to play where there is a recorded one. _ I shall look for works of my mother, for I dont possess any myself; but *Nelida* I wont be able to sent you, it is a thing a should wish her not to have written, and although I know perfectly well I have not as child the right of judging my mother, it is impossible to me to think of it without sorrow and anger. Tell that to Mrs B. Tell her my father is depicted in that book, and she will understand that I cant have any thing to do with it.

Your description of Fishels visit is the funniest thing I can imagine, and remembered me our conversation about this one, and that other when we turned into laughing hours the tedious moments people had given to us. Well *Juden Doktor gegen Juden-Doktor,* I have had the visit of Klein, who brought me the *Herzogin* and asked for a subject of comedy he could dramatize! A gentleman of his friends who is in the theatre *bureaux* has counceled him not to send in, the famous *Voltaire*, saying like your mother that it would be quite a fail; that the liebes paar was not interesting enough, and that the fourth *akt*, which you have all found so beautiful and dramatic added Klein, would be quite shocking. So he keeps his monstruosity but wants to write a play who should have an immense effect and asked me for a subject. I promised to think of it. Of course he asked very much about you, and your rollen; as I spoke of *Helene* he shaked head and shoulders and smiled; *es ist eine* effect-Rolle said I; *Ja!* (and a deep sigh and quite bitter) *und das wollen die Schauspieler immer._* Oh, said I, I am quite sure Miss Ellen is not like the others, and would prefer to play a little part in a remarkable play, than a great one in a bad." There the gleam came on his face and he answered „that I knew! How ridiculous they have not engaged her here." _ Whilst we were speaking of this and that, my husband came in; a very stiff bow of both sides you may imagine, and I about as comfortable as we were at supper after the two acts of *Voltaire*. Then my husband begun about Peter Lohman, and made a nice compliment about the *Maria*, so that Klein thanked, and when my husband was gone begun about the berühmte virtuose. But still it was „rather horrid" to me. I hope however a sort of conciliation will be possible. Do you know that Hülsen has left the direction of the *Schauspielhaus* to Düringer, it seems a beginning of his going away; whom shall we get? I fear a worse. Yesterday I was to the play, with your father who was so kind to bring me a ticket; they gave the *Arzt* and the *Alte Magister*; Döring and Frieb played charmingly in the last, and I was very amused; but the Formes who performed a sentimental part you may think! It was not supportable, not a natural tone, not a graceful movement, and with that she had not a bit of voice, she seems to have quite lost her *organ,* take care chick take great care! Think only Formes wife and husband want to pay me a visit; I am rather afraid of this honour, as you may think, but no matter, I think I have seen worse. Speaking of worse all my novels of George Sand are by the little horrid creature you know, when she will send them back, I shall immediately put them to the post for you. Now I will send a volume of Balzac in the next parcel your mother will make. Ask <u>Misses B.</u> if she does not think that <u>*Eugenie Grandet*</u> would be the best for the beginning. I think so. _ I have not got your photography and have but seen one by your mother which I thought very nice, with exception of the hands who were frightful. But the expression of the face, the eyes and nose (which is always a difficult point) are charming on it, and the whole attitude is quite Ladylike and nice. I should like very much indeed to have the <u>head of it</u>, but your mother did not say a word about it, so I kept silent also. What concerns my health it is very good indeed, and I am still able to walk, read and write; the moment I wont be, Käthchen shall write; she kisses both your hands in thanking for the rose which has delighted her, she wants you to tell me every way you walk and go that she may walk at it on the *Thüringer Blume*. She will sent you the news of my delivery which will not come so soon as I had expected, but only about the midst of October. My friend Krockow is not able to come, so that I will be all quietness and open till the moment; have I told you how she congratulates me? I think not; well she begins: „So you are really about to present a new candidate for the system!" It is quite like her and will amuse you I think. And now good bye dearest dear, I think I have answered all the questions and things of your letter. I wont tell you I regret you, for my life being in someway only a great regret I never point on the particular ones, but I can tell you my only one, that more than ten times the day I feel the want to talk to you, to see you, to embrace you! Please God you feel the same, and that long and decisive external separation which has come between us, will not alter the internal bond which united us. When I feel fatigued and wearied, disgusted of <u>*Wachen und Träumen*</u>, I like to repose my thoughts upon the hours we have lived together, and believe you will love me always equally, although I am myself so unequal, so inclined to muteness, so <u>hardhearted</u> in a word! Now dear take care of your health, great care; I will go to morrow to the *Bendlerstrasse* to inquire when Wolff is expected, and then let it know to you. This afternoon I shall call for Frieb, and give her news of you and tell her of course that all is very good which is true. For the moment I go to the picture-*ausstellung*. I dont await much of it; but still one must see it; as every body speaks of it. They say there is a nice portrait

of Richter exposed there; I shall tell you about it. Once more good bye, a million of kisses, and wishes as innumerable and brilliant as the stars in the skys. You must excuse my bad English, I write so quick. Think only I give now lessons to my husband; it is a fun I can tell you! Write soon, if you have time and leisure, and say the most you can.
All yours from <u>heart and soul</u>
Queen

Pray keep Misses Bulow and Isa by you. They will have no distraction at all here, and to be sure they will amused by seeing you perform, and the Queen, and Davison and I dont know what.

21, Cosima von Bülow to Ellen Franz, [Monday, September 10, 1860]
from Berlin, original manuscript : ThStA Meiningen, HA 39

A few lines only to day my dear love, to tell you that Wolff is back and that you can write to him. This evening is *Jane Eyre* if I have well read; I am not anxious about the result, but want very much to know if you have made some alterations, or if you play it just the same as in Gotha; I think you must have changed something in the last act, and then pray tell me how and what; dont you make a little pantomime in tiing the shoe? The Seebach exageratet it very much indeed, but still it must be done some thing there, the public must have the feeling of *überwindung*. _ Yesterday we went your mother and I to the Victoria theater, to see horrid farces, quite odious both for the thing in itself and for the (the) performance. But I think your mother was not to bothered for we spoke a good deal together and of course much of you. She has promised your photography. In the whole she looked very nice and in good health; we have arranged to go together to the picture exhibition, and often to the theater, as long as I will be able to walk.
As I told you I have been to Frieb who was not at home, but *die kleine Katze empfing mich*; I excused you for not having written, told her <u>you</u> had asked me to go because you were so occupied &c &c; now if you have time write in this week, no need of hurry; I looked much at little Frieb and found out that she was not half so nice I thought; first she has no eyebrows, which is a great failure, secondly her nose is of a problematic regularity and the distance between it and the mouth is so long that she could perfectly well wear *moustaches*; the mouth is nice and the eyes are fine, for the hair she had arranged it so funnily, that I should never had thought that she had much, the complexion is not fair but neck and shoulders are beautiful; in a word she is nice-looking but not this

beauty I had imagined. She wont go to the theater not liking it as she told me, and thinks to be this winter in Hanover by her <u>Grosscousine</u>;._ Tell me dear you have seen Gottheimer, was he nice? Have you presented him to <u>Misses B.</u> and how were they together? Has he spoken about your performing and how; I want to know it, and as I see nobody who is in connection with them I would never hear it.

Here we have a french singer Mme Miolhan who will <u>*debütieren*</u> to morrow in the *Barbiere* and will sing italian, speak french, whilst the others will sing and speak german, all that by *erhöhten Preise*, how ridiculous! The Wagner has made quite a fiasco in *Varsovia*, and wont sing there any more although the emperor of Russia is just coming. She had been received with enthusiasm as she appeared in *Lucrezia Borgia*, but was hissed afterwards the whole of the play. I am sorry for her, but it was dared of her to sing for the first time there now she has no more voice at all. Have you heard that the Hoppé marries Liedtke? You may think the criticism to which that marriage gives place. I dont know what will happen of our theatres, all is going as bad as possible and every body is in a rage about <u>Mr N.</u> To speak of another theater you know of course that Garibaldi is in Naples, it is a great thing he is doing, dont fail to follow him in his liberatory march. And now good bye dear I wanted to write only a few words and now there are really four pages. We have here what people call a beautiful weather, that is to say a cutting air with sunbeams who give no warmth; you know if I think that fine but as I have nobody to laugh at me any more I grumble *innerlich* and dont say a word against that horrid climate who robbes me spring, summer and autumn. All yours Queen

22, Cosima von Bülow to Ellen Franz, [November, 1860] from Berlin, original manuscript: ThStA Meiningen, HA 39

Je ne sais vraiment comment vous remercier chère madame, pour toutes les bontés que vous me témoignez. Veuillez-vous contenter de savoir que j'y suis sensible autant qu'il se peut, et croyez que la charmante petite bague que j'aime et que je respecte puisqu'elle a accompagné une partie de votre vie madame, ne quittera jamais mon doigt.
Je suis presque triste d'en prendre possession après qu'elle vous a appartenue chère madame car je m'en sent indigne, mais je l'en aimerai d'autant mieux. Que vous dire aussi au sujet des charmants veux qu'Ellen m'a transmis? Certes je suis loin de la beauté des doux emblèmes que vous m'avez choisit dans votre bienveillance chère madame, mais je tâche de conserver à mon

âme la pureté du lys, et de lui inculquer la douceur de la rose; peut-être qu'à l'heure dernière je serai parvenue à rèaliser votre diction que je garderai précieusement comme un saint augure! Permettez-moi de vous embrasser de tout mon cœur chère madame, de vous envoyer en échange de vos dons gracieux les vœux les plus sincères pour vous et les votres, et de vous assurer de mes sentiments affectueusement respectueux:

Cosima Liszt de Bulow

23, Cosima von Bülow to Ellen Franz, [around December 1860/ January 1861] from Berlin, original manuscript: ThStA Meiningen, HA 39

I wanted to answer immediately your dear letter my chick, for I was moved to tears by it, but so much has come upon me in those days that it was quite impossible to me. First Christmas which was very exhausting indeed, and my birthday on which I am as you know always most sad and melancholy; it is an instinct in me on that very day to look upon the past, to think of all I have got and, all alas! I have lost, to ask myself if it would not be better for me not to be, so that the gratulations make me a most depressive impression. After that I had to manage a little party, which I was obliged to give in honour of a little _violin spielerin_, Miss Bido, which Countess Flemming (Armgart, you know) had recommended me. It is not indeed a great affair but till one has got here all the people one wants, till one has ordered all, till one has thought to dressing etc. etc. much time is spent. Well all succeded prettily; we were about 90 amongst which Meyerbeer, Schmitson the painter, the Ney, Misses Lagrange the celebrated singer of which you have heard, Countess Krockow, Countess Saldern, my cousins, the Bousenis, Herr von Witzleben and his daughter, Herr und Frau v. Auer, and Ada Treskow, who (think only!) _declamierte_ the _Lenore_ with _begleitung_. Well it was _scheuslich_ in any respect, face, voice, accent all was as bad as possible, but still she made quite an impression, so much the _begleitung_ saved her. We should have been amused together; _so_, I felt pretty much alone. I looked for you in all the corners of my room, for your pretty face and your dear eyes, and felt strange not to see you when I was so accustomed to find you as soon as there was any thing by me; life be kind to you my chick! I cannot tell you how desolate I am when sometimes I look forward and begin to think you will have had struggles to go through!
What concerns us both, how could you listen to any thing which came not directly from me? Do me the favour my dearest one, and dont speak to anybody of me; I am now so convinced that _nobody_ has understood the love I

have for you, that I avoid to speak of you, and will always expect to receive direct news from you. If you have no time I shall wait patiently till time will come. You tell me you had much to go through in those times; tell me what? How are you now satisfied with yourself, have you gone much forward, do you feel satisfied with yourself, and half and half with the way in which you are now? I should like to know a good deal about you. For us, we live as usually; my husband has given two <u>Soirées</u> for Piano alone, and shall give his third on the fourth of January, the two first have succeeded very well, in the third he will play the *Sonate* of my father, so that I think it will give a sort of fight. Kullack comes about every week for a <u>Conferenz</u> and has been in a nice state on account of a piece of his, which he wanted Hans to play, and which Hans has made let play to <u>Leuchtenberg</u> in his concert; you can fancy! Misses K. has declared <u>*sie könnte mich erwürgen*</u>; I laughed half mad at that fishwoman expression. The piece of Kullack was now <u>*heruntergerissen*</u> in all the newspapers, and you know he does not like such things, so that he was almost green the last time he came, and had great pain to be even polite. I have heard Meissner is now in Coburg; have you seen him? As he never answered to my letter (thinking probably I laughed at him) I dont want to write him again, but should like to know what he does. Little Tausig is in Vienna where he gives *orchester-concerte*; it is to me quite inconceiveable how he will get any authority small as he is, and impatient, and foolish; but nevertheless he has undertaken it and seems to believe that it will go beautifully. How has been your Christmas, with a tree or without? Did you get nice things and many? I could not bring upon my heart to sent you any trifle; the idea of <u>sending</u> you any thing without seeing you, particularly in that time where I did not know how you were to me, that idea was averse to me. I hope you have not believed I did not think of you, for I could not help of thinking of last Christmas and its sad and gay hours! The only thing which was the same, was the basket of violets which Dohm sent to me, else how changed how different all! Dearest we must mock at the mutability of the events by the immutability of our feelings; let sorrows, age, separation, fall upon us and let us feel above them all by the constancy and unshakeable force of our affections. Dont forget dearest you wont find anywhere the true and tender interest I feel for you, and dont listen to anybody but me in what concerns you and me. Next week I will go to Weimar and then I will manage to come to you. Fishel comes, impossible to write whilst he speaks or keeps silence, to another time dearest and all yours

old Queen

a million thanks for the picture and the little things.

24, Cosima von Bülow to Ellen Franz, Thursday, January 31 [1861]
from Berlin, original manuscript: ThStA Meiningen, HA 39

Wednesday 31st of January
Here my dear is a little letter which you will have the kindness to give to Mr Victor, in saying that it comes from me. I have very little time indeed but still I want to tell you that the last concert of my husband has been beautiful indeed; after the *sonate* he was called twice, after his own pieces thrice, and the *Tannhäuser* overture was quite an event; the *Sing-Akademie* was crowded which made a great impression upon all the asses who never believe they have a right opinion when they not see that lots of asses have the same. Well no matter it was very pleasant indeed, and Mr Hans played more beautifully than ever They are talking very much about that he ought to be *angestellt* through the new Queen, but she does not seem to think of it. Your mother will have told you that I have seen her; think only I was not able to give her back her kind visit; you have no idea how much I have to read, write and do, how the acquaintances augment every day, so that it is to me almost impossible to be polite; I long after some repose, for (between us) I dont feel well at all. Baby takes much time, and does not understand that I have from time to time other very necessary things to do. Who has made me a great pleasure to see again is the Chaplain Berg, member of the *Abgeordneten* House, a great preacher and a clever and intelligent man, with whom I spoke a good deal of religion. By the by I wanted to tell you dearest (without making you the <u>least</u> sermon) that I should wish you very much to keep pious and not to forget your prayer during all this times; I am quite sure that your soul is as pure and as bright as a star, and that you dont want religion for the sake of repentance but prayer is the means of contacting oneself, in repeating every day that you forgive to those who have wronged you you will come to the habit of doing it really and to look at injustice to you as the most sad thing that other people do to themselves. I know from experience that with pretty good instinct we can go the worse ways, and that nothing on earth can help you to stay and fight but the thought of God. Therefore with a half destroyed faith, with a great inclination to liberty and critic, with a hate of all that is rule I am determined to submit myself to the authority of church only in order to accomplish entirely my duties, for I am too weak I confess to do it alone; there is too much deception in life, too much injustice inconstancy on earth that we don't take the <u>passion of the cross</u> if we wish to remain strong that is to say good. Now don't laugh at this and of course dont mention a word of it. Tell me if the dress <u>does</u>; I hope it is not too old, and suits you; it has always made a nice effect on the evening, and I hope it

will be good enough for Gotha. My husband goes away in a week and for three weeks; I surely hope to be able to come to you; if the court would not be there I should, but it would be difficult for me to remain eight days by you without asking to be presented, and then I would have nothing of you and you nothing of me, but still if it is manageable I will undertake the journey. Countess Krockow is gone this morning; having intended to stay two days she remained three months, buying by and by all she wanted, which was so curious that we laughed half mad about it. Now she intends to come in a month but God knows what she will do, at all events not what every body expects. I found dear Mrs Marenholtz here, perhaps more exalted still than last year but always kind and good as the sun which we dont see any more here. Do you know that poor Weitzmann looks miserable; I fear he wont live long, so ill he seems. It would be very sad, for he belongs to the very few who with great knowledge of the past have got understanding of the present. Isa is rather unwell also, you would be frightened to see how thin she has got, I scarcely understand it but still am not *ängstlich*, for I believe it is a moment of agitation and weakness she has to pass through. Do me the pleasure not to mention her if possible. You have not written and still you ought to have time as you dont play; I understand your laziness, but dont get to much into it else a letter will soon be an affair for you whilst you must consider it as a trifle, a thing you do almost without thinking.

I kiss you with all my heart my dearest soul and wish you to be blessed with the best things life has: strength and hope.

All yours Queen

25, Cosima von Bülow to Ellen Franz, [Thursday, February 7, 1861]
**from Berlin, original manuscript: ThStA Meiningen, HA 39**

Thursday

Dear soul of my heart, I write you in the midst of the night only for fear of not being able to answer you in the next days and wishing your dear letter not to remain unanswered too long. Of the advantages of Posen I see but one, this of your coming through Berlin, and this is such a capital one that I think it will overpower the disagreeable things you will find in any foreign place where you will *gastieren*. Posen is rather a difficult place but if you take care not to be cheated, you will go on well, and altogether it is good for you to play and to come out of your hole; if I should had advised you to do it *just* now; and in such a place that is another thing, (by the by ask me another time, through my husband I know pretty well the situations and the towns), but now it is arranged I am convinced it will go beautifully. Your mother came this morning very excited indeed on account of the *Schauspielhaus*, and that they had engaged the little Wagner which is as good for nothing and are on the point of engaging the Remosani which is perhaps worser; she wanted not to loose time and to ask for you I dont know what; well I told her my slight advis – which was to let you go your own way as naturally as possible and to think that disagreements and bothers and plaques are as well the daily Creed in a performers life as in any one, and that it ought to be [...] with the strong gaity of a person decided not to undergo. The moment you feel you are getting on my dearest heart's child not only all is good but all is beautiful, and all the things you have to endure will most probably turn to your best; and if it only served to strengthen you character would it not be worth diamonds; the more you will go on the more you will see that there is never any thing to be deplored but ones own faults and errors, be it of mind or of soul; the Count Joseph de Maîstre (a great great genius about whom Mrs. Bojanowki will *aufklären* you) said *"il n'y a en le monde que deux maux réeitables la maladie et les remords"* [sic]. Well I allow myself to take away the illness which I don't consider as an evil and let only the remorse, that is to say the conscious one has not always done as one ought. If Mr Megan does not bow now he will now perhaps salute you very deeply and at all events he will one day or other feel uncomfortable about you if you not only behave well but a little politically. By the by I must tell you that I dont like your having been rude to him; you could ask him why he was so, and tell him you did not understand that he should think you capable of supporting such manners, that you were accustomed to gentle ways; but when you turn your back you are in revolt once in revolt you must be able to go; as long as you are obliged to stay it is more proud and more cautious to stay in polite if even in cold terms, so you are quite at your disadvantage and he can treat you as a Chick. Whilst if he had seen you were able to command over yourself and to disdain his impertinence he would have felt respect; take that lesson for another time to burn your vessels, as they say in France, only where you are able to go, as long as you are bound keep quietness and peace if in the most reserved tone.

I am pleased you could make any use of my dress; think only the *medaillon* I found all spoiled, for it had layed on the wardrobe in the parcel, but I shall have it new *bronziert* and you will get it. _ Victor told me you looked very nice indeed, that is a pleasant thing to me, although I should love you if you were as ugly as Ludmilla. I should like to have you here to tell you a good deal of things. Of course will go to habit by your mother, if it was not so and ought not to be so I should take you by me for my husband is now gone to

Zurich, Basel and Paris. I have not been to the theatre neither to great parties of which I could tell you, and I am now most occupied only with politics. This afternoon I went to the *Sing-Akademie* for a *Vorlesung* of <u>Virchow</u>; do you remember in just such a one I took you when I almost not knew you, well I was sad in thinking of it, and fear so much <u>for you</u> the shocks of life of which I never thought for me that I feel quite weak, and was on the point of crying in the most ridiculous way. My health is not good at all, I am almost worn out, so much goes through my poor head, but it will be a great consolation my soul, if you get on well and if you feel quiet. Dont care what people say, they talk non sense, or lies, or common places, ask yourself <u>but severely</u>, and reflect, reflect much upon every of your actions, you must be master over your impulse and dial it as a watch, and not let it be like a *Windmühle* open to all the winds else you will be in the hand of every body. And now undertake your journey gaily and freely, I remain with another word of Count de Maître: *il faut entreprendre comme si l'on pouvait tout, et se résigner comme si l'on ne pouvait rien.*

Good bye, good dreams dearest darling pet, it is now very late and I am weary. Be a thousand times blessed and keep confident in your old comprehensive Queen CB

I will write soon again

26, Cosima von Bülow to Ellen Franz, [Wednesday, February 13, 1861] from Berlin, original manuscript: ThStA Meiningen, HA 39

A word only my dear soul to tell you that I am going to Leipsick with my father next Sunday and that I stay there about three to four days; I declare <u>impossible</u> that you should come through Berlin by this time, for I dont want to disbelieve completely in my stae; so tell me my soul that you will come only at the end of the next week; it would be for me more than a sadness, and I dont want (I can assure you) sad sorts of emotions now. Life is going on with all its drain of occupations, business, pleasures (!) duties and sad things, and with them all my health is not prospering, for I feel always weaker which makes me incapable of doing half the things I would. I have not till now been by your mother, I have not paid a single visit to poor old Yaski who has invited me fifth, I have neglected every body, and still I dont know where to get time, it is almost as ridiculous as unpleasant. Now dear you <u>must</u> tell me some good things about your journey. Think only I have had my photograph taken with the baby and I will have it sent to grandmother whom I fear much, will (sad enough!) never see that little descendant of hers. _Victor goes tomorrow. My husband is now in Paris, as soon as there will be news of the *Tannhäuser* I shall tell them to you. The reason for which I go to Leipsick is the *Prometheus* of my father, which will be given on the 18$^{th}$ ; my father asked me to come and I will do that journey with the greatest joy; but dont come during that time I would be angry with you, with my destiny, with myself and all and would think there is something against my seeing and loving you.

I embrace you my dearest dear, if you dont think of me as of your entirely devoted and affectionate my spirit will haunt you and give you bad dreams, if you do you will see me every night, and feel me kissing you as I do now in the most tender thought.

Old Queen-Nay

27, Cosima von Bülow to Ellen Franz, [Tuesday, February 26, 1861] from Weimar, original manuscript: ThStA Meiningen, HA 39

My own Chick, as the *enveloppe* will tell you I am in Weimar and will stay there some few days more. Could you come to see me? Perhaps to morrow Wednesday (*Mittwoch, Mercredi*) when the Bulyoski is going to play *Juliet* as last *Gastrolle*; she has had no success at all here but still it is interesting to see her, and she is beautiful indeed. Then come at one you would dine with us, and we would go to the theater together, if you cannot to morrow then chose another day within this day, and come. My father wishes very much to see you. And now good night dearest I am very weak still, and they say I will be obliged to go far away. Be cheerful and happy dearest and think of me as of your old affectionate.

Queen

P.S. Answer
Tuesday

28, Cosima von Bülow to Ellen Franz, [before March 10, 1861] from Weimar, original manuscript: ThStA Meiningen, HA 39

I am sure you did not expect to see my *pfote* just now, but I have been so happy to see you, I have found you so to your advantage that I cannot wait till you come back to tell it to you. I would have written two days ago already, had I not been so suffering, so down; indeed love I would have enjoyed your presence quite other had I been a little better, but it is such a stupid fashion, to feel one self getting always nearer to the animal, losing all one's faculties, on account of that body which I should prefer never to have come in. My father was very pleased to see you, and found you more pretty still than in Berlin. And now how is it in Posen? The late revolt in *Varsovia* wont have put more harmony in the public of the place; but on your account possible that all becomes harmony. Have you perhaps seen Minet in your passing, and how do you find her? For me I live here doing o, thinking of nothing and suffering of almost all; ah dear life and more, what hard things to support and still lighter than ourselves! God gave you strength and resignation my dear charming soul! _ Tausig gives his third concert for orchester the 10<sup>th</sup> of March, he has done his thing beautifully, and in spite of the newspapers sustained our cause a good deal; in Leipsick Bronsardt is doing the same, *Tannhäuser* will be given in Paris with the greatest splendour imaginable, for Berlin we have gesorgt and will still *sorgen* so you may see that our conviction is getting propensity in spite of the vasals and the cowards but there is still and will always be much to fight, and much disgust accompanies those fights! Jaële has got the medailee of the Duke of Coburg for all the arrangements he has made of the most Ducal opera of *Diana*, the princess N. got it for him on the request of my father. She has a very great word to speak in the little town, you may depend upon it. Think only the emperor Napoleon has given order in Paris that the newspapers should not attack Wagner in the way they do it in Germany, and has arranged that every thing should be executed after the wish of the maestro. You must tell me that such a protection is worth infinite thankfulness, and were I not long ago a zealed and fanatic imperialist I should begin now. Only Niemann for whom Wagner has done all, does not want to do his office and complains that he has too much to sing (there have been some parts written anew in the *Tannhäuser*); probably he has heard from different sides that the opera wont have any success and he fears; it is rather shameful, but was to be expected. What I expect from you, part of my heart, is that you will bring the theater in honour, and you will reconcile me with this namenlose Wirtschaft who has assumed the name of art; that is a mission my dear for which is wanted talent, virtue, and beauty; all the three are in you develop them as much as possible and keep your mind in the higher regions of feeling; never let vexation and troubles master you so much as to make you fail to that great law of forgiveness and forgetfulness which makes them unjust, the moment a wrong puts you out of temper, you give right to your wronger. You will laugh at my english, and *ich gebe es dir preis von Herzen wenn es dich nicht angewöhnt in der Queen's sprache und Gedanken zu lachen; das wäre* sad *denn Queen meint es* good. With all the tenderness which my poor wounded heart continues your own old queen. When will you come back? I dont know if I shall stay here but at all events write here.

29, Cosima von Bülow to Ellen Franz, [after March 12, 1861], from Berlin, original manuscript: ThStA Meiningen, HA 39

Well chick of my heart I am now in Berlin where I arrived on Tuesday evening. I have told my father you would come for the *Nibelungen* and he expects you <u>before</u> the theater, to Miss Anderson, the heroic hate from the Altenburg, I promised you would pay a little visit, so dont omit to do it, she is very fond of you. I write to you to day to beg of you my dearest little chicky child not to mention a word to any body of any thing I said you at our last meeting; dont speak of my <u>running off</u> from Weimar to you, nor of any of the little anecdotes I told you; for I have taken the habit of the absolutest silence towards all, I am so frightened by <u>Klatsch</u> that I keep everything for me, with you my dear single one I have no rule, and every body knows you have bewitched me. I have not said a word of you except to my father and my husband who both asked very much, with whom you know I spoke of the rooms and abused somebody. I have found here all as I expected, lots of *imbroglios* and so many things to explain that I have made an […] in explaining nothing. Dear old worn Marenholtz came to see me, always the same! She arrived with seven balls, and little play things in wood which I thought were knifes and forks of the savages, at which she was very shocked and asked me if I did not know the <u>method</u>? She is persuaded that in the politic every thing will go up and down that the butchers will sleep in silk and gold, and the kings in dirt, and that very soon; I am not quite so convinced of that *bouleversement* of the things and not quite so sure that it would be beautiful but at all events it does not look very peaceable. I have forgotten to tell you something about Frieb last time and want to say it now as a little rule for life. You will do <u>perfectly well</u> to write to her on account of the *Gast-rollen*, only I regret for you that you must do it after having been rather indifferent for her; now you are obliged to […] with your actions and your words before you neglect any body, think very long and very long, if you wont be obliged one to adress yourself to that somebody. It is quite well to let fall lots of persons, but we must do it only under the condition of never taking any notice of them again, else you give yourself a sort of blow. _ Take care with Mr Maiern, never appear to be vexed my dear, it is a to great advantage to forgive to those who want to vex you; think that life is a perpetual fight when we must look to save our pride as well as our activity therefore we <u>must</u> be as <u>*überlegt*</u> as firm; for if

you keep your pride *windbeutelig* you will come out of all action, and will never do you carreer as an artist. Now work much, and be pretty as pretty as possible. How has been your ball? To morrow I send you the news, which recorded come few points. Here all are mourning, and in the most ridiculous way, for when one comes to the people they are in pink and in light blue, and in the streets they are as black as bad *chocolade* (I dont know how to write that most sweet word). Well Tausig has given his concert and seems to have succeeded pretty well; as they had said in the newspapers that he had received money from my father to execute his works (!!!) he answered a very nice and fine letter, where he told he holds it for an honour to give such a concert with his money. They say the *Tannhäuser* will have more than 40 representations one after the other in Paris. Please God!_ And now good good bye my dearest, don't grieve on any thing, keep your heart pure and your mind in elevation of all thoughts dont believe in the ever lasting of bad time, and dont confide in the staying of good ones, but go on working, always working, our lot *ist nun einmal zu thuen wie das Maulthier: suchen im Nebel unseren Weg.*
*Ganz deine mit Seele und Herz*
Queen
I have not been able yet to go to your mother; if you knew what I was obliged to do! Baby is well off, and seems to wish very much to speak, for she never ceases to make o o o o a a a, ra ra ra.

30, Cosima von Bülow to Ellen Franz, [late March 1861] **from Berlin, original manuscript: ThStA Meiningen, HA 39**

I just come from church, my chick and although I feel rather weak I want to answer you in order you should not wait too long. I dont understand the meaning of the treatment of Mr Meiern and how you have been able to draw on your dear self such injustices; well my not understanding is of no matter and no use, we must think of a retreat or an asylum. If you have time go to Weimar without any *anmeldung* without speaking of me; and ask my father for his advice; he always does right in every thing and always gives the best direction because he truly loves others and thinks of their best. So speak to him in greatest confidence and afterwards do what he says. For Carlsruhe we will speak after your interview with our court and King in Weimar; dont write to the Duchess now it would be too soon, and then altogether she cannot interfere with the theatre. _ Many thanks for the *brochure* which is truly beautiful, clearly and elegantly written, with a beautiful *standpunkt* (the only one which protestants can have, but which has not the practical moral solidity of the Catholicism) and a fine understanding of truly grand *erscheinung* of Schleiermacher. If you head is not too much filled with the troubles of the stage, I should advice you to read often the *Monologues* it is a capital intellectual food, and take care my dearest soul not to <u>*zersplittern*</u> yourself. Now do me the favour to beg of Mrs Bojanowska to send me as soon as possible the biographical <u>*notizen*</u> about Schwartz, I have so little time and want it so much. And then ask Schwarz what he means when he says page 23: „*er hat Manches ausgeschieden was bis dahin einen breiten Raum und eine besondere Wichtigkeit in Anspruch genommen!*" <u>What</u> and <u>where</u>. If you have no time to write send me only the answer of Schwarz but <u>*wörtlich*</u> and <u>soon</u>. _ I dont understand what Blankenburg and Mrs. Boja and the rest are <u>*fazling*</u> about all sorts of things, in every case keep quiet and silent, and let the people speak as much as they like without paying any other attention to them than that of politeness. Of course you never speak to any body what I told you concerning _ ; for I twice or thrice said that I never spoke of it to you. Dont forget. _ Your mother came to see me yesterday; rather down. It was no possibility whatever to speak of baby and we left a certain subject of conversation, only when I said that I had found you in <u>very</u> good spirits and that I was convinced all would go in the best way. By the by I was sorry indeed you did not come up on your departure but I understood it perfectly well and thought it <u>right</u> in you. Now I have the pleasure of my *<u>Auszug</u>*; I come to *Schönebergerstrasse parterre,* and am not quite sure my lodging will please me and agree me; but there was no possibility of running about with my health and you know I confide in nobody for what concerns my interior and exterior life. It will be a nice plague and my husband just returning, to get the bother of it and by that to augment mine. Cant be helped! Yesterday I saw <u>*Winters Tale*</u> given in the Victoria not bad at all, and beautiful my love; quite splendid in some parts. The scene when the queen comes before the justice and defends herself belongs to the most Shakesperian thing one can imagine. It is the whole woman pride that pride composed of modesty and dignity, which is described there; she wishes death and thanks for it, but she defends her honour the crown of her life; how beautiful natural the Arkadian on Bohemians land and its customs comes after the dreadful emotions preceding, how wonderfully passionate, peril, simple love are mingled in that play, how masterly the comical scenes are interwoven with the lyrical and pathetic. Dear Chick it is grand and I was truly pleased. The actress who played the Queen seems to have learned much of Mrs Lagrange and did not play badly at all; the last scene where she had to play the statue vivifying itself was greatly difficult and she did it not awkwardly at all which is much;

393

she looked very pretty, and in spite of some false accents and tasteless exaggerations, did not displease me. I dont know her name. Good bye and good luck dear love, dont forget me within troubles and in joy for my solicitude (and most tender) is always with you
CB

31, COSIMA VON BÜLOW TO ELLEN FRANZ, [MONDAY, APRIL 8, 1861] from Berlin, original manuscript: ThStA Meiningen, HA 39

My own dear soul, I have not till now read the translation of Frau v. B., for I had no time but I know the french article which is charming and I shall bring the manuscript to morrow to your mother that it may come in any newspaper. The letter of Mr Jo...(?) [sic] I have not read either, Isa has not now given it to me, but dont mention the thing, I will ask for it; as she spoke of it I thought it was sent to her by Misses B. and as I have adopted the rule never to read or to hear anything of you which come not directly from you I thanked for the communications, now I see it is otherwise I will look at it, but in general my dear send me the things directly, no matter what they cost, I dont mind some few *groschen*, even if I am not rich. To morrow there is a great lecture of a new play of Klein's, you fancy that I am rather afraid, not for its tediousness but for its laughability; well no matter I am pleased to be a few hours in your home although I shall feel rather strange in thinking of the reading of *Voltaire* and our fits, and the sleep of your father, and the affected not-understanding of your mother, and our sitting before in the Park to learn Moreto, and the *suez Prince*, and all the lots of things which are gone forever. In changing my lodging it seemed to me as if I entered in a new period of life; my poor own dear brother is gone, my child is come, you are away for how long God knows, many affections are broken, all to which I trusted was rather proved deceitful, and now I feel most alone and sad, the mind almost ill with downness, and the youth us left away in that old lodging of mine where so much of people and feelings have entered which I shall never see again. I am here alone, the rooms are large and high, the *Einrichtung* neat and comfortable, we are Parterre so that we are not fatigued, and if the *schöneberger strasse* is far away is at all events near the railway, which I like I dont know just why. I go at the end of this month (20$^{th}$) to Schwerin; there I hope to see Mr. Flotow and to ask for an engagement, to hear in general how theatres are furnished. Last days I saw the *Fabier*; the Döllinger quite frightful; absolutely *scheusslich*, so that I exposed myself to the stot of some other friends of hers, in screaming loud *grässlich*; it is altogether a difficult part, magnificient and *äusserlich* developed. I should like to see you in it; but the play is beautiful,

I had quite badly judged it at the *durchlesung*, situations, caracters, language, all is strong and true; I only except the *Fabia* who is quite [...] and tedious. Have you heard of Bulgoskis fiasco in Vienna, the ungarians have *ausgezischt* her with little *pfeifen,* it is very rude and vulgar. Yesterday I saw *Kieselbach und seine Nichte,* very funny and *harmlos* together but not so good as *einer von unserere Leut;* think only we could not get places and we sat in the crowd quite amongst the *pöbel,* in that horrid little theater, I had a splendid *Lakai* next to me, and my husband the worst old *aufgeputzte* chamber maid you can fancy who communicate with each other through the rows of ranges, and who applauded and laughed in a way that I wanted to run off; but I dont like to play the *grande dame* in such occassions, and in consequence forgot them soon, and laughed myself heartily if not so loud as my two neighbours. _ I have heard you go again with Misses B. to Coburg and I am astonished after what you said, tell me is it true, and are you pleased with it? Tell me also how you have played the little *Dämon* and if you have pleased in it? Take care with your nice gentleman and his bouquets; general rule: we must accept bouquets only from fools else one gets soon a *freier.* I never failed to that rule and I think it was right, but tell me who is that gentleman I am curious?

If I have not told you that the little cup is charming it is from my part the most rude forgetfulness one can imagine; Minet gets four teeth now and suffers a little; they all say that with six months it is very soon. She looks nice and seems patient which I am pleased off, considering the pleasures life brings in general. I will soon have my photograph done and will then send it to you. My husband comes back and asks for tea, good bye then love, write soon, I have done more than I could in answering you to day for the trouble is not little in the home, but I want you so much to believe in my love that I dont like to accept any motive for not speaking to you. There is the plan of my new home; the little room of Daniella is not there I had no paper, it is near the kitchen.

All yours my love for this life and the other
Queen
My compliments to Mrs. B., it is quite impossible to me to write.

**32, Cosima von Bülow to Ellen Franz, [Thursday, April 18, 1861] from Berlin, original manuscript: ThStA Meiningen, HA 39**

My dear soul, I need not tell you how sad I was and am still in thinking you are unwell. I dont believe that health is the principle thing, as old ladies tell for I see that one does beautifully without, but still it is an uncomfortable thing not to have it, just as money. They are both the mysterious powers which are sensible only when they are not there, where one has them one never thinks of them. Well dear seek to _verschaffen_ you a health, my father says: *Wenn man keine Gesundheit hat, muss man sich eine machen,* and I can assure you that lots of illnesses (head-akes, nervous eye, faints *u.s.w.*) are only in the imagination where you are decided not to have them they dont come; for the red spots it is another thing, they are as real and sensible as possible.

Thanks for the answer of ------------

I discover that bit of paper which has been written to you a long time ago, and now I send it to you with the continuation the moment inspires me, my dearest love. Isa just leaves me and tells me you have had a great success in your last part the *little Demon*; well dearest I congratulate you with all my heart, and rather regret that you have to leave Gotha. What I told you before three months and you would not believe, seems to be true, Herr von Maien has only acted upon orders, and he was not able to let you play, therefore in spite of the interest Mr. M. takes in you, you wont be able to stay; you see dear, all gets *Erklärungen*, and the rudeness of Hr. M. also. No matter with or without a Dukes sympathy you will go on your way quite well, and if the Grahl can play you tricks in Gotha and elsewhere, she wont be able to disturb your career. Only as a *lection*: another time look to be in good terms with the Herr von Maierns (who they may be) and give to yourself the explanation of their behaving; the souvereigns are never rude, they have people who are that for them; and who give the expression of their feelings.

The Duke was not at your last play that is as significative as possible and shows you that you have erred in your judgments. In the future my heart's chick and love, reflect upon persons and their acts, and dont judge by instinct or sympathy it is deceitful. Now what do you think to do? Have you an idea where you will go? Do you wish *Gastrollen* or an engagement; I thought to write to Dawison but I dont know if you are free enough to play upon the stage where the Baier-Birck has reigned for so many years; the day after to morrow I go to Schwerin and will seriously look to speak with *Herr von* Flotow, but would it agree you? I dont know at all what are your ideas. The Bojanowsky speaks of Vienna in the place of the Gossmann, would you *übergehen* in that *fach* or is it only as a transitory state of exercise and practising? Many questions there are my love, dont take it amiss, I should like to know something clear about you and I cannot get that either from your mother, or Isa or anybody. *A propos* Dr. Neising came yesterday, after he had explained that he was about in order to become a millionaire we had a strange and funny chat about you. He has found you very changed „_gar nicht zu ihrem nachtheil_" said he insisting upon the *gar nicht*, and then he went on speaking about your hate and despise of the masculine sex, I laughed and told him you were not so wrong although I had wished <u>formerly</u> you should marry. He threw himself upon that word and said „<u>You also are of that opinion, I am convinced she regrets</u>"„I have said formerly" answered I „now she must wait a long long time, if even she does marry". At which speech he did not seem pleased. He has told me very good things about you, your going on, the satisfaction of Mrs. Schlimbach, and the opinion Fr. v. Bo.. has of you, but I keep the idea I formed of him when I first saw him he is an *<u>intrigant</u>*, and I should not have the least confidence in him. Possible that I wrong him, but I dont believe it. Think only we have to day a lecture at home, <u>Klein</u> comes and reads us his *Strafford* a <u>long</u>, <u>long</u>, <u>long</u>, <u>long</u> tragedy; I have invited first your parents, then Dr. Niesing, Maiers, Dohms, Witzmanns &c &c all in all about 19 to 20 persons. I am rather anxious for the play is very interesting (not to be compared to *Voltaire*) but not amusing and I fear some of my public will fall asleep, and then think Klein!... He had sent his *Voltaire* to Dresden, and Dawison wrote about it *es ist das <u>Verrückteste abgeschmackt langweiligste Zeugs</u> was mir in <u>meiner Schauspieler Carriere vorgekommen ist</u>*; again fancy Klein telling that! I believe when Dawison comes he will kill him at the corner of a street. The letter of Mr. Jonow was (<u>*unter uns*</u>) not worth a penny; his <u>phrases</u> about art are common places one does not want to go to Posen to know them, and what he says about your reputation is ridiculous; you are obliged to play such things and you cannot in such a hole as Posen theater chose *Thecla*, *Gretchen* and *Clärchen*; all that is clear nonsense. For his critic in <u>*Um Eine Seele*</u>, if you wanted to play the part reserved, <u>*verschlossen*</u>, you are as free of it as the wind, if only you will express an idea and have the force to bring it to its expression, the idea is at your command. The *auffassung* is yours, only yours, the whole secret is to have such a technical force that the public guesses it and follows it with interest; if he approbates or not, no matter, if only he sees what you intended. If you are come to that point of perfection in <u>*Um Eine Seele*</u>, I doubt still therefore I understand the public remained <u>cold</u> where now your *Auffassung* was as warm as possible; expression is the principle thing between public and artist, therefore look to give to that the most <u>*prägnanz*</u> possible. That no doubt whatever may remain upon the idea you have of a part that every movement, every accent, every gesture be in harmony with that idea, and then you will be a great artist; therefore work, work, work every hour, every minute, think of your art by day and by night, leave <u>nothing</u> to fate or to impulse, acknowledge every one of your movements and the importance of them, <u>reflect</u> dear love, whatever stupid folk may say of inspiration which is only the power of supporting and evoking (functifying) <u>work</u>; but always work. It is the condition of all as well as of existence. Now you have a *Seitenstück* to Mr. Jono's letter only written with less pretension. Now good bye my love; the article has interested me very much but would not be brought in the newspapers after two letters of Wagner who was a sort of <u>Coda</u> of all sayings about the thing. Thank Misses Bojanowski for it. My baby is going on beautifully, my husband pretty nice, myself as usual, a minute brillantly, and hours and days desperately.

Now dear tell me *en détail*: <u>How is the health of Misses Boja</u>. And in general be <u>silent</u>.

All yours for life and death

**33, Cosima von Bülow to Ellen Franz, [early July 1861] from Berlin, original manuscript: ThStA Meiningen, HA 39**

A 1000 000 of thanks my dear *Schatz* for the sending of the dresses who adored with some few *fetzen* did beautifully. Now tell me <u>Do you want them?</u> For I have had such success (most ridiculous for I played bad) that they want the *Da capo* of the piece; if you want your dresses I shall send them back <u>immediately</u>, I have then to order new ones; but if you dont want them, I would keep both and send them perhaps in a fortnight. <u>Tell the truth</u>; in every case I am obliged to you although you dont write, which I think very bad and very wrong. Now we will go to some more serious subject. Have you seen Meisner whom I almost sent to you, in making him great reproaches for his behaving of last year. He related me some strange things which I will now tell you under the condition you will keep them for you. Few days after you arrived in Coburg the Duke declared you had no talent whatever and as Mayern took your part, the Duke was almost furious, and answered he (Maiern) did not understand any thing of theater. Now you may judge if it was M's fault, and if it was possible for him to behave otherwise as the Duke declared himself so absolutely against you. Meissner was in the box as all that was said, he never lies!!

Well how is it with Schwerin, if anything is arranged do me the pleasure and write some few words to Dawison; I should be exceedingly vexed and *vulgue* if you did not, for it is nice in him to have written immediately and it would be rude and ridiculous not to thank him; I will write also but you must send first a few lines. I am a little astonished you never wrote me about the reception of two letters, and am sorry *dass du dich so gehen lässt*; when there is no strength of will there is no going on, and you may say what you will a letter is never an impossible thing; it wants only a resolution. You know me enough, I hope my dear, to understand that those words are not inspired by anger and that I am more grieved for you, than for having no direct news. I understand the motives who prevent you writing to me, but I dont approve the idleness in general; now you are young it is easily forget, but when you will be thirty you will feel still more difficulty and then it will look like *unbildung*. In a fourtnight we are leaving Berlin for Reichenhall, and I am rather pleased with it; life is dreadfully exhausting here, that little comedy has so much fatigued me although it was nothing that I am half dead to day; I played with Ada Treskow by Fr. von Shack, in a stupid piece which every body thought charming and when I had to make a *larmoyante Wittwe* you judge! Upon your pink dress I had put white tull and black lace with roses, and that looked charming indeed; now tell me in all sincerity where and when you want those dresses. If not immediatelly I should play once more and send them afterwards

tell *tutte*, don't make ceremony, I should be vexed to death to deprive you of them._ Lots of things I would say to you but *monolog correspondenz* is not my *fach* and so I wait till you have time and leasure to think to me. You did perfectly well not to come to Berlin, I have no idea how far you are advanced now in your art, therefore I cannot judge if you can come with Marie Seebach into Schwerin, but in any case be polite to *regisseur* Steiner he is a nice man, and upon the recommendation of Dawison will do all he can. And now good bye my dearest, all the most tender wishes for present and future with the best remembrance from the past from your

Queen

I never saw Klein – since your refusal to come, I think he believes I am cause of your not coming! Don't forget Dawison, it is serious; and he will be as sensible to a nice letter as shocked if he does not hear something of you. In any case (of engagement or not) write, and tell me when you have done. Adress: Herrn Bogumil Dawison berühmter Künstler Dresden

**34, COSIMA VON BÜLOW TO ELLEN FRANZ, [FRIDAY, MAY 16, 1862] from Berlin, original manuscript: ThStA Meiningen, HA 39**

Well my dearest I see you wont write, although it is not in my custom to run after those who seem not to care for me, I run after you, and ask you how you are and what you do. I was astonished at you not coming to me in Berlin but afterwards I explained it to me in that way: that you did not wish to see me in a bad time; it was extraordinary enough but such extraordinary things happen every day, and I was neither angry nor astonished any more, perhaps a little sad. I did not want to come to you because it seemed not nice to me to show my face in your house whilst there was trouble and uncomfort in it. Your mother does not like me therefore having heared immediately what had happened in the *Shauspielhaus* I kept quiet and silent, expecting you; I was fool enough to believe your first movement would bring you to me. Well let us think all has gone between us as it ought to go, that is the best I can swear you my dearest, I have not for a pin's head bitterness and not a shadow of coldness towards you has come into my soul. You had promised to write therefore I expected your letter, it does not come, I write. The whole month of April I could not, it was a stormy month for your poor queen, my dear I think and hope it is over, but the hours have been heavy and black. We have had lots of foreigners coming and going, from Weimar from Paris, from Petersburg _ _ _ _

Now tell me how are you, how do you feel, how do you live, how do you play, I cannot write much because I fear that letter wont find you. We remain here till the beginning of July when we shall go to Wiesbaden for two months, Wagner and some other friends of my husband will be there. To me it is quite the same when I go, where I stay, I have not a wish whatever except that I should like to see you. It is possible also I go for a fortnight to Paris on account of my poor grandmother who is quite alone; my sister is in the family way and has gone to her little *landhouse*. My father is still in Rome and will remain there, hard enough. Well dear we must bear what life puts on our heart till it breaks, I always think it cannot last long so weary it is, but still one lives and perhaps our mind makes the things greater than they are in reality. I believe you will answer a good long letter, perhaps I am mistaken again, for I guess bad you know and in joy or in sadness I am always deceived. Peace and joy be with you my dear to this wish I join a thousand kisses.
Queen
<u>Thursday</u>


35, Cosima von Bülow to Ellen Franz, [late May/early June 1862]
from Berlin, original manuscript: ThStA Meiningen, HA 39

<u>Wednesday</u>
You see dearest if I am the same, I got your letter yesterday and answer to day. Although you did not write soon I have not doubted a minute my letter would have done you pleasure, because I am no Chick, and dont begin to put things <u>*auf den Kopf*</u> after knowing somebody for years. To think that I would let you go in the moment where you are worn and sad and unhappy was exceedingly _ _ _ _ _ Chick, and I could not help laughing in reading

that part of your letter. Dont fear I shall be angry against your *mamma*, she does not know me so it is very natural the world being a he is, she should interpret in a bad sense my conduct. Now <u>that</u> is over, I am not quite sure that you would behave in another occassion again like a Chick, but as I will beg to stay queen there is no doubt about our finding us again and always. The <u>affair</u> here was not nice but by no means an <u>*unglück*</u>; you know I was against your playing in Berlin <u>now</u>, it is better to wait till they are still more down and you more advanced and *sicher*. You may fancy if I [I] have been asked, and fancy also how I have answered; for this case I was glad to say I know nothing I have not seen Ellen – not seen? – No – People were astonished and did not know what to think as I made not a single remark. My husband only told me once or twice without mentioning anything „it is your lot to be misunderstood". I laughed and told him time was a great master who had arranged many things. And you see he has arranged! When I tell you that I am glad you have so much to do you will find in that word all your old queen, my dearest soul work is <u>*rettung*</u>, I would have given half of my life to be obliged to sow, or to give lessons to cook, or any thing the whole last months. Well I am arrived now to myself, you have guessed my dear; it was horrid and is more horrid still; the thing which had played in the letters, has played again in the seing._ I have been surprised, the arrival was quite unexpected I have not been able to lie, and then and afterwards I have found what was in the letters indifference, coldness, till a certain point despise. After the departure I wrote; the letter has not been answered, and I know things I should prefer not to know. Emptiness, Desolation _ _ I dont like to think or speak of it, I go on as if I had upon my shoulders a heavy dead corpse which I should fear to look at: If I have done wrong I can say I have not had a moment of happiness scarcely a moment of joy, and the feeling now is bitter so bitter and insupportable that I believe sometimes I shall grow mad. And with all that within us we must live, and eat, and smile, and speak, and walk. Had I been prepared I would have mastered myself and then the suffering would have been different and better, pure and higher. There is no forgetting on this earth therefore I am *gestempelt* may the heavens assist me _ _.

Now to you again my dear; I was pleased at the newspaper, I dont know if it is just but it is good; dont feel unhappy in work consider it is the greatest benediction there is on earth! Only dont let you be too much absorbed by yourself, that is a danger in your profession; one comes easily to lose the sense of proportions and to put the greatest passion and interest in trifles; dont forget your soul, I mean dont forget your duties towards every one, consider the stage only as one of the tasks which are to fulfil in life, else you would get narrow-minded. You understand me. Alas! Wiesbaden is not on the way of

Nuremberg, had I been sure you were in Nuremberg I should have managed in order to come this summer, perhaps the autumn will allow me to come to you for a few days. You know if I came not I cannot _ My health is good although I look very pale and ugly. Daniella is well thank God. I believe all will be firm, which I like._ Dohm asked last days after you; poor man he has had ugly affairs, he was on the point of being imprisoned, and still now he is no quite free. He could work so well and gain money but he has come out of the habit of working and has neither courage nor confidence in himself. The Wagner goes to Dresden (*Gastspiel*) she has leaved the Berlin stage on account of the infamies of the Ellinger and the Hoppe; they seem to be dreadful creatures. Isa's wedding is in October, Misses Bulow wants to leave Berlin afterwards, and we dont know if we shall stay here. My husband is so bad and melancholy that I have proposed to him to go to Rome, which he thought rather right; to me it is quite the same where I am or not, disinchanted, faded away where I dye or live is as indifferent as to the grass where it grows.

It was a good news indeed that your complexion is not spoiled, I have thought of it often, particularly in seeing the horried *haut* of the Formes of which they say it has been charming. If you go to Saint Laurent before the *Sacramenthäuschen* think of me, I have beautiful hours there, and pray for me pray for us, pray for our poor earth who seems to me a great bleeding wound.

Good bye my love, I kiss you with all my heart and remain your truly old Queen

What do you say of that catholic paper which my husband brought me from Breslau? Burn my letter, and tell me you have done so. I kiss you again a thousand million of times.

36, Cosima von Bülow to Ellen Franz, [after June 20, 1862] **from Berlin, original manuscript: ThStA Meiningen, HA 39**

Dont take it amiss my love, that I have been so long without answering, it is exact truth when I tell you dear, that it is now a work to me to write a letter and I fly from one part of my lodging to the other, trying to read, to think, to pray and being good for nothing but to sleep. You ask a question, heart of my soul, which I have asked myself often, without being able of answering it; what is it for a feeling which has overpowered me, and how will it end for me? I have no idea and feel only sad, sad, sad! I have got no news whatever and dont know any thing, but am so weak and shameful to think constantly of the same thing, and to consider the rest as an ugly dream. Time makes much, they say, well I think time cannot undo anything, and I feel I have got a blow which I will resent my whole life! But enough of me, it is a chapter. I like very little to treat, the bleeding hearts have to be mute. _ Rome was a thought of despair, I dont believe I shall come to it; it is true we think very much of leaving Berlin, because my husband is quite worn out, and I ask him on my knees to give up those horrid lessons which make him ill, and leave that detestable Berlin which makes him sad. <u>Where</u> we shall go <u>if</u> we go, God knows! I wish for a hole where we shall see nobody, my husband would go to give concerts in the greater towns and I would stay with baby the only thing for which I have still heart and courage. I will manage to come and see you in autumn or in the winter, it is a little difficult because it is so very far, but I think in doing my possible it will go. My husband travels the day after tomorrow, the concert in Wiesbaden is on the 27$^{th}$ ; for my part I stay low a while still in order to get some affairs arranged and to repose myself, to be all alone. Would you guess what I have done these days, in the disposition of mind which never ceases, but which it is true nobody marks? Well I have played comedy! A little french play called „*Où passerai – je mes soirées?"* which is very amusing and nice, and has only two persons a gentleman and a lady, I did the lady, and a french, a Mr Marelle (unpleasant but good performer) the monsieur. People were of course exceedingly thankful, and I had a beautiful success which would have pleased very much if if .... no more of this!

Your little photograph has done me much pleasure much I tell you dear; it is very nice indeed gives a good idea of your person, looks like a romantic distinguished Chick; dont wish to be no more a Chick, I should not love you half so much and have not the quarter of the confidence in you, I have now. How pityful and miserable we are with our reasoning, our *reflexion*, our thinking! Please God you stay a <u>Chick</u> through all your life, through all your experiences. My picture I cannot send, the last good I had, I gave away I dont say to whom, guess? For the moment I have not money enough to have another made, but the moment my purse will be full I shall fulfil your wish. Would you believe my love, I have got now lots of grey hair? Käthchen was quite *erschrocken* as she made my hair the other day and discovered it, I was not astonished, I would not be if it was all white; independently of what you know half, I have had heavy days, my husband gets so disgusted with all, he does not like to play, despairs of himself, and is almost always ill, how gladly, how enthusiastically I should die to give him a better health and a still better destiny; God help us all, pray my dear, pray with me, for me, for you, for us, as often as you can. I could remain days and knights on my knees only in order to get strength. I cannot conceive well how my husband does not come to satisfaction, his talent is so great, his caracter so high, his life so pure. When he was here Rubinstein played with us well it was grand and nobody felt it better than I; but if there is more strength in him how much _grandeur_ and beauty is in the play of my husband! More power, more passion on one side, a thousand times more highness more spirit, more _feinheit_, more _nuancierung_ on the other. Now R. Is in Copenhagen where he pays the court to the princess Anne of Prussia which is unhappy enough to be in love with him, he is there since his departure from here, I heard that in these days, and could not help smiling in a certain way you know. _ Think only the poor Dohm is in prison on account of debts, they say it is 20 000 *thalers* he owes and nobody to pay for him; 13teen weeks he shall be imprisoned certainly and God knows how it will end. A great pity for him, he will come still more down and for his children and wife, and for his name, how dreadful, I am very sorry for him. You ask after *Griseldis*, it is a good long time that I have read it, and now you have most probably learned, played and understood by yourself that charming creation, the true pride, the true resignation, the true humility, in short the true love who contains all the truths, *Griseldis* expresses there, how grand in the sacrifice, how simple and moving in the indignation, in all she acts as a flower _duftet_, quite naturally, and she reaches the sublime with same facility as a bird reaches the top of a tree. I have cried very much in reading it and have often thought there was a good deal in you which was like that, therefore I feared to see you enter in the life you have chosen, I feared the rub and the approach of the vulgarity which throns on or rather behind the stage. *Griseldis* must be very touching not sentimental, simplicity is the principal feature of her soul, take care to exagerate, it happens often when one wants to make en effect. How was Hendrichs, and how have you found the Rettich? To me she seemed very old style, but I think she must be very good in parts of Halm, for there has been a great passion between them, and still now she is the only person he sees and frequents. Misses Ritter has been here and never obtained a *gastvorstellung* although she is talented and would do us very good; the Wagner is away, stay the Kierschmer, Pellet, and the _Pack_ you know, so that it is almost impossible to go to the playhouse. A charming dancer of Vienna is here; the _Pussburg_ which all the newspapers _loben_ exceedingly, I thought horrid in the *Gänzchen von Buchenau* a most horrid play, but in which it is exceedingly easy to make effect, and in which the Gossman was charming. And now I have spoken of all within and without my heart and not told you that my poor baby is ill; well it is not dangerous but still it pains to see that dear little face so pale, those eyes so sad, and to hear that little voice so complaining. Here you have her little picture instead of mine, it is very like her, only that she is not so black; people think she looks intelligent.

In this moment she cries, my husband plays the *Ave Maria* and I feel in the disposition to fall on my knees and to crie with her und to pray with him;

God God, what a thing is life and who shall ever understand it? I give you back the million kisses you send me, which I received without saying *ä*; write a little longer if you can, I long to hear much of you, consider I say a great thing, for God knows I wish to hear of no human being and to speak to none. Tell me the lady you know is it Misses <u>Creling</u> the daughter of Kaulbach, then make her my *Grüsse,* she is a nice person. As I tell you all I must say that I also get very nice and anonymous roses _ _ _ _.
Write soon dear I shall be gone. I stay till the fifth of July
All your Queen

I cannot give you my adress from after the 5th because I dont know myself when we shall get a lodging, not even the town. Peace and joy be with you dear, now and in all times. Burn my letter.

37, COSIMA VON BÜLOW TO ELLEN FRANZ, [LATE JUNE/EARLY JULY 1862] from Berlin, original manuscript: ThStA Meiningen, HA 39

Of course dear Chick I will be charmed to have the honour and the pleasure of seeing your mother by me; but I hope my dearest child you have not mentioned a word to her of what I told you yesterday; for you can conceive that on this subject I may hear and consult nobody but myself. But all this is useless I know you have been silent so tell your mother I will be enchanted to see her if she does not prefer to see me by her, in which case I should come at twelve.
Thousand kisses my child, let me manage the things which trouble me dont think of it else I should *semper* regret to have been so weak to speak of them to you.
Entirely devoted to you from heart and spirit
Queen

38, COSIMA WAGNER TO HELENE VON HELDBURG, WEDNESDAY, FEBRUARY 7, 1877 from Bayreuth, original manuscript: ThStA Meiningen, HA 40

My dearest Chick,
With the greatest possible pleasure I answer your kind invitation, and keep the terms which were usual between us, and which remind me of times I like to think off. To me also it is more natural to speak and write english to you, than any other language, and it is now to me, when I use the terms and the

language of former days, as if these were come again, and with satisfaction I think once more in my life, that that which was never ends. But please to excuse my english, which I dare say, has got very bad, and with which I would not plague you, if it was not for the sake of dear remembrances, only dont conclude from that my whole being has gone backward, because my english grew worse!

Please to give our respectful thanks to His Highness the Duke, for his kind compliance with our wishes; we will be happy to see „*Julius Cäsar*", and be very thankful for the performance of „*Esther*" and „*le Malade imaginaire*". Concerning the time, of course, my husband is at the Duke's and at your orders, but if it would agree with both His Highness and yourself, he would be very thankful for the permission to combine our visit to Meiningen with an excursion he will most probably be obliged to make to Berlin, towards the midst of March. The chorus singers of the Opera house in Berlin have begged of him to conduct a piece or two in one of these „*matineés*" for their benefit, of which you have perhaps kept remembrance. I think we were once or twice together to them; and heard amongst other things, half yawning half laughing, the endless „*Glocke von Bamberg*". My husband will scarcely be able to refuse, but if the putting off interferes in the least with the plans of His Highness and your's, we will have the honour to appear in Meiningen on the 29$^{th}$ of this month. Will you have the kindness to let me know the decision.

We regretted very much to hear of the Duke's illness, and with our wi-shes for a complete recovery we send our duties and respectful thanks.

My husband has not been well at all the laster time, and the two last days were so bad that I prefered not to write to you under such circumstances, which else I would have done immediately after the reception of your letter. He is still obliged to keep the room, but I hope that in soon he will be quite well, and that he will enjoy in full health the great pleasure which awaits him in Meiningen.

I cannot tell you how much he was interested in the performance of „*Hermannsschlacht*", and completely satisfied with it.

My husband desires his devoted regards to you, my dearest Chick, and with the best loves from me I am
Your affectionate
Cosima Wagner

Bayreuth
February the 7$^{th}$ 1877

39, Cosima Wagner to Helene von Heldburg, [Saturday, March 10, 1877], written in Meiningen, original manuscript: ThStA Meiningen, HA 40

Dearest Chick,
My husband is quite well this morning; I found him in a bout of fever yesterday, and was <u>deeply thankful</u> to you, you had allowed him to go. I am quite sure all is over, in the moment, for in the whole as I told you I am in a great anxiety.
Will you tell all our respectful thanks to his Highness, and ask when the Duke would allow my husband to present his duties, this morning, and also please tell me, when we may call upon you. My husband is ordered for half past twelve at his Highness the Duke Bernhard.
All yours my dearest chick, with many thanks for your kindness Cosima

P.S. I hope His Highness has not taken cold yesterday on the stairs – of course I want go to Church this morning, and had already given it up


40, Cosima Wagner to Helene von Heldburg, Monday, March 19, 1877 from Bayreuth, original manuscript: ThStA Meiningen, HA 40

My dearest Chick,
Now we are at home again, the comparison you made between the last beautiful episode of your life and a dream, has reached its quite striking likeness, which is not even disturbed by the strange circumstance of two persons dreaming the same dream, and being able to go further on in it, together. They were truly as charming as fugitive, the hours dreamt in Meiningen; it was to me as if all the past times were reviving in them again, and coming, deprived of every harm and every grief, to greet me. To be, once again, with you in artistical work and enjoyment remembered me of the times in Berlin, „die Festklänge" missed for so long years and „die *Faustouverture*", brought me back to Weimar and my life with my father, „*Huldigungsmarsch*" gave me the vision of our king and the hopes with which I entered the life in Munich, „*das Idyll*" transported me into Tribschen's solitude and happiness, and even „*le malade imaginaire*" evoked the image of my first youth and the remembrance of all my mother tried to teach me upon french litterature and theatre.
We enjoyed during these three days, that state which has so often appeared to the imagination of the poets as the one truth to be longed for: life in Art and with Art under the protection of a higher born, freedom of thoughts and feelings, ruled, like melody by rhythms, by gentleness of nobler form, and I

would vainly try to describe you, how we felt happy, and how thankful we are to His Highness the Duke, and to yourself. _ We have not done still with talking about the performances, most particularly about that of „*Julius Cäsar*", of which some moments belong to the greatest impressions of our life.

Will you please, beg of His Highness to agree the expression of my duties and of my deepest gratitude. I hope very much, that the cold the Duke caught in consequence of His kindness to my husband, and His gracious interest in his works, has gone, and that the journey to Berlin will not be too fatiguing and troublesome.

My children desire their love and thanks to you, for the beautiful sweets you sent them, and remembered how kind you had been to them this summer. As we spoke of His Highness the Duke, Siegfried said: „*ist es der Herr, wo in Wien, wir nicht gut gegrüsst haben*", they pretended that I then scolded them for their arkwardness.

You know, dearest Chick, every body has a story from me, story of books, story of scolding, story of I dont know what! ………

My husband who is writing to His Highness, desires all his regards to you, and I embrace you, dearest, with all the fondness of former times.
Cosima Wagner
Bayreuth
March the 19th 1877

41, Cosima Wagner to Helene von Heldburg, Tuesday, March 27 and

THURSDAY 29, 1877 from Bayreuth, original manuscript: ThStA Meiningen, HA 40

Bayreuth
March 27<sup>th</sup> 1877
My dearest Chick,
I wont leave you uncertain upon the most agreeable impression your kind letter made upon me, and therefore whilst my two great men and <u>geniusses</u> are resting, I come to thank you for it. My husband has been also deeply sensible to the gracious attention of His Highness the Duke and very thankful for the kind writing with which He honored him. I wonder dearest Chick, if you are still reading in the „*Gesammelten*"; for our part we are still occupied with the performances in Meiningen, my husband wrote a few words to Dettmer, and we have not now done with *Brutus*, *Cäsar*, Shakespeare and Plutarch. How *Brutus* and *Cäsar* are to be thought, is one of the questions which have occupied my husband during all the days since our return, and you see my dearest Chick, that the pleasure we enjoyed by His Highness gracious hospitality, and your kindness, was not a fugitive, but one of those which leave deep traces. And now the fact that the Meininger had not disliked to see us, was very pleasant indeed to hear, and I thank you very much to have felt inclined to tell it to me.
My father has arrived in good health (thank God!) last Saturday, and as you said, I told him you would write to him during this week.
Our journey to London is now a decided affair, and I think that we will be there on the first of May.
Daniella has now come back from her school, looks very well and is a very good and affectionate child.
Now I hope that the stay in Berlin agreed with His Highness the Duke to Whom you will kindly transmit our respectful and thankful duties, whilst receiving for you all the regards my husband desires to you and the best loves of
Your affectionate
Cosima Wagner
Bayreuth, March 29<sup>th</sup>, 1877

My father does not know that I am writing to you else he would have presented all his respects to His Highness and his devoted regards to you. We spoke much together of the charming days in Meiningen, and very much of you, my dearest Chick. I think you know how!

42, Cosima Wagner an Helene von Heldburg, Tuesday, 3. April 1877, aus Bayreuth, original manuscript ThStA Meiningen, HA 40

My dearest Chick,
My father intended to leave us yesterday and to bring himself to His Highness the Duke, his and our congratulations, but as he was to go, so many claims arose upon the one day we suddenly were to lose, from the ten he promised, that in his habitual kindness he remained.
Now, indeed, the chief charm of our many happy returns was to fail, „*was tun? spricht Zeus*"; and thinking after consideration, that better is to come late and well, than in the right time in an improper way, we decided still to wait till my father went.
You know „*Spät naht der Poet*", behind him now his wife both almost sure to be well agreed because introduced by the Great-Magician! He will then present to His Highness the Duke our most respectful congratulations, and tell you, my dearest Chick, how we think of you, with the affectionate greetings
of your
Cosima Wagner
Bayreuth
April 3rd 1877

43, Cosima Wagner to Helene von Heldburg, Thursday, April 26, 1877 from Bayreuth, original manuscript: ThStA Meiningen, HA 40

My dearest Chick,
Two words only to thank you for your letter and to tell you that my father enjoined me in his last letter to express you all his devoted affection, and that he had been very happy to enjoy some hours with you. As His Highness the Duke and yourself would be able to be in London before Pentecost, I fear the concerts will be over at your arrival; they begin the six of May and the last will be on the 19th. Will you please tell me when the departure will be fixed, and if His Highness the Duke would do me the honour, and if you would have the kindness to assist to one of the concerts in my box? I think that after the six concerts, if they succeed, there will perhaps one or two more, but this has not now been stated, only the singers are engaged for the whole month of May.
Will you get a very bad opinion of me, if I tell you that I will in no case feel „near the gods?" I do care more for the sympathy and understanding of one deep soul than for the applauses of thousands, and wished that this journey

had not been necessary. I fear you will find me very cold, but you know that I never cared much for success, applause, and the rest. I only wish for a good result of the concerts because else we would be in a not quite pleasant situation. The two english gentlemen have not informed you rightly, there are places to two shillings, and the prices have been made according to the habits of England. Good bye, my dearest chick, I hope to hear from you that your health is better and that we will see each other in London, please to present our respectful duties to His Highness the Duke, to receive my husband's regards and both Daniella's and my love!
All your's
Cosima

Bayreuth
April 26th 1877

My adress in London:
R. Wagner bei Herrn Dannreuther
12 Ormesquare Bayswater
London W

44, Cosima Wagner to Helene von Heldburg, Sunday, August 19, 1877 from Bayreuth, original manuscript: ThStA Meiningen, HA 40

Bayreuth
August the 19th 1877

My dearest Chick,
There are now three months since I got your kind letter; I did not write sooner, first of all because I knew not exactly where you were, in second line because I was running about and little able to send a sensible note. Now I heard through my father that His Highness the Duke has been seriously ill, and I want to tell you how very sorry we were to hear this, and that we hope that the Duke is quite recovered now and yourself out of anxiety. It is very sad indeed that it scarcely happens that one does not hear from another for some time, without then becoming to expect some sad news, or to give one. I do not dare to congratulate you for the enormous success of the Ducal theatre in Frankfurt and Cologne, we heard a great deal about it, and were pleased as you can think. But when one is earnestly in pain or anxiety one sees how little are the interests which seem so great to us in the regular course of life. I will hope that you are

quite relieved now and may enjoy the good parts of existence. We were very sorry indeed not to see you in London, but almost glad that His Highness and you were not there for the concerts; Albert Hall is a bad place for music, I think bullfights and great shows would be marvellous in it, but no art presentation, and therefore I think the impressions you got last year in Bayreuth would perhaps have been spoiled. But your countrymen behaved beautifully in spite of the locality, and I have taken with me the most beautiful remembrance of England. Of course my husband was exhausted and very much wanting rest and quietness. I hope these will be granted to him now for the rest of this year.

There is now nearly one year that the last performances here took place, will you please tell to the Duke that we constantly think with thankfulness of the interest He was so kind to take in our art, and that we hope in the lasting of this high interest. Please my dearest Chick, to transmit these thanks with our respectful duties, to receive my husband's best regards and to believe me for ever your truly affectionate
Cosima Wagner


45, Cosima Wagner to Helene von Heldburg, Tuesday, November 20, 1877 from Bayreuth, original manuscript: ThStA Meiningen, HA 40

My dearest Chick,
We were very happy indeed, my husband and I, to hear from you, that His Highness the Duke has quite recovered from his illness. But what a dreadful time you must have gone through! Now let us think only of the good side of it, that is that every thing seems a trifle compared with this anxiety. I know it, and know also that I felt quite ashamed to have at any time complained upon any thing, whilst I [I] went through thoughts which go beyond any complaint. I hope, my dear Chick, you enjoyed yourself in Berlin, and think you must be back now. _ We intend to remain very quietly at home the whole winter, my husband wants to work at his new poem, thanks God he is pretty well and wonderfully active and always highminded, „*hochgemuth*". Both of us we think and speak very often of the beautiful days in Meiningen; please to present our most respectful and thankful duties to the Duke. You are well right my dearest, that without art life would not be worth living! Last days, in reading „*Wahrheit wird verdächtig*" of Alarcon, we thought of Meiningen and if you would not try also the spanish theatre. I know there will always be only a little minority to find pleasure in the delicate and most extraordinary art, but the trial is worth to be made, and only a Prime can do it, can, for sake of what is high, make abstraction of what generally pleases.

Thousand thanks for Daniella, I do accept your kind invitation with pleasure, the only reserve is that she will perhaps at the time be obliged to go to London. Tante Isa „wishes for her Now" I am looking for a respectable person going in the course of the winter to England. Should you hear of somebody, you would oblige me very much in telling it to me.
From Herr v. B. I had rather good news, he is now in Glasgow conducting the concerts. I think he accepted the situation in Hanover on account of Herr von Bronsart, one of his very best friends, and quite a gentleman in every respect. I think you ought to „press" sympathy and friendship upon him, you can be sure of his feeling to you, and he is one of the few who deserves that one does it by the greatness of his character, and requires it by the ways life has almost forced him to assume. Could he not perhaps meet with D. by you? _ _Have you perhaps heard of a painter Xylograph of Meiningen called Rau? Somebody wrote to me from Berlin wanting me very much to recommend him to you. Well I cannot do this because I know neither his works nor his person, but I have at least named him. Did you see Jepherson and *Rip van Winkle* in London, and was it not a perfect piece of performance? We were quite in raptures, my husband and I about it, and wished only we could have seen him in other plays. But Shakespeare is quite forgotten – we saw a miserable *R. III.*
But good bye now, my dearest Chick, I hope these lines will find you quite well, my husband presents all his devoted regards to you and I am with true affection
Ever your
Cosima

November 20th 1877

My eyes are very bad, please to excuse the writing of this letter which I could not read over.

### 46, Cosima Wagner to Helene von Heldburg, Monday, December 31, 1877 from Bayreuth, original manuscript: ThStA Meiningen, HA 40

December 31st 1877
My dearest chick,
It is impossible for us to close this year 1877 without thinking of those who gratified us in it with love and kindness, impossible then of course not to think of His Highness the Duke's and your kindness, and to present to Him and you with our gratefulness all our wishes for the happiest new year. I hope Christmas Eve has rewarded you for all the trouble you took before –

our feast was gay and bright, the children exceedingly happy and very nice indeed, and I wished you had seen my table. Such a fantastical one, so full of original things! A japanese morning dress, most particularly, is a beauty! I was extremely prosaic in my gifts, because in our house one is rather in danger to forget the prosa than poetry.

Very many thanks for your reinvitation of D's. I don't know yet if she is to go to London or not. You know the fault of old Fr. v. B. and her surroundings is not a too great clearness and precision. I don't think that at any rate Daniella will meet with her father there, and I am almost convinced that Hr. v. B. himself will prefer seeing her first by you, my dearest Chick.

I wonder how Lewinsky pleased you? I must not have seen him in the right part, for he seemed rather insignificant to me. All together I don't know now a single good performance in Germany, Dettmer pleased me very much as *Antonius* but I am quite sure it was not his fault! Are there any new plays worth to be mentioned?

I wonder if you took any notice of Costa (*Nero*, *Messaline*); it is really a great talent, and his two works by far superior to the ones of the same title by Wilbrandt. He is an italian, but I think Nero has been translated in German, it makes quite an impression on the stage. _ I dare say you have Gries' translation of the Spaniards, which is a very good choice, although many favourites of mine were not contained in it. _ My eyes are weak dearest Chick, and I scarcely see what I write, nor can read in the evening. It is sad, but can't be helped as we said in former times! And now again the happiest new year, give, please our thankful duties to the Duke, and receive my husbands devoted regards with my best love.
Cosima

47, COSIMA WAGNER TO HELENE VON HELDBURG, SATURDAY, JANUARY 12, 1878 from Bayreuth, original manuscript: ThStA Meiningen, HA 40

My dearest Chick,
I am still yet without an answer of H. v. B. concerning his wishes for Daniella; I asked if he wanted her to go on this winter or not; will you allow me, if I receive an affirmative answer till Tuesday to send you a *Telegramm* which would announce her coming for Saturday, if not, to beg of you to put off your kind invitation for next winter, where, as she will be 18 years, there will be no need to ask, and the question will be resolved by itself.

Very best thanks, for your kindness my dearest Chick, I would have enjoyed very much indeed, the pleasure Daniella would have had by you! I already settled her journey to London for the month of June, in order to see her free, but

I feel it as my duty to expect the opinion of her father about her first entrance in the world, and if this is to be done now or later.
Please to give our duty to His Highness the Duke, and receive the reiteration of my thanks and my love
Cosima
January 22$^{nd}$ 1878

**48, Cosima Wagner to Helene von Heldburg, Wednesday, January 16, 1878** from Bayreuth, original manuscript: ThStA Meiningen, HA 40

My dearest Chick,
Herr v. B. just writes to me that he wants Daniella to go as soon as possible to London, on account of his mother's health, and that he wishes her to begin life by a serious good act, which would be to help her grandmother to endure the pains of age. I now look for a companion, and will send her away as soon as I have found this.
Thousand thanks my dearest Chick. You do allow me, is it not, to reckon me your kindness for next year?
Best love to you and very respectful duty to His Highness the Duke
Ever yours
Cosima
January 16$^{th}$
1878

**49, Cosima Wagner to Helene von Heldburg, Tuesday, February 19, 1878** from Bayreuth, original manuscript: ThStA Meiningen, HA 40

My dearest Chick,
I hope you wont be too much astonished in seeing me come to you with the request of a favour! I begin with preparatory to the birthday of my husband, and as I intend to have a little allegorical play performed by the children, I want some costumes. Would you my dear Chick, have the kindness to ask His Highness the Duke, if He would graceful allow me
me to order a costume of *Lohengrin* for my little boy, to the Ducal costumer. I know that it is not at all in the habit of Court theatres to work for private persons, but as this was granted to me by the King of Bavaria, I hope on this [...] that His Highness the Duke and yourself would not find it impertinent in me to express the wish. Of course my dearest Chick, if there is the least

difficulty in granting this favour, please to tell it to me quite frankly, and excuse the liberty I took with this and my second request.

Would you kindly send me quite a tiny little bit of the yellow satin stuff of which you wore a dress last year; I want for the <u>Evening</u> (one of the allegorical figures) just this shade, and could not get it yet by mere description. I trust in your friendship not to be surprised too much, by these strange wishes, and to satisfy them or not, both with kind understanding of the reason which brought me to express them.

Will you present my respectful duties to His Highness the Duke, and receive my best love
Cosima Wagner
Bayreuth
19<sup>th</sup> February 1878

50, COSIMA WAGNER TO HELENE VON HELDBURG, MONDAY, FEBRUARY 25, 1878 from Bayreuth, original manuscript: ThStA Meiningen, HA 40

My dearest Chick,
Receive my very best thanks for your kindness; I hope I won't want to take advantage of it, and take your time and give you trouble for my trifles. The keeper of our theatre after having first said that there was no such things as I wanted for a little *Lohengrin* custome, now told he had all, and brought things which wont look so nice as would have looked the whole coming from Meiningen, but which will do. Therefore, as thankful as if I had made use of your kindness, I am very happy to spare you to this plague, and beg only to be allowed to write to the costume maker in case I would not succeed with my own rubish.

I hope His Highness the Duke came back to you in good health, and not too much fatigued by very exhausting things indeed. I hope also you found your mother quite well, please remember me to her when you write.

We are going on very well, happy to remain at home and to have the perspective of remaining at least a good while there. My husband works almost the whole day and I am busy with the children.

Please to present our duty to His Highness the Duke, and to receive my husband's devoted regards, and my love and thanks.
Cosima Wagner
Bayreuth
February 25<sup>th</sup>
1878

51, COSIMA WAGNER TO HELENE VON HELDBURG, TUESDAY, APRIL 15, 1879 from Bayreuth, original manuscript: ThStA Meiningen, HA 40

Answered 17/4
My dearest Chick,
My husband wants me to ask you in his name how it is with the „*Meininger Kapelle*" in summer, if the musicians were completely free, if they remain in the service of His Highness the Duke, and if it would be possible to have them here for a month, from end of June to July? My husband would like to spend a part of the „*Patronat-Fond*" for concerts, or rather for study of music which can only be done with an orchestra and he would be extremely obliged to you my dearest Chick, if you would answer me about all the particulars he wants to know.
I hope you have been well and satisfied with your winter, which, by us does not think of going. I heard from you through Lenbach (by the by I am sorry he did not make your portrait), but it is long ago, and now and dont know even if you are in Meiningen.
We are pretty well, all here, but longing very much for sun and warmth, and thinking more and more to spend every year some months in Italy, most probably in Naples. _ We expected my father for easter; but he never came, had to play for Szegedire. I think almost every where; now he is in Hannover where they perform his *Prometheus* (do you remember it in Berlin? We quarelled about the choirs, I think you prefered the Dryads voices, I another). End of this month he is in Frankfurt where they give his *Christ*.
I was glad, my dearest Chick, to have this opportunity of calling in to your mind your old friend, and with hope that you have not quite forgotten me. I beg of you to offer our respectful duties to his Highness the Duke, to agree the regards of my husband, and to believe in my everlasting fond affection.
Cosima

52, COSIMA WAGNER TO HELENE VON HELDBURG, THURSDAY, APRIL 24, 1881 from Bayreuth, original manuscript: ThStA Meiningen, HA 40

My dearest Friend,
I hope you have not quite forgotten me, and at all events I am sure you have not forgotten my husband and his work and have kept your kindness to both. This security gives me the courage to beg for your mediation by His Highness the Duke, and to ask Him if he would kindly allow His costumier to make the costumes for *Parsifal*. If this be possible will you let me know

if the costumier draws the „*Figurinen*" or if he expects sketches, and when he could be at work.

We hope you are well in health and mood, and enjoy fully the satisfaction of seeing Meiningen quite a centre of highest art. I heard you were going to London, is it true?

We have spent a better winter than I expected after Italy which kept a good part of our thoughts; and my husband, thanks God, is much better than he was. We go to Berlin next days, and our adress will be Hôtel Royal (for the case you could not answer whilst I am still here).

Please, dearest, give our duties and thankfulness to His Highness the Duke, and receive the best regards from my husband and from your truly devoted Friend
C. Wagner
Bayreuth
April 24th 1881

## 53, Cosima Wagner to Helene von Heldburg, Saturday, June 11, 1881 from Bayreuth, original manuscript: ThStA Meiningen, HA 40

My dearest Friend,

I expected the first news from England to thank you most heartily for your kind letter. I knew that I would have the pleasure of congratulating you, and was right as well through letters as through newspapers I hear from the most complete success of the ducal troop, and I am glad with you.

Many thanks for your kind answer, as soon as the drawings be finished I will write to the costumiers in Frankfurt you were so kind to recommend.

I am very thankful to you my dear friend, for the part you took in the family event which moved us all deeply in the last time. I think and hope it will remain a blessing for all those who are included in it.

My husband and I now beg of you dear friend, to present our duties to his Highness the Duke, and to receive for you our kindest regards, Daniela wants to be remembered to you, and I close again thanking and congratulating as your
truly devoted Friend
C. Wagner
Bayreuth
June 11th 1881

54, Cosima Wagner to Helene von Heldburg, Tuesday, March 5, 1889 from Bayreuth, written in German (not in Cosima's handwriting), original manuscript: ThStA Meiningen, HA 40

Dear Baroness and my dearest friend,
Even though there is perhaps no nicer feeling than gratitude, there is perhaps none for which words seem so inadequate. And although I feel compelled to write to you, I am already dissatisfied with what I am about to say. As a result, the person expressing gratitude always remains trivial, nay foolish, to the benefactor, for the action of the benefactor contains everything and expects nothing. Under such unfavourable circumstances, ill equipped as one always is with words, I will now come out with it: You must continue to be the benefactor and through the kindness with which you receive my words lend them some meaning.
You will indeed understand, my dearest friend, that I describe the battered sense of gratitude as inexpressible when you remember the state of art in general nowadays and how – be it in connection with this decay, or in connection with the painfully felt shake-up of ideality as a whole – those who take refuge in art expect from it elevation and strength, yet worship the masters of this art as the true comforters and helpers.
The performance of the most peculiar work of a writer, in which the Germanic ideal is embodied in perfect purity and admirable boldness, and with such zeal and such care being dedicated to this performance: this was what impressed me about the recent unforgettable evening and continues to impress me to tears when I remember this phenomenon with you.
Of the sufferings which belong to our fate, one of the hardest to bear is without doubt experiencing the disregard or neglect of the sublime. Who can therefore describe the solemn joy which possesses us when we see this sublimity receiving lavish homage and hence an example of immensely beneficial impact? And being able to experience this lavish example with this one work, which is of such immense difficulty that it had been actually declared to be unable to survive, has transported me to a state which I can only describe as edification. I still see all the images in my mind: the beautiful, lively, imperceptibly changing groups in the first act; the helplessness in the English army brought to such peculiar effect; in the second act the magnificently underscored death of the general, and the no less superbly performed fight between the maid and her opponent in the third act; the procession in the fourth; and finally the wonderful impact of the final image – we won't forget them and they tell us of an uplifting deed.
How can one possibly thank the Duke for this? Doing so with words gives one a wretched feeling. Isn't the only worthy thanks to immerse oneself in the deed,

to recognize all its values, and to nurture its impact and make it productive? We pass from general to individual images, and we had to emphasize how even the English herald had been so well chosen and costumed in the first act that the deception was complete. I was enchanted by all the innumerable subtleties of the production, the costumes and the decor, and not just artistically; I was benevolently, reverently touched, like the homage paid by a king to an emperor. There is little that has moved me as much as the way in which *Hans Sachs* is received by the audience in *Die Meistersinger*. Recognizing the genius living side by side with the general public, not lonely, ineffective, is for me the most joyous idea; being able to experience this connection – which seemed almost lost to Schiller – brought to life by a prince and helping this single genius to achieve his lasting ennobling effectiveness is, as I told you at the start of my letter, a joy for which words fail me.

I also have to thank you writing as a mother. My dearest friend, please pass on my touched gratitude to His Worshipful Highness the Duke for his kindness to my children. Such impressions for them as we experienced in Meiningen are priceless to me, for I expect everything from art.

I hope you have fully recovered from your fall, and are going about your superb but extremely tiring business! I was overjoyed to see you again, my dearest friend, and to tell myself that what united us in our youth – art – also enables us now to feel like close friends.

My most heartfelt thanks for all your kindness to my children! Stay kind to us and be assured of my faithful devotion and deep humility for all time!

Please pass on my regards and those of my theatre to His Highness the Duke in humble appreciation and adoration.

From all my heart,
Yours,
C. Wagner

PS: Please be so kind as to pass on my regards to your mother when you have the opportunity.

Having started reading Ibsen, I take the liberty of sending you a book in which, for me, a high poetic spirit is expressed. Allow me to recommend in particular *Saint Elizabeth* and *the great king*. Not that his other plays are less important, but they require a special disposition, and I cannot tell whether you are currently in it.

Wahnfried.
5 March 89.
Because of you I have found out a little about Parnell and wholly agree with your fondness of him. You too are completely victorious!

55, Cosima Wagner to Helene von Heldburg, [August 1889], written in Bayreuth, original manuscript: ThStA Meiningen, HA 40

I will be <u>very glad</u> to see you, my dear Chick. Is <u>between</u> <u>one</u> and <u>two</u> agreeable to you?..... I will then expect you; if not agreeable tell me <u>your</u> <u>time</u> and I will come to you. Between three and five I am engaged.
All yours
Cosima

Tuesday morning


56, Cosima Wagner to Helene von Heldburg, Friday, August 23, 1889 from Bayreuth, not in Cosima's handwriting, original manuscript: ThStA Meiningen, HA 40

Dearest friend,
I cannot tell you how I was touched by your kindness. Have thanks for it and keep it to me who remain devoted to you as to a dear representative of passed mirthy days.
Our plans also became quite changed; I consulted Schweninger here for Blandine and Eva, and he meant it necessary for both that they went to the southern mountains, we therefore chosed the *Achensee*, and will go there about the end of next week. I must on account of this thank for this time for your kind offering, but will allow me to recall to it when I will be free. I am a great great friend of solitude and most particularly when work is behind or before me, and I can fancy how nice it must be at your house.
Will you remind me most respectfully to His Highness the Duke and tell Him how earnestly I regretted that He was not able to honour our performances with His presence. Yet I was thankful that you came, my dearest friend, and hope that you enjoyed your stay here, although it was so hurried. Remain kind to me my dear friend, receive my thanks for your remembrance and believe me for ever most heartily yours
C. Wagner
You excuse my very bad English, but I wanted to answer you in the language of our youthful friendship.
Bayreuth
Wahnfried 23 August 89

57, COSIMA WAGNER TO HELENE VON HELDBURG, SATURDAY, NOVEMBER 9, 1889, from Bayreuth, original manuscript: German, letter dictated, bearing Cosima's signature: ThStA Meiningen, HA 40

Esteemed Baroness, my dearest friend!
I am writing to you today in order to ask a big favour of you. I am already wrapped up in the initial preparations for *Tannhäuser* (in two years) and would be much obliged if you could persuade his Highness, the Duke, in his goodness to allow me to have the costumes made by the costumier of the Ducal Court Theatre based on the designs by Professor Flüggen.
I hope, my dearest friend, that my request will not be an inconvenience to you and does not surprise you. After all, it is only natural that for the execution of such a great task, I have in mind the home of the most stylish work in this respect.
I have just returned from Berlin, where with our mutual friend Werder I spoke a great deal about you, and you can probably imagine how. I learned with great sympathy that you had been very worried about the health of His Highness. May you be completely relieved of these worries and start the winter in good spirits. Please pass on my best wishes and those of my family in adoration to His Highness the Duke and, my dearest friend, remember fondly your faithful and warmly devoted
C. Wagner
Bayreuth, 9. Nov. 1889

58, COSIMA WAGNER TO HELENE VON HELDBURG, FRIDAY, FEBRUARY 7, 1890, from Bayreuth, original manuscript: German, letter dictated in its entirety: ThStA Meiningen, HA 40

Dear Baroness and dear friend,
Only today after my return home did I learn of your loss. I kindly ask you to accept this expression of my deep sympathy.
Images from the earliest times have risen to mind. I still see the parlour with your mother sitting there, hear her beautiful English, and rejoice in the interest she warmly expressed in me and her enthusiasm for art. Everything is so agreeable in this picture as if there was no suffering whatsoever at that time. You must have been prepared for this loss, my dear friend, and yet I can well imagine how you will miss this noble being.
Often we do not understand how we retain our strength and the skill to keep trying; yet it remains – that is our final blessing!

In a few days I will be returning to Coburg for a meeting with the Brückners and other of our artists. Then I will go to Weimar in order to see the kapellmeister at work there.

I would be delighted to hear from you and to learn how you and His Worshipful Highness the Duke are, and by repeating to you my most heartfelt sympathy, esteemed friend, I send you the greetings of unwavering faithful allegiance!

C. Wagner.
Bayreuth. Wahnfried.
7 February 90.

59, Cosima Wagner to Helene von Heldburg, Friday, February 21, 1890, from Bayreuth, original manuscript: German, letter dictated in its entirety: ThStA Meiningen, HA 40

As soon as I had boarded the carriage, my dearest friend, I regretted having bothered you with my problems. I thought to myself that I should only have troubled you as a last resort and first approached our large staff instead. I therefore ask you to save your gracious intercession for such time as all else fails.

It was bad enough that my attempts to be considerate resulted in my missing out on the pleasure of an evening with you and the honour of meeting His Highness the Duke again after my whole journey had been planned around this evening.

Anyway, I am glad to have seen you again, and with the request to convey my admiration to His Highness the Duke, I assure you, my dearest friend, once again of my unwavering loyalty and devotion!

C. Wagner.
Wahnfried 21 February 90

60, COSIMA WAGNER TO HELENE VON HELDBURG, FRIDAY, MAY 23, 1890,
from Bayreuth, original manuscript: German, letter dictated in its entirety:
ThStA Meiningen, HA 40

Bayreuth. Wahnfried.
23 May 1890.
My dearest friend,
You were kind enough to offer me costume books from the possession of His Highness the Duke. May I really take the liberty of requesting two of them, one for the thirteenth and one for the fourteenth century, for *Rienzi* and *Saint Elizabeth*,\* which I am currently preparing?
Furthermore, my dearest friend, would you be kind enough to oblige me with the general costume book which you believe to be the best? (Racinet?)
I heard that His Highness and you, my dearest, went to Athens. I hope that your trip was a source of joy and relaxation!
I recall with pleasure that we experienced the shaky beginnings of *Tannhäuser* together in Berlin, and I would be delighted if you and His Worshipful Highness the Duke wanted to see our performance.
I would like to ask about something else, namely the final edition of the life of *St Elizabeth* of Montalembert containing all the pictures of the saint. Do you possess this? May I borrow it, too, for a few days?
Please forgive my bothering you and blame it on your great kindness towards me, for which I feel the joyful necessity to thank you from all my heart.
In true love and devotion, my dearest friend,
Yours,
C. Wagner.
\* by my father.

61, COSIMA WAGNER TO HELENE VON HELDBURG, THURSDAY, JUNE 19, 1890,
from Bayreuth, original manuscript: German, letter dictated in its entirety:
ThStA Meiningen, HA 40

My dearest friend,
It doesn't matter, or rather it a matters a great deal, that your amiable candour caused welcome cheerfulness in me and reminded me of fond old times, when here and there you always gracefully admitted that you had forgotten everything I had told you! But seriously, I thank you warmly for remembering my request and confess that I did you an injustice again when it occurred to me to remind you in Meiningen of your kind promise, but my unconquerable

shyness held me back, and so through my own fault I am staying at Sächsischer Hof for the second time!
I send you my warm regards and gratitude in faithful devotion and love!
C. Wagner.
Bayreuth 19 June 1890.

62, COSIMA WAGNER TO HELENE VON HELDBURG, WEDNESDAY, AUGUST 20, 1890, from Bayreuth, original manuscript: German, letter dictated in its entirety: ThStA Meiningen, HA 40

Wahnfried 20. August 1890
My dearest friend,
I am gratefully returning the books you so kindly lent me. I hope that I did not have them for too long.
Although you are probably not in Meiningen at the moment, since I don't know where you are I will leave these lines there.
I was very sad to read in the newspapers that the guest performances by the Ducal Meiningen Company are to cease, for it is undoubtedly due to these performances that the classics are now being reproduced on all the stages in Germany with care and respect. I silently thanked His Worshipful Highness the Duke for the high example he set. The unforgettable impressions I had from *Caesar*, the *Maid* and *Hermannsschlacht* ['The Battle of Teutoburg Forest'] revived and reinforced my mind.
Hopefully I will be granted the possibility to visit you in winter, my dear friend. For now, I'm off to Lake Como with my children. It is mainly a last chance to be with my son before he starts at the polytechnic in Berlin. Daniela is also with me now. She has recovered, thank God, and her husband will pick her up at the end of the month and take her back to Frankfurt.
My children join me in sending their best regards to His Worshipful Highness the Duke.
I send you the most cordial friendship and devotion, dear friend, in greetings of faithful memory!
C. Wagner.

63, Cosima Wagner to Helene von Heldburg, Thursday, January 12, 1893, from Bayreuth, original manuscript: German, letter dictated in its entirety: ThStA Meiningen, HA 40

Bayreuth. Wahnfried
12 January 93.
Esteemed Baroness and dearest friend,
May I build on the kindness that you have shown me and visit you in the refuge that you have chosen for yourself against our truly appalling winter, and also add a request to my cordial New Year's wishes to you, my friend, and his Highness the Duke?
If this request should cause the slightest difficulty, I urgently ask you to use your friendly disposition to let me know and hope that you will simply say <u>no</u>.
I have been trying to rehearse *Minna von Barnhelm or the Soldiers' Happiness* with my still quite modest students here and I would like to have some scenes from it performed before a few guests on January 31.
Would it be too presumptuous for this performance (the first and last on January 31) to ask for the costumes from Meiningen, which would of course be the main attraction and the actual artistic perfection of the evening?
I hardly need assure you that I will vouch for the fact that they would be treated most carefully and <u>immediately</u> sent back in good condition.
My dearest friend, may I ask you to let me know by telegraph?
I hope these lines find you in the finest health again! I was truly sorry to learn how ill you had been.
I asked a lot about you on the occasion of our *Tannhäuser*, which I would have liked to present to you, it being our best work. I have been thinking a great deal about our erstwhile *Tannhäuser* and *Lohengrin* campaign! As you can see, I'm sticking to what I do best without overdoing things. I'll carry on telling you the little I have to say as well as I can. One gets used to going about one's business without thinking much about the results, just like an animal plodding along in its halter.
I would be sincerely delighted to hear from you! With the request to convey to His Highness the Duke respectful regards from me and my theatre, I assure you, my dearest friend, of my esteem, loyalty, and unwavering devotion!
C. Wagner.

64, COSIMA WAGNER TO HELENE VON HELDBURG, WEDNESDAY, FEBRUARY 1, 1893, from Bayreuth, original manuscript: German, letter dictated in its entirety: ThStA Meiningen, HA 40

Esteemed Baroness and dearest friend,
I don't want to send the most beautiful costumes to their home without briefly touching upon the impressions which they aroused in me. Actually, everything could be summed up in the words 'thank you'.
First of all, for the goodness of His Highness the Duke and the support granted in that the perfect attire brought me much closer to the style which I had aimed at with this small performance. While writing this letter, the debt of gratitude which those of us who are associated with art in some way owe to the Duke and which constantly lives on inside me has assumed the utmost clarity in my mind.
I have to concentrate on the production of *Rienzi* at the moment and I wish I could achieve merely some of what we've seen and learned from the performances at Meiningen Theatre. I regret the fact that I won't have the opportunity to ask for gracious advice regarding some aspects of this difficult task.
This gratitude flowing towards you is the least I can do and my highest intention.
Please accept it in good grace and remain your kind-hearted self.
Your deeply devoted
C. Wagner.
Bayreuth
1 February 93.

65, COSIMA WAGNER TO HELENE VON HELDBURG, SATURDAY, APRIL 15, 1893, from Montreux, original manuscript: German, letter dictated in its entirety: ThStA Meiningen, HA 40

My esteemed, dear friend,
I do not know whether you have learned about the accident which involved me from the newspapers. I would only hope so on this occasion! For it happened on the birthday of His Highness the Duke and I was almost unable to send my congratulations.
May I kindly ask you to respectfully convey my congratulations with the renewed expression of gratitude and deepest reverence to the Duke, our patron?

This is done from the altitude where I have taken refuge in search of rest and where all that is noble is particularly close and present.
Please accept, my dearest friend, with my request my renewed assurance of faithful devotion, reverence and humility!
C. Wagner
Montreux
Les Avant
15 April 93.

66, Cosima Wagner to Helene von Heldburg, Friday, September 11, 1896, from Bayreuth, original manuscript: German, letter dictated in its entirety: ThStA Meiningen, HA 40

Dear Baroness and my dearest friend,
It was not possible for me to tell you during the festival season how pleased I was to receive your greetings, and even after it closed, three weeks passed before I arrived at this pleasurable moment.
I'm delighted that we were able to meet with your request, and hopefully your charge (who to my regret did not report to me) obtained an impression of the music drama!
I've been thinking a great deal about how you, my dear friend, and His Highness the Duke delighted us with your visit twenty years ago, and it would have given me satisfaction if a benevolent star had provided for you to examine our work this time, too.
Unfortunately, I learned how <u>much</u> suffering you have had to experience. I hope you are now well and have been liberated from worrying about the Duke's health.
When I look back on my humble activity and wonder about the impressions which were decisive in my life, the performances in Meiningen come to mind and a sense of gratitude arises to the person to whom I owe these indelible inspirational impressions.
In fact, Meiningen Theatre, which I had the good fortune to get to know, is like an oasis in the present desert that is art, and I always feel as if one hasn't thanked the Duke sufficiently and by no means learned enough from him.
But I want to say and repeat that I am not ungrateful or insensitive to what has been granted to me.
Please accept this, my dearest friend!
We had the pleasure of seeing Prince Frederick and his wife here; they were charming representatives of their great father, and I couldn't imagine any

more sensitive, more understanding spectators! I hope they say how they found their few days here.

I've being talking about you a lot with our mutual friend Hildebrand. He spoke about an assignment he was carrying out for the Duke. Once again, His Highness has maintained his careful gaze and supported an extraordinary artist!

But for now farewell, my dearest friend. Think of me kindly, even though I am far away, and accept my regards in true devotion.
Yours,
C. Wagner.
Bayreuth 11 Sept 96

67, COSIMA WAGNER TO HELENE VON HELDBURG, WEDNESDAY, SEPTEMBER 23, 1896, from Bayreuth, not in Cosima's handwriting, but with her signature, original manuscript: ThStA Meiningen, HA 40

My dearest friend and most dear Chick of old!
You have through your lively lines so transported me in our old good time, that I must begin in english although I almost forgot it and am quite sure to end in *meinem geliebten Deutsch*.
Oh yes! I do remember *chevalier* (that is to say: chvalier) and *Clärchen*, and *Jane Eyre*, and all my very superfluous sermons for you had in yourself *unbewusst* the feeling of your force and of what your life would be. But I am borne under the star of governesses and still now it is my greatest pleasure to teach in the very few things I mean to understand a little. And it is very kind in you to have kept such a keen amiable remembrance of my impatience and severeness.
But my dearest friend, my letter was meant for you and that what I said for the duke was the half of course for yourself, because the duke would not have undertaken such a work had he not your support.
How sad, that you cannot come to our plays anymore! And how depressing, that you feel so weak after your illness. I dare say you have the same dreadful weather we enjoy hear, and it is very difficult to get over weakness under such circumstances.
How I should like to see again und to speak of our youths (I say ours, although you were and are so much younger than I!) We can say of our friendship *schier dreissig Jahre bist Du alt und hast manchen Sturm erlebt!* It is nice to think that one can go through storms and remain good friends! Since you left Berlin, I never took such an interest in young ones any more

and went absorbed through my children, whom I should like you very much to know more intimately. Most particularly Siegfried!
Now my dearest friend and most benevolent chick, give my devoted respect and thanks to his highness the duke, and let me embrace you with all the fondness of old times
as truly yours
C. Wagner
Poor Fishel did not want passion. My sermons to him went an other way!
Bayreuth 23 September 96

68, COSIMA WAGNER TO HELENE VON HELDBURG, FRIDAY, MAY 11, 1900, from Florence, original manuscript: German, letter dictated, bearing Cosima's signature: ThStA Meiningen, HA 40

Dear friend,
I visited the villa here where Prince Ernst von Meiningen once lived, and by association my thoughts were constantly with you as I walked through the gardens. I wondered whether my recent lines had reached you, where you are at the moment and how you are, and there is before me the image of our relationship in our youth, which always appears when I think of you. – On returning home, your charming lines were lying there like an immediate answer to my thoughts. Your friendly wish was my command: I asked my friend in Bayreuth for a picture, which he produced, and I enclose it in the hope that in the old facial features you read the same sympathy and devotion as I felt from the first moment of our meeting. If the circle in which I moved was of importance, you can say to yourself that the magic of your grace and your talent, your spontaneous affection lent the past the sweetest note for me. We were both strangers in the Prussian capital even though we weren't aware of this, but we conjured up a hometown for ourselves through our mutual compassion just beyond our surroundings, our environs. That can never be destroyed and I am pleased to become increasingly aware of something that has lasted and to free myself from deception through time and space.
Now you are nearly close by, and see my children, who have told me of the gracious hospitality shown by you and His Highness the Duke! Please thank the gracious gentleman for his goodness and ask him to uphold it for me and my theatre.
My health permitting, in a few days we will leave beautiful Florence and think we will be home again in about a week. I hope that I will find the promised picture of my dear "Chick d'autre fois" there and am looking

forward to it very much! Do you think that people change much? I have the feeling that I am always connected to my youth and that everything which is related to external life disappears into the unreal. I take pleasure in thinking of you walking around in the beautiful Villa Carlotta (on the lake where I was born) and am therefore delighted to humbly send my picture there!
Thank you for your kind words. Greetings and kisses in faithful remembrance from your old friend
Cosima.
My children have asked me to thank you and send their esteemed regards.
Florenz. Hôtel Victoria
11 May 1900.

69, COSIMA WAGNER TO HELENE VON HELDBURG, TUESDAY, JULY 24, 1900 from Bayreuth, not in Cosima's handwriting, but with her signature, original manuscript: ThStA Meiningen, HA 40

My dearest friend,
Many, many thanks for the photographs, which are really excellent. I enjoy it, to find again on one of them the eyes in which I looked so often and with so much pleasure, and what for a charming surprise, to have the portrait of his Highness the duke with you.
He looks just like *Heinrich der Vogler*, his ancester and I wish, I could have Him in Lohengrin.
„*Je crois bien, Sire*" answered Jean Bart to Louis XIV to express a wish of this kind!
I thank you also very much to have allowed me a choice, my dear friend, for I prefer the two photographs which I have the luck to keep much to the others I send back.
We are now here at work for next year and it is a melancholic thought for me, that neither you, my dearest friend, nor His Highness are able to come. It will be 25 years since the opening of our theatre, which the duke honored with his presence. He has been the Master of us all, who have to do with the theatre and my first depth in teaching began with you, my dearest friend. Almost for fun by us both, and it came so earnest!
I have not red the book of which you speak. Blandine wrote, she found many indiscrete things in it. I am sorry, that Daniela found it absolutely impossible, to have any relation with F.v.B. for some things could perhaps been avoided. I myself sent our *Musikdirektor* to her, to get the permission to look at the score of the *Fliegende Holländer*, – she refused, I cannot understand why.

These are sad things; better not to look at them. *Non ragionam di lor, ma guarda e passa.*

Daniela had told me the charming hours, her husband and she spent at Villa Carlotta, and how kind His Highness and you, my dearest friend, were to them. I was glad to hear from you, that you noticed her development. She has amongst many gifts a great and seldom quality: that of going into herself and be her own judge. In her wit she remembers me much of her father.

I have now the great pleasure, to work with a great artist, since Schnorr, I had not such an impression as from van Rooy. Did you ever hear him? Or better see him, because he belongs to the stage through his dramatic power and intense feeling.

Good bye now, my dearest friend, thousand thanks again for the fine portraits and for your dear words. Keep me your kind friendship and believe in the true attachment of your old friend

C. Wagner

Please to give thanks and reverence to His Highness, the duke.

Bayreuth, July 24$^{th}$ 1900


70, COSIMA WAGNER TO HELENE VON HELDBURG, FRIDAY, SEPTEMBER 14, 1900 **from Bayreuth, written by Daniela Thode, with Cosima's signature, original manuscript: ThStA Meiningen, HA 40**

My dearest friend,

I know how kind you are to me and that you will not find me intrusive, if I send you two lithographs of my son and my poor old self, made by a young drawer and painter of great talent and already acknowledged by his colleagues, but not yet generally known. His name is Otto Greiner. I would be happy, if you, my dearest friend and the great artist, his Highness, the Duke, could take some interest in the young gifted fellow, and have some pleasure in looking at these portraits.

If not, give them in some corner and look at the missive only as a sign of the wish to remind you, my dearest friend of

Truly and affectionate

yours

C. Wagner

Bayreuth, 14. Sept. 1900

71, Cosima Wagner to Helene von Heldburg, Tuesday, November 13, 1900, from Bayreuth, written by Daniela Thode, with Cosima's signature, original manuscript: ThStA Meiningen, HA 40

My dearest friend,
I know your kindness to me and therefore, I want to tell you, that my daughter Isolde is going to marry a young artist, (Franz Beidler) who has already worked with us and for whom I have a great esteem as talent and as caracter.
I am happy, to keep my children here, at least for the beginning.
Will you, dearest friend, give our respects to His Highness, the duke and receive the most affectionate „*Grüsse*" of your old friend
C. Wagner
Bayreuth, 13. Nov. 1900

72, Cosima Wagner to Helene von Heldburg, Monday, December 31, 1900, from Bayreuth, written by Daniela Thode, with Cosima's signature, original manuscript: ThStA Meiningen, HA 40

My dearest friend,
I cannot close this year without sending you best wishes for a happy new one and without begging of you to present the respectful wishes of my house to His Highness the duke.
For myself I wish to meet again with you, my dearest friend, for it seems a very long time since I saw you.
In 8 or 10 days I will be in Berlin for some work, afterwards at Dresden and end of february at Munich for the new opera of my son. I tell that, hoping that perhaps good luck would arrange a meeting.
Renewing my very best wishes, I am, my dearest friend for ever
truly Yours
C. Wagner
Bayreuth, Dec. 31$^{th}$ 1900

73, COSIMA WAGNER TO HELENE VON HELDBURG, TUESDAY, MAY 14, 1901, from Bayreuth, original manuscript: German, letter dictated (to Daniela Thode), bearing Cosima's signature: ThStA Meiningen, HA 40

My dear, esteemed friend!
I know that you maintain your friendly disposition and that you also remain faithful to our cause. Therefore, I take the liberty of sending you this letter which I have been forced to write.
I have just learned that the Composers' Association has decided to request the Bundesrat [Federal Council] to reject the bill adopted by the Reichstag. I hereby take liberty of appealing to His Highness the Duke through your intercession to graciously support us in this matter.
Twenty-five years ago, His Highness was one of the first among the princes of Germany to co-found our theatre, which you then honoured with your presence. Recalling this, I ask him, our chief patron, to bestow his protection on *Parsifal*.
I know, my dearest friend, that you will understand me and want to support me – and I thank you for it!
Please give His Highness the Duke respectful regards from me and my theatre; to you, my dearest friend, I express my unwavering warm devotion.
Yours loyally devoted
C Wagner
Bayreuth,
14 May 1901.

74, COSIMA WAGNER TO HELENE VON HELDBURG, THURSDAY, JUNE 13, 1901, from Bayreuth, not in Cosima's handwriting, but with her signature, original manuscript: ThStA Meiningen, HA 40

My dearest friend,
Many thanks for the lovely reception you made to my letter and please give also my most respectful thanks to His Highness the Duke for his kindness.
Dearest friend, there is not the least famousness in this poor letter which I wrote in a sort of despair.
God knows how the things will go on; for the first it seems that the *Bundesrath* will not give his sanction to the new law, and that is good.
Our rehearsals have begun with the *flying dutchman*, the decorative part for the first. I am happy to see, that my son has taken this part from me and that he understands it excellently. Every time that we do work in this way,

we remember the Master performances of Meiningen and the impressions we got there.
I am very sad indeed, to hear that your health is not good, my dearest friend and wish and hope, that Gastein will help.
Please, never speak to me of admiration but keep me your kindness and remain certain, that I always think of you with the tender affection of old time with which I remain for ever
truly devoted
Yours
C. Wagner
Bayreuth, 13. Juni 1901

75, COSIMA WAGNER TO HELENE VON HELDBURG, SATURDAY, DECEMBER 30, 1905 **from Bayreuth, not in Cosima's handwriting, original manuscript: ThStA Meiningen, HA 40**

Dearest friend,
I have almost forgotten my English but still I want to speak to you in the language of our old times, and I hope that you have not forgotten either them, or me. I think the more of them & you, dearest friend, as there seems so very little chance of our meeting again, and in this remembrance always dear to my heart, I send you my best wishes for a good New-Year & beg kindly, that you will transmit to His Highness the Duke, our most devoted & grateful thoughts. I would be glad to hear how you are in health & spirits, where you will spend the winter, & whether you are free from cares. For my own part, I have had the satisfaction to have my children & grandchildren around me in these Christmas-days.
Now the Thodes are in Berlin where the Prof. gave a lecture yesterday on „*Art & Religion*" _
Blandine goes there too with her charming daughter for January & February, whilst her two younger sons both amiable & gifted, remain at Wahnfried & go to school here.
My occupations are always the same & you will have heard about the activity of my son. Therefore I close these lines which have the only signification to tell you that in all circumstances & every time, my thoughts are tenderly scouted to you & that I am for ever, dearest friend, affectionately yours
C. Wagner
Bayreuth Dec 30th 905

**76,** Cosima Wagner to Helene von Heldburg, Sunday, February 4, 1906 from Bayreuth, written by Eva von Bülow, original manuscript: ThStA Meiningen, HA 40

My dearest friend,
what will you think of me, that I have waited until to-day to thank you for your delightful letter, in which you made revive before me our youth with all its humour & artistic joys!
But the beginning of this year has not been easy; my little grandson Gravina was seized by a very serious illness – it became necessary to transport him from our house to the hospital, where he had to go through an earnest cure. Thanks to God, he is now on the way of convalescence _
Myself am in bed since four weeks on account of angina with its consequences _ But I chose one of the first better days to send you my thoughts & to tell you how much I enjoyed your dear lines. I think, that with the exception of my family, I never laughed so much as in our days of Berlin. You did not mention our poor friend Fischel, & do you remember, that I wanted to accompany you at your first *début* in the *Sing-Akademie*, & that my father, very reasonably, prevented it? I see you before me, as if it were to-day, in your white muslin dress, & the enormous success you had with yr declamation. And Gotha! I remember that your kind mother told me, when I was expecting Daniela, that, once mother, I would not have so much time & interest for a younger friend, & I answered „oh yes".
I am glad to imagine you with H. Highness the Duke, in beautiful Cap Martin, for our winter, which begins properly in September & ends scarcely in May, is really a hard trial.
I don't know yet for certain, what will become of us _ Most probably, Blandine will go to the South with her little convalescent & her daughter, & Eva & myself will perhaps have a stay of some weeks at Gross-Lichterfelde, in *Schweninger's Klinik*.
How kind in you & the Duke to invite me to call on you at *Schloss Altenstein*! By the bye, you will tell me, please, when you will be there, & <u>when</u> I could pay this visit.
I shall be here till the end of August because we have our performances this summer.
If it would suit you better, that I came to see you at *Villa Carlotta*, in autumn, I would do it with the same pleasure, for generally we leave in autumn, for the South. When time comes, you will tell me.

Please give our respects to H. H. the Duke, for whom we all keep gratitude & admiration as all artists & friends of art are indebted to Him.
To yourself, my dearest friend, I send a loving kiss, as in old days,
and am
for ever your's
C. Wagner
My children want to be most kindly remembered to you.

77, HELENE VON HELDBURG TO COSIMA WAGNER, SUNDAY, MAY 12, 1912, from Cadenabbia am Comer See, original manuscript: German, autograph lost, copy after Hase-Koehler (1929), 70f.

Villa Carlotta, 12 May 1912
Dearest queen!
When I approach you today with a request, even though I am convinced that your answer will be negative, as I write to you it's as though I were returning to my youth for a moment with all its pleasant memories, and that gives me the courage to convey to you the request of a true friend of mine. It's the widow of the famous General Stoetzer of the infantry, an excellent wife and the sister of Carré, director of the Comic Opera in Paris. This Carré, whose name will doubtless be known to you, wants nothing more and nothing less than to stage the first production of *Parsifal* outside Bayreuth! In any other case I would have refused even to mention the matter to you. I would have said: If you are truly entitled to claim such favour, there is no need for me to intercede, but if you are not entitled, save yourself the trouble, for the question will certainly be decided totally objectively. And yet, I, who always felt like a "Chick" in your presence, now come to you, who to me will always be "Queen", in order to submit this request. You will probably laugh the short, haughty laugh which I so enjoyed hearing, and will perhaps say (hopefully in a tender tone): "But little Chick!" And then you yourself or one of your loved ones will endeavour to send me the answer which I am prepared for, and in this way I will hear from you again! Last summer, when your beautiful book about your beloved father came out, I felt compelled to write to you, but at the time I was very ill and did not manage to. But my memories often turn to you and those days of early youth, and I must think what an influence you had on me and how deeply I am forever in your debt. I think that's the real reason why I have acceded to Mr Carré's request and am writing to you. This also gives me another opportunity to tell you: God bless you, Queen!

The Duke asks me to send you his humble regards. He is now suffering greatly from his deafness, which is getting worse every day, making it impossible for him to listen to music or even take part in conversation. We therefore lead a very retired life. Moreover, my husband's granddaughter Feo in Weimar has asked me to convey how infinitely she regrets that last summer she was unable to personally express to you the great admiration she has for you. I can give her no greater pleasure than to tell her of the days of our youth and my grateful love for you. You'd smile if you could see how eagerly she listens when "Chick" tells her about old times, about Gotha and *Jane Eyre*, about Singakademie, and how you took me that time to the Altenburg and listened to me recite the role of the queen in *Don Carlos*, and whatever the other old memories might be. – Farewell again, dear Queen, and allow me to always be and remain your obedient "Chick".

78, COSIMA WAGNER TO HELENE VON HELDBURG, SATURDAY, MAY THE EIGHTEENTH, 1912, from Frankfurt am Main, original manuscript: dictated (to Daniela Thode), bearing Cosima's signature: ThStA Meiningen, HA 40

Frankfurt 18.5.12
My dearest friend,
I am indebted to Mr Michael Carré for bringing me a letter from you after such a long time!
Regarding *Parsifal:* Its author wanted it to be performed exclusively at Bayreuth. Accordingly, I did everything in my power to enforce a law that would protect this work, but it was a wasted effort. I must therefore now endure whatever happens. My son is comforting me with his words: "*Parsifal* will protect itself, Bayreuth doesn't want *Parsifal,* but *Parsifal* wants Bayreuth. I think he's right."
Your kind letter reached me here, and we are now on the way home. We will arrive there tomorrow after an absence of four and a half months. I have my children and Chamberlain's around me and we will meet Siegfried in Bayreuth – he is returning from Vienna, where his opera *Banadietrich* was performed twice by very good singers and the fantastic orchestra of the Imperial Theatre and went down very well. One of the biggest hardships for me is not to be able to see or hear these productions or this music, but when you get old, things grow quiet around you. "*Das Alter bringt des Alternden viel,*" as Goethe once said. If you think back with pleasure to our activities when we were young, I can assure you that I remember it all vividly. I see you as *Jane Eyre* in front of me and think of how we practised the *Queen*. But above all, I remember your

debut with a ballad by Hebbel at a concert staged by Mr von Bülow, and not least our long walks to the zoo.

The affections of youth have a very special power, and if they are under the influence of art, they never seem to go away. I for one can still see the great Meiningen performances in my imagination. They were the greatest revelation for me.

It saddens me to learn that the Duke is not feeling well. Such an illness must be a difficult trial. But the Duke is a hero and I am sure that he is enduring it like a hero. Will you convey to him my devoted admiration and that of my children, who send you their warmest greetings? My dearest friend, I embrace you lovingly as your most faithful friend.

Cosima

Please give Princess Feo in Weimar my grateful greetings and tell her that I hope very much to see her this summer in Bayreuth.

79, DANIELA THODE TO HELENE VON HELDBURG, FRIDAY, AUGUST 13, 1920, from Jena, original manuscript: German: ThStA Meiningen, HA 443/II

In Mama's name, who is truly delighted, I am to thank you warmly for the sweet Alpine flowers and tell you how often and with what pleasure she thinks back to your shared younger days and that her impressions of Meiningen live on borne by admiration and indelible gratitude. – I, too, really only live more in the past, and the famous words "nessun' maggior' dolor" have not yet taken control over my soul. – How often our thoughts move along the beautiful road from Cadenabbia to the magical world of Carlotta. I wonder who is now in charge of it and enjoying its splendid magnificence – which the likes of me will never see again?!

Eight days ago, Mama unfortunately had another of her terrible, violent, agonizing attacks, which her victorious nature managed to resist again – but now her fatigue is enormous and our fears for her have increased tenfold. Looking after her, dealing with my brother's sweet, merrily growing children, and art (please find a programme enclosed) currently fill my quiet days – but I'm not thinking of a future anymore. –

My mother's sincere greetings are joined by the assurance of her ever-loyal devotion and esteem!

Daniela

80, Daniela Thode to Helene von Heldburg, Thursday, April 21, 1921, from Jena, original manuscript: German: ThStA Meiningen, HA 443/II

Dear distinguished Baroness,
Thank you very much indeed for the fact that you managed to wrest out of your sufferings such a long, detailed and kind letter to me! The part which you recommended me to treat with discretion I tore up straight away; I sent the other part to my mother, who will enjoy it – after all, she holds on to her old memories with unbroken strength of mind and in particular your picture, and when I – God willing – travel to Bayreuth this summer in order to visit her and the beloved children, allow me to skip a train in dear old Meiningen and please give me the various keepsakes for Mama, which I promise you here and now in writing will be faithfully returned to you.
You will enjoy Du Moulin's book. It is written in a lively, artistic manner, is rooted in solid ground, and the three main figures vividly stand out from the wealth of faces whom he has treated enthusiastically, honestly and justly. The sad episode you mentioned has been dealt with briefly by him with tact, care and sincerity. It's a pity that the letters to the beloved Duke and you were not available to him, but no doubt you acted correctly and wisely.
I have slowly recovered from severe influenza and will stay here for the time being, where I have found in Professor Berger an outstanding doctor and the kindest friend. I am dedicating myself to the people who have been <u>good</u> to me in these last six difficult years and throwing myself into music, especially Beethoven, who makes my father's blood in me pulse. The world has become my shadow; for my part I walk through it only like a shadow. "*Life* could not be endured were it *seen* in *reality*," as Walter Scott once said.
In true devotion and reverence,
Yours,
Daniela

In the margins:
"I have repeatedly admired your daffodils in Saalfeld in recent years – they reminded me of Lake Como!"

11. *Cosima Wagner in Witwentracht, nach 1883*, Reproduktion einer Fotografie

11. *Cosima Wagner in widow's dress, after 1883*, Reproduction of a photograph

12. *Helene von Heldburg in Witwentracht, nach 1914*, Eugenie Stötzer, Pastell unter Glas

12. *Helene von Heldburg in widow's dress, after 1914*, Eugenie Stötzer, pastel under glass

# Verzeichnis der Briefe/Table of letters

1. Cosima von Bülow an/to Ellen Franz, [2. März 1859/March 2, 1859], aus/from Berlin
2. Cosima von Bülow an/to Ellen Franz, [Juni 1859/June 1859], aus/from Berlin
3. Cosima von Bülow an/to Ellen Franz, [September 1859/September 1859], aus/from Berlin
4. Cosima von Bülow an/to Ellen Franz, [November 1859/November 1859], aus/from Berlin
5. Cosima von Bülow an/to Ellen Franz, [15. Dezember 1859/December 15, 1859], aus/from Berlin
6. Cosima von Bülow an/to Ellen Franz, [nach dem 10. Februar 1860/after February 10, 1860], aus/from Weimar
7. Cosima von Bülow an/to Ellen Franz, [Mitte Februar bis März 1860/mid-February – March 1860], aus/from Berlin
8. Cosima von Bülow an/to Ellen Franz, [21. März 1860/March 21, 1860], aus/from Berlin, Weimar oder Gotha
9. Cosima von Bülow an/to Ellen Franz, [vor dem 23. März 1860/before March 23, 1860], aus/from Berlin
10. Cosima von Bülow an/to Ellen Franz, [23./24. März 1860/March 23/March 24, 1860], aus/from Wien
11. Cosima von Bülow an/to Ellen Franz, [13. April 1860/April 13, 1860], aus/from Wien
12. Cosima von Bülow an/to Ellen Franz, [um den 18. April 1860/around April 18, 1860], aus/from Wien
13. Cosima von Bülow an/to Ellen Franz, [nach dem 5. Juli 1860/after July 5, 1860], aus/from Berlin
14. Cosima von Bülow an/to Ellen Franz, [nach dem 14. Juli 1860/after July 14, 1860], aus/from Berlin
15. Cosima von Bülow an/to Ellen Franz, [Mitte Juli 1860/mid-July 1860], aus/from Berlin
16. Cosima von Bülow an/to Ellen Franz, [31. Juli 1860/July 31, 1860], aus/from Berlin
17. Cosima von Bülow an/to Ellen Franz, [Sommer 1860/summer 1860], aus/from Berlin
18. Cosima von Bülow an/to Ellen Franz, [22. August 1860/August 22, 1860], aus/from Berlin
19. Cosima von Bülow an/to Ellen Franz, [29. August 1860/August 29, 1860], aus/from Berlin
20. Cosima von Bülow an/to Ellen Franz, 6. September 1860/September 6, 1860, aus/from Berlin
21. Cosima von Bülow an/to Ellen Franz, [10. September 1860/September 10, 1860], aus/from Berlin
22. Cosima von Bülow an Sarah Franz, [November 1860/November 1860], aus/from Berlin
23. Cosima von Bülow an/to Ellen Franz, [Jahreswechsel 1860/61/around December 1860/January 1861], aus/from Berlin
24. Cosima von Bülow an/to Ellen Franz, 31. Januar [1861]/January 31, [1861], aus/from Berlin
25. Cosima von Bülow an/to Ellen Franz, [7. Februar 1861/February 7, 1861], aus/from Berlin
26. Cosima von Bülow an/to Ellen Franz, [13. Februar 1861/February 13, 1861], aus/from Berlin
27. Cosima von Bülow an/to Ellen Franz, [26. Februar 1861/February 26, 1861], aus/from Weimar
28. Cosima von Bülow an/to Ellen Franz, [vor dem 10. März 1861/before March 10, 1861], aus/from Weimar
29. Cosima von Bülow an/to Ellen Franz, [nach dem 12. März 1861/after March 12, 1861], aus/from Berlin
30. Cosima von Bülow an/to Ellen Franz, [Ende März 1861/late March 1861], aus/from Berlin
31. Cosima von Bülow an/to Ellen Franz, [8. April 1861/April 8, 1861], aus/from Berlin
32. Cosima von Bülow an/to Ellen Franz, [18. April 1861/April 18, 1861], aus/from Berlin
33. Cosima von Bülow an/to Ellen Franz, [Anfang Juli 1861/early July 1861], aus/from Berlin

*Verzeichnis der Briefe/Table of letters*

34. Cosima von Bülow an/*to* Ellen Franz, [16. Mai 1862/May 16, 1862], aus/*from* Berlin
35. Cosima von Bülow an/*to* Ellen Franz, [Ende Mai/Anfang Juni 1862/late May/early June 1862], aus/*from* Berlin
36. Cosima von Bülow an/*to* Ellen Franz, [nach dem 20. Juni 1862/after June 20, 1862], aus/*from* Berlin
37. Cosima von Bülow an/*to* Ellen Franz, [Ende Juni/Anfang Juli 1862/late June/early July 1862], aus/*from* Berlin
38. Cosima Wagner an/*to* Helene von Heldburg, 7. Februar 1877/February 7, 1877, aus/*from* Bayreuth
39. Cosima Wagner an/*to* Helene von Heldburg, [10. März 1877/March 10, 1877], aus/*from* Meiningen
40. Cosima Wagner an/*to* Helene von Heldburg, 19. März 1877/March 19, 1877, aus/*from* Bayreuth
41. Cosima Wagner an/*to* Helene von Heldburg, 27. und 29. März 1877/March 27 and 29, 1877, aus/*from* Bayreuth
42. Cosima Wagner an/*to* Helene von Heldburg, 3. April 1877/April 3, 1877, aus/*from* Bayreuth
43. Cosima Wagner an/*to* Helene von Heldburg, 26. April 1877/April 26, 1877, aus/*from* Bayreuth
44. Cosima Wagner an/*to* Helene von Heldburg, 19. August 1877/August 19, 1877, aus/*from* Bayreuth
45. Cosima Wagner an/*to* Helene von Heldburg, 20. November 1877/November 20, 1877, aus/*from* Bayreuth
46. Cosima Wagner an/*to* Helene von Heldburg, 31. Dezember 1877/December 31, 1877, aus/*from* Bayreuth
47. Cosima Wagner an/*to* Helene von Heldburg, 12. Januar 1878/January 12, 1878, aus/*from* Bayreuth
48. Cosima Wagner an/*to* Helene von Heldburg, 16. Januar 1878/January 16, 1878, aus/*from* Bayreuth
49. Cosima Wagner an/*to* Helene von Heldburg, 19. Februar 1878/February 19, 1878, aus/*from* Bayreuth
50. Cosima Wagner an/*to* Helene von Heldburg, 25. Februar 1878/February 25, 1878, aus/*from* Bayreuth
51. Cosima Wagner an/*to* Helene von Heldburg, 15. April 1879/April 15, 1879, aus/*from* Bayreuth
52. Cosima Wagner an/*to* Helene von Heldburg, 24. April 1881/April 24, 1881, aus/*from* Bayreuth
53. Cosima Wagner an/*to* Helene von Heldburg, 11. Juni 1881/June 11, 1881, aus/*from* Bayreuth
54. Cosima Wagner an/*to* Helene von Heldburg, 5. März 1889/March 5, 1889, aus/*from* Bayreuth
55. Cosima Wagner an/*to* Helene von Heldburg, [August 1889/August 1889], aus/*from* Bayreuth
56. Cosima Wagner an/*to* Helene von Heldburg, 23. August 1889/August 23, 1889, aus/*from* Bayreuth
57. Cosima Wagner an/*to* Helene von Heldburg, 9. November 1889/November 9, 1889, aus/*from* Bayreuth
58. Cosima Wagner an/*to* Helene von Heldburg, 7. Februar 1890/February 7, 1890, aus/*from* Bayreuth
59. Cosima Wagner an/*to* Helene von Heldburg, 21. Februar 1890/February 21, 1890, aus/*from* Bayreuth
60. Cosima Wagner an/*to* Helene von Heldburg, 23. Mai 1890/May 23, 1890, aus/*from* Bayreuth
61. Cosima Wagner an/*to* Helene von Heldburg, 19. Juni 1890/June 19, 1890, aus/*from* Bayreuth
62. Cosima Wagner an/*to* Helene von Heldburg, 20. August 1890/August 20, 1890, aus/*from* Bayreuth
63. Cosima Wagner an/*to* Helene von Heldburg, 12. Januar 1893/January 12, 1893, aus/*from* Bayreuth
64. Cosima Wagner an/*to* Helene von Heldburg, 1. Februar 1893/February 1, 1893, aus/*from* Bayreuth
65. Cosima Wagner an/*to* Helene von Heldburg, 15. April 1893/April 15, 1893, aus/*from* Montreux
66. Cosima Wagner an/*to* Helene von Heldburg, 11. September 1896/September 11, 1896, aus/*from* Bayreuth
67. Cosima Wagner an/*to* Helene von Heldburg, 23. September 1896/September 23, 1896, aus/*from* Bayreuth

68. Cosima Wagner an/to Helene von Heldburg, 11. Mai 1900/May 11, 1900, aus/from Florenz
69. Cosima Wagner an/to Helene von Heldburg, 24. Juli 1900/July 24, 1900, aus/from Bayreuth
70. Cosima Wagner an/to Helene von Heldburg, 14. September 1900/September 14, 1900, aus/from Bayreuth
71. Cosima Wagner an/to Helene von Heldburg, 13. November 1900/November 13, 1900, aus/from Bayreuth
72. Cosima Wagner an/to Helene von Heldburg, 31. Dezember 1900/December 31, 1900, aus/from Bayreuth
73. Cosima Wagner an/to Helene von Heldburg, 14. Mai 1901/May 14, 1901, aus/from Bayreuth
74. Cosima Wagner an/to Helene von Heldburg, 13. Juni 1901/June 13, 1901, aus/from Bayreuth
75. Cosima Wagner an/to Helene von Heldburg, 30. Dezember 1905/December 30, 1905, aus/from Bayreuth
76. Cosima Wagner an/to Helene von Heldburg, 4. Februar 1906/February 4, 1906, aus/from Bayreuth
77. Helene von Heldburg an Cosima Wagner, 12. Mai 1912/May 12, 1912, aus/from Cadenabbia am Comer See
78. Cosima Wagner an/to Helene von Heldburg, 18. Mai 1912/May 18, 1912
79. Daniela von Thode an/to Helene von Heldburg, 13. August 1920/August 13, 1920, aus/from Jena
80. Daniela von Thode an/to Helene von Heldburg vom 21. April 1921/April 21, 1921, aus/from Jena

# Literatur/Bibliography

**ADB** *Allgemeine Deutsche Biographie,* 56 Bde., Leipzig 1875–1912.
**AMZ** *Allgemeine Musik-Zeitung.*
**Appel/Veit (1997)** *Richtlinien-Empfehlungen zur Edition von Musikerbriefen,* hrsg. von Bernhard R. Appel, Joachim Veit et al., Mainz 1997.
**Bandilla (2005)** Kai Bandilla, *Urheberrecht im Kaiserreich. Der Weg zum Gesetz betreffend das Urheberrecht an Werken der Literatur und Tonkunst vom 19. Juni 1901,* Frankfurt am Main 2005 (= Rechtshistorische Reihe, 308).
**Bartsch/Grotjahn/Unseld (2010)** Cornelia Bartsch, Rebecca Grotjahn, Melanie Unseld, (Hrsg.) *Felsensprengerin, Brückenbauerin, Wegbereiterin. Die Komponistin Ethel Smyth/ Rock Blaster, Bridge Builder, Road Paver: The Composer Ethel Smyth,* München 2010 (= Beiträge zur Kulturgeschichte der Musik, 2).
**Bauer (1996)** Oswald Georg Bauer, *Richard Wagner geht ins Theater. Eindrücke, Erfahrungen, Reflexionen und der Weg nach Bayreuth.* Begleitbuch zur Ausstellung »Richard Wagner geht ins Theater« hrsg. Wolfgang Wagner, Bayreuth 1996, 278ff.
**Beidler (1936/1997)** Franz Wilhelm Beidler, »Cosima Wagner – eine kulturkritische Studie«, in: *Cosima Wagner-Liszt, Der Weg zum Wagner-Mythos. Ausgewählte Schriften des ersten Wagner-Enkels und sein unveröffentlichter Briefwechsel mit Thomas Mann.* Hrsg. von Dieter Borchmeyer, Bielefeld 1997, 244–264.
**Beidler (1938–1951/1997)** Franz Wilhelm Beidler, »Cosima Wagner-Liszt – Der Weg zum Wagner-Mythos«, in: *Cosima Wagner-Liszt, Der Weg zum Wagner-Mythos. Ausgewählte Schriften des ersten Wagner-Enkels und sein unveröffentlichter Briefwechsel mit Thomas Mann.* Hrsg. von Dieter Borchmeyer, Bielefeld 1997, 16–239.
**Beidler-Wagner (1936)** Franz Wilhelm Beidler, »Cosima Wagner – eine kulturkritische Studie«, in: *Neue Schweizer Rundschau* 11 (1936), 673–685.
**Bermbach/Vaget (2006)** Udo Bermbach/Hans Rudolf Vaget (Hrsg.), *Getauft auf Musik. Festschrift für Dieter Borchmeyer,* Würzburg 2006.
**Bermbach (2010)** Udo Bermbach, »Rezension zu Eva Rieger, Hiltrud Schroeder: Ein Platz für Götter. Richard Wagners Wanderungen in der Schweiz, Köln/Weimar/Wien: Böhlau, 2009«, in: *Wagnerspectrum* 1 (2010), 241ff.
**Bernnat (2003)** Andreas Bernnat, »*Alfred Jaël*«, in: *Die Musik in Geschichte und Gegenwart. Allgemeine Enzyklopädie der Musik begründet von Friedrich Blume,* 2., neu bearb. Ausg. hg. von Ludwig Finscher. Personenteil, 9, Kassel/Basel/London 2003, 782f.
**Biographisches Handbuch (2000)** *Biographisches Handbuch des deutschen Auswärtigen Dienstes 1871–1945,* 1. Bearbeitet von Johannes Hürter, Paderborn 2000.
**Birkin (2011)** Kenneth Birkin, *Hans von Bülow: a life for music,* Cambridge/New York 2011.
**Borchard (2011)** Beatrix Borchard: »Was heißt hier Wirklichkeit? Zum Marie d'Agoult-Bild in der aktuellen Liszt-Biographik«, in: *Die Tonkunst* 5 (2011), 456–467.
**Borchmeyer (1982)** Dieter Borchmeyer, *Das Theater Richard Wagners, Idee – Dichtung – Wirkung,* Stuttgart 1982.
**Borchmeyer (1997a)** Dieter Borchmeyer, »Vorwort des Herausgebers«, in: *Cosima Wagner-Liszt, Der Weg zum Wagner-Mythos. Ausgewählte Schriften des ersten Wagner-Enkels und sein unveröffentlichter Briefwechsel mit Thomas Mann.* Hrsg. von Dieter Borchmeyer, Bielefeld 1997, 361–424.
**Borchmeyer (1997b)** Dieter Borchmeyer, »›Der verlorene Enkel‹ – Franz W. Beidler (1901–1981) Wagner-Enkel und Cosima-Biograph – Eine Wiederentdeckung«, in: *Cosima Wagner-Liszt, Der Weg zum Wagner-Mythos. Ausgewählte Schriften des ersten Wagner-Enkels und sein unveröffentlichter Briefwechsel mit Thomas Mann.* Hrsg. von Dieter Borchmeyer, Bielefeld 1997, 361–424.
**Borchmeyer (2008)** Dieter Borchmeyer, *Nietzsche, Cosima, Wagner – Porträt einer Freundschaft,* Frankfurt 2008 (= Insel-Taschenbuch, 3363).
**Bory (1936)** Robert Bory, *Liszt et ses enfants Blandine, Cosima & Daniel, d'après une correspondance inédite avec la princesse Marie Sayn-Wittgenstein,* Paris 1936.
**Braunes Buch** Joachim Bergfeld (Hrsg.), *Richard Wagner: Das Braune Buch – Tagebuchaufzeichnungen 1865 bis 1882,* Zürich/Freiburg im Breisgau 1975.

Brüggemann (2013) Axel Brüggemann, »*Genie und Wahnsinn*« – *Das Leben des Richard Wagner*, Weinheim 2013.

Bülow (1921) Marie von Bülow, *Hans von Bülows Leben dargestellt aus seinen Briefen*, Leipzig ²1921.

Bülow (1925) Marie von Bülow, *Hans von Bülow in Leben und Wort*, Stuttgart 1925.

Bülow-Brahms *Hans von Bülow, Die Briefe an Johannes Brahms*, hrsg. von Hans-Joachim Hinrichsen, Tutzing 1994.

Bülow-Briefe I-VIII *Hans von Bülow, Briefe und Schriften*, hrsg. von Marie von Bülow, 8 Bde., Leipzig 1895–1908.

Chamberlain (1893) Houston Stuart Chamberlain, »Zur Eröffnung der Stilbildungsschule«, in: *Freie Bühne*, II. Heft, Februar 1893.

Châtellier (1996) Hildegard Châtellier »Wagnerismus im Kaiserreich«, in: Uwe Puschner/ Walter Schmitz/Justus H. Ulbricht (Hrsg.), *Handbuch zur »Völkischen Bewegung 1871–1918«*, München 1996.

Cornelius (1904f.) Carl Maria Cornelius (Hrsg.), *Peter Cornelius, Ausgewählte Briefe nebst Tagebuchblättern und Gelegenheitsgedichten*, 2 Bde., Leipzig 1904f. (= Peter Cornelius, Literarische Werke, 1).

CWT Cosima Wagner, *Die Tagebücher*, hrsg. von Martin Gregor-Dellin und Dietrich Mack, 2. durchgesehene Auflage, 4 Bde., München 1982.

D'Agoult (1927) Marie d'Agoult, *Mémoires (1833–1854)*, Paris 1927.

Denner (1998) Erika Denner, »Fröbel und die Frauen«, in: Helmut Heiland und Karl Neumann (Hrsg.): *Friedrich Fröbel in internationaler Perspektive. Fröbelforschung in Japan und Deutschland*, Weinheim 1998, 155–168.

Dietzelfelbinger (2012) Eckart Dietzelfelbinger, Exkurs: »Völkische und nationalsozialistische Bewegung in Bayreuth«, in: Hannes Heer/ Jürgen Kesting/Peter Schmidt, *Verstummte Stimmen. Die Bayreuther Festspiele und die »Juden« 1876 bis 1945. Eine Ausstellung*. Festspielpark Bayreuth und Ausstellungshalle Neues Rathaus Bayreuth, 22. Juli bis 14. Oktober 2012, Berlin 2012, 181–217.

Dohm (2009) Hedwig Dohm, *Briefe aus dem Krähwinkel (Briefedition)*, hrsg. von Nikola Müller und Isabel Rohner, Berlin 2009.

Du Moulin (1918) Richard Du Moulin Eckart, *Cosima Wagner. Ein Lebensbild zu ihrem 80. Geburtstage*, Bayreuth 1918.

Du Moulin (1921) Richard Du Moulin Eckart, *Hans von Bülow*, München 1921.

Du Moulin (1927) Richard Du Moulin Eckart (Hrsg.), *Hans von Bülow, Neue Briefe*, München 1927.

Du Moulin (1929/31) Richard Du Moulin Eckart, *Cosima Wagner. Ein Lebens- und Charakterbild*, München 1929/31.

Eckhardt/Liepsch (1999) Mária Eckardt/Evelin Liepsch, *Franz Liszts Weimarer Bibliothek*, Laaber 1999 (= Weimarer Liszt-Studien, 2).

Eger (2010) Manfred Eger, »*Alle 5000 Jahre glückt es*«, *Richard und Cosima Wagner – Zeugnisse einer außergewöhnlichen Verbindung*, Tutzing 2010.

Eichner (2010) Barbara Eichner, »Wagner, Cosima«, in: Annette Kreutziger-Herr, Melanie Unseld (Hg.), *Lexikon Musik und Gender*, Stuttgart 2010, 512f.

Erck (1999) Alfred Erck, »Der Star des Hoftheaters und die Geliebte des Monarchen – Ellen Franz alias Helene Freifrau von Heldburg (1839–1923): ihre Jahre als Schauspielerin im Meininger Hoftheater (1867–1873)«, Reihe Schauspieler im Meininger Theater, Teil 53 in: *Meininger Tageblatt*, 7. August 1999.

Erck/Gann/Schneider (2012) Alfred Erck/ Christoph Gann/Hannelore Schneider: *Ludwig Chronegk und die »Meininger«*, Meiningen 2012.

Erck/Kern (1999) Alfred Erck, Volker Kern, *Die »Meininger« in Europa«*, in: *Die Meininger kommen! Hoftheater und Hofkapelle zwischen 1874 und 1914 unterwegs in Deutschland und Europa. Kunst und Mission. Festspiele auf Reisen*, Meiningen 1999.

Erck/Schneider (1997) Alfred Erck/Hannelore Schneider, *Georg II. von Sachsen-Meiningen. Ein Leben zwischen ererbter Macht und künstlerischer Freiheit*, Zella-Mehlis und Meiningen 1997.

Fetting (2013) Martina Fetting, *Zum Selbstverständnis der letzten deutschen Monarchen. Normverletzungen und Legitimationsstrategien der Bundesfürsten zwischen Gottesgnadentum und Medienrevolution*, Hamburg 2013 (= Mainzer Studien für Neuere Geschichte, 30).

## Literatur/Bibliography

Fischer (2013) Jens Malte Fischer, *Richard Wagner und seine Wirkung*, Wien 2013.

Föttinger (2011) Gudrun Föttinger: »›Ich *bin zu wechselnd in meinem Ausdrucke*‹ – Neuere Anmerkungen zur Wagner-Ikonographie [Neues aus dem Nationalarchiv der Richard-Wagner-Stiftung Bayreuth]«, in: *Schwerpunkt: Wagner und Liszt* (2011), 143–170.

Forsyth (1992) Michael Forsyth, *Bauwerke für Musik – Konzertsäle und Opernhäuser, Musik und Zuhörer vom 17. Jahrhundert bis zur Gegenwart*, übersetzt von Dickreiter, Michael/Dickreiter, Regine, München 1992, 158–163.

Frevert (2009) Ute Frevert, »Was haben Gefühle in der Geschichte zu suchen?«, in: *Geschichte und Gesellschaft* 35 (2009), 183–208.

Frevert (2013) Ute Frevert, *Vergängliche Gefühle*, Göttingen 2013.

Frevert/Wulf (2012) Ute Frevert/Christoph Wulf (Hrsg.), »Die Bildung der Gefühle«, in: *Zeitschrift für Erziehungswissenschaft*, Sonderheft 16 (2012) 1–12.

Friedrich (2004) Sven Friedrich, *Richard Wagner – Deutung und Wirkung*, Würzburg 2004.

Fritz (2012) Sven Fritz, »Geschichte der Festspiele 1912«, in: Hannes Heer/Jürgen Kesting/Peter Schmidt, *Verstummte Stimmen. Die Bayreuther Festspiele und die »Juden« 1876 bis 1945. Eine Ausstellung.* Festspielpark Bayreuth und Ausstellungshalle Neues Rathaus Bayreuth, 22. Juli bis 14. Oktober 2012, Berlin 2012, 105–132.

Gatter (1996) Nikolaus Gatter, *»Gift, geradezu Gift für das unwissende Publicum«: der diaristische Nachlass von Karl August Varnhagen von Ense und die Polemik gegen Ludmilla Assings Editionen (1860–1880)*, Bielefeld 1996.

Gatter (1999/2000) Nikolaus Gatter, »›Letztes Stück des Telegraphen. Wir alle haben ihn begraben helfen ...‹ Ludmilla Assings journalistische Anfänge im Revolutionsjahr«, in: *Internationales Jahrbuch der Bettina-von-Arnim-Gesellschaft*, 11/12, (1999/2000), 101–120.

Gatter (2009) Nikolaus Gatter, »›Eine Gallerie männlicher und weiblicher Schönheiten‹ Elisabeth Ney zu Gast bei Varnhagen und Ludmilla Assing in Berlin«, in: Walter Gödden (Hrsg.), *Literatur in Westphalen*, Bielefeld 2009 (= Beiträge zur Forschung, 10), 153–177.

Georg II. und der Historismus (1994) *Georg II. und der Historismus. Ein Kulturideal im zweiten Deutschen Kaiserreich*, Redaktion: Alfred Erck und Andrea Jakob, Meiningen 1994.

Gewande (2004) Wolf-Dieter Gewande, *Hans von Bülow. Eine biographisch-dokumentarische Würdigung aus Anlass seines 175. Geburtstages*, Lilienthal 2004 (= Veröffentlichungen des Archivs »Deutsche Musikpflege« Bremen e.V., 8).

Giroud (1998) Françoise Giroud, *Mit Macht und mit Liebe, eine Biographie*. Aus dem Französischen von Martina Georg, München 1998.

Glasenapp (1876–1911), Carl Friedrich Glasenapp, *Das Leben Richard Wagners*, 6 Bde., Leipzig 1876–1911.

Glasenapp (1907) *Richard Wagner, Familienbriefe*, hrsg. von Carl Friedrich Glasenapp, Berlin 1907.

Golther (1914) Wolfgang Golther (Hrsg.), *Richard Wagner an Mathilde Wesendonck, Tagebuchblätter und Briefe*, Leipzig 1914.

Goltz (2005) Maren Goltz, »Ach! – ich bin sehr leipzigmüde«. Hans von Bülows Kindheit und Jugend in Leipzig, in: *Leipziger Blätter* 47 (2005), 48–50.

Goltz (2009) Maren Goltz, »Zur Bühnen- und Zwischenaktmusik bei den Theateraufführungen der ›Meininger‹ während der Regierungszeit Herzog Georgs II. von Sachsen-Meiningen (1866–1914)«, in: *Theater und 19. Jahrhundert*. Hrsg. von Petra Stuber und Ulrich Beck. Hildesheim (Schriftenreihe der Hochschule für Musik und Theater »Felix Mendelssohn Bartholdy« Leipzig, 2), 73–93.

Goltz (2012a) Maren Goltz, *Musiker-Lexikon des Herzogtums Sachsen-Meiningen (1680–1918)*, 3. erweiterte Version, Meiningen 2012.

Goltz (2012b) Maren Goltz, »›Feine Unterschiede‹. Komponisten, Dichter und Interpreten in der Memorial-Ikonographie Meiningens.«, Bericht zum Internationalen Symposium Musicians & Monuments. Tracing Composers' Memorial Iconography Through the Ages (15. bis 17. April 2010, Wien), in: *Imago Musicae: International Yearbook of Musical Iconography* 25 (2012), 145–186.

Goltz (2012c) Maren Goltz, »Die Berger-Rezeption im Spiegel der Korrespondenz von Herzog Georg II. von Sachsen Meiningen mit

Max Reger und weiterer Quellen«, in: Maren Goltz/Irmlind Capelle (Hgg.), *Wilhelm Berger (1861–1911): Komponist – Dirigent – Pianist*, München 2012 (= Beiträge zur Kulturgeschichte der Musik, 7), 5–30.

**Goltz/Müller (2007)** Maren Goltz/Herta Müller (Hrsg.), *Der Brahms-Klarinettist Richard Mühlfeld. Einleitung, Übertragung und Kommentar der Dokumentation von Christian Mühlfeld/Richard Mühlfeld, Brahms' Clarinettist. Introduction, Transcription, and Commentary of the Documentation by Christian Mühlfeld*, Balve 2007.

**Gothaisches Genealogisches Taschenbuch** der Freiherrlichen Häuser 42 (1892), 788–795.

**Gothaisches Genealogisches Taschenbuch** der Freiherrlichen Häuser 90 (1940), 541–548.

**Gregor-Dellin (1963)**, Martin Gregor-Dellin, *Richard Wagner – Mein Leben*, München 1963.

**Gregor-Dellin (1982)**, Martin Gregor-Dellin, *Richard Wagner – Eine Biographie in Bildern*, München und Zürich 1982.

**Grenzer (1991)** Ina Grenzer, »Friedhold Fleischhauer, ein Konzertmeister der Meininger Hofkapelle«, in: *Südthüringer Forschungen* 25 (1991), 64–83.

**Griesser (1923)** Luitpold Griesser (Hrsg.), *Nietzsche und Wagner*, Wien 1923.

**Grohmann (2012)** Inge Grohmann, *Skandal und Liebe: Herzog Georg II. von Sachsen Meiningen und die Freifrau von Heldburg*, Norderstedt 2012.

**Grossmann (2007)** Midou Grossmann, »Die Königin und das Täubchen – Einblicke in die Freundschaft zwischen Cosima Wagner und Ellen Franz«, in: *Festspielnachrichten* (2007), 20–23.

**Gut (2011)** Serge Gut, *Franz Liszt*, Sinzig ²2011 (= Musik und Musikanschauung im 19. Jahrhundert, 14).

**Gutman (1989)** Robert W. Gutman, *Richard Wagner: Der Mensch, sein Werk, seine Zeit*. Aus dem Amerikanischen übersetzt von Horst Leuchtmann, München ⁷1989.

**Habermas (2000)** Rebekka Habermas, *Frauen und Männer des Bürgertums. Eine Familiengeschichte (1750–1850)*, Göttingen 2000.

**Haas (2002)** Frithjof Haas, *Hans von Bülow – Leben und Wirken. Wegbereiter für Wagner, Liszt und Brahms*, Wilhelmshaven 2002.

**Hagedorn (2011)** Volker Hagedorn, »Gespenstisches Flämmchen – Eine neue Liszt-Biografie sucht den ›Superstar‹ – nicht den Komponisten«, in: http://www.zeit.de/2011/19/L-SM-Liszt <Zugriff: 23. Juli 2013>.

**Hagemann (1921)** Carl Hagemann, *Der Mime – Schauspiel- und Opernkunst*, Berlin 61921 (= Die Kunst der Bühne, 2).

**Haken (2012)** Boris van Haken, »Geschichte der Festspiele 1889«, in: Hannes Heer/Jürgen Kesting/Peter Schmidt, *Verstummte Stimmen. Die Bayreuther Festspiele und die »Juden« 1876 bis 1945. Eine Ausstellung*. Festspielpark Bayreuth und Ausstellungshalle Neues Rathaus Bayreuth, 22. Juli bis 14. Oktober 2012, Berlin 2012, 92–104.

**Hamann (2002)** Brigitte Hamann, *Winifred Wagner oder Hitlers Bayreuth*, München 2002.

**Hamburger (2010)** Klára Hamburger, *Franz Liszt: Leben und Werk*, Köln/Weimar 2010.

**Hanslick (2005)** Eduard Hanslick, *Sämtliche Schriften. historisch-kritische Ausgabe*, Bd. 1,5. Aufsätze und Rezensionen 1859–1861, hrsg. und kommentiert von Dietmar Strauss; mit einem Essay von Markus Gärtner, Wien/Köln/Weimar 2005.

**Harden (1914)** Maximilian Harden, »Tutte le Corde«, in: *Die Zukunft* 87 (1914), 405–431.

**Hase-Koehler (1929)** Hase-Koehler Else von, *Fünfzig Jahre Glück und Leid: Ein Leben in Briefen aus den Jahren 1873–1923, Helene Freifrau von Heldburg (Ellen Franz)*, Leipzig ⁶1929.

**Hausen (1988)** Karin Hausen, »›... eine Ulme für das schwanke Efeu‹. Ehepaare im deutschen Bildungsbürgertum. Ideale und Wirklichkeiten im späten 18. und 19. Jahrhundert«, in: Ute Frevert (Hg.), *Bürgerinnen und Bürger*, Göttingen 1988, 85–117.

**Heer (2012)** Hannes Heer, »›Wir wollen doch die Juden aussen lassen.‹ Antisemitische Besetzungspolitik bei den Bayreuther Festspielen 1876 bis 1945«, in: Hannes Heer/Jürgen Kesting/Peter Schmidt, *Verstummte Stimmen. Die Bayreuther Festspiele und die »Juden« 1876 bis 1945. Eine Ausstellung*. Festspielpark Bayreuth und Ausstellungshalle Neues Rathaus Bayreuth, 22. Juli bis 14. Oktober 2012, Berlin 2012, 218–317.

**Hein (1996)** Annette Hein, »*Es ist viel ›Hitler‹ in Wagner*«, *Rassismus und antisemitische Deutschtumsideologie in den »Bayreuther Blättern« (1878–1938)*, Tübingen 1996 (= Conditio Iudaica, 13).

**Heißerer (2009)** Dirk Heißerer, *Die wiedergefundene Pracht. Franz von Lenbach, die Familie*

*Pringsheim und Thomas Mann*, Göttingen 2009.
**Heldt (1994)** Brigitte Heldt, *Richard Wagner, Tristan und Isolde: das Werk und seine Inszenierung*, Laaber 1994.
**Helmholtz (1929)** Anna von Helmholtz, *Ein Lebensbild in Briefen*, hrsg. v. Ellen von Helmholtz-Siemens, 2 Bände, Berlin 1929.
**Henneberg (2011)** Gabriele Henneberg, »Der Musenhof Europas des 19. Jahrhunderts findet Muse – »Theaterherzog« Georg II. von Sachsen-Meiningen versammelt Künstlergrößen seiner Zeit und heiratet Schauspielerin Ellen Franz«, in: *Kulturland Oldenburg* 4 (2011), 8–13.
**Henze Döring (2006)**, Sabine Henze Döring (Hrsg.), *Meyerbeer Briefe und Tagebücher*, Bd. 8: 1860–1864, Berlin 2006.
**Herwegh (1896a)** Marcel Herwegh (Hrsg.), *Briefe von und an Georg Herwegh*, Paris/ Leipzig/München 1896.
**Herwegh (1896b)** Marcel Herwegh (Hrsg.), *Ferdinand Lassalles Briefe an Georg Herwegh*: Nebst Briefen der Gräfin Sophie Hatzfeldt an Frau Emma Herwegh, Zürich 1896.
**Hilmes (2007)** Oliver Hilmes, *Herrin des Hügels. Das Leben der Cosima Wagner*, Berlin 2007.
**Hilmes (2009)** Oliver Hilmes, *Cosimas Kinder. Triumph und Tragödie der Wagner-Dynastie*, Berlin 2009.
**Hilmes (2011)** Oliver Hilmes, *Franz Liszt, Biographie eines Superstars*, München 2011.
**Hinrichsen (1999)** Hans-Joachim Hinrichsen, *Musikalische Interpretation. Hans von Bülow*, Stuttgart 1999 (= Beihefte zum Archiv für Musikwissenschaft, 46).
**Hoffmann-Aleith (1989)** Eva Hoffmann-Aleith, *Ellen Franz*, Berlin 1989.
**Holl (1930)** Karl Holl, »Cosima Wagner: Grundlinien eines Schicksals«, in: *Frankfurter Zeitung*, 18. April 1930.
**Höschel (2007)** Clarissa Höschel, »Ein Rinnsal neuer Erkenntnisse – Oliver Hilmes' neu erschlossene Quellen zum Leben der Cosima Wagner sprudeln nur spärlich«, in: http://www.literaturkritik.de/public/rezension.php?rez_id=12302&ausgabe=200810 <Zugriff: 23. Juli 2013>.
**Humperdinck (1997)** Eva Humperdinck, *Engelbert Humperdinck in seinen persönlichen Beziehungen zu Richard Wagner, Cosima Wagner, Siegfried Wagner*, Koblenz 1997.

**Hunt (2010)** Margaret R. Hunt "Same-sex Love before Psychopathia Sexualis: Or, What Youg Ethel Knew", in: Cornelia Bartsch, Rebecca Grotjahn, Melanie Unseld, (Hrsg.) *Felsensprengerin, Brückenbauerin, Wegbereiterin. Die Komponistin Ethel Smyth/Rock Blaster, Bridge Builder, Road Paver: The Composer Ethel Smyth*, München 2010, 161–174.
**Johns/Saffle (1997)**, Keith T. Johns, *The symphonic poems of Franz Liszt*, revised, edited, and introducted by Michael Saffle, Stuyvesant/ New York 1997 (= Franz Liszt studies series, 3).
**Kapp (1922)** Julius Kapp, *Wagner, eine Biographie*, Stuttgart 1922.
**Karbusicky (1997)** Vladimir Karbusicky, *Besuch bei Cosima – Eine Begegnung mit dem alten Bayreuth*. Mit einem Fund der Briefe Cosima Wagners, Hamburg 1997.
**Kern (2010)** Fabian Kern, *Bravo, Bravissimo. Die Coburger Theatermalerfamilie Brückner und ihre Beziehungen zu den Bayreuther Festspielen*, Berlin 2010.
**Kloss (1910)** Erich Kloss (Hrsg.), *Briefwechsel zwischen Wagner und Liszt*, Leipzig 1910.
**Köhler (2007)** Joachim Köhler, *Ich, Cosima, Roman*, Berlin 2007.
**Kollek (1978)** Peter Kollek, *Bogumil Dawison, Porträt und Deutung eines genialen Schauspielers*, Kastellaun 1978 (= Die Schaubühne, 70).
**Kupler (1999)** Wolfgang Kupler, »Ellen Franz – eine heute fasst vergessene Naumburgerin«, in: *Saale-Unstrut-Jahrbuch* 4 (1999), 113–117.
**Kurth/Rückert (2013)**, Sabine Kurth/Ingrid Rückert, *Richard Wagner – Die Münchner Zeit (1864-1865)*, hrsg. von der Bayerischen Staats-bibliothek, München 2013.
**Labouvie (2009)** Eva Labouvie, »Zur Einstimmung auf einen Band« (Hrsg.): *Schwestern und Freundinnen. Zur Kulturgeschichte weiblicher Kommunikation*, Köln/Weimar/Wien 2009, 11–31.
**La Mara (1893)** Marie Lipsius (Hrsg.), *Von Paris bis Rom*, Leipzig 1893.
**La Mara (1894)** Marie Lipsius (Hrsg.), *Franz Liszts Briefe an eine Freundin*, Leipzig 1894.
**La Mara (1898)** Marie Lipsius (Hrsg.), *Briefwechsel zwischen Franz Liszt und Hans von Bülow*, Leipzig 1898.
**La Mara (1899-1902)** Marie Lipsius (Hrsg.), *Franz Liszts Briefe an die Fürstin Caroly-*

*ne von Sayn-Wittgenstein*, 4 Bde., Leipzig 1899–1902.
**La Mara (1918)** Marie Lipsius (Hrsg.), *Franz Liszts Briefe an seine Mutter*, Leipzig 1918.
**Lemke-Matwey (2005)** Christine Lemke-Matwey, »Die Geistfrau. Cosima Wagner, ergebenste Gattin, Mutter von fünften, Festspieldirektorin, im Spiegel ihrer Tagebücher«, in: *Die Zeit*, 11. Mai 2005.
**Lemke-Matwey (2012)** Christine Lemke-Matwey, »Wagner-Jahr 2013: Ekstasen mit viel Rosenwasser, Richard Wagner wird 200 – und die Wagner-Literatur dreht sich emsig im Kreis«, *Die ZEIT*, 4. Oktober 2012.
**Lindau (1898)** Paul Lindau, *Zur silbernen Hochzeit Sr. Hoheit des Herzogs Georg II. von Sachsen-Meiningen und der Frau Helene Freifrau von Heldburg 18. März 1898*, Meiningen 1898.
**Lobenstein-Reichmann (2008)** Anja Lobenstein-Reichmann, *Houston Stewart Chamberlain – zur textlichen Konstruktion einer Weltanschauung: eine sprach-, diskurs- und ideologiegeschichtliche Analyse*, Berlin/New York 2008.
**Lotz (1935)** Ilse Lotz, *Cosima Wagner: die Hüterin des Grals, der Lebensroman einer deutschen Frau*, Görlitz 1935.
**LSS** Franz Liszt, *Sämtliche Schriften*, hrsg. von Detlef Altenburg, Wiesbaden 1989ff.
**Machtan (2007)** Lothar Machtan, »Rezension zu: Hilmes, Oliver: Herrin des Hügels. Das Leben der Cosima Wagner. Berlin 2007«, in: *H-Soz-u-Kult*, 21.09.2007, http://hsozkult.geschichte.hu-berlin.de/rezensionen/2007-3-222 <Zugriff: 23. Juli 2013>.
**Mack (1980)** Dietrich Mack (Hrsg.), *Cosima Wagner – Das zweite Leben. Briefe und Aufzeichnungen 1883–1930*, München/Zürich 1980.
**Mack (2013)** Dietrich Mack, *Wagners Frauen*, Berlin 2013 (= Insel-Bücherei, 1373).
**Marek (1993)** George Marek, *Cosima Wagner. Ein Leben für ein Genie*, München 1993.
**Martin (1931)** René Martin, »Une femme de lettres française à Berlin (1857–1865): Madame Cosima de Bulow (Cosima Wagner)«, in: *Revue de littérature comparée* 11 (1931), 687–710.
**Mayer (1976)** Hans Mayer, *Richard Wagner in Bayreuth 1876–1976*, Stuttgart/Zürich 1976.
**Mayer (1978)** Hans Mayer, *Richard Wagner, Mitwelt und Nachwelt*, Stuttgart/Zürich 1978.
**Millenkovich-Morold (1937)** Max Millenkovich-Morold, *Cosima Wagner, ein Lebensbild*, Leipzig 1937.
**Möller (2008)** Barbara Möller, »Rezension zu Oliver Hilmes' Herrin des Hügels«, in: *Wagnerspectrum* 1 (2008), 227–230.
**Mösch (2009)** Stephan Mösch, *Weihe, Werkstatt, Wirklichkeit – Parsifal in Bayreuth 1882–1933*, Kassel/Stuttgart/Weimar 2009.
**Mösch (2012)** Stephan Mösch, »Cosimas Bayreuth«, in: *Wagner-Handbuch*, hrsg. von Laurenz Lütteken, Kassel/Stuttgart 2012, 470–479.
**Mollat (1938)** Georg Mollat (Hrsg.), *Von Goethes Mutter zu Cosima Wagner, zweihundert Jahre deutsches Frauenleben*, Stuttgart ²1938.
**Müller (2004)** Herta Müller, »[...] daß ich nie mehr in eine Stadt gehen werde, wo ein ›Hof‹ ist [...]« Max Reger am Meininger Hof im Konflikt zwischen Zielen und Pflichten. In: *Festschrift für Susanne Popp*. Hrsg. von Siegfried Schmalzriedt und Jürgen Schaarwächter. Stuttgart 2004, 391–456.
**Müller (2010)** Herta Müller, »Wohllaut, Fülle und Reinheit des Tones mit Präcision gepaart...« Der Salzunger Kirchenchor als erster Missionar für die ›Meininger Prinzipien‹. In: *150 Jahre Kirchenchor zu Bad Salzungen. Festschrift und Programm*, Bad Salzungen 2010, 7–23.
**Müller/Goltz (2013)** Herta Müller/Maren Goltz, »Die Werra ist meine Freundin« – Richard Wagner in Meiningen, in: *Richard Wagner in Mitteldeutschland*, hrsg. im Auftrag der Wagner-Verbände von Sachsen, Sachsen-Anhalt und Thüringen von Ursula Oehme und Thomas Krakow, Leipzig 2013, 190–207.
**Neise (1956)** Edith Neise, *Das Königliche Schauspielhaus in Berlin unter Botho von Hülsen (1851–1869) unter besonderer Berücksichtigung der zeitgenössischen Theaterkritik*. Dissertation FU Berlin, Typoskript 1956.
**Nöther (2008)** Matthias Nöther, *Als Bürger leben, als Halbgott sprechen. Melodram, Deklamation und Sprechgesang im wilhelminischen Reich*, Köln [u. a.] 2008.
**NZfM** *Neue Zeitschrift für Musik*.

*Literatur/Bibliography*

Österreichisches biographisches Lexikon (1815–1950) *Österreichisches biographisches Lexikon 1815–1950*, hrsg. von der Österreichischen Akademie der Wissenschaften, unter Mitarbeit von Ernst Bruckmüller, Eva Obermayer-Marnach und Peter Csendes, 1954ff.

Ollivier (1934) Daniel Ollivier (ed.), *Correspondance de Liszt et de la Comtesse d'Agoult*, 2 vols., Paris 1934.

Ollivier (1936) Daniel Ollivier (ed.), *Correspondance de Liszt et de sa fille, Madame Émile Ollivier, 1842–1862*, Paris 1936.

Pachl (2009) Peter P. Pachl, »Viel Schwarzweißmalerei und wenig Neues: ›Cosimas Kinder‹ von Oliver Hilmes«, in: *NMZ online*, 23. September 2009, Zugriff: 23. Juli 2013.

Pils/Ulrich (2011) Holger Pils, Christina Ulrich »Zur Einführung: Liebe ohne Glauben. Thomas Mann und Richard Wagner«, in: Holger Pils/Christina Ulrich: (Hrsg.) *Liebe ohne Glauben: Thomas Mann und Richard Wagner, Katalog anlässlich der gleichnamigen Ausstellung vom 15. Mai bis 25. September 2011 im Buddenbrookhaus, Lübeck, vom 14. Juli bis 28. September 2013, im Neuen Rathaus, Bayreuth*, Göttingen 2011, 8–13.

Piontek (2011) Frank Piontek, »Rezension zu Kern (2010)«, in: *Wagnerspectrum* 1 (2011), 187–194.

Plöckinger (2011) Othmar Plöckinger, *Geschichte eines Buches: Adolf Hitlers »Mein Kampf« 1922–1945*, eine Veröffentlichung des Instituts für Zeitgeschichte, München 2011.

Pocknell (2000) Pauline Pocknell (ed.), *Franz Liszt and Agnes Street-Klindworth, a correspondence, 1854–1886*, introduced, translated, annotated and edited by Pauline Pocknell, Hillsdale, New York 2000 (= Franz Liszt studies series, Nr. 8).

Pretzsch (1934) Paul Pretzsch (Hrsg.), *Cosima Wagner und Houston Stewart Chamberlain im Briefwechsel* Leipzig 1934.

Pringsheim (2013) Hedwig Pringsheim, *Mein Nachrichtendienst, Briefe an Katia Mann 1933–1941*, hrsg. von Dirk Heißerer, 2 Bde., Göttingen 2013.

Raab (1994) Armin Raab, »Zentralsonne der modernen Tonwelt«. Hans von Bülows Beethoven-Verständnis, in: *Beiträge zum Kolloquium: Hans von Bülow – Leben, Wirken und Vermächtnis*, hrsg. von Herta Müller/Veronika Gerasch, Meiningen 1994 (= Südthüringer Forschungen, 28), 180–191.

Raabe (1931) Peter Raabe, *Liszts Leben*, Stuttgart 1931.

Ramann (1880–1984) Lina Ramann (Hrsg.), *Franz Liszt*, 3 Bde., Leipzig 1880–1984.

Reiser (2006) Rudolf Reiser, *König Ludwig II., Cosima und Richard Wagner*, München 2006.

Reißland (1989) Volker Reißland, »Helene – Freifrau von Heldburg: zum 150. Geburtstag«, in: *Almanach für Kunst und Kultur im Bezirk Suhl* 9 (1989), 57–60.

Rest (2012) Tanja Rest, »Unternehmer-Gattinnen – Die Ehe als Trumpf im Spiel um die Macht«, in: *Süddeutsche Zeitung*, 24. März 2012.

Richard (1891) Paul Richard, *Chronik sämmtlicher Gastspiele des Herzogl. Sachs.-Meiningen'schen Hoftheaters während der Jahre 1874–1890. Statistische Übersicht*, Leipzig 1891.

Richard-Wagner-Handbuch (1986) Ulrich Müller/Peter Wapnewski (Hrsg.), *Richard-Wagner-Handbuch*, Stuttgart 1986.

Rieger (2002) Eva Rieger (Hrsg.) *Mit 1000 Küssen Deine Fillu, Briefe der Sängerin Marie Fillunger an Eugenie Schumann 1875–93*, Köln 2002.

Rieger (2009) Eva Rieger: ›Leuchtende Liebe, lachender Tod‹. *Richard Wagners Bild der Frau im Spiegel seiner Musik*, Coburg 2009.

Rieger (2011) Eva Rieger, Rezension zu The Wagner Family, directed and edited by Tony Palmer, 2011, in: *Wagnerspectrum* 1 (2011), 225–230.

Rieschel (1994) Hans-Peter Rieschel, *Komponisten und ihre Frauen: Marianne Gluck, Maria Anna Haydn, Constanze Mozart, Clara Schumann, Cécile Mendelssohn, Pauline Strauss, Cosima Wagner, Caroline Weber, Alma Mahler*, Düsseldorf 1994.

Rockstein (1997) Margitta Rockstein, »Bertha von Marenholtz-Bülow – Repräsentantin der Fröbelbewegung in der zweiten Hälfte des 19. Jahrhunderts«, in: *Zeitschrift für Bildungs- und Wissenschaftsgeschichte*. 1 (1997), 41–52.

Rohner (2010) Isabel Rohner, *Spuren ins Jetzt, Hedwig Dohm – eine Biografie*, Sulzbach 2010.

Rossmann (1866) Wilhelm Rossmann, »Ueber Shakespeare-Aufführungen in Deutschland«,

in: *Jahrbuch der Deutschen Shakespeare-Gesellschaft* 2 (1867), 298–302.
**Schad (1996)** Martha Schad (Hrsg.), *Cosima Wagner und König Ludwig II. von Bayern, Briefe: eine erstaunliche Korrespondenz*, Bergisch Gladbach 1996.
**SBr** Richard Wagner, *Sämtliche Briefe* 3–24.
**Schmidt-Raßmann (1999)** Peter Schmidt-Raßmann, »Johann Kallert – ein ›Waffenschmied‹ von Georg II.«, in: *Meininger Heimatklänge* vom 30. März 1999, 3f.
**Schneider (1991)** Hannelore Schneider, »Die geistigen Interessen Georgs II. im Spiegel seiner Handbibliothek«, in: *Jahrbuch des Hennebergisch-Fränkischen Geschichtsvereins* 6 (1991), 141–157.
**Scholz (1930)** Hans Scholz (Hrsg.), *Richard Wagner, Briefe an Mathilde Maier*, Leipzig 1930.
**Scholz (2008)** Dieter David Scholz, »Beispielhafte Dokumentation: Manfred Eger: ›Alle 5000 Jahre glückt es‹«, http://www.dieter-david-scholz.de/egeralle5000.htm <Zugriff: 30. Juli 2013>.
**Schuré (1908)** Edouard Schuré, *Femmes et inspiratrices poètes annonciateurs*, Paris 1908.
**Seelig (2005)** Lorenz Seelig, »Die Münchner Sammlung Alfred Pringsheim – Versteigerung, Beschlagnahmung, Restitution«, in: *Entehrt. Ausgeplündert. Arisiert. Entrechtung und Enteignung der Juden*, bearb. von Andrea Baresel-Brand, Magdeburg 2005 (= Veröffentlichungen der Koordinierungsstelle für Kulturgutverluste, 3), 265–290.
**Siegfried (1929)** Walther Siegfried, *Aus dem Bilderbuch eines Lebens. Zweiter Teil*, Zürich/Leipzig 1929.
**Siegfried (2013)**, Christina Siegfried, »Einführung«, in: *Clara Schumann im Briefwechsel mit Eugenie Schumann*, I, hrsg. von Christina Siegfried, Bergheim 2013, 32–46.
**Skelton (1995)**, Geoffrey Skelton, *Richard und Cosima Wagner – Biographie einer Ehe*, München 1995 (= Heyne-Bücher, 19 und Heyne-Sachbuch, 342).
**Sokoloff (1970)** Alice Sokoloff, *Cosima Wagner: Aussergewöhnliche Tochter von Franz Liszt. Eine Biographie*, Dt. von Margarete Bormann, Hamburg/Düsseldorf 1970.
**Sprecher (2011)** Thomas Sprecher, »Kreative Aneignung. Thomas Manns Wagner-Kritik«, in: Holger Pils/Christina Ulrich: (Hrsg.) *Liebe ohne Glauben: Thomas Mann und Richard Wagner, Katalog anlässlich der gleichnamigen Ausstellung vom 15. Mai bis 25. September 2011 im Buddenbrookhaus, Lübeck, vom 14. Juli bis 28. September 2013, im Neuen Rathaus, Bayreuth*, Göttingen 2011, 107–122.
**Stadtlexikon (2008)** *Stadtlexikon Meiningen*, hrsg. von Alfred Erck u.a., Meiningen 2008.
**Stempel (1967)** Ilse Stempel, *Deutschland in der »Revue germanique« von Dollfus und Nefftzer (1858–65)*, Bonn 1967.
**Stern (1911)** Ludwig Stern, *Die Varnhagen von Ensesche Sammlung in der Königlichen Bibliothek zu Berlin*, geordnet und verzeichnet von Ludwig Stern, Berlin 1911.
**Störgröße »F« (2010)** *Störgröße »F«: Frauenstudium und Wissenschaftlerinnenkarrieren an der Friedrich-Wilhelms-Universität Berlin – 1892 bis 1945; eine kommentierte Aktenedition*, hrsg. vom Zentrum für Transdisziplinäre Geschlechterstudien der Humboldt-Universität zu Berlin und der Projektgruppe Edition Frauenstudium, Berlin 2010.
**Straub (2012)** Eberhard Straub, *Wagner und Verdi – zwei Europäer im 19. Jahrhundert*, Stuttgart 2012.
**Strauss (1912)** Margarethe Strauß, *Wie ich Cosima Wagner sehe. Den Ortsgruppen des Richard Wagner-Verbandes Deutscher Frauen gewidmet von ihrer Vorsitzenden. Vortrag, gehalten im Lyceum-Club zu Berlin*, Magdeburg 1912.
**Strobel (1936)** Otto Strobel (Bearb.), *König Ludwig II. und Richard Wagner, Briefwechsel*, 4 Bde., Karlsruhe 1936.
**Stuber (2003)** Petra Stuber, »Kleists ›Hermannsschlacht‹ in der Inszenierung des Meininger Hoftheaters von 1875«, in: *Heilbronner Kleist-Blätter* 14 (2003), 45–57.
**Thielemann/Lemke-Matwey (2012)** Christian Thielemann, *Mein Leben mit Wagner*, unter Mitwirkung von Christine Lemke-Matwey, München 2012.
**Tomenendal (2012)** Dominik Tomenendal, *Die Wagners: Hüter des Hügels*, Regensburg 2012.
**Trenner (1978)** Franz Trenner (Hrsg.), *Ein Briefwechsel: Cosima Wagner – Richard Strauss*, unter Mitarb. von Gabriele Strauss, Tutzing 1978 (= Richard-Strauss-Gesellschaft <München>: Veröffentlichungen der Richard-Strauss-Gesellschaft, 2).

**Umbach (1980)** Klaus Umbach, »*Überlebensgroß Herr Wagner*«, in: *Der Spiegel*, 43 (1980), 235 – 240.
**Unseld (2010)** Melanie Unseld, »Das 19. Jahrhundert«, in: Annette Kreutziger-Herr, Melanie Unseld (Hg.), *Lexikon Musik und Gender*, Stuttgart 2010, 87–97.
**Vaget (1997)** Hans Rudolf Vaget, »Thomas Mann und Bayreuth«, in: *Thomas Mann Jahrbuch* 10 (1997), 107–126.
**Varnhagen von Ense (1879)** *Karl August Varnhagen von Ense, Tagebücher*, hrsg. v. Ludmilla Assing, Bd. 14, Hamburg 1870.
**Vierhaus (1989)** Rudolf Vierhaus (Hrsg.), *Das Tagebuch der Baronin Spitzemberg geb. Freiin v. Varnbüler. Aufzeichnungen aus der Hofgesellschaft des Hohenzollernreiches*, 5. Auflage, Göttingen 1989.
**Voss (2013)** Egon Voss (Hrsg.), *Alfred Pringsheim, der kritische Wagnerianer. Eine Dokumentation*, Würzburg 2013 (= Thomas Mann Schriftenreihe, 9).
**Wagner (1911)** Cosima Wagner, *Franz Liszt, ein Gedenkblatt von seiner Tochter*, München 1911.
**Wagner (1923)** Siegfried Wagner, *Erinnerungen an Richard Wagner*, Stuttgart 1923.
**Wagner/Bülow (1916)** *Richard Wagner, Briefe an Hans von Bülow*, [mit einem anonymen Vorwort von Daniela Thode], Jena 1916.
**Wagner-Lexikon (2012)** *Das Wagner Lexikon*, hrsg. von Daniel Brandenburg, Rainer Franke und Anno Mungen, Laaber 2012.
**Waldberg (1933)** Max von Waldberg, *Cosima Wagners Briefe an ihre Tochter Daniela von Bülow 1866–1885*, Stuttgart/Berlin 1933.
**Walker (1989)** Alan Walker, *Franz Liszt, Vol. 2, The Weimar years, 1848–1861*, London 1989.
**Walker (1997)** Alan Walker, *Franz Liszt, Vol. 3, The final years, 1861–1886*, London 1997.
**Walker (2010)** Alan Walker, *Hans von Bülow, a life and times*, Oxford 2010.
**Wasilewski (2004)** Viktoria Wasilewski, *Cosima und Helene – Eine Freundschaft zweier außergewöhnlicher Frauen im Schatten ihrer berühmten Männer. Briefe*, Magisterarbeit an der Friedrich-Alexander-Universität Erlangen-Nürnberg, Typoskript 2004.
**Werbung (1980/1981)** *Werbung - Geschäftsbericht der Informationsgemeinschaft zur Feststellung der Verbreitung von Werbeträgern e.V.*, (1980/1981).

**Werner (1984)** Eric Werner, »Juden um Richard und Cosima Wagner. Eine Konfrontation nach einem Jahrhundert«, in: *Österreichische Akademie der Wissenschaften, Anzeiger der phil.-hist. Klasse 121* (1984) (= Mitteilungen der Kommission für Musikforschung, Bd. 36), 132–169.
**Wilhelmy (1989)** Petra Wilhelmy, *Der Berliner Salon im 19. Jahrhundert (1780–1914)*, Berlin 1989.
**Williams (1998)** Adrian Williams (ed.), *Franz Liszt: Selected Letters*, Oxford 1998.
**Wischer (1967)** Erika Wischer, *Das Wallner-Theater in Berlin unter der Direktion von Franz Wallner (1855–1868) – Das Berliner Lokalpossen-Theater des Nachmärz*, München 1967.
**Wöhrle/Haas (2007)** Johannes C. Wöhrle/Frithjof Haas, "Hans von Bülow: Creativity and Neurological Disease in a Famous Pianist and Conductor", in: Julien Bogousslavsky/Michael G. Hennerici (ed.), *Neurological disorders in famous artists, Part 2: more on the relationship between brain disease and creativity*, Basel 2007, 193–205.

# Abbildungen

1. **Umschlag**
Franz von Lenbach, »Helene von Heldburg«, Pastell 1879. Aus: Hase-Koehler (1929), gegenüber 81 (Original vermutlich Kriegsverlust). An Max Grube schrieb Helene von Heldburg am 22. Januar 1922 [Hase-Koehler (1929), 186]: »Den wirklich guten Lenbach will ich gleich morgen photographieren lassen, aber ich würde das Bild nur schweren Herzens in Privathände, zu denen ich keine Beziehungen hätte, geben.« Else von Hase-Koehler teilte sie am 6. Dezember 1922 mit, das Pastell sei das Lieblingsbild des Herzogs gewesen und er habe verfügt, dass es auf der Veste Heldburg verbleiben solle. Weil ihr es wegen der dortigen Feuchtigkeit nicht sicher schien, nahm sie es an sich und schenkte es zu Weihnachten 1922 der Leipziger Verlegerfamilie Else von Hase-Koehler und Georg von Hase (Hase-Koehler [1929], 251).

Franz von Lenbach, »Cosima Wagner«, Ölkreidezeichnung 1879, in: NA Bayreuth, Bildarchiv, Bi 2018. Die Zeichnung wird in den Tagebüchern Cosima Wagners unter dem 17. und 19. Oktober 1879 erwähnt (CWT, 17. und 19. Oktober 1879 [Bd. III, 427]). Am 19. Oktober 1879 dankte sie Lenbach brieflich für die Übersendung (siehe BStB München, Leviana III, 10).

2. **Brief Cosima von Bülow an Ellen Franz,**
[26. Februar 1861] (27. Brief),
in: ThStA Meiningen, HA 39

3. **Sarah Franz, »›Für Daniella‹, nach dem ersten Behüten««,**
[25]. Januar 1861, Manuskript: englisch, in: ThStA Meiningen, HA 39 (Datierung nach dem 1. Entwurf, in: ThSTA Meiningen, HA 259, I). Deutsche Übersetzung: Maria Heyne

4. **Cosima von Bülow,**
Skizze der Wohnung in der Schöneberger Straße 10, Berlin
Notizzettel zum Brief Cosima von Bülow an Ellen Franz, [8. April 1861] (31. Brief), in: ThStA Meiningen, HA 39

5. **Hans von Bülow im ›Liszt-Look‹**
Aquarell von Karl Wilhelm Streckfuß, 1856, in: Meininger Museen, V 8984

6. **Hans von Bülow in der Berliner Zeit, kämpferisch und strapaziert zugleich**
Reproduktion einer Fotografie (um 1862), in: Meininger Museen, A 155

7. **Sarah Franz, »Die Widerlegung«,**
December 18, [1861], Gedicht über Cosima von Bülow, in: ThStA Meiningen, HA 259, I. Deutsche Übersetzung: Maria Heyne

8. **Cosima und Richard Wagner**
Fotografie von Fritz Luckhardt, Wien, 9. Mai 1872, in: Meininger Museen, B 453a

9. **Helene von Heldburg und Herzog Georg II. von Sachsen Meiningen,**
Doppelportrait von Eugenie Stötzer, Pastell/Pappe, [um Weihnachten 1914], in: Meininger Museen, VI/73. Die Freifrau schrieb am 14. November 1915 an die Künstlerin: »[...] ich möchte so schrecklich gern noch einmal mit »Ihm« zusammen auf einem Bilde von Ihnen sein, für die Kemenate [...] Die letzte Aufnahme von uns zusammen [...] gefiel ihm so gut [...] Ich habe es [das Foto, d. Verf.] auf dem Schreibtisch immer vor mir und, ach, wie oft hat es mir Trost und Linderung gebracht! Sehen Sie, nach dem sollen Sie eins malen, das will ich mir zu Weihnachten schenken [...].« (Brief Helene von Heldburg an Eugenie Stötzer, 14. November 1915, zit. nach Hase-Koehler [1929], 227)

10. **Umschlag des Briefes Cosima von Bülow an Ellen Franz,**
[26. Februar 1861] (27. Brief), in: ThStA Meiningen, HA 39

11. **Cosima Wagner in Witwentracht, nach 1883,**
Reproduktion einer Fotografie, Meininger Museen, B 428

12. **Helene von Heldburg in Witwentracht, nach 1914,**
Eugenie Stötzer, Pastell unter Glas, Meininger Museen, VI 281

# List of illustrations

1. **Cover**
   Franz von Lenbach, "Helene von Heldburg", pastel 1879. From: Hase-Koehler (1929), opposite 81 (the original was probably destroyed in the war). On January 22, 1922, Helene von Heldburg wrote to Max Grube [Hase-Koehler (1929), 186]: "The truly exceptional Lenbach I will have photographed tomorrow, but I would only reluctantly give the painting into private hands unknown to me." To Else von Hase-Koehler, she wrote on December 6, 1922 that the pastel was the favorite painting of the Duke's and that he had decided it should remain at Heldburg Fortress. As she was worried about the damp potentially damaging it, she took it away and gave it as a gift to the publishing family Else von Hase-Koehler and Georg von Hase for Christmas 1922 (Hase-Koehler [1929], 251).

   Franz von Lenbach, "Cosima Wagner", oil pastel drawing 1879, in: NA Bayreuth, Image Archives, Bi 2018. This drawing was mentioned in the diaries of Cosima Wagner on October 17 and 19, 1879 (CWT, October 17 and 19, 1879 [Vol. III, 427]). On October 19, 1879, she thanked Lenbach in a letter for sending it (see BStB Munich, Leviana III, 10).

2. **Letter from Cosima von Bülow to Ellen Franz,** [February 26, 1861] (Letter 27), in: ThStA Meiningen, HA 39

3. **Sarah Franz, "'To Daniella', on having nursed her for the first time",**
   January [25,] 1861, in: ThSTA Meiningen, HA 259, I (dated based on the first draft, in: ThSTA Meiningen, HA 259, I)

4. **Cosima von Bülow,**
   sketch of the apartment at Schöneberger Strasse 10, Berlin
   Piece of note paper accompanying the letter of Cosima von Bülow to Ellen Franz, [April 8, 1861] (Letter 31), in: ThStA Meiningen, HA 39, dating based on first sketch, ibid., 259, I

5. **Hans von Bülow in the 'Liszt look'**
   Watercolour by Karl Wilhelm Streckfuß, 1856, in: Meiningen Museums, V 8984

6. **Hans von Bülow during his Berlin time: strong-headed, yet also strained**
   Reproduction of a photograph (c. 1862), in: Meiningen Museums, A 155

7. **Sarah Franz, "The Refutation"**
   December 18 [1861], a poem about Cosima von Bülow, in: ThStA Meiningen, HA 259, I

8. **Cosima and Richard Wagner**
   Photograph by Fritz Luckhardt, Vienna, May 9, 1872, in: Meiningen Museums, B 453a

9. **Helene von Heldburg and Georg II, Duke of Saxe-Meiningen,**
   Double portrait by Eugenie Stötzer, pastel on cardboard, [c. Christmas 1914], in: Meiningen Museums, VI/73. The baroness wrote to the artist "[…] I would love it so terribly much if I could be in a painting of yours together with 'Him' once more, for the fireplace salon […] The last image of the both of us together […] he liked it so much […] I have it [the picture] on the desk always in front of me and alas! how often it has given me consolation and soothed me! You see, after this one you should paint one that I shall give to myself for Christmas […]." (Letter from Helene von Heldburg to Eugenie Stötzer, November 14, 1915, cited in Hase-Koehler [1929], 227)

10. **Envelope used for the letter from Cosima von Bülow to Ellen Franz,**
    [February 26, 1861] (Letter 27), in: ThStA Meiningen, HA 39

11. **Cosima Wagner in widow's dress, after 1883,**
    Reproduction of a photograph, Meiningen Museums, B 428

12. **Helene von Heldburg in widow's dress, after 1914,**
    Eugenie Stötzer, pastel under glass, Meiningen Museums, VI 28

455

# Konsultierte Archive und Bibliotheken/
# List of archives and libraries

Aus folgenden Archiven stammen diverse Dokumente, gemäß den Angaben in den Anmerkungen.

The following archives and libraries were consulted for documents and information as listed in the annotations.

| | |
|---|---|
| **BJK** | Biblioteka Jagiellońska Kraków<br>Jagiellonian Library, Kraków |
| **BStB München** | Bayerische Staatsbibliothek München<br>Bavarian State Library Munich |
| **DLA Marbach** | Deutsches Literaturarchiv Marbach<br>German Literature Archives Marbach |
| **FMG Hannover** | Forschungszentrum Musik und Gender Hannover<br>Research Centre Music and Gender Hanover |
| **HUB, UA** | Humboldt-Universität zu Berlin, Universitätsarchiv<br>Humboldt University of Berlin, University Archives |
| **ITW Berlin** | Institut für Theaterwissenschaft der FU Berlin<br>Institute of Theatre Studies of the Free University of Berlin |
| **MM** | Meininger Museen (Meiningen Museums) |
| **NA Bayreuth** | Nationalarchiv der Richard-Wagner-Stiftung Bayreuth<br>National Archives of the Richard Wagner Foundation Bayreuth |
| **RWG Bayreuth** | Richard-Wagner-Gedenkstätte der Stadt Bayreuth<br>Richard Wagner Memorial |
| **SBPK Berlin** | Staatsbibliothek zu Berlin Preußischer Kulturbesitz<br>Berlin State Library |
| **SLUB Dresden** | Sächsische Landes- und Universitätsbibliothek Dresden<br>Saxon State and University Library Dresden |
| **SMB-ZA** | Zentralarchiv Staatliche Museen zu Berlin – Preußischer Kulturbesitz<br>Central Archives of the Berlin State Museums |
| **StA Coburg** | Staatsarchiv Coburg<br>State Archives Coburg |
| **ThStA Meiningen** | Thüringisches Staatsarchiv Meiningen<br>Thuringia State Archives Meiningen |
| **ZB** | Zentralbibliothek Zürich<br>Zurich Central Library |

# Personenregister/Index of names

Das Register enthält ausschließlich Personennamen, mit Ausnahme von Cosima Liszt (gesch. von Bülow, verh. Wagner, genannt Cosette, Cosimette, Queen, Königin) und Ellen Franz (verh. Helene von Heldburg, genannt Chick bzw. Täubchen). Angaben mit Punkt verweisen auf den jeweiligen Brief der Edition (z. B. 6.–6. Brief), alle übrigen Ziffern auf die Seitenzahl.

The index only contains personal names with the exception of Cosima Liszt (divorced name von Bülow, married name Wagner, called Cosette, Cosimette, Queen, Königin) and Ellen Franz (married name Helene von Heldburg, called Chick or Täubchen). A period (.) is used to refer to the respective letter in the edition (e.g. 6. – letter 6). All other numbers indicate page numbers.

About, Edmond 25, 84, 132
Adams, Robert 79.
Adelheid, Prinzessin zu Lippe-Biesterfeld 66.
Aemilius Paulus 13.
Agathokles von Syrakus 25.
Aischylos 115
Alarcóns, Juan Ruiz de 45.
Alexandrine von Baden Herzogin von Sachsen Coburg-Gotha 148
Anderson, Andrew 29.
Anderson, Janet (gen. Scotchy) 126/29.
Anschütz, Heinrich 12.
Anton Ulrich, Herzog von Sachsen-Meiningen 76.
Appia, Adolphe 17, 76
Arnim, Achim von 27, 86, 145/23.
Arnim, Bettina von 27/23.
Artôt de Padilla, Désirée (geb. Montageney) 7.
Assing, David Assur 130
Assing, Rosa Ludmilla 19f., 24, 25, 27, 28, 39, 40, 44, 79, 83, 84, 86, 87, 97, 98, 101, 119, 120, 121, 122, 129, 130, 132, 134, 135, 136, 145, 146/13., 15., 20., 24.
Auer, Leopold von 23.
Augusta, Prinzessin von Sachsen-Weimar-Eisenach 24., 30.
Bach, Johann Sebastian 115/11., 12.

Baert, Jan siehe Bart, Jean
Bahn, Adolph 31.
Balzac, Honoré de 130/20.
Bandilla, Kai 73.
Barde, André 77.
Baronet, Le siehe Meyern-Hohenberg, Gustav von
Bart, Jean (auch Baert, Jan) 69.
Baudelaire, Charles 26.
Bauer, Oswald Georg 38.
Bayard, Jean François Alfred 36.
Bayer-Bürck, Marie 32.
Bechstein, Carl 136, 160
Becker, Carl 1.
Becker, Hofrätin 148/6., 32.
Becker, Jean 36.
Becker, Frau Prof. Otto 152
Beethoven, Ludwig van 115 /10.-12., 80.
Beidler, Franz Wilhelm 12f., 15f., 44, 47, 55, 72f., 75f., 101, 104, 112/71.
Beidler, Franz Philipp 117, 119
Beidler, Isolde 56, 68, 75, 77, 150, 154/71.
Bekker, Paul 138
Benedix, Roderich 20.
Berg, Philipp von 24.
Bergen, Alexander (Pseud.) siehe Gordon, Marie
Berger, Hans 80.
Berger, Wilhelm 51, 108
Berlijn, Anton 28.
Berlioz, Hector 30f., 89, 90, 132/15., 18., 77.

Bermbach, Udo 14, 74
Bernhard, Adelheid 32.
Bernhard II. Erich Freund, Herzog von Sachsen-Meiningen 39.
Bernhard, Erbprinz von Sachsen-Meiningen 40., 45., 50.
Bernhard, Sarah 119
Bethmann, Marie Elisabeth 126
Bicking, Franz Anton 13., 15.
Bido, Amelie 23.
Birch-Pfeiffer, Charlotte Karoline 6., 28.
Bismarck, Otto von 122, 131/56., 73.
Blankenburg, Major 30.
Blum, Carl 3., 10.
Bock, Franz 60.
Bode, Wilhelm von 157/65.
Bodenstedt, Franz von 41, 98
Bojanowski, Isidora von (geb. von Bülow) 18, 28, 30-33, 42, 78, 86f., 91, 100, 123, 125f., 129, 133, 135ff., 139–145/18., 24., 31.-33., 35., 45.
Bojanowski, Rosalie von (auch: Bojanowska, Bojanowsky, Boja, »Frau B.«) 39, 42, 97, 100, 145 /18.-21., 24., 30.-32.
Bojanowski, Victor von 140/18., 24.-26., 45., 48.
Boucicault, Dion 45.
Brahm, Otto 62.
Brahms, Johannes 51, 108/28., 36., 60., 66., 80.
Brandus, Gemmy 30.
Brassin, Leopold 28.

457

Breitbach, Karl 18.
Brendel, Franz 132/3., 10.
Brentano, Franz 116
Bronsart von Schellendorf, Hans 132, 138/14., 26., 28., 45., 51.
Brontë, Charlotte 6.
Bruckner, Anton 16, 76
Brückner, Gotthold 52, 109, 120/58., 59.
Brückner, Max 52, 109, 120/55., 57.-59., 74.
Buch, Marie von siehe Schleinitz, Marie von
Buchner, Bernd 17, 76f.
Bülow, Blandine von siehe Gravina, Gräfin Blandine (Kosenamen: Boni, Ponsch)
Bülow, Daniela (Daniella) von siehe Thode (Kosenamen: Loulou, Lullu, Lusch)
Bülow, Franziska Frh.in von 22, 27f., 30, 34, 81, 86, 88, 92, 126, 129, 130–141, 145, 154f., 158, 159f./1., 7., 12., 13., 15., 35., 45.-48., 56., 67.
Bülow, Hans von 6-8, 14-19, 22-36, 38-40, 42, 45-47, 55, 56, 62, 63, 68, 454f./3., 6., 8.-12., 14., 15., 18.-20., 23., 24., 26.-36., 44.-46., 51., 56., 60., 69., 77., 78., 80.
Bülow, Isidora von siehe Bojanowski, Isidora
Bülow, Isolde von siehe Beidler, Isolde
Bülow, Louise Pauline von (geb. Gräfin von Bülow-Dennewitz) 117, 123/11.
Bülow, Marie von (geb. Schanzer) ) 20, 80, 88, 106, 124, 136, 138, 145, 152, 160/69.
Bulyovszky, Lila siehe
Bulyowsky, Lilla von (geb. Szilagyi, auch Lilla, Lilly von Bulgovsky) 137/1., 14., 27., 31.
Bussenius, Artur Friedrich (Pseud. Neumann, Wilhelm) 23.
Byron, George Gordon Noel 41, 98/77.

Calderón de la Barca, Pedro 156/46.
Carina, Anna (eigtl. Gschmeiler, Katharina) 18.
Carl Alexander, Großherzog von Sachsen-Weimar-Eisenach 10.
Carl Friedrich, Großherzog von Sachsen-Weimar-Eisenach 24.
Carl, Prinz von Preußen 36.
Carré, Michel 77.
Carré, Michel-Antoine 77., 78.
Carrière, Moritz 8.
Cerf, Karl Friedrich 14.
Chamberlain, Houston Stuart 45., 78.
Chamberlain-Wagner, Eva (geb. von Bülow) 19, 75, 77, 79, 80, 113, 116, 117, 118, 122, 124, 154, 162, 169/55., 60., 76., 79.
Charlotte, Prinzessin von Preußen 40., 45., 50.
Charnacé, Claire Christine Marquise de 123
Chronegk, Ludwig 157/56., 62.
Coler, Christfried 41.
Colli, Giorgio 118
Cornelius, Bertha 19, 78
Cornelius, Peter 19, 76, 78
Craig, Gordon 17, 76
Creling, Johanna von siehe Kreling, Johanna von
Crelinger, Auguste 21.
Croft, Mr. 43.
Csillag, Rosa 10.
Czerny, Carl 28.
Czibulka, Alphons 28.
D'Agoult, Marie Cathérine Sophie Comtesse (geb. de Flavigny, Pseud. Daniel Stern) 13, 16, 19, 22, 28, 73, 75f., 78, 88, 120, 126, 128 / 20., 40.
Dannreuther, Edward 43.
Dante Alighieri 25, 84/69., 79.
Dawison, Bogumil 24f., 82ff., 128, 130, 148, 158/8.,

10., 18.-20., 69., 79.
Dettmer, Friedrich (Fritz) 38., 41., 46.
Devrient, Emil 6. 156/46.
Diderot, Denis 19.
Dilthey, Wilhelm 116
Dingelstedt, Franz von 29., 30.
Dohm, Ernst 19, 25, 28, 31, 68, 78f., 84, 86f., 89, 114, 117, 123, 130, 135f., 160/1., 4., 10., 23., 32., 35., 36.
Dohm, Hedwig (geb. Schlesinger) 25, 28, 36, 84, 86f., 94, 117, 120f., 130, 135, 144/1., 10., 32., 35., 36.
Dollfus, Charles 44, 101, 133ff.
Döllinger, Therese (verh. Breitbach) 18., 19., 31.
Donizetti, Gaetano 21., 28.
Döring, Theodor 20.
Draeseke, Felix 132/11., 12.
Dumas, Alexandre 13.
Du Moulin Eckart, Richard Graf 12, 30, 55, 68f., 72, 89, 111, 113f., 454f./ 80.
Duncker, Franz 135 /15.
Duncker, Lina (geb. Tendering) 135/15.
Dunker, Dora 124
Dupin de Franceuil siehe Sand, George (Pseud.)
Düringer, Philipp Jakob 20.
Dustmann-Meyer, Marie-Luise 10.
Ebart, Paul von 18.
Ebersbach, Prof. 45.
Ebersberg, Otto Franz 31.
Eger, Manfred 15f., 44, 74f., 76, 101
Ehrhardt, Felicitas 68.
Ehrlich, Heinrich 123/13.
Ellinger, Teresa (geb. Ernst) 35.
Ellinger, Joszef 35.
Engels, Friedrich 24.
Enk von der Burg, Michael Leopold 36.
Ernst II., Herzog von Sachsen-Coburg-Gotha 42, 99/6., 18., 20., 28., 32., 33.
Ernst, Prinz von Sachsen-Meiningen 68.

## Personenregister/Index of names

Felsenstein, Walter 53, 109
Feodora, Großherzogin von Sachsen-Weimar-Eisenach (geb. Prinzessin von Sachsen-Meiningen) 77., 78.
Feodora, Herzogin von Sachsen-Meiningen (geb. von Hohenlohe-Langenburg) 66.
Feustel, Friedrich 115/41.
Fichte, Johann Gottlieb 26, 84f., 133f.
Fiedler-Levi, Mary 51, 108/74.
Fillunger, Marie 145
Fischel, Eduard 25, 30, 84, 88, 121, 130, 132, 138, 165, 172/1., 12., 13., 18.-20., 23., 29., 67., 76.
Fishel, Eduard siehe Fischel, Eduard
Fitger, Arthur 63.
Flavigny, Alexander Victor François de 126
Flavigny, Marie de siehe d'Agoult, Marie
Fleischhauer, Friedhold 155
Flemming, Armgard Gräfin von 23.
Flotow, Friedrich von 25, 84/31., 32.
Flüggen, Gisbert 57.
Flüggen, Joseph 53, 110/55., 57.
Formes, Auguste (geb. Arens) 20., 35.
Formes, Theodor 20.
Förster, Ernst 123
Forsyth, Michael 44.
Fouqué, Fräulein von 135
Fournier, Julie 12., 14., 17.
Francueil, Amandine Lucile siehe George Sand (Pseud.)
Franz, Hermann 21, 33, 37, 40, 42, 68, 80f., 88, 91, 95, 97, 100, 113, 125, 131, 138, 141, 144, 146, 160 /19., 20., 31., 32.
Franz, Reinhold 21, 33
Franz, Robert 19.
Franz, Sarah (geb. Grant) 20-22, 33f., 37, 40ff., 58f., 64f., 68, 79ff., 91, 93, 95, 98, 99, 100, 113,125, 129, 138,

141ff., 144, 146ff. 156, 160, 162, 169/2., 6.-10., 15., 18.-21., 24.-26., 29.- 32., 34., 37., 50., 54., 58.60., 76.
Franz, Tala (geb. Kraushaar) 141
Freese, Julius 135
Freiberg, Günther von (Pseud.) siehe Treskow Pinelli, Ada von
Frenzel, Karl 8., 33.
Freytag, Gustav 26, 85, 133/13., 14.
Frieb, Emanuel 20.
Frieb, Karolina 165, 171/20., 21.
Frieb-Blumauer, Minona 36, 94/20., 21., 29.
Friedland, Ferdinand 14.
Friedland, Friederike (geb. Lassalle) 120, 135, 136/14.
Friedrich, Prinz von Sachsen-Meiningen 157/ 66., 67.
**Friedrich Wilhelm I.**
Friedrich Wilhelm, Prinz von Hessen-Kassel 36.
König von Preußen 29.
**Friedrich Wilhelm III.**
König von Preußen 29.
**Friedrich Wilhelm IV.**
König von Preußen 29.
Friedrich Wilhelm IV.
Fröbel, Friedrich Wilhelm August 25, 84/10., 29.
Fröbel, Julius 19, 78.
Gagern, Louise von 54.
Garibaldi, Giuseppe 125, 131/21.
Garrick, David 19.
Genast, Eduard Franz 131
Genast, Emilie (genannt Mitzi) 25, 84, 131/1.
Georg II., Herzog von Sachsen-Meiningen 6, 8, 21, 49-53, 55, 67, 68, 106-110, 112f., 123, 141, 145f., 153f., 157, 159, 163, 166, 171, 173 /3., 20., 38.-47., 49.-60., 62.-76., 78., 80.
Georg, Prinz von Preußen 33.
Gerlach, Eduard 18.
Glasenapp, Carl Friedrich

12, 72
Gluck, Christoph Willibald 21.
Goethe, Johann Wolfgang von 25, 84/10., 12. 18., 19., 25., 29., 32., 78.
Gordon, Marie 10.
Goßmann, Friederike 2., 3., 10., 12., 32., 36.
Gottheiner, Carl Eduard 136/21.
Gounod, Charles 21.
Grahl, Johanna 42, 99, 148/18., 20., 32.
Gravina, Gräfin Blandine (geb. von Bülow) 15, 23, 27, 28, 30ff., 47, 50, 55f., 68, 75, 77, 82, 88, 90f., 104, 112, 126, 149, 154/37., 56., 60., 69., 75., 76.
Gravina, Biagio 60.
Greiner, Otto 70.
Gries, Johann Diederich 46.
Grillparzer, Franz 12., 32. 38.
Grimm, Jakob 131
Groß, Adolf von 116
Guillaumot fils, Auguste 60.
Gut, Serge 16, 76
Guttenberg, Andreas-Joseph von 20.
Gutzkow, Karl 123
Haase, Friedrich 18.
Hagemann, Carl 156
Hahnke, Margarete (geb. von Larisch) 123
Halévy, Jacques Fromental 28.
Halm, Friedrich (Pseud. von Eligius Franz Joseph von) 36.
Hanslick, Eduard 11., 28.
Harden, Maximilian 139
Häring siehe Döring
Harnisch, Dr. 26.
Hase-Koehler, Else von 20, 79 125, 142, 156
Hatzfeld-Trachenberg, Sophie von 120, 135, 160
Hebbel, Friedrich 25ff., 84f., 123, 131, 133/29., 78.
Hegel, Georg Friedrich Wilhelm 57.
Heine, Heinrich 125, 132/15.

459

## Personenregister/Index of names

Heinrich I., König des Ostfrankenreiches 69.
Heinrich, Alois 148
Hellmesberger, Josef 31, 89/10., 11.
Helmholtz, Anna von 48, 105, 116, 127, 152
Hendrichs, Hermann 36.
Herbeck, Johann Franz von 11.
Herder, Johann Gottfried 11.
Herwegh, Emma 28, 86/1.
Herwegh, Georg 28, 86
Herz, Adolph 28.
Herzenskron, Hermann 31.
Heyden, August von 60.
Heyse, Paul 31.
Hildebrandt, Adolf von 14., 66., 68.
Hildebrandt, Bruno 14.
Hildebrandt, Richard 1., 14.
Hitler, Adolf 17, 77
Hilmes, Oliver 15, 75
Hoffmann, Ernst Theodor Amadeus 3.
Hohenlohe-Langenburg, Fürst Ernst von 120
Hohenlohe-Schillingsfürst, Marie zu (geb. Prinzessin zu Sayn-Wittgenstein-Ludwigsburg) 126
Holl, Karl 71
Holtei, Karl von 67.
Hoppe, Clara siehe Stich-Hoppe, Clara
Hoppe, Franz 21
Hottenroth, Friedrich 60.
Hugo, Victor 115
Hülsen, Botho von 12., 20.
Humboldt, Alexander von 28, 87, 135, 136
Humperdinck, Engelbert 57., 62.
Hundt, Aline 14.
Ibsen, Henrik 53, 110/38., 54.
Immermann, Karl 20.
Ingelaere, Marie-Laure 28.
Irving, Washington 45.
Jachmann, Johanna siehe Wagner, Johanna
Jaëll, Alfred 28.
Jasky, Fräulein von 1.

Jasky, Sophie Amalie 26.
Jasky, Malwine Marie Therese 26.
Jasky, Sophie Charlotte Florentine 26.
Jefferson, Joseph 43., 45.
Jensen, Katharina 68.
Jensen, Wilhelm 68.
Jesus Christus 24.
Joachim, Amalie 131
Joachim, Joseph 131
Johns, Keith T. 26.
Jonow, Herr 31.-32.
Joukowski, Paul von (auch Joukowsky) 46., 53., 68.
Kahnt, Christian Friedrich 11.
Kalergis-Mouchanow, Marie 20, 79, 124
Kalisch, David 10.
Kallert, Johann 53, 110, 157
Kant, Immanuel 26, 84
Kapp, Julius 21.
Käthchen, Hausangestellte 20, 68, 79, 113, 160/ 6., 13., 15., 18., 20., 36.
Kaulbach, Friedrich 36.
Kaulbach, Josephine von (geb. Sutner) 36.
Kekulé von Stradonitz, Anna 116
Kekulé von Stradonitz, Reinhard 116
Keller, Gottfried 119, 120, 129, 135
Kempen, Thomas von 73, 127
Kern, Fabian 52, 109
Kessler, Harry Graf 115
Ketschendorf, Karl Raymond Freiherr von 148, 28.
Kierschner, Eduard 36.
Kierschner, Marie (geb. Weißhappel) 36.
Klein, Julius Leopold 25, 42, 84, 100, 121, 129, 131, 134f. /19., 20., 31.-33.
Kleist, Heinrich von 11.
Klindworth, Karl 136, 150, 160
Klinger, Friedrich Maximilian (Max) 20., 70.
Kniese, Julius 54, 110, 158/69.

Köhler, Louis 23.
Kraft, Adam 35.
Kreling, August von 36.
Kreling, Johanna von (geb. Kaulbach) 36.
Kretzschmar, Hermann 116
Krockow, Gräfin Elisabeth (geb. Putkamer) 28, 87/19., 20., 23., 24.
Kroll, Franz 25, 28, 84, 86, 131/1., 13., 16.
Kuh, Emil 28, 86
Kullak, Frau 23.
Kullak, Theodor 23.
Kurzbeck, Katharina von 125
Kurth, Sabine 14, 74
Lacroix, Paul 60
Lagrange, Anna Carolina 23., 30.
Lamartine, Alphonse Marie 28, 86, 135
Landgraf, Dr. 65
Lang, Benjamin Johnson 19, 78
Lassalle, Ferdinand 28, 86, 117, 133, 135/1., 11., 15.
László-Doria, Mimi 19.
Laube, Heinrich 36., 46.
Laussot, Jessie 138
Lemke-Matwey, Christine 14, 18, 74, 77
Lenbach, Franz von 19, 78, 454f./51., 56.
Lessing, Gotthold Ephraim 54, 111/19., 63.
Leuchtenberg, Pianist 23.
Levi, Hermann 51, 108/74.
Lewald, David Marcus 131
Lewald, Fanny 18, 25, 78, 84, 122, 131, 135/1., 20., 45.
Lewald, Zipora 131
Lewinski, Joseph 46.
Ley, Hendrik 57.
Liebig, Justus 131
Liedtke, Theodor 11., 21.
Liedtke, Marie siehe Kierschner, Marie
Lindau, Paul 157
Lindner, Amanda 54.
Liszt, siehe Ollivier Blandine (Kosename Miormi)

*Personenregister/Index of names*

Liszt, Daniel 13, 22-24, 34, 36-39, 42f., 73, 81ff., 92, 94ff., 100, 127, 141, 164, 171/4., 31.
Liszt, Eduard 10., 128
Liszt, Franz 6, 8, 15-20, 22-32, 34, 37, 39, 40, 42f., 48, 53, 68, 75f., 78-85, 87, 90ff., 95, 97, 98, 100f., 105, 110, 113, 120, 123, 126-129, 131f., 135, 137, 140, 142, 149, 151f., 156f., 159 /1.-4., 6., 8., 10.-12., 14., 15., 18., 19., 23., 24., 26.-30., 32., 34., 36., 40.-45., 51., 60., 75., 77.
Liszt, Maria Anna (geb. Lager) 18, 22ff., 78, 81f., 92, 123, 125, 126/26., 34.
Liudolfinger 69.
Livingstone, Lord 33, 91
Lohmann, Peter 20.
Lorini, Achille 7., 35.
Louise Charlotte, Prinzessin von Dänemark 36.
Löwenstein, Rudolph 10.
Ludwig II., König von Bayern 14, 74, 154 /10., 40., 49., 51.
Ludwig XIV., König von Frankreich 69.
Luise, Großherzogin von Baden 120, 123
Lutz, Johann von 19, 78
Lyncker, Maximilian Freiherr von 40.
Mack, Dietrich 14-16, 29, 53, 74, 76, 88, 109
Maier, Mathilde 47, 104, 150, 151/32.
Maiern, Gustav siehe Maria Pawlowna Romanowa, Großfürstin von Russland 24.
Maîstre, Graf Joseph 25, 84, 132/25
Mann, Erika 123
Mann, Katharina (geb. Pringsheim, gen. Katja, Katia) 72, 117
Mann, Thomas 12, 72, 117, 123
Marelle, Charles-Marie 36.
Marenholtz-Bülow, Bertha von 25, 28, 84, 87, 131, 10., 24., 29.

Marie, Prinzessin von Sachsen-Weimar-Eisenach 14., 36.
Marie Anna Friederike, Prinzessin von Preußen 36.
Marie Elisabeth, Prinzessin von Sachsen-Meiningen 51, 108, 158/54.
Marx, Adolf Bernhard 23.,
Marx, Karl 24.
Mayern, Gustav siehe Meyern-Hohenberg Gustav von
Meißner, Alfred 25f., 31, 84, 85, 89, 117, 132, 149, 151 /23., 33.
Megan, Herr 25.
Mendelssohn Bartholdy, Felix 12.
Merores, Wilhelmine 10.
Mey, Auguste 28.
Meyendorff, Olga von 160
Meyer, Friederike 47, 104, 150
Meyer, Leopold von 11.
Meyer, Marie 10.
Meyerbeer, Giacomo 13, 73, 131/10., 19., 21., 23., 28., 30.
Meyern-Hohenberg, Gustav von 36, 42, 94, 99, /6., 18., 19., 20., 30, 32., 33.
Meysenbug, Malwida von 54.
Millenkovich-Morold, Max (Pseud. Max Morold) 12, 69, 72, 114
Miolhan-Carvalho, Marie Caroline (geb. Felix-Miolan) 21.
Mohn, Liz 10, 70
Moillard, Alexandre 133
Molière, Jean Baptiste 38.
Möller, Barbara 14, 74
Mommsen, Theodor 116
Montalembert, Charles Forbes René Comte 60.
Montgomery, Edmund D. 131
Montgomery, Elisabeth siehe Ney, Elisabeth
Montheau, Gaston de 36.
Montinari, Mazzino 118
Moreto, Augustin 31.

Moritz, Carl 19., 28.
Moritz, Fräulein 19.
Mösch, Stephan 13, 17, 53, 73, 76, 109
Mosenthal, Salomon Hermann 142
Mottl, Felix 55., 57., 60., 74.
Moulin Eckart, Richard Du siehe Du Moulin Eckart, Richard
Mozart, Wolfgang Amadeus von 115/11.
Mühldorfer, Wilhelm Carl 21.
Müller, Karl Alexander von 121
Müller, Wilhelm 28.
Musset, Alfred de 30, 89, 139
Mützelburg, Adolf 25, 84, 132/1.
Napoleon III., Kaiser von Frankreich (eigtl. Charles-Louis-Napoléon Bonaparte) 3., 28.
Nefftzer, Auguste 123, 133
Nesper, Joseph 38.
Neumann, Wilhelm siehe Bussenius, Artur Friedrich
Ney, Adam 131
Ney, Elisabeth (verh. Montgomery) 25, 84, 131/1., 23.
Niemann, Albert Wilhelm Carl 10., 14., 15., 28.
Nießing, Georg 32.
Nietzsche, Friedrich 118, 125
Noël, Victorine siehe Stoltz, Rosine
Nota, Alberto 41, 99/10.
Nöther, Matthias 14, 17, 74, 76
Nuitter, Charles 150
Nusch, Albert 10.
O'Shea, Katharine 54.
O'Shea, Willie 54.
Offenbach, Jacques 130/10., 19.
Olfers, Hedwig von 24, 27, 83, 86, 135
Ollivier, Blandine (geb. Liszt) 13, 22f., 34, 36f., 48, 73, 81, 82, 86, 92, 94f., 104f., 118, 123, 127, 135, 139, 152 /14., 15., 34.

461

Ott, Arnold 56.
Parnell, Charles Stewart 54.
Patersi de Fossombroni, Louise-Adélaïde 22, 81, 119, 126
Patti, Adelina 21.
Pellet, Ida 36.
Pestalozzi, Johann Heinrich 10.
Pfuel, Ernst von 135
Piëch, Ursula 10, 70
Piloty, Carl Theodor von 57.
Pinelli, Ada siehe Treskow
Pinelli, Ada von
Pinelli, J. 33.
Piontek, Frank 14, 52, 74, 109
Pocknell, Pauline, 29., 51.
Pohl, Richard 25, 31, 47, 84, 89, 104, 131, 139, 151
Porges, Heinrich 10.
Porth, Karl 12.
Potiers, Charles 36.
Potocka, Marie Gräfin von 29.
Poùsonnet, Herr 3.
Pringsheim, Alfred 12f., 117, 123
Pringsheim, Hedwig 12, 72, 117, 123
Pringsheim, Katharina siehe Mann, Katharina
Pückler-Muskau, Fürst Hermann von 28, 86, 33.
Putlitz, Gustav Heinrich 26 Gans Edler Herr zu 26, 85, 133
Raff, Joachim 126, 141/11.
Raimund, Ferdinand 31., 67.
Rau, Ernst 45.
Rau, Johann Georg 45.
Razumovsky von Wigstein, Kamillo Graf 148
Réer, Julius 6.
Reger, Max 51, 108
Reinecke, Karl 158
Reinhardt, Max 32.
Reitmeyer, Josef 32.
Remosani, Thusnelda 25.
Renan, Ernst 133
Rettich, Julie (geb. Gley) 36.

Richard, Paul 38., 63.
Richter, Hans 117/66.
Richter, Ludwig 20.
Rie, Bernard 28.
Ristori, Adelaide 119
Ritter, Alexander 139/30.
Röckel, August 125, 150
Romberg, Andreas 38.
Ronchaud, Louis de 133
Rossini, Giacomo 7.
Roßmann, Max 74.
Roth, Nicole 44.
Roy, Anton van 69.
Rubinstein, Anton Grigorjewitsch 24, 31, 83, 89/36.
Rückert, Friedrich 80.
Rückert, Ingrid 14, 74
Sachs, Julius 28.
Saldern-Ahlimb-Ringenwalde, Louise Gräfin von 23.
Salvini, Tommaso 130
Sand, George (Pseud., geb. Dupin de Francueil, Amandine Aurore Lucile) 118, 131, /20.
Sayn-Wittgenstein, Marie 113/3., 29.
Sayn-Wittgenstein-Berleburg-Ludwigsburg, Carolyne Elisabeth von (geb. von Iwanowska) 118, 20, 22, 24, 56, 78, 80, 81, 83, 113, 123, 126, 129, 131, 135, 157, 159 / 1., 4., 8., 10., 15., 19., 23.
Schack, Adolf Friedrich Graf von 26, 84/33.
Schemann, Ludwig 45.
Schenker, Frau 14.
Schiaparelli, Giovanni 84
Schiller, Carl 28.
Schiller, Friedrich von 142, 148/25., 42., 45., 54.
Schleiermacher, Friedrich 84, 130 /30.
Schleinitz, Alexander von 122
Schleinitz, Leo von 123
Schleinitz, Marie Gräfin von (geb. von Buch, verh. von Wolkenstein-Trostburg) 78f., 83, 105, 107f., 112f.,

116f., 118, 120, 122, 124, 129, 131, 133, 141ff., 149, 151ff., 154f., 156f., 158, 159, 160/23., 59., 74
Schlesinger, Heinrich 123/3.
Schloenbach, Auguste (geb. Schröder, verh. Gerlach) 99,147, 148/18.-20., 23.
Schmidt, Bernhard Gustav 49., 50., 52., 57.
Schmidt, Johann Georg 49.
Schmidt-Zabiérow, Ida von 116, 127, 152
Schmitson, Teutwart 23.
Schnorr von Carolsfeld, Ludwig 19, 78, 104
Schnorr von Carolsfeld, Malvina (geb. Garrigues) 19, 78, 104, 132, 151 /34.
Scholz, Bernhard 10.
Scholz, Dieter David 15, 75
Schopenhauer, Arthur 84, 131, 152
Schubert, Franz 1., 8., 11.
Schuberth, Julius 8.
Schumann, Clara 36.
Schumann, Eugenie 145
Schumann, Robert 116/20.
Schuré, Edouard 116, 122
Schwarz, Carl 30.
Schwarz, Georg 56.
Schweninger, Ernst 56.
Scott, Walter 80.
Seebach, Marie 10., 12., 21., 33.
Seinguerlet, Eugène 133
Semper, Gottfried 19, 78
Shakespeare, William 84, 104, 129, 130, 156/8., 14., 19., 30., 41., 43., 45.
Siemens, Herr von 116
Singer, Edmond 11.
Smyth, Edith 145
Soest, Marie 138
Solmar, Henriette 86
Spitzemberg, Baronin Hildegard von (geb. von Varnbüler) 116
Spontini, Gaspare 19
Springer, Friede 10, 70
Staël, Madame de (eigtl. Staël, Baronin Anne Louise Gemaine de) 46.

462

Stahr, Adolf 78, 122, 131, 135
Stahr, Fanny (geb. Marcus, gen. Lewald) siehe Lewald Fanny
Stanislawski, Konstantin Sergejewitsch 19.
Stein, Karl Eduard Heinrich Freiherr von Stein zu Nord- und Ostheim 110/54.
Steinbach, Fritz 66.
Steinbrecht-Remosani, Thusnelda siehe Remosani, Thusnelda
Steiner, Julius 33.
Stern, Daniel (Pseud.) siehe D'Agoult, Marie)
Sternberg, Alexander von siehe Ungern-Sternberg, Alexander von 86
Sternheim, Helene 148
Stich-Hoppe, Clara 21., 35.
Stocker, Verena 150
Stockhausen, Julius 36, 67.
Stötzer, Eugenie (geb. Carré) 122, 125, 454f./77.
Stötzer, Louis 77.
Stokes, Robert Adams William 79.
Stoltz, Rosine (gen. Victoire bzw. Victorine Noël) 28.
Strauss, Richard 58., 59.
Streckfuß, Karl Wilhelm 454f.
Street-Klindworth, Agnes 128/8., 51.
Stumpf, Carl 116
Szulc, Joseph 77.
Taine, Hippolyt 133
Tausig, Carl 86, 128/23., 28., 29.
Tendering, Lina (verh. Duncker) siehe Duncker, Lina
Thielemann, Christian 14, 74
Thode, Daniela (geb. von Bülow) 22, 75, 77-85, 88, 90f., 95, 96, 97, 100, 110, 112ff.,118, 119, 123f., 126, 131f., 137, 152, 154, 156f., 159f., 162, 166, 169 /14., 15., 22., 28. 31., 32., 35., 36., 41., 43., 45.-48.52., 53., 60.,

62., 68., 69., 75., 76., 79., 80.
Thode, Henry 60., 62., 68., 69., 75., 80.
Tichatschek, Joseph 32.
Tieck, Ludwig 36.
Treskow Pinelli, Ada von (Pseud. Günther von Freiberg) 136/33., 23.
Treskow, Minna 33.
Treskow, Adolf Eduard von 33.
Umbach, Klaus 15, 74f.
Ungern-Sternberg, Peter Alexander Freiherr von 135
Varnhagen von Ense, Karl August 85, 87, 101, 130f., 135f.
Varnhagen, Rosa Maria 130
Vera, Großfürstin von Württemberg 48, 105
Versing-Hauptmann, Anna 99, 142, 148
Vianna da Motta, José 138
Viardot, Pauline 86
Viktoria Alexandrine, Königin von Großbritannien 43.
Virchow, Rudolf Ludwig Karl 84, 116/25.
Vitzhum, Gräfin
Vogel, Dr. med. 65.
Voltaire, François Marie Arouet 84
Voss, Egon 69.
Wagner, Franziska (verh. Ritter) 36.
Wagner, Johanna (verh. Jachmann) 11., 21., 25., 35., 36.
Wagner, Minna (geb. Planer) 102ff., 149f./15., 21.
Wagner, Richard 18, 66, 70-75, 77-80, 82, 84, 89-91, 101-105, 107, 109-117, 120ff., 124f., 128, 132, 134, 149-157, 159, 163, 166, 169 /10.-12., 15., 19., 21., 23., 26., 28., 32., 34., 35., 38.-41., 43.-45., 49.-54., 58., 60., 73.
Wagner, Siegfried 75, 77, 109, 122, 154, 157, 162, 169 /40., 41., 54., 57., 62., 66., 67., 70., 72., 78., 79.
Wagner, Winifred 78, 123 /58.

Walesrode, Ludwig 133
Wallner, Edmund 60.
Wallner, Franz (geb. Leibesdorf) 25, 84/13., 14., 19.
Wangenheim, Maximilian Bernhard Frh. von 3., 6., 12., 18., 29.
Weber, Carl Maria von 28.
Weitzmann, Carl Friedrich 25, 84, 132 /1., 3., 10., 13., 14., 24.
Wenzlawski, L. 28.
Werder, Carl Friedrich 158/57.
Werner, Felix 133
Wesendonck, Mathilde 131, 150
Wieland, Christoph Martin 13.
Wieprecht, Wilhelm 19.
Wilbrandt, Adolf von 46.
Wilhelm I., König von Preußen und deutscher Kaiser 122/24., 30., 57.
Wilhelm II., Deutscher Kaiser 45.
Wilhelm-Ernst, Großherzog von Sachsen-Weimar-Eisenach 77.
Willemin, Nicolas Xavier 60.
Williams, Adrian 1., 4., 8., 19., 29.
Witzleben, Georg von 23.
Witzleben, Fräulein von 23.
Wolf, C. W. 20., 21.
Wolfssohn, Wilhelm 19.
Wolkenstein-Trostburg siehe Schleinitz, Marie von (gen. Mimi)
Wolter, Charlotte 30.
Wolzogen, Hans von 116/49.
Yasky siehe Jasky
Zellner, Leopold Alexander 89, 139
Ziegler, Clara 36.